Medienpsychologie
Konzepte – Methoden – Praxis

Herausgegeben von
Dagmar Unz
Nicole C. Krämer
Monika Suckfüll
Stephan Schwan

Nicole C. Krämer
Stephan Schwan
Dagmar Unz
Monika Suckfüll (Hrsg.)

Medienpsychologie

Schlüsselbegriffe und Konzepte

Verlag W. Kohlhammer

1. Auflage 2008

Alle Rechte vorbehalten
© 2008 W. Kohlhammer GmbH Stuttgart
Gesamtherstellung:
W. Kohlhammer GmbH + Co. KG, Stuttgart
Printed in Germany

ISBN 978-3-17-020112-5

Inhalt

Vorwort

Die Idee zum vorliegenden Lehrbuch entstand im Rahmen der Vorbereitungen zur Buchreihe *Medienpsychologie* im Kohlhammer Verlag. Zum Start der Reihe sollte ein übergreifendes Werk entstehen, das möglichst nicht redundant zu anderen Lehrbüchern der Medienpsychologie sein, sondern diese ergänzen sollte. Daher wurde das Buch als Lehrbuch und Nachschlagewerk konzipiert, das 58 zentrale Konzepte der Medienpsychologie in kurzen Texten vorstellt. Damit soll das aktuelle Wissen zu spezifischen Annahmen und Theorien gebündelt werden. Das Buch hebt sich von anderen kürzlich erschienenen Lehrbüchern zur Medienpsychologie ab, da Letztere jeweils umfangreiche Kapitel zu übergreifenden Themengebieten beinhalten (z. B. Unterhaltung, Computer- und Videospiele, Lernen mit Medien, Nachrichten). Die einzelnen Theorien, Konzepte und Annahmen der Medienpsychologie (z. B. Mood Management, Parasoziale Interaktion, Sleeper Effekt, SIDE-Theorie etc.) werden in diesen Büchern selbstverständlich auch geschildert, aber lediglich im Rahmen der Darstellungen zu übergreifenden Themen aufgegriffen. Die Konzepte selbst können in diesem Rahmen allerdings nicht umfassend mit Bezug auf die jeweilige Methode, empirische Bewährung und Kritik geschildert werden. Dies soll das vorliegende Lehrbuch leisten, indem die einzelnen „Schlüsselbegriffe" auf wenigen Seiten ausführlich dargestellt werden. Das Lehrbuch kann insofern als Ergänzung der bisherigen Lehrbücher verstanden werden. Die einzelnen Kapitel sind nach einem einheitlichen Schema gestaltet und enthalten eine kurze Darstellung der jeweiligen Konzepte, eine detaillierte Erläuterung der zentralen Annahmen, eine Beschreibung der typischen Methodik, eine Zusammenfassung der aktuellen empirischen Ergebnisse sowie eine kritische Würdigung des Konzepts.

Die Gesamtgliederung des Buches sieht vor, dass die Schlüsselbegriffe geordnet nach den psychologischen Grundkonzepten *Motivation, Kognition, Emotion, Kommunikation* und *Verhalten* aufgeführt werden. Ein kurzer Text zu Beginn jedes Grundkonzeptes gibt eine Übersicht zu den darunter gefassten Schlüsselbegriffen und setzt diese miteinander in Beziehung. Aufgenommen wurden neben genuin medienpsychologischen Theorien auch Annahmen aus anderen Teildisziplinen der Psychologie, soweit diese in der Medienpsychologie eine hohe Bedeutung erlangt haben (z. B. subliminale Wahrnehmung, sozial-kognitive Lerntheorie, soziale Vergleichsprozesse). Ebenso werden kommunikationswissenschaftliche Konzepte aufgegriffen, sofern diese in der Medienpsychologie genutzt werden und nachhaltigen Einfluss nehmen (Agenda Setting, Kultivierungsthese, Two-Step-Flow of Communication).

Wir hoffen, dass das Buch auf Grund dieses Aufbaus sowohl als klassisches Lehrbuch genutzt werden kann, als auch als Nachschlagewerk dient. Ein Buch wie das vorliegende kann selbstverständlich nur durch die engagierte Mitarbeit zahlreicher Personen entstehen. Hier möchten wir in erster Linie den Autoren für die hervorragenden Beiträge danken. Besonderer Dank gilt den Autoren darüber hinaus für die Bereitschaft, die Rückmeldungen von zahlreichen Reviewern zu berücksichtigen und die Kapitel, soweit erforderlich, entsprechend zu überarbeiten. Jeder Beitrag wurde nicht nur von mindestens einem Herausgeber kommentiert, sondern auch von einem der übrigen Autoren sowie zwei Studierenden. Letztere wurden in den Reviewprozess miteinbezogen, um die Verständlichkeit der Kapitel für die

Hauptzielgruppe der Studierenden sicherzustellen. Folgende Autoren haben über das Verfassen ihrer eigenen Kapitel hinaus am Reviewprozess mitgewirkt: Lisa Aelker, Astrid Carolus, Oliver Fischer, Uli Gleich, Nina Haferkamp, Carsten Möller, Tobias Richter, Sabine Rüggenberg, Frank Schwab und Sabine Trepte. Die mitwirkenden Studierenden wurden an den Universitäten in Köln, Tübingen und im Saarland rekrutiert. Wir danken folgenden Studierenden der Psychologie und Medienwissenschaft der Universität zu Köln: Barbara Banczyk, Thomas Dratsch, Sara Gürgen, Anja Koch, Regina Kuhl, Johannes Löbner, Richard Majer, Dalila Matilou, Nadine Pietruschka, Christina Sagioglou, Julia Scholz, Sandra Weniger und Jan Wessel. An der Universität Tübingen verfassten zahlreiche Studierende eines medienpsychologischen Seminars von Stephan Schwan Reviews. Wir danken Ihnen für Ihre Mühe. An der Universität des Saarlands sind wir Pascal Dick, Nadine Heinz, Julia Kozlik und Katharina Müller zu Dank verpflichtet. Für Formatierungsarbeiten und Korrekturen danken wir Anke Willuns und Yvonne Vengels. Darüber hinaus danken wir Dr. Ruprecht Poensgen, Ulrike Merkel und dem Kohlhammer Verlag für die Unterstützung und die Möglichkeit, die Reihe zur Medienpsychologie und in diesem Rahmen das vorliegende Lehrbuch und Nachschlagewerk verwirklichen zu können.

Nicole Krämer, Stephan Schwan, Dagmar Unz und Monika Suckfüll
im April 2008

Teil I
Motivation

Einführung Motivation

Dagmar Unz

Menschen nutzen Medien sehr selektiv. Sie sind selektiv in der Medienwahl, in der Aufmerksamkeit, in der Wahrnehmung und der Interpretation der Medienbotschaft. Dementsprechend sind die Entscheidungen zum Einschalten des Fernsehgerätes, die Programmauswahl, die Wahrnehmung und Verarbeitung der dargebotenen Informationen und die Entscheidung zur Beendigung des Medienkonsums komplexe psychologische Vorgänge. Die Beiträge des folgenden Buchabschnittes beschäftigen sich mit der Motivation von Rezipienten bzw. Nutzern, bestimmte Medien bzw. Programmangebote zu nutzen, sowie mit den Einflussfaktoren solcher Selektions- und Auswahlentscheidungen. So beeinflussen einerseits auf Seiten der Rezipienten beispielsweise Motive und Bedürfnisse, vorangegangene Erfahrungen und die angestrebte Stimmungslage solche Auswahlprozesse. Andererseits spielen auch mediale Faktoren, wie z. B. die Reichhaltigkeit des Mediums, die Art und Funktion der Kommunikationsaufgabe sowie soziale Faktoren, eine wichtige Rolle.

Der *Uses and Gratifications-Ansatz* nimmt an, dass sich Zuschauer in Erwartung der Befriedigung spezifischer Bedürfnisse für bestimmte Sendungen bzw. Medien bewusst entscheiden. TV-Nachrichten beispielsweise werden sowohl zum Zwecke des Informationsgewinns als auch aus Gründen der Unterhaltung, des Sozialkontakts und des Zeitvertreibs konsumiert. Während der Uses and Gratifications-Ansatz eher davon ausgeht, dass Rezipienten aktiv, zielgerichtet und bewusst Programme und Sendungen auswählen, geht der *Selective Exposure-Ansatz* stärker von unbewussten Prozessen aus; Programmselektion erfolgt danach weniger durch gezieltes Auswählen als vielmehr nach einem Ausschluss- und Vermeidungsprinzip. Die *Mood Management-Theorie* greift die Überlegungen des Selective Exposure-Ansatzes auf und fokussiert auf Stimmungen als relevante Aspekte des Auswahlprozesses. Menschen, so die Annahme, streben danach, einen positiven Gefühlszustand zu erreichen bzw. beizubehalten. Dementsprechend betreiben Medienrezipienten Stimmungsmanagement, indem sie Medienangebote so auswählen, dass sie eine positive Wirkung auf ihre Stimmung haben. Allerdings lässt sich mit diesen Annahmen nicht erklären, warum Menschen freiwillig traurige Filme oder ähnlich emotional belastende Medienangebote nutzen – und dies oft sogar als genussvoll erleben. Erklärungen für dieses sogenannte *Sad film-Paradoxon* greifen u. a. die Frage auf, welche Funktion das Erleben negativer Gefühle wie Trauer während der Medienrezeption für das psychische Wohlbefinden haben kann.

Versucht die herkömmliche Psychologie solche mentalen Prozesse im Rahmen akut wirksamer psychischer Mechanismen zu verstehen, fokussiert die Evolutionspsychologie auf die Phylogenese der mentalen Architektur. *Evolutionspsychologische Erklärungsansätze* gehen davon aus, dass eine Vielzahl vor allem unbewusst arbeitender mentaler Mechanismen als Anpassung während der Geschichte der Menschwerdung entstanden ist und bis heute Selektion, Rezeption und Wirkeffekte der Medien prägt. Vor allem vermeintlich irrationales Rezipientenverhalten kann in einem evolutionären Erklärungsrahmen verständlich werden.

Eine zweite Gruppe von Theorien, die im folgenden Buchabschnitt behandelt werden, betrifft weniger Massenmedien, sondern eher Individualmedien. Diese

Theoriengruppe beschäftigt sich mit der Wahl von Kommunikationsmedien und fragt in erster Linie danach, von welchen medialen, personalen und situativen Faktoren die Wahl von Medien zur Individualkommunikation abhängt. Das *Media Richness-Modell* geht davon aus, dass unterschiedliche Medien für unterschiedliche Aufgaben unterschiedlich gut geeignet sind: Aufgaben mit hoher Komplexität benötigen eher reichhaltige Medien (z. B. Videokonferenz), Aufgaben mit niedriger Komplexität eher wenig reichhaltige Medien (Briefpost, E-Mail etc.). Im Gegensatz dazu betont das *Modell des sozialen Einflusses*, dass persönliche Erfahrungen und das soziale Umfeld die Auswahlentscheidungen stark beeinflussen. Die *Theorie der Media Synchronicity* differenziert die Annahmen des Media Richness-Modells weiter aus und bezieht zudem das soziale Umfeld als relevante Variable mit ein. Entscheidend für den Kommunikationserfolg ist danach die Passung zwischen der Synchronizität des Mediums einerseits, – die vor allem bestimmt wird von der Geschwindigkeit einer möglichen Rückmeldung und dem Grad an Parallelität – und der Funktion des Kommunikationsprozesses (z. B. Vermittlung von Informationen oder Entwicklung einer gemeinsamen Meinung) andererseits. Diese Passung wird von sozialen Faktoren, wie der Vertrautheit der Kommunikationspartner, beeinflusst. So ist der Bedarf an medialer Synchronizität umso geringer, je besser sich die Kommunikationspartner kennen.

Traditionelle Medien

Uses and Gratifications-Ansatz

Lisa Aelker

Worum geht es?

Der Uses and Gratifications-Ansatz versucht zu beschreiben und zu erklären, wie und warum Menschen sich bestimmten Medienangeboten zuwenden und diese für ihre Zwecke nutzen. Dabei richtet sich der Fokus auf Gratifikationen (d. h. Bedürfnisbefriedigungen), die aus Sicht der Rezipienten mit der Nutzung einzelner Angebote einhergehen und die somit als motivationstheoretische Aspekte zur Beschreibung und Erklärung von Mediennutzung und Medienwirkung herangezogen werden können.

Gratifikationsforschung wurde bereits Anfang der 1940er Jahre betrieben, insbesondere von einer Forschergruppe um Lazarsfeld (siehe zusammenfassend Lazarsfeld & Stanton, 1941, 1944, 1949), dem Leiter des 1939 gegründeten „Office of Radio Research". Während sich ein großer Teil der damaligen Untersuchungen entsprechend mit der Nutzung von Radiosendungen beschäftigte (z. B. Herzog, 1940; Mendelsohn, 1964; Warner & Henry, 1948), wurden Bedürfnisse und Gratifikationen in den folgenden Jahren und Jahrzehnten in Bezug auf die Nutzung von Medien(-angeboten) verschiedenster Art untersucht. Bis heute hat sich die Gratifikationsforschung beständig weiterentwickelt und viele verschiedene Ansätze hervorgebracht. In den 1970er Jahren erlebte der Uses and Gratifications-Ansatz einen großen Aufschwung und wurde in der Massenkommunikationsforschung als Paradigmenwechsel gefeiert (vgl. Jäckel, 2005). Durch seine publikumszentrierte Perspektive (vgl. Renckstorf, 1989) wandte er sich gegen das lange Zeit vorherrschende Stimulus-Response-Paradigma und das damit einhergehende Postulat der „starken Medien". Seine Anhänger widersprachen der Annahme, Rezipienten seien Medieneffekten unmittelbar ausgeliefert. Die Frage „What do media do to people?" wurde umgewandelt in die Frage „What do people do with the media?" (Katz, 1959, S. 2).

Darstellung der Annahmen

Katz, Blumler und Gurevitch (1974) fassten die Grundlagen des Uses and Gratifications-Ansatzes folgendermaßen zusammen:

- Es wird davon ausgegangen, dass der Mensch bei der Nutzung von Massenmedien als aktives, zielorientiertes Subjekt handelt, und zwar auf Grund von individuellen Bedürfnissen und Erwartungen an die einzelnen Medienangebote.
- Damit wird der Mensch zu einer Schlüsselfigur im Wirkungsprozess, da er darüber entscheidet, welchen Medien und Inhalten er sich überhaupt aussetzt. Von unmittelbaren Medieneffekten auf Einstellungen und Verhalten kann vor dem Hintergrund dieser Perspektive nicht ausgegangen werden.
- Medien sind nicht die einzige Quelle, die der Mensch in seiner Umwelt nutzen kann, um seine Bedürfnisse zu befriedigen. Sie stellen nur eine von vielen konkurrierenden Möglichkeiten dar.
- Der Mensch ist sich seiner Bedürfnisse und Ziele bewusst und daher auch in der Lage, diese zu artikulieren.
- Mediennutzung wird aus Sicht der Rezipienten und in deren eigenen Kategorien erhoben und verstanden, „also so, wie sie ihre Nutzung der Massenmedien selbst verstehen" (Schenk, 2002, S. 631).

Mediennutzungs- und -auswahlverhalten zeigt sich diesem Ansatz zufolge also auf Grund von Motiven, die wiederum aus einer bestimmten Bedürfnislage und antizipierten Erwartungen der Rezipienten resultieren. Werden die Erwartungen an ein bestimmtes Medienangebot tatsächlich erfüllt, so steigt die Wahrscheinlichkeit, dass dasselbe Auswahlverhalten bei ähnlicher Bedürfnislage erneut gezeigt wird (Rosengren, Wenner & Palmgreen, 1985). Diesen Annahmen entsprechend beschäftigt sich die Uses and Gratifications-Forschung mit „(1) the social and psychological origins of (2) needs, which generate (3) expectations of (4) the mass media or other sources, which lead to (5) differential patterns of media exposure (or engagement in other activities), resulting in (6) need gratifications and (7) other consequences, perhaps mostly unintended ones" (Katz et al., 1974, S. 20).

Eine wichtige Erweiterung des Ansatzes stammt von Palmgreen und Rayburn (1982, 1985; Rayburn & Palmgreen, 1984). Sie unterscheiden erstmals zwischen gesuchten Gratifikationen (gratifications sought) und erhaltenen Gratifikationen (gratifications obtained). Damit konkretisieren sie die Annahmen zur Entstehung von Mediennutzungsmotiven in der Hinsicht, dass nicht mehr nur die Suche nach Bedürfnisbefriedigung in den Blick genommen und stillschweigend vorausgesetzt wird, dass die Menschen dabei auf ein befriedigendes Angebot stoßen. Stattdessen werden nun auch die (Miss-)Erfolge der Suche, also (nicht) gefundene Gratifikationen, zur Erklärung von zukünftiger Mediennutzung hinzugezogen. Bestehende Erwartungen an ein Medienangebot werden nach Ansicht der Autoren durch eine Übereinstimmung von gesuchten und erhaltenen Gratifikationen verstärkt, was wiederum zur Folge hat, dass sich die Wahrscheinlichkeit derselben Medienwahl bei ähnlicher Bedürfnislage erhöht.

Um ihr Verständnis von gesuchten Gratifikationen zu erläutern, greifen Palmgreen und Rayburn (1982, 1985; Rayburn & Palmgreen, 1984) auf Erwartungs-Wert-Modelle, wie zum Beispiel die Theorie des geplanten Verhaltens von Fishbein und Aizen (1975; vgl. auch Atkinson, 1957; Rotter, 1954; Tolman, 1932; Vroom, 1964), zurück. In Anlehnung daran sind gesuchte Gratifikationen als eine Funktion von erwarteten Effekten eines Medienangebotes einerseits und einer affektiven Bewertung dieser Effekte andererseits zu verstehen. Die subjektive Bedeutung eines erwarteten Medieneffektes wird also in die theoretischen Überlegungen zur Mediennutzung mit einbezogen.

Während dieses „expectancy-value model of gratifications sought and gratifications obtained" (Palmgreen & Rayburn, 1985; Rayburn & Palmgreen, 1984) die Beziehung zwischen Bedürfnissen, Erwartungen und der Selektion von Medienangeboten näher beschreiben und erklären soll, gehen Palmgreen, Wenner und Rosengren (1985) einen Schritt über diesen Rahmen hinaus und integrieren es in ein „General Media Gratifications Model" (vgl. **Abb. 1.1**), „an attempt to locate gratification processes within an overall societal perspective" (Palmgreen et al., 1985, S. 16). Neben der (sozialen) Situation werden hier auch individuelle Einstellungen und Eigenschaften sowie die jeweilige (mehr oder weniger habituelle) Art der Nutzung als weitere Einflussfaktoren betrachtet. An der Elaboriertheit dieses Modells wird deutlich, wie umfangreich Gegenstandsbereich und Erklärungsanspruch des Uses and Gratifications-Ansatzes zu diesem Zeitpunkt bereits sind (vgl. Vorderer, 1992).

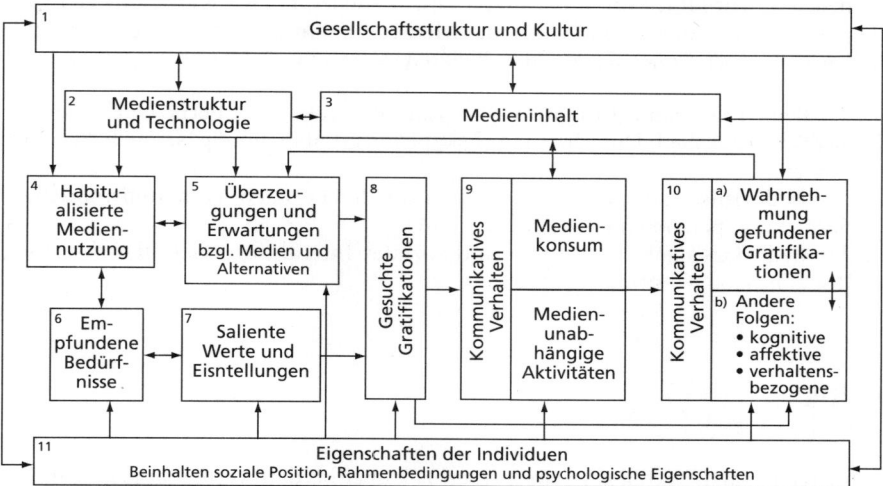

Abb. 1.1: A General Media Gratifications Model (nach Palmgreen, Wenner & Rosengren, 1985)

Typische Methodik und zentrale empirische Befunde

Entsprechend umfangreich ist auch die Forschungsarbeit, die im Rahmen des Uses and Gratifications-Paradigmas über Jahrzehnte hinweg geleistet wurde. Rubin (2002) fasst insgesamt sechs Forschungsbereiche zusammen:

1. die Typologisierung von Mediennutzungsmotiven,
2. den intermedialen Vergleich von Motiven,
3. die Erforschung der unterschiedlichen sozialen und psychologischen Umstände der Mediennutzung,
4. die Bestimmung und Verbesserung der Gütekriterien von Motiv-Erhebungen,

19

5. die Untersuchung des Zusammenhangs zwischen erwarteten und erhaltenen Gratifikationen und
6. den Zusammenhang zwischen Mediennutzung und Medienwirkungen.

Die anfängliche Gratifikationsforschung hat sich vorwiegend der Typologisierung von Mediennutzungsmotiven gewidmet und rein deskriptiv gearbeitet (vgl. Ruggiero, 2000). Es wurde versucht, Motive zu identifizieren und zu katalogisieren. Im Laufe der Zeit ging die Forschung aber mehr und mehr über die reine Beschreibung und Kategorisierung von Nutzungsmotiven hinaus und machte sich auch auf die Suche nach Erklärungen für und Effekten von Mediennutzungsverhalten.

Die am häufigsten verwandte Methode zur Messung von Gratifikationen bzw. Nutzungsmotiven ist der Selbstbericht (Self-Report) von Seiten der Rezipienten (vgl. Becker, 1979), was auf die Annahme zurückzuführen ist, jeder Mensch sei sich seiner Bedürfnisse jederzeit bewusst und in der Lage, diesbezüglich valide Aussagen zu machen. Mit Hilfe von offenen oder geschlossenen Fragen wurde in vielen Studien direkt nach den Gründen für die Mediennutzung gefragt. Folgende Motive ließen sich dabei immer wieder identifizieren (Schramm & Hasebrink, 2004):

1. das Bedürfnis nach Information (Orientierung, Ratsuche, Lernen etc.),
2. das Bedürfnis nach Unterhaltung (Eskapismus, Entspannung, sexuelle Stimulation etc.),
3. das Bedürfnis nach persönlicher Identität (Suche nach Verhaltensmodellen, Bestärkung persönlicher Werte etc.) und
4. das Bedürfnis nach Integration und sozialer Interaktion (Geselligkeitsersatz, Rollenmodell, Gesprächsstoff etc.).

Kritik

Palmgreen et al. (1985) liefern einen Überblick über bis dato verfügbare Forschungsergebnisse und verwenden diese als Basis für ihr General Media Gratifications Model (vgl. **Abb. 1.1**). Sie merken jedoch an, dass die vorliegenden Studien immer nur einzelne Elemente des Modells in den Blick nehmen und bivariate Zusammenhänge analysieren, die Komplexität des Gegenstandes aber multivariate Verfahren erfordere. „The process may be likened to examining an elephant through a magnifying glass: One may learn much about various parts of the anatomy, but it may be difficult to discern the nature of the beast" (Palmgreen et al., 1985, S. 36).

Des Weiteren wurde an den vorhandenen Studien die vorherrschende Methode der Befragung und die dahinter stehende Charakterisierung des Auswahlverhaltens als „bewusst" kritisiert (vgl. Vorderer, 1992). Die methodischen Bedenken richten sich dabei vor allem auf eine mögliche Rationalisierung des eigenen Verhaltens durch den Probanden und eine damit einhergehende Verzerrung des Self-Reports in Richtung einer sozialen Erwünschtheit (vgl. Schenk, 2002). Palmgreen hat im Jahre 1984 vorgeschlagen „die Arbeitshypothese, wonach sich die Rezipienten ihrer „Medienmotivationen" vollständig bewußt seien, erneut zu überprüfen" (zitiert nach Vorderer, 1992, S. 22).

Nicht nur die Voraussetzung einer „bewussten Nutzung", sondern auch die einer „aktiven Nutzung" bescherte dem Ansatz kritische Einwände (vgl. Vorderer,

1992). Neben der Tatsache, dass unter den Forschern kein einheitliches Verständnis von einem „aktiven Publikum" vorzufinden ist (vgl. Blumler, 1979), werden durch die Konzentration auf das Individuum weitere Faktoren ausgeblendet, die den Auswahlprozess beeinflussen, wie zum Beispiel gesellschaftliche oder das Angebot betreffende Aspekte (vgl. Elliott, 1974; Schenk, 2002). In Bezug auf die Missachtung der Medienseite gibt Schönbach (1984) zum Beispiel zu bedenken, dass die (Suche nach) Bedürfnisbefriedigung häufig viel mehr von den (verfügbaren) Stimuli abhängt als von einem mehr oder weniger aktiven Rezipienten. Neben externen Faktoren, die aus der Beschreibung und Erklärung von Auswahlprozessen ausgeklammert werden, ist es laut Vorderer (1992) zudem problematisch, nichtaktive oder -bewusste Auswahlprozesse, wie sie zum Beispiel vom Selective-Exposure-Ansatz (Zillmann & Bryant, 1985; vgl. Beitrag zum Selective-Exposure-Ansatz in diesem Band) postuliert werden, aus allen Überlegungen und Untersuchungen auszuschließen.

Einer der wichtigsten Angriffspunkte, der bezüglich des Uses and Gratifications-Ansatzes häufig diskutiert wurde, stellt dessen Theorieschwäche dar (vgl. Elliott, 1974; Swanson, 1977; Vorderer, 1992). Sie mündet in einer gewissen theoretischen Beliebigkeit, die es erlaubt, jedes Mediennutzungsverhalten mit jeder Art von Bedürfnis zu kombinieren und zu erklären. Es fehlt der Rückbezug auf eine Theorie menschlicher Bedürfnisse, welche die Zusammenhänge näher beleuchtet und konkretere Vorhersagen zulässt. Der Bedarf an präziseren Aussagen zur Auswahl einzelner Medien(-angebote) wird nicht zuletzt verstärkt durch das Auftreten immer neuer Massenkommunikationsmedien: „As new communication technologies rapidly materialize, the range of possible topics for U&G research also multiplies" (Ruggiero, 2000, S. 28).

Trotz der vielfältigen Einwände und Desiderata darf der Verdienst des Uses and Gratifications-Ansatz allerdings nicht unterschätzt werden. Durch ihn wurde der Blick auf den Rezipienten gelenkt und geschärft – weg von einer stimulusfixierten Black-Box-Forschung hin zu einer umfassenderen Betrachtung der Einflussvariablen im Mediennutzungs- und -wirkungsprozess.

Literatur

Atkinson, J. W. (1957). Motivational determinants of risk-taking behavior. *Psychological Review, 64,* 359–372.

Becker, L. B. (1979). Measurement of Gratifications. *Communication Research, 6(1),* 54–73.

Blumler, J. G. (1979). The Role of Theory in Uses and Gratifications Studies. *Communication Research, 6(1),* 9–36.

Elliott, P. (1974). Uses and Gratifications Research: A Critique and a sociological alternative. In J. G. Blumler & E. Katz (Eds.), *The Uses of Mass Communication* (pp. 249–268). Beverly Hills: Sage.

Fishbein, M. & Ajzen, I. (1975). *Belief; Attitude, Intention and Behavior: An Introduction to Theory and Research.* Reading, MA: Addison-Wesley.

Herzog, H. (1940). Professor Quiz: A Gratification Study. In P. F. Lazarsfeld (Ed.) *Radio and the printed page* (pp. 64–93). New York: Duell, Sloan and Pearce.

Jäckel, M. (2005). *Medienwirkungen.* Wiesbaden: VS Verlag für Sozialwissenschaften.

Katz, E. (1959). Mass communications research and the study of popular culture: an editorial note on a possible future for this journal. *Studies in Public Communication, 2*, 1–6.

Katz, E., Blumler, J. G. & Gurevitch, M. (1974). Utilization of Mass Communication by the individual. In J. G. Blumler & E. Katz (Eds.), *The Uses of Mass Communication* (pp. 19–32). Beverly Hills: Sage.

Lazarsfeld, P. F. & Stanton, F. N. (1941). *Radio Research, 1941*. New York: Duell, Sloan & Pearce.

Lazarsfeld, P. F. & Stanton, F. N. (1944). *Radio Research, 1942–1943*. New York: Duell, Sloan & Pearce.

Lazarsfeld, P. F. & Stanton, F. N. (1949). *Communications Research, 1948–1949*. New York: Harper.

Mendelsohn, H. (1964). Listening to radio. In L. A. Dexter & D. M. White (Eds.), *People, Society and Mass Communications* (pp. 239–248). New York: Free Press.

Palmgreen, P. & Rayburn, J. D. (1982). Gratifications Sought and Media Exposure. An Expectancy Value Model. *Communications Research, 9(4)*, 561–580.

Palmgreen, P. & Rayburn, J. D. (1985). An Expectancy-Value Approach to Media Gratifications. In K. E. Rosengren, P. Palmgreen & L. A. Wenner (Eds.), *Media Gratifications Research. Current Perspectives* (pp. 61–72). Beverly Hills: Sage.

Palmgreen, P., Wenner, L. A. & Rosengren, K. E. (1985). Uses and gratifications research. The Past Ten Years. In K. E. Rosengren, P. Palmgreen & L. A. Wenner (Eds.), *Media Gratifications Research. Current Perspectives* (pp. 11–37). Beverly Hills: Sage.

Rayburn, J. D. & Palmgreen, P. (1984). Merging Uses and Gratifications and Expectancy-Value Theory. *Communication Research, 11(4)*, 537–562.

Renckstorf, K. (1989). Mediennutzung als soziales Handeln. Zur Entwicklung einer handlungstheoretischen Perspektive der empirischen (Massen-)Kommunikationsforschung. In M. Kaase & W. Schulz (Hrsg.), *Massenkommunikation. Theorien, Methoden, Befunde* (S. 314–336). Opladen: Westdeutscher Verlag.

Rosengren, K. E., Wenner, L. A. & Palmgreen, P. (1985). *Media gratifications research: current perspectives*. Beverly Hills, CA: Sage.

Rotter, J. B. (1954). *Social Learning and Clinical Psychology*. New York: Prentice-Hall.

Rubin, A. M. (2002). The Uses-and-Gratifications Perspective of Media Effects. In J. Bryant & D. Zillmann (Eds.), *Media Effects. Advances in Theory and Research* (pp. 525–548). Mahwah, NJ: Lawrence Erlbaum.

Ruggiero, T. E. (2000). Uses and Gratifications Theory in the 21st Century. *Mass Communication & Society, 3(1)*, 3–37.

Schenk, M. (2002). *Medienwirkungsforschung*. Tübingen: Mohr.

Schönbach, K. (1984). Ein integratives Modell? Anmerkungen zu Palmgreen. *Rundfunk und Fernsehen, 32(1)*, 63–65.

Schramm, H. & Hasebrink, U. (2004). Fernsehnutzung und Fernsehwirkung. In R. Mangold, P. Vorderer & G. Bente (Hrsg.), *Lehrbuch der Medienpsychologie* (S. 465–492). Göttingen: Hogrefe.

Swanson, D. L. (1977). The Uses and Misuses of Uses and Gratifications. *Human Communication Research, 3(3)*, 214–221.

Tolman, E. C. (1932). *Purposive Behavior in Animals and Men*. New York: Appleton-Century-Crofts.

Vorderer, P. (1992). *Fernsehen als Handlung. Fernsehfilmrezeption aus motivationspsychologischer Perspektive*. Berlin: Sigma.

Vroom, V. H. (1964). *Work and Motivation*. New York: John Wiley & Sons.

Warner, W. L. & Henry, W. E. (1948). The Radio Daytime Serial: A Symbolic Analysis. *Genetic Psychology Monographs, 37*, 3–71.

Zillmann, D. & Bryant, J. (1985). *Selective exposure to communication*. Hillsdale, NJ: Lawrence Erlbaum.

Selective Exposure

Nina Haferkamp

Worum geht es?

Selective Exposure wird als Schlüsselkonzept in der Medienpsychologie immer dann aufgegriffen, wenn es um die Auswahl von medialen Angeboten geht. Ausgangspunkt ist die Annahme, dass Rezipienten sich selektiv medialen Stimuli aussetzen. Das wirft zugleich die Frage auf, welche Kriterien für den Einzelnen bei der Auswahl entscheidend sind. Diese Faktoren zeichnen wiederum dafür verantwortlich, mit welcher Wahrscheinlichkeit bestimmte Informationen zu den Rezipienten gelangen, um potenzielle Wirkungen auszulösen. Die selektive Zuwendung kann auf unterschiedliche Ebenen des Massenkommunikationsprozesses bezogen werden. Dabei muss beispielsweise zwischen der generellen Entscheidung für oder gegen die Nutzung von Medien, der anschließenden Auswahl eines konkreten Mediums sowie der selektiven Zuwendung zu einzelnen redaktionellen Angeboten (z. B. Art des Fernsehprogramms oder Zeitungsartikels) unterschieden werden (Donsbach, 1989). Selective Exposure ist jedoch nicht nur ein Erklärungsansatz der Mediennutzung, sondern weist auch auf einen immer wichtiger werdenden „Schutzmechanismus" des „sovereign consumer" (Bryant & Davis, 2006, S. 19) im 21. Jahrhundert hin: Denn um einen drohenden Informationsinfarkt (information overload, vgl. de Sola Pool et al., 1984) bei der stetig steigenden Zahl produzierter Botschaften zu entgehen, sind Individuen förmlich dazu gezwungen, die für ihren Standpunkt relevanten Inhalte aus der Angebotsflut auszuwählen (Tasche, 1996; Winterhoff-Spurk, 1999).

Darstellung der Annahmen

Der Selective-Exposure-Ansatz hat seinen Ursprung in der Propaganda-Forschung der 1950er Jahre. Lazarsfeld, Berelson und Gaudet (1944, 1968) kamen in einer der ersten Massenkommunikationsstudien zu dem Ergebnis, dass Rezipienten sich selektiv dem Angebot der Medien entsprechend ihrer individuellen Präsdispositionen zuwenden („Defensive Selektivität", Winterhoff-Spurk, 1999). Demnach setzten sich Wähler einer Partei lediglich den medialen Informationen aus, die ihre eigenen Argumente widerspiegelten oder diese unterstützten. Festinger (1954) liefert mit seiner Theorie der kognitiven Dissonanz einen Ansatz, der nahtlos an die Erkenntnisse der Kampagnenforschung anschließt: Individuen suchen Inhalte auf, die ein konsistentes Verhältnis zu ihrem kognitiven System aufweisen und meiden die Informationen, die eine inkonsistente Relation zu bestehenden Kognitionen besitzen (Herkner, 1999; Klapper, 1960; Schenk, 2002).

  Die Selective-Exposure-Forschung der 1960er Jahre stellt jedoch, neben rein kognitiven Faktoren der selektiven Zuwendung (Dissonanz), auch alternative

Motive und Bedürfnisse wie Interesse und Entertainment sowie emotionale Prädispositionen (Katz, 1968; Schramm, Lyle & Parker, 1961) heraus.

In diesem Zusammenhang können zwei dominante Ansätze differenziert werden, die die selektive Zuwendung des Zuschauers auf unterschiedliche Weise konzeptionieren: Während der uses-and-gratifications-approach (z. B. Blumler & Katz, 1974; Rosengren, Wenner & Palmgreen, 1985; vgl. Beitrag zum Uses and Gratifications-Ansatz in diesem Band) die aktive Selektion des Rezipienten auf konkrete Bedürfnisse (z. B. Information, Unterhaltung, persönliche Identität, Integration und soziale Interaktion, vgl. McQuail et al., 1972) zurückführt, sehen Zillmann und Bryant (1985) bei ihrem Selective-Exposure-Ansatz die bewusste und intentionale Selektion der Fernsehprogramme vielmehr als Ausnahme. Ihr Ansatz ist zugleich auch der prominenteste im Rahmen der Selective-Exposure-Forschung zur Fernsehnutzung (Zillmann & Bryant, 1998). Sie gehen davon aus, dass der Zuschauer sich seiner Bedürfnisse nicht bewusst ist, sondern die Tätigkeit des Fernsehens nur insofern rational durchführt, als überhaupt die Entscheidung gefällt wurde, das Gerät einzuschalten. „[...] It is assumed that individuals execute choices rather 'mindlessly', that is, without awareness of choice criteria and without deliberate consideration of desirable effects" (Zillmann & Bryant, 1985, S. 161). Rezipienten bewegen sich demnach wie Kanal-Surfer (channel surfers) von Angebot zu Angebot. Sie verweilen nur dann, wenn das gegenwärtige Programm sie anspricht und anregt, wohingegen sie zur nächsten Option weiterschalten, wenn das Programm sie langweilt. Abgelehnte Programme werden im Gedächtnis behalten und beim nächsten Fernsehen gemieden. Die optimale Programmselektion erfolgt demnach über ein Ausschlussprinzip und nicht in der Form eines konkreten Anwählens von bestimmten Programmen, auch wenn Zillmann und Bryant diese Option nicht gänzlich ausschließen (Schramm & Hasebrink, 2004). Die Annahmen zur Auswahl von Medieninhalten auf Grund individueller Prädispositionen wurden von Zillmann und Bryant wenig später in ihrer Theorie zum Mood Management (vgl. Beitrag zum Mood Management in diesem Band) spezifiziert: Der Theorie zufolge fungieren „affects, moods, and emotions as determinants of selective exposure" (Zillmann & Bryant, 1985, S. 157). Die Selektion eines medialen Angebotes dient demnach u. a. dazu, die Intensität schlechter Stimmungen zu minimieren und gute Stimmungen zu maximieren (Zillmann, 1985; 1988, 2000; Zillmann & Bryant, 1985). Mood Management greift demnach die Überlegungen zum Selective Exposure als theoretische Basis auf (Schramm, 2005) und bezieht diese konkreter auf affektive, bzw. emotionale Komponenten bei der selektiven Zuwendung.

Typische Methodik

Die Mehrzahl der ersten empirischen Arbeiten zum Selective Exposure sind Feldexperimente, beispielsweise mittels Tagebüchern oder Fragebögen (Arbitron, 1983), die die Nutzungsgewohnheiten von Rezipienten im Alltag aufdecken. Die Forschung zur Zuwendung in Laborsituationen wurde erst mit der Integration der Überlegungen zur Dissonanz-Theorie eröffnet. Besonders neuere Untersuchungen im Labor prüfen unter Zuhilfenahme der Video-Aufzeichnung oder direkter Observation das Selektionsverhalten von Rezipienten. Auf das direkte Abfragen der motivationalen Beweggründe wird in vielen Untersuchungen (vgl. Bryant & Zillmann, 1984) verzichtet, da man von einer unbewussten Zuwendung ausgeht. Deshalb werden die affektiven Zustände der Probanden zunächst gezielt manipuliert, um Rückschlüsse auf die anschließende Selektion gewinnen zu können. Beispielsweise werden die Probanden gelangweilt oder unter Stress gesetzt, um so deren Einfluss auf die Selektion sichtbar zu machen (Boyanowski, 1977; Bryant & Zillmann, 1984; Christ & Medoff, 1984; Schramm & Hasebrink, 2004; Zillmann, Hezel & Medoff, 1980; vgl. Beitrag zum Mood Management in diesem Band). Danach ermöglicht man den Versuchspersonen die Nutzung eines medialen Angebotes mit freier Programmwahl.

Zentrale empirische Befunde

Auf Grund der Vielzahl an empirischen Untersuchungen im Rahmen des Selective-Exposure-Ansatzes kann hier nur eine begrenzte Auswahl an Ergebnissen genannt werden. Eine erste empirische Bestätigung des Channel-Surfing-Modells fanden Zillmann und Bryant (1985) in einer Studie zur Fernsehprogrammwahl. Sie kamen zu dem Ergebnis, dass gelangweilte oder gestresste Versuchspersonen bei freier Programmwahl genau das Fernsehprogramm aufsuchten, das ihren aktuellen Erregungszustand wieder normalisierte. In neueren Untersuchungen wird mittlerweile auch der Einfluss von Persönlichkeitsmerkmalen bei der Fernsehnutzung berücksichtigt. Eine Studie von Weaver (1991) stellt Verbindungen zwischen der Vorliebe für besondere Fernsehgenres und speziellen Persönlichkeitsvariablen her. Zuschauer mit hohen Neurotizismuswerten zeigen eine besonders hohe Zuwendungsrate zu Nachrichtensendungen und Bildungsprogrammen, während Rezipienten mit hohen Psychotizismuswerten Action in Kombination mit Gewalt präferieren.

Neben der Forschung zur Fernsehprogrammauswahl nehmen aktuelle Untersuchungen zu den Ursachen der selektiven Zuwendung zu Computer- und Videospielen einen wichtigen Stellenwert in der Forschung ein. Griffiths und Hunt (1998) kamen in Bezug auf die Auswahl von Computerspielen zu ähnlichen Ergebnissen wie die Untersuchungen von Zillmann und Bryant (1985) im Rahmen der Fernsehprogrammauswahl. In einer Befragung gaben Nutzer von Computerspielen als zentralen Grund für ihren regelmäßigen Konsum an, dass ihnen langweilig war, sie nichts Besseres zu tun hatten und deshalb zum Joystick griffen. In einer aktuelleren Studie unterstrichen Bickham et al. (2003) wiederum die Relevanz soziodemografischer Variablen: So erwiesen sich Alter und Geschlecht als die besten Prädiktoren für die selektive Zuwendung zu Computer- und Videospielen.

Besondere Beachtung findet in empirischen Studien die Suche nach den Ursachen für die Zuwendung zu aggressiven Medieninhalten (vgl. Beitrag zu Gewalt in diesem Band). Bereits 1985 kamen Fenigstein und Heyduk in ihrer Untersuchung zu dem Ergebnis, dass Personen, die selbst Gewalt ausüben, und Personen, die häufig aggressive Fantasien haben, stärker an Filmen mit gewalthaltigem Inhalt interessiert waren. Rosaen, Boyson und Smith (2006) kamen in einer Fragebogenstudie zu einem ähnlichen Resultat: Eine generelle Disposition für Wut, Feindseligkeit und Aggression war auch in ihrer Studie ein schwacher aber dennoch vorhandener Prädiktor für die Entscheidung zum Konsum gewalthaltiger Medienangebote. Knobloch et al. (2005) konkretisieren diesen Befund in einer Studie, in der sie herausfanden, dass Jungen eine starke Präferenz für aggressive

25

Videofilme aufweisen, während Mädchen tendenziell eher friedliche Videofilme bevorzugen.

Empirische Untersuchungen zu den Ursachen selektiver Zuwendung können jedoch auch der potenziellen Optimierung medialer Angebote dienlich sein: Knobloch-Westerwick und Hastall (2006) unterstrichen mit ihrer Studie zur Auswahl von Beiträgen aus Online-Nachrichtenmagazinen, dass soziale Vergleichsprozesse einen Einfluss auf die selektive Zuwendung zu einzelnen Artikeln aufweisen: Die Rezipienten wählten besonders häufig die Nachrichten aus, die über Protagonisten mit dem gleichen Geschlecht und Alter berichteten.

Kritik

In Bezug auf die empirische Bewährung des Selective-Exposure-Konzeptes weisen Bryant und Davis (2006) auf die limitierte Aussagekraft von Laborexperimenten hin, da sie dem Rezipienten nur ein begrenztes Maß an Selektionsspielraum gewähren. „Obviously this model has little external validity today, because the world in which we live is typified by media abundance, if not excess". Demzufolge plädieren die Autoren für Feldexperimente oder andere kontrollierte Erhebungsverfahren, „if it proves untenable to accommodate ecological validity in our laboratories" (S. 31).

Die dissonanztheoretische Perspektive erscheint aus der Sicht des heutigen Forschungsstandes diskussionswürdig. Donsbach (1989) hält es für problematisch, „aus der bloßen Übereinstimmung zwischen Rezipientenmeinungen und Medieninhalten Rückschlüsse auf dissonanztheoretische Ursachen für die Selektionsentscheidungen zu ziehen" (S. 395 „de-fakto-Selektion", vgl. auch Freedman & Sears, 1965). Jüngere Ergebnisse bekräftigen hingegen wieder dissonanztheoretische Annahmen für bestimmte mediale Angebote (D'Alessio & Allen, 2002, Hawkins et al, 2001). Ältere Studien lassen zudem häufig die Betrachtung von Persönlichkeitsmerkmalen bei der selektiven Zuwendung vermissen. Zillmann und Bryant (1998) plädieren diesbezüglich für die verstärkte Integration dieser Variablen, was in der aktuellen Selective-Exposure-Forschung auch bereits erfolgreich vorangetrieben wird (vgl. z. B. Weaver, 1991).

Literatur

Arbitron (1983). November television reports delivered in record time. *Beyond the Ratings, 6(1)*, 1.

Bickham, D. S., Vandewater, E. A., Huston, A. C., Lee, J. H., Caplovitz, A. G. & Wright, J. C. (2003). Predictors of children's media use: An examination of three ethnic groups. *Media Psychology, 5*, 107–137.

Blumler, J. G. & Katz, E. (1974). *The Uses of Mass Communications: Current Perspectives on Gratifications Research*. Beverly Hills, CA: Sage.

Boyanowski, E. O. (1977). Film preferences under conditions of threat: Whetting the appetite for violence, information or excitement? *Communication Research, 4*, 133–145.

Bryant, J. & Davis, J. (2006). Selective Exposure Processes. In J. Bryant (Eds.), *Psychology of entertainment* (pp. 19–33). Mahwah, NJ: Lawrence Erlbaum.

Bryant, J. & Zillmann, D. (1984). Using television to alleviate boredom and stress: Selective exposure as a function of induced excitational states. *Journal of Broadcasting, 28,* 1–20.

Christ, W. & Medoff, N. (1984). Affective state and selective exposure to and use of television. *Journal of Broadcasting, 28,* 51–63.

D'Alessio, D. & Allen, M. (2002). Selective Exposure and dissonance after decisions. *Psychological Reports, 91,* 527–534.

de Sola Pool, I., Inose, H., Takasaki, N. & Hurwitz, R. (1984). *Communication Flows: A Census in the United States and Japan. Information Research and Resource Reports.* Amsterdam: Elsevier.

Donsbach, W. (1989). Selektive Zuwendung zu Medieninhalten. Einflussfaktoren auf die Auswahlentscheidungen der Rezipienten. In M. Kaase & W. Schulz (Hrsg.), *Massenkommunikation. Theorien, Methoden, Befunde. Kölner Zeitschrift für Soziologie und Sozialpsychologie* (S. 392–405). Opladen: Westdeutscher Verlag.

Fenigstein, A. & Heyduk, R. G. (1985). Thought and Action as Determinants of Media Exposure. In D. Zillmann & J. Bryant (Eds.), Selective Exposure to Communication (pp. 35–61), Hillsdale, NJ: Lawrence Erlbaum.

Festinger, L. (1954). A Theory of Social Comparison Processes. *Human Relations, 7,* 117–140.

Freedman, J. L. & Sears, D. O. (1965). Selective Exposure. In L. Berkowitz (Eds.), *Advances in Experimental Social Psychology, 2,* 58–98.

Griffiths, M. D. & Hunt, N. (1998). Dependence on video games by adolescents. *Psychological Reports, 82,* 475–480.

Hawkins, R. P., Pingree, S., Hitchon, J., Gorham, B. W., Kannaovakun, P., Gilligan, E., Radler, B., Kolbeins, G. H. & Schmidt, T. (2001). Predicting selection and activity in television genre viewing. *Media Psychology, 3,* 237–263.

Herkner, W. (1999). *Lehrbuch Sozialpsychologie. 2. Auflage.* Bern: Hans Huber.

Katz, E. (1968). On reopening the question of selectivity in exposure to mass communication. In R. P. Abelson, E. Aronson, W. J. Mc Quire, T. M. NewComb, M. J. Rosenberg, P. H. Tannenbaum (Eds.), *Theories of cognitive consistence: A sourcebook* (pp. 788–796). Chicago: Rand McNally and Company.

Klapper, J. T. (1960). *The Effects of Mass Communication.* New York: Free Press.

Knobloch, S., Callison, C., Chen, L., Fritzsche, A. & Zillmann, D. (2005). Children's Sex Stereotyped Self-Socialization Through Selective Exposure to Entertainment: Cross-Cultural Experiments in Germany, China, and the United States. *Journal of Communication, 55, 1,* 122–138.

Knobloch-Westerwick, S. & Hastall, M. (2006). Social Comparisons with News Personae: Selective Exposure to News Portrayals of Same-Sex and Same-Age Characters. *Communication Research, 33, 4,* 262–284.

Lazarsfeld, P. F., Berelson, B. & Gaudet, H. (1944/1968). *The people's choice: How the voter makes up his mind in a presidential campaign.* New York: Columbia University Press.

McQuail, D. (1972). *Sociology of Mass Communications.* Harmondsworth: Penguin.

Rosaen, S. F., Boyson, A. R. & Smith, S. L. (2006). Aggression-Related Characteristics and the Selection of Media Violence. *Zeitschrift für Medienpsychologie, 18,* 119–130.

Rosengren, K. E., Wenner, L. A. & Palmgreen, P. (1985). *Media Gratifications Research: Current Perspectives.* Beverly Hills, CA: Sage.

Schenk, M. (2002). Medienwirkungsforschung. 2. Auflage. Tübingen: Mohr Siebeck.

Schramm, H. (2005). Mood Management durch Musik. Köln: Herbert von Halem.

Schramm, H. & Hasebrink, U. (2004). Fernsehnutzung und Fernsehwirkung. In R. Mangold, P. Vorderer & G. Bente (Hrsg.), *Lehrbuch der Medienpsychologie* (S. 465–492). Göttingen: Hogrefe.

Schramm, W., Lyle, J. & Parker, E. (1961). *Television in the lives of our children*. Paolo Alto, CA: Stanford University Press.

Tasche, K. G. (1996). *Die selektive Zuwendung zu Fernsehprogrammen: Entwicklung und Erprobung von Indikatoren der selektiven Nutzung von politischen Informationssendungen des Fernsehens*. München: R. Fischer.

Weaver, J. B. (1991). Exploring the links between personality and media preferences. *Personality and Individual Preferences, 12*, 1293–1299.

Winterhoff-Spurk, P. (1999). *Medienpsychologie. Eine Einführung*. Stuttgart: Kohlhammer.

Zillmann, D. (1985). Affect, mood and emotion as determinants of selective exposure. In D. Zillmann & J. Bryant (Eds.), *Selective exposure to communication* (pp. 157–190). Hillsdale, NJ: Lawrence Erlbaum.

Zillmann, D. (1988). Mood management through communications. *American Behavioral Scientist, 31*, 327–340.

Zillmann, D. (2000). Mood management in the context of selective exposure theory. In M. E. Roloff (Ed.), *Communication Yearbook, 23* (pp. 103–123). Thousand Oaks, CA: Sage.

Zillmann, D., Hezel, R. & Medoff, N. (1980). The effect of affective states on selective exposure to entertainment fare. *Journal of Applied Social Psychology, 10*, 323–339.

Zillmann, D. & Bryant, J. (1985). Selective-Exposure Phenomena. In D. Zillmann & J. Bryant (Eds.), *Selective Exposure to Communication* (pp. 1–10). Hillsdale, NJ: Lawrence Erlbaum.

Zillmann, D. & Bryant, J. (1998). Fernsehen. In B. Strauß (Hrsg.), *Zuschauer* (S. 175–212). Göttingen: Hogrefe.

Mood Management

Lisa Aelker

Worum geht es?

Die Mood Management-Theorie von Zillmann (1988a, 1988b) soll die Frage beantworten, welchen Medienangeboten sich Menschen aus welcher Motivation heraus zuwenden. Der Fokus richtet sich dabei auf Stimmungszustände, die in diesem Forschungskontext sowohl als Ursache als auch als Wirkung von Mediennutzung verstanden und analysiert werden. Als allgemeinere theoretische Grundlage des Mood Management-Konzepts kann der Selective-Exposure-Ansatz von Zillmann und Bryant (1985) verstanden werden (vgl. Schramm, 2005; vgl. Beitrag zu Selective Exposure in diesem Band). So wurden die Grundannahmen der Mood Management-Theorie zunächst in dem Buch *Selective exposure to communication* (Zillmann & Bryant, 1985) veröffentlicht. Zu diesem Zeitpunkt noch als „theory of affect-dependent stimulus arrangement" bezeichnet, wurde die Mood Management-Theorie drei Jahre später ausführlich und unter ihrem heutigen Namen von Zillmann (1988a, 1988b) vorgestellt.

Darstellung der Annahmen

Laut Zillmann (1988a, 1988b) sind Menschen jederzeit bestrebt, positive Stimmungen zu maximieren und negative Stimmungen zu minimieren. Um dieses Ziel zu erreichen, beeinflussen und nutzen sie häufig Stimuli aus ihrer Umwelt. Medienangebote stellen Außenreize dar, die relativ leicht zugänglich und kontrollierbar sind. Sie eignen sich daher besonders gut zum Stimmungsmanagement. Medienauswahl und -nutzung sind entsprechend dieser Funktion als abhängig von der jeweiligen Verfassung des Rezipienten zu verstehen und dienen in erster Linie der Regulation von physiologischen und emotionalen Zuständen. Präferenzen bei der Auswahl von Medienangeboten entstehen dabei laut Zillmann (1988a, 1988b) durch operante Konditionierung: Zunächst werden Medienangebote zufällig ausgewählt. Stellt sich im Verlauf der Rezeption heraus, dass sie der Aufrechterhaltung oder weiteren Verbesserung von positiver Stimmung oder der Verminderung oder Beendigung von schlechter Stimmung dienen, erhöht sich damit die Wahrscheinlichkeit, dass unter ähnlichen Umständen auf dasselbe oder ein vergleichbares Medienangebot zurückgegriffen wird. Ausgangspunkt ist dabei die Überlegung, dass man sich in einer vergleichbaren Situation an die früheren Effekte eines Medienangebotes erinnert und darauf basierend bewusste oder unbewusste Auswahlentscheidungen trifft. Im Vergleich zu anderen Modellen wie zum Beispiel dem Uses and Gratifications-Ansatz (vgl. Beitrag zum Uses and Gratifications-Ansatz in diesem Band), wird nicht davon ausgegangen, dass sich die Rezipienten ihren Nutzungsmotiven in jeder Situation bewusst sind. Im Gegenteil wird betont, dass die meisten Auswahlprozesse unbewusst ablaufen (Zillmann, 1988a, 1988b).

Zillmann (1988a) formuliert konkrete Hypothesen bezüglich einer solchen stimmungsabhängigen Medienauswahl. Vier Faktoren bzw. Eigenschaften des Medienangebotes werden dabei als zentral angesehen:

1. Die hedonische Valenz
   Es wird angenommen, dass die hedonische Valenz, also in diesem Fall die Unterhaltungsqualität eines Umweltreizes, die Qualität des Affektes bestimmt. Demnach erzeugen hedonisch negative Reize negative Emotionen, wohingegen hedonisch positive Reize die Stimmung eines Menschen positiv beeinflussen. Daraus leitet Zillmann (1988a) die Hypothese ab, dass Individuen in akut aversiven Zuständen eher Medienangebote mit hedonisch positiver Valenz auswählen. In positiver Verfassung zeigt sich diese Tendenz hingegen weniger oder gar nicht.
2. Das Erregungspotenzial
   Medienangebote werden von Menschen auch ausgewählt, um ihr aktuelles Erregungsniveau zu regulieren und zu normalisieren. Grundannahme hierbei ist, dass ein mittleres Erregungsniveau als angenehm empfunden wird. Befinden sich Menschen durch zu hohe Erregung in einem unangenehmen Spannungszustand, so setzen sie sich potenziell beruhigenden Medienangeboten aus, um die Erregung auszugleichen und auf ein angenehmes Niveau zu bringen. Sind sie stattdessen unterstimuliert und befinden sich in einem Zustand der Langeweile, was ebenfalls als aversiver Spannungszustand empfunden wird, so wählen und rezipieren sie potenziell anregende Medienangebote.
3. Das Absorptionspotenzial
   Unter dem Absorptionspotenzial eines Medienangebotes ist dessen Fähigkeit zu verstehen, Kognitionen zu unterbrechen und einen Menschen somit in seinem

anfänglichen Erleben zu stören. Zillmann (1988a, 1988b) vermutet, dass in akut aversiven Zuständen Medienangebote ausgewählt werden, die über ein möglichst hohes Absorptionspotenzial verfügen, um negative Emotionen abzuschwächen. Im Gegensatz dazu sind Menschen bestrebt, positive Stimmungen beizubehalten und werden sich daher in entsprechender Verfassung eher weniger absorbierenden Programmen aussetzen. Diese Voraussagen relativieren sich jedoch im Hinblick auf das vierte Angebotsmerkmal, welches die Programmauswahl beeinflusst.

4. Die semantische Affinität

Auch die Ähnlichkeit zwischen Medienangebot und Stimmung entscheidet mit darüber, ob der Rezipient ein Angebot nutzt oder nicht. Negative Stimmung hat zur Folge, dass ein Programm ausgewählt wird, welches möglichst wenig semantische Affinität zum aktuellen Stimmungszustand aufweist. Dagegen wird bei positiver Stimmung auf ein Angebot zurückgegriffen, welches möglichst viele Parallelen zum emotionalen Zustand aufweist, auch wenn es sich dabei um ein stark absorbierendes Programm handelt.

Typische Methodik und zentrale empirische Befunde

Zillmann und Mitarbeiter haben vor allem in experimentellen Laborstudien versucht, die Hypothesen zur stimmungsabhängigen und stimmungsregulierenden Auswahl und Nutzung von Medienangeboten zu prüfen. Entsprechend ihrer Vermutung, dass sich Menschen ihrer Bedürfnisse und Motive in vielen Situationen nicht bewusst sind, verzichteten sie dabei auf Befragungen und Selbsteinschätzungen von Seiten der Untersuchungsteilnehmer. Stattdessen induzierten sie experimentell verschiedene Stimmungen oder erschlossen den Stimmungszustand aus Situationsinformationen und erfassten den Umgang der Versuchspersonen mit verschiedenen Fernsehprogrammen, welche jeweils spezifische Attribute aufwiesen (z. B. ein besonders hohes oder niedriges Erregungs- oder Absorptionspotenzial).

Um die Aussagen der Mood Management-Theorie in Bezug auf eine erwünschte Erregungsneutralisation durch Mediennutzung zu testen, führten Zillmann und Bryant (1984) ein Experiment durch, in dem die Versuchspersonen zunächst künstlich in unangenehme Erregungszustände versetzt wurden. Ein geringes Erregungsniveau (Langeweile) wurde bei einem Teil der Probanden durch eine sehr anspruchslose, monotone Aufgabe herbeigeführt. Ein anderer Teil der Versuchspersonen wurde durch eine Prüfungssituation und Leistungsdruck in Stress versetzt. In einer angeblichen Überbrückungspause gab man den Versuchspersonen im Anschluss die Möglichkeit fernzusehen. Das Erregungspotenzial der einzelnen Programme wurde in einem Pretest von Personen in homöostatischem Erregungszustand, also von weder gestressten noch gelangweilten Personen, eingeschätzt. Auf Grund dieser Beurteilung konnten drei aufregende und drei entspannende Programme identifiziert und für das Hauptexperiment ausgewählt werden. Erfasst wurden die Auswahl der Programme und die jeweilige Verweildauer.

Die Resultate der Untersuchung zeigten einerseits, dass die unterstimulierten Personen signifikant mehr aufregendes Material rezipierten als die hochgradig stimulierten Personen, während Letztere sich signifikant länger beruhigenden Inhalten aussetzten als die unterstimulierten Personen. Betrachtet man die einzelnen Personengruppen, so zeigt sich nur bei den unterstimulierten Personen ein hypothesen-konformes Bild: Sie wandten sich stark dem anregenden Material zu und mieden die beruhigenden Programme. Die stark erregten Personen dagegen setzten sich den beruhigenden und den erregenden Programmen in gleichem Maße aus. Dass das beruhigende Material auch von gestressten Versuchsteilnehmern in einem unerwartet geringen Umfang ausgewählt wurde, versuchten Zillmann und Bryant (1984) mit dem jungen Alter der Probanden zu erklären, in welchem derartige Programme angeblich als unattraktiv angesehen und somit generell gemieden werden.

In einer Studie von Meadowcroft und Zillmann (1987) wurde untersucht, ob Menschen Medienangebote tatsächlich abhängig von der hedonischen Valenz und ihrer aktuellen Stimmung auswählen. Letztere wurde bei ausschließlich weiblichen Versuchsteilnehmern anhand des Menstruationszyklus ermittelt. Diesem Vorgehen liegt die Annahme zugrunde, dass Frauen sich während der prämenstruellen und menstruellen Phase in einer emotional schlechteren Verfassung befinden als in der übrigen Zeit und daher ein stärkeres Bedürfnis nach Aufheiterung empfinden. Eine ganz ähnliche Vorgehensweise findet sich auch bei Helregel und Weaver (1989), die schwangere Frauen und junge Mütter untersuchten und einen bedeutsamen Zusammenhang zwischen hormonell bedingten Stimmungszuständen und der Zuwendung zu Comedy-Formaten berichteten. Tatsächlich bestätigten auch die Ergebnisse von Meadowcroft und Zillmann (1987) die Hypothese, dass vor und während der Menstruation zumeist Comedy-Formate gewählt werden. Allerdings wurde das Comedy-Genre auch schon vor der prämenstruellen Phase relativ häufig präferiert. Das wurde damit erklärt, dass Frauen sich angeblich schon in Anbetracht der Vorstellung dessen, was ihnen unmittelbar bevorsteht, quasi „präventiv" aufheiternden Programmen aussetzen.

Auch in anderen Studien zum Mood Management durch Nutzung von Comedy-Formaten offenbarten sich Unklarheiten. In einer Untersuchung von Zillmann, Hezel und Medoff (1980) konnten zum Beispiel keine stimmungsabhängigen Unterschiede in der Auswahl von Comedy-Sendungen gefunden werden. Es stellte sich jedoch heraus, dass es sich beim Inhalt des Stimulusmaterials um feindselige Comedy handelte. Somit führten die Autoren die von den Annahmen abweichenden Effekte bei negativer Stimmung auf die semantische Affinität zwischen Inhalt und Stimmung zurück. Nicht ausreichend erklärt werden konnte dagegen das Ergebnis von Medoff (1979), dass sich Männer in schlechter Stimmung nicht für Comedy-Formate interessieren (vgl. Zillmann, 1988b).

Zillmann und Mitarbeiter haben in verschiedenen Untersuchungen auch ihre Annahmen zur Medienwirkung auf Stimmungen (bzw. Erregungszustände) überprüft (z. B. Bryant & Zillmann, 1977; Zillmann, Hoyt & Day, 1974; Zillmann & Johnson, 1973; für einen ausführlichen Überblick siehe Zillmann, 1988a). Dabei haben Zillmann und Bryant (1984) zum Beispiel in einer Studie zur Erregungsregulation durch erotische Stimuli festgestellt, dass Individuen sich an erregende Angebote gewöhnen und ihr Auswahlverhalten entsprechend anpassen.

Die meisten empirischen Ergebnisse zur Überprüfung der Mood Management-Theorie resultieren aus sehr künstlichen Laborsituationen, die der Komplexität von tatsächlichen Alltagssituationen nicht gerecht werden. In einer Reihe von Feldstudien wurde daher versucht, die Ergebnisse unter ökologisch valideren Bedingungen zu replizieren (Donsbach & Tasche, 1999; Schmitz & Lewandrowski, 1993; Schramm, 2005; Pisinger, 2003). Dazu gehören laut Schmitz und Lewandrowski zum Beispiel „die Situation zu Hause, das reale Angebot der Fernsehanstalten und die übliche Rezeptionsdauer" (1993, S. 71). Zudem kamen in diesen Untersuchungen Tagebücher und Befragungen zum Einsatz. Abgesehen von der ungeklärten Frage, ob Selbstauskünfte von Seiten der Probanden tatsächlich zu valideren Resultaten führen (vgl. Schramm, 2005), wurden die Annahmen der Mood Management-Theorie in den meisten dieser Studien nicht oder nur teilweise bestätigt.

Kritik

Auch wenn sich durch die Mood Management-Theorie insgesamt viele Untersuchungsergebnisse vorhersagen und erklären lassen, so stößt ihre Aussagekraft doch an Grenzen. So stellt es zum Beispiel ein Problem dar, dass Medienangebote viele verschiedene Charakteristika in sich vereinen, die sich zum einen wechselseitig beeinflussen und zum anderen in verschiedenem Maße und abhängig von ihrer Kombination unterschiedliche Effekte herbeiführen (Zillmann, 1988a). Die konkrete Zuordnung von Attributen und Effekten und eine damit einhergehende Vorhersage der Mediennutzung sind also in vielen Fällen nur sehr schwer möglich.

Weitere Zuordnungsprobleme entstehen durch konkurrierende Umwelteinflüsse. Zillmann (1988a) selbst weist darauf hin, dass nicht nur Medien(-inhalte) zur Stimmungsregulation genutzt werden, sondern auch alternative Angebote, wie zum Beispiel Sport oder der Konsum von Drogen. Zudem gibt er an, dass auch das soziale Umfeld das Stimmungsmanagement und Auswahlverhalten beeinflusst.

Auf die Tatsache, dass sich die Mood Management-Forschung zunächst sehr einseitig dem Fernsehen gewidmet hat, hat man bereits reagiert und die Forschungsarbeit auf weitere Medien ausgeweitet (z. B. in Bezug auf die Nutzung von Musik: Day, 1980; Knobloch & Zillmann, 2002; Schramm, 2005; Wünsch, 2001).

Ein weiterer Faktor, der in der Mood Management-Forschung stärker berücksichtigt werden muss, sind interindividuelle Präferenzen (vgl. Oliver, 2003; Schramm, 2005; Zillmann, 2000), zum Beispiel in Bezug auf ein optimales bzw. angenehmes Erregungsniveau (s. o.). Auch Geschlechterunterschiede (Masters, Ford & Arend, 1983; Medoff, 1979) oder altersabhängige Unterschiede zum Beispiel hinsichtlich bestimmter Genrepräferenzen sollten mehr Beachtung finden. Insgesamt müssen die Motive der Rezipienten also differenzierter betrachtet und untersucht werden, anstatt sie unmittelbar aus vordergründigen Medieneigenschaften zu erschließen.

Auch wenn die Mood Management-Theorie bereits als „empirisch gut bestätigt" (Schramm, 2005, S. 35) betrachtet (vgl. auch Oliver, 2003) und ihre empirische Bestätigung sogar als „durchaus beeindruckend" (Vorderer, 2004, S. 550) bezeichnet wurde, so sprechen die neueren Ergebnisse doch für eine Erweiterung bzw. Differenzierung des Konzeptes. Eine solche sollte nicht zuletzt auch eine Erklärung für die Nutzung trauriger Filme (Oliver, 1993, 2003; vgl. Beitrag zum Sad film-Paradoxon in diesem Band), trauriger Musik oder spannender Filme (vgl. Vorderer, 2003) liefern, da die freiwillige Rezeption von derartig *belastendem* Material bisher nicht mit den Aussagen der Mood Management-Theorie vereinbar sind.

Literatur

Bryant, J. & Zillmann, D. (1977). The mediating effect of the intervention potential of communications on displaced aggressiveness and retaliatory behavior. In B. D. Ruben (Ed.), *Communication yearbook 1* (pp. 291–306). New Brunswick, NJ: ICA-Transaction Press.

Day, K. D. (1980). *The effect of music differing in excitatory potential and hedonic valence on provoked aggression.* Doctoral dissertation, Indiana University.

Donsbach, W. & Tasche, K. (1999). *When mood management fails: a field study on the relationship between daily events, mood and television viewing.* Paper presented at the ICA 1999, San Francisco.

Helregel, B. K. & Weaver, J. B. (1989). Mood Management during pregnancy through Selective Exposure to television. *Journal of Broadcasting & Electronic Media, 33(1),* 15–33.

Knobloch, S. & Zillmann, D. (2002). Mood Management via the digital jukebox. *Journal of Communication, 52(2),* 351–366.

Masters, J. C., Ford, M. E. & Arend, R. A. (1983). Children's strategies for controlling affective responses to aversive social experience. *Motivation and Emotion, 7,* 103–116.

Meadowcroft, J. M. & Zillmann, D. (1987). Women's comedy preferences during the menstrual cycle. *Communication research, 14,* 204–218.

Medoff, N. J. (1979). *The avoidance of comedy by persons in a negative affective state: a further study in selective exposure.* Doctoral Dissertation, Indiana University.

Oliver, M. B. (1993). Exploring the paradox of the enjoyment of sad films. *Human Communication Research, 19(3),* 315–342.

Oliver, M. B. (2003). Mood Management and Selective Exposure. In J. Bryant, D. Roskos-Ewoldsen & J. Kantor (Eds.), *Communication and emotion: Essays in Honor of Dolf Zillmann* (pp. 85–106). Mahwah, NJ: Lawrence Erlbaum.

Pisinger, E. (2003). *In the mood.* Magisterarbeit, Ludwig-Maximilians-Universität München. Verfügbar unter: http://epub.ub.uni-muenchen.de/archive/00000377/01/MA_Pisinger_Eva. pdf [01.02.2008]

Schmitz, B. & Lewandrowski, U. (1993). Trägt das Fernsehen zur Regulierung von Stimmungen bei? Intraindividuelle Analysen zur „Moodmanagement"-Hypothese auf der Grundlage eines dynamisch-transaktionalen Modells. *Medienpsychologie, 5(1),* 64–84.

Schramm, H. (2005). *Mood Management durch Musik.* Köln: Herbert von Halem.

Vorderer, P. (2003). Entertainment theory. In J. Bryant, D. Roskos-Ewoldsen & J. Kantor (Eds.), *Communication and emotion: Essays in Honor of Dolf Zillmann* (pp. 131–153). Mahwah, NJ: Lawrence Erlbaum.

Vorderer, P. (2004). Unterhaltung. In R. Mangold, P. Vorderer & G. Bente (Hrsg.), *Lehrbuch der Medienpsychologie* (S. 543–564). Göttingen: Hogrefe.

Wünsch, C. (2001). Musik für jede Stimmungslage. *Wissenschaftliche Zeitschrift der Technischen Universität Dresden, 50(1/2),* 40–46.

Zillmann, D. (1988a). Mood management: Using entertainment to full advantage. In L. Donohew, H. Sypher & E.T. Higgins (Eds.), *Communication, Social Cognition and Affect* (pp. 147–171). Hillsdale, NJ: Lawrence Erlbaum.

Zillmann, D. (1988b). Mood management through communication choices. *American Behavioral Scientist, 31,* 327–340.

Zillmann, D. (2000). Mood management in the context of selective exposure theory. In M. E. Roloff (Ed.), *Communication yearbook, 23* (pp. 103–123). Thousand Oaks, CA: Sage.

Zillmann, D. & Bryant, J. (1984). Effects of massive exposure to pornography. In N. M. Malamuth & E. Donnerstein (Eds.), *Pornography and sexual aggression* (pp. 115–138). Orlando, FL: Academic Press.

Zillmann, D. & Bryant, J. (1985). Selective-Exposure Phenomena. In D. Zillmann & J. Bryant (Eds.), *Selective exposure to communication* (pp. 1–10). Hillsdale, NJ: Lawrence Erlbaum.

Zillmann, D. & Johnson, R. C. (1973). Motivated aggressiveness perpetuated by exposure to aggressive films and reduced by exposure to nonaggressive films. *Journal of Research in Personality, 7*, 261–276.

Zillmann, D., Hezel, R. T. & Medoff, N. J. (1980). The effect of affective states on selective exposure to televised entertainment fare. *Journal of Applied Social Psychology, 10*, 323–339.

Zillmann, D., Hoyt, J. L. & Day, K. D. (1974). Strength and duration of the effect of aggressive, violent, and erotic communications on subsequent aggressive behaviour. *Communication Research, 1*, 286–306.

Sad film-Paradoxon

Ines Vogel und Uli Gleich

Worum geht es?

Als „Paradox of the Enjoyment of Sad Films" (1993, S. 315) bezeichnet die US-amerikanische Medienforscherin Mary Beth Oliver das Phänomen, dass Menschen freiwillig, absichtsvoll und offensichtlich mit Vergnügen (Enjoyment) solche narrativen Medieninhalte rezipieren, die negative und als unangenehm klassifizierte Emotionen, wie zum Beispiel Trauer, Kummer, Mitleid oder Furcht auslösen. Dies kann beispielsweise bei erfolgreichen Kinofilmen, die von tragischen Schicksalen ihrer Protagonisten, von unerfüllter Liebe, Krankheit, Tod und Katastrophen handeln – sogenannten „Sad films" (z. B. *Titanic* oder *Love Story*) – beobachtet werden. Als „Paradoxon" bezeichnet Oliver (1993) ein solches Zuschauerverhalten deshalb, weil nach prominenten medienpsychologischen Theorien eher eine Vermeidung dieser Medieninhalte zu erwarten wäre. So argumentiert etwa die Mood Management-Theorie (Zillmann, 1985; 1988; vgl. Beitrag zum Mood Management in diesem Band) – ausgehend von der Annahme, dass menschliches Verhalten hedonisch motiviert ist – dass Zuschauer durch die Selektion von Medienangeboten positive Stimmungen fortsetzen bzw. verstärken und aversive Stimmungen beenden bzw. reduzieren wollen. Belastende Medieninhalte, wie etwa Sad films, wären dazu aber ungeeignet und sollten daher eher vermieden werden. Worin besteht also ihr Anreiz, und wie lässt sich das Sad film-Paradoxon erklären?

Darstellung der Annahmen

Die Affective Disposition-Theorie (Raney, 2006) kann – in Verbindung mit Spannungs- und Erregungskonzepten (vgl. die Beiträge zu Spannung, Excitation Transfer und Affective Disposition Theorie in diesem Band) – zwar erklären, warum Zuschauer während der Rezeption fiktiver Narrationen kurzfristig unangenehme emotionale Zustände ertragen: Sie dienen dem Spannungsaufbau (z. B. durch eine Bedrohung des sympathischen Protagonisten) und damit der Steigerung des Rezeptionsvergnügens, wenn die Geschichte am Ende einen guten Ausgang (Happy End) für den mit Sympathie besetzten Protagonisten findet (was in der Regel von den Rezipienten auch antizipiert werden kann). Das entscheidende Merkmal von Sad films im Sinne von Tragödien ist jedoch gerade das Fehlen eines Happy Ends, so dass die Nutzung solcher spezifischer Medienangebote durch die Affective Disposition-Theorie nur unzureichend erklärt werden kann.

Die Anziehungskraft trauriger Filme sehen einige Autoren in ihrer *kathartischen Funktion* begründet (für eine Übersicht vgl. Feagin, 1983). Durch das Empfinden von Mitleid und Furcht erreicht der Zuschauer eine wohltuende „homöopathische Reinigung" von negativen emotionalen Befindlichkeiten (Kunczik, 1998, S. 20). Würden dagegen negative Emotionen nicht ausgelebt, führte dies zu einer Verschlechterung der Gesundheit (vgl. z. B. Cornelius, 2001). Aus Sicht der Katharsistheorie besteht die Attraktivität solcher Medieninhalte für die Zuschauer somit in ihrem „reinigenden" Potenzial von negativen Emotionen (vgl. auch Vorderer & Knobloch, 2000).

Oliver (1993) greift zur Erklärung des Sad film-Paradoxon auf das Konzept der Meta-Emotionen von Mayer und Gaschke (1988) zurück. Danach kann zwischen zwei Ebenen des emotionalen Erlebens unterschieden werden: a) den direkten Emotionen („„direct responses or emotional reactions"; Oliver, 1993, S. 318) als Reaktion auf situationsspezifische emotionale Reize und b) dem sogenanntem Meta-Erleben („metaresponses or responses *to* emotional reactions"; ebd., S. 318; Hervorhebung im Original). Letzteres realisiert sich als bewusste oder unbewusste affektive Evaluation bzw. Interpretation des gerade erlebten direkten Gefühls. Da beide Ebenen unabhängig voneinander sind (vgl. auch Wünsch, 2006), können zum Beispiel Gefühle von Trauer auf der direkten Ebene (negative Valenz) auf der Meta-Ebene durchaus als angenehm (positive Valenz) erlebt werden (vgl. Mayer & Gaschke, 1988). Die Rezeption von traurigen Filmen hat für die Zuschauer nach Oliver (1993) somit dann positive Gratifikationsanreize, wenn die dabei erlebten (negativen) Gefühle von Trauer, Schmerz und Mitleid auf einer reflexiven Meta-Ebene als angenehm interpretiert werden – etwa im Sinne von: „Es ist ein schönes Gefühl, traurig zu sein". Solche Meta-Erfahrungen werden gelernt und haben Einfluss auf nachfolgende Selektionsprozesse und die Ausbildung längerfristiger Präferenzen für Sad films.

Bei Oliver (1993) werden Meta-Erfahrungen nicht ausschließlich und stringent als Emotionen konzeptualisiert – beispielsweise wird zu ihrer Beschreibung auch mehrmals der Begriff „Appraisal" (S. 319) verwendet. Der Attitude Interpretation-Ansatz von Mills (1993) kann daher im Grunde genommen als sehr ähnlich betrachtet werden. Auch hier wird eine reflexive Bewertung direkten Emotionserlebens angenommen, deren Grundlage die Einstellungen der Rezipienten in Bezug auf die Angemessenheit, Normverträglichkeit und soziale Erwünschtheit von Gefühlen in spezifischen Situationen ist. Hält man es beispielsweise für gut und richtig, Mitleid mit anderen zu zeigen und mit ihnen Trauer zu empfinden, werden solche (negativen) Gefühle als „gut" und „positiv" bewertet. Die Gratifikation trauriger Filme ergibt sich nach diesem Ansatz also aus der Möglichkeit, sich selbst als einfühlsamen und empathischen Menschen zu erleben, der gewissermaßen einstellungskonform die „richtigen" Gefühle zeigt – auch wenn diese negativ sind.

Von kulturanthropologischen Überlegungen ausgehend, wird das Sad film-Para-doxon von Goldenberg, Pyszczynski, Johnson, Greenberg und Solomon (1999) im Rahmen der Terror-Management-Theorie diskutiert. Weil das Wissen um Vergäng-lichkeit und die eigene Sterblichkeit eine Bedrohung (terror) darstellt, haben Men-schen Strategien zur Vermeidung einer direkten Auseinandersetzung mit dieser Thematik entwickelt (Terror-Management). Dazu gehört die Erschaffung symbo-lischer Welten, wie zum Beispiel Tragödien oder Sad Films, die es erlauben, sich stellvertretend und aus sicherer Distanz mit dem Thema „Tod und Vergänglichkeit" auseinanderzusetzen. Die Rezeption entsprechender Angebote (z. B. Sad Films) sollte vor allem dann ausgeprägt sein, wenn bei den Zuschauern die Gedanken an Tod und Vergänglichkeit (mortality salience) aktuell sind.

Mit Hilfe der *Theorie des sozialen Vergleichs* (Taylor, Buunk & Aspinwall, 1990; Wills & Sandy, 2001; vgl. Beitrag zu Sozialen Vergleichsprozessen in diesem Band) wird die Rezeption von bzw. Präferenz für traurige Filme schließlich als Möglich-keit zur Stabilisierung des Selbstbildes bzw. Bewältigung von Defiziten im subjek-tiven Wohlbefinden erklärt. Durch Vergleiche der eigenen Situation mit dem Schick-sal der Film-Protagonisten können einerseits eigene negative emotionale Zustände relativiert werden („so schlecht geht es mir gar nicht"). Andererseits können sich die Zuschauer an dargestellten Problemlöse- und/oder Copingstrategien orientieren und möglicherweise für ihr eigenes Leben davon profitieren.

Typische Methodik

Im Hinblick auf das Sad film-Paradoxon kann bislang weder von einem klar um-rissenen und elaborierten Forschungsgegenstand noch von einer typischen Metho-dik gesprochen werden. Eindeutigen theoretischen Bezug auf das Konzept nimmt lediglich die von Oliver (1993, S. 328 f) entwickelte „Sad Film Scale" (SFS), die das Vergnügen an der Rezeption trauriger Filme (enjoyment of sad films) erfasst und dabei auch Meta-Emotionen operationalisiert (z. B. „I enjoy feeling strong emotions in response to sad movies"). Anwendung fand diese Skala allerdings bislang in nur wenigen Studien zu Zusammenhängen zwischen dem „Enjoyment of sad films" und Rezipientenmerkmalen, wie zum Beispiel Geschlecht, Empathiefähigkeit, Need for Emotion, Depressionstendenzen und Copingstilen sowie filmbezogenen Präferenz-und Nutzungsmustern (vgl. Oliver, 1993, 2000; Oliver, Weaver & Sargent, 2000; Gleich, 2003; Gleich, 2001; Vogel, 2007; Vogel & Gleich, 2004). Experimentelle Settings sucht man dagegen bis auf zwei Ausnahmen bislang vergeblich: Zum einen wurde die Präferenz für dramatische Geschichten untersucht, nachdem man durch entsprechende Instruktion die Gedanken an die eigene Vergänglichkeit mehr oder weniger stark aktualisiert hatte (Mortality Salience-Manipulation; vgl. Goldenberg et al., 1999). Zum anderen untersuchte man die Bewertung von Filmen in Abhän-gigkeit von unterschiedlich tragischen Ausgängen (Mills, 1993). Zwar findet man mit dem Suchbegriff „Sad films" in einschlägigen Datenbanken noch eine Reihe weiterer experimenteller Studien. Hier sind jedoch Sad films nicht Untersuchungs-gegenstand, sondern dienen lediglich zur Stimmungsinduktion, etwa um Emotions-regulationstrategien (z. B. Robinson & Demaree, 2007), Essverhalten (z. B. Chua, Touyz & Hill, 2004), Affiliationsverhalten (z. B. Kenworthy, Canales, Weaver & Miller, 2003), katharthische Effekte des Weinens (z. B. Gross, Fredrickson & Levenson, 1994) oder psychophysiologische Korrelate von Depression (z. B. Rottenberg, Salomon, Gross & Gotlib, 2005) in Abhängigkeit von unterschiedlichen Stimmungen zu untersuchen. Die Forschung zum Sad film-Paradoxon ist somit im Wesentlichen (noch) auf Zusammenhangsfragestellungen fokussiert.

Zentrale empirische Befunde

Empirische Belege für die kathartische Funktion trauriger Filme sind uneindeutig. Zwar konnte Vogel (2007) zeigen, dass Rezipienten durchaus über entsprechende Gratifikationen nach dem Konsum von Sad films („...fühlte mich nach einem traurigen Film erleichtert und entspannt") berichten. Andere Studien, die kathartische Effekte des Weinens im Labor untersuchten und hierbei traurige Stimmungen mittels Sad films zu induzieren versuchten, kommen jedoch zu gegenteiligen Ergebnissen (vgl. Cornelius, 2001; Mills, 1993).

Deutliche Befunde liegen dagegen für die Annahme vor, dass traurige Filme häufiger genutzt bzw. eher präferiert werden, wenn die dabei erlebten Emotionen (z. B. Trauer, Mitleid) als angenehm empfunden bzw. positiv beurteilt werden. Dies belegen etwa die Studien von Oliver (1993), Gleich (2001) und Vogel (2007), in denen substanzielle bivariate Zusammenhänge zwischen der Nutzung von und der Präferenz für Sad films und den mit der Sad Film Scale (s. o.) gemessenen (positiven) Meta-Emotionen gefunden wurden.

Ebenso konnte Mills (1993) einen positiven Zusammenhang zwischen der Einstellung zum Mitgefühl mit Leidenden (gemessen als Selbsteinschätzung der Empathie) und der positiven Beurteilung von tragischen Filmen belegen. Eine wichtige Erkenntnis aus diesen Untersuchungen ist somit zumindest, dass bei der Rezeption von Sad films keineswegs nur negative Emotionen entstehen, sondern offensichtlich gleichzeitig auch angenehme Erfahrungen, die das Gratifikationspotenzial trauriger Filme erklären können. Solche Rezeptionserfahrungen sind wahrscheinlicher bei ausgeprägterer Empathiefähigkeit, die wiederum mit dem Geschlecht konfundiert ist, d. h. Frauen empfinden in der Regel mehr positive Meta-Emotionen als Männer und finden traurige Filme insgesamt attraktiver (Oliver et al. 2000).

Für die Annahme, die Nutzung trauriger Filme habe kompensatorische Funktion, gibt es bislang eher uneindeutige Befunde. Im Sinne eines „Terror-Managements" (s. o.) scheint die Nutzung von Sad films funktional zu sein. Diese Interpretation legt zumindest das Ergebnis der Studie von Goldenberg et al. (1999) nahe, die zeigt, dass Probanden, bei denen man Gedanken an Tod und Vergänglichkeit experimentell aktivierte, eine positivere Beurteilung einer tragischen Geschichte und stärkeres Mitgefühl mit den Akteuren äußerten als Probanden in einer Kontrollgruppe. Auch Berenbaum (1993) interpretiert die Befunde seiner Studie im Sinne einer Kompensationsfunktion von Sad films. Er fand in einer studentischen Stichprobe bei Personen mit ausgeprägterer Alexithymie, d. h. der mangelnden Fähigkeit, eigene Gefühle erkennen und beschreiben zu können, eine deutlichere Präferenz für traurige Filme als bei nicht-alexithymen Personen. Als Grund dafür vermutet Berenbaum (1993), dass es für Menschen mit Alexithymie angenehmer ist und es ihnen auch leichter fällt, sich mit negativen Emotionen anderer auseinanderzusetzen, als mit den eigenen Gefühlen, weil sie dadurch Unterstützung zur Identifikation und Erklärung eigener (negativer) emotionaler Zustände erhalten.

Die in den bereits genannten Studien gefundenen jeweiligen bivariaten Zusammenhänge relativieren sich jedoch, wenn sie als Prädiktoren für die Nutzung von und Präferenz für traurige Filme simultan berücksichtigt werden. In einer multiplen Regression erwiesen sich letztlich nur eine hohe Empathiefähigkeit sowie die während der Rezeption empfundenen Meta-Emotionen als signifikante Prädiktoren (vgl. Gleich, 2001). Darüber hinaus konnte in dieser sowie in weiteren Studien von Vogel und Gleich (2004) sowie Vogel (2007) gezeigt werden, dass die Inhalte von Sad films unter bestimmten Voraussetzungen von den Rezipienten auch zum Zwecke des sozialen Vergleiches genutzt werden. Insbesondere, wenn die Strategien der Situations- bzw. Problembewältigung der Zuschauer auf externe Informationssuche ausgerichtet sind, stellten die Zuschauer verstärkt Vergleiche zwischen dem Schicksal der Protagonisten und ihrer eigenen Lebenssituation an und maßen der Vorbildfunktion des Protagonistenverhaltens größere Bedeutung bei.

Kritik

Bislang liegen nur wenige empirische Studien zum Sad film-Paradoxon vor, die auf Grund ihrer unterschiedlichen theoretischen Grundlagen und ihres heterogenen methodischen Vorgehens kaum vergleichbar bzw. generalisierbar sind. Dabei stellen insbesondere auch die per Selbstauskunft erfassten Meta-Emotionen hinsichtlich ihrer Validität ein Problem dar, da sie bislang lediglich allgemein oder post-rezeptiv (d. h. als generelle bzw. summative Aussagen), jedoch nicht in der spezifischen Rezeptionssituation erfasst wurden. Meta-Emotionen werden jedoch theoretisch als gleichzeitig mit direkten Emotionen auftretende Erfahrungen modelliert und erfordern daher reizsimultane Messmethoden. Auch die Frage, wie negativ valenzierte direkte Emotionen (z. B. Trauer) während der Filmrezeption in positiv erlebte Erfahrungen (Meta-Emotionen) „transformiert" werden, ist bislang noch wenig geklärt. Sehr vielversprechend scheint daher die Integration des Sad film-Paradoxons in neue Ansätze zur Modellierung des medialen Unterhaltungserlebens, etwa das Emotions-Metaemotions-Regulations-Modell (EMR; Wirth & Schramm, 2007). Hier werden die psychologischen Prozesse der Entstehung von medial induzierten Emotionen und deren Transformation in Meta-Emotionen sowie damit verbundene individuelle Regulationsstrategien appraisaltheoretisch begründet. Die Annahme, dass solche Prozesse mehr oder weniger zeitgleich ablaufen, stellt eine weitere Herausforderung im Hinblick auf den methodischen Zugang zu solchen Rezipientenaktivitäten dar.

Die vorangegangenen theoretischen Überlegungen und empirischen Befunde sprechen dafür, das Sad film-Paradoxon nicht nur aus einer hedonischen Perspektive der Medienselektion zu betrachten – die letztlich der Grund für die Qualifizierung des Konsums von Sad films als „Paradoxon" ist. Es geht offensichtlich bei der Rezeption solcher Medienangebote eben nicht nur darum, Vergnügen und *emotionales* Wohlbefinden (emotional well-being; vgl. Schreier, 2006; S. 389) zu erreichen. Vielmehr scheinen Sad films auch im Sinne von nicht hedonisch geprägten Motiven funktional und gratifizierend, etwa indem sie Identitätsarbeit, soziale Vergleiche und soziale Orientierung ermöglichen. Die Erforschung der Nutzung von und die Präferenz für traurige Filme bzw. deren Funktionalität sollte daher um die Perspektive des *psychologischen* Wohlbefindens (psychological well-being; vgl. Schreier,

2006; S. 390) erweitert werden, bei dem es gerade nicht um Vergnügen, sondern um Herausforderung und Anstrengung im Rahmen instrumenteller Zielverfolgung (z. B. bei der Identitätsarbeit) geht (vgl. auch Wirth & Schramm, 2006). Die Nutzung trauriger Filme wäre unter dieser Perspektive nur noch scheinbar paradox.

Literatur

Berenbaum, H. (1993). Alexithymia and movie preferences. *Psychotherapy and Psychosomatics, 59(3–4)*, 173–178.

Chua, J. L., Touyz, S. & Hill, A. J. (2004). Negative mood-induced overeating in obese binge eaters: An experimental study. *International Journal of Obesity, 28(4)*, 606–610.

Cornelius, R. R. (2001). Crying and catharsis. In: A. J. J. M. Vingerhoets & R. R. Cornelius (Eds.), *Adult crying. A biopsychosocial approach* (pp. 199–211). Hove, UK: Brunner-Routledge.

Feagin, S. L. (1983). VIII. The pleasure of tragedy. *American Philosophical Quarterly, 20(1)*, 95–104.

Gleich, U. (2001). *Der Reiz trauriger Filme – eine Untersuchung zum „Sad-Film-Paradoxon".* Vortrag gehalten auf der 2. Tagung der Fachgruppe Medienpsychologie in der Deutschen Gesellschaft für Psychologie (DGPs), Landau, 09. – 11. September 2001.

Gleich, U. (2003). *„Tearjerker" aus der Sicht der Zuschauer – strukturelle Merkmale und emotionale Konsequenzen.* Vortrag gehalten auf der 3. Tagung der Fachgruppe Medienpsychologie in der Deutschen Gesellschaft für Psychologie (DGPs), Saarbrücken, 10. – 12. September 2003.

Goldenberg, J. L., Pyszczynski, T., Johnson, K. D., Greenberg, J. & Solomon, S. (1999). The appeal of tragedy: A terror management perspective. *Media Psychology, 1*, 313–329.

Gross, J. J., Fredrickson, B. L. & Levenson, R. W. (1994). The psychophysiology of crying. *Psychophysiology, 31(5)*, 460–468

Kenworthy, J. B., Canales, C. J., Weaver, K. D. & Miller, N. (2003). Negative incidental affect and mood congruency in crossed categorization. *Journal of Experimental Social Psychology, 39(3)*, 195–219.

Kunczik, M. (1998). *Gewalt und Medien.* Köln: Böhlau.

Mayer, J. & Gaschke, Y. (1988). The experience and meta-experience of mood. *Journal of Personality and Social Psychology, 55(1)*, 102–111.

Mills, J. (1993). The appeal of tragedy: An attitude interpretation. *Basic and Applied Social Psychology, 14(3)*, 255–271.

Oliver, M. B. (1993). Exploring the paradox of the enjoyment of sad films. *Human Communication Research, 19(3)*, 315–342.

Oliver, M. B. (2000). The respondent gender gap. In D. Zillmann & P. Vorderer (Eds.), *Media entertainment. The psychology of its appeal* (pp. 215–234). Mahwah, NJ: Lawrence Erlbaum.

Oliver, M. B., Weaver, J. B. & Sargent, S. L. (2000). An examination of factors related to sex differences in enjoyment of sad films. *Journal of Broadcasting & Electronic Media, 44(2)*, 282–300.

Raney, A. A. (2006). The psychology of disposition-based theories of media enjoyment. In J. Bryant & P. Vorderer (Eds.), *Psychology of entertainment* (pp. 137–150). Mahwah, NJ: Lawrence Erlbaum.

Robinson, J. L. & Demaree, H. A. (2007). Physiological and cognitive effects of expressive dissonance. *Brain and Cognition, 63(1)*, 70–78.

Rottenberg, J., Salomon, K., Gross, J. J. & Gotlib, I. H. (2005). Vagal withdrawal to a sad film predicts subsequent recovery from depression. *Psychophysiology, 42(3)*, 277–281.

Schreier, M. (2006). (Subjective) well-being. In J. Bryant & P. Vorderer (Eds.), *Psychology of entertainment* (pp. 389–404). Mahwah, NJ: Lawrence Erlbaum.

Taylor, S. E., Buunk, B. P. & Aspinwall, L. G. (1990). Social comparison, stress, and coping. *Personality and Social Psychology Bulletin, 16,* 74–89.

Vogel, I. (2007). *Das Sad Film-Paradoxon. Eine empirische Untersuchung zu Motiven und Gratifikationen der Rezeption trauriger Filme sowie zur Vorhersage der Zuwendung zu traurigen Filminhalten unter Berücksichtigung von soziodemografischen Merkmalen und Persönlichkeitseigenschaften auf Seiten des Rezipienten.* Universität Koblenz-Landau: Dissertationsschrift.

Vogel, I. & Gleich, U. (2004). *Die Funktion dramatischer Spielfilme für die Auseinandersetzung mit kritischen Lebensereignissen. Die Bedeutung von sozialem Vergleich und Bewältigungsstilen.* Vortrag gehalten auf dem 44. Kongress der Deutschen Gesellschaft für Psychologie (DGPs), Göttingen, 26. – 30. September 2004.

Vorderer, P. & Knobloch, S. (2000). Conflict and suspense in drama. In D. Zillmann & P. Vorderer (Eds.), *Media entertainment. The psychology of its appeal* (pp. 59–72). Mahwah, NJ: Lawrence Erlbaum.

Wills, T. A. & Sandy, J. M. (2001). Comparing favorably: A cognitive approach to coping through comparison with other persons. In C. R. Snyder (Ed.), *Coping with stress: Effective people and processes* (pp. 154–177). London: Oxford University Press.

Wirth, W. & Schramm, H. (2006). Hedonismus als zentrales Motiv zur Stimmungsregulierung durch Medien? Eine Reflexion der Mood Management-Theorie Zillmanns. In W. Wirth, H. Schramm & V. Gehrau (Hrsg.), *Unterhaltung durch Medien. Theorie und Messung* (Unterhaltungsforschung, Band 1, S. 59–79). Köln: Herbert von Halem.

Wirth, W. & Schramm, H. (2007). Emotionen, Metaemotionen und Regulationsstrategien bei der Medienrezeption. Ein integratives Modell. In W. Wirth, H.-J. Stiehler & C. Wünsch (Hrsg.), *Dynamisch-transaktional denken: Theorie und Empirie in der Kommunikationswissenschaft* (S. 153–184). Köln: Herbert von Halem.

Wünsch, C. (2006). *Unterhaltungserleben. Ein hierarchisches Zwei-Ebenen-Modell affektivkognitiver Informationsverarbeitung* (Unterhaltungsforschung, Band 3). Köln: Herbert von Halem.

Zillmann, D. (1985). Affect, mood and emotion as determinants of selective exposure. In: D. Zillmann & J. Bryant (Eds.), *Selective exposure to communication* (pp. 157–190). Hillsdale, NJ: Lawrence Erlbaum.

Zillmann, D. (1988). Mood management: Using entertainment to full advantage. In L. Donohew, H. E. Sypher & E. T. Higgins (Eds.), *Communication, social cognition, and affect* (pp. 147–171). Hillsdale, NJ: Lawrence Erlbaum.

Evolutionäre Erklärungsansätze

Frank Schwab

Worum geht es?

Die Evolutionäre Psychologie (EP) ist ein theoretisches Paradigma für alle Teilgebiete der Psychologie. Sie bietet eine spezielle Perspektive auf menschliches Erleben und Verhalten, indem sie unsere mentale Architektur als Ergebnis der Evolution des Homo sapiens sapiens sieht. Danach ist das menschliche Gehirn ein Produkt der Selektion, wobei die Evolution solche Organvarianten begünstigt, die den Fortpflanzungserfolg erhöhten. Unser (heutiges) mentales Design beruht also auf Adaptationen an (vergangene) Umwelten. Strukturen und Mechanismen des Geistes sind – ebenso wie unser Körper und unsere Organe – funktionale Produkte der natürlichen und sexuellen Selektion (Barkow, Cosmides & Tooby, 1992).

Folgt man diesem Ansatz, dann kann man menschliches Erleben und Verhalten nur erklären, wenn man Evolutionsprozesse mit berücksichtigt. Evolutionspsychologen kritisieren die in den Sozialwissenschaften meist implizit vorhandene Annahme, der menschliche Geist sei gewissermaßen ein „unbeschriebenes Blatt" oder eine Art „Allzweck-Computer" (Pinker, 2002). Weite Bereiche der Anthropologie, der Soziologie, der Kommunikationswissenschaft sowie der Psychologie fokussieren rein auf die aktuelle und ontogenetische Umwelt und das soziale Milieu als Determinanten menschlichen Erlebens und Verhaltens, wodurch sie die evolvierte menschliche Natur quasi ausblenden. In dieser Denktradition besteht das psychische System aus einer kleinen Anzahl inhaltsunabhängiger Allzweckmechanismen, wie Lernen, Imitation, Rationalität oder Kulturfähigkeit. So folgen aktuelle Medienwirkungstheorien fast ausschließlich einem „learning only approach" und ignorieren damit die Natur des Menschen, was Sherry (2004) als „nature blindness" kritisiert. Die EP ist hingegen der Ansicht, dass sich der menschliche Geist weitgehend aus einer Ansammlung von spezialisierten „informationsverarbeitenden Mechanismen" zusammensetzt, die so gestaltet sind, dass sie ganz spezifische Anpassungsprobleme unserer Ahnen lösen konnten (Buss, 1999).

Darstellung der Annahmen

Nach Darwin (1859) ist das zumeist hochkomplexe Design einer Vielzahl funktionaler Mechanismen bei ganz unterschiedlichen Organismen durch Selektionsprozesse zu erklären. Die EP geht von zwei aus Darwins Werk abgeleiteten Annahmen aus (Buss, 1999; Crawford & Krebs, 1998):

1. Alle evolvierten Mechanismen dienen einer Funktion, welche ultimat (grundlegend) den (differentiellen) Reproduktionserfolg des jeweiligen Organismus steigert.

2. Die Gestaltung des jeweiligen Mechanismus zeigt einen deutlichen Bezug zu der Umwelt, in der sich der Mechanismus entwickelt hatte (Adaptation).

Die Wurzeln der EP liegen einerseits in der Evolutionsbiologie, andererseits verwendet sie die in der Kognitiven Psychologie etablierte Beschreibungssprache (Buss, 1999). Die EP lässt sich anhand von fünf Prinzipien beschreiben (Cosmides & Tooby, 1997):

1. Das menschliche Gehirn ist so gestaltet, dass es Verhalten erzeugt, das an spezifische Umweltbedingungen angepasst ist.
2. Die so evolvierten psychologischen Mechanismen (EPM) dienen der Lösung von Problemen, denen unsere Jäger- und Sammlervorfahren ausgesetzt waren. Sie sind ebenso wie fast alle Körpermerkmale das Ergebnis der Selektion.
3. Die meisten dieser mentalen Prozesse entziehen sich dem Bewusstsein oder arbeiten derart effizient, dass wir sie kaum wahrnehmen (Instinktblindheit). Solch natürliche Kompetenzen, wie jemanden attraktiv zu finden, sich zu verlieben, die Furcht vor Krankheiten oder moralische Entrüstung, werden zwar als einfach erlebt, bauen jedoch auf komplexen Mechanismen auf.
4. EPM sind auf ganz bestimmte Anpassungsprobleme spezialisiert. Diese Anpassungsprobleme sind ständig wiederkehrende Probleme, die sich während der Phylogenese unserer Spezies gestellt haben und sich durch stabile Charakteristika auszeichnen, wie z. B. Partnerwahl, familiäre Beziehungen, Kooperation und Altruismus oder Wettstreit.
5. Evolutionäre Anpassungsprozesse vollziehen sich sehr langsam, über viele Generationen hinweg. Deshalb sind EPM an vergangene Umwelten (EEA = environment of evolutionary adaptedness) angepasst.

Während sich also evolutionäre Anpassungsprozesse nur langsam vollziehen, können sich Umwelten vergleichsweise schnell ändern. Daher kann es zu einer mangelnden Passung zwischen dem vorhandenen, an eine vergangene Umwelt angepassten Mechanismus und der aktuellen Umwelt kommen (mismatch). So ist die menschliche Vorliebe für Süßes in der Umwelt, in der diese Präferenz evolvierte, sicher adaptiv gewesen. Damals waren überlebenswichtige, vitaminreiche, zuckerhaltige Früchte selten. In unserer heutigen Umwelt, in der sich an jeder Straßenecke Bäckereien finden, kann dieser archaische Mechanismus nachteilige Konsequenzen haben.

Zudem können EPM als Nebenprodukt Verhalten erzeugen, für dessen Ausführung sie ursprünglich nicht evolvierten. So haben sich Lernmechanismen für den Spracherwerb entwickelt (Anpassung), mit deren Hilfe wir auch in der Lage sind, das Schreiben zu erlernen (Nebenprodukt). Strittig ist inwiefern Aspekte unseres Medienverhaltens als Anpassungen oder als Nebenprodukt beschreibbar sind (s. u.).

Typische Methodik

Die Logik evolutionärer Studien zielt darauf, Anpassungsprobleme einer Spezies während ihrer Phylogenese zu identifizieren und einen psychischen Mechanismus zu postulieren, der diese Probleme adäquat unter den Bedingungen der vergangenen Umwelt (EEA) löst. Annahmen zu einem solchen psychischen Mechanismus können dann Studien zu seiner neuronalen Basis anregen. Die Vorgehensweise umfasst also unterschiedliche Erklärungsebenen. Es lassen sich zwei Strategien unterscheiden: Die Top Down-Strategie beginnt mit der Allgemeinen Evolutionstheorie (z. B.: natürliche und sexuelle Selektion). Daraus werden evolutionäre Theorien mittlerer Ebene abgeleitet. Beispielsweise beschäftigt sich das Konzept des parentalen Investments damit, inwieweit Eltern Aufwendungen für bestimmten Nachwuchs erbringen, was gleichzeitig die Möglichkeit des Investments in andere Nachkommen verringert (Trivers, 1972). Oder es werden evolutionäre Überlegungen zur Kooperation und zu reziprokem Altruismus (d. h. ein Individuen hilft anderen, damit auch ihm in Zukunft geholfen wird) herangezogen. Aus diesen Theorien mittlerer Ebene werden spezifische Hypothesen und schließlich Vorhersagen über empirisch zu prüfende Phänomene abgeleitet. Neben dieser Top Down-Strategie können jedoch auch – ausgehend von einem konkreten Phänomen – Hypothesen über mögliche evolutionäre Funktionen und das spezifische Design ursächlicher EPM generiert werden (Button Up-Strategie).

Zur Prüfung ihrer Annahmen vergleichen Evolutionspsychologen unterschiedliche Spezies oder Individuen einer Spezies in unterschiedlichen Umweltkontexten und Kulturen. Oder sie analysieren Geschlechtsunterschiede, die beispielsweise auf Grund von Annahmen zum elterlichen Investment oder damit in Verbindungen stehenden unterschiedlichen Partnerpräferenzen vermutet werden. Grundsätzlich nutzt die EP zur Prüfung ihrer Annahmen das empirische Methodeninventar und die etablierten Datenquellen der (Kognitiven) Psychologie. Um historische, geografische und kulturelle Einflüsse zu berücksichtigen, werden zusätzlich aber auch archäologische Datensätze, Daten von Jäger-Sammler-Gesellschaften, Beobachtungsdaten, Selbstbeschreibungen, Lebensverlaufsdaten, öffentliche Statistiken und menschliche Produkte (kulturelle Artefakte, wie Höhlenmalerei oder auch Medienangebote) untersucht. Eine direkte Prüfung phylogenetisch ultimater Prozesse sowie der Darwin'schen Theorie wird nicht angestrebt, vielmehr wird untersucht, inwiefern ihre teilweise sehr unterschiedliche Anwendung auf psychische Phänomene zutreffende Vorhersagen erlauben (Holcomb, 1998).

Exemplarische Ansätze evolutionärer Medienpsychologie

In der Medienpsychologie wie in der Kommunikations- und Medienwissenschaft erfreuen sich evolutionäre Argumente und Fragestellungen einer zunehmenden Beliebtheit. In jüngster Zeit sind dabei vor allem Unterhaltungstheorien in den Mittelpunkt des Interesses gerückt (z. B. Schwab 2006; Schwender 2006; Vorderer, Steen & Chan 2006; zu anderen Anwendungen vgl. z. B. Erklärungsansätze zu Media Equation, vgl. Beitrag in diesem Band).

Einige Ansätze nehmen an, dass Unterhaltung ein evolutionäres Nebenprodukt ist. Nach Pinker (1997, 2002) nutzen Kunst und Unterhaltung evolvierte kognitive und emotionale Mechanismen, um „cheesecake for our brains" zu produzieren, ein evolutionär nutzloses Kitzeln unserer Lustzentren. Menschen erfinden und konsumieren Medien, weil die transportierten Inhalte und die gewählten Präsentationsformen Anpassungen aktivieren, die eigentlich zu anderen Zwecken evol-

43

vierten. Als Indiz für eine solche Annahme wird gesehen, dass erfolgreiche Filme und TV-Serien wie *Desperate Housewives, Vom Winde verweht* oder *Star Wars* Inhalte präsentieren, die evolutionspsychologisch relevante Themen widerspiegeln, wie intra-sexuellen Wettstreit, Partnerwahl, Liebe, lebensbedrohliche Kräfte, Naturgewalten und komplexe soziale Herausforderungen (Schwender, 2006).

Andere Ansätze sehen Unterhaltung als Anpassung. Millers Ornamental Mind-Theorie (2000) beschreibt, wie sexuelle Selektion die Evolution unterhaltender und künstlerischer Fähigkeiten und Präferenzen vorantreiben konnte. Danach ist sexuelle Selektion ein Motor der Phylogenese des menschlichen Geistes und damit komplexer menschlicher Fähigkeiten wie Intelligenz, Kreativität, Kunst und Humor. Der menschliche Verstand ist deutlich unterhaltsamer, intelligenter, schöpferischer und kunstbegabter als dies für ein Überleben im EEA notwendig gewesen ist. Daher sieht Miller solche Fähigkeiten als mentale Ornamentik analog zum Federschmuck, wie dem Pfauenschwanz, den Gesängen der Vögel oder dem Balz- und Paarungsverhalten verschiedener Tierarten. Unsere mentalen Möglichkeiten sind also nicht mit einem asexuellen problemlösenden Computer zu vergleichen. Vielmehr gleichen sie in weiten Bereichen eher denen eines Entertainmentsystems, das auch dazu dient, Sexualpartner anzuziehen oder anderen zu imponieren (vgl. Ohler & Nieding, 2006).

Auch Tooby und Cosmides (2001) beschreiben mediale Unterhaltung als Anpassung, jedoch nicht als ein Produkt sexueller Selektion. Unsere kognitiven Anpassungen können, so die Annahme, in zwei Funktionsmodi prozessieren: im üblichen funktionalen Modus oder im sogenannten organisationalen Modus. Letzterer umfasst Prozesse wie Spielen, Lernen und eventuell Träumen. Sie dienen dem Auf- und Ausbau unserer geistigen Fähigkeiten und tragen so zu einem Selektionsvorteil bei. Tooby und Cosmides zählen auch narratives fiktionales Entertainment zum organisationalen Modus (vgl. auch Ohler & Nieding 2006; Schwab 2006). Dies zeigt sich beispielsweise darin, dass über alle Kulturen hinweg sich Menschen an fiktionalen Welten begeistern. Zudem lässt sich ein spezialisiertes kognitives Design im Umgang mit Fiktion beschreiben (im Detail siehe Tooby und Cosmides, 2001).

Aufbauend auf einer evolutionären Theorie des Spiels schlagen Vorderer, Steen und Chan (2006) ein kognitives Modell der Unterhaltung als Simulation vor. Die biologische Funktion des Spielens und der Unterhaltung sehen die Autoren im Lernen. Dieses Lernen wird durch kognitive Anpassungen für mentale Simulationen oder auch Planspiele realisiert (Schwab, 2003). Gefühle von Lust und Freude an fiktionalen Unterhaltungsangeboten dienen dazu, das evolvierte natürliche pädagogische System motivational zu unterstützen. Dass unsere Fähigkeit zur Unterhaltungsrezeption nicht immer optimal funktioniert, wird im Kontext der Mismatch-Annahme verständlich. Moderne Medien benutzen bzw. missbrauchen möglicherweise unzeitgemäße Mechanismen unserer mentalen Architektur, so wie wir Vogelscheuchen verwenden, um Krähen vom Acker fernzuhalten (Schwender, 2006).

Kritik

Die Evolutionspsychologie befindet sich (noch) in einer Pionierphase, in der sie Fragen stellt, die sich meist sehr eng auf Probleme des Überlebens oder der Fortpflanzung beziehen. Andere Forschungsfragen, die über disziplinäre Grenzen hinweg adaptive Probleme und Lösungen thematisieren, werden nur sehr rudimentär angegangen. Mit zunehmender Etablierung der EP steigt die Zahl unterstützender Daten und empirischer Belege für die zugrundeliegenden Erklärungsmuster (u. a. Buss, 1999). Eine evolutionäre Betrachtung gilt unter vielen Psychologen noch immer als explanatorischer Luxus, als nicht-falsifizierbare Spekulation (Schwab 2004). Zugleich kann teilweise aus den theoretischen Annahmen, widerstreitende Hypothesen über einen Mechanismus abgeleitet werden, was von Kritikern als „just-so-stories" karikiert wird (Dennett, 1997).

Widerstreitende Annahmen sind jedoch fester Bestandteil des wissenschaftlichen Vorgehens. Sie müssen einer empirischen Prüfung unterzogen werden. Gerade aus evolutionspsychologischer Sicht kann man nicht „wild" herumspekulieren, sondern muss theoriegeleitet unter Berücksichtigung von Annahmen über zu lösende adaptive Probleme, über einen möglichen Mismatch und entlang der Prinzipien adaptiven Designs vorgehen.

Die EP bietet wichtige und nützliche wissenschaftliche Werkzeuge und Suchstrategien, welche die Medienpsychologie mit den anderen „life sciences" verknüpft. Die EP blickt aus einer anderen Perspektive auf (medien-)psychologische Phänomene und bereichert so sowohl theoretische Überlegungen innerhalb der Disziplin als auch die Quellen, auf denen medienpsychologische Argumentation fußt. Medienphänomene, die aus einer nicht-evolutionären Perspektive irrational erscheinen, können – wie das Beispiel der Unterhaltung zeigt – auf diese Weise verständlich werden.

Literatur

Barkow, J. H., Cosmides, L. & Tooby, J. (1992). *The Adapted Mind. Evolutionary Psychology and the Generation of Culture.* Oxford: Oxford University Press.

Barkow, J. H. (1989). *Darwin, Sex and Status.* Toronto: University of Toronto Press.

Buss, D. M. (1999). *Evolutionary psychology. The new science of the mind.* Boston: Allyn and Bacon.

Cosmides, L. & Tooby, J. (1997). *Evolutionary psychology: A primer.* http://www.psych. ucsb.edu/research/cep/primer.html (Zugriffsdatum: 01.02.2008).

Crawford, C. & Krebs, D. L. (1998) (Eds.). *Handbook of Evolutionary Psychology.* Mahwah, NJ: Lawrence Erlbaum.

Darwin, C. (1859). *Über die Entstehung der Arten durch natürliche Zuchtwahl* Hrsg. v. G. H. Müller (1988). Darmstadt: Wissenschaftliche Buchgesellschaft.

Dennett, D. C. (1997). *Darwins gefährliches Erbe.* Hamburg: Hoffmann und Campe.

Holcomb, H. R. (1998). Testing Evolutionary Hypotheses. In C. Crawford & D. L. Krebs (1998) (Eds.), *Handbook of Evolutionary Psychology.* Mahwah, NJ: Lawrence Erlbaum.

Miller, G. F. (2000). *The Mating Mind: How Sexual Choice Shaped the Evolution of Human Nature.* New York: Doubleday.

Ohler, P. & Nieding, G. (2006). An Evolutionary Perspective on Entertainment. In J. Bryant & P. Vorderer (Eds.), *Psychology of Entertainment* (S. 423–434). Mahwah, NJ: Lawrence Erlbaum.

Pinker, S. (1997). *How the mind works.* New York: Norton.

Pinker, S. (2002). *The Blank Slate: The Modern Denial of Human Nature.* New York: Viking.

Schwab, F. (2006). Are we amusing ourselves to death? Answers from evolutionary psychology. *SPIEL. Siegener Periodikum zur internationalen empirischen Literaturwissenschaft, 22(2)*, 329–338.

Schwab, F. (2004). Evolution und Emotion. Stuttgart: Kohlhammer.

Schwab, F. (2003). Unterhaltung. Eine evolutionspsychologische Perspektive. In W. Früh & H.-J. Stiehler (Hrsg.), *Theorie der Unterhaltung. Ein interdisziplinärer Diskurs* (S. 258–324). Köln: Herbert von Halem.

Schwender, C. (2006). *Medien und Emotionen.* 2. überarbeitete Auflage. Wiesbaden: Deutscher Universitätsverlag.

Sherry, J. L. (2004). Media Effects Theory and the Nature/Nurture Debate: A Historical Overview and Directions for Future Research. *Media Psychology, 6*, 83–109.

Trivers, R. L. (1972). Parental investment and sexual selection. In B. Campbell (Ed.), *Sexual selection and the descent of man*, 1871–1971 (pp. 136–179). Chicago, IL: Aldine.

Tooby, J. & Cosmides, L. (2001). Does Beauty Build Adapted Minds? Toward an Evolutionary Theory of Aesthetics, Fiction and the Arts. *Substance, 94/95*, 6–27.

Vorderer, P., Steen, F. F. & Chan, E. (2006). Motivation. In J. Bryant & P. Vorderer (Eds.), *Psychology of Entertainment* (pp. 3–18). Mahwah, NJ: Lawrence Erlbaum.

Individualmedien

Media Richness

Oliver Fischer

Worum geht es?

Das Konzept der Media Richness oder auch Information Richness (Daft & Lengel, 1984, 1986; Trevino et al., 1990, 1987) trifft Aussagen über die Passung von Medien und Situationen. Ob technisch vermittelte Individualkommunikation erfolgreich verläuft, hängt dieser Theorie zufolge davon ab, ob für eine Situation oder Aufgabe das angemessene Medium gewählt wird. Situationen werden dabei nach Ambiguität, Medien nach ihrer Reichhaltigkeit differenziert. Mit Ambiguität ist gemeint, dass die Kommunikationspartner erst noch zu einer gemeinsamen Deutung der Situation gelangen müssen. Die Reichhaltigkeit von Medien bezieht sich vor allem auf die Vielfalt verfügbarer Kanäle und auf die Geschwindigkeit, mit der kommunikatives Feedback möglich ist. Kernannahme der Theorie ist, dass in Situationen mit hoher Ambiguität reichhaltige Medien verwendet werden sollten. Für die einfache Mitteilung von Fakten hingegen sind schlanke Medien besser geeignet.

In ihrer ursprünglichen Form zielte die Theorie der Media Richness auf die Optimierung vermittelter Kommunikation in Organisationen ab. Die zentrale Hypothese war, dass Führungskräfte mit angemessenen Medienwahlpräferenzen wirtschaftlich erfolgreicher sind als Führungskräfte mit unangemessenen Wahlpräferenzen. In aktuellen Publikationen wird der Aspekt der Ergebnisoptimierung allerdings nur selten berücksichtigt. Untersucht wird in der Regel, ob die Medienwahlmuster insgesamt den Annahmen der Media Richness-Theorie entsprechen, d. h. ob die Teilnehmer der Untersuchungen tatsächlich angeben, dass sie für Situationen mit hoher Ambiguität reichhaltige Medien und für Aufgaben mit niedriger Ambiguität weniger reichhaltige Medien wählen würden.

Darstellung der Annahmen

Die Theorie der Media Richness trifft Annahmen zu drei Bereichen: Eigenschaften von Aufgaben, Eigenschaften von Medien und Kontingenz von Kommunikationsanforderung und Medium zur Aufgabenbewältigung. Durch die systematische Betrachtung der Eigenschaften der Aufgabe geht diese Theorie etwa über die der

Social Presence hinaus (vgl. Beitrag zur Sozialen Präsenz in diesem Band). Spätere Entwicklungen der Media Richness-Theorie (Trevino, Daft & Lengl, 1990) berücksichtigen zusätzlich kontextuelle und symbolische Determinanten der Medienwahl.

1. Eigenschaften von Aufgaben: Die Anforderungen organisationaler Kommunikation

Die Theorie medialer Reichhaltigkeit bezieht sich ursprünglich auf Kommunikation in Organisationen (Daft & Macintosh 1981; siehe auch Trevino, Daft & Lengl, 1990; Trevino, Lengl & Daft, 1987). Organisationen werden dabei als ein dynamisches Kommunikationsnetzwerk verstanden, für dessen Funktionieren ein gemeinsames Bedeutungs- bzw. Symbolsystem erforderlich ist. Kommunikation und die Bearbeitung von Aufgaben erfolgt wesentlich face-to-face, wird aber zunehmend durch Medien vermittelt. Eine für den Organisationsalltag typische Aufgabe besteht in der Reduktion von Ambiguität (equivocality). Dieser Begriff ist für die Bestimmung der Angemessenheit von Medien zentral und bezeichnet eine Situation, in der Sender und Empfänger zunächst zu einem gemeinsamen Verständnis kommen müssen, worum es bei einer Aufgabe überhaupt geht. Daft und Lengel (1986) unterscheiden streng zwischen Ambiguität (equivocality) und Unsicherheit (uncertainty): Unsicherheit läßt sich einfach durch Hinzugewinn zusätzlicher Information beseitigen, während dies bei „equivocal tasks" nicht möglich ist. Zusätzliche Information führt hier eher zu weiterer Verwirrung und wirkt somit kontraproduktiv. Ambiguität ist sicher ein Charakteristikum eines Großteils von Managementscheidungen (z. B. Mintzberg, Raisinghani & Theoret, 1976).

2. Eigenschaften von Medien: Media Richness

Als Media Richness definieren die Autoren die Möglichkeit eines Mediums, Ambiguität zu reduzieren: „Communication media can be characterized as 'rich' or 'lean' based upon their capacity to facilitate shared meaning" (Trevino, Daft & Lengl, 1990, S. 75). Ambiguitätsreduktion hängt Daft und Lengel (1984, 1986) zufolge wesentlich von vier Charakteristika ab:

• Geschwindigkeit, mit der Feedback-Prozesse möglich sind
• Anzahl der verfügbaren Kanäle bzw. Cue-Systeme
• Vielfalt verwendbarer Sprachcodes
• Möglichkeit zur Personalisierung und Vermittlung persönlicher Gefühle

Media Richness wird hierbei als ein objektives Merkmal des Mediums angesehen. Allerdings bleibt eine genaue Operationalisierung oder gar eine quantitative Gewichtung der einzelnen Charakteristika zunächst aus. **Abbildung 1.2** illustriert die von Trevino, Daft und Lengl (1990) vorgeschlagene Hierarchisierung medialer Reichhaltigkeit, die prinzipiell für beliebig viele weitere Medien erweiterbar ist.

Da die von Trevino, Daft und Lengl (1990) genannten Kriterien weder quantifiziert noch gewichtet werden, handelt es sich um eine problematische Operationalisierung. Es ist daher kaum verwunderlich, dass fast alle empirischen Untersuchungen bei der Erstellung von Hierarchien auf subjektive Ratings zurückgreifen.

3. Die Kontingenz von Kommunikationsanforderung und Medium

Der Theorie medialer Reichhaltigkeit zufolge ist die Kombinationen von Medium und Kommunikationsanforderung kritisch für den Erfolg der Kommunikation.

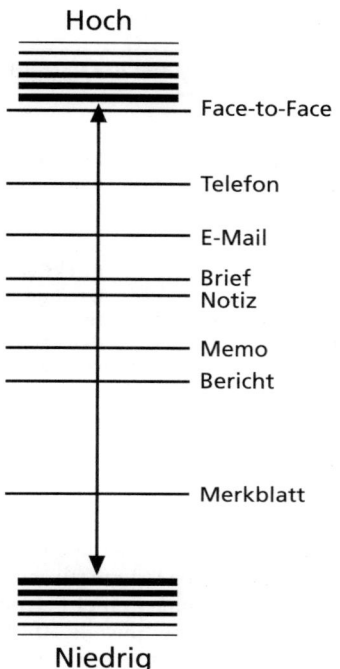

Hoch

Face-to-Face

Telefon

E-Mail

Brief
Notiz

Memo
Bericht

Merkblatt

Niedrig

Abb. 1.2: Media-Richness-Hierarchie (nach Trevino, Daft & Lengl)

Entsprechen sich Reichhaltigkeit des Mediums und Ambiguität der Situation, verläuft die Kommunikation optimal. Dies führt unmittelbar zur Empfehlung der Media Richness-Theorie für den Anwendungskontext: Bei klar definierten Aufgaben (etwa der Kommunikation eindeutiger und klar interpretierbarer Zahlen) sollten schlanke Medien verwendet werden, um unnötige Komplexität zu vermeiden. Bei hoher Ambiguität (z. B. der Beurteilung eines Mitarbeiters) sollten reichhaltige Medien verwendet werden, um ein gemeinsames Verständnis des Gegenstandes zu ermöglichen (Trevino, Daft & Lengl, 1990).

Eine suboptimale Kommunikation liegt dann vor, wenn zwischen Ambiguität der Situation und der Reichhaltigkeit des gewählten Mediums ein Mismatch besteht. Die Verwendung eines schlanken Mediums für eine deutungsbedürftige Nachricht kann zu Missverständnissen führen. Dies ist zunächst nicht weiter überraschend. Allerdings stellen die Autoren zusätzlich eine kontraintuitive Hypothese auf: Face-to-face-Kommunikation kann unter bestimmten Bedingungen zu einem gegenüber vermittelter Kommunikation defizitären Kommunikationsablauf führen, weil Informationen kommuniziert werden, die für die Aufgabe irrelevant sind. **Tabelle 1.1** visualisiert die möglichen Kombinationen und Ergebnisse.

Wie eingangs erwähnt, berücksichtigen spätere Entwicklungen der Media Richness-Theorie zusätzlich kontextuelle und symbolische Determinanten der Medienwahl. Dabei geht es wesentlich um die Frage der Verbreitung eines Mediums (Daft, Lengl & Trevino, 1990), sowie darum, inwieweit die Verwendung eines Mediums metakommunikative Wirkungen haben kann.

49

Tab. 1.1: Kontingenz von Media Richness und Ambiguität der Nachricht

		Ambiguität der Nachricht	
		hoch	gering
Media Richness	**hoch**	**Effektive Kommunikation** Reichhaltigkeit des Mediums entspricht der Komplexität der Nachricht	**Ineffektive Kommunikation** Reichhaltigkeit des Mediums führt zu Verwirrung.
	gering	**Ineffektive Kommunikation** Mangelnde Variabilität des Cue-Systems kann Komplexität der Nachricht nicht fassen	**Effektive Kommunikation** Geringe Reichhaltigkeit des Medium reicht für Nachricht aus und vermeidet Verwirrung

Typische Methodik

Fast alle Untersuchungen zur Theorie der medialen Reichhaltigkeit basieren auf Fragebögen. In der für diese Theorie paradigmatischen Untersuchung von Daft, Lengl und Trevino (1987) wurden Manager einer Petrochemie-Firma gebeten, für 60 spezifische Managementsituationen aus jeweils 10 Medien das passende auszuwählen. Die Ambiguität der Situationen war vor der Untersuchung durch Expertenurteil empirisch ermittelt worden. Die Reichhaltigkeit der Medien wurde hingegen von den Autoren einfach angenommen. E-Mail wurde in dieser Studie noch nicht berücksichtigt. Weitere Untersuchungen (Russ, Daft & Lengl, 1989) verwandten eine ähnliche Methodik. Allerdings wurden auch verschiedene andere Methoden verwendet. Trevino, Daft und Lengl (1987) führten in Organisationen teilstrukturierte Interviews, und Trevino, Lengel, Bodensteiner, Gerloff und Muir (1990) führten eine Studie mit Studenten durch, bei der jeweils für eine Situation (hohe vs. geringe Ambiguität) eine Medienwahlentscheidung zu fällen war. Eine sehr elaborierte Untersuchung stammt von Zack (1994), der eine Felduntersuchung zum Kommunikationsverhalten in Arbeitsgruppen durchführte. In dieser Untersuchung wurden Fragebögen, Beobachtungen, Interviews und Dokumentenanalyse kombiniert. Zur Prüfung der Bedeutung von sozialen Kontextfaktoren führten Trevino, Webster und Stein (2000) eine Befragung durch, bei der die Einstellungen der Rezipienten zum jeweiligen Kommunkationsmedium einbezogen wurden. Um die symbolische Dimension einer Medienwahl zu untersuchen, befragten Trevino, Lengel und Daft (1987) Manager nach ihren Gründen für die Wahl unterschiedlicher Medien und klassifizierten diese anschließend inhaltsanalytisch.

Zentrale empirische Befunde

Die Ergebnisse der meisten Untersuchungen (Daft, Lengl & Trevino, 1987; Trevino, Lengel, Bodensteiner, Gerloff & Muir, 1990) bestätigten die Hypothese, dass für Situationen mit hoher Ambiguität bevorzugt reichhaltige Medien gewählt würden.

Auch entspricht die subjektive Rangordnung von Medien wesentlich den theoretischen Annahmen. Exemplarisch sei hier das Ergebnis einer Befragung von Schmitz und Fulk (1991, S. 503) aufgeführt. Auf einer fünfstufigen Skala bewertete eine Stichprobe von 655 Mitarbeitern eines Forschungsinstitutes die mediale Reichhaltigkeit verschiedener Individualmedien, wobei ein hoher Wert eine hohe, ein niedriger Wert eine geringe mediale Reichhaltigkeit anzeigt.

Tab. 1.2: Perzipierte Media Richness verschiedener Individualmedien

Individualmedium	Mediale Reichhaltigkeit Mittelwert (Standardabweichung)
Face-to-Face	4,4 (0,9)
Telefon	3,8 (0,8)
Handschriftlicher Text	3,6 (0,9)
E-Mail	3,5 (0,9)
Maschinengeschriebener Text	3,3 (1,1)
Numerischer Computerausdruck	2,5 (1,3)

Die angenommene Präferenz für schlanke Medien im Falle einer geringen Ambiguität ist hingegen nur selten nachweisbar (Trevino, Lengel, Bodensteiner, Gerloff & Muir, 1990; Zack, 1994). Obwohl dies ursprünglich der Kern der Theorie medialer Reichhaltigkeit war, wurde der tatsächliche Erfolg spezifischer Medienwahlmuster nur selten untersucht. Die Untersuchung von Dennis und Kinney (1998) stellt eine Ausnahme dar, unterstützt aber die Kernhypothese der Theorie medialer Reichhaltigkeit nicht: Weder die Personwahrnehmung noch die Entscheidungsqualität hing in systematischer Weise mit der Reichhaltigkeit der untersuchten Medien zusammen. Allerdings zeigte sich durchgängig, dass Interaktionen mit visuellem Kontakt als befriedigender bewertet wurden. Die Untersuchung von Trevino, Webster und Stein (2000) zeigte hinsichtlich der Kontextfaktoren, dass die Einstellung des Rezipienten zum Medium einen erheblichen Einfluss auf die Medienwahl hatte. E-Mails und Briefe wurden nach dieser Untersuchung häufiger bei positiven Einstellungen der Kollegen und Vorgesetzten verwendet. Die Untersuchung von Trevino, Lengel und Daft (1987) zeigte, dass sich ein erheblicher Teil der aufgezählten Motive symbolisch interpretieren ließ. Allerdings ist die Validität der genannten Untersuchung auf Grund der explorativen Methodik eingeschränkt und die Evidenz eher anekdotischer Art.

Kritik

Die zentrale Leistung der Media Richness-Theorie ist, dass sie die Charakteristika der Aufgabe systematisiert hat. Dies ist ein substanzieller Fortschritt gegenüber Theorien, die ohne Beachtung der Situation grundsätzlich von einem Defizit vermittelter Kommunikation ausgehen. Dennoch sind verschiedene Aspekte kritisch zu beurteilen.

- Eine Kernannahme der Theorie medialer Reichhaltigkeit wurde praktisch nicht geprüft: dass angemessene Medienwahl zu besserer Leistung führt. Bei fast allen empirischen Untersuchungen stellt Medienwahl und nicht Ergebnisqualität die abhängige Variable dar.
- Neben der Ambiguität haben zahlreiche weitere Charakteristika der Aufgabe bzw. der Situation Einfluss auf den Erfolg vermittelter Kommunikation (z. B. soziale Einflussfaktoren oder die Salienz der sozialen Identität.
- Eine einheitliche Operationalisierung des Konstruktes medialer Reichhaltigkeit ist bislang noch nicht erzielt. Die häufig verwendeten subjektiven Ratings bleiben hinter dem ursprünglich formulierten Objektivitätsanspruch zurück.
- Die perzipierte Reichhaltigkeit eines Mediums ist nicht nur von den objektiven Eigenschaften des Mediums, sondern im Wesentlichen vom Erfahrungshintergrund des Nutzers abhängig. Zudem bleibt unberücksichtigt, dass sich die Wahrnehmung von Medien mit Zunahme der Nutzungskompetenz verändert. Dieser Aspekt wird wesentlich von der Theorie der Kanalexpansionstheorie (Carlson, 1995; Carlson & Zmud, 1994, 1999) systematisiert. Die Setzung der Face-to-face-Kommunikation als „Benchmark" aller Kommunikationsszenarien ist daher nicht völlig unproblematisch.
- Zusätzlich wird die Bedeutung des sozialen Kontextes – zumindest in der ursprünglichen Version dieser Theorie – nur unzureichend konzeptualisiert. Dies erfolgt erst im Kontext der Theorie des sozialen Einflusses (vgl. Beitrag zum Modell des sozialen Einflusses in diesem Band).

Literatur

Carlson, J. (1995). Channel expansion theory: a dynamic view of media and information richness perceptions. Unpublished doctoral dissertation, Florida State University, Tallahassee

Carlson, J. & Zmud, R. (1994). Channel expansion theory: a dynamic view of media and information richness perceptions. In D. P. Moore (Eds.), Academy of Management Best Papers Proceedings.

Carlson, J. & Zmud, R. (1999). Channel expansion theory and the experiential nature of media richness perceptions. *Academy of Management Journal, 42(2)*, 153–170.

Daft, R. L. & Lengel, R. H. (1984). Information richness: a new approach to managerial behavior and organization design. In L. L. Cummings & B. M. Staw (Eds.), *Research in Organizational Behavior*, 6 (pp. 191–233). London: Greenwich.

Daft, R. L. & Lengel, R. H. (1986). Organizational information requirements, media richness and structural design. *Management Science, 32*, 554–571.

Daft, R. L., Lengel, R. H. & Trevino, L. K. (1987). Message equivocality, media selection, and manager performance: implications for information systems. *Management of Information Systems Quarterly, 10*, 355–366.

Daft, R. L. & Macintosh, N. B. (1981). A tentative exploration into the amount and equivocality of information processing in organizational work units. *Administrative Science Quarterly, 26*, 207–224.

Dennis, A. R. & Kinney, S. T. (1998). Testing media richness theory in new media: The effects of cues, feedback, and task equivocality. *Information Systems Research, 9*, 256–274

Mintzberg, H., Raisinghani, D. & Theoret, A. (1976). The structure of unstructured decision processes. *Administrative Science Quarterly, 21(2)*, 246–275.

Schmitz, J. & Fulk, J. (1991). Organizational colleagues, media richness, and electronic mail: A test of the social influence model. *Communication Research, 18*, 487–523.

Trevino, L., Lengel, R. H., Bodensteiner, W., Gerloff, E. & Muir, N. K. (1990). The richness imperative and cognitive style: The role of individual differences in media choice behavior. *Management Communication Quarterly, 4*, 176–197.

Trevino, L. K., Lengl, R. H. & Daft, R. L. (1987). Media symbolism, media richness, and media choice in organizations: A symbolic interactionist perspective. *Communication Research, 14*, 553–574.

Trevino, L. K., Daft, R. L. & Lengl, R. H. (1990). Understanding managers' media choices: a symbolic interactionist perspective. In J. Fulk & C. W. Steinfield (Eds.), *Organizations and Communication Technology* (pp. 71–94). Newbury Park, CA: Sage.

Trevino, L. K., Webster, J. & Stein, E. W. (2000). Making connections: Complementary influences on communication media choices, attitudes, and use. *Organization Science, 11(2)*, 163–182.

Zack, M. (1994): Electronic Messaging and Communication effectiveness in an ongoing work group. *Information and Management, 26(4)*, 231–241.

Modell des sozialen Einflusses

Oliver Fischer

Worum geht es?

Die Theorie des sozialen Einflusses (Social Influence Model of Technology Use) trifft Aussagen über die Determinanten von Medienwahl. Einem technologischen Determinismus stellen Fulk, Schmitz und Steinfield (1990) ein reziprok-deterministisches Modell gegenüber, in dem sich Technologie und soziale Strukturen gegenseitig beeinflussen. Medienwahl wird als Ergebnis eines sozialen Konstruktionsprozesses verstanden, der nicht als rationale Abwägung von objektiven Medien- und Aufgabenmerkmalen erfolgt, sondern ein Ergebnis sozialer Lern- und Informationsverarbeitungsprozesse ist. Die vorherrschenden Mediennutzungsnormen des sozialen Umfeldes und die eigene Lernerfahrung mit Medium und Aufgabe sind dabei wichtiger als die objektiven Aufgaben- und Mediencharakteristika.

Darstellung der Annahmen

Fulk, Schmitz und Steinfield (1990) formulieren die Theorie des sozialen Einflusses vor allem in Abgrenzung von Media Richness (Daft & Lengel, 1984) und Social Presence (Short, Williams & Christie, 1976; vgl. Beiträge zu Media Richness und Sozialer Präsenz in diesem Band). Beide Ansätze seien, so die Autoren, letztlich Rational Choice-Theorien der Medienwahl. Fulk und ihre Kollegen wenden sich gegen die Annahme, dass Medienwahl in einem rationalen Abgleich von Medium und Situation besteht, bei dem die entscheidungsrelevanten Merkmale für alle Mediennutzer transparent sind. Die Lösung dieser konzeptuellen Unzulänglichkeit, so die Autoren, besteht in einer Theorie, die die Dynamik interpersoneller Einflüsse und subjektiver Konstruktionen berücksichtigt.

Fulk und Kollegen (1990) gehen davon aus, dass die Perzeption von Medien subjektiv und sozial konstruiert ist. Für diese soziale Konstruktion können zwar auch objektive Kriterien (wie etwa die Kanalkapazität) bedeutsam sein, aber die zentralen Determinanten sind sozialer Art. Entscheidend für die Medienwahl sind einerseits Prozesse individueller sozialer Informationsverarbeitung und andererseits soziale Lernprozesse. Soziale Informationsverarbeitung bedeutet in diesem Kontext, dass durch explizite Statements von Kollegen oder subjektive Interpretation spezifischer Ereignisse Einstellungen entstehen oder modifiziert werden, die ihrerseits wiederum Einfluss auf die Wahrnehmung und Beurteilung von Kommunikationsmedien haben. Soziale Lernprozesse bestehen hingegen insbesondere in der Beobachtung der (erfolgreichen oder auch erfolglosen) Mediennutzung durch eine andere, als Modell relevante Person. Da jeder Mediennutzer über seine eigene Erfahrungsgeschichte verfügt, kann die Wahrnehmung und Beurteilung sowohl von Aufgaben als auch von Medien interindividuell und über verschiedene Situationen sehr unterschiedlich sein. Während der Medienwahl entfällt der wesentliche Teil der kognitiven Aktivität dabei weniger auf den Abgleich von Aufgabe und Medium als vielmehr auf die postaktionale Rationalisierung, Attribution und Einstellungsbildung infolge des beobachteten eigenen Verhaltens. Da bei Rückschlüssen von eigenem Verhalten auf eigene Einstellungen die erinnerten Informationen entscheidend sind (Salancik & Conway, 1975), können sich durch intersituational unterschiedliche Voraktivation jeweils sogar andere Einstellungen ergeben (Pfeffer, 1982). Insofern ist die Medienwahl nach diesem Modell – im Gegensatz zu den Modellen rationaler Medienwahl – subjektiv, retrospektiv-rational, und sie unterliegt in hohem Maße Faktoren, die nicht direkt mit den Eigenschaften des Mediums in Verbindung stehen. **Tabelle 1.3** stellt die unterschiedlichen Annahmen von Modellen rationaler Medienwahl und Modellen sozialer Einflussnahme gegenüber.

Tab. 1.3: Rationale Medienwahl und Soziale Einflussnahme

Rationale Medienwahl	Soziale Einflussnahme
Eigenschaften von Medium und Aufgabe	
• fest	• variabel
• objektiv	• subjektiv, sozial konstruiert
• vollständig salient	• unterschiedlich salient
Wahlprozess	
• kognitiv	• kognitiv
• unabhängig von externen Einflüssen	• abhängig von externen Einflüssen
• prospektiv rational	• retrospektiv rational
• objektiv rational	• subjektiv rational
• effizienzmotiviert	• kann, muss aber nicht effizienzmotiviert sein

Über die bisher beschriebenen Faktoren hinaus berücksichtigen Fulk, Schmitz und Steinfield (1990) „situationale Variablen". Hierbei handelt es sich letztlich um eine Restkategorie, die neben *individuellen Unterschieden* sowohl *förderliche* als auch *direkt einschränkende Faktoren* beinhaltet. Unter individuellen Unterschieden verstehen die Autoren etwa den kognitiven Stil einer Person, der nach Ergebnissen von Aydin (1987) eine signifikante Korrelation zu den individuellen Medienperzeptionen aufweist. Als zentrale förderliche Faktoren identifizieren die Autoren Variablen wie die Verfügbarkeit eines Mediums, die organisationsweite Unterstützung für die Nutzung des Mediums, oder auch die Preispolitik bei der Vermarktung eines Mediums. Mit „direkt einschränkenden Faktoren" bezeichnen die Autoren zum Beispiel die geografische Distanz zum nächsten verfügbaren Medium.

Fulk et al. (1990) gehen davon aus, dass die konstruierten Realitäten verschiedener Individuen je nach persönlicher Interaktionshistorie und Gruppenzugehörigkeit starke Überschneidungen aufweisen können. Insofern wird auch die Perzeption und Bewertung von Medien eine starke Abhängigkeit von Gruppenzugehörigkeit und Interaktionshistorie aufweisen. **Abbildung 1.3** zeigt eine Übersicht über das Social Influence Model of Technology Use.

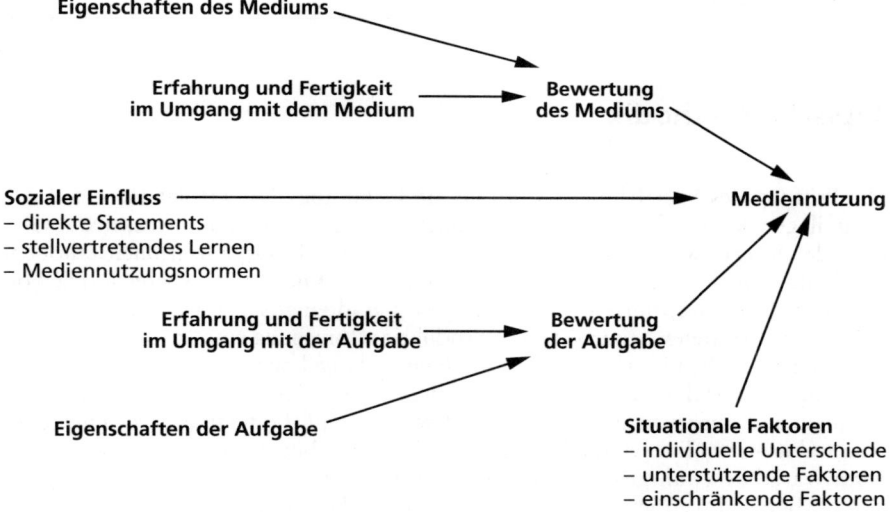

Abb. 1.3: Das Social Influence Model of Technology Use

Die sich aus dem Modell ergebenden Kernannahmen der Theorie sozialen Einflusses lauten nach Fulk et al. (1990) wie folgt:

Tab. 1.4: Zentrale Hypothesen des Social Influence Model

Die Bewertung von Medien (Perzeptionen und Einstellungen) ergibt sich als Funktion von
a) objektiven Medienmerkmalen
b) Medienerfahrung und medienspezifischen Fertigkeiten
c) sozialem Einfluss
d) bisherigem Mediennutzungsverhalten

Die Bewertung der Aufgabe ergibt sich als Funktion von
a) objektiven Aufgabenmerkmalen
b) Erfahrung im Umgang mit der Aufgabe und aufgabenspezifischen Fertigkeiten
c) sozialem Einfluss

Die Mediennutzung ist eine Funktion von
a) Medienbewertungen (Perzeptionen und Einstellungen)
b) Medienerfahrung und medienspezifischen Fertigkeiten
c) sozialem Einfluss
d) Bewertung der Aufgabe
e) situationalen Faktoren

Typische Methodik

Die Prüfung des Social Influence Model of Technology Use erfolgt meist auf der Grundlage von Fragebogenverfahren, manchmal ergänzt durch non-reaktive Analysen oder Interviews. In der Regel werden die Daten in Organisationen erhoben, häufig mit einem Schwerpunkt im Forschungs- und Entwicklungsbereich. Die von Fulk (1993) durchgeführte Untersuchung hat paradigmatischen Charakter. Die mit E-Mail ausgestatteten Mitarbeiter der Produktionsforschung eines großen Unternehmens der Petrochemie erhielten postalisch einen Fragebogen. Zusätzlich wurde bei 90 % der Nutzer die E-Mail-Kommunikation für den Zeitraum einer Woche aufgezeichnet und ausgewertet. Abschließend wurden mit Teilnehmern verschiedener Hierarchieebenen Interviews durchgeführt. Der Fragebogen enthielt Items zu endogenen Variablen (wahrgenommene Media Richness von E-Mail; Nutzungshäufigkeit von E-Mail; wahrgenommene Nützlichkeit von E-Mail), zu exogenen Variablen (hier wurde jeweils nach dem Vorgesetzten und fünf weiteren Mitarbeitern gefragt, mit denen der Teilnehmer häufig kommuniziert; die Daten der Mitglieder dieses „Ego-Netzwerkes" wurden dann den individuellen Daten angehängt), Medienkenntnis (Dauer der Erfahrung mit dem Medium), Gruppenzusammenhalt (inhaltliche Kooperation und persönlicher Zuwendung) und Aufgabencharakteristika (Routineartigkeit, Arbeitsdruck, sowie Inter- und Intragruppenabhängigkeit).

Zentrale empirische Befunde

Insgesamt weisen die Ergebnisse tatsächlich darauf hin, dass externe Faktoren einen erheblichen Einfluss auf die Wahrnehmung und Nutzung von Medien ausüben. Hinsichtlich der Medienperzeption zeigten Untersuchungen, dass die Einschätzung der Reichhaltigkeit eines Mediums stark variiert, und dass diese Variation in direktem Zusammenhang mit den Einstellungen des Vorgesetzten und der wichtigsten Kommunikationspartner steht (Fulk, Schmitz & Steinfield, 1988). Auch hinsichtlich der Mediennutzung finden sich – allerdings ex post interpretierte – empirische Hinweise auf die Gültigkeit der Social Influence-Theorie. Hier sind zunächst die beobachteten Ähnlichkeiten der Mediennutzungsmuster innerhalb von Gruppen zu nennen. So ergaben in einer Fabrik für Büroartikel durchgeführte Untersuchungen von Steinfield und Fulk (1989), dass 25 % der Varianz der Nutzung von E-Mail durch die Medienerfahrung der Mitarbeiter aufgeklärt werden konnte, während ein globales Maß für die Ambiguität der Aufgabe überhaupt keine Varianz aufklärte. Die Bedeutung des sozialen Einflusses wird zusätzlich durch die beobachteten Unterschiede der Mediennutzungsmuster zwischen verschiedenen Gruppen betont (vgl. Fulk, Schmitz & Steinfield, 1990).

Die genannten Untersuchungen illustrieren die Bedeutung sozialer Einflussfaktoren bei der Medienwahl und stellen insofern eine Bestätigung des Social Influence Model of Technology Use dar. Andere Untersuchungen zeigen dagegen ein heterogeneres Bild: Der soziale Einfluss war durchaus nicht immer ein ausreichender Prädiktor für die Wahrnehmung und Nutzung von Medien (vgl. etwa Davis, Bagozzi & Warshaw, 1989; Fulk, 1993).

Kritik

Das Social Influence Model of Technology Use von Fulk, Schmitz und Steinfield (1990) übt grundlegende Kritik an den Theorien der sozialen Präsenz und der medialen Reichhaltigkeit. Wahlentscheidungen seien nicht objektiv-rational und unabhängig von externen Einflüssen, sondern vielmehr subjektiv und wesentlich durch externe Variablen bestimmt. Der Medienwahlprozess kann zwar mit dem eines rationalen Matchings identisch sein, er muss es aber nicht. Das Social Influence Model of Technology Use ist ein sozial-konstruktivistisches Modell. Poole und DeSanctis argumentierten in diesem Sinne, die Objektivierung und Dekontextualisierung von Medien lenke künstlich vom essenziell sozialen Charakter von Kommunikationstechnologien ab, die ohne die sozialen Prozesse der Bedeutungskonstruktion schließlich nichts anderes wären als „tote Materie" (Poole & DeSanctis, 1990, S. 178).

Die zentrale Leistung des Modells von Janet Fulk und Kollegen gibt gleichzeitig Anlass zu einer grundsätzlichen Kritik.

• Die Vorhersagen zur Wirkung von Kommunikationstechnologien erreichen nicht den Grad an Präzision und Generalisierbarkeit, der – ein naturwissenschaftliches Wissenschaftsverständnis vorausgesetzt – wünschenswert erscheint. Die von Poole und DeSanctis beklagte Objektivierung und Dekontextualisierung von

Medienforschung ist letztlich die Voraussetzung für systematisch prüfbare Hypothesen und Vorhersagen zu Medieneffekten, wie sie etwa in der experimentellen Psychologie üblich sind. Allerdings muss man zur Kenntnis nehmen, dass diese Subjektivismuskritik nur aus einem naturwissenschaftlichen Wissenschaftsverständnis heraus gültig ist. Der Ansatz von Janet Fulk und Kollegen ist daher auch nicht als wirkliche Alternative zu den Überlegungen des Social Presence bzw. Media Richness anzusehen (vgl. Beiträge zu Media Richness und Sozialer Präsenz in diesem Band). Sein spezifischer Nutzen besteht vielmehr darin, dass die Bedeutung externer sozialer Einflussgrößen bei Medienwahrnehmung und -wahl betont und theoretisch systematisiert wird. Die Frage nach der intersituational differierenden Kommunikationseffizienz verschiedener Medien bleibt dagegen unbeantwortet.

- Aus theoretischer Perspektive ist fraglich, ob die Kontrastierung von Rational Choice-Modellen (Social Presence, Media Richness) und Social Influence-Ansätzen in der von Fulk et al. (1990) gewählten Form zutreffend ist.
- Die Social Influence-Theorie trifft keine Aussagen a) zu den objektiven Eigenschaften des Mediums und der Aufgabe, sowie b) zum jeweils erzielbaren Ergebnis.
- Die von Fulk und Kollegen verwendete Unterscheidung zwischen subjektiver und objektiver Rationalität ist missverständlich, denn mit subjektiver Rationalität meinen die Autoren eigentlich postaktionales Rationalisieren. Im ökonomischen und entscheidungslogischen Kontext bedeutet subjektive Rationalität jedoch nur, dass Menschen in ihrem Bestreben nach Effizienzmaximierung auf Grund unterschiedlicher Bedürfnisse, Motive und kognitiver Fähigkeiten differieren.

Literatur

Aydin, C. E. (1987). The effects of social information and cognitive style on medical information system attitudes and use. In W. W. Stead (Ed.), *Proceedings of the Eleventh Annual Symposium on Computer Applications in Medical Care* (pp. 601–60). New York: IEEE.

Daft, R. L. & Lengel, R. H. (1984). Information richness: a new approach to managerial behavior and organization design. In L. L. Cummings & B. M. Staw (Eds.), *Research in Organizational Behavior, 6* (pp. 191–233). London: Greenwich.

Davis, F. D., Bagozzi, R. P. & Warshaw, P. R. (1989). User Acceptance of Computer Technology: A Comparison of Two Theoretical Models, *Management Science, 35(8)*, 982–1003.

Fulk, J. (1993). Social construction of communication technology. *Academy of Management Journal, 36,* 921–950.

Fulk, J., Schmitz, J. & Steinfield, C. (1988). *Social information and technology use in organizations.* Paper presented at the Annual Academy of Management Convention. Anaheim, CA.

Fulk, J., Schmitz, J. & Steinfield, C. (1990). A social influence model of technology use. In J. Fulk & C. Steinfield (Eds.), *Organizations and Communication Technology* (pp. 117–142). Newbury Park, CA: Sage.

Fulk, J., Steinfield, C., Schmitz, J. & Power, J. G. (1987). A social information processing model of media use in organizations. *Communication Research, 14(5),* 529–552.

Pfeffer, J. (1982). Organizations and organization theory. Boston: Pitman.

Poole, M. S. & DeSanctis, G. (1990). Understanding the use of group decision support systems: The theory of adaptive structuration. In J. Fulk & C. Steinfield (Eds.), *Organizations and communication technology* (pp. 173–193). Newbury Park, CA: Sage.

Short, J., Williams, E. & Christie, B. (1976). *The social psychology of telecommunications*. London: John Wiley & Sons.

Salancik, G. R. & Conway, M. (1975). Attitude inferences from salient and relevant cognitive content about behavior. *Journal of Personality and Social Psychology, 32*, 829–840.

Salancik, G. R. & Pfeffer, J. (1978). A social information processing approach to job attitudes and task design. *Administrative Science Quarterly, 23*, 224–253.

Steinfield, C. W. & Fulk, J. (1989). On the role of theory in research on information technologies in organizations. *Communication Research, 14(5)*, 479–490.

Media Synchronicity

Oliver Fischer

Worum geht es?

Die Theorie der Media Synchronicity von Dennis und Valacich (1999) ist eine Erweiterung der Media Richness Theorie (vgl. Beitrag zu Media Richness in diesem Band). Anstelle einer eindimensionalen Kategorisierung medialer Reichhaltigkeit differenzieren die Autoren insgesamt fünf für Gruppenkommunikation zentrale Mediencharakteristika, von denen allerdings nur zwei für das Konzept der Synchronizität wirklich zentral sind: die Geschwindigkeit einer möglichen Rückmeldung sowie der Grad an Parallelität. Diese beiden Dimensionen konstituieren das Konstrukt der Synchronizität, d. h. sie ermöglichen es, dass Kommunikationspartner zur selben Zeit dasselbe tun. Für die Bestimmung der situativen Angemessenheit von Medien wird anstelle von Aufgaben auf zwei grundlegende Kommunikationsprozesse fokussiert – die Vermittlung von Informationen und die Konvergenz der Gruppenmitglieder hin zu einer gemeinsamen Gruppenmeinung. Schließlich gehen die Autoren davon aus, dass sich die Angemessenheit von Medien für bestimmte Aufgaben bzw. Kommunikationsprozesse mit dem Bekanntheitsgrad der Gruppenmitglieder ändert: Je besser sich die Mitglieder kennen, desto geringer der Bedarf an Synchronizität.

Darstellung der Annahmen

Die Theorie der Mediensynchronizität geht davon aus, dass der Erfolg vermittelter Kommunikation von der Passung von Medieneigenschaften und Aufgaben abhängt. Diese Kernannahme ist zunächst identisch mit der zentralen Hypothese der Media

Richness-Theorie. Allerdings nimmt die Theorie der Mediensynchronizität eine weiter gehende Differenzierung der Eigenschaften sowohl von Aufgaben als auch von Medien vor. Aufgaben, so die Autoren, seien letztlich auf jeweils eine von zwei grundlegenden Kommunikationsfunktionen zu reduzieren: auf die Vermittlung bzw. den Austausch von Information (conveyance) einerseits und auf die Informationsverdichtung und Entwicklung eines gemeinsamen Problemverständnisses (convergence) andererseits. Die Charakteristika von Medien werden anhand von fünf unabhängigen Dimensionen unterschieden, von denen zwei für das Konstrukt der Mediensynchronizität zentral sind (vgl. auch Nohr, 2001; Schwabe, 2001):

- Geschwindigkeit der Rückmeldung (immediacy of feedback): Möglichkeit zur direkten bi-direktionalen Rückmeldung
- Parallelität (parallelism): Die Anzahl an möglichen simultan erfolgenden Konversationen. Wird bei Telefongesprächen in der Regel lediglich eine Konversation geführt, sind bei Internet-Chats zumindest theoretisch mehrere parallel ablaufende Konversationen denkbar. Allerdings steigt hierbei natürlich der Koordinationsaufwand.
- Überarbeitbarkeit (rehearsability): Hierbei geht es darum, ob die Nachricht vor der Mitteilung noch geprüft und optimiert werden kann.
- Wiederverwendbarkeit (reprocessability): Dies bezieht sich darauf, ob auf eine Nachricht nach dem Absenden nochmals zugegriffen werden kann.
- Symbolvarietät (symbol variety): Anzahl verschiedener Cue- und Sprachsysteme, also etwa verbale vs. non-verbale Kommunikationsformen.

Aus diesen Dimensionen ergibt sich ein Portfolio von Medieneigenschaften, das deutlich komplexer ist als die eindimensionale Ordnung medialer Reichhaltigkeit. **Tabelle 1.5** zeigt beispielhaft die Ausprägung der Dimensionen für eine Auswahl von Medien.

Tab. 1.5: Dimensionen der Synchronizität für ausgewählte Medien

	Synchronizität		Nachträglicher Zugriff	Probbarkeit	Vielfalt
	Rückmeldung	Parallelität			
Face-to-Face	hoch	gering	gering	gering	niedrig-hoch
Video-konferenz	mittel-hoch	niedrig	niedrig	niedrig	niedrig-hoch
Telefon	mittel	niedrig	niedrig	niedrig	niedrig
E-Mail	niedrig-mittel	mittel	hoch	hoch	niedrig-hoch

Mediensynchronizität bedeutet, dass die Mitglieder einer vermittelt kommunizierenden Gruppe zur selben Zeit mit denselben Informationen an derselben Aufgabe arbeiten, d. h. die Rückmeldung erfolgt unmittelbar und der Grad an Parallelität ist gering. Bei hoher Synchronizität ist die Geschwindigkeit der Rückmeldung hoch, während die Parallelität eingeschränkt ist. Die Kernhypothese der Media

Synchronicity Theorie ist nun, dass eine hohe Synchronizität dann zum Erfolg führt, wenn es um die Entwicklung eines gemeinsamen Problemverständnisses oder die Bildung einer gemeinsamen Meinung (convergence) geht. Steht hingegen die Vermittlung von Informationen im Vordergrund (conveyance), so ist eine geringe Synchronizität angemessen.

Zusätzlich geht die Theorie der Mediensynchronizität darauf ein, dass sich die Passung von Medium und Kommunikationsprozess mit zunehmender gegenseitiger Bekanntheit der Gruppenmitglieder verändert: Der Bedarf an Synchronizität sinkt mit dem Grad an Vertrautheit, weil Normen bereits etabliert sind und die Bildung einer gemeinsamen Meinung somit einfacher wird. In Ihrer ursprünglichen Form differenziert die Media Synchronicity Theory zusätzlich verschiedene Funktionen, die Gruppenkommunikation haben kann, nämlich die Produktion von Ideen (production), der Erhalt eines guten Gruppenklimas (group well-being) sowie die Unterstützung einzelner Gruppenmitglieder (member support). Diese Differenzierung ist im weiteren Verlauf der Diskussion dieser Theorie allerdings kaum wieder verwendet worden und wird daher auch hier nicht aufgegriffen.

Typische Methodik

Die erste empirische Prüfung der Media Synchroncity Theory erfolgte im Rahmen eines Laborexperimentes. Dennis, Valacich, Speier und Morris (1998) prüften mittels eines zweifaktoriellen Designs die Wirkung von Synchronizität (hoch vs. gering) und Aufgabe bzw. Kommunikationsprozess (Vermittlung/conveyance vs. Konvergenz/convergence) auf die Ergebnisqualität. Hohe Synchronizität wurde in Form einer Face-to-Face Situation erzielt, während niedrige Synchronizität durch den Austausch schriftlicher Notizen erreicht wurde. In beiden Fällen erstellten sämtliche Teilnehmer der Untersuchung zunächst individuell Lösungen zu einem Entscheidungsproblem. Anschließend nahmen sie an einem Brainstorming Training teil, in dem anhand eines praktischen Beispieles erläutert wurde, wie zunächst bewertungsfrei Ideen generiert werden sollen, bevor die Gruppe anschließend gemeinsam zu einer Bewertung kommt. Die Art des Kommunikationsprozesses wurde dann durch Instruktion manipuliert. Im Falle der Vermittlung wurden die Mitglieder der Gruppe gebeten, lediglich Ideen zu generieren und zu notieren und dabei jede Wertung dieser Ideen zu unterlassen. Aus den generierten Ideen wurde anschließend in der Konvergenz-Bedingung erst eine Auswahl an möglichen Lösungen und dann die gemeinsame Gruppenlösung ermittelt. Die Qualität der Lösung wurde für die beiden Kommunikationsprozesse unterschiedlich ermittelt. In der Vermittlungsbedingung wurde die Anzahl der von den Gruppenmitgliedern generierten Ideen gezählt. In der Konvergenzbedingung wurde die Anzahl der bewerteten Ideen, sowie die Zeit bis zu einem erzielten Konsens erhoben.

Allerdings sind nicht alle Prüfungen der Media Sychnronicity Theorie experimenteller Art. DeLuca und Valacich (2006) stellen etwa eine Feldstudie vor, in der virtuelle Teams beobachtet und zur Wirksamkeit verschiedener verwendeter Medien interviewt wurden.

Zentrale empirische Befunde

Bei der beschriebenen experimentellen Untersuchung von Dennis, Valacich, Speier und Morris wurden die zentralen Hypothesen im Wesentlichen bestätigt: In der Vermittlungsbedingung mit geringer Synchronizität, d. h. wenn Ideen schriftlich vermittelt (aber nicht bewertet) werden sollten, wurden im Mittel beinahe doppelt so viele Ideen generiert (nämlich 24) wie in Vermittlungsbedingung mit hoher Synchronizität in der face-to-face-Situation (hier waren es 12.5). In der Konvergenzbedingung, d.h in jener Bedingung, in der es um die Bildung einer gemeinsamen Lösung ging, wurden hingegen deutlich bessere Ergebnisse erzielt, wenn die Kommunikation der Gruppenmitglieder nicht vermittelt erfolgte. Es wurde insgesamt in der face-to-face Bedingung nicht nur deutlich häufiger, sondern auch schneller ein Konsens erzielt. Lediglich die Anzahl der generierten gemeinsamen Ideen unterschied sich nicht signifikant zwischen den beiden Bedingungen.

Auch die in der zweiten genannten Untersuchung ermittelten Ergebnisse stützen die Kernaussage der Media Synchronicity Theory insofern als die Mitglieder der virtuellen Teams für die Bildung einer gemeinsamen Meinung solche Medien bevorzugten, die eine hohe Synchronizität aufwiesen, während für die reine Vermittlung von Informationen Medien geringer Synchronizität als ausreichend bewertet wurden (Dennis & Valacich, 1999).

Kritik

Der Kern der Kritik an der Theorie der Mediensynchronizität ist in der Kombination einer gewissen theoretischen Vorläufigkeit und der geringen empirischen Absicherung zu sehen. Weitere kritische Einwände sind zwar denkbar, aber sie stimmen wesentlich mit jenen Einwänden überein, die gegen die Theorie der medialen Reichhaltigkeit vorgebracht werden können (vgl. Fischer, 2005). Insbesondere wird die Bedeutung des sozialen Kontexts der Mediennutzung kaum systematisiert. Die Media Synchronicity Theory wird in der Regel dann zitiert, wenn Alternativen zur Media Richness Theorie genannt werden sollen. Dabei ist dann das Kernargument, dass Medieneigenschaften eben nicht anhand eines unidimensionalen Reichhaltigkeitskontinuums bewertet werden können, sondern dass bei der Beurteilung von Medieneigenschaften eben zumindest die fünf von der Media Synchronicity Theory differenzierten Dimensionen einbezogen werden sollten. Zusätzlich wird regelmäßig darauf hingewiesen, dass auch die Differenzierung von Aufgaben anhand eines einfachen Equivocality-Kontinuums nicht ausreichend sein, sondern dass vielmehr von zwei grundlegenden Kommunikationsprozessen ausgegangen werden solle, nämlich von der Vermittlung und der Bildung einer gemeinsamen Meinung. Im Kern jedoch stimmen die Vorhersagen der beiden Theorien praktisch vollständig überein, zumindest wenn man jene Aussagen betrachtet, die dann auch tatsächlich überprüft wurden. Von den fünf diskutierten Dimensionen werden für die Bestimmung von Synchronizität lediglich zwei herangezogen, so dass die Hierarchisierung von face-to-face Kommunikation, Telefongesprächen und schriftlicher Kommunikation mit der Ordnung entlang eines Media-Richness-Kontinuums deckungsgleich ist (vgl. Beitrag zu Media Richness in diesem Band).

Auch die empirisch geprüfte Kernaussage der Media Synchronicity Theory ist identisch mit der Hypothese der medialen Reichhaltigkeit: Geht es nur um die Mitteilung von Information/ist die Ambiguität gering, sind Medien mit geringer Synchronizität/schlanke Medien angemessen. Bei der Bildung einer gemeinsamen Meinung hingegen/bei hoher Ambiguität sind Medien mit hoher Synchronizität/ reichhaltige Medien erforderlich.

Weitere Komponenten der ursprünglich formulierten Theorie der Mediensynchronizität (wie z. B. die Bedeutung der Reife der Gruppe, die verbleibenden Medieneigenschaften, und insbesondere die Bedeutung der verschiedenen Funktionen von Kommunikation für die Gruppe) sind bis dato ungeprüft. Dies ist angesichts der Komplexität des sich daraus ergebenden Designs nicht verwunderlich (es würde sich um eine 3 faktorielle Varianzanalyse mit bis zu 5 Stufen und insgesamt 30 Zellen handeln). Insgesamt sind also zwischen Theorieentwicklung und empirischer Prüfung noch einige weitere Iterationen wünschenswert.

Literatur

DeLuca, D. & Valacich, J. S. (2006). Outcomes from Conduct of Virtual Teams at Two Sites: Support for Media Synchronicity Theory. *Information Technology & People, 19(4)*, 323–344.

Dennis, A. R., Valacich, J. S. (1999): Rethinking Media Richness: Towards a Theory of Media Synchronicity. In *Proceedings of the 32nd Hawaii International Conference on System Sciences*. Los Alamitos: IEEE.

Dennis, A., Valacich, J., Speier, C. & Morris, M. (1998). Beyond Media Richness: An Empirical Test of Media Synchronicity Theory. In *Proceedings of the 31st Hawaiian International Conference on System Sciences*. Hawaii: HICSS.

Fischer, O. (2005). *Computervermittelte Kommunikation. Theorien und organisationbezogene Anwendungen*. Lengerich: Pabst.

Nohr, H. (2001). Wissensmanagement mit Knowledge Communities. In H. Nohr (Hrsg.), *Virtuelle Knowledge Communities im Wissensmanagement: Konzeption – Einführung – Betrieb* (S. 9–26). Aachen: Shaker.

Schwabe, G. (2001). Mediensynchronizität – Theorie und Anwendung bei Gruppenarbeit und Lernen. In H. Friedrich & F. Hesse (Hrsg.), *Partizipation und Interaktion im virtuellen Seminar*. Münster: Waxmann.

**Teil II
Kognition**

Einführung Kognition

Stephan Schwan

In den letzten Jahren ist eine Vielzahl von Forschungsbefunden zusammengetragen worden, die zeigen, dass Medienrezipienten beileibe nicht dem Klischee der passiven „couch potatoe" entsprechen, das in der Öffentlichkeit ihr Bild bestimmt. Vielmehr zeigt sich, dass Medienrezeption ein aktiver Prozess der Informationsaufnahme, -verarbeitung und -interpretation ist. Zudem üben Medien auch nachhaltige kognitive Wirkungen aus.

Der folgende Buchabschnitt gibt einen Überblick über medienpsychologische Konzepte, die sich auf diese kognitiven Aktivitäten und Wirkungen beziehen. Dabei wird ein einfaches Modell der Medienrezeption zugrundegelegt: Medieninhalte werden durch aufmerksamkeitsgesteuerte Wahrnehmungsprozesse (1) aufgenommen und im Arbeitsgedächtnis verarbeitet (2). Die daraus resultierende Interpretation des Medieninhaltes (4.) wird einerseits von den medienbezogenen Kompetenzen des Rezipienten (3) und andererseits von den jeweiligen Strategien der medialen Präsentation (5) beeinflusst. Aus der Rezeption der Medieninhalte ergeben sich schließlich längerfristige Wirkungen, die im Fall von speziellen Lernmedien beabsichtigt sind (6), im Falle von Massenmedien aber häufig unbeabsichtigte Nebeneffekte (7) darstellen.

Die einzelnen Bereiche umfassen folgende Konzepte und Themen (vgl. **Abb. 2.1**):

Zu (1) Aufmerksamkeitsprozesse: Medienbezogene Aufmerksamkeit ist ein aktiver, zielgerichteter Prozess (Beitrag *Aufmerksamkeitsprozesse*), der allerdings bestimmten Beschränkungen unterliegt, denn einerseits können unter Umständen Änderungen von Medieninhalten unbemerkt bleiben (Beitrag *Change Blindness*), andererseits können Medieninhalte auch dann Wirkungen entfalten, wenn sie nicht bewusst wahrgenommen werden (Beitrag *Subliminale Wahrnehmung*).

Zu (2) Verarbeitungsprozesse im Arbeitsgedächtnis: Klassische Modelle der Kognitionspsychologie zeigen, dass dem Arbeitsgedächtnis eine Schlüsselstellung bei der Verarbeitung von Informationen zukommt, aber auch, dass das Arbeitsgedächtnis ressourcenbegrenzt ist. Eine Reihe von Ansätzen beschäftigt sich mit der Frage, wie Medienangebote gestaltet sein müssen, um die kognitiven Ressourcen des Arbeitsgedächtnisses optimal auszulasten, insbesondere die *Cognitive Load Theory*, die *Cognitive Theory of Multimedial Learning* (CTML) und das Modell des *Amount of Invested Mental Effort* (AIME).

Zu (3) Medienbezogene Kompetenzen: Generell müssen Menschen im Verlauf ihrer Mediensozialisation eine Reihe von Kompetenzen erwerben, um Medieninhalte angemessen verstehen und interpretieren zu können (Beitrag *Medienkompetenz*). Dies umfasst die Fähigkeiten, Medien als Repräsentationen zu verstehen, die auf etwas verweisen (Beitrag *Representational Insight*), Fakt von Fiktion zu unterscheiden (Beitrag *Perceived Reality*), und mit medienspezifischen Erzählstrukturen vertraut zu sein (Beitrag *Erzählschemata*).

Zu (4) Interpretationsprozesse: Ziel der kognitiven Verarbeitung von Medieninhalten ist es, sie kohärent zu interpretieren und ihnen dadurch Sinn zu verleihen. Dies umfasst die Frage, welchen Modus der Rezeption man wählt (Beitrag *Rezeptionsmodalitäten*), wie man ein kohärentes mentales Modell des Medieninhalts entwickelt (Beitrag *Situationsmodelle*), und wie man widersprüchliche Informationen in bestehende mentale Modelle integriert (Beitrag *Falschinformation*). Tatsächlich können Interpretationsprozesse aber auch zu einer Verzerrung des Dargestellten führen (Beitrag *Hostile Media Effect*).

Zu (5) Mediale Präsentation: Alle genannten kognitiven Prozesse werden von der jeweiligen Gestaltung des Mediums beeinflusst, insbesondere ist bedeutsam, welcher gestalterische „Rahmen" für einen Medienbeitrag gewählt wird (Beitrag *Framing*) und wie stark der Rezipient vom Medium in das Geschehen versetzt wird (Beitrag *Presence und Immersion*).

Zu (6) Beabsichtigte kognitive Medienwirkungen: Aus der Medienrezeption können sich beim Rezipienten nachhaltige kognitive Wirkungen ergeben. Medien können gezielt als Lerninstrumente eingesetzt werden, durch die Wissen und Kompetenzen vermittelt werden (Beitrag *Supplantation*). Dies umfasst nicht nur traditionelle Bildungssendungen, sondern kann durchaus auch Unterhaltungsangebote einschließen (Beitrag *Entertainment Education*). Zudem werden durch neue Medien didaktische Möglichkeiten erschlossen, die vielfältige Medienkombinationen (Beitrag *Multiple Externe Repräsentationen*) und nicht-lineare, interaktive Formen der Inhaltsvermittlung (Beitrag *Konstruktivistische Lernumgebungen*) beinhalten. In diesem Kontext wird allerdings auch die Frage diskutiert, ob sich unterschiedliche Medien in ihrer Lernwirksamkeit tatsächlich stark voneinander unterscheiden (Beitrag *Medienspezifität des Lernens*).

Zu (7) Schließlich ergeben sich kognitive Wirkungen nicht nur in beabsichtigter Weise, sondern können auch durch die intensive Rezeption von Medienangeboten als nicht intendierte „Nebeneffekte" auftreten. Unterhaltungsmedien können in Konkurrenz zu Bildungsangeboten treten und dadurch Wissenserwerb erschweren (Beitrag *Displacement*), sie können dadurch Bildungsunterschiede in der Bevölkerung eher verstärken als mildern (Beitrag *Digital Divide und Wissenskluhypothese*), sie können die wahrgenommene Wichtigkeit von Themen beeinflussen (Beitrag *Agenda Setting*), und sie können einen nachhaltigen Einfluss auf unser Weltbild und unsere sozialen Einstellungen ausüben (Beitrag *Cultivation of Beliefs*).

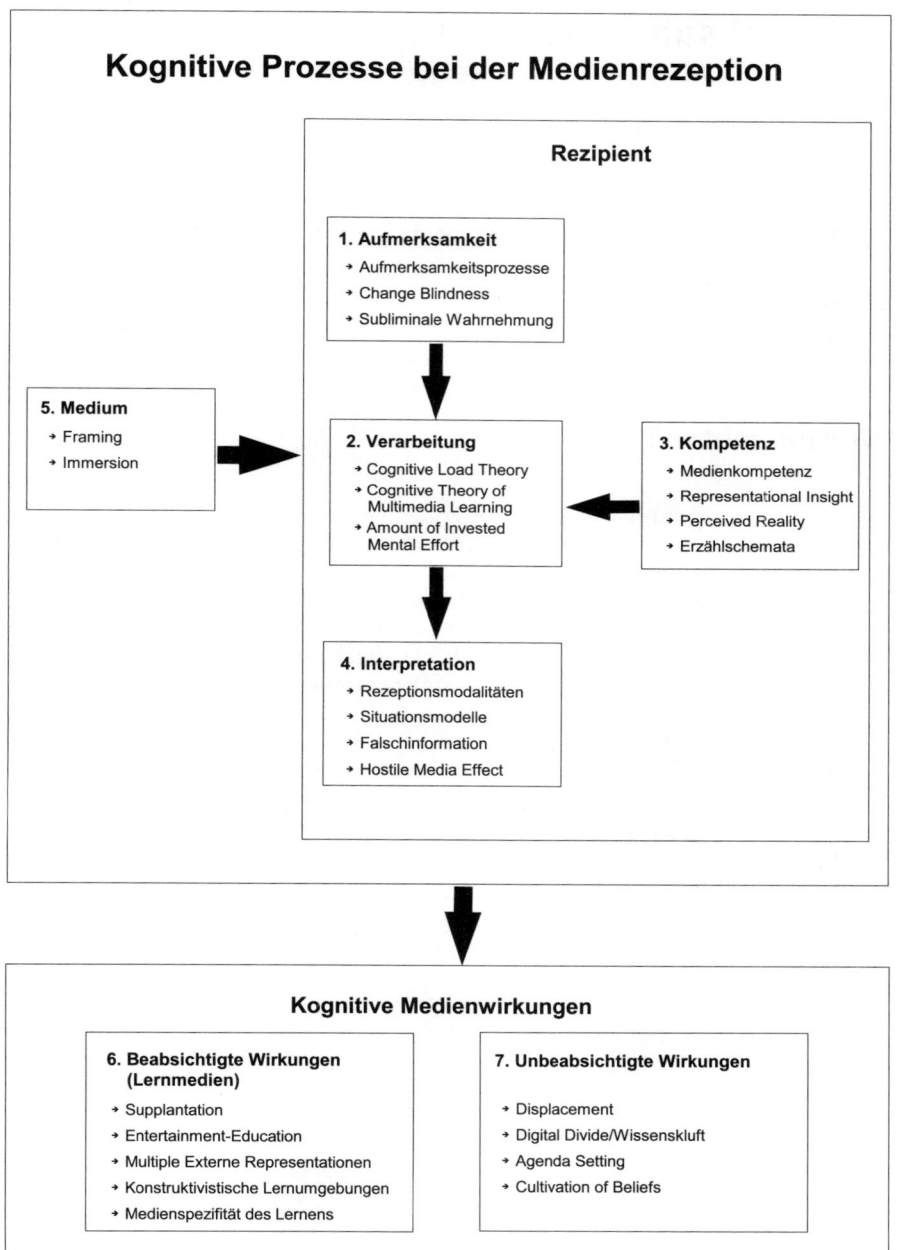

Abb. 2.1: Überblick über die Konzepte der kognitiven Medienprozesse

Aufmerksamkeitsprozesse

Aufmerksamkeitsprozesse beim Fernsehen

Markus Huff

Worum geht es?

Die Forschung zu Aufmerksamkeitsprozessen beim Fernsehen widmet sich neben den Fragestellungen, welche Eigenschaften von Sendungen Aufmerksamkeit determinieren, auch dem Phänomen der Aufmerksamkeitsträgheit (Attentional Inertia). In einer Reihe von Untersuchungen wurde festgestellt, dass die Aufmerksamkeitszuwendung von bestimmten Faktoren des Fernsehzuschauers (z. B. Interesse) abhängt und diese zu Beginn kurz ist und leicht abgelenkt werden kann. Mit zunehmender Betrachtungsdauer wird die Aufmerksamkeit jedoch robuster, und die

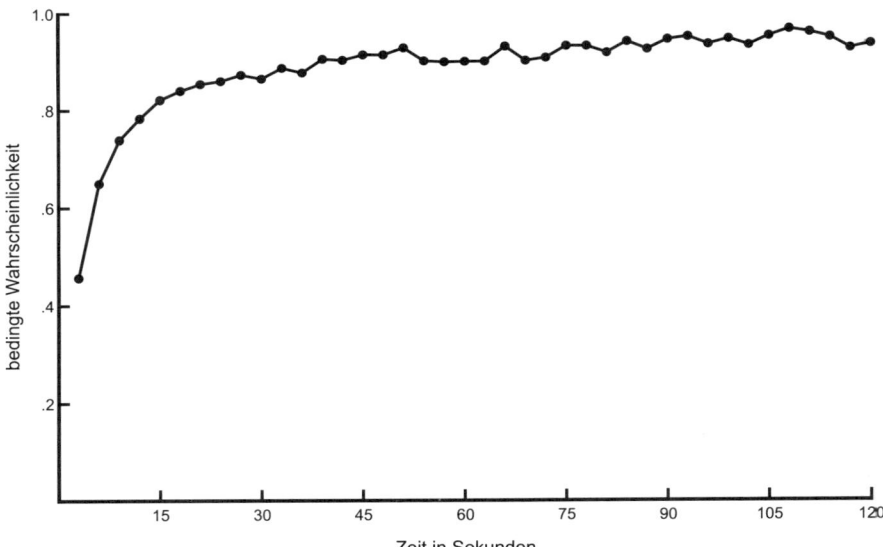

Abb. 2.2: Bedingte Wahrscheinlichkeit der Aufrechterhaltung eines Blicks in Abhängigkeit von der Zeit seit Beginn der Aufmerksamkeitszuwendung (Anderson, Alwitt, Lorch & Levin, 1979)

Wahrscheinlichkeit einer Abwendung nimmt ab (Anderson, Alwitt, Lorch & Levin, 1979; vgl. **Abb. 2.2**). Während Laboruntersuchungen zu Aufmerksamkeitsprozessen normalerweise statisches Stimulusmaterial verwenden, setzt die Forschung zu Attentional Inertia das Fernsehen mit all seinen Eigenschaften (Multimodalität und komplexes, dynamisches Bild) als Stimulus ein.

Darstellung der Annahmen

Die Modelle, die sich mit dem Zusammenhang von Fernsehen und Aufmerksamkeit beschäftigen, postulieren einen zweistufigen Prozess, der die Aufmerksamkeitssteuerung beim Fernsehen beschreibt (Anderson & Lorch, 1983; Huston & Wright, 1983). Zu Beginn des Fernsehschauens analysiert der Zuschauer anhand von bestimmten auditiven und visuellen Eigenschaften sehr schnell, ob es sich um relevante, verständliche und unterhaltsame Inhalte handelt. Die Modelle gehen davon aus, dass kleine Kinder auf Grund von Erfahrung mit dem Fernsehen lernen, welche auditiven und visuellen Eigenschaften den für sie relevanten Inhalt am besten vorhersagen. Ertönt beispielsweise eine ulkige Stimme und erscheint gleichzeitig eine Puppe auf dem Bildschirm, wird ein kleines Kind eher entscheiden, dass dies ein interessanter Inhalt ist, den es verstehen kann, als wenn es eine ernste, männliche Stimme hört und einen Mann sieht, der an einem Tisch sitzt. Diese Entscheidung hat Konsequenzen, denn das Kind wird im ersten Fall eher den Blick zum Fernsehbild aufrechterhalten und so von der ersten Orientierungsphase in die *Phase anhaltender kognitiver Verarbeitung* gelangen. Im zweiten Fall wird das Kind diese Phase nicht erreichen, jedoch trotzdem gelegentlich auf den Bildschirm schauen, um nachzusehen, ob sich da nicht doch etwas verändert hat. Sollte dies nicht der Fall sein, wird die Blickzuwendung schnell beendet sein (Huston & Wright, 1983). In der *Phase anhaltender kognitiver Verarbeitung* kann das Zuschauen dadurch unterbrochen werden, dass der Betrachter das Ende einer Sinneinheit erreicht hat, er von externen Reizen abgelenkt wird, der Inhalt uninteressant wird oder der Betrachter dem Inhalt nicht mehr folgen kann.

Die Determinanten der Aufmerksamkeitszuwendung beim Fernsehen sowie des Attentional Inertia-Phänomens werden in diesem Kapitel diskutiert. Es gibt empirische Befunde (s. u.), die belegten, dass bei diesen Vorgängen sowohl inhaltliche (strategische) als auch nicht-strategische Prozesse eine Rolle spielen. Strategische Prozesse schließen sowohl kognitive Erwartungen ein, die auf Grund der gezeigten Handlung aufgestellt werden, als auch formale Eigenschaften des Fernsehprogramms, die in der Lage sind, Aufmerksamkeit zu steuern. Dabei ist eine Abgrenzung zum Konzept des Involvements (vgl. Beitrag zu Involvement in diesem Band) wichtig.

Typische Methodik

Die typische Versuchsumgebung ist ein gemütlich eingerichteter Fernsehraum. Der Versuchsperson stehen neben Snacks auch alternative Beschäftigungsmöglichkeiten zur Verfügung. Bei Untersuchungen mit Kindern sind das oft Spielzeuge, bei Erwachsenen Zeitschriften oder kleine, nicht elektronische Spiele. Die Versuchspersonen werden beim Fernsehschauen gefilmt. Diese Filme werden im Anschluss kodiert. Der Anteil der Blicke auf das Fernsehgerät in Relation zur Gesamtdauer einer Sendung, die sogenannte Kontaktquote, ist dabei die entscheidende abhängige Variable. Um die Kontaktquote zu erfassen, werden der Beginn und das Ende eines Blicks kodiert (z. B. Anderson & Levin, 1976). Die Aufzeichnung von Augenbewegungen innerhalb des Fernsehbildes wurde bisher kaum als abhängige Variable verwendet, obwohl die dafür notwendige Technik existiert. Die Messung von Reaktionszeiten bei der Bearbeitung von konkurrierenden Zweitaufgaben (z. B. Drücken eines Knopfes nach einem auditiven Signal) ist eine weitere abhängige Variable, die häufig angewendet wird (z. B. Geiger & Reeves, 1993; Navon & Gopher, 1979; Richards & Turner, 2001). Neben diesen klassischen Maßen sind Messungen des EEG und der Herzrate typische physiologische Korrelate. Wird einer Versuchsperson ein neuer oder veränderter Stimulus präsentiert, reagiert sie darauf mit einer Orientierungsreaktion, die eine Veränderung der physiologischen Systeme nach sich zieht; die Herzrate beispielsweise verlangsamt sich. Wird die Aufmerksamkeit aufrechterhalten, zeigt die verlangsamte Herzrate eine verringerte Variabilität zwischen den Schlägen (z. B. Richards & Casey, 1992; Lang, 1990).

Zentrale empirische Befunde

Wenn die Untersuchungen nicht in einem abgedunkelten Raum durchgeführt werden, schauen Versuchspersonen nicht ununterbrochen auf den Fernsehbildschirm. Eine Vielzahl von Studien konnte zeigen, dass der Blick auf den Bildschirm ungefähr 120- bis 150-mal in der Stunde unterbrochen wird (Anderson, 1985; Anderson & Levin, 1976; Burns & Anderson, 1993). Dabei ist die Dauer der Blicke nicht normalverteilt: So gibt es eine Vielzahl von Blicken mit einer Dauer von wenigen Sekunden und nur wenige mit einer Dauer von mehr als 10 Minuten. Wenn eine Sendung eine hohe Kontaktquote (ungefähr 90 % der Sendung werden angeschaut) erreicht, gibt es auch hier Unterbrechungen, bei denen der Zuschauer nicht auf den Bildschirm schaut. Je geringer die Kontaktquote einer Sendung ist, desto größer wird der Anteil an kurzen Blicken und desto länger werden die Intervalle zwischen den Blicken.

Ein großes Gewicht der Forschung zu Aufmerksamkeitsprozessen beim Fernsehen liegt auf dem entwicklungspsychologischen Aspekt. Während die Kontaktquote bei Kleinkindern noch sehr gering ist, steigt sie kontinuierlich bis zum fünften Lebensjahr an, erreicht ihren Höhepunkt schließlich mit zwölf Jahren, bevor sie wieder etwas abnimmt (Anderson, Lorch, Collins, Field & Natham, 1986). Der Anstieg im Kindesalter kann damit erklärt werden, dass Kinder mit steigendem Alter einem größeren Spektrum an Sendungen Aufmerksamkeit zukommen lassen, da sie mit zunehmendem Alter mehr Sendungen verstehen (Anderson & Lorch, 1983). Dass bereits sehr junge Kinder Interesse an bedeutungshaltigem Material haben, zeigt eine Studie von Richards und Cronise (2000). Diese verglichen das Blickverhalten von 6 und 12 Monaten alten Kindern mit dem von 18 und 24 Monaten alten Kindern. Diesen wurden auf zwei Bildschirmen ein sinnvoller Film und ein Film gezeigt, in dem computergenerierte Formen zufällig bewegt wurden. Das Blickverhalten der 6 und 12 Monaten alten Kinder war dabei auf die beiden Filme gleich verteilt, während die 18 und 24 Monaten alten Kinder öfter und länger auf den sinnvollen Film schauten. Daraus folgern die Autoren, dass Kinder ab einem Alter von 18 Monatenn beginnen, strategisch strukturiertes Videomaterial zu bevorzugen. Ein weiteres Ergebnis dieser Studie war, dass bei älteren Kindern insgesamt mehr längere Blicke beobachtet wurden, wenn sie bedeutungshaltiges Material betrachteten (im Vergleich zum Betrachten von bedeutungslosem Material). Neben dieser strategischen Komponente im Attention Inertia-Konzept gibt es jedoch Hinweise, dass auch nicht-strategische Prozesse beteiligt sind. Je länger ein Blick vor einer formalen Grenze, wie beispielsweise beim Übergang zwischen zwei Sesamstraßen-Sendungen, gedauert hat, desto höher ist die Wahrscheinlichkeit, dass er auch nach dem Übergang beibehalten wird. Das gilt auch für Übergänge von Unterhaltungssendungen zu Werbeblocks (Anderson & Smith, 1984; Burns & Anderson, 1993).

Durch die weite Verbreitung von Video- und DVD-Rekordern besteht die Möglichkeit der wiederholten Betrachtung von Fernsehsendungen und Filmen. Barr et al. (2003) haben 12 und 15 Monaten alten Kindern bekannte und unbekannte Videos gezeigt. Die bekannten Videos wurden von den Kindern vor der Untersuchung im Schnitt 30-mal angesehen. Dabei stellten Barr et al. fest, dass die Kontaktquote bei bekannten Videos 67 %, bei unbekannten Videos nur 50 % betrug. Daraus schlossen die Autoren, dass die Bekanntheit eine wichtige Rolle spielt und dass Kinder eine hohe Toleranz gegenüber Wiederholungen aufweisen.

Es gibt drei Studien, die den Einfluss formaler Eigenschaften von Videos auf die Aufmerksamkeit untersuchten. Dabei stellte sich übereinstimmend heraus, dass Bewegung zu einer Erhöhung der Wahrscheinlichkeit der Betrachtung des Fernsehbildes führt (Alwitt, Anderson, Lorch & Levin, 1980; Anderson, Levin, 1976; Schmitt et al., 1999). Dies gilt für alle Altergruppen – vom Kind bis zum Erwachsenen (Schmitt et al., 1999). Ein weiterer übereinstimmender empirischer Befund ist die Reaktion der Zuschauer auf Filmschnitte. Die Wahrscheinlichkeit, dass Zuschauer ihren Blick auf das Fernsehgerät richten, ist bei Abschnitten unmittelbar nach einem Filmschnitt größer als bei Abschnitten, die nicht unmittelbar auf einen Filmschnitt folgen (Alwitt et al., 1980).

Kritik

Trotz der Vielzahl von Untersuchungen blieb bisher der genaue Prozess der Aufmerksamkeitszuwendung unklar. Ein Ansatzpunkt hierbei könnte der Einfluss von Interesse auf den Attentional Inertia-Effekt sein: Ist das Phänomen bei bestimmten inhaltlichen Merkmalen, die über bloße Oberflächenmerkmale wie Filmschnitte und Bewegung hinausgehen, stärker ausgeprägt? Ist das Blickverhalten abhängig vom Genre (z. B. Thriller, Komödie) des gezeigten Films? Parallel dazu scheint eine Ausdifferenzierung der verwendeten Methodik unumgänglich. Da die Fernsehgeräte immer größer werden und die Technik, die die Aufzeichnung von Augenbewegungen erlaubt, ausgereift ist, kann sich zukünftige Empirie auch mit der Verteilung der Aufmerksamkeit auf dem Bildschirm befassen, was eine deutliche Verbesserung gegenüber der bisherigen Forschungspraxis darstellt.

Die Auswirkungen des Attentional Inertia-Phänomens auf Verstehens- und Behaltensprozesse scheint ebenfalls ein interessanter Ansatzpunkt für zukünftige

Forschung zu sein, um einen tieferen Einblick in den Bereich Aufmerksamkeit und Fernsehen zu erhalten.

Literatur

Alwitt, L. F., Anderson, D. R., Lorch, E. P. & Levin, S. R. (1980). Preschool children's visual attention to attributes of television. *Human Communication Research, 7,* 42–67.

Anderson, D. R. (1985). On-line cognitive processing of television. In A. Mitchell & L. Alwitt (Eds.), *Psychological processes and advertising effects: Theory, research and application.* Hillsdale, NJ: Lawrence Erlbaum.

Anderson, D. R., Alwitt, L. F., Lorch, E. P. & Levin, S. R. (1979).Watching children watch television. In G. Hale & M. Lewis (Eds.), *Attention and the development of cognitive skills.* New York: Plenum.

Anderson, D. R. & Levin, S. R. (1976). Young children's attention to Sesame Street. *Child Development, 47,* 806–811.

Anderson, D. R. & Lorch, E. P. (1983). Looking at television: Action or reaction? In J. Bryant & D. R. Anderson (Eds.), *Children's understanding of TV: Research on attention and comprehension* (pp. 1–34). New York: Academic Press.

Anderson, D. R., Lorch, E. P., Collins, P. A., Field, D. E. & Nathan, J. G. (1986). Television viewing at home: Age trends in visual attention and time with TV. *Child Development, 57,* 1024–1033.

Anderson, D. R. & Smith, R. N. (1984). Young children's television viewing: The problem of cognitive continuity. In F. Morrison, C. Lord & D. Keating (Eds.), *Advances in applied developmental psychology* (pp. 116–165). New York: Academic Press.

Barr, R., Chavez, V., Fujimoto, M., Garcia, A., Muentener, P. & Strait, C. (2003 April). *Television exposure during infancy: Patterns of viewing, attention, and interaction.* Poster presented at the Biennial Meeting of the *Society for Research in Child Development,* Tampa, FL.

Burns J. J. & Anderson D. R. (1993). Attentional inertia and recognition memory in adult television viewing. *Communication Research, 20,* 777–799.

Geiger, S. & Reeves, B. (1993). The effects of scene changes and semantic relatedness on attention to television. *Communication Research, 20,* 155–175.

Huston, A. C. & Wright, J. C. (1983). Children's processing of television: The informative functions of formal features. In J. Bryant & D. R. Anderson (Eds.), *Children's understanding of TV: Research on attention and comprehension* (pp. 35–68). New York: Academic Press.

Lang, A. (1990). Involuntary attention and physiological arousal evoked by structural features and emotional content in TV commercials. *Communication Research, 17,* 275–299.

Navon, D. & Gopher, D. (1979). On the economy of the human-processing system. *Psychological Review, 86,* 214–255.

Richards, J. E. & Casey, B. J. (1992). Development of sustained visual attention in the human infant. In B. A. Campbell, H. Hayne & R. Richardson (Eds.), *Attention and information processing in infants and adults* (pp. 30–60). Hillsdale, NJ: Lawrence Erlbaum.

Richards, J. E. & Cronise, K. (2000). Extended visual fixation in the early preschool years: Look duration, heart rate changes, and attentional inertia. *Child Development, 71,* 602–620.

Richards, J. E. & Turner, E. D. (2001). Distractibility during extended viewing of television during the early preschool years. *Child Development, 72,* 963–972.

Schmitt, K. L., Anderson, D. R., & Collins, P. A. (1999). Form and content: Looking at visual features of television. *Developmental Psychology, 35,* 1156–1167.

Change Detection/Change Blindness

Markus Huff

Worum geht es?

Change Blindness (Veränderungsblindheit) beschreibt ein Phänomen der visuellen Wahrnehmung. Demnach sind Betrachter einer Szene oftmals nicht in der Lage, elementare Veränderungen wahrzunehmen (Change Detection), wenn keine Aufmerksamkeit darauf gerichtet wurde. Die ersten Hinweise auf Change Blindness gab es bereits in den 1950er Jahren, als Studien zeigten, dass Betrachter nicht in der Lage waren, kleine Veränderungen sequentiell präsentierter Punktemuster zu erkennen, wenn dazwischen für kurze Zeit eine visuelle Maske präsentiert wurde. Dass diese Effekte nicht nur mit artifiziellem Material, sondern auch unter realistischeren, ökologisch-validen Bedingungen mit komplexem Stimulusmaterial auftreten, wurde in den 1990er Jahren gezeigt. In einer Studie blieben Veränderungen, die während Augenbewegungen auftraten, von vielen Betrachtern unentdeckt; 50 % der Versuchteilnehmer waren beispielsweise nicht in der Lage zu erkennen, dass zwei auf einer Bank sitzende Cowboys die Köpfe tauschten (Grimes, 1996). Rensink, O'Regan und Clark (1997) zeigten, dass das Verschwinden einer Turbine eines Flugzeugs von den Betrachtern unbemerkt blieb, wenn zwischen Original und verändertem Bild für kurze Zeit eine weiße Maske präsentiert wurde (vgl. **Abb. 2.3**). Viel Aufsehen jedoch erregten die Arbeiten von Daniel J. Simons und Daniel T. Levin (Levin & Simons, 1997; Simons & Levin, 1998). Diese Arbeiten zeigten, dass es von vielen Betrachtern unbemerkt blieb, wenn der Hauptdarsteller eines kurzen Films während eines Filmschnitts ausgetauscht wurde.

Darstellung der Annahmen

Die kontraintuitiven Befunde der Change Detection-Forschung haben zu einer ganzen Reihe von theoretischen Annahmen geführt, die im Folgenden dargestellt werden sollen. Rensink et al. (1997) zufolge scheint Aufmerksamkeit eine notwendige Bedingung für das Erkennen von Veränderungen zu sein. Sie konnten zeigen, dass Veränderungen an Objekten, die für die gezeigte Szene zentral sind (z. B. an einem Helikopter, der aus dem Cockpit eines anderen Helikopters aus betrachtet wird), schneller erkannt werden als Veränderungen an peripheren, für die präsentierte Szene weniger wichtigen Objekten (z. B. an einem Geländer hinter zwei an einem Tisch sitzenden Menschen). Dass dieser Effekt nicht mit der physischen Salienz der veränderten Objekte zusammenhängt, konnten Kelley et al. (2003) zeigen. Wurden die Bilder auf den Kopf gestellt präsentiert, konnte der Vorteil bei Veränderungen an zentralen Objekten nicht mehr nachgewiesen werden. Zusammengefasst bedeutet dies, dass Objekte, denen mehr Aufmerksamkeit zukommt, mit einer größeren Wahrscheinlichkeit enkodiert und Vergleichsprozessen unterzogen werden als Objekten, denen wenig oder keine Aufmerksamkeit zukommt.

Es scheint, dass Aufmerksamkeit zwar notwendig, sie alleine jedoch nicht ausreichend für das erfolgreiche Bearbeiten einer Change Detection-Aufgabe ist. Obwohl die visuelle Aufmerksamkeit zeitgleich auf vier bis fünf Objekte verteilt werden kann, hat sich herausgestellt, dass zu einem Zeitpunkt nur eine Veränderung erkannt werden kann (Change Simultagnosia; Rensink, 2002). Außerdem blieben sogar Veränderungen an beobachteten Objekten oft unbemerkt, speziell dann, wenn sie unerwartet waren (Levin, Drivdahl, Momen & Beck, 2002).

Typischerweise wird nur auf diejenigen Eigenschaften geachtet, die für die jeweilige Aufgabe benötigt werden (Simons & Rensink, 2005) und daher zu einem bestimmten Zeitpunkt bewusst wahrgenommen werden. Diese Befunde widersprechen früheren Annahmen, dass Aufmerksamkeit alle Eigenschaften eines Objekts in eine *vollständige* Repräsentation einbindet.

Typische Methodik

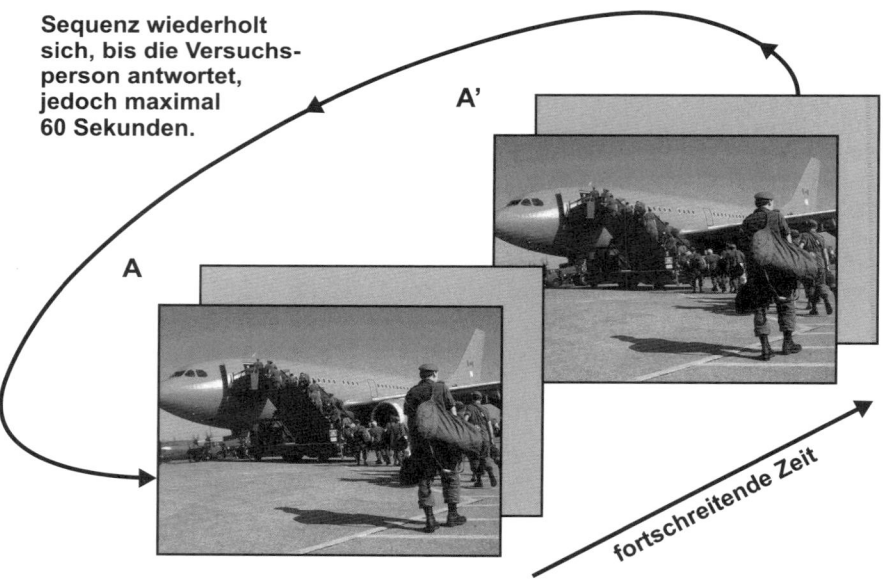

Sequenz wiederholt sich, bis die Versuchsperson antwortet, jedoch maximal 60 Sekunden.

A'

A

fortschreitende Zeit

Abb. 2.3: Flicker-Aufgabe nach Rensink et al. (1997). Auf dem Bild A' fehlt die Turbine des Flugzeuges.

Grundlage für die Methode der Change Blindness-Forschung ist die Tatsache, dass Veränderungen, die während Augenbewegungen (saccade-contigent changes) stattfinden, oft unentdeckt bleiben. Dies liegt daran, dass während einer Sakkade keine visuellen Reize wahrgenommen werden. Darauf aufbauend entwickelten Rensink et al. (1997) mit der Flicker-Aufgabe die wohl bekannteste Methode, um Change

Detection-Phänomene zu untersuchen. Dabei werden dem Betrachter abwechselnd ein Originalbild (A) und das in einem Merkmal veränderte Bild (A') präsentiert. Zwischen den Wechseln wird ein weißer Bildschirm als Maske gezeigt (vgl. **Abb. 2.3**). Die Bilder werden so lange präsentiert, bis der Betrachter den Unterschied entdeckt hat, jedoch wird nach 60 Sekunden die Aufgabe abgebrochen. Obwohl der Betrachter weiß, dass sich das gezeigte Bild verändert, kann er die Veränderung normalerweise nicht entdecken. Change Blindness konnte unter anderem auch bei einem Filmschnitt oder einer Kamerafahrt beobachtet werden (Levin & Simons, 1997; Hochberg, 1986). Würden das originale und das veränderte Bild unmittelbar nacheinander präsentiert, wären die Veränderungen unmittelbar salient. Allen hier vorgestellten Studien ist jedoch gemein, dass das Signal, das den Unterschied zwischen Original und verändertem Bild aufzeigt, durch eine visuelle Maske oder einen Filmschnitt gestört oder versteckt wird.

Zentrale empirische Befunde

Als zentraler empirischen Befund in der Change Detection/Change Blindness-Forschung lässt sich festhalten, dass Aufmerksamkeit notwendig ist, um Veränderungen wahrzunehmen. Veränderungen an nicht beobachteten Objekten werden dagegen nicht wahrgenommen. Darauf aufbauend lassen sich die empirischen Ergebnisse in drei Bereiche untergliedern.

Erstens tritt das Change Blindness-Phänomen immer dann auf, wenn die Aufmerksamkeit durch ein Signal abgelenkt wird. Eine Möglichkeit, die Aufmerksamkeit zu stören, bietet das oben skizzierte Flicker-Paradigma durch das kurze Einblenden einer visuellen Maske zwischen Original und verändertem Bild (Kelley et al., 2003; Rensink et al, 1997; Shore & Klein, 2002). Eine weitere Möglichkeit, die Aufmerksamkeit zu stören, stellen sogenannte Mudsplashes dar, die anstatt einer visuellen Maske gezeigt werden. Dabei werden auf dem dargestellten Originalbild für eine kurze Zeit kleine rechteckige Flecken (ähnlich zu Verschmutzungen auf einer Windschutzscheibe) eingeblendet. Zeitgleich werden Eigenschaften des Bildes verändert. Auch diese Veränderungen bleiben vom Betrachter oft unentdeckt (O'Regan, Rensink & Clark, 1999).

Der zweite wichtige Punkt betrifft die Art der Veränderungen des Originalbildes. Bei der Verwendung des Flicker-und-Mudsplash-Paradigmas wurden Veränderungen von den Betrachtern schneller erkannt, wenn sie entweder an einem Objekt vorgenommen wurden, das zentral für die Bedeutung einer Szene war oder wenn es sich bei dem veränderten Objekt um ein visuell eigenständiges Objekt handelte. Dies ist darauf zurückzuführen, dass die Betrachter ihre Aufmerksamkeit hauptsächlich auf solche Objekte richten (Rensink et al., 1997).

Drittens konnten Simons und Levin in zwei bemerkenswerten Arbeiten zeigen, dass selbst Aufmerksamkeit oft nicht ausreicht, um Veränderungen wahrzunehmen (Levin & Simons, 1997; Simons & Levin, 1998). Levin und Simons (1997) zeigten ihren Versuchpersonen einen kurzen Film, in dem ein Mann an einem Schreibtisch in einem Büro sitzt und von diesem aufsteht, um im Flur ans Telefon zu gehen. Zwischen diesen beiden Räumen (Büro und Flur) wurde ein Filmschnitt platziert. Nur 33 % der Versuchspersonen bemerkten, dass der Hauptdarsteller während des Filmschnitts ausgetauscht wurde. Simons und Levin (1998) untersuchten Change

Detection/Change Blindness in einem Feldexperiment. Passanten wurden nach dem Weg gefragt, während des Gesprächs kamen Handwerker und trugen eine Tür an den beiden Gesprächspartnern vorbei, dabei wurde ein Gesprächspartner ausgetauscht. Auch in diesem Experiment bemerkten 50 % der Versuchsteilnehmer nicht, dass der Gesprächspartner ausgetauscht wurde, obwohl er andere Kleidung trug. Dieses Ergebnis zeigt sehr schön, dass Veränderungen an im Aufmerksamkeitsfokus stehenden Objekten nicht entdeckt werden, wenn sie unerwartet sind.

Eine weitere Facette der Change Detection-Forschung ist der Zusammenhang von Change Detection-Leistung und differentiellen Unterschieden. In einer Studie von Werner und Thies (2000) wurden die Change Detection Leistungen von Experten und Novizen bei Bildern zum Thema „American Football" untersucht. Dabei hat sich gezeigt, dass Experten höhere Change Detection-Leistungen bei bedeutungshaltigen Änderungen hatten als Novizen. Die Autoren vermuten, dass beim Betrachten von Bildern die Expertise des Betrachters einen Einfluss auf den Aufmerksamkeitsfokus hat. Dies wiederum erhöht die Wahrscheinlichkeit, bedeutungshaltige Veränderungen zu erkennen.

Zusammenfassend kann gesagt werden, dass es sich bei dem Change Blindness-Phänomen um einen reliablen Effekt handelt. Eine Vielzahl von Studien konnte Change Blindness ausgehend von artifiziellen Punktemustern bis hin zum ökologisch hoch validen Feldexperiment nachweisen. Die Ergebnisse haben auch wichtige praktische Konsequenzen für die Film- und Fernsehproduktion. Beispielsweise treten in Filmen häufig Produktionsfehler, sogenannte „continuity goofs", auf – etwa, wenn der Hauptdarsteller in einer Einstellung gut rasiert ist und in der nächsten Einstellung Bartstoppeln trägt. Sie werden von Zuschauern auf Grund des Change Blindness-Phänomens genauso wenig bemerkt wie die Tatsache, dass Hauptdarsteller in gefährlichen Actionszenen von Stuntmen vertreten werden.

Kritik

Obwohl die oben genannten Kernaussagen gut in der Literatur belegt sind, bleibt dennoch eine Anzahl von offenen Fragen. Beispielsweise ist unklar, welche Objekteigenschaften determinieren, ob Aufmerksamkeit darauf gelenkt wird. Bestimmte Eigenschaften des Bildes könnten beispielsweise dafür verantwortlich sein. Es ist durchaus aber auch möglich, dass die Aufmerksamkeit auf Grund von Erwartungen des Betrachters auf bestimmte Objekte innerhalb der Szene gerichtet wird (Neisser, 1976). Ein weiterer, noch wenig untersuchter Bereich ist der Zusammenhang von Change Blindness und differentiellen Unterschieden. Beispielsweise wurde in der oben geschilderten Untersuchung von Werner und Thies (2000) die Expertise variiert. Nach Simons und Ambinder (2005) stellt dieser neue Ansatz in der Change Detection-Forschung einen vielversprechenden Ansatz dar, um tiefere Einblicke in das Phänomen zu erhalten.

Literatur

Grimes, J. (1996). On the failure to detect changes in scenes across saccades. In K. Akins (Ed.), *Perception (Vancouver Studies in Cognitive Science, Vol. 5)*. New York: Oxford University Press.

Hochberg, J. (1986). Representation of motion and space in video and cinematic displays. In K. R. Boff, L. Kaufman & J. P. Thomas (Eds.), *Handbook of perception and human performance: Vol. 1: Sensory processes and perception* (pp. 22.21–22.64). New York: John Wiley & Sons.

Kelley, T. A., Chun, M. M. & Chua, K.-P. (2003). Effects of scene inversion on change detection of targets matched for visual salience. *Journal of Vision, 3(1)*, 1–5.

Levin, D. T., Drivdahl, S. B., Momen, N. & Beck, M. R. (2002). False predictions about the detectability of unexpected visual changes: The role of beliefs about attention, memory, and the continuity of attended objects in causing change blindness blindness. *Consciousness and Cognition, 11*, 507–527.

Levin, D. T. & Simons, D. J. (1997). Failure to detect changes to attended objects in motion pictures. *Psychonomic Bulletin & Review, 4*, 501–506.

O'Regan, J. K., Rensink, R. A. & Clark, J. J. (1999). Change-blindness as a result of 'mudsplashes.' *Nature, 398*, 34.

Neisser, U. (1976). *Cognition and reality*. San Francisco: Freeman.

Rensink, R.A. (2002). Failure to see more than one change at a time. *Journal of Vision, 2(7)*, 245.

Rensink, R. A., O'Regan, J. K. & Clark, J. J. (1997). To see or not to see: The need for attention to perceive changes in scenes. *Psychological Science, 8*, 368–373.

Shore, D. I. & Klein, R. M. (2002). The effects of scene inversion on change blindness. *Journal of General Psychology, 127*, 27–43.

Simons, D. J. & Ambinder (2005). Change blindess: Theory and consequences. *Current Directions in Psychological Science, 14*, 44–48.

Simons, D. J. & Levin, D. T. (1998). Failure to detect changes to people in a real-world interaction. *Psychonomic Bulletin & Review, 5*, 644–649.

Simons, D. J. & Rensink, R. A. (2005). Change blindness: past, present, and future. *Trends in Cognitive Sciences, 9(1)*, 16–20.

Werner, S. & Thies, B. (2000). Is 'change blindness' attenuated by domain-specific expertise? An expert-novices comparison of change detection in football images. *Visual Cognition, 7*, 163–174.

Subliminale Wahrnehmung

Sebastian Fischer

Worum geht es?

Subliminale Wahrnehmung bezeichnet das Phänomen, dass Informationen bei der Wahrnehmung zwar aufgenommen und verarbeitet werden, der Wahrnehmende sich dieser Informationen jedoch nicht bewusst wird. Die Bezeichnung subliminal leitet sich daraus ab, dass dazu Reize mit einer bis unter eine bestimmte Schwelle verringerten Intensität, Dauer oder Qualität dargeboten werden und damit vorbewusst bleiben. Dieses Konzept hat vor allem im Bereich der Werbung für einiges Aufsehen gesorgt, da Konsumenten befürchteten, durch versteckte, subliminale Hinweise, beispielsweise in Kinowerbefilmen, manipuliert zu werden. Auch in Audiomedien integrierte subliminale Botschaften haben großes Interesse in der Öffentlichkeit erfahren und werden oft als Mittel sowohl zur Fremd- als auch zur Selbstbeeinflussung angesehen.

Darstellung der Annahmen

Die frühesten psychologischen Experimente zur subliminalen Wahrnehmung wurden bereits Ende des 19. Jahrhunderts durchgeführt. Sidis (1898, vgl. Merikle, Smilek & Eastwood, 2001) konnte zeigen, dass Probanden mit Ziffern und Buchstaben beschriftete Karten aus großer Entfernung nicht mehr benennen konnten und angaben, sie könnten nur verschwommene Punkte erkennen. Wenn sie aber dennoch raten sollten, lagen sie mit ihren Antworten überzufällig oft richtig.

Dennoch wurde subliminale Wahrnehmung in der breiten Öffentlichkeit erst in den 50er Jahren des letzten Jahrhunderts bekannt, als das Buch *The Hidden Persuaders* von Vance Packard (1957) erschien und der Marktforscher James Vicary behauptete, in einer Studie den Verkauf von Coca Cola und Popcorn in einem Kino dadurch gesteigert zu haben, dass er subliminal die Nachrichten „Trink Coca Cola" und „Iss Popcorn" in kurzen Lichtblitzen auf der Kinoleinwand dargeboten habe. Die Ergebnisse dieser Studie wurden nie veröffentlicht, und in einem Interview der Zeitschrift „Advertising Age" von 1962 gestand Vicary ein, die Studie frei erfunden zu haben.

Das Thema erfuhr in den 1970er Jahren durch die Bücher von Willson Bryan Key (1973, 1976) erneut öffentliches Interesse. Darin behauptet Key, dass subliminale Manipulation in der Werbung vor allem durch Worte und Symbole mit sexuellen Inhalten stattfindet. Die Öffentlichkeitswirkung, die Key durch seine Behauptungen zu Werbepraktiken und Effekten erzielte, führte in einigen Staaten zum Verbot von subliminaler Werbung. Allein aus diesem Grund werden die Behauptungen manchmal irrtümlich als begründet angesehen.

In den 1980er Jahren wurde dann behauptet, einige Stilrichtungen der Rockmusik würden ihre Hörer mit subliminalen Botschaften beeinflussen, die durch sogenanntes „backmasking", also durch rückwärts dargebotene Audiospuren, versteckt seien (Vokey & Read, 1985). Doch subliminale Botschaften in Audioprodukten werden nicht nur als Mittel zur Fremdbeeinflussung angesehen, es existiert auch eine ganze Branche, die behauptet, diese zur Selbsthilfe nutzbar zu machen (Greenwald, Spangenberg, Pratkanis & Eskenazi, 1991). Der Nutzer dieser Produkte soll dadurch beispielsweise sein Selbstwertgefühl steigern, sein Gedächtnis verbessern oder sein Körpergewicht regulieren können (Merikle & Skanes, 1992).

Parallel dazu entwickelte sich seit den 1970er Jahren mit dem subliminalen Priming ein grundlagenwissenschaftliches Experimentalparadigma, das zeigen konnte, dass Priming (Bahnung) sowohl die Detektionswahrscheinlichkeit von Reizen erhöht als auch die Reaktionszeiten verkürzt, und dass auch auf einer komplexeren kognitiven Ebene semantisches Priming von Konzepten und assoziativen Zusammenhängen möglich ist.

Typische Methodik

Experimente zur subliminalen Wahrnehmung müssen (1) den Stimulus so darbieten, dass er nicht bewusst wahrgenommen wird, (2) prüfen, ob der Stimulus tatsächlich nicht bewusst wahrgenommen wurde und (3) einen Einfluss des Stimulus nachweisen.

Zu (1): Um zu erreichen, dass der Stimulus der bewussten Wahrnehmung entgeht, kann entweder die Darbietung manipuliert werden – meist durch extrem kurzzeitige Darbietung gefolgt von einer visuellen Maske –, oder die Aufmerksamkeit des Probanden wird auf andere Teile des Displays gelenkt, und die Reizdarbietung findet zeitgleich außerhalb des Aufmerksamkeitsfokusses statt. Diese Aufmerksamkeitslenkung findet oft in Verbindung mit einer bewusst zu lösenden Aufgabe statt, wie etwa zu entscheiden, welche Linie eines Kreuzes länger ist (Mack & Rock 1998).

Zu (2): Die Prüfung, ob der dargebotene Reiz tatsächlich nicht bewusst wahrgenommen wurde, kann subjektiv, also durch anschließende Befragung, oder objektiv, etwa durch erzwungenes Raten, operationalisiert werden. In letzterem Fall dürfen als strengstes Kriterium die Antworten der Probanden nicht über der Ratewahrscheinlichkeit liegen.

Zu (3): Zum Nachweis subliminaler Wahrnehmung muss entweder gezeigt werden, dass mehr Informationen über den Stimulus verfügbar sind, als bewusst zugänglich sind (Erdelyi 2004), oder es müssen Auswirkungen auf das Verhalten nachgewiesen werden. Um zu zeigen, dass mehr Informationen verfügbar als zugänglich sind, wird die Dissoziation zweier Messverfahren verwendet. Ein als implizit oder indirekt bezeichnetes Maß erfasst die nicht bewussten Informationen, ein als explizit oder direkt bezeichnetes die bewussten. Die Schwierigkeit dabei ist, für das direkte Maß sicherzustellen, dass es nur die bewussten und alle bewussten Informationen misst, also exklusiv und erschöpfend ist. Andererseits kann der Nachweis subliminaler Wahrnehmung durch Auswirkungen des Stimulus auf das Verhalten aufgezeigt werden. Das Verhalten muss sich dazu entweder qualitativ bei subliminaler und supraliminaler Wahrnehmung unterscheiden (vgl. Debner &

Jacoby, 1994), oder in Abhängigkeit vom verwendeten Reiz variieren, also etwa mit einem neutralen Reiz *nicht* auftreten.

Merikle, Smilek und Eastwood (2001) schlugen ein 2x2-Schema vor, das es erlaubt, empirische Studien nach der verwendeten Methode zur Bewusstheitskontrolle (1) und der eingesetzten Experimentallogik zur Demonstration vorbewusster Wahrnehmung (3) einzuteilen (vgl. **Abb. 2.4**). Das Fehlen der bewussten Wahrnehmung (2) wird in Studien, welche die Reizdarbietung manipulieren, eher durch subjektive Maße gemessen, wohingegen bei Verwendung von Aufmerksamkeitslenkung eher objektive Maße eingesetzt werden.

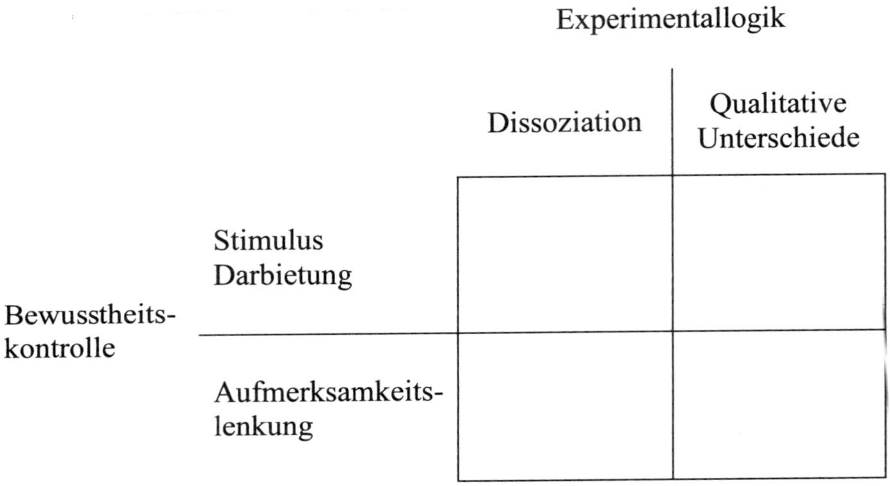

Experimentallogik

		Dissoziation	Qualitative Unterschiede
	Stimulus Darbietung		
Bewusstheits-kontrolle	Aufmerksamkeits-lenkung		

Abb. 2.4: Klassifikationsschema für Studien zur subliminalen Wahrnehmung (nach Merikle, Smilek & Eastwood, 2001)

Zentrale empirische Befunde

Die Befunde zu subliminaler Wahrnehmung lassen sich wie folgt zusammenfassen: (1) es gibt eine Fülle von Belegen für das Aktivieren von Konzepten durch Priming, (2) die postulierten Effekte von backmasking wurden nicht gefunden und (3) die Auswirkungen auf das Entscheidungs- und Kaufverhalten sind davon abhängig, inwieweit bereits vorher eine entsprechende Motivation vorhanden ist. Einen Überblick über die Befunde zu Priming gibt McNamara (2005).

Für die von Key beschriebene Verwendung und behauptete Auswirkung subliminaler Reize in der Werbung gibt es keine unabhängigen Belege. Vielmehr fanden Vokey und Read (1985), dass Diaprojektionen, in denen dreimal das Wort „sex" versteckt wurde, nicht besser erinnert wurden als die ursprünglichen oder mit sinnlosen Silben versehene. Auch als Mittel zur Selbstbeeinflussung scheinen subliminale Botschaften ungeeignet (Greenwald et al., 1991). In verschiedenen Studien zu backmasking fanden sie, dass Probanden bei rückwärts dargebotenen Textpassagen zwar das Geschlecht des Sprechers sehr gut und auch dessen Sprache überzufällig richtig zuordneten, dass jedoch weder die Anzahl der Worte noch die inhaltliche Zugehörigkeit der Sätze zu groben Kategorien richtig erraten werden konnte.

Trappey (1996) hat in einer Meta-Analyse 23 Studien zur Auswirkung subliminaler visueller Botschaften auf das Entscheidungsverhalten gesammelt und stellt nach Ermittlung der kombinierten Effektstärke fest, dass sich kein Hinweis für die Auswirkung subliminaler Wahrnehmung auf das Entscheidungsverhalten ergibt. Neuere Studien finden dagegen Auswirkungen subliminaler Reize auf das Verhalten unter der Voraussetzung, dass bei den Probanden bereits ein Motiv vorhanden ist (Strahan, Spencer & Zanna, 2002, 2005). Karremans, Stroebe und Claus (2006), konnten so Auswirkungen der subliminalen Darbietung des Markennamens eines als Durst löschend wahrgenommenen Getränkes auf das Entscheidungsverhalten für das Getränk zeigen. Dieser Zusammenhang bestand aber nur dann, wenn die Probanden durstig waren und der Reiz somit ein geeignetes Mittel zur Erreichung eines bestehenden Zieles darstellte. Eine weitere Möglichkeit der Verhaltensbeeinflussung scheint durch nicht bewusst hervorgerufene Affekte zu bestehen (Winkielman, Berridge & Wilbarger, 2005). Subliminal dargebotene freudige Gesichter erhöhten die anschließend getrunkene Menge eines Getränks, wütende Gesichter verringerten die Menge. Dieser Effekt trat jedoch nur bei durstigen Probanden auf. Die bewusst berichteten Emotionen waren dabei von der subliminalen Manipulation nicht betroffen.

Kritik

Erdelyi (2004) bemängelt, dass der Zeitverlauf der Zugänglichkeit von Informationen bisher zu wenig Beachtung fand. Eine von Merikle und Reingold (1991) durchgeführte Reanalyse bestehender Daten bezüglich des Zeitverlaufs zeigte, dass die Wiedererkennungsmaße durch wiederholte Messung immer besser wurden und damit zunächst als subliminal angesehene Inhalte mit der Zeit doch wieder bewusst zugänglich wurden. Für Karremans et al. (2006) stellt sich in ähnlicher Weise die Frage, wie lange die nach der Manipulation gezeigten Effekte auf die Wahl eines Getränkes andauern.

Trotz der grundsätzlichen methodischen Problematik, ob das Maß für die bewusst zugängliche Information exklusiv und erschöpfend für die bewussten Informationen ist (Merikle & Reingold, 1998), kann die Existenz subliminaler Wahrnehmung als empirisch belegt angesehen werden. Aktuelle Fragestellungen der Forschung sind daher vielmehr, welche Rolle subliminale Wahrnehmung bei der Lenkung der Aufmerksamkeit und der Entscheidung, *was* wahrgenommen wird, spielt, sowie welche Effekte sie darauf hat, *wie* etwas wahrgenommen wird und welche Auswirkungen sie dadurch auf das Verhalten hat.

Literatur

Debner, J. A. & Jacoby, L. L. (1994). Unconscious perception: attention, awareness, and control. *Journal of Experimental Psychology: Learning Memory and Cognition, 20,* 304–317.

Erdelyi, M. H. (2004). Subliminal perception and its cognates: theory, indeterminacy, and time. *Consciousness and Cognition, 13(1),* 73–91.

Greenwald, A., Spangenberg, E., Pratkanis, A. & Eskenazi, J. (1991). Double-blind tests of subliminal self-help audiotapes. *Psychological Science, 2,* 119–122.

Karremans, J. C., Stroebe, W. & Claus, J. (2006). Beyond vicary's fantasies: The impact of subliminal priming and brand choice. *Journal of Experimental Social Psychology, 42,* 792–798.

Key, W. B. (1973). *Subliminal seduction: Ad media's manipulation of a not so innocent america.* New York; Prentice-Hall.

Key, W.B. (1976). *Media sexploitation.* New York; Prentice-Hall.

Mack, A. & Rock, I. (1998). *Inattentional blindness.* Cambridge, MA: MIT Press.

McNamara, T. P. (2005). *Semantic priming: Perspectives from memory and word recognition.* New York: Psychology Press.

Merikle, P. M. & Reingold, E. M. (1991). Comparing direct (explicit) and indirect (implicit) measures to study unconscious memory. *Journal of Experimental Psychology: Learning, Memory and Cognition, 17,* 224–233.

Merikle, P. M. & Reingold, E. M. (1998). On demonstrating unconscious perception: Comment on Draine and Greenwald (1998). *Journal of Experimental Psychology: General, 127(3),* 304–310.

Merikle, P. M. & Skanes, H. F. (1992). Subliminal self-help audiotapes: Search for placebo effects. *Journal of Applied Psychology, 77,* 772–776.

Merikle, P. M., Smilek, D. & Eastwood, J. D. (2001). Perception without awareness: Perspectives from cognitive psychology. *Cognition, 79(1–2),* 115–134.

Packard, V. (1957). *The hidden persuaders.* New York: Random House.

Sidis, B. (1898). *The psychology of suggestion.* New York: D. Appleton.

Strahan, E., Spencer, S. & Zanna, M. (2002). Subliminal priming and persuasion: Striking while the iron is hot. *Journal of Experimental Social Psychology, 38,* 556–568.

Strahan, E., Spencer, S. & Zanna, M. (2005). Subliminal priming and persuasion: How motivation affects the activation of goals and the persuasiveness of messages. In F. Kardes, P. Herr & J. Nantel (Eds.), *Applying social cognition to consumer-focused strategy.* Mahwah, NJ: Lawrence Erlbaum.

Trappey, C. (1996). A meta-analysis of consumer choice and subliminal advertising. *Psychology & Marketing, 13,* 517–530.

Vokey, J. R. & Read, J. D. (1985). Subliminal messages. Between the devil and the media. *American Psychologist, 40(11),* 1231–1239.

Winkielman, P., Berridge, K. C. & Wilbarger, J. L. (2005). Unconscious affectivereactions to masked happy versus angry faces influence consumption behavior and judgments of value. *Personality and Social Psychology Bulletin, 31(1),* 121–135.

Verarbeitungsprozesse im Arbeitsgedächtnis

Cognitive Load-Theorie (CLT)

Maike Tibus

Worum geht es?

Gegenstand der Cognitive Load-Theorie von John Sweller und Kollegen (z. B. Chandler & Sweller, 1991) sind die Konsequenzen, die sich aus den Ressourcenbeschränkungen des kognitiven Systems für das Design von Lernmaterialien ergeben. Im Mittelpunkt der Theorie steht die Annahme begrenzter kognitiver Kapazität des Arbeitsgedächtnisses. Ziel ist es, Lernmaterialien so zu gestalten, dass Arbeitsgedächtnisressourcen optimal genutzt werden, um Lernprozesse zu unterstützen.

Darstellung der Annahmen

Schemaerwerb und Schemaautomatisierung

Eine zentrale Annahme der CLT besteht darin, dass dauerhaft gelernte Inhalte in Form von Schemata zusammengefasst und im Langzeitgedächtnis gespeichert werden können. Schemata sind definiert als „mental constructs that allow patterns or configurations to be recognized as belonging to a previously learned category and which specify what moves are appropriate for that category" (Sweller & Cooper, 1985, S. 60). Mit anderen Worten sind Schemata abstrakte kognitive Strukturen zur Repräsentation von Wissen über Aufgabenkategorien, in denen sowohl Strukturmerkmale der Aufgabe als auch eine für die Aufgabe geeignete Lösungsprozedur gespeichert sind. Schemata werden im ressourcenbegrenzten Arbeitsgedächtnis aktiv konstruiert, wobei alle Informationselemente, die in einem Schema zusammengefasst werden sollen, gleichzeitig im Arbeitsgedächtnis aktiv gehalten werden müssen. Auf Grund der Ressourcenbeschränkungen des Arbeitsgedächtnisses wird diese gleichzeitige Aktivierung von zu integrierenden Informationen in der CLT als zentraler „Flaschenhals" des Lernprozesses angesehen. Neu gebildete Schemata werden im Langzeitgedächtnis abgelegt und können dann ressourcenschonend von dort abgerufen werden. Diese Automatisierung des Abrufs von Schemata lässt sich durch häufiges Anwenden noch erhöhen.

Ein Beispiel für Schemaerwerb und -automatisierung ist der Erwerb von Lesefertigkeiten. Grundschüler, die Lesen lernen, konstruieren zunächst bewusst Schemata für einzelne Buchstaben, die ihnen erlauben, Schriftzeichen anhand einer begrenzten Anzahl von Merkmalen zu klassifizieren. Beim geübten Leser hingegen findet der Leseprozess automatisiert und auf der Basis hoch trainierter Schemata statt. Auf diese Weise erfüllt die Schemakonstruktion zwei Funktionen: 1. die effiziente Organisation und Speicherung von Wissen beim Lernen sowie 2. die Entlastung des Arbeitsgedächtnisses bei der Nutzung erworbenen Wissens durch die Zusammenfassung einzelner Informationseinheiten. Allerdings ist die Schemakonstruktion ein Prozess, der in hohem Maße Ressourcen des Arbeitsgedächtnisses beansprucht. Lernmaterialien und -umgebungen sollten deshalb so gestaltet werden, dass zusätzliche Belastungen des Arbeitsgedächtnisses möglichst reduziert werden, um ausreichend Kapazitäten zur Schemakonstruktion verfügbar zu halten und damit Lernen zu ermöglichen.

Kategorien der kognitiven Belastung

Nach Sweller (z. B. Sweller et al., 1998) ergibt sich die kognitive Gesamtbelastung des Arbeitsgedächtnisses (Cognitive Load) aus der Summe dreier Belastungsformen: (1) *Intrinsic*, (2) *Extraneous* und (3) *Germane Cognitive Load* (vgl. **Abb. 2.5**). Wenn die Gesamtbelastung die mentalen Ressourcen des Lerners übersteigen, kommt es zum „Cognitive Overload" und es findet kein Lernen statt.

Zu (1) Der *Intrinsic Cognitive Load* hängt von der Anzahl der Elemente ab, die für eine Schemabildung gleichzeitig im Arbeitsgedächtnis gehalten und verarbeitet werden müssen. Ein Element ist dabei eine Bedeutungseinheit, die gelernt werden soll oder gelernt wurde. Die Anzahl der Elemente, die simultan im Arbeitsgedächtnis verarbeitet werden, ergibt sich aus ihrer Interdependenz (element interactivity). Dies wird am Beispiel des Sprachenlernens deutlich. Beim Vokabellernen tritt nur eine geringe Interdependenz auf, weil die einzelnen Vokabelpaare (z. B. Katze = cat) unabhängig voneinander gelernt werden können. Dagegen besteht beim Lernen einer grammatikalischen Struktur eine hohe Interdependenz der Elemente. Hierbei gilt: Mit steigender Interdependenz der Elemente steigt auch die Belastung des Arbeitsgedächtnisses. Zusätzlich wird die intrinsische Belastung vom Vorwissen des Lerners, also von der Verfügbarkeit komplexitätsreduzierender Schemata beeinflusst, wohingegen die Gestaltung der Lernmaterialien keinen Einfluss auf die intrinsische Belastung hat.

Zu (2) Die zweite Belastungsart ist der *Extraneous Cognitive Load*. Er entsteht, wenn durch die Gestaltung der Lernmaterialien zusätzliche Ressourcen beansprucht werden, die für den eigentlichen Lernprozess unnötig sind. Ein solches lernhinderliches Design wird etwa von Lernmaterialien hervorgerufen, die zum Beispiel die Verarbeitung von redundanten Informationen (redundancy effect) erfordern oder aufwändige Suchprozesse voraussetzen (split attention effect). Die hierfür benötigten kognitiven Ressourcen stehen für das Lernen von relevanten Inhalten folglich nicht mehr zur Verfügung.

Zu (3) Als *Germane Cognitive Load* werden schließlich kognitive Ressourcenanforderungen bezeichnet, die durch Prozesse entstehen, welche unmittelbar für den Erwerb von Lerninhalten relevant sind. Dabei handelt es sich beispielsweise um Arbeitsgedächtnisressourcen, die für lernförderliche Elaborationsprozesse verwendet werden und die dadurch die Effektivität des Lernprozesses erhöhen. Ohne

Germane Cognitive Load könnte nicht gelernt werden. Allerdings werden solche Elaborationsprozesse in aller Regel nicht automatisch ausgeführt, sondern die Lerner müssen vielmehr zur Investition freier Ressourcen in lernförderliche Aktivitäten angeregt werden.

Insgesamt ist es das Ziel von Instruktionsdesignern, bei der Gestaltung von Lernmaterialen und Lernumgebungen den Extraneous Cognitive Load zu minimieren, um den maximalen Germane Cognitive Load zu ermöglichen.

Tab. 2.1: Übersicht über die charakteristischen Merkmale der verschiedenen Formen des Cognitive Load

Intrinsic Cognitive Load (intrinsic = intrinsisch, inhärent)	Extraneous Cognitive Load (extraneous = irrelevant, von außen)	Germane Cognitive Load (germane = relevant, passend)
• der Lernaufgabe inhärent • abhängig von der Interdependenz von Elementen • beeinflusst vom Vorwissen • kann *nicht* durch die Lernumgebung verändert werden	• ineffektiv, behindert Lernen • verursacht von schlecht gestalteten Lernumgebungen • kann durch das Design von Lernumgebungen verringert werden	• effektiv, fördert Lernen • unterstützt Schemakonstruktion, indem zur bloßen Aktivierung der Elemente höhere kognitive Prozesse wie z. B. Elaborationen oder Inferenzen hinzugefügt werden • kann durch das Design von Lernumgebungen erhöht werden

Abbildung 2.5 veranschaulicht die geschilderten Beziehungen zwischen der Komplexität der Lerndomäne, dem Vorwissen des Lerners (Expertise) sowie dem Design von Lernmaterial und dem sich daraus ergebenden kognitiven Belastungsmuster, das für das Lernergebnis verantwortlich ist.

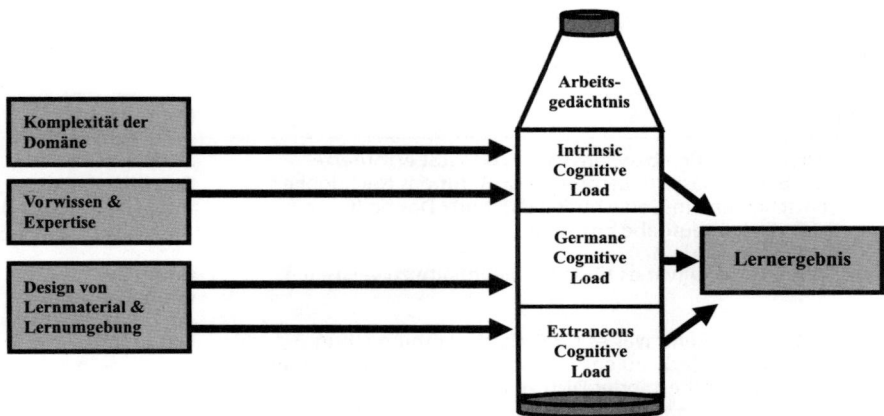

Abb. 2.5: Zentrale Annahmen der CLT (vereinfacht) in Anlehnung an Gerjets und Hesse (2004).

Typische Methodik

Bei der Messung von Cognitive Load werden drei Klassen von Methoden unterschieden:

1. *Subjektive (indirekte) Maße*: Sie basieren auf der Annahme, dass Lerner in der Lage sind, ihre eigenen kognitiven Prozesse introspektiv zu beurteilen. Üblicherweise geben die Versuchspersonen Urteile über ihre subjektiv wahrgenommene Belastung mit Hilfe numerischer Werte auf Ratingskalen ab, zum Beispiel dem NASA-TLX (Hart & Staveland, 1988; vgl. **Tab. 2.2**).
2. *(Direkte) Performanzmaße*: a) Primäraufgaben-Messung: basiert auf der Leistung des Lerners bei der Bearbeitung einer Aufgabe, die als Indikator für das Belastungsmuster in einer vorangegangenen Lernphase interpretiert wird. b) Zweitaufgaben-Methodik: basiert auf der Performanz bei der Bearbeitung einer zusätzlichen Zweitaufgabe, während die Erstaufgabe durchgeführt wird. Aus der Leistung bei der Bearbeitung der Zweitaufgabe wird auf die Belastung bei der Erstaufgabe geschlossen (Brünken, Plass & Leutner, 2003).
3. *Physiologische Maße*: Sie beruhen auf der Annahme, dass sich Belastungsveränderungen des kognitiven Systems in physiologischen Indikatoren widerspiegeln. Diskutierte physiologische Indikatoren sind zum Beispiel Herzrate und Herzratenvariabilität, Gehirnaktivitäten (z. B. EEG-Muster) und Blickbewegungsmaße (z. B. Blinzelrate; vgl. Brünken, Plass & Leutner, 2003).

Die physiologischen Maße erwiesen sich in der Praxis häufig als unzuverlässig, während subjektive Ratingskalen von Paas und van Merriënboer (1994) als vailde, reliabel und nicht-reaktiv eingeschätzt werden. Selbst kleine Unterschiede im subjektiven Cognitive Load-Empfinden lassen sich anhand subjektiver Ratingskalen erfassen. Der NASA-TLX (Hart & Staveland, 1988) ist einer der am häufigsten verwendeten Fragebögen für die subjektive Erhebung von Cognitive Load. Jedoch differenziert dieses Instrument nicht zwischen den drei kognitiven Belastungsarten. In einer Weiterentwicklung des NASA-TLX von Gerjets, Scheiter und Catrambone (2004) wird u. a. diese Differenzierung eingeführt (vgl. **Tab. 2.2**).

Tab. 2.2: Die Messung der Cognitive Load nach Gerjets et al. (2004), modifiziert.

Item		Messabsicht
1	Wie viel geistige bzw. physische Aktivität erforderte die beispielbasierte Lernphase (z. B. für das Nachdenken, Entscheiden, Im-Gedächtnis-Behalten)? Das heißt, war die Lernaufgabe anstrengend?	Intrinsic Cognitive Load
2	Wie schwierig war es für Dich, die Inhalte zu verstehen?	Germane Cognitive Load
3	Wie anstrengend war es für Dich, die Lernumgebung zu bedienen (z. B. zu entscheiden, welche Informationen Du sehen wolltest, oder Dich zu orientieren)?	Extraneous Cognitive Load

Zentrale empirische Befunde

Die CLT versteht sich als eine Theorie über die optimale Gestaltung von Instruktionsmaterial. Zentrale empirische Befunde, die im Rahmen dieser Theorie generiert wurden, beziehen sich daher vor allem auf den Nachweis der instruktionalen Effektivität bestimmter Gestaltungsmaßnahmen für Lernumgebungen, die auf der Grundlage der CLT entwickelt wurden. Die folgende Auflistung gibt die wichtigsten Gestaltungsmaßnahmen wieder, die im Kontext von experimentellen Untersuchungen zur CLT validiert werden konnten. Die Maßnahmen haben überwiegend die Verringerung der Extraneous Cognitive Load zum Ziel.

- Der Einsatz von ausgearbeiteten Lösungsbeispielen ist besonders zu Beginn der Vermittlung neuer Fertigkeiten vorteilhaft (worked example effect; z. B. Sweller et al., 1998).
- Bei der Kombination verbaler und bildlicher Darstellungen sollten Redundanzen zwischen beiden Repräsentationsformaten vermieden werden (redundancy effect, z. B Chandler & Sweller, 1991).
- Informationen, die bei der Schemakonstruktion miteinander integriert werden müssen, sollten in der Lernumgebung räumlich oder zeitlich möglichst nah beieinander präsentiert werden (split attention effect, z. B. Sweller et al., 1998).
- Verbale Information, die in Kombination mit bildlicher Information präsentiert wird, sollte möglichst über die auditive und nicht über die visuelle Modalität dargeboten werden (modality effect, z. B. Chandler & Sweller, 1991). Dies erklärt sich vor allem daraus, dass eine simultane visuelle Darbietung verbaler und piktorialer Information zu einem split attention effect führt.
- Instruktionale Gestaltungsmaßnahmen, die für Novizen einer Inhaltsdomäne zu einer Verbesserung des Lernergebnisses führen, können für fortgeschrittene Lerner suboptimal sein (expertise reversal effect, z. B. Kalyuga, Ayres, Chandler & Sweller, 2003). Dies gilt zum Beispiel für Gestaltungsmaßnahmen, die auf dem worked example effect oder dem split attention effekt beruhen. Der expertise reversal effect erklärt sich daraus, dass fortgeschrittene Lerner bereits über schematisches Wissen in einer Inhaltsdomäne verfügen und daher einerseits eine geringere intrinsische kognitive Belastung in dieser Inhaltsdomäne aufweisen als Novizen; andererseits führt das Vorwissen fortgeschrittener Lerner auch dazu, dass Informationen für sie eher redundant sein können als für Novizen.

Kritik

Ein häufig geäußerter Kritikpunkt an der Cognitive Load-Theorie bezieht sich auf ihre unscharfen Begriffsdefinitionen. So wird vor allem in Bezug auf das Konzept „Amount of Invested Mental Effort" (vgl. Beitrag zu AIME in diesem Band) keine klare Begriffsunterscheidung vorgenommen. Die Begriffe „load" und „effort" stehen in einer unklaren Beziehung zueinander und werden häufig als Synonyme verwendet (Sweller et al., 1998).

Ein weiterer Kritikpunkt besteht darin, dass in der CLT nicht zwischen Prozess- und Ressourcenebene unterschieden wird. Eine Analyse der kognitiven Prozesse, die *während* des Lernens stattfinden, bleibt weitgehend unberücksichtigt. Stattdessen wird häufig aus den gemessenen Lernergebnissen wie der Behaltens- und/oder Lernleistung in unzulässiger Weise post hoc auf kognitive Lernprozesse rückgeschlossen.

Einige Autoren (z. B. Goldman, 1991) kritisieren an der CLT, dass sie einen zu engen Fokus auf den Schemaerwerb als instruktionales Ziel legt. Die zugrundegelegte Definition von Lernen vernachlässigt andere Instruktionsziele, beispielsweise die Fähigkeit zum Transfer des erworbenen Wissens auf neue Situationen und Problemstellungen.

Ein letzter Kritikpunkt bezieht sich auf die empirische Erfassbarkeit der für die CLT zentralen Unterscheidung von drei unterschiedlichen kognitiven Belastungsarten. Wie bereits angesprochen, differenzieren die meisten Fragebogenverfahren zum Cognitive Load nicht zwischen Intrinsic, Extraneous und Germane Cognitive Load. Darüber hinaus bleibt trotz Ausdifferenzierung derartiger Fragebögen (z. B. bei Gerjets et al., 2004) fraglich, ob Lernende in der Lage sind, nachträglich zutreffende Angaben über verschiedene Belastungsformen während des Lernens zu machen. In diesem Zusammenhang wird zudem der additive Zusammenhang der Subkategorien der Cognitive Load von einigen Autoren angezweifelt.

Literatur

Brünken, R., Plass, J. L. & Leutner, D. (2003). Direct Measurements of Cognitive Load in Multimedia Learning. *Educational Psychologist, 38(1)*, 53–61.

Chandler, P. & Sweller, J. (1991). Cognitive Theory and the format of instruction. *Cognition and Instruction, 8*, 293–332.

Goldman, S. R. (1991). On the derivation of instructional applications from cognitive theories: Commentary on Chandler and Sweller. *Cognition and Instruction, 8*, 333–342.

Gerjets, P. & Hesse, F. W. (2004). When are powerful learning environments effective? The role of learner activities and of students' conceptions of educational technology. *International Journal of Educational Research, 41*, 445–465.

Gerjets, P., Scheiter, K. & Catrambone, R. (2004). Designing instructional examples to reduce intrinsic cognitive load: Molar versus modular presentation of solution procedures. *Instructional Science, 32*, 33–58.

Hart, S. G. & Staveland, L. E. (1988). Development of NASA-TLX (Task Load Index): Results of experimental and theoretical research. In P. A. Hancock & N. Meshkati (Eds.), *Human Mental Workload* (pp. 139–183). Amsterdam: North Holland.

Kalyuga, S., Chandler, P. & Sweller, J. (1998). Levels of expertise and instructional design. *Human Factors, 40(1)*, 1–17.

Kalyuga, S., Ayres, P., Chandler, P. & Sweller, J. (2003). The Expertise Reversal Effect. *Educational Psychologist, 38*, 23–31.

Paas, F. & Van Merriënboer, J. J. G. (1994). Instructional control of cognitive load in the training of complex cognitive tasks. *Educational Psychology Review, 6*, 51–71.

Sweller, J. & Cooper, M. (1985). The use of worked examples as a substitute for problem solving in learning algebra. *Cognition and Instruction, 2*, 59–89.

Sweller, J., van Merriënboer, J. J. G. & Paas, F. G. W. C. (1998). Cognitive architecture and instructional design. *Educational Psychology Review, 10*, 251–296.

Cognitive Theory of Multimedia Learning (CTML)

Maike Tibus

Worum geht es?

Richard Mayer (2001, 2005) geht in seiner Kognitiven Theorie des multimedialen Lernens (CTML) davon aus, dass multimediale Lernumgebungen, die durch die gemeinsame Darbietung von Texten und Bildern charakterisiert sind, zu höherem Lernerfolg führen als monomediale Lernumgebungen, in denen nur Texte dargeboten werden. Die Theorie beruht auf einem Modell der kognitiven Verarbeitung von sowohl geschriebenem als auch gesprochenem Text sowie von Bildmaterial. Ziel der CTML ist es, empirisch gesicherte Gestaltungsprinzipien für multimediale Lernumgebungen zu entwickeln, die den Erwerb von mentalen Modellen fördern. Die Theorie ähnelt damit der Cognitive Load Theory (vgl. Beitrag zur Cognitive Load Theory in diesem Band), führt aber weitere Differenzierungen ein.

Darstellung der Annahmen

Die CTML basiert auf drei zentralen Annahmen:

1. *Dual Channel Assumption*: das kognitive System verfügt über zwei unterschiedliche parallele Verarbeitungskanäle mit separaten kognitiven Ressourcen (verbaler und piktorialer Verarbeitungskanal, vgl. **Abb. 2.6**).
2. *Limited Capacity Assumption*: Beide Kanäle verfügen jeweils nur über eine begrenzte Verarbeitungskapazität.
3. *Active Processing Assumption*: Tiefer gehendes Verständnis setzt eine aktive Verarbeitung der Lerninhalte voraus (insbesondere die Integration verschiedener Informationen aus unterschiedlichen Kanälen).

Zu 1. Nach der *Dual Channel Assumption* besteht das menschliche Informationsverarbeitungssystem aus zwei getrennten Verarbeitungskanälen: einem auditiv-verbalen Kanal (in **Abbildung 2.6** der obere Kanal) und einem visuell-piktorialen Kanal (in **Abbildung 2.6** der untere Kanal). In Anlehnung an das Modell des Arbeitsgedächtnisses von Baddeley (1992) werden die beiden Kanäle zunächst nach der sensorischen Verarbeitungsmodalität des Materials differenziert (visuell vs. auditiv). Im Arbeitsgedächtnis werden die Informationen in Anlehnung an die Dual Coding Theory von Paivio (1990) nach der Kodalität des Materials (verbal vs. piktorial) getrennt verarbeitet. Das bedeutet, dass schriftlicher Text zwar durch den visuell-bildlichen Kanal aufgenommen, dann aber im auditiv-verbalen Kanal weiterverarbeitet wird.

Zu 2. Die *Limited Capacity Assumption* basiert auf der Cognitive Load-Theorie von Sweller und Kollegen (z. B. 1991) und besagt, dass die Verarbeitungskapazität beider Kanäle begrenzt ist. In jedem Kanal kann deshalb nur eine bestimmte Informationsmenge im Arbeitsgedächtnis verarbeitet werden. Als Gestaltungskriterium für Lernmaterialien ergibt sich daraus, dass das Lernmaterial beide Kanäle ansprechen sollte, da dadurch die verfügbaren Ressourcen beider, voneinander unabhängig operierender Kanäle für das Lernen genutzt werden können.

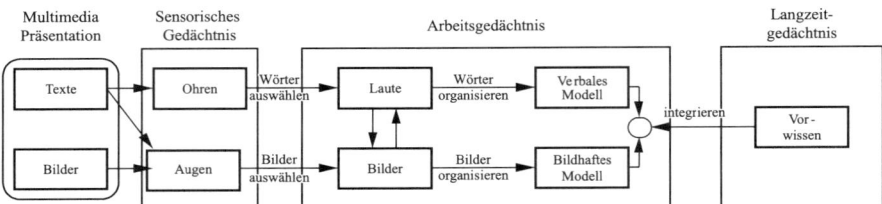

Abb. 2.6: Das kognitive System nach Mayer (2005, S. 37). Der obere Kanal illustriert die Verarbeitung von auditiv-verbalem Material; der untere Kanal zeigt die Verarbeitung von visuell-piktorialem Material.

Zu 3. Die *Active Processing Assumption* geht schließlich davon aus, dass der Lerner das Lernmaterial aktiv verarbeiten muss, um zu lernen. **Abbildung 2.6** veranschaulicht den Lernprozess als dreistufigen Prozess: *Selektion, Organisation, Integration.* Der Lerner *selektiert* zunächst aus den im sensorischen Gedächtnis eintreffenden Informationen relevante Inhalte. Hierbei werden bereits auf dieser Ebene die nur für kurze Zeit im sensorischen Gedächtnis gehaltenen Inhalte getrennt nach der Modalität – visuell bzw. auditiv – verarbeitet. Sie werden anschließend als „Laute" bzw. „Bilder" durch Aufmerksamkeitszuwendung ins Arbeitsgedächtnis überführt. Die Pfeile zwischen „Laute" und „Bilder" in **Abbildung 2.6** deuten an, dass der Lerner die Informationen in den jeweils anderen Kanal übertragen kann. Von diesem Zeitpunkt an erfolgt die Differenzierung nicht mehr nach der Modalität, sondern nach der Kodierungsform der Inhalte (verbal vs. piktorial). Die Informationen werden dann zu einem verbalen bzw. einem piktorialen Modell des Lerninhalts im Arbeitsgedächtnis *organisiert.* Abschließend werden das verbale sowie das piktoriale Modell mit Vorwissen, das aus dem Langzeitgedächtnis bereitgestellt wird, zu einem kohärenten mentalen Modell *integriert.*

Typische Methodik

Ausgehend von seinen theoretischen Überlegungen hat Mayer Prinzipien für die Gestaltung von multimedialen Lernumgebungen abgeleitet und diese in einer Vielzahl von experimentellen Studien überprüft. Im Allgemeinen wird in diesen Studien die Beschaffenheit des Lernmaterials systematisch variiert und als abhängige Variable die Behaltens- und Transferleistung der Versuchspersonen überprüft.

Ein typisches Beispiel für Lernmaterial, das Mayer in seinen Studien verwendet hat, zeigt **Abbildung 2.7**. Hier wird die Funktionsweise einer Luftpumpe einerseits als Animation mit gesprochenem Text (s. **Abb. 2.7**) und anderseits als Animation mit geschriebenem Text präsentiert.

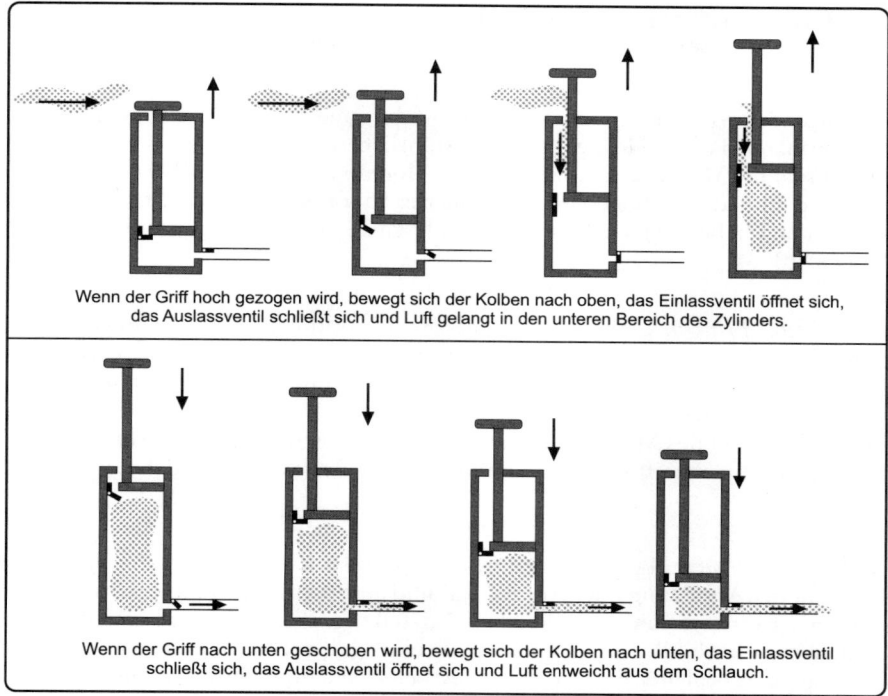

Wenn der Griff hoch gezogen wird, bewegt sich der Kolben nach oben, das Einlassventil öffnet sich, das Auslassventil schließt sich und Luft gelangt in den unteren Bereich des Zylinders.

Wenn der Griff nach unten geschoben wird, bewegt sich der Kolben nach unten, das Einlassventil schließt sich, das Auslassventil öffnet sich und Luft entweicht aus dem Schlauch.

Abb. 2.7: Beispiel des Materials (Funktionsweise einer Luftpumpe), das Mayer in einigen seiner Studien verwendet hat (nach Mayer, 2001, p. 37).

Die gesamte Präsentation dauert ca. 30 Sekunden. Um die gelernten Inhalte zu überprüfen, verwendet Mayer (2001) sowohl Behaltens- als auch Transfertests. Beispielitems aus diesen Tests zeigt **Abbildung 2.8**. Für die Beantwortung der Gesamttests haben Lerner etwa 5 bis 10 Minuten Zeit. Mayer hat einen Antwort- und Bewertungsschlüssel entwickelt, anhand dessen die Fragen weitgehend standardisiert ausgewertet werden können. Aus der Leistung der Versuchspersonen werden Rückschlüsse über die kognitiven Prozesse der Versuchspersonen gezogen.

Behaltenstest
1. Bitte erkläre, wie eine Fahrradluftpumpe funktioniert. Stelle dir vor, du erklärst es jemanden, der keine Vorkenntnisse hat.

Transfertest
1. Was könnte man tun, um eine Fahrradluftpumpe zuverlässiger zu machen? In anderen Worten, man will verhindern, dass die Fahrradpumpe versagt.
2. Was könnte man tun, um eine Fahrradluftpumpe effektiver zu machen? Das bedeutet, dass die Luft schneller bewegt werden soll.

Abb. 2.8: Beispielitems der Behaltens- und Transfertests nach Mayer (2001)

Zentrale empirische Befunde

Im Folgenden wird ein Überblick über die wichtigsten empirisch gewonnen Gestaltungsprinzipien der CTML gegeben. Ausführlichere Darstellungen der Prinzipien finden sich bei Mayer (2001, 2005) sowie Moreno und Mayer (1999). Die Prinzipien sind unter den Bedingungen kontrollierter Laborexperimente vielfach repliziert worden und haben sich auch in Meta-Analysen als empirisch gut gesichert gezeigt (Ginns, 2006).

Multimedia-Prinzip: Lerner lernen besser mit multimedialen Lernumgebungen (einer Kombination von verbalem und piktorialem Lernmaterial) als ausschließlich mit verbalem Material. Bei multimedialen Lernumgebungen wird im Gegensatz zu rein textbasierten Lernumgebungen sowohl ein verbales als auch ein piktoriales mentales Modell gebildet. Durch die Integration beider Modelle können Lerner ein detailliertes und kohärentes mentales Modell des Lerninhalts entwickeln.

Redundanz-Prinzip: Lerner lernen besser mit einer Kombination von bildlicher Darstellung (Abbildung oder Animation) und gesprochenem Text (Narration) als mit einer Kombination von bildlicher Darstellung, Narration und schriftlichem Text. Wenn eine bildliche Darstellung von einer gesprochenen *und* geschriebenen Beschreibung begleitet wird, wird das Arbeitsgedächtnis durch redundante und deshalb überflüssige verbale Informationen belastet, da gesprochener und schriftlicher Text weitgehend die gleiche Information vermitteln. Da die bildliche Darstellung und der schriftliche Text zudem beide über den visuellen Kanal aufgenommen werden, werden die Ressourcen dieses Kanals besonders stark belastet. Daher ist es besser, auf den schriftlichen Text zu verzichten und die bildliche Darstellung stattdessen nur durch gesprochenen Text zu begleiten, um eine unnötige Belastung des Arbeitsgedächtnisses durch redundante Information zu vermeiden.

Modalitätsprinzip: Lerner lernen besser mit einer Kombination von bildlicher Darstellung und gesprochenem Text als mit einer Kombination von bildlicher Darstellung und geschriebenem Text. Modalität meint den Sinn, über den die Lerninhalte aufgenommen werden; also ob die Inhalte auditiv (gesprochener Text, Musik) oder visuell (geschriebener Text, Bilder) präsentiert werden. Im Fall der Kombination von bildlicher Darstellung und schriftlichem Text ist der visuelle Kanal durch die Präsentation beider Inhalte als visuelle Information überlastet, während der verfügbare auditive Kanal nicht genutzt wird. Dagegen führt eine Kombination von bildlicher Darstellung und gesprochenem Text zu einer gleichmäßigen Auslastung beider Verarbeitungskanäle und sollte deshalb bei der Gestaltung von Lernumgebungen angestrebt werden.

Räumliches Kontiguitätsprinzip: Lerner lernen besser, wenn zusammengehörende Bild- und Textinformationen räumlich nah zueinander präsentiert werden. Dadurch wird vermieden, dass der Lerner zusätzliche kognitive Ressourcen aufwenden muss, um einen bestimmten Textinhalt im Arbeitsgedächtnis zu halten, während er die dazugehörige Information in der begleitenden bildlichen Darstellung sucht (und vice versa), um sie miteinander in Beziehung setzen zu können. Gleichzeitig steigt dadurch die Wahrscheinlichkeit, dass die komplementären Informationen aus beiden Darbietungsformen überhaupt zueinander in Beziehung gesetzt werden und dadurch ein kohärentes mentales Modell des Lerninhaltes gebildet wird.

Zeitliches Kontiguitätsprinzip: Lerner lernen besser, wenn zusammengehörende Bild- und Textinformationen gleichzeitig präsentiert werden im Vergleich zu einer sukzessiv aufeinander folgenden Präsentation. Wenn zusammengehörende schriftliche und bildliche Informationen gleichzeitig im Lernmaterial präsentiert werden, muss der Lerner keine kognitiven Ressourcen aufwenden, um die Informationen zu integrieren. Es ist deshalb wahrscheinlicher, dass die simultan präsentierten Informationen gleichzeitig im Arbeitsgedächtnis gehalten und kognitiv miteinander verknüpft werden, während sie bei sukzessiver Darbietung auf Grund zeitlicher Darbietungsverzögerungen ressourcenintensiv zusammengeführt werden müssen. Ggf. werden auch keine Verbindungen zwischen den Lerninhalten durch den Lerner geknüpft. Durch die gleichzeitige Darbietung von verbalem und piktorialem Material wird somit die Integration von verbaler und piktorialer Information in ein kohärentes mentales Modell erleichtert.

Kritik

Kritisiert wird, dass Mayer einzelne Elemente aus den drei Grundlagentheorien – das Modell des Arbeitsgedächtnisses von Baddeley, die Theorie der dualen Codierung von Paivio und die Cognitive Load Theory von Sweller – übernimmt, auf denen er die CTML-Theorie zwar basiert, aber nicht begründet, warum bestimmte Aspekte ausgewählt werden, während andere unberücksichtigt bleiben. Problematisch sind insbesondere die Annahmen der CTML im Bezug auf die Verarbeitung schriftlicher Texte, also visuellen verbalen Materials: Mayer (2001) bezieht sich diesbezüglich auf das Modell Baddeleys (1992), interpretiert dieses aber modalitätsspezifisch statt wie von Baddeley (1992) vorgesehen kodalitätsspezifisch. Die Annahme der CTML, dass visuelles verbales Material zu Beginn der Verarbeitung die gleichen Kapazitäten beansprucht wie visuelles nonverbales Material, ist somit theoretisch nicht haltbar. Stattdessen würde man in Bezug auf Baddeley (1992) erwarten, dass visuell verbales und auditiv verbales Material die gleichen Kapazitäten beanspruchen, während visuelles nonverbales Material davon unabhängig verarbeitet wird. Weitere Ausführungen dazu finden sich bei Rummer, Schweppe, Scheiter und Gerjets (im Druck).

Zudem wird die Generalisierbarkeit der Designprinzipien auf komplexere und umfangreichere Inhalte, auf Bedingungen des selbstgesteuerten Lernens sowie auf realistischere Anwendungsbedingungen, zum Beispiel Einsatz von Multimedia im Schulunterricht statt unter laborexperimentellen Bedingungen, in Frage gestellt (z. B. Tabbers, 2002). Darüber hinaus thematisiert die CTML nicht, wie man durch eine adäquate Gestaltung von Lernmaterialen den Lerner zu Elaborationen bzw. der Nutzung freier Ressourcen (vgl. Beitrag zur Cognitive Load-Theorie in diesem Band) anregen kann. Ein weiterer Kritikpunkt ist schließlich, dass die kognitiven

Prozesse aus den Ergebnissen der Versuchspersonen im Behaltens- und Transfertest abgeleitet werden und keine Prozessforschung stattfindet.

Die CTML ist eine erste kognitive Theorie über multimediales Lernen, deren Annahmen experimentell überprüft wurden und aus denen sich konkret anwendbare Designprinzipien ableiten lassen. Trotz der oben genannten Kritik nimmt die CTML eine Vorreiterrolle in der Multimedia-Forschung ein, die weitere Forschung angeregt hat.

Literatur

Baddeley, A. D. (1992). Working memory. *Science, 255, 556–559.*

Ginns, P. (2005). Meta-analysis of the modality effect. *Learning and Instruction, 15*, 313–331.

Ginns, P. (2006). Integrating information: a meta-analysis of the spatial contiguity and temporal contiguity effects. *Learning and Instruction, 16*, 511–525.

Mayer, R. (2001). *Multimedia learning*. Cambridge: Cambridge University Press.

Mayer, R. (2005). *The Cambridge handbook of multimedia learning*. Cambridge: Cambridge University Press.

Mayer, R., Sobko, K. & Mautone, P. D. (2003). Social cues in multimedia learning: Role of speaker's voice. *Journal of Educational Psychology, 91*, 358–368.

Moreno, R. & Mayer, R. E. (1999). Cognitive principles of multimedia learning: The role of modality and contiguity. *Journal of Educational Psychology, 91*, 358–368.

Moreno, R. & Mayer, R. E. (2002). Learning science in virtual reality multimedia environments: role of methods and media. *Journal of Educational Psychology, 94*, 598–610.

Paivio, A. (1990). *Mental representations: a dual coding approach*. New York: Oxford University Press.

Rummer, R., Schweppe, J., Scheiter, K. & Gerjets, P. (im Druck). Lernen mit Multimedia: Die kognitiven Grundlagen des Modalitätseffekts. *Psychologische Rundschau.*

Tabbers, H. K. (2002). *The modality of text in multimedia instructions – refining the design guidelines*. Unveröffentlichte Dissertation, Open University of the Netherlands, Heerlen.

Amount of Invested Mental Effort (AIME)

Maike Tibus

Worum geht es?

Sind manche Medien kognitiv leichter zu verarbeiten als andere? Strengen wir uns deshalb bei Filmen weniger an als bei Texten, um ihre Inhalte zu verstehen und zu behalten? Diese Fragen können mit dem von Gavriel Salomon in den achtziger Jahren des letzten Jahrhunderts entwickelten Konzept des „amount of invested mental effort" (AIME) beantwortet werden. AIME bezeichnet die mentale Anstrengung, die ein Lerner willentlich investiert, um medial präsentierte Informationen zu verarbeiten. Dieser „amount of invested mental effort" variiert in Abhängigkeit von Medienattributen, der subjektiv wahrgenommenen Selbstwirksamkeit des Nutzers sowie der Aufgabenstellung. AIME beschreibt also das Zusammenspiel zwischen emotional-motivationalen Aspekten des Lerners und der kognitiven Verarbeitung der Medieninhalte.

Darstellung der Annahmen

Salomon definiert AIME als „number of nonautomatic elaborations applied to material and measured by learners' self-reports" (Salomon, 1984, S. 647). Mit anderen Worten, der investierte mentale Aufwand bezieht sich auf kognitive Prozesse, die dazu beitragen, dass der Lerninhalt verstanden und dauerhaft in bestehende Wissensstrukturen integriert wird. Beispiele für solche kognitiven Operationen sind die Verknüpfung neuer Inhalte mit vorhandenem Vorwissen oder das Ziehen von weitergehenden Schlussfolgerungen aus dem Lernmaterial. Solche Prozesse beanspruchen kognitive Ressourcen und werden deshalb vom Lerner nicht automatisch vollzogen. Sie setzen vielmehr voraus, dass er diese Ressourcen bewusst mobilisiert.

Das Ausmaß der investierten Anstrengung ist dabei abhängig von den Annahmen, über die ein Nutzer hinsichtlich des Umgangs mit dem Medium verfügt. Salomon (1984) unterscheidet in diesem Zusammenhang zwei Einflussfaktoren:

1. Perceived Demand Characteristics (PDC): wahrgenommene Anforderungsmerkmale des Mediums, also die subjektive Annahme darüber, ob das Medium viel mentalen Aufwand erfordert, um seine Inhalte lernen und verstehen zu können.
2. Perceived Self Efficacy (PSE): wahrgenommene Selbstwirksamkeit (Bandura, 1982) im Umgang mit dem Medium, also die subjektive Annahme darüber, wie effizient man mit dem Medium kognitiv umgehen kann.

Salomon nimmt an, dass beide Faktoren in einer Wechselwirkung zueinander stehen. Lerner werden dann viel mentalen Aufwand in die Verarbeitung eines Medieninhaltes investieren, wenn entweder sowohl die wahrgenommenen Anforderungsmerkmale als auch die wahrgenommene Selbstwirksamkeit niedrig sind, oder wenn beide Aspekte hoch ausgeprägt sind. Ein niedriger investierter mentaler Aufwand wird hingegen dann erwartet, wenn eine der beiden Variablen niedrig, die andere dagegen hoch ausgeprägt ist. **Abbildung 2.9** veranschaulicht diese Beziehungen zwischen wahrgenommenen Aufgabenanforderungen, Selbstwirksamkeit und AIME.

Zusätzlich spielt auch die Vorerfahrung des Nutzers mit dem Medium eine Rolle. Personen mit viel Vorerfahrung empfinden, so wird angenommen, den Umgang mit dem Medium als einfach, was wiederum mit weniger kognitiver Anstrengung einhergeht. Umgekehrt wird bei geringer medialer Vorerfahrung des Nutzers eine hohe Anstrengungsbereitschaft erwartet.

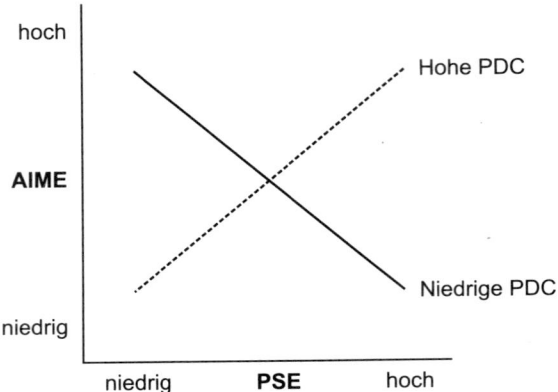

Abb. 2.9: Die Beziehungen zwischen Aufgabenanforderungen (PDC), Selbstwirksamkeit (PSE) und AIME (nach Beentjes, 1989)

Die subjektiv wahrgenommenen Mediums-, Aufgaben- und Lernercharakteristika beeinflussen somit die sogenannten Voreinstellungen (preconceptions) des Lerners gegenüber dem Medieninhalt. Diese Voreinstellungen wirken sich auf die aufgewendete Anstrengung des Lerners aus, von der wiederum das Lernergebnis abhängig ist. Dabei wird davon ausgegangen, dass der Lernerfolg umso größer ist, je mehr Anstrengung in die kognitive Verarbeitung des Inhalts investiert wurde. **Abbildung 2.10** stellt diesen Zusammenhang graphisch dar.

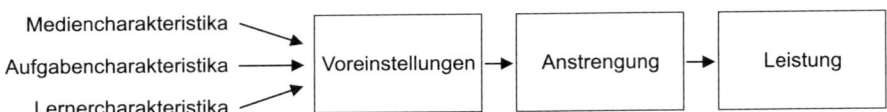

Abb. 2.10: Die Beziehungen zwischen Medien-, Aufgaben- und Lernercharakteristika, Voreinstellungen, Anstrengung und Leistung. Die Medien und Aufgabencharaktaristika sind mit dem Konzept PDC von Salomon (1984) vergleichbar, die Lernercharacteristika mit PSE (nach Cennamo, 1993).

Typische Methodik

Bei der Erfassung von Mental Effort werden ähnlich wie bei der Messung von Cognitive Load (vgl. Beitrag zu Cognitive Load in diesem Band) drei Klassen von Methoden unterschieden:

1. *Subjektive (indirekte) Maße*
Sie basieren auf der Annahme, dass Lerner in der Lage sind, ihre eigenen kognitiven Prozesse introspektiv zu beurteilen. Üblicherweise geben die Versuchspersonen Urteile über ihre subjektiv unternommene Anstrengung mit Hilfe numerischer

Werte auf Ratingskalen ab, zum Beispiel auf der ILP(Inventory of Learning Processes)-Skala (Schmeck, Ribich & Ramanaiah, 1977) und dem Amount of Invested Mental Effort (AIME)-Questionnaire von Salomon (1984).
Nach Salomon und Leigh (1984) sind subjektive Messmethoden ausreichend valide, sollten jedoch mit anderen Lern- und Performanzmaßen kombiniert werden. Im Originalfragebogen von Salomon (1984) wurden vier Items dargeboten, die auf einer 4-stufigen-Likertskala beantwortet wurden:

- Wie stark konzentrierten Sie sich während des Einprägens der Inhalte?
- Wie sehr strengten Sie sich an, um die Inhalte zu verstehen?
- Wie sehr strengten sich andere Versuchspersonen Ihrer Meinung nach an, um die Inhalte zu verstehen?
- Wie schwer war es für Sie, die Inhalte der Geschichte/des Films zu verstehen?

Ein anderer Fragebogen von Salomon und Kollegen (Salomon & Leigh, 1984) beinhaltet neun Items, u. a. das folgende: „Wie stark strengten Sie sich an, ein TV-Programm/Buch zu verstehen, das Inhalte über Natur und Umwelt erklärt?"
   Auch wenn Salomon und Leigh (1984) subjektive Fragebögen als valide betrachten, bleibt eine generelle Vorsicht bei der Interpretation von Selbstauskünften geboten, da Effekte wie soziale Erwünschtheit nicht ausgeschlossen werden können.

2. Dual-Task-Maße
Sie basieren auf der Performanz bei der Bearbeitung einer Zweitaufgabe (z. B. die Reaktion auf einen auditiv dargebotenen Ton), während der die Erstaufgabe (z. B. das Lesen eines kurzen Textes) durchgeführt wird. Aus der Leistung bei der Bearbeitung der Zweitaufgabe wird auf die investierte Anstrengung bei der Erstaufgabe geschlossen (vgl. Cennamo, 1993).

3. Physiologische Maße
Sie beruhen auf der Annahme, dass sich Anstrengungsveränderungen im kognitiven System in physiologischen Indikatoren widerspiegeln. Diskutierte physiologische Indikatoren sind zum Beispiel Herzrate und Herzratenvariabilität, Gehirnaktivitäten (z. B. EEG-Muster) und Blickbewegungsmaße (z. B. Fixationen).

Zentrale empirische Befunde

Gegenstand der Studie von Salomon (1984) sind die Zusammenhänge zwischen Vorerfahrungen, Lernercharakteristika und der Informationsverarbeitung von Fernsehen und Printmedien bei 124 amerikanischen Sechstklässlern. Der Titel des häufig zitierten Artikels (1984) „Television is easy and print is tough" lässt bereits auf die postulierten Annahmen und die gefundenen Ergebnisse schließen: Inhalte, die filmisch dargeboten werden, werden als weniger anstrengend wahrgenommen. Zudem fühlten sich Kinder kompetenter im Umgang mit dem audiovisuellen Medium und nahmen es als realistischer war. Diese Kombination aus subjektiv geringer Anforderung durch das Medium und hoher subjektiver Selbstwirksamkeit führte zu einer vergleichsweise geringen Elaboration der Inhalte. Dieser niedrige AIME bewirkte wiederum, dass die audiovisuell-präsentierten Lerninhalte weniger stabil im Gedächtnis verankert wurden als Lerninhalte, die durch das Lesen von

Printdokumenten erworben wurden, sodass die Kinder in der TV-Bedingung im abschließenden Wissenstest schlechter abschnitten.

Dagegen wurde das Lernen mit Text als anstrengender empfunden, führte aber auch zu einer höheren Anstrengung bei den Lernern. Die wahrgenommene Selbstwirksamkeit der Lerner korrelierte positiv mit AIME in der Printbedingung und negativ mit AIME in der TV-Bedingung. Salomon führt diese Ergebnisse auf den Zusammenhang zwischen den spezifischen Voreinstellungen („a priori perceptions") des Lerners und AIME zurück (vgl. **Abb. 2.9 und 2.10**).

Dieser Zusammenhang wurde von Salomon und Leigh (1984) auch an israelischen Sechstklässlern bestätigt: Die Kinder verbanden mit Printdokumenten eine größere erforderliche Anstrengung als mit Fernsehen. Darüber hinaus fanden die Autoren jedoch eine Interaktion zwischen investierter Anstrengung und intellektuellen Fähigkeiten: Die Kinder mit höheren kognitiven Fähigkeiten berichteten über weniger investierte Anstrengung bei der Verarbeitung des audiovisuellen Materials als die Vergleichsgruppe. Entsprechend erinnerten sie auch weniger Inhalte als die Vergleichsgruppe in der TV-Bedingung sowie die Nutzer mit höheren kognitiven Fähigkeiten in der Text-Bedingung.

Nichtsdestotrotz scheiterte der Versuch, die Ergebnisse Salomons und Kollegen (1984) an einer holländischen Stichprobe zu replizieren (Beentjes, 1989). Für holländische Kinder sind nicht zwangsläufig alle Inhalte, die im Fernsehen präsentiert werden, leichter als textuelle Inhalte zu rezipieren. Amerikanische Kinder schätzten sich durchweg kompetenter bezüglich des Lernens mit audiovisuellen Medien ein als niederländische Kinder. Der Autor erklärt dies mit der in den Niederlanden üblichen holländischen Untertitlung fremdsprachiger Filme, so dass die Kinder an eine tiefere Elaboration im Zusammenhang mit Fernsehen gewöhnt waren.

Weitere Faktoren, die das Ausmaß der investierten Anstrengung und damit das Lernergebnis positiv beeinflussen können, sind ein angemessener Anreiz für den Lerner sowie eine entsprechende Affordanz der Lernaufgabe (Schaumburg & Issing, 2004). Darüber hinaus hat das jeweilige Rezeptionsziel des Nutzers eine große Wirkung auf den mentalen Aufwand: In-formationsangebote in den Medien werden mit einem höheren mentalen Aufwand verarbeitet als Unterhaltungsangebote (Cennamo, 1993). Außerdem unterliegt der investierte Aufwand zeitlichen Schwankungen und ist abhängig von den simultan erledigten Nebentätigkeiten, die ebenfalls kognitive Ressourcen beanspruchen, wie zum Beispiel Essen oder Musik hören. Allerdings haben die Nebentätigkeiten keinen notwendigerweise negativen Effekt auf die Behaltensleistung der audiovisuell-präsentierten Inhalte: Anderson und Smith (1984) fanden in einer Untersuchung an Kindern, dass Ablenkungen strategisch ignoriert werden können. Die Kontrollgruppe unterschied sich in ihrer Behaltensleistung nicht von der Gruppe, die den Film mit Ablenkungen gesehen hatte.

Kritik

Ein Kritikpunkt am AIME-Konstrukt ist, dass nicht zwischen verschiedenen Anstrengungsarten bzw. lernförderlichen und -hinderlichen Elaborationen differenziert wird. Es wird eine direkte Beziehung zwischen AIME und Elaborationen angenommen, es wird jedoch nicht berücksichtigt, dass ein Lerner für das Lernziel irrelevante Anstrengung investieren kann.

Methodisch problematisch ist zudem, dass der Mental Effort durch Befragung typischerweise subjektiv und nachträglich post hoc von den Versuchspersonen erschlossen wird. Ähnlich wie in der Cognitive Load-Theorie wird beim AIME-Konstrukt nicht zwischen Prozess- und Ressourcenebene unterschieden. Eine Analyse der konkreten kognitiven Prozesse, die *während* des Lernens stattfinden, bleibt weitgehend unberücksichtigt. Stattdessen werden häufig aus den gemessenen Outcome-Variablen wie Behaltens- und/oder Lernleistung post hoc Annahmen über Prozessvariablen generiert. Auf dieser Grundlage jedoch lassen sich keine eindeutigen Aussagen über die kognitiven Prozesse *während* des Lernens begründen. Förderlich für die Ableitung von konkreten instruktionalen Designvorschlägen wäre deshalb ein Maß, das nicht die Gesamt-Anstrengung identifiziert, sondern Aufschluss darüber gibt, an welchen Stellen des Mediums besonders viel oder besonders wenig Anstrengung aufgewandt wurde.

Darüber hinaus wird eine begriffliche Abgrenzung zwischen Cognitive Load und Mental Effort in der Literatur nicht stringent durchgehalten. Oft werden die Begriffe synonym verwendet, was nicht korrekt ist: Mental Effort bezieht sich auf die vom Nutzer willentlich investierte mentale Anstrengung, während Cognitive Load eine durch Lernmaterialien hervorgerufene kognitive Belastung des Lerners bezeichnet (vgl. Beitrag zu Cognitive Load in diesem Band).

Schließlich ist die Generalisierbarkeit der von Salomon postulierten Zusammenhänge und Befunde in Frage zu stellen. Beentjes (1989) konnte die Befunde Salomons (1984) an einer niederländischen Stichprobe nicht replizieren. Ferner fehlen Studien mit Erwachsenen und aktuellere Studien, um von einem allgemeingültigen Konzept sprechen zu können.

Literatur

Anderson, D. R. & Smith, R. (1984). Young children's TV viewing: The problem of cognitive continuity. In F. J. Morisson, C. Lord & D. F. Keating (Eds.), *Advances in applied developmental psychology, 1* (pp. 11–163). New York: Academic Press.

Bandura, A. (1982). Self-efficacy mechanism in human agency. *American Psychologist, 37,* 122–147.

Beentjes, J. W. J. (1989). Learning from television and books: A Dutch replication study based on Salomon's model. *Educational Research and Development, 37(2),* 47–58.

Cennamo, K. S. (1993). Learning from video: factors influencing learners' preconceptions and invested mental effort. *Educational Technology Research and Development, 41(3),* 33–45.

Salomon, G. (1979). *Interaction of media, cognition, and learning.* Hillsdale, NJ: Lawrence Erlbaum.

Salomon, G. (1984). Television is easy and print is tough. *Journal of Educational Psychology, 76(4),* 647–658.

Salomon, G. & Leigh, T. (1984). Predispositions about learning from print and television. *Journal of Communication, 34(2),* 119–135.

Schaumburg, H. & Issing, L. J. (2004). Interaktives Lernen mit Multimedia. In R. Mangold, P. Vorderer & G. Bente (Hrsg.), *Lehrbuch der Medienpsychologie.* Göttingen: Hogrefe.

Schmeck, R. R., Ribich, F. & Ramanaiah, N. (1977). Development of a self-report inventory for assessing individual differences in learning processes. *Applied Psychological Measurement, 1,* 413–431.

Schwan, S. & Hesse, F. W. (2004). Kognitionspsychologische Grundlagen. In R. Mangold, P. Vorderer & G. Bente (Hrsg.), *Lehrbuch der Medienpsychologie.* Göttingen: Hogrefe.

Weidenmann, B. (1989). Der mentale Aufwand beim Fernsehen. In J. Groebel & P. Winterhoff-Spurk (Hrsg.), *Empirische Medienpsychologie.* München: Psychologie Verlags-Union.

Wetzel, C. D., Radtke, P. H. & Stern, H. W. (1994). *Instructional Effectiveness of Video Media.* Hillsdale, NJ: Lawrence Erlbaum.

Medienbezogene Kompetenzen

Medienkompetenz

Sabine Trepte

Definition

Medienkompetenz (auch: media literacy) beinhaltet die Fähigkeit, Medien kritisch, selbstbestimmt und verantwortlich nutzen, verstehen, bewerten und gestalten zu können (Baacke, 1999; Groeben, 2002a, 2002b; Hurrelmann, 2002; Sutter & Charlton, 2002). Der Begriff Medienkompetenz wurde in der Medienpsychologie und Medienpädagogik geprägt und hat besondere Relevanz auf Grund der zunehmenden Zeit, die Menschen mit Medien verbringen (Groeben, 2002a; Hurrelmann, 2002).

Medien sind in diesem Zusammenhang im engeren kommunikationswissenschaftlichen Sinne definiert als Instanzen, die Aussagen und Informationen transportieren (Merten, 1999). Medienkompetenz wird sowohl im Hinblick auf *klassische Massenmedien* in Form von Funkmedien (Radio, Fernsehen), Printmedien (Zeitung, Zeitschrift, Buch, Plakat) und Bild- und Tonträgermedien (Kino, Film, Video, CD), als auch auf *neue Medien* (Internet, Computerspiele) sowie Lehr- und Lernmedien betrachtet.

Anhand der obigen Begriffsdefinition wird die normative Komponente des Begriffs deutlich (Groeben, 2002b; Hurrelmann, 2002). Normativ ist der Begriff in zweifacher Hinsicht: Erstens kann von Medienkompetenz nur gesprochen werden, wenn ein *Ausmaß* an verantwortlicher Nutzung, an Verständnis, Bewertung und Mitgestaltung festgesetzt wird, das auf einen medienkompetenten Umgang hinweist. Zweitens beinhaltet der Begriff Medienkompetenz implizite Zielvorgaben. Diese können das Wohlbefinden des Nutzers sein, seine Leistungsfähigkeit, sein Wissen oder die Handlungsfähigkeit innerhalb der Gesellschaft.

Historische Entwicklung des Begriffs

Die Auseinandersetzung mit Medienkompetenz ist historisch eine Begleiterscheinung der Erforschung von Massenmedien und ihrer Nutzung und Wirkung (Groeben, 2002b; Hurrelmann, 2002). Besondere Konjunktur erlebt die gesellschaftliche und wissenschaftliche Auseinandersetzung freilich immer mit dem Aufkommen neuer

Medien. Dann werden Ängste formuliert, öffentliche Debatten und wissenschaftliche Studien sollen helfen, die neuen Medien zu begreifen, sie zu formen und Wirkungen abzuschätzen. So wurden in den 1930er Jahren Studien zum Stummfilm und in den 1950er Jahren Studien zum Kriminalfilm veröffentlicht, in denen vermutet wurde, dass Filme jugendgefährdende Wirkungen haben (Trepte, 2004). Heute befassen sich Forscher und die internationale Presse mit der Frage, welche Wirkungen Computerspiele auf Jugendliche haben und welche Schädigungen sie auslösen können (Klimmt & Trepte, 2003).

Die explizite wissenschaftliche Auseinandersetzung wird auf den Medienpädagogen Dieter Baacke und sein 1973 erschienenes Werk *Kommunikation und Kompetenz* zurückgeführt. In dieser ersten Konzeption sprach Baacke (1973) noch nicht von Medienkompetenz, machte aber wesentliche Vorgaben für die nachfolgende Auseinandersetzung. In den 1980er Jahren erlebte das Thema Medienkompetenz auch in der Medienpsychologie ein starkes Interesse, das vor allem auf die Einführung privater Fernsehsender im Jahr 1984 zurückzuführen ist. Die Privatsender erhöhten das Sendevolumen enorm und boten neue Einblicke und Darstellungsformen an. Zum Beispiel kamen in den täglichen Talkshows (z. B. *Hans Meiser*, RTL) Menschen „wie du und ich" zu Wort, oder in anderen Show-Formaten (z. B. *Tutti Frutti*, RTL) wurden „erotische" Inhalte im Abendprogramm übertragen.

Die Grundideen von Baacke (1973) wurden von vielen Autoren aufgegriffen und weiterentwickelt (Bonfadelli et al., 2004). Groeben (Groeben, 1999; Groeben & Vorderer, 1988) publizierte zunächst zur Lesesozialisation und entwickelte ausgehend davon verschiedene Dimensionen der Medienkompetenz. Dabei entwickelten Groeben und Kollegen (Groeben & Hurrelmann, 2002) die Ideen von Baacke (1973; 1999) weiter und leisteten einen wesentlichen Beitrag zur methodologischen Diskussion des Konstruktes.

Konzepte und Dimensionen der Medienkompetenz

Laut Baacke (1999) ist Medienkompetenz eine Teilmenge der kommunikativen Kompetenz, die durch elterliche Erziehung und Bildungsinstitutionen sozialisiert wird. Das Erreichen von Medienkompetenz wird als lebenslanges Lernprojekt angesehen. Dieter Baacke hat das Bielefelder Medienkompetenz-Modell vorgeschlagen und mit Kollegen weiterentwickelt (Treumann et al., 2004). Das Modell umfasst vier Dimensionen:

1. *Mediennutzung* beinhaltet die Fähigkeit, die rezipierten Inhalte zu enkodieren. Gleichzeitig ist die Fähigkeit der interaktiven Mediennutzung angesprochen. Das bedeutet, dass Nutzer auf Medienbotschaften adäquat reagieren können und in der Lage sind, interaktive Angebote zu nutzen.
2. *Medienkunde* beinhaltet das Wissen über das Mediensystem, wie zum Beispiel über die Arbeit von Journalisten, Programmformate und -genres sowie über die Struktur des dualen Rundfunksystems. Gleichzeitig beinhaltet diese Dimension auch die Fertigkeit, mit Medien umzugehen, also Computerkenntnisse oder das Programmieren eines DVD-Rekorders.
3. *Mediengestaltung* beinhaltet die Fertigkeit, vorhandene Medienangebote zu verändern, weiterzuentwickeln, und zwar zum einen, sie im Sinne der angebo-

tenen Logik zu verändern (z. B. in Form des Blogging), und zum anderen im Sinne einer eigenständigen Weiterentwicklung (z. B. Produktion eines Fernsehbeitrages für einen offenen TV-Kanal).

4. *Medienkritik* beinhaltet das Erfassen und Verstehen problematischer Prozesse des Mediensystems, die Anwendung solcher Entwicklungen auf den eigenen Lebenszusammenhang und ihre ethische Reflexion.

Groeben (2002a, 2004) definiert als Ziel der Medienkompetenz das gesellschaftlich handlungsfähige Subjekt, also Individuen, die in der Lage sind, sich nicht nur mit und trotz Medien in der Gesellschaft zurechtzufinden, sondern sich diese auch zu Nutze zu machen. Zum Handlungsspektrum kann demnach eine Bandbreite von Reaktionen auf Medien gehören, nämlich beispielsweise die Immunisierung gegen Medien, die Entwicklung der eigenen Identität mit Hilfe von Medien und die Nutzung von Medien, um sich im privaten und beruflichen Alltag zurechtzufinden.

Groeben (2002a, 2004) distanziert sich von einer zu technisch orientierten Definition der Medienkompetenz und integriert in sein Konzept auch die Genussfähigkeit. Anhand dieser Aspekte lassen sich Groebens Ansatz und das Bielefelder Medienkompetenz-Modell differenzieren. Gleichzeitig findet man eine Reihe von Überschneidungen beider Ansätze (vgl. Auflistung unten).

Groeben (2004) definiert *sieben Prozessdimensionen*, die jeweils aus Medienpsychologie und Kommunikationswissenschaft hergeleitet sind, mit dem Ziel, Medienkompetenz auf Ebene dieser Dimensionen auch operationalisierbar zu machen. Die Dimensionen sind als horizontale (und nicht-hierarchische) Gliederung zu verstehen, die im Laufe der Zeit und mit weiteren Medienentwicklungen ergänzt werden kann und soll (für eine ausführliche Darstellung vgl. Groeben, 2002, 2004)

1. Die Dimension *Medienwissen und Medialitätsbewusstsein* umfasst die Fähigkeit der Rezipienten, zwischen Realität und Mediatisierung, zwischen Fiktion und Realität sowie zwischen Parasozialität (Beziehung zu Medienakteuren wie z. B. Protagonisten eines Films) und Orthosozialität (Beziehung zu Personen aus der eigenen „realen" Umwelt) unterscheiden zu können. Auch das Wissen über rechtliche und wirtschaftliche Rahmenbedingungen, über die Arbeitsweisen von Medienunternehmen, über die Intention und mögliche Wirkungen von Medieninhalten sind hiermit angesprochen.
2. Die Dimension *Medienspezifische Rezeptionsmuster* umfasst die technologisch-instrumentellen Fertigkeiten des Medienumgangs von der Selektion bis hin zur Enkodierung und Anwendung.
3. Die Dimension *Medienbezogene Genussfähigkeit* beinhaltet die Fähigkeit, sich zu unterhalten, ohne sich im Medienangebot zu verlieren, Identifikation ohne Selbstaufgabe und die Grenzziehung zwischen Genuss und Sucht durch die Rezipienten.
4. Die Dimension *Medienbezogene Kritikfähigkeit* beinhaltet die Fähigkeit, Medieninhalte und -angebote im Hinblick auf die hinlänglich erforschten Qualitätsdimensionen zu beurteilen. Dazu gehört beispielsweise die Fähigkeit, Zeitungsartikel auch vor dem Hintergrund der politischen Orientierung der Autoren beurteilen zu können.
5. Die Dimension *Selektion/Kombination von Mediennutzung* beinhaltet die Fähigkeit, Medien bewusst und zielführend zu selektieren und zu kombinieren.
6. Die Dimension *Produktive Partizipationsmuster* trägt der Entwicklung Rechnung, dass zur Mediennutzung immer mehr auch Medienproduktion gehört. Das

impliziert die Veränderung von Medieninhalten, den Umgang mit interaktiven Medien und vor allem auch die Erstellung von eigenen Medieninhalten durch die Rezipienten. Die eigene Mediengestaltung erhält vor allem vor dem Hintergrund der eigenen Identitätsentwicklung großen Stellenwert in einer Medienlandschaft, die eine Vielzahl von mitzugestaltenden Medien anbietet (z. B. TV-Sendungen, in denen Laienpersonen mitspielen, oder Internetportale wie flickr.com oder myspace.com)

7. Die Dimension *Anschlusskommunikation* beinhaltet zweierlei: zum einen die Fähigkeit, in einer mediatisierten Gesellschaft am Diskurs über Medieninhalte und -systeme teilnehmen zu können, zum anderen die Motivation zur Anschlusskommunikation.

Zentrale empirische Befunde

Empirische Studien befassen sich mit den oben aufgeführten Teildimensionen der Medienkompetenz. Zu allen sieben von Groeben (2002) publizierten Aspekten sind medienpsychologische und kommunikationswissenschaftliche Studien zu finden. Forschungsfelder sind beispielsweise der effiziente und angemessene Umgang mit Lehr- und Lernmedien, die Kritikfähigkeit von Kindern und Jugendlichen im Hinblick auf Werbung, die Fähigkeit von Jugendlichen, sich von fiktionalen und nonfiktionalen Medienangeboten zu distanzieren oder sich diese zu Nutze machen. Die Studien zur Medienkompetenz sind nur selten unter dem Begriff „Medienkompetenz" verschlagwortet, sondern in psychologischen Fachzeitschriften am besten zu finden, wenn man nach den o. g. Dimensionen der Medienkompetenz (z. B. Rezeption), den Genreformen oder Medieninhalten (z. B. Unterhaltung) und dem „Problem" (z. B. interkulturelles Verständnis) sucht.

Zur Demonstration, wie Studien zur Medienkompetenz demnach aussehen könnten, soll an dieser Stelle nur ein Thema ausgewählt werden, nämlich die Frage, inwiefern die Schulung der Medienkompetenz im Umgang mit Werbung dazu führen kann, dass Jugendliche überschlanke Models nicht als Modellpersonen heranziehen. Essstörungen werden inzwischen in der psychologischen Forschung als eine psychische Erkrankung angesehen, die auf multiple Ursachen zurückzuführen ist. Dazu gehören Bedingungen der Familie, der Persönlichkeit und der Medien (Harrison, 2001). In verschiedenen Studien zeigt sich, dass die in der Werbung dargestellten Models von Frauen und Mädchen zu sozialen Vergleichen herangezogen werden und negative Selbstevaluationen die Folge sind (Groesz et al., 2002; vgl. Beitrag zu Sozialen Vergleichsprozessen in diesem Band). Neue sozialpsychologische Studien erweitern diese Perspektive dahingehend, dass überschlanke Models in der Werbung nicht immer relevante Vergleichsstandards für die Rezipientinnen sind (Häfner & Stapel, 2007; Trampe, Stapel & Siero, 2007). Eine Konsequenz ist deshalb, die Rezipientinnen dahingehend zu schulen, dass sie Models in der Werbung nicht als relevante Vergleichsstandards definieren, sondern die Werbung als ein künstlerisches Produkt einstufen, in der das Aussehen der Models manipuliert wurde (Cook-Cottone & Phelps, 2006).

Kritik

Medienkompetenz ist ein medienpädagogisches und -psychologisches Thema, das auf Grund der Bedürfnisse der Mediennutzer entstanden ist und vorangetrieben wurde. Lehrer und Eltern möchten Maßgaben für die Medienerziehung. Die Gesellschaft wünscht sich einen Rahmen zur Bewertung und zum Umgang mit neuen Medien und -inhalten. Die bisherigen Modelle zur Medienkompetenz sind vornehmlich in Form von Leitlinien oder Handlungskatalogen publiziert (vgl. oben). In internationalen Studien wurden Teilaspekte der Medienkompetenz (wie z. B. Kritikfähigkeit im Hinblick auf Werbung) und ihr Einfluss auf das Alltagshandeln untersucht. Seit einem Höhepunkt der Beschäftigung mit Medienkompetenz in den 1980er Jahren ist ganz deutlich deren Diffusion in die Praxis zu beobachten. Vor allem mit der Entwicklung von Lehr- und Lernmedien und von E-Learning gilt das Forschungsinteresse dem „guten" Lehren und Lernen mit neuen Medien (Trepte, 1999). Institutionen wie die Bundeszentrale für politische Bildung setzten es sich zum Ziel, Medienkompetenz zu vermitteln.

Wenn Kompetenz als *guter* Umgang mit den Medien oder Einsicht in die *Qualität* von Medien definiert wird, so muss bestimmt werden, was Qualität überhaupt ist und was nicht. Damit erhält das Konstrukt „Medienkompetenz" eine normative Tönung, im Prinzip geht mit der Beurteilung der Medienkompetenz ein Werturteil einher. Werturteile sind „Sollens-Sätze" und laut dem Werturteilsfreiheits-Postulat von Max Weber nicht als wissenschaftliche Sätze zulässig, weil sie nicht falsifizierbar sind (vgl. Groeben, 2004). Wenn in Politik oder Forschung also Medienkompetenz gefordert wird, so werden damit eine Vorstellung von Qualität definiert und Ziele formuliert (zum Beispiel dass Medienkompetenz ein Mittel zum Erhalt oder zur Vermehrung kognitiver Leistungsfähigkeit sein soll). Die Auseinandersetzung mit der normativen Logik des Konstrukts hat vor allem Groeben (2002b, 2004) vorangetrieben. Er merkt an, dass Medienkompetenz als regulative Zielidee formuliert werden könne, dass jedoch auch deskriptive Komponenten von Medienkompetenz definiert werden sollten, die empirisch überprüfbar sind, wie zum Beispiel „Medienwissen" oder „Kritikfähigkeit" (s. o.).

Literatur

Baacke, D. (1973). *Kommunikation und Kompetenz. Grundlegung einer Didaktik der Kommunikation und ihrer Medien.* München: Juventa.

Baacke, D. (1999). Medienkompetenz: theoretisch erschließend und praktisch erfolgreich. *Medien & Erziehung, 43(1),* 7–12.

Bonfadelli, H., Bucher, P., Paus-Hasebrink, I. & Süss, D. (Hrsg.) (2004), *Medienkompetenz und Medienleistungen in der Informationsgesellschaft. Beiträge einer internationalen Tagung.* Zürich: Pestalozzianum.

Cook-Cottone, C. & Phelps, L. (2006). Adoslescent eating disorders. In G. G. Bear & K. Minke (Eds.), *Childrens' needs III: development, prevention, and intervention* (pp. 977–988). Washington, DC: National Association of School Psychologists.

Groeben, N. (2002a). Anforderungen an die theoretische Konzeptualisierung von Medienkompetenz. In N. Groeben & B. Hurrelmann (Hrsg.), *Medienkompetenz. Voraussetzungen, Dimensionen, Funktionen* (S. 11–22). Weinheim, München: Juventa.

Groeben, N. (2002b). Dimensionen der Medienkompetenz: Deskriptive und normative Aspekte. In N. Groeben & B. Hurrelmann (Hrsg.), *Medienkompetenz. Voraussetzungen, Dimensionen, Funktionen* (S. 160–197). Weinheim: Juventa.

Groeben, N. (2004). Medienkompetenz. In R. Mangold, P. Vorderer & G. Bente (Hrsg.), *Lehrbuch der Medienpsychologie* (S. 27–50). Göttingen: Hogrefe.

Groeben, N. (Hrsg.) (1999). *Lesesozialisation in der Mediengesellschaft. Ein Schwerpunktprogramm (IASL-Sonderheft).* Tübingen: Niemeyer.

Groeben, N. & Hurrelmann, B. (Hrsg.) (2002), *Medienkompetenz. Voraussetzungen, Dimensionen, Funktionen.* Weinheim: Juventa.

Groeben, N. & Vorderer, P. (1988). *Leserpsychologie: Lesemotivation – Lektürewirkung.* Münster: Aschendorf.

Groesz, L. M., Levine, M. P. & Murnen, S. K. (2002). The effect of experimental presentation of thin media images on body satisfaction: A meta-analytic review. *International Journal of Eating Disorders, 31,* 1–16.

Häfner, M. & Stapel, D. (2007). Attraktive Models in der Werbung: Auswirkungen sozialer Vergleiche auf den Betrachter und die beworbenen Produkte. In S. Trepte & E. H. Witte (Hrsg.), *Sozialpsychologie und Medien* (S. 159–169). Lengerich: Pabst Science Publishers.

Harrison, K. (2001). Ourselves, our bodies: Thin-ideal media, self-discrepancies, and eating disorder symptomatology in adolescents. *Journal of Social and Clinical Psychology, 20,* 289–323.

Hurrelmann, B. (2002). Medienkompetenz: Geschichtliche Entwicklung, dimensionale Struktur, gesellschaftliche Einbettung. In N. Groeben & B. Hurrelmann (Hrsg.), *Medienkompetenz. Voraussetzungen, Dimensionen, Funktionen* (S. 301–314). Weinheim, München: Juventa.

Klimmt, C. & Trepte, S. (2003). Theoretisch-methodische Desiderata der medienpsychologischen Forschung über die aggressionsfördernden Wirkungen gewalthaltiger Computer- und Videospiele. *Zeitschrift für Medienpsychologie, 15(4),* 114–121.

Merten, K. (1999). *Einführung in die Kommunikationswissenschaft* (Band 1: Grundlagen der Kommunikationswissenschaft). Münster: LIT-Verlag.

Sutter, T. & Charlton, M. (2002). Medienkompetenz – einige Anmerkungen zum Kompetenzbegriff. In N. Groeben & B. Hurrelmann (Hrsg.), *Medienkompetenz. Voraussetzungen, Dimensionen, Funktionen* (S. 129–147). Weinheim, München: Juventa.

Trepte, S. (1999). Forschungsstand der Medienpsychologie. *Medienpsychologie, 11(3),* 200–218.

Trepte, S. (2004). Geschichte der Medienpsychologie. In R. Mangold, P. Vorderer & G. Bente (Hrsg.), *Lehrbuch der Medienpsychologie* (S. 3–26). Göttingen: Hogrefe.

Trampe, D., Stapel, D. A. & Siero, F. W. (2007). On models and vases: Body dissatisfaction and proneness to social comparison effects. *Journal of Personality and Social Psychology, 93,* 106–118.

Treumann, K. P., Burkatzki, E., Strotmann, M. & Wegener, C. (2004). Das Bielefelder Medienkompetenz-Modell. Clusteranalytische Untersuchungen zum Medienhandeln Jugendlicher. In H. Bonfadelli, P. Bucher, I. Paus-Hasebrink & D. Süss (Hrsg.), *Medienkompetenz und Medienleistungen in der Informationsgesellschaft. Beiträge einer internationalen Tagung* (S. 35–52). Zürich: Pestalozzianum.

Repräsentationale Einsicht

Stephan Schwan

Worum geht es?

Auf einem berühmten Gemälde von René Magritte sieht man eine Pfeife und darunter den Satz „Ceci n'est pas une pipe" („Dies ist keine Pfeife"). Magritte bringt damit zum Ausdruck, dass es sich bei dem Gemälde nicht etwa um eine wirkliche Pfeife, sondern um das *Bild* einer Pfeife handelt – dass Bild und abgebildeter Gegenstand also zwar eng aufeinander bezogen, aber trotzdem nicht identisch sind.

Abb. 2.11: Ceci n'est pas une pipe (René Magritte) © VG Bildkunst, Bonn 2008

So selbstverständlich dies dem im Umgang mit Medien vertrauten Betrachter oder Zuschauer auch erscheinen mag, setzt es doch kognitive Kompetenzen voraus, die erst im Verlauf der Kindheit erworben werden. Hierbei geht es vor allem um das Verständnis, dass es sich bei Bildmedien (also Zeichnungen, Gemälde, Fotografien oder Filme) um Träger von Zeichen handelt, die auf einen Sachverhalt verweisen, diesen Sachverhalt also repräsentieren. Diese *repräsentationale Einsicht* (representational insight) war in den letzten Jahren Gegenstand einer umfangreichen empirischen Forschung. Im Zentrum stand dabei die Frage, wann und unter welchen Voraussetzungen diese Einsicht in den Zeichencharakter von Bildern erworben wird.

Darstellung der Annahmen

Das Verständnis für den Charakter von Bildmedien lässt sich in unterschiedliche Kompetenzen gliedern, die entwicklungspsychologisch zu unterschiedlichen Zeitpunkten erworben werden.

1. Zum einen muss verstanden werden, dass es sich bei Bildern oder Filmen nicht einfach um Farben und Schattierungen auf einer zweidimensionalen Fläche handelt, sondern dass dadurch Objekte oder Szenen abgebildet werden.
2. Wenn erkannt wurde, dass ein Bild ein Objekt abbildet, muss des Weiteren verstanden werden, dass es sich bei der Abbildung nicht um das Objekt selbst handelt.
3. Und schließlich muss erkannt werden, dass zwischen abgebildeten und realen Objekten oder Szenen ein referentieller Bezug bestehen kann, dass also beispielsweise die Fotografie eines Gebäudes auf ein wirklich existierendes Gebäude verweist. Nach DeLoache (2002a) setzt dies voraus, dass der Betrachter nicht nur den dargestellten Sachverhalt selbst, sondern gleichzeitig auch den abstrakten Bezug zu seinem Gegenstück in der Wirklichkeit mental repräsentiert, also eine duale Repräsentation entwickelt.

Typische Methodik

Die wichtigsten Forschungsbefunde zum Symbolverständnis bei Bildern und Filmen wurden in kulturvergleichenden und in entwicklungspsychologischen Studien gewonnen.

In kulturvergleichenden Studien werden hauptsächlich Angehörige von (Stammes-)Gesellschaften, in denen es keine oder nur wenige Bilder gibt, hinsichtlich ihres Bild- oder Filmverständnisses untersucht. Da es sich bei den Probanden typischerweise um Erwachsene handelt, die bereits über einen voll entwickelten perzeptuell-kognitiven Apparat verfügen, lässt sich durch solche Studien abschätzen, inwieweit das Bildverständnis auf medienunabhängigen Kompetenzen beruht oder erst im Umgang mit Bild- oder Filmmedien erworben werden muss (zu Bildern: Deregowski, 1989; Hudson, 1960; zu Filmen: Hobbs, Frost, Davies & Stauffer, 1988; Messaris, 1994). Allerdings stellt sich hier das methodische Problem, dass solche bildunvertrauten Kulturen kaum noch zu finden sind.

Entwicklungspsychologische Studien fokussieren dagegen auf die Veränderungen des Bildverständnisses im Verlauf der Kindheit. Hierbei wird meist auf paradigmatische Aufgabenstellungen zurückgegriffen, in denen die Leistung der Kinder verschiedener Altersstufen bestimmt wird. In einer diesbezüglichen Standardsituation, die von DeLoache (2002b) entwickelt wurde, wird Kindern in einem Video oder anhand eines (puppenhausähnlichen) Modells gezeigt, wie ein Spielzeug in einem Zimmer versteckt wird. Anschließend müssen die Kinder in einer ersten Aufgabe das Spielzeug in dem Modell wiederfinden, um Gedächtniseffekte zu überprüfen. Sie werden dann in ein reales Zimmer geführt, das genau dem vorher gezeigten Modell entspricht, und sollen dort das Spielzeug finden. Gelingt ihnen dies, wird davon ausgegangen, dass sie eine duale Repräsentation gebildet haben, die Modell und reales Zimmer zueinander in Beziehung setzt, und dass sie somit über repräsentationale Einsicht verfügen.

Zentrale empirische Befunde

Kinder können bereits sehr früh einfache und vertraute Objekte, aber auch Personen auf Bildern erkennen (Barrera & Maurer, 1981). Diese Erkennensleistung scheint weitgehend auf den Kompetenzen der natürlichen Wahrnehmung zu beruhen. In einer klassischen Fallstudie hielten Hochberg und Brooks (1962) ihren eigenen Sohn von Geburt an für 19 Monaten von allen Bilddarstellungen fern und konfrontierten ihn dann mit Abbildungen einfacher und vertrauter Gegenstände. Er konnte die Objekte mehrheitlich problemlos identifizieren und benennen, selbst wenn der Gegenstand nicht als Fotografie, sondern als einfache Strichzeichnung gezeigt wurde. Dagegen setzt das Erkennen komplexer räumlicher Szenen auf Bildern zusätzliche Kompetenzen voraus, die erst im Lauf der Mediensozialisation erworben werden. Beispielsweise fand sich in kulturvergleichenden Studien, dass Angehörige „bildarmer" Kulturen zwar Objekte mit charakteristischen Umrissen problemlos identifizieren konnten, dass ihnen aber die Interpretation von Formen, deren Bedeutung nur aus dem Kontext erschließbar ist (z. B. zwei konvergierende Linien als nach hinten verlaufende Straße), und die Integration von Einzelobjekten in eine Gesamtszene Schwierigkeiten bereiteten (Deregowski, 1989; Hudson, 1960).

Der zweite Schritt für ein angemessenes Bildverständnis besteht in der Erkenntnis, dass es sich bei einem Bild um eine Abbildung und nicht um die Objekte selbst handelt. Dieser abbildende Status von Bildern wird in der frühen Kindheit nur langsam erworben. Zwar können Kinder perzeptuell bereits früh zwischen Bildern und realen Gegenständen unterscheiden: Vor die Wahl gestellt entscheiden sie sich typischerweise gegen das Bild und für den Gegenstand. Trotzdem bleibt eine Unsicherheit gegenüber dem referentiellen Status des Bildes bestehen. Das zeigt sich beispielsweise darin, dass jüngere Kinder gegenüber Objektabbildungen Handlungen vornehmen – also beispielsweise versuchen, einen abgebildeten Gegenstand zu greifen – und dass diese Tendenz erst im Verlauf des zweiten Lebensjahres nach und nach verschwindet. Die Tendenz, Objektabbildungen wie die Objekte selbst zu behandeln, ist umso ausgeprägter, je realistischer die Darstellung ist. Ähnliches gilt auch für Fernsehbilder (Flavell, Flavell, Green, & Korfmacher, 1990; Pierroutsakos & Troseth, 2003). Beispielsweise gaben in einer Studie von Flavell et al. (1990) die Mehrzahl der Dreijährigen an, dass aus einer Schale mit Popcorn, die auf dem Fernsehbildschirm zu sehen war, das Popcorn herausfallen würde, wenn man das Fernsehgerät auf den Kopf stellt, während die meisten Vierjährigen dies verneinten.

Erst in einem weiteren, dritten Entwicklungsschritt gelingt es Kindern dann, Abbildung und Abgebildetes kognitiv miteinander zu verknüpfen. Selbst in westlichen

Industriegesellschaften mit ihren vielfältigen Bilderfahrungen (Bilderbücher, Fernsehen usw.) scheitern viele Kinder noch im Alter von zweieinhalb Jahren bei dieser Aufgabe. Es gelingt ihnen beispielsweise nicht, die referentielle Verbindung zwischen dem Modell eines Zimmers und einem realen Zimmer herzustellen, während dieser Schritt für Vierjährige typischerweise kein Problem mehr darstellt. Für die dazwischen liegende, anderthalbjährige Übergangsphase konnte in einer Reihe von Studien gezeigt werden, dass die Leichtigkeit, mit der diese Kompetenz erworben und angewendet wird, durch eine Reihe von Faktoren beeinflusst wird (Deocampo & Hudson, 2005; Troseth, 2003a). Kinder tun sich bei der Bewältigung dieser Aufgabe leichter, wenn sie ausführlich instruiert werden und ihnen Gelegenheit zum Üben gegeben wird. Das Gleiche gilt für Kinder, die bereits viele Erfahrungen im Umgang mit Bildmedien (beispielsweise durch Bilderbücher oder Fernsehfilme) erworben haben (Troseth, 2003b). Schließlich spielen aber auch die Eigenschaften des Bildmediums eine wesentliche Rolle: Je ähnlicher sich Abbildung und Referent sind, desto leichter fällt es den Kindern, den referentiellen Bezug zwischen beiden herzustellen (DeLoache, 2000). Dies betrifft Aspekte wie den Bildmaßstab (maßstabsähnlichere Bilder oder Modelle führen zu besseren Leistungen) oder die Übereinstimmung von Materialität oder Farbe. Aber auch die Objekthaftigkeit der Darstellung spielt eine wichtige Rolle: Dreidimensionale materielle Darstellungen (z. B. puppenhausartige Modelle) waren im Vergleich zu Videodarbietungen trotz ihres größeren „Realismusgrades" eher hinderlich. Dies liegt daran, dass puppenhausartige Modelle von den Kindern eher als unmittelbares Spielzeug und weniger als referentielle Abbildungen wahrgenommen werden.

Kritik

Durch das von DeLoache entwickelte Untersuchungsparadigma ist es gelungen, die Einflussfaktoren für die Entwicklung der repräsentationalen Einsicht als einer wesentlichen Fähigkeit für die Interpretation von Bildmedien relativ genau zu kartieren. Bildkompetenz kommt mit dem Erwerb von repräsentationaler Einsicht nicht zum Abschluss. Beispielsweise müssen Kinder zu einem späteren Zeitpunkt die Einsicht erwerben, dass nicht alle Abbildungen einen wirklich existierenden Referenten besitzen, sondern auch rein fiktionale „Fantasieprodukte" sein können. Die darauf aufbauende Unterscheidung zwischen referentiellen und fiktionalen, also nicht-referentiellen Bildinhalten ist Gegenstand der perceived reality-Forschung (vgl. Beitrag zu Perceived Reality in diesem Band). Beide Forschungsbereiche, der zur repräsentationalen Einsicht und zur perceived reality, beschäftigen sich zwar mit zentralen Fragen der Bildkompetenz, sind bislang aber weitgehend unverbunden.

Literatur

Barrera, M. & Maurer, D. (1981). Recognition of mother's photographed face by the three-month-old. *Child Development, 52*, 714–716.

DeLoache, J. S. (2000). Dual representation and young children's use of scale models. *Child Development, 71*, 329–338.

DeLoache, J. S. (2002a). Early development of the understanding and use of symbolic arte-facts. In U. Goswami (Ed.), *Blackwell Handbook of childhood cognitive development* (pp. 206–226). Blackwell.

DeLoache, J. S. (2002b). The symbol-mindedness of young children. In W. W. Hartup & R. A. Weinberg (Eds.) *The Minnesota symposia on child psychology, 32* (pp. 73–101). Mahwah, NJ: Lawrence Erlbaum.

DeLoache, J. (2004). Becoming symbol-minded. *Trends in cognitive science, 8*, 66–70.

Deocampo, J. A. & Hudson, J. A. (2005). When seeing is not believing: Two-years-olds' use of video representations to find a hidden toy. *Journal of Cognition and Development, 6*, 229–258.

Deregowski, J. (1989). Real space and represented space: Cross-cultural perspectives. *Behavioral and Brain Sciences, 12*, 51–119.

Flavell, J. H., Flavell, E. R., Green, F. L. & Korfmacher, J. E. (1990). Do young children think of television images as pictures or real objects? *Journal of Broadcasting and Electronic Media, 34*, 399–419.

Hobbs, R., Frost, R., Davis, A. & Stauffer, J. (1988). How first-time viewers comprehend editing conventions. *Journal of Communication, 38*, 50–60.

Hochberg, J. & Brooks, V. (1962). Pictorial recognition as an unlearned ability: A study of one child's performance. *American Journal of Psychology, 75*, 624–628.

Hudson, W. (1960). Pictorial depth perception in subcultural groups in Africa. *Journal of Social Psychology, 52*, 183–208.

Messaris, P. (1994). *Visual literacy. Image, mind & reality*. Boulder: Westview Press.

Pierroutsakos, S. L. & Troseth, G. L. (2003). Video verité: Infants' manual investigation of objects on video. *Infant Behaviour & Development, 26*, 183–199.

Troseth, G. L. (2003a). Getting a clear picture: Young children's understanding of a televised image. *Developmental Science, 6*, 247–253.

Troseth, G. L. (2003b). TV Guide: Two-year old children learn to use video as a source of information. *Developmental Psychology, 39*, 140–150.

Perceived Reality

Margrit Schreier

Worum geht es?

Perceived reality (manchmal auch „perceived realism"; im Folgenden: PR) bezeichnet im weitesten Sinne das Ausmaß, in dem Rezipienten audiovisuelle Medienprodukte als realistisch wahrnehmen. Dabei wird davon ausgegangen, dass der wahrgenommene Realitätsgrad eines Medienproduktes seinerseits als intervenierende Variable die Wirkung des Produktes auf Emotionen, Kognitionen und das Verhalten der Rezipienten moderiert. So konnte Potter (1986) beispielsweise zeigen, dass in erster Linie die Vielseher von bestimmten Fernsehsendungen Angst haben, einem Verbrechen zum Opfer zu fallen, die zugleich der Ansicht sind, dass das Fernsehen einen unverfälschten Zugang zur Realität bietet. In den 60er und 70er Jahren des 20. Jahrhunderts wurde PR zunächst als globales Produktmerkmal konzipiert. Einschlägige Untersuchungen zeigten jedoch erhebliche interindividuelle Variation in den Realitätswahrnehmungen, so dass die produkt- zunehmend von einer rezeptionsorientierten Konzeption abgelöst wurde. In den späten 70er und 80er Jahren des 20. Jahrhunderts dominierte entsprechend die Auffassung von PR als rezeptionsseitiges Urteil, das mehr oder weniger korrekt ausfallen kann. Auch dabei wurden zunächst meist globale Beurteilungen erhoben, indem beispielsweise nach der Realitätsadäquanz des Fernsehens allgemein gefragt wurde. Heute gilt es dagegen als gesichert, dass es sich bei PR um ein mehrdimensionales Konstrukt handelt bzw. dass zwischen verschiedenen Teilbereichen von PR zu unterscheiden ist (im Überblick: Busselle & Greenberg, 2000; Potter, 1988; Rothmund, Schreier & Groeben, 2001a; Schreier, 2001).

Konstruktdimensionen

Welche Konstruktdimensionen für PR als zentral angesetzt werden, ist jedoch von Autor zu Autor verschieden. Als wegweisend hat sich zunächst die von Hawkins (1977) eingeführte Unterscheidung einer „magic window"- und einer „social expectations"-Dimension erwiesen. Die magic window-Dimension bezieht sich darauf, ob das Fernsehen als unverfälschter Zugang zur realen Welt oder vielmehr als inauthentisch und konstruiert wahrgenommen wird. Social expectations bezieht sich dagegen auf die Ähnlichkeit zwischen den Inhalten von Fernsehsendungen einerseits und den Realitätserfahrungen und dem sonstigen Weltwissen der Zuschauer andererseits. Diese Differenzierung zwischen einer medial-darstellungsbezogenen und einer inhaltlichen Dimension von PR findet sich auch bei anderen Autoren, wenn auch z. T. unter anderer Bezeichnung. Potter (1986; 1988) spricht beispielsweise von „magic window" und „identity", Fitch, Huston und Wright (1993) bezeichnen vergleichbare Dimensionen als „factuality" und „social realism". Hodge und Tripp (1986) fassen Beurteilungen der wahrgenommenen Realität von audiovisuellen Produkten als „Modalitätsurteile" auf. Diese können sich entweder auf Aspekte der Darstellungsweise beziehen (wie etwa die Verwendung von Trickfilmfiguren in der vor-digitalen Zeit von Film und Fernsehen); zur Beurteilung von PR greifen die Zuschauer, so Hodge und Tripp, auf ihr Medienwissen zurück (das ihnen in diesem Fall sagt, dass Trickfilmfiguren in erster Linie in bestimmten fiktionalen Produkten zur Anwendung kommen). Oder es handelt sich um Beurteilungen des Inhalts von Sendungen. Dabei leiten Zuschauer, so Hodge und Tripp, von ihren eigenen Erfahrungen und ihrem Wissen darüber ab, was sich „in Wirklichkeit" ereignen kann und was nicht (zur Integration des Ansatzes von Hodge & Tripp mit der PR-Forschung vgl. Buckingham, 1993).

Neben diesen Basisdimensionen wurden eine Reihe weiterer Dimensionen als Teilbereiche der Beurteilung des wahrgenommenen Realitätsgehalts von audiovisuellen Produkten vorgeschlagen:

• Nützlichkeit bzw. „instruction" (Potter, 1986): Inwieweit kann das Fernsehen den eigenen Erfahrungsbereich erweitern? (als Teilbereich von „context" auch bereits bei Hawkins, 1977);

- Faktualität vs. Fiktionalität (Rothmund, Schreier und Groeben, 2001a): Handelt es sich um ein Medienprodukt, mit dem der Anspruch erhoben wird, etwas über die Wirklichkeit auszusagen, und das von den Rezipienten auch im Hinblick auf diesen Anspruch beurteilt wird? (analog auch die von Wright, Huston, Reitz & Piemyat, 1994 getroffene Unterscheidung zwischen Realität und Medialität);
- Authentizität vs. Inszenierung (Wright et al., 1994): Handelt es sich um ein authentisches Ereignis, das sich gemäß einer natürlichen Eigendynamik entfaltet, oder um ein speziell zum Zweck der medialen Verbreitung inszeniertes Ereignis?
- Plausibilität (Busselle & Greenberg, 2000): Inwieweit könnten die gezeigten Inhalte sich in der Realität tatsächlich ereignen?
- Wahrscheinlichkeit (Busselle & Greenberg, 2000): Wie wahrscheinlich ist es, dass die gezeigten Inhalte sich in der Realität ereignen?
- Involviertheit (Busselle & Greenberg, 2000): Wie involviert sind die Zuschauer?
- Typikalität (Busselle, Ryabovolova & Wilson, 2004; Shapiro & Chock, 2003): Wie typisch sind die gezeigten Inhalte für Ereignisse in der Realität?

Typische Methodik

PR-Urteile werden üblicherweise retrospektiv im Anschluss an eine Rezeptionssituation per Ratingskala in Fragebögen erhoben. Je nach Anzahl und Art der angesetzten Dimensionen werden den Untersuchungsteilnehmern eine variable Anzahl von Aussagen vorgegeben wie beispielsweise: „TV crime programs show people what it is like to live in big cities." (Busselle, 2001, S. 51). Die Teilnehmer werden gebeten, das Ausmaß ihrer Zustimmung durch Ankreuzen auf einer mehrstufigen Likert-Skala anzugeben (für Beispiele etwa: Busselle & Greenberg, 2000; Perse, 1986; Potter, 1988).

Existierende Instrumente unterscheiden sich (abgesehen von der Anzahl der Items) im Hinblick auf ihren Abstraktionsgrad. Teils werden sehr allgemeine Urteile erfasst, die sich auf den wahrgenommenen Realitätsgrad des Fernsehens generell beziehen; teils sollen Sendeformate hinsichtlich ihrer Realitätsangemessenheit beurteilt werden (wie die „crime programs" im genannten Beispiel); teils soll auch der Realitätsgrad von Sendungen oder Episoden eingeschätzt werden oder sogar ganz konkret der von einzelnen Figuren oder Ereignissen (Busselle & Greenberg, 2000; Dorr, Kovaric & Doubleday, 1990). Greenberg und Reeves (1976) konnten zeigen, dass das Ausmaß der PR mit der Konkretheit des Urteilsniveaus zunimmt: Einzelne Sendungen oder Figuren in einer Sendung werden beispielsweise im Vergleich zum Fernsehen insgesamt als realistischer wahrgenommen (siehe auch Busselle, 2004).

Per Ratingskala erhobene PR-Urteile unterscheiden sich nicht nur im Abstraktionsniveau, sondern auch im Hinblick darauf, welcher konkrete Gegenstand eingeschätzt werden soll. Hawkins (1977) differenziert beispielsweise zwischen der Beurteilung von Personen und Ereignissen; Potter (1988) ergänzt als weiteren Gegenstandsbereich die Beurteilung von Settings. Rothmund, Schreier und Groeben (2001b) unterscheiden zwischen der Beurteilung von Aspekten der materialen (Außen-)Welt und der Innenwelt der Charaktere. Auch empirisch ergeben sich Anhaltspunkte dafür, dass verschiedene Inhaltsbereiche von TV-Sendungen in unterschiedlichem Maß als realistisch wahrgenommen werden (im Überblick Busselle et al., 2004; siehe auch Hall, 2003).

Zentrale empirische Befunde

Empirische Forschung zu PR hat sich hauptsächlich auf drei Bereiche konzentriert: Untersuchungen zu den Konstruktdimensionen und deren Validierung, Studien zu PR als vermittelnder Variable sowie Untersuchungen zum Zusammenhang zwischen PR und anderen Aspekten des Rezeptionserlebens. Eine frühe Untersuchungstradition stellt darüber hinaus die Untersuchung der experimentell manipulierten Faktualität (bzw. Fiktionalität) von audiovisuellen Produkten dar (PR als unabhängige Variable). Hier zeigt sich eine gewisse Tendenz dahingehend, dass TV-Beiträge, die den Zuschauern gegenüber als faktisch bezeichnet werden, eine stärkere Wirkung ausüben; eindeutig sind die Befunde jedoch nicht (im Überblick: Potter, 1986; Shapiro & Chock, 2003).

Angesichts der uneinheitlichen Explikation von PR überrascht es nicht, dass der Großteil bisheriger Untersuchungen auf den Bereich der Konstruktdimensionen und deren Validierung entfällt. In Studien zu Konstruktdimensionen wird in der Regel eine theoretisch angesetzte Dimensionierung von PR faktorenanalytisch geprüft. So hat sich Hawkins' Differenzierung in magic window und social expectations tendenziell bestätigen lassen (Hawkins, 1977; Hawkins & Pingree, 1980); auch die Relevanz von Nützlichkeit (Potter, 1986) und von Typikalität (Shapiro & Chock, 2003) wurde gesichert. Weiterhin konnte Hall (2003) im Rahmen von Gruppendiskussionen zeigen, dass die theoretisch postulierten Dimensionen von PR sämtlich auch spontan von Rezipienten bei der Beurteilung von Medienprodukten angelegt werden. Die Untersuchungsteilnehmer dachten dabei in erster Linie an PR im Sinne von Plausibilität.

Validierungsuntersuchungen zum Zusammenhang zwischen PR und potenziell relevanten Prädiktor- und Bedingungsvariablen haben sich meist auf PR im Sinne eines allgemeinen Konstrukts konzentriert (im Überblick Rothmund et al., 2001a). Hypothesengemäß steht PR in einem positiven Zusammenhang mit der Fernsehnutzung und in einem negativen Zusammenhang mit dem Alter (wobei die PR im höheren Alter jedoch wieder ansteigt: Potter, 1988), dem sozioökonomischen Status und basalen kognitiven Fähigkeiten. Außerdem gehen spezifische Nutzungsmotive (Informationsmotiv, arousal seeking: Rubin, 1981) mit einer Zunahme von PR einher.

Als intervenierende Variable wurde PR vor allem im Rahmen der Kultivationsforschung (vgl. Beitrag zu Kultivierung in diesem Band) untersucht. Dahinter steht die Annahme, dass häufiges Fernsehen das Weltbild der Zuschauer vor allem dann in Richtung der TV-Darstellung verändert, wenn die Rezipienten den Inhalten zugleich einen hohen Realitätsgehalt zuschreiben. Die Hypothese hat sich in dieser einfachen Form jedoch nicht bestätigen lassen. Stattdessen fallen die Ergebnisse unterschiedlich aus, je nachdem, welche Dimension von PR (etwa Fiktionalität vs. Faktualität, Wahrscheinlichkeit usw.) zu welchem Gegenstandsbereich in Beziehung gesetzt wird (Interaktionen, Personen, Ereignisse usw.; z. B. Potter, 1986; Thies & Schreier, 2004). Weiterhin ergeben sich Anhaltspunkte dafür, dass PR als vermittelnde Variable sich auf Urteile, die während der Rezeption gefällt werden, anders auswirkt als auf Urteile, die im Anschluss an die Rezeption erhoben werden (Busselle, 2001).

Etwa seit dem Jahr 2000 sind schließlich vermehrt Untersuchungen zum Zusammenhang von PR mit anderen Aspekten des Rezeptionserlebens durchgeführt worden. Busselle und Johnson (2004) konnten zeigen, dass die PR umso höher ausfällt, je stärker die Rezipienten sich in die Welt der Erzählung versetzt fühlen (siehe auch Bilandzic & Busselle, 2006), Negativbewertungen der Erzählung waren dagegen mit einem Absinken der PR verbunden. Ein positiver Zusammenhang wurde auch zwischen PR und wahrgenommener Typikalität von Ereignissen und Figuren aufgezeigt (Shapiro & Chock, 2003). Dieser Zusammenhang erwies sich allerdings als genreabhängig: Bei der Rezeption von dramatischen Filmen und von Nachrichten wurden typische Ereignisse auch als realistisch wahrgenommen; bei der Rezeption von Komödien kehrte sich dieser Zusammenhang dagegen um.

Kritik

Das zentrale Problem der PR-Forschung besteht in der Uneinheitlichkeit der Konzeptualisierung des Konstrukts, woraus wiederum eine mangelnde Vergleichbarkeit verschiedener Untersuchungen und eine in weiten Teilen uneinheitliche Befundlage resultieren. Hinzu kommen methodisch-methodologische Probleme. Hierzu zählt etwa, wie Busselle und Greenberg (2000) kritisch angemerkt haben, die Diskrepanz zwischen der Spezifität der rezipierten TV-Inhalte und der meist eher abstrakten Erfassung von PR. Auch sind Reliabilität und vor allem Validität von Erhebungsinstrumenten bisher nicht hinreichend gesichert. Zwar stützen Untersuchungen zur Rolle von PR als vermittelnde Variable sowie zum Zusammenhang von PR und anderen Aspekten des Rezeptionserlebens die Annahme, dass PR in der Tat für Medienrezeption und -wirkung von Bedeutung ist. Die genaue Art und Weise, wie PR hier wirksam ist, wird allerdings so lange unklar bleiben, wie eine einheitliche, reliable und valide Erfassung des Konstrukts nicht gewährleistet ist.

Literatur

Bilandzic, H. & Busselle, R. W. (2006). *Experiential Engagement in Filmic Narratives and Enjoyment. The Role of Transportation, Identification, and Perceived Realism.* Paper presented at the Annual Conference of the International Communication Association in Dresden, Germany, May 2006.

Buckingham, D. (1993). *Children Talking Television: The Making of Television Literacy.* London/Washington, DC: Falmer.

Busselle, R. W. (2001). The Role of Exemplar Accessibility in Social Reality Judgments. *Media Psychology, 3(1),* 43–68.

Busselle, R. W. (2004). Television Realism Measures: The Influence of Program Salience on Global Judgments. *Communication Research Reports, 20(4),* 367–375.

Busselle, R. W. & Greenberg, B. S. (2000). The Nature of Television Realism Judgments: a Reevaluation of their Conceptualization and Measurement. *Mass Communication and Society, 3,* 249–258.

Busselle, R. W. & Johnson, J. Q. (2004). *Thinking While Viewing: The Influence of Thoughts about Program on Transportation and Perceived Realism.* Paper presented at the Association for Education in Journalism and Mass Communication in Toronto, Canada, August 2004.

Busselle, R. W., Ryabovolova, A. & Wilson, B. (2004). Ruining a Good Story: Cultivation, Perceived Realism, and Narrative. *Communications: The European Journal of Communication, 29(3)*, 365–378.

Dorr, A., Kovaric, P. & Doubleday, C. (1990). Age and Content Influences on Children's Perceptions of the Realism of Television Families. *Journal of Broadcasting and Electronic Media, 34(4)*, 377–397.

Fitch, M., Huston, A. C. & Wright, J. C. (1993). From Television Forms to Genre Schemata: Children's Perceptions of Television Reality. In G. L. Berry & K. Asamen (Eds.), *Children and Television: Images in a Changing Sociocultural World* (pp. 38–52). Newbury Park, CA: Sage.

Greenberg, B. S. & Reeves, B. (1976). Children and the Perceived Reality of Television. *Journal of Social Issues, 32(4)*, 86–97.

Hall, A. (2003). Reading Realism: Audiences' Evaluations of the Reality of Media Texts. *Journal of Communication, 53(4)*, 624–641.

Hawkins, R. P. (1977). The Dimensional Structure of Children's Perceptions of Television Reality. *Communication Research, 4*, 299–320.

Hawkins, R. P. & Pingree, S. (1990). Some Processes in the Cultivation Effect. *Communication Research, 7(2)*, 193–226.

Hodge, B. & Tripp, D. (1986). *Children and Television: A Semiotic Approach*. Stanford, CA: Stanford University Press.

Perse, E. (1986). Soap Opera Viewing Patterns of College Students and Cultivation. *Journal of Broadcasting and Electronic Media, 30(2)*, 175–193.

Potter, W. J. (1986). Perceived Reality and the Cultivation Hypothesis. *Journal of Broadcasting and Electronic Media, 30(2)*, 159–174.

Potter, J. W. (1988). Perceived Reality in Television Effects Research. *Journal of Broadcasting & Electronic Media, 32(1)*, 23–41.

Rothmund, J., Schreier, M. & Groeben, N. (2001a). Fernsehen und erlebte Wirklichkeit I: Ein kritischer Überblick über die Perceived Reality-Forschung. *Zeitschrift für Medienpsychologie, 13(1)*, 33–44.

Rothmund, J., Schreier, M. & Groeben, N. (2001b). Fernsehen und erlebte Wirklichkeit II: Ein integratives Modell zu Realitäts-Fiktions-Unterscheidungen bei der (kompetenten) Mediennutzung. *Zeitschrift für Medienpsychologie, 13(2)*, 85–95.

Rubin, A. M. (1981). An Examination of Television Viewing Motivations. *Communication Research, 8*, 141–165.

Schreier, M. (2001). „Perceived Reality" als Teilbereich von Realitäts-Fiktions-Unterscheidungen: ein integratives Modell. In R. K. Silbereisen & M. Reitzle (Hrsg.), *Bericht über den 42. Kongress der Deutschen Gesellschaft für Psychologie in Jena 2000* (S. 662–673). Lengerich: Pabst Science Publishers.

Shapiro, M. A. & Chock, T. M. (2003). Psychological Processes in Perceiving Reality. *Media Psychology, 5(2)*, 163–198.

Thies, Y. & Schreier, M. (2004). Kultivation durch Unterhaltungsangebote: Die stereotype Welt des Vielsehers von St. Angela und Co.?. In H. Schramm, W. Wirth & H. Bilandzic (Hrsg.), *Empirische Unterhaltungsforschung: Studien zu Rezeption und Wirkung von medialer Unterhaltung* (S. 191–214). München: Fischer.

Wright, J. C., Huston, A. C., Reitz, A. L. & Piemyat, S. (1994). Young Children's Perception of Television Reality: Determinants and Developmental Differences. *Developmental Psychology, 30(2)*, 229–239.

Erzählschemata

Stephan Schwan

Worum geht es?

Medien, also beispielsweise Texte, Filme oder Hörspiele, bilden Sachverhalte und Ereignisse der Wirklichkeit nicht einfach ab, sondern unterwerfen sie bestimmten Organisationsprinzipien. Eine zentrale Organisationsform von Medienhalten ist dabei die *Erzählung* bzw. Geschichte, die sich in Romanen ebenso findet wie in Comics, Filmen oder Computerspielen. Solche Erzählungen sind typischerweise dadurch gekennzeichnet, dass ein oder mehrere Akteure eine mehr oder weniger verwickelte Kette von Ereignissen durchlaufen. Mit anderen Worten, durch die Form einer Geschichte werden aus einem vielfältigen Ereignis- und Handlungsstrom Teile so ausgewählt und angeordnet, dass dadurch eine „Erzählgestalt" mit einem definierten Anfang, einem definierten Ende und einer bestimmten Binnenstruktur (beispielsweise einem „roter Faden", einem Spannungsbogen usw.) entsteht.

Aus medienpsychologischer Sicht stellt sich die Frage, welchen Einfluss diese Organisationsprinzipien auf die kognitive und affektive Verarbeitung der Medieninhalte haben – ob sie also eine psychologische *Validität* besitzen – und ob sich Leser oder Zuschauer dieser Organisationsprinzipien bewusst sind – ob sie also eine psychologische *Realität* besitzen (Mandler, 1984).

Darstellung der Annahmen

In kulturvergleichenden Analysen konnte gezeigt werden, dass Erzählungen bzw. Geschichten ein universelles Phänomen sind, das sich in allen bekannten Kulturen nachweisen lässt. Zudem zeichnen sie sich durch bestimmte Elemente und Strukturen aus, die sich in russischen Volksmärchen genauso finden wie in Blockbustern aus Hollywood oder in südamerikanischen Telenovelas. Im Bereich der Kognitionspsychologie, insbesondere in der Forschung zum autobiografischen Gedächtnis, findet sich zudem eine Reihe von Belegen, dass Erzählstrukturen nicht nur für Medieninhalte, sondern gleichermaßen auch für das episodische Gedächtnis eine zentrale Rolle spielen (Habermas & Bluck, 2000). Mit anderen Worten, auch eigene biografische Erfahrungen werden kognitiv in Form von Erzählungen organisiert. Manche Autoren gehen so weit, einen narrativen Modus der mentalen Repräsentation als konstitutiv für den mentalen Apparat des Menschen zu postulieren (Bruner, 1986; Donald, 1991).

Für solche universellen Erzählstrukturen wurden verschiedene Beschreibungssysteme entwickelt, die sich bis in die Antike zurückverfolgen lassen (Chatman, 1978; Vogler, 1998). Beispielsweise beginnt eine Geschichte typischerweise mit einer Exposition, die den Schauplatz der Handlung, den Zeitpunkt, die Protagonisten und eine Ausgangssituation schildert. Diese Ausgangssituation wird durch ein Ereignis gestört, und es erfolgt ein Versuch des Protagonisten, diese Störung wieder zu beheben. Jeder dieser Versuche gliedert sich wiederum in eine Zielformulierung durch den Protagonisten, eine Handlungsfolge, durch die er das Ziel zu erreichen versucht, das Ergebnis dieses Bemühens und seine affektive Reaktion. Im Allgemeinen durchläuft die Geschichte mehrere solcher Lösungsversuche bzw. Episoden, die sich meist in ihrer Dramatik und Komplexität steigern, bis wieder eine stabile Situation erreicht ist und die Geschichte damit ihren Abschluss findet (Mandler, 1984). Einen Überblick über die verschiedenen Komponenten einer Geschichte und deren hierarchische Beziehungen gibt **Abbildung 2.12.**

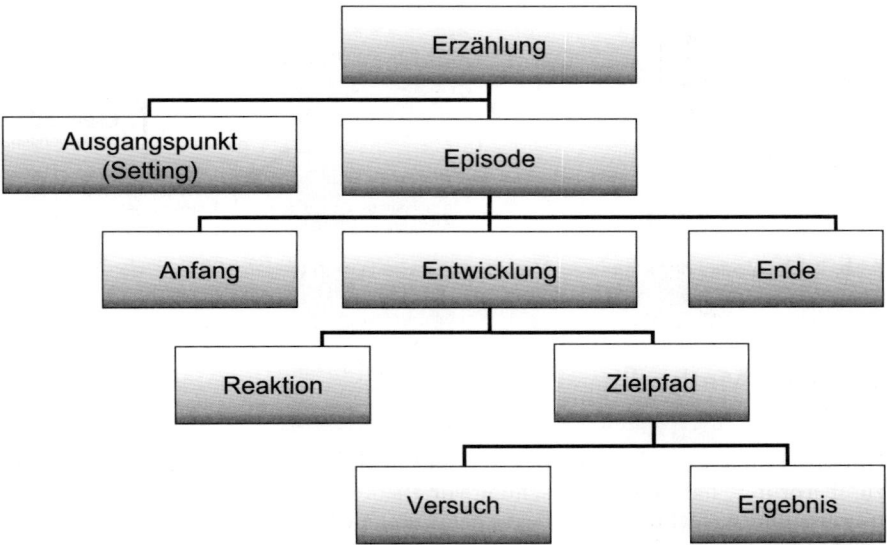

Abb. 2.12: Struktur einer Erzählung

Diese universellen Erzählstrukturen sind bis zu einem gewissen Grad medienunabhängig, finden sich also in Büchern genauso wie in Hörspielen, Theaterstücken oder Filmen. Zusätzlich weisen die verschiedenen Medien aber auch noch spezifische Regeln für die Darstellung ihrer Inhalte auf. Beispielsweise bedienen sich Filme der sogenannten Parallelmontage, um gleichzeitig ablaufende Handlungsstränge (z. B. bei der berühmten „Rettung in letzter Sekunde") miteinander zu verknüpfen, wählen bestimmte Kameraabstände für bestimmte Inhalte (z. B. Großaufnahmen des Gesichts des Hauptdarstellers bei „großen Gefühlen") oder unterlegen Szenen mit Musik, um eine bestimmte Stimmung zu erzeugen (Bordwell & Thompson, 2005).

Rezipienten werden im Verlauf ihrer Mediensozialisation in vielfältiger Form mit diesen Organisationsprinzipien konfrontiert. Daraus lässt sich ableiten, dass sie mit diesen Organisationsprinzipien vertraut sind und über entsprechende Wissensschemata verfügen, die wiederum einen Einfluss auf die mentale Verarbeitung der Medieninhalte haben sollten. Ohler (1994) geht deshalb für den Bereich des Films davon aus, dass Zuschauer zum Verstehen eines Filmes drei schematisch organisierte Wissensbereiche heranziehen: ihr generelles Weltwissen, ihr narratives Wissen über Erzählungen und ihr Wissen um filmspezifische Darbietungsformen (vgl. **Abbildung 2.13**). Die Aktivierung der entsprechenden Wissensbereiche bildet eine wichtige Voraussetzung für die Bildung eines Situationsmodells während der Rezeption (vgl. Beitrag zu Situationsmodellen in diesem Band).

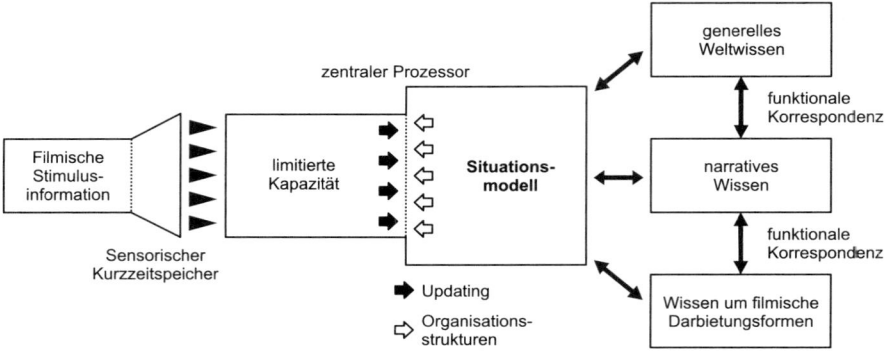

Abb. 2.13: Modell der kognitiven Verarbeitung von Filmen (Ohler, 1994)

Typische Methodik

Um den Einfluss von erzählbezogenen und medienspezifischen Wissensschemata zu überprüfen, hat sich die Forschung vor allem der klassischen Instrumente kognitions- und gedächtnispsychologischer Untersuchungen bedient. Beispielsweise werden bei verschiedenen Rezipientengruppen vor dem Lesen eines Textes oder Anschauen eines Films unterschiedliche Schemata aktiviert. Nach der Rezeption wird dann die Behaltensleistung für die präsentierten Inhalte gemessen. In ähnlicher Weise kann die Rezeption von schema-konformen und schema-inkonformen Varianten von Erzählungen verglichen werden. Typische abhängige Variablen sind hierbei Prozessmaße (Lesezeiten, Blickverhalten, Leistung in begleitenden Zweitaufgaben; vgl. Nieding & Ohler, 2004), Gedächtnismaße (Wiedererkennen, freie Wiedergabe) sowie Beurteilungsaufgaben (z. B. bzgl. der empfundenen Spannung; Brewer & Lichtenstein, 1982).

Zentrale empirische Befunde

Zahlreiche empirische Befunde belegen, dass Erzählstrukturen und medienspezifische Präsentationsweisen einen Einfluss auf die Medienrezeption haben, also psychologische Validität besitzen. Dabei werden Texte oder Filme, die nicht mit vertrauten Erzählmustern und -schemata korrespondieren, grundsätzlich schlechter verstanden und behalten als entsprechende schemakonforme Varianten (Cowen,

1988). Zudem wirkt sich die Übereinstimmung mit bestimmten Erzählmustern nicht nur auf das Verstehen aus, sondern hat auch auf der affektiven Ebene wichtige Konsequenzen. Beispielsweise hat die Reihenfolge, in der bestimmte Ereignisse geschildert werden, einen Einfluss darauf, ob eine Episode Spannung, Neugier oder Überraschung erzeugt (Brewer & Lichtenstein, 1982).

Im Speziellen haben Wissensschemata für den Verstehensprozess drei Funktionen, die für den Bereich der Medienrezeption gut belegt sind (Alba & Hasher, 1983). Erstens bewirkt die Aktivierung eines Schemas beim Rezipienten die Formulierung von Erwartungen und Hypothesen über den weiteren Fortgang eines Geschehens. Dies wird besonders deutlich bei genrespezifischen Erzählschemata: Zuschauer erwarten beispielsweise, dass in Actionfilmen der Held selbst unwahrscheinlich und aussichtslos erscheinende Gefahrensituationen unbeschadet überstehen wird. Medienautoren nutzen solche schemakonformen Erwartungen auch, indem sie beim Leser oder Zuschauer erst eine bestimmte Erwartung induzieren, die sich dann zu einem späteren Zeitpunkt überraschenderweise als falsch herausstellt – ein dramaturgisches Mittel, das sich häufig in Thrillern und Komödien findet. Im Übrigen werden geschehensbezogene Erwartungen nicht nur von der Erzählstruktur, sondern auch durch die schemakonforme Anwendung filmspezifischer Gestaltungsmittel (z. B. Musikuntermalung, Wahl von Kameraperspektive und Bildausschnitt usw.) beeinflusst (Magliano, Dijkstra, & Zwaan, 1996).

Zweitens erlauben Schemata dem Rezipienten, inhaltliche Lücken in Texten oder Filmen auf Grund schemabezogener Annahmen zu füllen. Für den Medienautor bieten sie dadurch die Möglichkeit einer „sparsamen" Darstellung, da Ereignisse und Handlungsabläufe nicht ausführlich geschildert werden müssen, sondern eine kurze Andeutung ausreicht, die dann vom Rezipienten anhand seines Wissensschemas ergänzt wird (Bordwell, 1986; Schwan & Garsoffky, 2004).

Drittens unterstützen Erzählschemata die Identifikation relevanter Inhalte, denen der Rezipient bevorzugt seine Aufmerksamkeit zuwendet und die selektiv gespeichert und behalten werden. So konnte empirisch gezeigt werden, dass bereits Grundschulkinder in der Lage sind, formale Eigenschaften von Fernsehsendungen, beispielsweise Musikuntermalung, Ton und Stimmen, zu nutzen, um sich gezielt dann dem Fernseher zuzuwenden, wenn in einem Fernsehprogramm Abschnitte auftreten, die besonders verstehensrelevant sind (Anderson & Lorch, 1983). Zudem werden in Übereinstimmung mit Erzählschemata bestimmte Elemente von Geschichten bevorzugt behalten, insbesondere die Exposition, die Lösungsversuche und deren Ergebnisse (Mandler, 1984).

Was schließlich die psychologische Realität, also die Bewusstheit dieser Organisationsprinzipien bei den Rezipienten anbelangt, ist die empirische Befundlage spärlicher. Die wenigen verfügbaren Studien deuten aber darauf hin, dass die Organisationsprinzipien den Rezipienten im Allgemeinen nicht bewusst sind. Werden beispielsweise Zuschauer im Anschluss an kurze Filmsequenzen befragt, wie viele Filmschnitte aufgetreten sind, sind die Angaben weitgehend inakkurat (Kraft, 1986; Ohler, 1994). Auch andere Präsentationsprinzipien, beispielsweise die visuelle Verknüpfung eines Politikers mit positiv beurteilten Situationen (glückliche Familien, prosperierende Städte usw.) im Bereich der politischen Werbung, werden häufig nicht bemerkt, obwohl sie durchaus ihre beabsichtigte persuasive Wirkung entfalten (Messaris, 1997).

Kritik

Insgesamt belegen die referierten Befunde, dass sich sowohl Erzählprinzipien als auch medienspezifische Gestaltungsprinzipien in entsprechenden Wissensschemata beim Leser oder Zuschauer niederschlagen und einen nachhaltigen Einfluss auf dessen kognitive und affektive Rezeptionsprozesse haben. Während diese Einflüsse im Bereich von Texten mittlerweile sehr gut dokumentiert sind, findet sich eine entsprechende kohärente Forschungstradition zum Einfluss medienspezifischer Gestaltungsmittel bislang nur in Ansätzen. Dieses Defizit gilt insbesondere für den Bereich der audio-visuellen Medien. Bislang weitgehend unerforscht ist auch die Frage, welchen Einfluss digitale, nicht-lineare Formen der Medienpräsentation (z. B. Hypertexte, interaktive Filme usw.) auf die Bildung von Erzählschemata ausüben.

Literatur

Alba, J. W. & Hasher, L. (1983). Is memory schematic? *Psychological Bulletin, 93*, 203–231.

Anderson, D. R. & Lorch, E. P. (1983). Looking at television: Action or reaction? In J. Bryant & D. R. Anderson (Eds.), *Children's understanding of television: Research on attention and comprehension* (pp. 1–33). New York: Academic Press.

Bordwell, D. (1986). *Narration in the fiction film.* London: Routledge.

Bordwell, D. & Thompson, K. (2005). *Film art. An introduction (7th ed.).* New York: McGraw-Hill.

Brewer, W. E. & Lichtenstein, E. H. (1982). Stories are to entertain: A structural-affect theory of stories. *Journal of Pragmatics, 6*, 473–486.

Bruner, J. S. (1986). *Actual minds, possible worlds.* Cambridge, MA: Harvard University Press.

Chatman, S. (1978). *Story and discourse.* Ithaka, NY: Cornell University Press.

Cowen, P. S. (1988). Manipulating Montage: Effects of Film Comprehension, Recall, Person Perception, and Aesthetic Responses. *Empirical Studies of the Arts, 6*, 97–115.

Donald, M. (1991). *Origins of the modern mind.* Cambridge, MA: Harvard University Press.

Habermas, T. & Bluck, S. (2000). Getting a life: The development of the life story in adolescence. *Psychological Bulletin, 126*, 748–769.

Kraft, R. N. (1986). The role of cutting in the evaluation and retention of film. *Journal of Experimental Psychology: Learning, Memory, and Cognition, 12*, 155–163.

Magliano, J. E., Dijkstra, K. & Zwaan, R. A. (1996). Predictive inferences in movies. *Discourse Processes, 22*, 199–224.

Mandler, J. M. (1984). *Stories, scripts, and scenes: Aspects of schema theory.* Hillsdale, NJ: Lawrence Erlbaum.

Messaris, P. (1997). *Visual persuasion.* Thousands Oaks, CA: Sage.

Nieding, G. & Ohler, P. (2004). Laborexperimentelle Methoden. In R. Mangold, P. Vorderer, & G. Bente (Hrsg.), *Lehrbuch der Medienpsychologie* (S. 355–376). Göttingen: Hogrefe.

Ohler, P. (1994). Kognitive Filmpsychologie. Münster: MAkS Publikationen.

Schwan, S. & Garsoffky, B. (2004). The cognitive representation of filmic event summaries. *Applied Cognitive Psychology, 18*, 37–55.

Vogler, C. (1998). *The writer's journey: Mythic structure for writers.* Studio City, USA: Michael Wiese Productions.

Interpretationsprozesse

Rezeptionsmodalitäten

Monika Suckfüll

Worum geht es?

Unter dem Begriff „Rezeptionsmodalitäten" können im weitesten Sinn alle auf das jeweilige Medienangebot bezogenen Aktivitäten von Film- und Fernsehzuschauern, Musik- und Radiohörern, Lesenden und Internetnutzern verstanden werden. Im engeren Sinn bezieht sich der Begriff auf die Aktivitäten der Rezipienten während der eigentlichen Rezeption. Auswahl- bzw. Selektionsentscheidungen in der prä-kommunikativen Phase (vgl. Beitrag zum Uses and Gratifications-Ansatz in diesem Band) sowie Wirkungen, die sich in der postkommunikativen Phase einstellen, sind wichtige Bausteine des Medienrezeptionsprozesses und müssen in konzeptionelle Überlegungen integriert werden. Wenn es um Rezeptionsmodalitäten geht, stehen also die Informationsverarbeitungsprozesse der Rezipienten in der kommunikativen Phase im Fokus. In der bisherigen wissenschaftlichen Diskussion werden die Aktivitäten während der Rezeption nicht unter einem verbindlich festgelegten Überbegriff zusammengefasst (Hasebrink & Paus-Hasebrink, 2005). Häufig ist die Rede von Rezeptionsstrategien. Da der Begriff „Strategie" ein wohlüberlegtes, auf ein bestimmtes Ziel gerichtetes Handeln impliziert, die kognitiven und emotionalen Prozesse während der Rezeption aber eher automatisiert ablaufen, schlägt Suckfüll (2004) vor, den Begriff Rezeptions*modalitäten* zu verwenden.

Darstellung der Annahmen

Unzählige Forschungsarbeiten berühren implizit die Frage nach den kognitiven und emotionalen Vorgängen während der Rezeption (vgl. die Beiträge zu Involvement, Parasozialer Interaktion sowie Presence und Immersion in diesem Band). Aber nur wenige Forschungsarbeiten widmen sich explizit der Differenzierung von unterschiedlichen Modalitäten der Rezeption. In einer dichotomen Sichtweise wurde eine involvierte Rezeption einer distanzierten Rezeption gegenübergestellt (Charlton & Borcsa, 1997; Liebes & Katz, 1986; Mikos, 1994; Vorderer, 1992). Unter involvierter Rezeption versteht Vorderer (1992) eine „Rezeptionshaltung (...), bei der die Rezipienten kognitiv und emotional derart in das fiktive Geschehen (...) involviert werden, dass sie sich der Rezeptionssituation selbst nicht mehr bewusst sind, sondern quasi im Wahrgenommenen mitleben". Im Gegensatz dazu wird eine analysierende Rezeption verstanden als „eine distanziertere Haltung gegenüber dem fiktiven (...) Geschehen, aus der heraus die Fernsehzuschauer als (an diesem Geschehen weitgehend unbeteiligte) Beobachter am Aufbau des Films, an den Schauspielern, am Drehort und insbesondere an bestimmten – vom Film angesprochenen – Themen interessiert sind" (S. 83). Eine umfassende theoretische Konzeption von Rezeptionsmodalitäten wurde von Suckfüll (2004) vorgelegt. Sie bestimmt das Konstrukt den Überlegungen von Früh (2002) folgend, in dem sie den dynamischen Charakter des Aneignungs- und Rezeptionsprozesses, die Wechselbezüglichkeit zwischen Medien- und Rezipientenmerkmalen und den Einfluss des situativen Kontextes betont. Die Grundannahmen können in sieben Thesen zusammengefasst werden:

1. Die Aneignung von Rezeptionsmodalitäten vollzieht sich im Laufe eines auf die Medien bezogenen Lern- bzw. Sozialisationsprozesses. Über die wiederholte Anwendung werden diese Herangehensweisen eingeübt, modifiziert und angepasst. Wenn beispielsweise ein Kinozuschauer während bestimmter Szenen eines Films Vergleiche mit seinen eigenen, aktuellen Lebensfragen anstellt, ist das in der Konzeption von Suckfüll noch keine Modalität. Wenn er aber solche Vergleiche häufig bei der Rezeption vieler Filme anstellt, kann von einer dominant gebrauchten Rezeptionsmodalität gesprochen werden.
2. Rezeptionsmodalitäten beeinflussen in einem zirkulären Prozess auch die Auswahlentscheidungen. Ausgangspunkt ist die Überlegung, dass die Rezipienten vorzugsweise Medienangebote auswählen, von denen sie glauben, dass diese ihren Modalitäten entsprechen. Wenn ein Kinogänger weiß, dass er völlig in einen Film „abtauchen" möchte, um ihn genießen zu können, wird er bereits bei der Auswahl des Films darauf achten, dass dieses Abtauchen (auf Grund des Genres, des Regisseurs etc.) möglich erscheint.
3. Eine den eigenen, eingeübten Rezeptionsmodalitäten entsprechende Auseinandersetzung mit einem (erfolgreich ausgewählten) Medienangebot führt zu einem Kompetenzempfinden und wird positiv erlebt. Dieses positive Erleben wird möglichst wiederholt.
4. Insgesamt müsste das zu einem Kreislauf führen, innerhalb dessen sich die Rezeptionsmodalitäten manifestieren. Aus diesen Überlegungen, kann die Hypothese abgeleitet werden, dass dominant gebrauchte Rezeptionsmodalitäten eine gewisse zeitliche Stabilität aufweisen.
5. Der Prozess während der Rezeption kann beschrieben werden als ein variables Hin- und Herwechseln zwischen eingeübten Modalitäten. Wenn beispielsweise die Filminhalte einem Kinozuschauer im Verlauf des Films keinen Vergleich mit dem eigenen Lebenskontext (mehr) erlauben, wird er die Perspektive wechseln und möglicherweise in einer eher distanzierten Haltung über Vorgänge beim Dreh nachdenken.
6. Die Arbeiten von Berlyne (vgl. Beitrag zu New Experimental Aesthetics in diesem Band) und Zillmann (vgl. Beitrag zu Mood Management in diesem Band) legen die Vermutung nahe, dass die Funktion eines Wechsels zwischen den Modalitäten im Streben nach einem Gleichgewichtszustand liegt. Genauso plausibel ist jedoch die Überlegung, dass ein konsequentes Regulieren der Aktivierung auf ein mittleres Niveau monoton und langweilig ist. Die komplementäre These, dass Menschen ein Bedürfnis nach Abwechslung haben, greift insbesondere dann, wenn die spezifische Situation, in der fiktionale Medienangebote rezipiert

werden, in Rechnung gestellt wird: In der sicheren Rezeptionssituation kann der Zuschauer zumindest phasenweise und ohne irgendwelche Folgen seine kognitiven und emotionalen Grenzen austesten. Ziel ist also weniger die Herstellung eines Gleichgewichts als vielmehr die Einhaltung eines Energiebudgets bei größtmöglicher Variabilität.

7. Wie sich der Rezeptionsprozess einer bestimmten Person konkret gestaltet, hängt von den Merkmalen des jeweils rezipierten Medienangebotes ab. Ausgehend von einer wechselseitigen und dynamischen Beziehung zwischen Medienangebot und Rezipient lautet die These, dass sich ein Modalitätenwechsel an den Stellen eines Medienangebotes vollzieht, an denen ein spezifisches Merkmal des Medienangebotes für den jeweiligen Rezipienten wirkungsrelevant wird. Das Wirkpotenzial eines bestimmten Medienmerkmals wird nicht vorab angenommen, sondern dessen Potenzial entfaltet sich erst, wenn es mit Rezeptionsmodalitäten zusammentrifft, die diesem Rezipienten zur Verfügung stehen. Suckfüll (2004) konnte beispielsweise im Rahmen physiologischer Messungen bei der Filmrezeption zeigen, dass Untersuchungsteilnehmer, für die es sehr wichtig ist, sich mit einer Filmfigur identifizieren zu können, signifikant auf einzelne Protagonisten im gezeigten Film reagierten (vgl. auch Früh & Schönbach, 2005).

Typische Methodik und zentrale empirische Befunde

Rezeptionsmodalitäten werden klassischerweise in Befragungen erhoben. Vorderer (1992) operationalisierte eine involvierte vs. analysierende Modalität der Filmrezeption mit je einer Frage: gar nicht, wenig, ziemlich intensiv oder sehr intensiv im Film „mitleben" (involviert) vs. gar nicht, wenig, ziemlich intensiv oder sehr intensiv über den Film „nachdenken" (analysierend). Liebes und Katz (1986) operationalisierten Involvement bei einer Fernsehserie über die in Gruppendiskussionen geäußerten Sprechweisen. Bei der involvierten Rezeption erleben die Untersuchungsteilnehmer die fiktiven Personen oder Figuren wie reale Personen, bzw. stellen Verbindungen zu ihrem Alltag her. Bei der distanzierten Rezeption nehmen die Zuschauer die Serie als ästhetische Konstruktion wahr. Diese Distanzierung äußere sich, indem die Untersuchungsteilnehmer nicht „im Film", sondern „über den Film" sprechen. In einer an den Überlegungen von Gerbing und Hamilton (1996) orientierten sukzessiven Forschungsstrategie führte Suckfüll (2004) zu Modalitäten der Filmrezeption mehrere aufeinander aufbauende Befragungen durch: In einem ersten Schritt erfolgte auf Basis teilstrukturierter Interviews die Generierung eines Itempools. Die alltagssprachlichen Beschreibungen der Aktivitäten, Gedanken und Empfindungen der Interviewten während der Rezeption von Filmen wurden zu Fragebogen-Statements umformuliert. In weiteren Befragungsstudien wurden die Items geprüft, optimiert und schließlich zu einer Skala verdichtet. Dieses sukzessive Vorgehen führte zu einem hierarchischen Modell (vgl. **Abb. 2.14**), in dem vier untereinander verbundene Modalitäten von je drei Items „aufgespannt" werden (Suckfüll, 2007).

Modalitäten der Filmrezeption sind nach den Ergebnissen von Suckfüll ein vierdimensionales Konstrukt mit den interdependenten Faktoren *Identitätsarbeit*, *Vertrauen*, *Imagination* und *Kontrolle*: Eine Auseinandersetzung mit sich selbst und den eigenen Lebensfragen, *Identitätsarbeit*, setzt sich zusammen aus einem Vergleich der eigenen Person mit Figuren im Film (Sozio-Involvement) und eng

125

damit verbunden einem Vergleich des eigenen Lebenskontextes mit den Filminhalten (Ego-Involvement). Der zweite hierarchische Faktor, *Vertrauen*, setzt sich zusammen aus den Faktoren „Diegetisches" und „Emotionales Involvement". Die-

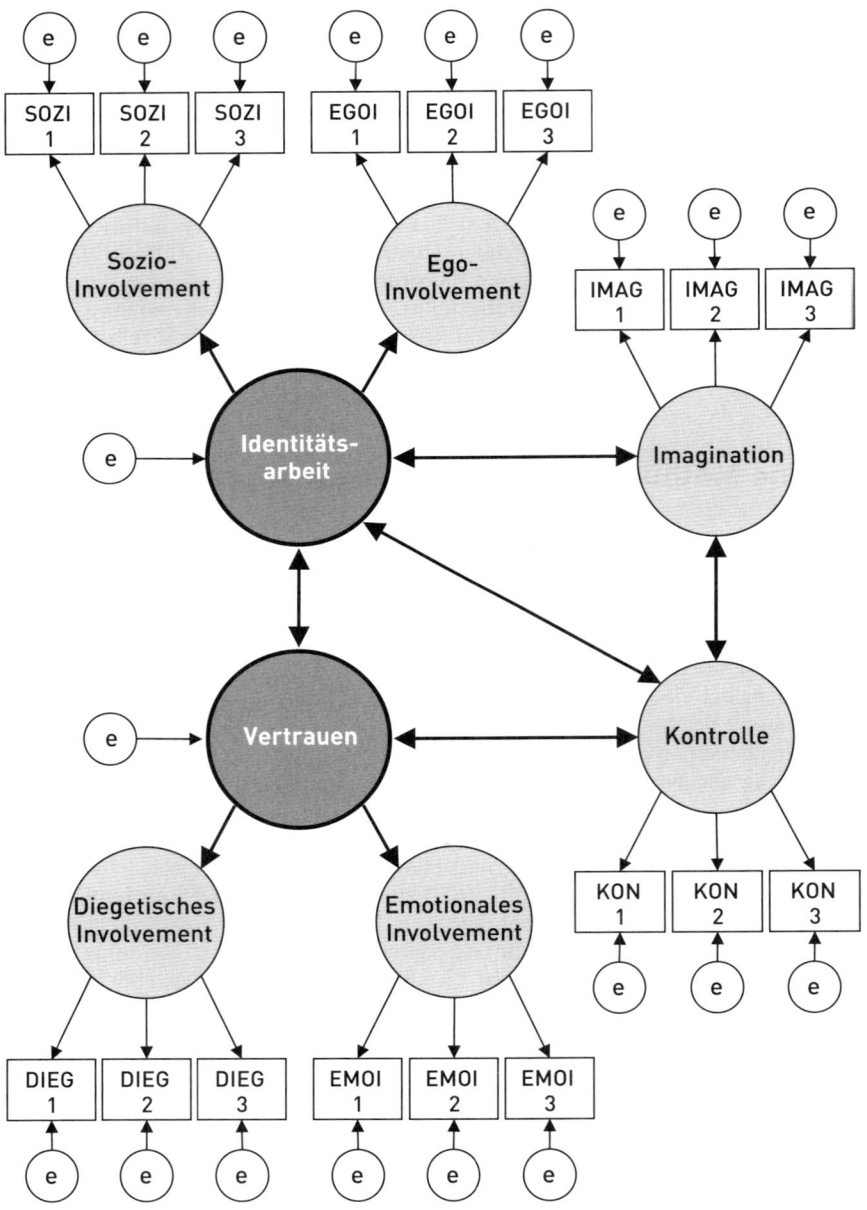

Abb. 2.14: Modalitäten der Filmrezeption. In: J. Eder, A. Bartsch & K. Fahlenbrach (Hrsg.) (2007): Audiovisuelle Emotionen. Köln: Herbert von Halem Verlag, S. 230.

getisches Involvement steht für die Bereitschaft, sich auf den Film voll und ganz einzulassen. Emotionales Involvement meint, dass die Zuschauer Emotionen in die Rezeptionssituation einbringen, die durch das Filmangebot angesprochen, aktualisiert und ausgelebt werden können. Im Modus *Imagination* stellt sich der Zuschauer alternative Handlungsabläufe vor. Im Modell sind die Faktoren *Vertrauen* und *Kontrolle* negativ korreliert. *Kontrolle* steht für eine eher distanzierte Rezeptionsmodalität, die durch die Vergegenwärtigung der Fiktionalität des gestalteten Artefakts gekennzeichnet ist.

Kritik

Rezeptionsmodalitäten sind (noch) kein etabliertes Konstrukt der Medienpsychologie. Insbesondere Vorderer (1992) kommt das Verdienst zu, eine erste Differenzierung unterschiedlicher Rezeptions-„haltungen" bei der Rezeption von (Fernseh-) Filmen und erste empirische Analysen zu diesem Thema vorgelegt zu haben. Ein zentraler Kritikpunkt an vielen späteren Arbeiten zu Rezeptionsmodalitäten bzw. Rezeptionsstrategien ist die fehlende theoretische Einbindung und damit verbunden die mitunter beliebig anmutende Subsummierung zahlreicher Konstrukte unter dem Begriff. Die Arbeiten von Suckfüll können noch nicht als abgeschlossen betrachtet werden. Die empirische Prüfung zentraler theoretischer Annahmen steht noch aus. Verwiesen werden muss auf den hohen Forschungsaufwand. Der theoretischen Konzeption von Suckfüll entsprechend sind in Abhängigkeit von der Art des Medienangebotes (z. B. Film gegenüber Angeboten im Internet) und der damit einhergehenden typischen Rezeptionssituation jeweils andere Rezeptionsmodalitäten zu erwarten. Dieser theoretische Ausgangspunkt markiert einen wesentlichen Unterschied zu Bemühungen, übergreifende, transmediale Nutzungsstile (Schweiger, 2005, 2006) zu bestimmen. Die Frage nach transmedialen Rezeptionsmodalitäten kann zum derzeitigen Forschungsstand nicht abschließend beantwortet werden.

Literatur

Charlton, M. & Borcsa, M. (1997). Thematische Voreingenommenheit, Involvement und Formen der Identifikation. Diskussion eines Modells für das aktive Zuschauerhandeln anhand eines empirischen Beispiels. In M. Charlton & S. Schneider (Hrsg.), *Rezeptionsforschung: Theorien und Untersuchungen zum Umgang mit Massenmedien* (S. 254–267). Opladen: Westdeutscher Verlag.

Früh, W. (2002). *Unterhaltung durch das Fernsehen: eine molare Theorie.* Konstanz: UVK.

Früh, W. & Schönbach, K. (2005). Der dynamisch-transaktionale Ansatz III: Eine Zwischenbilanz. *Publizistik, 50 (1),* 74–87.

Hasebrink, U. & Paus-Hasebrink, I. (2005). Dimensionen, Modalitäten, Typen: Was ist was in der Rezeptionsforschung? Ein Sortierversuch als Conclusio. In V. Gehrau, H. Bilandzic & J. Woelke (Hrsg.), *Rezeptionsstrategien und Rezeptionsmodalitäten* (S. 235–245). München: Fischer.

Gerbing, D. W. & Hamilton, J. G. (1996). Viability of exploratory factor analysis as a precursor to confirmatory factor analysis. *Structural Equation Modelling 3(1),* 62–72.

127

Liebes, T. & Katz, E. (1986). Patterns of involvement in television fiction: A comparative analysis. *European Journal of Communication 1*, 151–171.

Mikos, L. (1994). *Fernsehen im Erleben der Zuschauer. Vom lustvollen Umgang mit einem populären Medium.* Berlin: Quintessenz.

Schweiger, W. (2005). Gibt es einen transmedialen Nutzungsstil? Theoretische Überlegungen und empirische Hinweise. *Publizistik 50*, 173–200.

Schweiger, W. (2006). Transmedialer Nutzungsstil und Rezipientenpersönlichkeit. Theoretische Überlegungen und empirische Hinweise. *Publizistik 51*, 290–312.

Suckfüll, M. (2004). *Rezeptionsmodalitäten. Ein integratives Konstrukt für die Medienwirkungsforschung.* München: Fischer.

Suckfüll, M. (2007). Emotionale Modalitäten der Filmrezeption. In A. Bartsch, J. Eder & K. Fahlenbrach (Hrsg.), *Audiovisuelle Emotionen* (S. 218–237). Köln: Herbert von Halem.

Vorderer, P. (1992). *Fernsehen als Handlung. Fernsehfilmrezeption aus motivationspsychologischer Perspektive.* Berlin: Edition Sigma.

Situationsmodelle

Jörn Töpper

Worum geht es?

Medial erzählte narrative Inhalte wie Kurzgeschichten, Kinofilme oder Hörspiele „leben" von der Fantasie des Rezipienten. Die mediale Darstellung einer fiktiven Narration kann dazu führen, dass diese durch den Rezipienten so sehr mit „Leben" angereichert wird, dass sie mit einem realistischen Ereignis gleichgesetzt wird. So führte 1938 angeblich die Ausstrahlung des Hörspiels *The War of the Worlds* von Orson Welles zu einer Massenpanik an der Ostküste der USA. Das Hörspiel war nach der Vorlage des gleichnamigen Buches von H. G. Wells inszeniert worden und beschreibt die Invasion der Welt durch Außerirdische. Eine solche Reaktion durch Rezipienten wäre nicht denkbar, wenn beim Verstehensprozess eine *rein sprach- bzw. textbasierte* Analyse und Repräsentation von medialen Inhalten stattfinden würde. Verschiedene Textverstehensforscher postulierten aus diesem Grund eine über den erzählten Text hinausgehende Repräsentation von Inhalten. Diese offensichtliche Eigenleistung des Rezipienten nannten van Dijk und Kintsch (1983) „Situationsmodell" und Johnson-Laird (1983) „Mentales Modell". Im vorliegenden Kapitel werden beide Begriffe synonym verwendet; zu einer Abgrenzung sei weiterführend der Artikel von Westbrook (2006) zum Mentalen Modell empfohlen.

Darstellung der Annahmen und Befunde

Das Konzept des Situationsmodells geht davon aus, dass Texte auf drei Ebenen repräsentiert werden (vgl. **Abb. 2.15**; vgl. van Dijk & Kintsch, 1983).

A Oberflächenstruktur

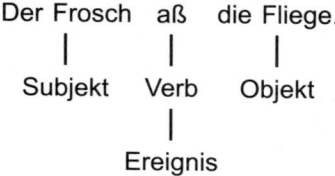

B Propositionale Struktur

C Situationsmodell

Abb. 2.15: Drei Ebenen des Situationsmodells (nach Dijk und Kintsch 1983)

Die niedrigste Verarbeitungsebene stellt die *Oberflächenstruktur (A)* dar. Sie betrifft die syntaktische Form, das „exact wording" eines Satzes. Bei dem Satz „Der Frosch aß die Fliege" sind das die einzelnen Wörter, bestehend aus Buchstaben (Graesser, Olde & Klettke, 2002; Kintsch, 2004). In einer höheren Ebene wird durch Propositionen die semantische Form des Textes abgebildet. Die *propositionale Textstruktur (B)* wäre im Beispielsatz die Relation zwischen dem Frosch (Subjekt) und der Fliege (Objekt), die er isst (Prädikat). Es handelt sich um „ideas expressed by the text", die sich bei mehreren Sätzen in einem Netzwerk aus Propositionen darstellen lassen. Als dritte und in ihrer Verarbeitung tiefer gehende Ebene wird das *Situationsmodell (C)* generiert. Es handelt sich dabei um die mentale Simulation einer realen oder möglichen Welt, in der das erzählte Ereignis ähnlich einem realen Ereignis nachempfunden wird (Johnson-Laird, 1983). Eine Adaption des Situations-

129

modells speziell für die kognitive Verarbeitung narrativer Filme realisierte Ohler (1994; vgl. Beitrag zu Erzählschemata in diesem Band).

1. Aufbau des Situationsmodells

Zum Aufbau des Situationsmodells im narrativen Text existieren verschiedene Erklärungsmodelle, die sich im Grunde sehr ähnlich sind (vgl. hier zu Graesser, Louwerse, McNamara, Olney, Cai & Mitchell, 2007). Stellvertretend werden hier die Annahmen des Event-Indexing Model (EIM) von Zwaan, Langston und Graesser (1995) erläutert. Die Autoren gehen davon aus, dass der Rezipient vom ersten Satz eines Textes an, stetig ein *aktuelles* Situationsmodell entwirft. In Abhängigkeit vom Verlauf der Geschichte unterliegt dieses einem ständigen „*Updating*"-Prozess, der den Rezipienten immer auf dem aktuellsten Stand der Narration hält. Nach dem EIM wird das aktuelle Situationsmodell beim „Updating" in Bezug auf die folgenden Indizes ständig aufgefrischt und dabei in ein *integratives* Situationsmodell überführt:

- Raum: Wo spielt sich die Handlung ab?
- Zeit: Wann findet das Ereignis statt?
- Protagonist: Wer ist an diesem Ereignis beteiligt und welche Ziele verfolgt diese Person?
- Kausalität: Inwiefern ist das aktuelle Ereignis eine logische Folge bereits geschehener Ereignisse?
- Intentionalität: Welche Bedeutung/Konsequenzen hat das Ereignis für die Ziele des Protagonisten?

Am Ende der Rezeption steht das *vollständige* Situationsmodell.

2. Inferenzbildung

Um den Prozess des Updating im Verstehensprozess zu beeinflussen, hat der Schriftsteller oder Regisseur die Möglichkeit, textuelle Hinweise (cues) zu setzen, die zu einer Hervorhebung bestimmter Informationen führt. Der Rezipient hebt diese Inhalte im Situationsmodell hervor (foregrounding), da sie potenziell wichtig für das Verständnis der Geschichte sein können (Ericsson & Kintsch, 1995). Dafür sind neben textuellen cues auch das allgemeine Weltwissen des Rezipienten und sein Wissen über literarische bzw. filmische Darstellungsformen relevant – so lässt beispielsweise die Großaufnahme eines Gegenstandes (Messer) seine Bedeutung für den weiteren Verlauf der Handlung (Ehestreit) vermuten. Der Rezipient kann nicht sicher sein, dass ein bestimmtes Geschehen eintritt (mögliche Inferenz: Ehemann bedroht Frau mit dem Messer) und verwirft die Inferenz gegebenenfalls im weiteren Verlauf der Handlung wieder. Das sogenannte *Erklärungsprinzip* begründet, warum der Rezipient motiviert ist, Inferenzen zu bilden; er sucht nach Erklärungen, warum Ereignisse oder Personen/Gegenstände im Text beschrieben werden (Graesser et al., 2007).

Ebenfalls können inhaltliche Auslassungen im Text, zeitliche Sprünge oder Brüche in der Kausalitätskette einer Geschichte die Inferenzbildung anregen. Der Rezipient ist bestrebt, eine Geschichte kontinuierlich und damit verständlich auf den „Stützpfeilern einer Narration" (Indizes) zu repräsentieren – eine Diskontinuität in einem der Indizes des Ereignisses führt unweigerlich zu mehr oder weniger automatisch generierten Inferenzen, die die Diskontinuität auflösen sollen (*Kohä-*

renzprinzip; Graesser et al., 2007). Experimentell spiegelt sich die damit verbundene kognitive Beanspruchung beispielsweise in erhöhten Lesezeiten wider.
Über die Prozesse der Inferenzbildung gibt es verschiedene Theorien, die eine ähnliche Entstehung und Klassifikation von Inferenzen im Situationsmodell annehmen. Exemplarisch sind hier einige wichtige Inferenzen der Vertreter der constructionist theory dargestellt (Graesser, Wiemer-Hastings & Wiemer-Hastings, 2001). Auf Basis des Vorwissens des Rezipienten und der textuellen Vorgaben werden u. a. folgende Inferenzen generiert (vgl. **Tab. 2.3**, Graesser et al., 2007):

Tab. 2.3: Einige Inferenztypen nach Graesser, Louwerse, McNamara, Olney, Cai & Mitchell (2007)

Inferenztyp	Beschreibung
1. Referentiell	Der dargestellte Inhalt bezieht sich auf einen bereits im Text erwähnten („Der Frosch fraß die Fliege. **Er** ist satt."). Bei „Er" handelt es sich um den Frosch.
2. Übergeordnetes Ziel	Annahme über das Ziel und damit über die Motivation für das Handeln eines Protagonisten
3. Kausal rückwärtig	Von einem früheren Ereignis wird auf ein aktuell im Text beschriebenes Ereignis geschlossen
4. Kausal konsequent	Annahme möglicher Konsequenzen eines Ereignisses, von Zielen, Plänen und Verhaltensweisen
5. Emotionale Reaktion der Figur	Annahme der emotionalen Reaktion einer in der Narration agierenden Figur
6. Emotion des Rezipienten	Annahme über die eigene emotionale Reaktion
7. Thema	Die Quintessenz oder Moral der Geschichte
8. Intention des Textverfassers	Motivation, warum der Schriftsteller diesen Text geschrieben hat

Die in **Tabelle 2.3** genannten Inferenzen werden mit unterschiedlich hohem kognitivem Aufwand im Textverarbeitungsprozess generiert. So können einige *automatisch* gebildet werden und sind damit sehr schnell und mit geringem kognitivem Aufwand verfügbar. Immer noch schnell, aber unter höherem kognitivem Aufwand werden *routinemäßige* Inferenzen generiert. Abhängig vom Ziel des Rezipienten bzw. von dessen Verstehensstrategien sind *strategische* Inferenzen. Diese dargestellten Inferenztypen werden *on-line*, d. h. während des Rezeptionsprozesses generiert. Erkenntnisse, die nach der Rezeption auf das Situationsmodell einwirken, zum Beispiel in einer geselligen Runde im Austausch mit anderen, werden als sogenannte *Off-line*-Inferenzen bezeichnet.

Typische Methodik

Die sogenannte three-pronged method (Graesser et al., 2001) vereint verschiedene, gängige Methoden der Textverständnisforschung. Als erstes soll mit einem relevanten Modell die theoretische Grundlage geschaffen werden. Abhängig von diesen *theoretischen Vorannahmen* werden unterschiedliche Verstehensprozesse angenommen, die dann erforscht werden. In einem zweiten Schritt werden *verbale Protokolle* einer normativen Gruppe erhoben. Die dabei nachweisbaren Inferenzen sind bewusstseinsfähig und werden gebildet, wenn der Rezipient nicht unter Zeitdruck steht. Konkret kommen bei der Erhebung folgende Methoden zum Einsatz:

- Think aloud-Protokolle: Der Rezipient wird dazu aufgefordert, sämtliche seiner Gedanken zu verbalisieren, die ihm Szene für Szene in den Sinn kommen.
- Offene Fragen: Dem Rezipienten werden Fragen nach dem Warum und Wie der Ereignisse sowie Fragen darüber, was als nächstes kommt, gestellt.
- Generieren von Fragen: Es werden vom Rezipienten Fragen zum Text gestellt.

Verbale Protokolle sind nicht geeignet, um On-line-Inferenzen nachzuweisen. Möglicherweise werden diese Inferenzen im normalen Rezeptionsprozess nicht gebildet, sondern von der Methode erzwungen; insbesondere automatisch generierte Annahmen können vom Leser nicht verbalisiert werden. Abhängige Variablen, die Aufschluss über den generellen On-line-Verstehensprozess und die Inferenzbildung geben können, sind folgende (vgl. Graesser et al., 2001; Haberlandt, 1994):

- Lesezeiten: durch den Rezipienten selbstbestimmte Lesezeiten von Textsegmenten oder Eye-Tracking (Messung von wort- und satzbezogenen Fixationszeiten).
- Lexikalische Entscheidungslatenzen: Ergibt die präsentierte Buchstabenfolge ein sinnvolles Wort oder nicht?
- Rekognitionslatenzen: Ist ein Zielwort oder ein Satz im Text vorgekommen? Ist der Satz inhaltlich richtig oder falsch?
- Benennungslatenzen: Benennung eines Zielitems oder Angabe der Farbe eines Gegenstandes.

Diese Methoden beziehen sich vor allem auf Printmedien; die Adaption auf filmisches Material findet sich bei Nieding und Ohler (2004).

Kritik

Eine viel untersuchte Grundannahme ist, dass Situationsmodelle für verschiedene Verstehensprozesse wie Lesen, Filmesehen, Computernutzung und Kommunikation mit anderen relevant sind (vgl. Copeland, Magliano & Radvansky, 2006; Gernsbacher, Varner & Faust, 1990) – doch theoretische Abhandlungen über Inferenzprozesse beziehen sich bisher noch immer vor allem auf geschriebenen Text (vgl. Graesser et al., 2007). Der Versuch einer stärker generischen Darstellung des Modells könnte hier Abhilfe schaffen. In der experimentellen Forschung ist der deutliche Textbezug zum einen begründet aus der längeren Tradition der Textverständnisforschung und zum anderen durch das vergleichsweise einfach zu handhabende Stimulusmaterial – dagegen ist beispielsweise die Herstellung experimenteller Variationen im Film mit hohem Aufwand verbunden (vgl. Magliano, Dijkstra & Zwaan, 1996; Nieding & Ohler, 2004; Ohler, 1994).

Ein weiteres Problem stellt die oft eindimensionale Erforschung der Situationsmodelle dar. Die gleichzeitige Fokussierung einzelner Dimensionen, beispielsweise die Kombination der Dimensionen Raum und Zeit, kann experimentell nicht so einfach untersucht werden. Weitere Forschung in diesem Zusammenhang ist wichtig, da gerade die Annahme einer mehrdimensionalen Repräsentation von narrativen Inhalten die Stärke des Modells darstellt.

Literatur

Copeland, D. E., Magliano, J. P. & Radvansky, G. A. (2006). Situation Models in Comprehension, Memory, and Augmented Cognition. In M. Bernard, J. C. Forsythe & T. Goldsmith (Eds.), *Human Cognitive Models in System Design* (pp. 37–66), Mahwah, NJ: Lawrence Erlbaum.

Ericsson, K. A. & Kintsch, W. (1995). Long-term working memory. *Psychological Review, 102,* 211–245.

Gernsbacher, M. A., Varner, K. R. & Faust, M. (1990). Investigating differences in general comprehension skill. *Journal of Experimental Psychology: Learning, Memory, and Cognition, 16,* 430–445.

Graesser, A. C., Louwerse, M. M., McNamara, D. S., Olney, A., Cai, Z. & Mitchell, H. H. (2007). Inference Generation and Cohesion in the Construction of Situation Models: Some Connections with Computational Linguistics. In F. Schmalhofer & C. Perfetti (Eds.), *Higher level language processes in the brain: Inferences and comprehension processes.* Mahwah, NJ: Lawrence Erlbaum.

Graesser, A. C., Olde, B. & Klettke, B. (2002). How does the mind construct and represent stories? In M. Green, J. Strange & T. Brock (Eds.), *Narrative Impact.* Mahwah, NJ: Lawrence Erlbaum.

Graesser, A. C., Wiemer-Hastings, P. & Wiemer-Hastings, K. (2001). Constructing inferences and relations during text comprehension. In T. Sanders, J. Schilperoord, & W. Spooren (Eds.), *Text representation: Linguistic and psycholinguistic aspects.* (pp. 249–271). Amsterdam: Benjamins.

Haberlandt, K. (1994). Methods in Reading Research. In M. A. Gernsbacher (Ed.), *Handbook of psycholinguistics* (pp. 1–31). San Diego, CA: Academic Press.

Johnson-Laird, P. N. (1983). *Mental models.* Cambridge: Cambridge University Press.

Kintsch, W. (2004). The Construction-Integration Model of Text Comprehension and Its Implication for Instruction. In R. Ruddell & N. Unrau (Eds.), *Theoretical Models and Processes of Reading* (pp. 1270–1328). International Reading Association.

Magliano, J. P., Dijkstra, K. & Zwaan, R. A. (1996). Generating Predictive Inferences While Viewing a Movie. *Discourse Processes, 22 (3),* 199–224.

Nieding, G. & Ohler, P. (2004). Laborexperimentelle Methoden. In R. Mangold, P. Vorderer & G. Bente (Hrsg.), *Lehrbuch der Medienpsychologie* (S. 355–376). Göttingen: Hogrefe.

Ohler, P. (1994). *Kognitive Filmpsychologie.* Münster: MakS Publikationen.

Van Dijk, T. A. & Kintsch, W. (1983). *Strategies in Discourse Comprehension.* New York: Academic Press.

Westbrook, L. (2006). Mental models: a theoretical overview and preliminary study. *Journal of Information Science, 32 (6),* 563–579.

Zwaan, R. A., Langston, M. C. & Graesser, A. C. (1995). The construction of situation models in narrative comprehension: An event-indexing model. *Psychological Science, 6,* 292–297.

Falschinformation

Tobias Richter und Sascha Schroeder

Worum geht es?

Massenmedien wie Zeitungen, Radio, Fernsehen oder Internet-Nachrichtenportale berichten in immer engeren Zeitabständen über aktuelle Ereignisse. Dabei kommt es nicht selten vor, dass eine bereits verbreitete Information sich nach einer gewissen Zeit als falsch herausstellt und durch neue Informationen korrigiert wird (Millis & Erdman, 1998). Zum Beispiel musste die US-amerikanische Regierung die 2003 als Kriegsgrund angeführte Behauptung, dass der Irak über Massenvernichtungswaffen verfüge, nach jahrelanger, erfolgloser Suche zurücknehmen. Der südkoreanische Forscher Hwang Woo-Suk schaffte es 2005 mit einem angeblichen Durchbruch beim Klonen menschlicher Stammzellen auf das Titelblatt des Wissenschaftsjournals *Nature*, das den Beitrag jedoch wenig später wegen Fälschungen der berichteten Ergebnisse widerrufen musste. Bei der Tour de France 2006 wurde der Radrennfahrer Floyd Landis zunächst als Sieger ausgerufen und kurz darauf des Dopings überführt.

Normativ betrachtet sollten Nutzer von Nachrichtenmedien in solchen Fällen ihre Sicht der Dinge einer geänderten Informationslage anpassen und die diskreditierte Information in ihren Überzeugungen und Urteilen nicht mehr berücksichtigen. Experimentelle Untersuchungen aus der Sozialpsychologie und der kognitiven Psychologie des Textverstehens haben jedoch gezeigt, dass Menschen oft an einmal gewonnenen Überzeugungen festhalten, selbst wenn diese auf Informationen beruhen, die ausdrücklich korrigiert worden sind oder sich als wenig glaubhaft oder schlecht begründet herausstellen (z. B. Anderson, Lepper & Ross, 1980; Ross, Lepper & Hubbard, 1975; Wilkes & Leatherbarrow, 1988). Dieses Phänomen ist in der Literatur als Falschinformationseffekt bekannt (continued influence of misinformation, Johnson & Seifert, 1994).

Theoretische Annahmen und zentrale empirische Befunde

Unter welchen Bedingungen bleiben Informationen auch nach einer ausdrücklichen Diskreditierung wirksam, und wie kann man den Falschinformationseffekt erklären? Ausgeschlossen werden kann zunächst die naheliegende Erklärung, dass der Falschinformationseffekt nur dann auftritt, wenn Rezipienten die korrigierende Information nicht hinreichend beachten. Bereits in der Pionieruntersuchung von Ross et al. (1975), in der die Probanden fiktive Rückmeldungen über ihre Leistung in einer Unterscheidungsaufgabe erhielten, hatten die Rückmeldungen selbst dann noch einen Einfluss auf Selbsteinschätzungen der Probanden, wenn diese umfassend über den fiktiven Charakter der Rückmeldung informiert worden waren (für ähnliche Ergebnisse vgl. z. B. Johnson & Seifert, 1994; Ross, Lepper, Strack & Steinmetz, 1977). Falschinformationseffekte zeigen sich also sogar unter Bedingungen, in denen die Probanden sich eigentlich darüber im Klaren sind, dass die ursprünglich gegebene Information falsch oder wenig vertrauenswürdig ist.

Eine vielversprechendere Erklärungsmöglichkeit für den Falschinformationseffekt liefert die kognitiv-konstruktivistische Annahme, dass Rezipienten medial dargebotene Informationen nicht als isolierte Fakten im Gedächtnis abspeichern, sondern versuchen, sich diese Informationen unter Rückgriff auf ihr Vorwissen und ihre Überzeugungen verständlich zu machen (Graesser, Singer & Trabasso, 1994). Ein zentraler Aspekt dieser konstruktiven Verarbeitung besteht darin, dass Rezipienten vorwissensgestützte Erklärungen für Ereignisse und Sachverhalte generieren, über die in den Medien berichtet wird. So ist es zum Beispiel wahrscheinlich, dass Radsportinteressierte den vorgeblichen Triumph von Floyd Landis bei der Tour de France zunächst auf Ereignisse während des Rennens und die sportlichen Qualitäten des vermeintlichen Siegers zurückgeführt haben. Je enger die Repräsentation einer Information durch solche kausale Inferenzen mit anderen Informationen verknüpft ist, umso schwerer dürfte es sein, den Einfluss dieser Information auf Überzeugungen und Urteile rückgängig zu machen, wenn sie sich später als falsch herausstellt.

Tatsächlich wird die Relevanz von Erklärungen für den Falschinformationseffekt durch die Ergebnisse etlicher empirischer Untersuchungen gestützt. Anderson et al. (1980) gaben den Probanden Informationen, aus denen ein Zusammenhang zwischen der Risikoneigung von Personen und ihrem Berufserfolg als Feuerwehrmann hervorging. Einige der Probanden wurden gebeten, eine Erklärung für diesen Zusammenhang zu finden und zu notieren. Diese Probanden hielten auch dann noch an der Überzeugung fest, dass ein Zusammenhang besteht, wenn sie über den fiktiven Charakter der eingangs gegebenen Information informiert worden waren. Die Verzerrung in Richtung der diskreditierten Information war zudem deutlich größer als bei Probanden, die nicht aufgefordert worden waren, eine Erklärung zu formulieren. Darüber hinaus war die Qualität der generierten Erklärungen mit dem Ausmaß des Falschinformationseffektes positiv korreliert: Je besser sich die Probanden die rezipierte Information auf Basis ihres Vorwissens verständlich machen konnten, umso geringer fiel die Korrektur nach Diskreditierung der Information aus. Untersuchungen von Ross et al. (1977) haben gezeigt, dass vorwissensgestützte Erklärungen sogar dann die Wirkung explizit diskreditierender Hinweisreize kompensieren können, wenn diese vor der Informationsrezeption gegeben werden. In diesen Experimenten lasen die Probanden klinische Fallbeispiele und sollten dann Erklärungen für spätere Lebensereignisse der Patienten generieren. Einem Teil der Probanden wurde vor, einem anderen Teil nach der Bearbeitung der Aufgabe mitgeteilt, dass es sich um fiktive Lebensereignisse handelt. Beide Gruppen, also auch die Probanden, denen der hypothetische Charakter ihrer Erklärungen von vornherein bekannt war, hielten ein späteres Auftreten der erklärten Ereignisse für wahrscheinlicher als eine Kontrollgruppe. In eine ähnliche Richtung weisen Ergebnisse von Johnson und Seifert (1994), in deren Experimenten ein fortlaufend aktualisierter Bericht über einen Lagerhaus-Brand verwendet wurde, in dem eine zunächst gegebene Information an einer späteren Stelle korrigiert wurde. Johnson und Seifert fanden auch dann einen Einfluss der korrigierten Information auf Inferenzprozesse, wenn die korrigierende Information unmittelbar nach der korrigierten Information, also noch während der Informationsrezeption, präsentiert wurde. Darüber hinaus behielt die falsche Information nur dann ihren Einfluss, wenn sie eine wesentliche Rolle in der kausalen Struktur des Berichtes spielte, nicht aber, wenn es sich lediglich um eine Detailinformation handelte. Auch dieser Befund unterstreicht die Relevanz konstruktiver Verstehensprozesse für das Auftreten von Falschinformationseffekten.

Aus der Perspektive der kognitionspsychologischen Textverstehensforschung fördern konstruktive Verstehensprozesse wie vorwissensgestützte Erklärungen und andere Inferenzprozesse die Konstruktion eines Situationsmodells. Unter einem Situationsmodell versteht man eine referenzielle Repräsentation der in einer sprachlichen Botschaft angesprochenen Ereignisse und Sachverhalte. Diese referenzielle Repräsentation ist von einer sprachähnlichen (propositionalen) Repräsentation der Information selbst zu unterscheiden (vgl. Beitrag zu Situationsmodellen in diesem Band; Zwaan & Radvansky, 1998). Vor diesem Hintergrund lässt sich der Falschinformationseffekt als eine unzureichende Aktualisierung (updating) von Situationsmodellen beschreiben. Eine mögliche Ursache für diese unzureichende Aktualisierung besteht darin, dass Rezipienten das zu einem bestimmten Zeitpunkt im Rezeptionsprozess konstruierte Situationsmodell dazu nutzen, die Validität (Gültigkeit) eingehender Informationen zu prüfen. Wenn eine Information nicht mit den im Situationsmodell repräsentierten Sachverhalten konsistent ist, ist ihre weitere Verarbeitung erschwert, mit der Folge, dass die korrigierende Information nicht in das Situationsmodell integriert wird. Belege für diese Annahme, die mit der Moderatorfunktion selbst generierter Erklärungen und der kognitiv-konstruktivistischen Interpretation von Falschinformationseffekten kompatibel ist, haben sich in dieser Untersuchung mit Sachtexten ergeben. In dieser wurden sowohl die Integration von Textinformationen in eine Situationsmodellrepräsentation als auch Einschätzungen der Plausibilität dieser Informationen erfasst (Schroeder, Richter & Hoever, in press). Dabei zeigte sich, dass Rezipienten solche Informationen, die sie in ihr Situationsmodell der im Text beschriebenen Sachverhalte integriert hatten, als tendenziell plausibel einschätzten, während Informationen, die keine Aufnahme in das Situationsmodell gefunden hatten, als tendenziell unplausibel eingeschätzt wurden.

Wenn Rezipienten das auf Basis bereits verarbeiteter Informationen konstruierte Situationsmodell zur Validitätsprüfung neuer Informationen einsetzen, wie kann die Repräsentation einer einmal gegebenen Information dann überhaupt korrigiert werden? Eine Antwort auf diese Frage lautet, dass Rezipienten eine diskreditierte Information nur dann beibehalten, wenn ein plausibles alternatives Situationsmodell nicht oder nur unter erschwerten Bedingungen konstruiert werden kann. Sofern die neue Information die alte Information im Situationsmodell problemlos ersetzen kann, weil zum Beispiel die konstruierte kausale Erklärung beibehalten werden kann, tritt kein Falschinformationseffekt auf (Johnson & Seifert, 1994). Eine zweite Antwort lautet, dass Rezipienten eine Information vor allem dann in ein Situationsmodell aufnehmen, wenn sie diese Information für plausibel halten (Schroeder et al., in press). Eine Information, die nicht zu bereits vorhandenen Überzeugungen passt, wird in der Regel nicht in ein änderungsresistentes Situationsmodell integriert, so dass sie vergleichsweise leicht korrigiert werden kann. Im Einklang mit dieser Annahme zeigten sich in einer Untersuchung zur Wirkung von Medienberichten über den Irak-Krieg von 2003 in verschiedenen Ländern Falschinformationseffekte nur bei (mehrheitlich kriegsunkritischen) Probanden aus den USA, nicht aber bei (mehrheitlich kriegskritischen) Probanden aus Deutschland (Lewandowski, Stritzke, Oberauer & Morales, 2005).

Typische Methodik

Das zum Nachweis eines Falschinformationseffektes minimal erforderliche experimentelle Design enthält eine Versuchsbedingung, in der die Probanden eine Information rezipieren (z. B. einen nachrichtenähnlichen Bericht), die dann durch eine weitere Information korrigiert oder diskreditiert wird (z. B. eine korrigierende Meldung). Diese Versuchsbedingung wird mit weiteren Bedingungen verglichen, in denen keinerlei Informationen (baseline) oder keine diskreditierenden Informationen gegeben werden. Dieses Minimaldesign kann durch weitere unabhängige Variablen ergänzt werden, deren Moderatorfunktion für das Auftreten von Falschinformationseffekten untersucht werden soll. Beispiele sind der Zeitpunkt, an dem die diskreditierende Information gegeben wird, oder die Induktion bestimmter kognitiver Prozesse (z. B. durch das Generieren von Erklärungen). Als abhängige Variablen werden meist Indikatoren der Überzeugungsstärke erhoben, aus denen sich schließen lässt, in welchem Ausmaß die Überzeugungen von Probanden von der diskreditierten Information beeinflusst sind (z. B. die subjektive Wahrscheinlichkeit von Ereignissen). Zusätzlich wird gelegentlich die Verfügbarkeit der diskreditierten und der diskreditierenden Information mit Erinnerungsaufgaben überprüft. Mit (Reaktionszeit-)Aufgaben aus der kognitiven Psychologie können weitergehende Analysen von Rezeptionsprozessen und den daraus entstehenden Repräsentationen vorgenommen werden (z. B. Analysen des Situationsmodells, vgl. Richter, 2008).

Kritik

Inzwischen hat sich die Forschung zum Falschinformationseffekt weitgehend von der primär sozialpsychologischen Fragestellung der Personen- und Selbstbeurteilung losgelöst und wird heute allgemein im Kontext der Theoriebildungen der Gedächtnis- und Textverarbeitungspsychologie diskutiert. Trotz dieser produktiven Einbindung in generelle kognitionspsychologische Erklärungsmodelle fehlen bis jetzt jedoch noch differenzierte Vergleichsstudien, die die Gemeinsamkeiten, aber auch die Unterschiede zwischen dem Falschinformationseffekt und anderen Phänomenen konstruktiver Gedächtnis- und Urteilsverzerrungen herausarbeiten. Eine parallele Erklärungsstruktur kann zum Beispiel auch für den sogenannten Innuendo-Effekt angesetzt werden, bei dem eine Person medial dadurch diskreditiert wird, dass ihr eine negative Eigenschaft zugesprochen wird, ohne dass sich der Sender bezüglich des Wahrheitsgehaltes dieser Aussage festlegt (wie zum Beispiel bei der Überschrift „Lügt Merkel?"; vgl. Wegener, Wetzlaff, Kerker & Keattie, 1981).

Angesichts dieses wesentlich erweiterten Erklärungsanspruchs scheint es sinnvoll, vermehrt Prozessmodelle zur konkreten Verarbeitung von Falschinformationen zu formulieren und diese mit Erhebungsmethoden zu überprüfen, die eine direktere Erfassung von Verarbeitungsprozessen ermöglichen als reine Erinnerungs- und Einstellungsindikatoren. Dabei könnten zum Beispiel Lesezeitmessungen, die Methode des lauten Denkens oder andere in der kognitionspsychologischen Textverstehensforschung entwickelte Prozessmaße eingesetzt werden (für einen Überblick s. Haberlandt, 1994; Richter, 2008). Auf dieser Basis können auch weiterführende Fragestellungen wie die Rolle moderierender Personenvariablen und geeigneter

Korrekturmaßnahmen zur Verhinderung des Falschinformationseffektes angegangen werden (Seifert, 2002).

Ein allgemeines Desiderat für zukünftige Forschung besteht schließlich darin, vermehrt medienpsychologische Untersuchungen zum Falschinformationseffekt durchzuführen. Obwohl der Effekt für ein Verständnis der Wirkung von Informations- und Nachrichtenmedien ganz offensichtlich relevant ist, sind das Konstrukt und die dazu vorgeschlagenen Erklärungsmodelle in der Medienpsychologie bislang noch kaum aufgegriffen worden.

Literatur

Anderson, C.A., Lepper, M. R. & Ross, L. (1980). Perseverance of social theories: The role of explanation in the persistence of discredited information. *Journal of Personality and Social Psychology, 39*, 1037–1049.

Graesser, A. C., Singer, M. & Trabasso, T. (1994). Constructing inferences during narrative text comprehension. *Psychological Review, 101*, 371–395.

Haberlandt, K. (1994). Methods in reading research. In M. A. Gernsbacher (Ed.), *Handbook of psycholinguistics* (pp. 1–31). San Diego, CA: Academic Press.

Johnson, H. M. & Seifert, C. M. (1994). Sources of the continued influence effect: When misinformation in memory affects later inferences. *Journal of Experimental Psychology: Learning, Memory, and Cognition, 20*, 1420–1436.

Johnson, H. M. & Seifert, C. M. (1998). Updating accounts following a correction of misinformation. *Journal of Experimental Psychology: Learning, Memory, and Cognition, 24*, 1483–1494.

Lewandowsky, S., Stritzke, W. G. K., Oberauer, K. & Morales, M. (2005). Memory for fact, fiction, and misinformation. *Psychological Science, 16*, 190–195.

Millis, K. K. & Erdman, B. J. (1998). Comprehending news articles: Updating the news. *Poetics, 25*, 343–361.

Richter, T. (im Druck). Forschungsmethoden der Medienpsychologie. In B. Batinic & M. Appel (Hrsg.), *Medienpsychologie* (S. 3–47). Heidelberg: Springer.

Ross, L., Lepper, M. R. & Hubbard, M. (1975). Perseverance in self-perception and social perception: Biased attributional processes in the debriefing paradigm. *Journal of Personality and Social Psychology, 32*, 880–892.

Ross, L., Lepper, M. R., Strack, F. & Steinmetz, J. (1977). Social explanation and social expectation: Effects of real and hypothetical explanations on subjective likelihood. *Journal of Personality and Social Psychology, 35*, 817–829.

Schroeder, S., Richter, T. & Hoever, I. (in press). Getting a picture that is both accurate and stable: Situation model construction and epistemic validation. Manuscript submitted for publication. Journal of Memory and Language.

Seifert, C. M. (2002). The continued influence of misinformation in memory: What makes a correction effective? In B. H. Ross (Ed.), *The psychology of learning and motivation: Advances in research and theory, 41* (pp. 265–292). San Diego: Academic Press.

Wegner, D. M. & Wenzlaff, R., Kerker, R. M. & Beattie, A. E. (1981). Incrimination through innuendo: Can media questions become public answers? *Journal of Personality and Social Psychology, 40*, 822–832.

Wilkes, A. L. & Leatherbarrow, M. (1988). Editing episodic memory following the identification of error. *Quarterly Journal of Experimental Psychology: Human Experimental Psychology, 40*, 361–387.

Zwaan, R. A. & Radvansky, G. A. (1998). Situation models in language comprehension and memory. *Psychological Bulletin, 123*, 162–185.

Hostile Media Effect

Nicole C. Krämer

Worum geht es?

Im US-amerikanischen Präsidentschaftswahlkampf im Jahre 1980 wurde ein zunächst seltsam anmutendes Phänomen beobachtet: In Reaktion auf einen Bericht im Times Magazine gingen Briefe mit Beschwerden ein, dass die Berichterstattung einseitig sei – überraschenderweise allerdings nicht nur aus einem Lager. Durch denselben Artikel fühlten sich sowohl die Anhänger des Kandidaten Ronald Reagan als auch die von Jimmy Carter benachteiligt und äußerten, dass die Medien ihre Position in feindlicher Weise torpedierten (vgl. Vorwürfe an die New York Times, dass die Berichterstattung pro-israelisch/pro-palästinensisch ausgerichtet sei, Galloway, 2004). Diese anekdotischen Belege konnten in einer Feldstudie von Vallone, Ross und Lepper (1985) bestätigt werden: Zwar fanden 66 % der Wähler die Wahlkampfberichterstattung ausgewogen, von den übrigen berichtete allerdings die Mehrheit (89 %), dass ihr eigener Kandidat benachteiligt wurde. Dieser sogenannte „hostile media effect" (oder auch hostile media bias, hostile media perception) wurde erstmals von Vallone, Ross und Lepper (1985) beschrieben und definiert als die Tendenz der Anhänger einer bestimmten Position, die Medienberichterstattung als einseitig zu ihren Ungunsten gefärbt wahrzunehmen. Als Voraussetzungen für dieses Phänomen, bei dem sich beide Seiten durch den gleichen Bericht benachteiligt fühlen, wurden zunächst ein kontroverses Thema, eine involvierte Anhängerschaft und eine tatsächlich neutrale Berichterstattung festgehalten (Giner-Sorolla & Chaiken, 1994).

Darstellung der Annahmen

Grundlage für das Phänomen sind sozialpsychologische Gesetzmäßigkeiten, auf Grund derer Menschen ihre Welt konstruieren: „Social perceivers, it has long been recognized, are far from passive, impartial recorders of the events that unfold around them" (Vallone et al., 1985, S. 577). Allerdings wurde in diesem Zusammenhang bislang überwiegend festgestellt, dass man in einem selektiven Prozess eher die Aspekte wahrnimmt und erinnert, die die eigene Position stützen. Dieser konfirmatorische oder Assimilations-Fehler (Lord, Ross & Lepper, 1979) führt dazu, dass man seine eigene Anfangsmeinung stützt und beibehält. Trotz dieses Widerspruchs in den Ergebnissen wird auch der Hostile Media-Effekt durch dieselben Tendenzen der sozialen Kognition verursacht, diese wirken sich allerdings im Zusammenhang mit der Rezeption von Massenmedien anders aus (vgl. Erklärungsmuster weiter unten).

Zunächst wurden drei Mechanismen zur Erklärung des Hostile Media-Effektes unterschieden (Giner-Sorolla & Chaiken, 1994; Schmitt, Gunther & Liebhart, 2004; Vallone et al., 1985): *selective recall*, *selective categorization* und *different standards*. Beim *selective recall* geht man davon aus, dass für die Vertreter unterschiedlicher Positionen jeweils die Informationen salienter sind, die der eigenen Haltung widersprechen und diese daher besser erinnert werden. Bei der *Selective Categorization-Annahme* wird postuliert, dass die Anhänger beider Positionen zwar denselben Inhalt wahrnehmen, dass aber insbesondere Argumente, die von anderen als neutral eingestuft würden, hier als der eigenen Position entgegenstehend wahrgenommen werden. Dies beruht auf der social judgment theory (Sherif & Hovland, 1961) in deren Rahmen gezeigt werden konnte, dass bei involvierten Personen alle neutralen Stimuli als Gegenargumente eingestuft werden. Somit werden alle Aussagen, die nicht klar unterstützend sind, als Argumente der gegnerischen Position angenommen (Giner-Sorolla & Chaiken, 1994).

Während bei beiden oben genannten Mechanismen davon ausgegangen wird, dass die jeweiligen Anhänger sich fundamental hinsichtlich dessen unterscheiden, was sie wahrnehmen oder wie sie die gegebenen Informationen bewerten, wird bei der *Different Standards*-Erklärung jede Information von allen gleich wahrgenommen, bewertet und einer Position zugeordnet. Die jeweiligen Anhänger unterscheiden sich allerdings hinsichtlich der Tatsache, welche Argumente sie im Sinne einer fairen Behandlung des Themas zulassen würden. Der Einbezug der Argumente des Gegners wird als unfair und unzulässig wahrgenommen, da sie als irrelevant für die Debatte wahrgenommen werden.

Als vierte mögliche Erklärung schlagen Giner-Sorolla und Chaiken (1994) die sogenannten „prior beliefs" vor. Demnach haben Personen die Voreinstellung, dass Medien einseitig und fehlerhaft berichten. Auf Grund dieser generellen Annahme werden daher auch spezifische Programme als verfälscht vorverurteilt. Die Tatsache, dass der Hostile Media-Effekt tatsächlich nur bei Massenmedien zu beobachten ist und nicht etwa, wenn man einen unveröffentlichten Aufsatz liest, stützt diese These zunächst.

Schließlich postulieren Gunther und Schmitt (2004) vor dem Hintergrund, dass der Hostile Media-Effekt nur in massenmedialen Situationen auftritt, dass die wahrgenommene Reichweite der Informationen eine wichtige Rolle spielt. Bei unmediierten Bedingungen werde selektiv im Sinne des konfirmatorischen Fehlers vorgegangen: Informationen, die nicht zur eigenen Position passen, werden nicht wahrgenommen oder nicht erinnert. Werden dieselben Informationen jedoch über Massenmedien verbreitet, greifen andere Mechanismen: Bei wichtigen Themen ist man sensibel und besorgt in Bezug auf die Meinung der Öffentlichkeit. Die Aufmerksamkeit wird also bei der Informationsverarbeitung nicht auf sich selbst, sondern auf andere gerichtet. Im Einklang mit dem tatsächlich korrelierenden „third person effect" (Duck, Hogg & Terry, 1995; Giner-Sorolla & Chaiken, 1994, Perloff, 1989; vgl. Beitrag zum Third Person-Effekt in diesem Band) nimmt man andere als weniger informiert und daher empfänglich für Falschmeldungen an. Die daraus entstehende defensive Informationsverarbeitungsstrategie führt dazu, dass Informationen, die ansonsten akzeptiert würden, nun gefärbt, einseitig und unvollständig erscheinen.

Typische Methodik

Zur Untersuchung des hostile media bias sind sowohl Befragungen im Feld als auch Laborexperimente durchgeführt worden. Die Vorgehensweise ist bei beiden Formen dennoch ähnlich: Zu einem kontroversen Thema werden zunächst die Positionen der Teilnehmer erhoben, um sie als Anhänger oder neutral Eingestellte zu identifizieren. Alternativ werden Teilnehmer aus Interessenverbänden gewonnen. Im Labor wird dann ein Ausschnitt aus Fernsehberichterstattung oder Zeitung präsentiert, der meist nach Neutralität und Ausgewogenheit ausgewählt wurde. Darauf folgend (bzw. in Feldbefragungen direkt) wird die Erinnerung an die genannten Argumente abgefragt sowie die Bewertung, ob und wie stark eine der beiden Seiten bevorzugt wurde und zu welchem Grad die Medienproduzenten selbst eine bestimmte Position vertreten.

Zentrale empirische Befunde

Zahlreiche Studien bestätigen die Existenz des Hostile Media-Effektes. Sowohl experimentelle (Giner-Sorolla & Chaiken, 1994; Perloff, 1989) als auch Fragebogen- und Feldstudien (Dalton, Beck & Huckfeld, 1998; Duck, Hogg & Terry, 1995; Gunther, 1992; Gunther & Christen, 2002) weisen nach, dass Anhänger bestimmter Positionen die Medienberichterstattung als einseitig und feindlich verfälscht wahrnehmen. Ebenfalls demonstriert wurde die Gültigkeit für unterschiedlichste kontroverse Themenbereiche und die entsprechenden Parteien (Israelis und Palästinenser: Giner-Sorolla & Chaiken, 1994; Vallone et al., 1985; Arbeitgeber und Arbeitnehmer während eines Streiks: Christen, Kannaovakun & Gunther, 2002; Gegner und Befürworter von genmanipulierten Lebensmitteln: Gunther & Schmitt, 2004). Beispielhaft sollen die Ergebnisse der das Forschungsfeld begründenden Studie von Vallone et al. (1985) dargestellt werden.

Nach der Rezeption eines identischen TV-Beitrages zum Beirut-Massaker beurteilten sowohl pro-isrealische als auch pro-arabische Zuschauer das Programm und die Produzenten als gegen ihre eigene Position eingestellt. Außerdem wurde das Programm anders wahrgenommen und erinnert – jede Gruppe gab an, dass es zu ihrer Position mehr negative Stellungnahmen gab. Die pro-arabisch eingestellten Teilnehmer beurteilten 42 % der Argumente als positiv und nur 26 % als negativ in Bezug auf Israel. Die pro-israelischen Teilnehmer bewerteten dagegen nur 16 % als positiv für Israel und 57 % als ungünstig. Werden diese Unterschiede statistisch kontrolliert, bleiben aber dennoch Hostile Media-Effekte bestehen, so dass die Autoren schlussfolgern, dass nicht nur die perzeptuelle Komponente (selective recall und selective categorization), sondern auch die kognitiv-evaluative Ebene (different standards) einen Einfluss hat. Die Befunde zu den verursachenden Mechanismen sind allerdings insgesamt nicht so konsistent wie der Nachweis des Effektes als solchem. So zeigen zum Beispiel Giner-Sorolla und Chaiken (1994), dass die Rezipienten eigene Positionen stützende Argumente eher erinnern und auch mehr Aussagen als ihre eigene Position unterstützend einordnen. Sie zeigen stattdessen auf, dass die Voreinstellungen gegenüber Medien und Medienproduzenten im Sinne der generellen Annahme, dass Medien nicht unbedingt zuverlässig berichten (prior beliefs), eine zentrale Rolle spielen. Andere Studien konnten zwar nicht selective recall, aber selective categorization und different standards nachweisen (Schmitt, Gunther & Liebhart, 2004). Als tatsächlich den Hostile Media-Effekt verursachend konnte dort aber nur selective categorization identifiziert werden, da different standards – im Sinne der Tatsache, dass manche Aspekte nicht als zulässiges und relevantes Argument beurteilt wurden – nicht nur bei medien-vermittelten Inhalten nachweisbar waren. Sie konnten auch dann nachgewiesen werden, wenn die Versuchsteilnehmer einen studentischen Aufsatz beurteilen soll-ten, obwohl in diesem Zusammenhang gar keine generelle Beurteilung feindlich einseitiger Darstellung erfolgte (vgl. Gunther & Schmitt, 2004). In einer weiteren Untersuchung differenzieren Gunther und Liebhart (2006) Reichweite (Erscheinen in Massenmedium vs. Präsentation in einem Universitätsseminar) und Quelle (Journalist vs. Student) und variieren diese unabhängig voneinander. Sie zeigen auf, dass unabhängig voneinander sowohl die Quelle (im Sinne der PriorBelief-Hypo-these, d. h. dem Misstrauen gegenüber Journalisten) als auch die Reichweite (Wahr-nehmung der Darstellung als feindlich und einseitig tritt lediglich auf, wenn man davon ausgeht, dass ein größeres Publikum die Inhalte rezipiert) für den Hostile Media-Effekt verantwortlich ist.

Neben dem oben dargestellten absoluten hostile media bias haben diverse Stu-dien auch relative Hostile Media-Effekte nachgewiesen. Nicht nur bei neutralem Material, sondern auch bei tatsächlich einseitig gefärbter Berichterstattung lässt sich beobachten, dass die jeweilige Anhängerschaft den Bericht als verfälscht im Hinblick auf die eigene Position wahrnimmt (Gunther, Christen, Liebhart & Chia, 2001). Berichterstattung wird nicht zwingend als feindselig in einem absoluten Sinne wahrgenommen, aber als ungünstiger verzerrt bezüglich der eigenen Position als gegenüber der gegnerischen Seite.

Als zentrale moderierende Variablen wurden Involvement (Perloff, 1989) bzw. hohe Kenntnis der Zusammenhänge (Vallone et al., 1985) herausgestellt (vgl. Giner-Sorolla & Chaiken, 1994). Elder und Greene (2003) zeigen, dass auch das Geschlecht eine Rolle spielt, in dem Sinne, dass Frauen – wahrscheinlich verursacht durch geringeres generelles Vertrauen in die Medienberichterstattung – eher im Sinne des Hostile Media-Effektes reagieren.

Kritik

Trotz der relativ geringen Anzahl an Studien kann der Hostile Media-Effekt als vergleichsweise gut bestätigt gelten. Um jedoch die Uneinigkeit über die verursa-chenden Mechanismen zu überwinden, müssen weitere Studien durchgeführt werden. Es zeichnet sich aber bereits ab, dass zahlreiche Aspekte Einfluss auf die Entstehung des Effektes nehmen und die Verursachung somit multifaktoriell ist. Insgesamt lässt sich der Hostile Media-Effekt als prototypisches Beispiel für die „Macht" der Rezipienten aufführen – im Sinne der subjektiven Konstruktion der Medieninhalte vor dem Hintergrund eigener Voreinstellungen. In diesem Sinne formulieren Schmitt, Gunther und Liebhart (2004, S. 623): „The mass media au-dience, once thought to be a vast but vulnerable sea of sameness, appears instead to be composed of diverse and active individuals who react in very different ways to the same message (Bauer, 1973)".

Literatur

Christen, C., Kannaovakun, P. & Gunther, A. C. (2002). Hostile media perceptions: Partisan assessments of press and public during the 1997 United Parcel Service strike. *Political Communication, 19(4)*, 423–436.

Dalton, R. M., Beck, P. A. & Huckfeld, R. (1998). Partisan cues and the media: Information flows in the 1992 presidential election. *American Political Science Review, 92*, 111–126.

Duck, J. M., Hogg, M. A. & Terry, D. J. (1995). Me, us, and them: Political identification and the third-person effect in the 1993 Australian federal election. *European Journal of Social Psychology, 25*, 195–215.

Elder, L. & Greene, S. (2003). Political information, gender and the vote: the differential impact of organizations, personal discussion, and the media on electoral decisions of women and men. *The Social Science Journal, 40*, 385–399.

Galloway, C. (2004). Hot bullets, cool media: The middle east's high stakes media war. *Journal of Communication Management, 9*, 233–245.

Giner-Sorolla, R. & Chaiken, S. (1994). The causes of hostile media judgments. *Journal of Experimental Social Psychology, 30*, 165–180.

Gunther, A. C. & Christen, C. T. (2002). Projection or persuasive press? Contrary effects of personal opinion and perceived news coverage on estimates of public opinion. *Journal of Communication, 52(1)*, 177–195.

Gunther, A. C. & Liebhart, J. L. (2006). Broad reach or biased source? Decomposing the hostile media effect. *Journal of Communication, 56*, 449–466.

Gunther, A. C. & Schmitt, K. (2004). Mapping boundaries of the hostile media effect. *Journal of Communication, 54(1)*, 55–70.

Gunther, A. C. (1992). Biased press or biased public? Attitudes towards media coverage of social groups. *Public Opinion Quaterly, 56(2)*, 147–167.

Gunther, A. C., Christen, C. T., Liebhart, J. L. & Chia, S. C.-T. (2001). Congenial public, contrary press, and biased estimates of the climate of opinion. *Public Opinion Quaterly, 65*, 295–320.

Lord, C. G., Ross, L. & Lepper, M. R. (1979). Biased assimilation and attitude polarization: The effects of prior theories on subsequently considered evidence. *Journal of Personality and Social Psychology, 37*, 2098–2109.

Perloff, R. M. (1989). Ego-involvement and the third person effect of televised news coverage. *Communication Research, 16*, 236–262.

Schmitt, K. M., Gunther, A. C. & Liebhart, J. L. (2004). Why partisans see mass media as biased. *Communication Research, 31(6)*, 623–641.

Sherif, M. & Hovland, C. I. (1961). *Social judgment: Assimilation and contrast effects in communication and attitude change.* New Haven, CT: Yale University Press.

Vallone, R. P., Ross, L. & Lepper, M. R. (1985). The hostile media phenomenon: biased perception and perceptions of media bias in coverage of the Beirut massacre. *Journal of Personality and Social Psychology, 49(3)*, 577–585.

143

Mediale Präsentation

Framing

Dagmar Unz

Worum geht es?

Mediendarstellungen sind keine reinen Abbildungen der Wirklichkeit, sondern Inszenierungen. Journalisten können zum Beispiel bei der Produktion eines Nachrichtenbeitrages unterschiedliche Einleitungen wählen, Filmbeiträge unterschiedlich aufbereiten, unterschiedliche Details erwähnen etc. und durch diese spezifische „Verpackung" eines Nachrichtenbeitrags ein bestimmtes Bedeutungsumfeld schaffen. Dieses Einbetten eines Themas in ein bestimmtes Bedeutungsumfeld bezeichnet man als „Framing" (von *engl. frame = Rahmen*) (vgl. z. B. Goffman, 1974). Grundlegende Annahme des Framing-Konzeptes ist, dass das „Rahmen" einer Nachricht eine Art Interpretationsraster für die Verarbeitung auf Seiten der Rezipienten liefert, d. h. dass die Art der medialen Präsentation beeinflusst, was die Rezipienten über Themen, Personen oder Ereignisse denken, welche Einstellungen sie gegenüber diesen entwickeln und inwieweit sie sich an diese erinnern.

Framing wird vor allem bei der Gestaltung von Nachrichten und im Kontext politischer Kommunikation sowie bei der Gestaltung von Kampagnen, zum Beispiel im Bereich der Gesundheitsförderung oder der Werbung, diskutiert. Die Konsequenzen von Framing werden auf einer individuellen Ebene betrachtet, zum Beispiel wenn es um die Beeinflussung von Informationsverarbeitungsprozessen, Entscheidungen und Einstellungen geht, oder einer gesellschaftlichen Ebene, etwa im Zusammenhang mit der Beeinflussung der öffentlichen Meinung oder gesellschaftlicher Prozesse.

Darstellung der Annahmen

Gegenwärtig genießt das Framing-Konzept in der Medienforschung eine relativ hohe Popularität. Diese Popularität wird begleitet von einer Vielzahl von Definitionen und Beschreibungen. Beispielsweise umreißt Entman (1993, S. 52) das Konzept folgendermaßen: „To frame is to select some aspects of a perceived reality and make them more salient in a communicating text in such a way as to promote a particular problem definition, causal interpretation, moral evaluation, and/or treatment recommendation for the item described". So unterschiedlich die Beschreibungen im Detail auch sind, so betonen sie doch einige zentrale Elemente: Frames strukturieren (wahrgenommene) Realität, sie bieten eine Definition und Bewertung des Problems sowie möglicherweise eine Ursachenzuschreibung und damit verbundene Handlungsempfehlungen (vgl. auch Dahinden, 2006, S. 14). Vermittelt wird ein solcher Interpretationsrahmen über die Art der medialen Gestaltung. Frames können mit Hilfe verschiedener Präsentationsmerkmale transportiert werden; dazu zählen Überschriften, Fotos, Einleitungen etc. (Tankard, 2001).

Versteht man also Frames als Wege, Informationen zu strukturieren, dann stellt sich die Frage: Welche psychologischen Verarbeitungsprozesse auf Seiten der Rezipienten liegen Framing-Effekten zugrunde? Hier wiederum bieten verschiedene Autoren unterschiedliche Erklärungsansätze an (vgl. dazu auch Brewer, Graf & Willnat, 2003).

Ein theoretisches Modell, das zur Erklärung von Framing-Effekten herangezogen wird, ist das Assoziative Netzwerkmodell (vgl. z. B. Anderson & Bower, 1973). Nach diesem Modell besteht das Gedächtnis aus netzwerkartig organisierten Konzepten (Knoten). Diese Knoten stehen für verschiedene Wissenseinheiten und sind durch assoziative Bahnen verbunden, die gerichtete semantische Relationen repräsentieren. Die Knoten sind unterschiedlich schwer zugänglich, die Verbindungen zwischen ihnen können stark oder schwach sein. Frames, so eine Annahme, beeinflussen die Abrufbarkeit von Assoziationen aus dem Gedächtnis (z. B. Cappella & Jamieson, 1997; Iyengar, 1991). Nach einer anderen Annahme aktivieren Frames bestimmte kognitive Schemata und damit einhergehend Bewertungen und Beurteilungen (Price, Tewksbury & Powers, 1997; Shah, Kwak, Schmierback & Zubric, 2004).

Andere Autoren (z. B. Ghanem, 1997) sehen Framing hingegen als eine Erweiterung von Agenda-Setting (vgl. Beitrag zu Agenda-Setting in diesem Band). Danach setzen Medienmacher auf einer ersten Ebene durch die Auswahl von Themen eine Medienagenda, die die Salienz von Themen und damit die Publikumsagenda beeinflusst. Auf einer zweiten Ebene werden durch Framing zu den jeweiligen Themen auch bestimmte themenbezogene Eigenschaften ausgewählt und in die Agenda mit eingeschlossen.

Scheufele (2000) wiederum führt Framing auf die Attributionstheorie (z. B. Heider, 1958) zurück. Die Attributionstheorie postuliert, dass, um Komplexität zu reduzieren, Individuen versuchen, aus wahrgenommenen Informationen dahinter liegende Kausalbeziehungen zu erschließen. Übertragen auf das Framing-Konzept heißt das: Framing ermöglicht den Rezipienten Komplexität zu reduzieren, indem durch mediale Aufbereitung und Darstellung Verantwortlichkeitszuschreibungen und Deutungsvorschläge „mitgeliefert" werden. Soziale Themen werden also zum Beispiel auf die Frage der Verantwortlichkeit (ist die einzelne Person oder die Gesellschaft als Ganzes für ein Problem verantwortlich?) zurückgeführt.

Typische Methodik

Innerhalb der Framingforschung lassen sich drei Stränge unterscheiden: (1) Forschung zur Identifikation von *Medienframes* geht der Frage nach, in welcher Art und Weise bestimmte Themen durch die Medien gerahmt werden und welche Frames in den

Medien wie häufig eingesetzt werden. Dies geschieht in der Regel mittels inhalts-analytischer Verfahren. (2) Bei der Identifikation von *Rezipienten-Frames* geht es darum, welche Interpretationsraster Medienrezipienten anwenden bzw. inwieweit Rezipienten Medienframes „übernehmen". Dazu werden Aussagen von Rezipienten, die mittels Befragungen oder Lautem Denken gewonnen wurden, inhaltsanalytisch ausgewertet. (3) Studien zu *Framing-Effekten* variieren typischerweise in experimentellen Settings das mediale Stimulus-Material als unabhängige Variable, indem sie ein bestimmtes Thema unterschiedlich aufbereiten, also in unterschiedliche Frames einbetten. Als abhängige Variable werden in der Regel Einstellungen, Entscheidungen, Erinnerungsleistungen etc. der Rezipienten erhoben.

Zentrale empirische Befunde

Zahlreiche Studien befassen sich mit der Identifikation von Medienframes. Je nachdem, wie die jeweiligen Autoren den Framing-Begriff fassen, ergeben sich unterschiedliche Klassifikationen. De Vreese (2005) unterscheidet zwei Arten von Frames: themenspezifische und generische Frames. Während themenspezifische Frames über den jeweiligen Inhaltsbereich definiert und somit von Thema zu Thema verschieden sind, sind generische Frames allgemeiner gefasst. Sie lassen sich themenübergreifend und darüber hinaus unabhängig von Zeit oder Kultur anwenden. Generische Frames sind beispielsweise die von Semetko und Valkenburg (2000) identifizierten Frames: Attribution von Verantwortlichkeit, ökonomische Konsequenzen, Human Interest, Konflikt, Moral (siehe auch Neuman et al., 1992; Price, Tewksbury & Powers, 1997). Der Konflikt-Frame zum Beispiel betont durch die Art der Darstellung Konflikte zwischen unterschiedlichen Personen, Gruppen oder Nationen; der Human-Interest-Frame rückt Einzelschicksale und die emotionalen Aspekte eines Geschehens in den Fokus der Betrachtung, und beim Morality-Frame geht es um die Passung eines Geschehens zu Normen und Wertvorstellungen. Zu den generischen Frames zählt auch die von Iyengar (1991) aufgeführte und eher über die formale Darstellung definierte Unterscheidung in episodisches und thematisches Framing: Beim episodischen Framing werden öffentliche Themen anhand konkreter Fallbeispiele und individueller Schicksale erörtert. Thematisches Framing betont den abstrakten Kontext und liefert über die bloße Berichterstattung hinaus tiefer gehende Interpretationen oder sozioökonomische und politische Hintergrundinformationen, zum Beispiel durch die Präsentation von Statistiken.
Mehrere Studien finden Hinweise auf Framing-Effekte: Veränderungen in der sprachlichen Gestaltung haben Effekte auf die Entscheidungsfindung (Kahneman & Tversky, 1984; McKenzie & Nelson, 2003). Framing beeinflusst Meinungen, Einstellungen, Emotionen und Verhalten (z. B. Cappella & Jamieson, 1997; Gross & d'Ambrosio, 2004; McLeod & Detenber, 1999; Nabi, 2003; Nelson & Oxley, 1999; Schneider, Burke, Solomonson & Laurion, 2005; Tewksbury, Jones, Peske, Raymond & Vig, 2000) und was das Publikum von einer Nachrichtenmeldung erinnert (Valentino, Buhr & Beckmann, 2001). Wird beispielsweise eine Nachricht in ein Human-Interest-Frame eingebettet, so wird diese schlechter behalten (Valkenburg, Smetko & de Vresse, 1999). Framing beeinflusst auch die Zuschreibung von Verantwortlichkeit und möglichen Lösungen für (soziale) Probleme (Iyengar, 1991; Iyengar & Simon, 1993; Shah, Kwak, Schmierback & Zubric, 2004). So

wird bei Themen wie Armut oder Kriminalität bei episodischem Framing die Verantwortlichkeit für das Problem den Betroffenen selbst zugeschrieben, beim thematischen Framing eher der Gesellschaft.

Framing-Effekte hängen von individuellen Rezipientenmerkmalen ab. So zeigt Framing bei politisch uninteressierten Rezipienten größere Effekte. Es zeigen sich aber auch Interaktionseffekte: Nachrichtenrezipienten mit großem politischem Interesse werden stärker von thematischem Framing beeinflusst als von episodischem (Iyengar, 1991). Neben individuellen Rezipientenmerkmalen beeinflussen auch Attribute des Mediums Framing-Effekte; beispielsweise fördern glaubwürdige Medien Framing-Effekte, weniger glaubwürdige schwächen sie (Druckman, 2001).

Kritik

Die Vielzahl von Definitionen und Beschreibungen, die die Popularität des Framing-Konzeptes begleiten, führt zu einer großen begrifflichen Unschärfe. So spricht Entman (1993) von Framing als „scattered conceptualization". Eine Folge davon ist, dass keine einheitlichen Frame-Typologien existieren. Während generische Frames relativ klar hervortreten, scheinen auf inhaltlicher Ebene beliebig viele verschiedene themenspezifische Frames zu existieren, die von Thema zu Thema variieren und wenig generalisierbar sind. Zudem besteht auch keine Einigkeit über die psychologischen Wirkungsmechanismen, die hinter Framing-Effekten stehen. Während hier Entman jedoch für die Schaffung eines einheitlichen Forschungs-Paradigmas plädiert, befürwortet D'Angelo (2002) die multiparadigmatische Sichtweise des Konzeptes, da „various, even competing theories may be required to understand framing" (S. 872).

Literatur

Anderson, J. & Bower, G. (1973). Human Associative Memory. Washington, DC: Winston.

Brewer, P. R., Graf, J. & Willnat, L. (2003). Priming or Framing. Media Influence on Attitudes toward Foreign Countries. *Gazette: The International Journal for Communication Studies, 65(6)*, 493–508.

Cappella, J. A. & Jamieson, K. H. (1997). *Spiral of Cynicism*. New York: Oxford University Press.

Dahinden, U. (2006). *Framing. Eine integrative Theorie der Massenkommunikation*. Konstanz: UVK.

D'Angelo, P. (2002). News Framing as a Multi-paradigmatic Research Program: A Response to Entman. *Journal of Communication, 52*, 870–889.

De Vreese, C. H. (2005). News framing: Theory and typology. *Information Design Journal and Document Design, 13(1)*, 48–59.

Druckman, J. N. (2001). On the Limits of Framing Effects: Who Can Frame? *Journal of Politics, 63(4)*, 1041–1066.

Entman, R. (1993). Framing: Towards Clarification of a Fractured Paradigm. *Journal of Communication, 43(4)*, 51–58.

Ghanem, S. (1997). Filling in the Tapestry: The Second Level of Agenda Setting. In M. E. McCombs, D. Shaw & D. Weaver (Eds.), *Communication and Democracy: Exploring the Intellectual Frontiers in Agenda Setting Theory* (pp. 3–14). Mahwah, NJ: Lawrence Erlbaum.

Goffman, E. (1974). *Frame Analysis: An Essay on the Organization of Experience*. New York: Harper & Row.

Gross, K. & D'Ambrosio, L. (2004). Framing Emotional Response. *Political Psychology*, *25(1)*, 1–29.

Heider, F. (1958). *The Psychology of Interpersonal Relations*. New York: John Wiley & Sons.

Iyengar, S. (1991). *Is Anyone Responsible? How Television Frames Political Issues*. Chicago: University of Chicago Press.

Iyengar, S. & Simon, A. (1993). News Coverage of the Gulf Crisis and Public Opinion. A Study of Agenda-Setting, Priming and Framing. *Communication Research, 20*, 365–383.

Kahneman, D. & Tversky, A. (1984). Choices, Values, and Frames. *American Psychologist*, *39*, 341–350.

McKenzie, C. R. M. & Nelson, J. D. (2003). What a speaker's choice of frame reveals: Reference points, frame selection, and framing effects. *Psychonomic Bulletin & Review*, *10(3)*, 596–603.

McLeod, D. M. & Detenber, B. H. (1999). Framing effects of television news coverage of social protest. *Journal of Communication, 49(3)*, 3–23.

Nabi, R. (2003). The Framing Effects of Emotions. *Communication Research, 30(2)*, 224–247.

Nelson, T. E. & Oxley, Z. M. (1999). Issue Framing Effects on Belief Importance and Opinion. *Journal of Politics, 61(4)*, 1040–1068.

Neuman, W. R., Just, M. R. & Crigler, A. N. (1992). *Common Knowledge*. Chicago: University of Chicago Press.

Price, V., Tewksbury, D. & Powers, E. (1997). Switching Trains of Thought: The Impact of News Frames on Readers' Cognitive Responses. *Communication Research, 24*, 481–506.

Scheufele, D. (2000). Agenda-Setting, Priming and Framing Revisited: Another Look at Cognitive Effects of Political Communication. *Mass Communication & Society, 3(2&3)*, 297–316.

Schneider, S. L., Burke, M. D., Solomonson, A. L. & Laurion, S. K. (2005). Incidental Framing Effects and Associative Processes: A Study of Attribute Frames in Broadcast News Stories. *Journal of Behavioral Decision Making, 18*, 261–280.

Semetko, H. A. & Valkenburg, P. M. (2000). Framing European Politics: A Content Analysis of Press and Television News. *Journal of Communication, 50(2)*, 93–109.

Shah, D., Kwak, N., Schmierback, M. & Zubric, J. (2004). The Interplay of News Frames on Cognitive Complexity. *Human Communication Research, 30*, 102–120.

Tankard, J. W. (2001). The Empirical Approach to the Study of Media Framing. In S. Reese, O. Gandy & A. Grant (Eds.), *Framing Public Life: Perspectives on Media and our Understanding of the Social World* (pp. 95–106). Mahwah, NJ: Lawrence Erlbaum.

Tewksbury, D., Jones, J., Peske, M. W., Raymond, A. & Vig, W. (2000).The interaction of news and advocate frames: Manipulating audience perceptions of a local public policy issue. *Journalism & Mass Communication Quarterly, 77(4)*, 804–829.

Valentino, N. A., Buhr, T. A. & Beckmann, M. N. (2001). When the Frame is the Game: Revisiting the Impact of 'Strategic' Campaign Coverage on Citizens' Information Retention. *Journalism & Mass Communication Quarterly, 78(1)*, 93–112.

Valkenburg, P. M., Semetko, H. A. & de Vreese, C. H. (1999). The Effects of News Frames on Readers' Thoughts and Recall. *Communication Research, 26(5)*, 550–569.

Presence und Immersion

Gary Bente und Lisa Aelker

Worum geht es?

Medien können uns in andere Welten versetzen und uns zeitweise sogar die Welt um uns herum vergessen machen. Im Extremfall können Medien so realistische Eindrücke vermitteln, dass wir das Gefühl haben, wirklich an einem anderen Ort zu sein. Dieses psychologische Phänomen – „the sense of being there" – wird häufig unter dem Begriff „Presence" oder „Telepresence" gefasst (Minski, 1980; Reeves, 1991; Sheridan, 1992; Steuer, 1992). Presence impliziert dabei nicht nur das Gefühl der Anwesenheit an einem anderen Ort, sondern auch eine gewisse sensorische Absorption, die dazu führt, dass das Medium selbst nicht mehr bewusst als Teil der Objektwelt wahrgenommen wird. Lombard und Ditton (1997) sprechen hier von der „perceptual illusion of nonmediation". Das Presence-Konzept wurde insbesondere im Zusammenhang mit der Entwicklung von Virtuellen Realitäten (VR) erforscht (Bente, Krämer & Petersen, 2002), aber auch auf andere Medien angewendet. Die Formulierung einer einheitlichen und kohärenten Presence-Theorie steht bislang noch aus (IJsselstein, 2004).

Darstellung der Annahmen

Verschiedene Medien können in unterschiedlichem Maße Presence erzeugen. Nach Steuer (1992) hängt die (Tele-)Presence im Wesentlichen von zwei Merkmalen der technischen Systeme ab, nämlich von der Lebendigkeit (vividness), mit der Inhalte dargestellt werden können, und von der Interaktivität (interactivity), die sie dem Nutzer ermöglichen. So wird ein Medium erst dann zu einer „Virtuellen Realität (VR)", wenn ein hohes Maß an Telepresence erreicht wird, d. h. wenn es beim Rezipienten auf Grund der Lebendigkeit und Interaktivität zu einer Erfahrung kommt, die mit dem Erleben einer physikalischen Umwelt kongruent ist. Auch andere Medien mit geringerem „Presence-Potential" lassen sich nach Steuer (1992) anhand dieser beiden Dimensionen skalieren (vgl. **Abb. 2.16**).

Sheridan (1992) macht fünf Variablen für das Presence-Erleben verantwortlich: „extend of sensory information", „control of sensors relative to environment", „ability to modify the physical environment", „task difficulty" und „degree of automation". Ähnlich wie bei Steuer ist Presence auch hier wesentlich durch Merkmale der Medientechnologie bestimmt. Von einer unmittelbaren Wirkung der technischen Voraussetzungen wird allerdings nicht mehr ausgegangen. Tatsächlich hat die Forschung gezeigt, dass auch Nutzerfaktoren sowie situativen Variablen und Aufgabenstellungen eine besondere Bedeutung bei der Entstehung von Presence zukommt (IJsselsteijn, de Ridder, Freeman & Avons, 2000; Petersen & Bente, 2001).

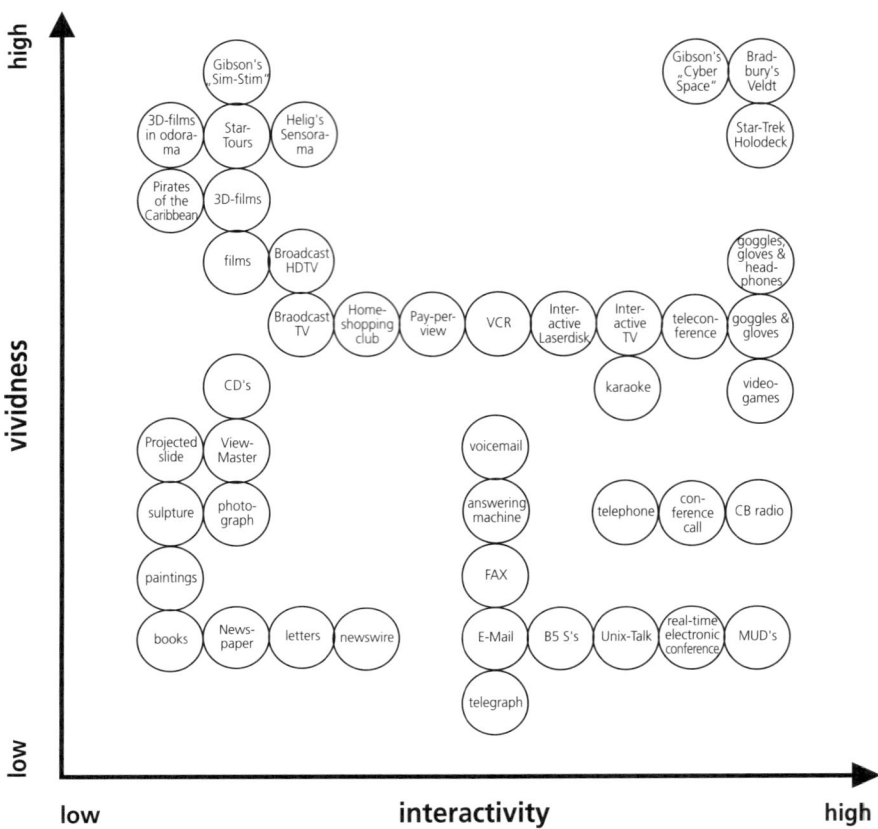

Abb. 2.16: Klassifikation von Medien anhand der Dimensionen Lebendigkeit und Interaktivität (nach Steuer, 1992, S. 90)

Während technikorientierte Definitionen wie die von Steuer oder Sheridan große
Übereinstimmungen aufweisen, finden sich im Hinblick auf psychologische Konzeptualisierungen von Presence zum Teil erhebliche Diskrepanzen. Lombard und Ditton
(1997) identifizieren in einer Literaturanalyse allein sechs verschiedene Begriffsver-
wendungen. So wird Presence gebraucht im Sinne von Realismus, Immersion,
Transport (vgl. Beitrag zu Transportation in diesem Band), Social Richness (vgl.
Beitrag zu Media Richness in diesem Band), von „sozialem Akteur im Medium"
(vgl. Beitrag zur Parasozialen Interaktion in diesem Band) oder auch von „Medium
als sozialer Akteur" (vgl. Beitrag zur Media Equation in diesem Band). Dabei werden zum Teil gänzlich unterschiedliche Phänomene unter dem Begriff Presence gefasst
(vgl. Heeter, 1992; Schloerb, 1995). Eine bedeutsame Differenzierung nehmen
IJsselsteijn et al. (2000) vor. Sie schlagen vor, die von Lombard und Ditton (1997)
identifizierten Konzeptualisierungen zwei distinkten Kategorien zuzuordnen und
damit zwei Arten von Presence voneinander zu unterscheiden: Physical Presence
und Social Presence. Während die physische Präsenz im oben genannten Sinne als
„the sense of being there" zu verstehen ist, wird die soziale Präsenz durch „the

sense of being together with another" definiert (Biocca, Harms & Gregg, 2001; vgl. Beitrag zu sozialer Präsenz in diesem Band). Im Schnittbereich dieser beiden Kategorien ist die sogenannte Co-Presence anzusiedeln (IJsselstein, 2004). Sie ist gekennzeichnet durch „a sense of being together in a shared space at the same time" (S. 136; vgl. **Abb. 2.17**). Co-präsente Akteure können also nicht nur miteinander über das Medium kommunizieren, sondern auch zeitgleich auf eine gemeinsame virtuelle Objektwelt zugreifen und quasi gemeinsam „tätig werden".

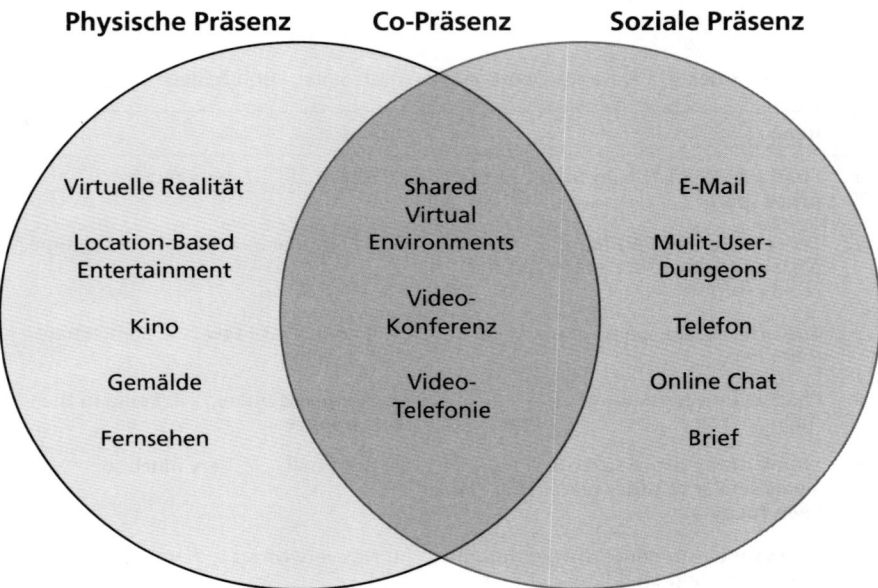

Physische Präsenz   **Co-Präsenz**   **Soziale Präsenz**

Virtuelle Realität

Location-Based
Entertainment

Kino

Gemälde

Fernsehen

Shared
Virtual
Environments

Video-
Konferenz

Video-
Telefonie

E-Mail

Mulit-User-
Dungeons

Telefon

Online Chat

Brief

Abb. 2.17: Beziehungen zwischen physical presence, social presence und co-presence (nach IJsselsteijn, 2004, S. 137)

Physical Presence und Anteile von Co-Presence werden in Abgrenzung zu Social Presence oft unter dem Begriff „Presence" gefasst. Spezifischer auf den Aspekt der räumlichen Anwesenheit in einer virtuellen Welt zugeschnitten, ist der Begriff der „Spatial Presence". Vorderer et al. (2003) postulieren ein zweistufiges Prozessmodell der Spatial Presence, in dem Medien- und Personenfaktoren einbezogen werden. Dieses Modell ist insofern beispielhaft als es erstmals versucht, verschiedenste Einflussfaktoren zu integrieren und diese im Hinblick auf eine mehrdimensionale Erfassung des Präsenzerlebens zu operationalisieren.

Typische Methodik und zentrale empirische Ergebnisse

Bei der Erfassung von Presence kann grundsätzlich zwischen subjektiv-verbalen Erhebungsverfahren (Fragebögen, Self-Reports) und objektiven Erhebungsmethoden (etwa Verhaltensregistrierung, Psychophysiologische Messungen) unterschieden werden (IJsselsteijn et al., 2000).

In der Mehrzahl bisheriger Studien wurde Presence mittels Fragebögen im Anschluss an die Mediennutzung erhoben. Der Fragebogen von Lombard et al. (2000) etwa erfasst anhand von fünf Dimensionen sowohl Aspekte der sozialen als auch der physischen Presence. Ein häufig eingesetzter Fragebogen, der ausschließlich physische Präsenz misst, stammt von Slater, Usoh und Steed (1994). **Tabelle 2.4** gibt eine Übersicht über die sechs Items des SUS-Questionnaires und die zugeordneten Skalen.

Tab. 2.4: Items des SUS Presence Questionnaire (nach Slater, Usoh & Steed, 1994)

	Items	Scales
1	I had a sense of "being there" in the office space:	1. Not at all ... 7. Very much.
2	There were times during the experience when the office space was the reality for me ...	1. At no time ... 7. Almost all the time.
3	The office space seems to me to be more like ...	1. Images that I saw ... 7. Somewhere that I visited.
4	I had a stronger sense of ...	1. Being elsewhere ... 7. Being in the office space.
5	I think of the office space as a place in a way similar to other places that I've been today ...	1. Not at all ... 7. Very much so.
6	During the experience I often thought that I was really standing in the office space ...	1. Not very often ... 7. Very much so.

Das Presence-Questionnaire (PQ) von Witmer und Singer (1998) erfasst ebenfalls physische Presence anhand der Dimensionen: Kontrolle („How much were you able to control events?"), sensorische Qualität („How well could you actively survey or search the virtual environment using touch?"), Distraktion („How well could you concentrate on the assigned tasks or required activities rather than on the mechanisms used to perform those tasks or activities?") und Realismus („How natural did your interactions with the environment seem?"). Einen ausführlichen Überblick über die Validität von PQ und SUS findet sich bei Youngblut und Perrin (2002). Ein neueres, gut validiertes Instrument zur Erfassung von Spatial Presence stellt der MEC-Spatial Presence Questionnaire (MEC-SPQ) dar (Vorderer et al., 2004). Das Instrument wurde anhand verschiedener Medien (Text, Film, Hypertext und VR) länderübergreifend getestet (Vorderer et al., 2004).

Der Einsatz von Fragebögen bringt bestimmte Einschränkungen mit sich. So unterliegen Selbsteinschätzungen und insbesondere nachträgliche Beurteilungen psychologischer Prozesse bestimmten Verzerrungen und Urteilsfehlern. Nicht-obtrusive Verhaltensregistrierungen und psychophysiologische Messungen bieten hier deutliche Vorteile. Sie liefern unmittelbare Daten zum Nutzungsprozess, ohne mit dem Presence-Erleben zu interferieren. Hier stellt sich jedoch das Problem der Indikatorbildung: Welches Messdatum zeigt Presence an? Verhaltensorientierte Ansätze gehen davon aus, dass Menschen ausschließlich, wenn sie Presence erleben, auf virtuelle Stimuli so reagieren, als seien sie real. Slater, Usoh und Chrysanthou (1995) interpretieren in diesem Sinne das Zeigeverhalten in einer virtuellen Realität als Indikator für Präsenzerleben. Freeman, Avons, Meddis, Pearson und IJsselsteijn (2000) analysierten die Körperhaltung ihrer Probanden, während sie eine normale bzw. stereoskopische Filmaufzeichnung eines Autorennens sahen. Generell scheint die Nutzung von Verhaltensindikatoren nur sinnvoll, wenn das System in der Lage ist, solche offensichtlichen Verhaltensreaktionen zu evozieren (Slater et al., 2006).

Psychophysiologische Daten können als Korrelate des emotionalen Erlebens, bzw. der Aktivierung oder Erregung interpretiert werden (Bente & Eschenburg, im Druck). Im Zusammenhang mit Presence werden verschiedene Kennwerte eingesetzt, so zum Beispiel Pulsfrequenz, Blutdruck, Hautleitfähigkeit und Hauttemperatur. Laarni, Ravaja und Saari (2003) nutzen okulometrische Messungen, um die Dynamik des Blickverhaltens zu untersuchen. Ravaja (2002) setzt elektromyografische Verfahren ein (EMG), um aus der mimischen Aktivität der Gesichtsmuskeln Rückschlüsse auf emotionale Zustände zu ziehen. Dass derartige Maße sensibel für verschiedene Medieneffekte sind, ist hinreichend belegt (Kempter & Bente, 2004). Inwiefern sie allerdings als Indikatoren von Presence herangezogen werden können, wurde bisher noch unzureichend empirisch überprüft (IJsselsteijn et al., 2000).

Ein Konzept zur indirekten Messung von Presence legen Slater und Steed (2000) in Form der sogenannten „Breaks in Presence (BIP)" vor. Als BIPs werden Momente bezeichnet, in denen sich der Fokus bei der Nutzung eines Mediums von der virtuellen auf die reale Umwelt verschiebt. Erhoben wurden BIPs zunächst durch self reports (Brogni, Slater & Steed, 2003; Slater & Steed, 2000). Aber auch psychophysiologische Messverfahren werden hier eingesetzt. Anhand der aus dem EKG abgeleiteten Variabilität der Herzrate konnten etwa Guger et al. (2004) starke BIP-Effekte nachweisen, wenn die VR-Projektion in einer CAVE (Cave Automatic Virtual Environment) für kurze Zeit unterbrochen wurde. Derartige experimentelle Ansätze eröffnen neue Forschungsmöglichkeiten und versprechen tiefere Einsichten in die psychologischen Prozesse, die mit Presence einhergehen.

Kritik

Eine einheitliche Presence-Theorie steht aus. Die divergierenden psychologischen Konzeptualisierungen von Presence schlagen sich in unterschiedlichen Operationalisierungen und in der Wahl unterschiedlicher Forschungsmethoden nieder (Lee, 2004; Lombard & Ditton, 1997). Hierdurch wird ein direkter Vergleich der Befunde erschwert. Jenseits des geringen Integrationsgrades der Forschung ist auch methodische Kritik an den einzelnen Messverfahren und den experimentellen Anordnungen angebracht. Insbesondere der ausschließliche Einsatz von Fragebögen ist problematisch (Usoh, Catena, Arman & Slater, 2000; IJsselsteijn et al., 2000). Slater (2004) etwa weist darauf hin, dass nicht ausgeschlossen werden kann, dass eine im Anschluss an die Mediennutzung gemessene Presence erst durch eine solche Befragung der Probanden entsteht. Andererseits sind die Daten aus objektiven

Messungen oft nur schwer interpretierbar (Freeman et al., 2000). Als sinnvoll erachtet werden standardisierte Messansätze, die sowohl subjektive als auch objektive Erhebungsverfahren zusammenführen (IJsselsteijn et al., 2000; Lee, 2004; Lombard & Ditton, 1997).

Darüber hinaus schlägt Lee (2004) vor, Presence als Moderatorvariable zu modellieren und zu Ergebnisvariablen wie der Gedächtnisleistung, der Technologieakzeptanz oder auch der Einstellung gegenüber (künstlichen) Akteuren in virtuellen Welten in Beziehung zu setzen. Dabei stellt sich die Frage, inwieweit maximales Präsenzerleben auch gleichzeitig als optimales Präsenzerleben verstanden werden kann (IJsselsteijn et al., 2000). So ist es durchaus vorstellbar, dass die erlebte Presence in einem virtuellen Klassenzimmer sehr hoch sein kann, dass aber genau wie im realen Klassenzimmer die Details des Kontextes bei zunehmender Presence mit der Lernaufgabe um Aufmerksamkeit und kognitive Ressourcen konkurrieren. Modellbildungen und Forschungen, die dieser Problemstellung systematisch Rechung tragen, stehen noch aus.

Literatur

Bente, G. & Eschenburg, F. (in press). Excitation and Arousal. In W. Donsbach, P. Vorderer, P. et al. (Eds.), *The International Encyclopedia of Communication*. Boston: Blackwell.

Bente, G., Krämer, N. C. & Petersen, A. (2002). *Virtuelle Realitäten*. Göttingen: Hogrefe.

Biocca, F., Harms, C. & Gregg, J. L. (2001). The networked minds measure of social presence: Pilot test of the factor structure and concurrent validity. *Proceedings of the Fourth Annual International Presence Workshop*, Philadelphia, PA.

Brogni, A., Slater, M. & Steed, A. (2003). More breaks less presence. *Proceedings of the 6th Annual International Workshop on Presence*. Aalborg, Denmark.

Freeman, J., Avons, S. E., Meddis, R., Pearson, D. E. & IJsselsteijn, W. I. (2000). Using behavioral realism to estimate presence: A study of the utility of postural responses to motion stimuli. *Presence-Teleoperators and Virtual Environments, 9*, 149–164.

Guger, C., Edlinger, G., Leeb, R., Pfurtscheller, G., Antley, A., Garau, M., Brogni, A., Friedman, D. & Slater, M. (2004). Heart-Rate Variability and Event-Related ECG in Virtual Environments. *Proceedings of the 7th Annual International Workshop on Presence* (pp. 240–245).

Heeter, C. (1992). Being there: The Subjective Experience of Presence, *Presence: Teleoperators and Vitual Environments, 1(2)*, 262–271.

IJsselsteijn, W. A. (2004). *Presence in depth*. Eindhoven: University of Technology.

IJsselsteijn, W. A., de Ridder, H., Freeman, J. & Avons, S. E. (2000). Presence: Concept, determinants and measurement. *Proceedings of the SPIE 3959*, 520–529.

Kempter, G. & Bente, G. (2004). Psychophysiologische Wirkungsforschung: Grundlagen und Anwendungen. In R. Mangold, P. Vorderer & G. Bente (Hrsg.), *Lehrbuch Medienpsychologie* (S. 271–295). Göttingen: Hogrefe.

Laarni, J., Ravaja, N. & Saari, T. (2003). Using eye tracking and psychophysiological methods to study spatial presence. In *Proceedings of the 6th International Workshop on Presence*. Aalborg, Denmark.

Lee, K. M. (2004). Presence, Explicated. *Communication Theory, 14(1)*, 27–50.

Lombard, M. & Ditton, T. (1997). At the heart of it all: The concept of presence. *The Journal of Computer-Mediated Communication, 3(2)*, no pagination specified.

Lombard, M., Ditton, T. B., Crane, D., Davis, B., Gil-Egui, G., Horvath, K., et al. (2000). Measuring presence: A literature-based approach to the development of a standardized paper-and-pencil instrument. In W. IJsselsteijn, J. Freeman, & H. de Ridder (Eds.), *Proceedings of the Third International Workshop on Presence*, Eindhoven University of Technology, Eindhoven, The Netherlands.

Minsky, M. (1980). Telepresence. *Omni, June 1980*, 45–51.

Petersen, A. & Bente, G. (2001). Situative und technologische Determinanten des Erlebens virtueller Realität. *Zeitschrift für Medienpsychologie, 13(3)*, 138–145.

Ravaja, N. (2002). Presence-related influences of a small talking facial image on psychophysiological measures of emotion and attention. In *Proceedings of the 5th International Workshop on Presence*. Porto, Portugal.

Reeves, B. (1991). *Being there: Television as symbolic versus natural experience.* Unpublished manuscript, Stanford University, Institute for Communication Research, Stanford, CA.

Schloerb, D. W. (1995). A Quantitative Measure of Telepresence, *Presence: Teleoperators and Vitual Environments, 4(1)*, 64–80.

Sheridan, T. B. (1992). Musings on telepresence and virtual presence. *Presence: Teleoperators and Virtual Environments, 1(1)*, 120–126.

Slater, M. (2004). How colorful was your day? Why Questionnaires cannot assess Presence in Virtual Environments. *Presence: Teleoperators and Virtual Environments, 13(4)*, 484–493.

Slater, M., Guger, C., Edlinger, G., Leeb, R., Pfurtscheller, G., Antley, A., Garau, M., Brogni, A. & Friedman, D. (2006). Analysis of Physiological Responses to a Social Situation in an Immersive Virtual Environment. *Presence: Teleoperators and Virtual Environments, 15(5)*, 553–569.

Slater, M., Usoh, M. & Chrysanthou, Y. (1995). The influence of dynamic shadows on presence in immersive virtual environments. In *Selected papers of the Eurographics workshops on Virtual environments '95* (pp. 8–21). Barcelona, Spain: Springer.

Slater, M. & Steed, A. J. (2000). A virtual presence counter. *Presence: Teleoperators and Virtual Environments, 9(5)*, 413–434.

Slater, M., Usoh, M., & Steed, A. (1994). Depth of presence in virtual environments. *Presence: Teleoperators and Virtual Environments, 3*, 130–144.

Steuer, J. (1992). Defining virtual reality: Dimensions determining telepresence. *Journal of Communication, 42(4)*, 73–93.

Usoh, M., Catena, E., Arman, S. & Slater, M. (2000). Using presence questionnaires in reality. *Presence: Teleoperators and Virtual Environments, 9*, 497–503.

Vorderer, P., Wirth, W., Gouveia, F. R., Biocca, F., Saari, T., Jäncke, F., Böcking, S., Schramm, H., Gysbers, A., Hartmann, T., Klimmt, C., Laarni, J., Ravaja, N., Sacau, A., Baumgartner, T. & Jäncke, P. (2004). *MEC Spatial Presence Questionnaire (MECSPQ): Short Documentation and Instructions for Application.* Report to the European Community, Project Presence: MEC. Retrieved 4th of July 2007, from http://www.presence-research.org/papers/MEC.pdf [1.2.2008].

Vorderer, P., Wirth, W., Saari, T., Gouveia, F. R., Biocca, F., Jäncke, F., Böcking, S., Hartmann, T., Klimmt, C., Schramm, H., Laarni, J., Ravaja, N., Gouveia, L. B., Rebeiro, N., Sacau, A., Baumgartner, T. & Jäncke , P. (2003). *Constructing Presence: Towards a two-level model of the formation of Spatial Presence.* Unpublished report to the European Community, Project Presence: MEC (IST-2001-37661). Hanover, Munich, Helsinki, Porto, Zurich.

Witmer, B. G. & Singer, M. J. (1998). Measuring presence in virtual environments: A presence questionnaire. *Presence: Teleoperators and Virtual Environments, 7(3)*, 225–240.

Youngblut, C. & Perrin, B. M. (2002). *Investigating the relationship between presence and performance in virtual environments.* Paper presented at IMAGE 2002 Conference, Arizona.

Beabsichtigte Kognitive Medienwirkungen

Cultivation of Mental Skills und Supplantation

Dagmar Unz

Worum geht es?

Der Cultivation of Mental Skills-Ansatz von Salomon (1979) beschreibt die Interaktion zwischen Medien und kognitiven Prozessen. Salomon geht davon aus, dass
Medien nicht nur komfortable, prinzipiell austauschbare Technologien zur Infor-
mationsvermittlung sind. Vielmehr nutzen Medien substanziell unterschiedliche
„Sprachen", um Wissensbestände zu sammeln, zu „verpacken" und zu übermitteln.
Der Unterschied zwischen Medien liegt nicht so sehr darin, welche Informationen
sie übermitteln, sondern in der Art und Weise, wie Informationen organisiert und
präsentiert werden (vgl. Beitrag zur Medienspezifität des Lernens in diesem Band).
Nach Salomon (1980) ist das Entsetzen, das man beim Ansehen von *A Clockwork
Orange* erlebt, oder das bessere Verständnis von Gruppenprozessen nach der Rezeption von *Die zwölf Geschworenen* vor allem auf den visuellen Modus und die
einzigartige Sprache solcher Filme zurückzuführen.

Darstellung der Annahmen

Salomon greift auf Überlegungen von Goodman (1968) zu medialen Symbolsystemen sowie auf Annahmen von Gardner, Howard und Perkins (1974) zurück, nach
denen mediale Attribute wesentlich für Lernprozesse sein können. Er nimmt an,
dass (a) sowohl die Medien als auch die menschliche Informationsverarbeitung
Symbole verwenden, um Informationen zu repräsentieren, zu speichern und zu
manipulieren, und dass (b) einige der Symbolsysteme, die Menschen verwenden,
durch Mediennutzung erworben sind.

Nach Salomon bestehen Medien aus vier (oder mehr) Klassen von Attributen,
nämlich Inhalt, Technologie, Symbolsystem und Situation. Jedes dieser Attribute
kann eine Rolle beim Lernen spielen: Manchmal ist ein technologisches Attribut
entscheidend für den Lernerfolg, da es eine bestimmte Lernerfahrung erst ermöglicht, wie dies zum Beispiel bei Simulationen der Fall sein kann. Eine besondere
Rolle kommt dabei den Symbolsystemen zu. Symbolsysteme charakterisieren, wie
Informationen organisiert und präsentiert werden. Dies können zum Beispiel spe-

zifische filmische Darstellungsmittel sein, wie Kamerafahrten oder Zooms, oder bestimmte Arten der Visualisierung, wie Explosionsskizzen in technischen Zeichnungen. Symbolsysteme sind damit essenzielle Charakteristika eines Mediums, die spezifische Auswirkungen darauf haben, wie Wissen extrahiert und wie Bedeutung konstruiert wird. Symbolsysteme beeinflussen den Wissenserwerb auf vielfältige Weise:

- Sie betonen bestimmte Inhaltsaspekte.
- Sie unterscheiden sich darin, wie einfach oder schwierig Informationen durch die Lernenden zu rekodieren sind.
- Spezifische Kodierelemente können den Lernenden schwierige mentale Elaborationen „ersparen", indem sie bestimmte Operationen explizit darstellen bzw. das Ergebnis einer solchen Operation direkt zur Verfügung stellen (vgl. die Konzepte der Supplantation und des Short Circuiting, die weiter unten dargestellt werden).
- Symbolsysteme unterscheiden sich darin, welchen Verarbeitungsaufwand sie erfordern und
- darin, welche mentalen Prozesse sie ansprechen, um Inhalte zu rekodieren oder zu elaborieren.

Salomon benennt vor allem drei Mechanismen, wie mediale Symbolsysteme mit kognitiven Prozessen interagieren:

1. Bei der Aktivierung regt die mediale Darstellung bereits erworbene mentale Fertigkeiten an, so dass diese zur Anwendung gebracht werden.
2. Beim Short Circuiting (Kurzschließen oder Arbeitserleichterung) wird das Endergebnis eines Prozesses offen in der medialen Darstellung präsentiert, wodurch Arbeitsabläufe „verkürzt" werden. Short Circuiting-Anwendungen können die Aufmerksamkeit auf bestimmte Prozesse lenken und so zur Erleichterung kognitiver Verarbeitungsprozesse führen.
3. Bei der Supplantation (offenes Ersetzen oder Modellieren) simuliert die explizite mediale Präsentation – mit Hilfe eines spezifischen Darstellungsmittels, wie der Filmkamera – interne kognitive Prozesse, sie spiegelt mentale Operationen quasi explizit wider. Zur Vermittlung der mentalen Rotation dreidimensionaler Objekte beispielsweise würde die Modellierung die Ausgangsansicht des dreidimensionalen Objekts, die Veränderung während der Rotation mit Hilfe einer Animation und die Endansicht zeigen. Die mediale Darstellung kann als Modell für die entsprechenden kognitiven Prozesse dienen. Durch Internalisierung wird das spezifische Lösungsmodell mental rekonstruiert. Das Potenzial von Medien liegt also darin, dass sie Transformationen präsentieren, die ähnlich oder analog zu den Prozessen sind, die Personen mental ausführen. Diese können von den Rezipienten mental rekonstruiert und dann auch in anderen Kontexten angewendet werden. „Media, by calling on or even supplanting mental skills, may facilitate the acquisition of knowledge and cultivate mastery of skills." (Salomon, 1976, S. 25).

Zu Kultivierungseffekten, d. h. zum Transfer der durch Medienkonsum erworbenen Fertigkeiten in andere Anwendungsbereiche, kann es kommen, wenn (a) die erworbene Fertigkeit bewusst und mit Aufmerksamkeit verarbeitet und in abstrakter Weise rekodiert wird, was Motivation und mentale Anstrengung erfordert (vgl.

157

Beitrag zu AIME in diesem Band), oder wenn (b) sie solange geübt wird, bis sie automatisiert ausgeführt wird (Salomon & Globerson, 1987).

Allerdings ist es nicht nur die mediale Darstellung, die den Erwerb kognitiver Fertigkeiten beeinflusst. Zentral in Salomons Theorie ist die Annahme, dass die Effektivität eines Mediums davon abhängt, wie gut Charakteristika der Lernenden, Inhalt und Aufgabe „zusammenpassen". Vorwissen (vgl. dazu auch das Konzept der „zone of proximal development" nach Vygotski, 1978), Verarbeitungstiefe (vgl. Beitrag zu AIME in diesem Band), Aufgabe und mediale Präsentation stehen in Interaktion zueinander: „For effective instructional communication, a match needs to be established between the cognitive demands of a learning task, the skills that are required by the codes of the message, and the learner's level of mastery of these skills" (Salomon, 1979, S. 112).

Typische Methodik

Typischerweise werden die aus dem Cultivation of mental Skills-Ansatz abgeleiteten Hypothesen in einem laborexperimentellen Versuchsplan geprüft. Als unabhängige Variable wird der Einsatz medialer Symbolsysteme und damit die Art der Darstellung variiert. Als abhängige Variable wird die Veränderung in der in Frage stehenden mentalen Fertigkeit erfasst. Beispielsweise zeigte Salomon (1972) Versuchspersonen Filme über Gemälde von Brueghel. In der Supplantationsbedingung wurde das Bild zuerst in der Gesamtansicht gezeigt, danach wurde durch Zooms eine randomisierte Auswahl von 80 Details präsentiert. Die Short Circuiting-Bedingung präsentierte das Gemälde zunächst als Standbild, gefolgt von der Serie von 80 Standbildern, auf denen Details des Gemäldes gezeigt wurden. In der Aktivierungsbedingung wurde nur ein Standbild des Originalgemäldes gezeigt. Während Versuchspersonen, die bereits eine hohe allgemeine Fertigkeit zur Detailwahrnehmung hatten, ihre Leistungen nicht noch weiter verbesserten, egal welche Art der Darstellung vorlag, steigerten sich Versuchspersonen mit einer zuvor niedrigen allgemeinen Fertigkeit zur Detailwahrnehmung vor allem unter der Supplantationsbedingung, aber auch unter der Kontroll-, der Aktivierungsbedingung. Unter der Short Circuiting-Bedingung zeigten sie signifikant schlechtere Leistungen. Ein ähnlicher Effekt zeigte sich bei der Fertigkeit zur Perspektivübernahme – sie konnte durch Einsatz des Darstellungsmittels der Kamerarotation verbessert werden. Zusätzlich nutzte Salomon (1981) die Einführung der „Sesamstraße" in Israel Anfang der 1970er Jahre zur Untersuchung ähnlicher Effekte in Feldstudien.

Zentrale empirische Befunde

Salomon hat seine Überlegungen vor allem aus Studien zu Filmen und zum Fernsehen gewonnen. Spätere Arbeiten beziehen den Ansatz aber auch auf den Computer (z. B. Salomon, 1989, 1990). In neueren Arbeiten anderer Autoren wird der Ansatz auf das Lernen mit multimedialen Lernumgebungen übertragen. So kann beispielsweise das Verstehen zweidimensionaler Projektionen, wie sie etwa in der

Architektur verwendet werden, mit Hilfe computeranimierter Grafiken, die die Transformation von einer dreidimensionalen Ansicht zu einem zweidimensionalen Aufriss zeigen, verbessert werden (Zavotka, 1987; in ähnlicher Weise vgl. z. B. Girwidz, Vogel, Spannagel & Engel, 2004; Seel & Dörr, 1994). Riempp (2000) wendet den Ansatz auf das Erlernen von Bewegungs- und Handlungsabläufen mit interaktivem Video an. Ginther (2002) untersucht die Rolle von Visualisierungen für das Hörverständnis beim Fremdsprachenerwerb.

Kritik

Die Kritik, die gegen den Cultivation of mental Skills-Ansatz vorgebracht wird, betrifft vor allem drei Punkte:

1. Durch individuelle Interpretationen kann es zu unterschiedlichen und nicht intendierten Lernwirkungen kommen.
2. Studien finden z. T. nur sehr schwache Transfereffekte (z. B. Pea & Kurland, 1984).
3. Replikationsstudien zeigen, dass es eine Anzahl unterschiedlicher medialer Attribute gibt, die die gleichen oder ähnliche kognitive Funktionen erfüllen. Man kann also durchaus annehmen, dass verschiedene mediale Symbolsysteme funktional äquivalent für einen spezifischen zu vermittelnden Prozess sind. Wenn aber spezifische mediale Attribute keine einzigartige Funktion für kognitive Effekte erfüllen, dann sind die Attribute „Stellvertreter" für dahinter liegende andere Variablen, die maßgeblich für den Lernzuwachs sind (Clark, 1994; vgl. auch Beitrag zur Medienspezifität des Lernens in diesem Band).

Insgesamt scheinen mediale Symbolsysteme zwar das Potenzial zu einer Kultivierung mentaler Fertigkeiten zu haben, diese Effekte sind jedoch weder einzigartig für ein spezifisches mediales Symbolsystem noch sind sie ohne Weiteres auf unterschiedliche Anwendungsgebiete transferierbar.

Literatur

Clark, R. E. (1994). Media will never influence Learning. *Educational Technology, Research and Development, 42(2)*, 21–29.

Clark, Ch. & Salomon, G. (1986). Media in Teaching. In M. C. Wittrock (Eds.), *Handbook of Research on Teaching* (pp. 464–478). New York: MacMillan.

Gardner, H., Howard, V. & Perkins, D. (1974). Symbol systems: A philosophical, psychological, and educational investigation. In D. Olson (Ed.), *Media and Symbols: The Forms of Expression, Communication, and Education* (pp. 27–56). Chicago: University of Chicago Press.

Ginther, A. (2002). Context and content visuals and performance on listening comprehension stimuli. *Language Testing, 19(2)*, 133–167.

Girwidz, R., Vogel, M., Spannagel, C. & Engel, J. (2004). Comprehension of graphs – supported by supplantation of point-to-objects operations Online verfügbar unter: http://www.iwm-kmrc.de/workshops/sim2004/pdf_files/Girwidz_et_al.pdf [Datum des Zugriffs: 1.02.08].

Goodman., N. (1968). *Languages of Art – An Approach to a Theory of Symbols.* Indianapolis: Bobbs-Merrill.

Pea, R. D. & Kurland, D. M. (1984). On the cognitive effects of learning computer programming. *New Ideas in Psychology, 2,* 137–168.

Riempp, R. (2000). *Intentionales Beobachtungslernen von Bewegungs- und Handlungsabläufen mit interaktivem Video.* Dissertation an der Universität Tübingen. Online verfügbar: Deutsche Nationalbibliothek http://deposit.d-nb.de/cgi-bin/dokserv?idn=963184911&dok_var=d1&dok_ext=pdf&filename=963184911.pdf [Datum des Zugriffs: 1.02.08].

Salomon, G. (1972) Can we affect cognitive skills through visual media? An hypothesis and initial findings. *AV Communication Review, 20(4),* 401–422.

Salomon, G. (1976). A cognitive approach to media. *Educational Technology, 16(5),* 25–28.

Salomon, G. (1979). *Interaction of Media, Cognition, and Learning* (2nd ed. 1994). San Francisco: Jossey-Bass.

Salomon, G. (1980). The use of visual media in the service of enriching mental thought processes. *Instructional Science, 9(4),* 327–339.

Salomon, G. (1981). *Communication and Education.* Beverly Hills, CA: Sage.

Salomon, G. (1989). Zur Psychologie der Computer und ihrer Wirkungen. In J. Groebel & P. Winterhoff-Spurk (Hrsg.), *Empirische Medienpsychologie* (S. 258–275). München: Psychologie Verlags-Union.

Salomon, G. (1990). Cognitive effects with and of computer technology. *Communication Research, 17(1),* 26–44.

Salomon, G. & Globerson, T. (1987). Skill may not be enough: The role of mindfulness in learning and transfer. *International Journal of Educational Research, 11,* 623–637.

Seel, N. M. & Dörr, G. (1994). The abstraction of meaning from graphics: Instructional effects on spatial visualization skills of adults. In W. Schnotz & R. W. Kulhavy (Eds.), *Comprehension of Graphics* (pp. 271–290). Amsterdam, Netherlands: North-Holland/Elsevier Science Publishers.

Vygotsky, L. S. (1978). *Mind in society. "The development of higher psychological processes.* Cambridge, MA: Harvard University Press.

Zavotka, S. L. (1987). Three dimensional computer animated graphics: A tool for spatial skill instruction. *Educational Communications and Technology Journal, 35(3),* 133–144.

160

Entertainment Education

Bärbel Garsoffky

Worum geht es?

Entertainment education (EE) bezeichnet den Prozess, eine Mediennachricht zu gestalten und zu implementieren, die zwei Ziele hat – zum einen soll sie unterhalten und zum anderen erziehen (Singhal & Rogers, 2004), d. h. das Wissen der Zuschauer erweitern, Verhalten beeinflussen und/oder Einstellungen verändern. Beispiele in diesem Bereich sind Unterhaltungssendungen, zum Beispiel Soaps, in die Themen wie richtiges Gesundheitsverhalten oder die Bedeutung von Erwachsenenbildung integriert werden. Ferner kann das Ziel von EE über Veränderungen im individuellen Zuschauer hinausgehen und sozialen Wandel beabsichtigen (Singhal, Usdin, Scheepers, Goldstein & Japhet, 2003), wie zum Beispiel bei der indischen Radioserie *Tinka Tinka Sukh*, in deren Folge ein indisches Dorf formal die Mitgiftverpflichtung bei der Hochzeit von Töchtern abschaffte. Somit ist EE keine Theorie, sondern eine Kommunikationsstrategie (Singhal & Rogers, 2002, 2004). Die für EE benutzten Medien reichen von Printmedien, Radio, Fernsehen, Internet, Musikvideos, Computerspielen und partizipatorischem Straßentheater bis hin zu ganzen Medienverbünden. Hier einige Beispiele für EE-Interventionen: Eine der ersten EE-Interventionen war *The Archers*, eine bereits 1951 gesendete BBC-Radiosoerie, die sich ursprünglich vor allem an Bauern wandte und Tipps zur Landwirtschaft gab. In Peru wurde ab 1969 mit *Simplemente Maria* die erste Fernseh-Soap ausgestrahlt. In dieser Serie ging es um eine allein erziehende Frau, die es durch Eigeninitiative und Weiterbildung schaffte, sich finanziell unabhängig zu machen. Ein weiteres Beispiel ist das *Soul City*-Projekt in Südafrika, das seit 1994 läuft und u. a. so unterschiedliche Themen wie Tabak- und Alkoholkonsum, HIV/Aids-Prävention, Jugendsexualität, Landreform und Energieersparnis anspricht. *Soul City* ist ein Beispiel für einen ganzen Medienverbund: Es umfasst eine Fernseh- und eine Radioserie, gedruckte Broschüren, sowie Kampagnen wie „Soul City Search for Stars" oder die Auszeichnung des „Soul City Health Care Worker of the year" (Singhal et al., 2003). Es gibt ferner Beispiele für die Platzierung von EE-Botschaften in bereits existierenden Formaten, wie in der niederländischen Arzt-Fernsehserie *Medisch Centrum West*, die zwischen 1988 und 1994 gesendet wurde: Hier wurden Szenen gezeigt und Poster eingeblendet zu den Themen kardiovaskuläre Erkrankungen und Organspenden. Ein weiteres bekanntes EE-Beispiel ist die *Sesamstraße*, die seit 1969 zuerst in den USA, inzwischen weltweit im Fernsehen gesendet wird und ausdrücklich Kinder als Zielgruppe hat (vgl. **Abb. 2.18**). Dabei geht es um die Vermittlung von basalen Einschulungsfertigkeiten, persönlichen Eigenschaften und sozialem Verhalten. Ferner hält EE inzwischen auch Einzug im Video- und Computerspielemarkt: Beispiele hier sind *Peacemaker*, ein Computerspiel über den Mittleren Osten, *Food Force*, ein Spiel der Vereinten Nationen über die Schwierigkeiten von Hilfeleistungen in Kriegsgebieten und *A Force more powerful*, ein Spiel über nicht-gewalttätige Strategien.

161

Abb. 2.18: Ausschnitt aus der Sesamstraße: Finchen und Samson treffen den traurigen Buchstaben S. Viel lieber wäre er ein anderer Buchstabe – ein S zu sein ist doch einfach scheußlich! Deswegen will er auch nicht zur Alphabetparty gehen und sucht ein gutes Versteck in der Sesamstraße. Finchen und Samson machen sich an die schwierige Aufgabe, dem Buchstaben S zu sagen, wie wunderbar und wichtig er ist. (Bild © NDR/Studio Hamburg)

Theorien

EE entstand zunächst in der Praxis, wobei vor allem Miguel Sabido, ein Fernseh-autor/Produzent/Direktor in Mexiko, seit den 1970er Jahren mehrere EE-Fernseh-serien entwickelte (Nariman, 1993). Erst im Nachhinein erfolgte die empirische und theoretische Aufarbeitung. Im Zusammenhang mit EE werden unterschiedliche theoretische Ansätze herangezogen (u. a. Sherry, 2002): Häufig wird auf die sozial-kognitive Theorie Banduras (z. B. 2004; vgl. Beitrag zur sozial-kognitiven Lernthe-orie in diesem Band) Bezug genommen, wobei die Wirksamkeit von EE-Interventi-onen vor allem auf Modelllernen zurückgeführt wird: In Medien dargestellte Personen vermitteln Wissen, Werte, kognitive Fertigkeiten und Einstellungen sowie Verhaltensweisen. Hierbei ist es wichtig, dass die dargestellten Personen dem Pub-likum ähnlich sind, zum Beispiel im Hinblick auf soziodemgrafische Merkmale, und dass die behandelten Themen für den Lebensalltag der Zuschauer relevant sind. Dabei werden positive und negative Modelle unterschieden, die erwünschtes bzw. unerwünschtes Verhalten zeigen, sowie transitionale Modelle, die ihr Verhalten im Laufe der Sendung verändern. Die Wahrscheinlichkeit, dieses im Medium darge-stellte Verhalten auch selbst auszuführen, entsteht laut Banduras Theorie vor allem dadurch, dass die Zuschauer die positiven bzw. negativen Konsequenzen des Verhaltens sehen und der Meinung sind, das Zielverhalten auch selbst effektiv ausführen zu können. Diese Einschätzung wird zum Beispiel dadurch erhöht, dass das Modell das Verhalten nachvollziehbar und anschaulich darstellt. Ein weiterer theoretischer Ansatz im Bereich des EE ist das Uses and Gratifications-Modell, bei dem angenommen wird, dass jeweils bestimmte individuelle Bedürfnisse durch eine bestimmte Medienwahl befriedigt werden (z. B. Blumler & Katz, 1974; vgl. Beitrag zum Uses and Gratifications-Ansatz in diesem Band). Der Kultivierungsansatz betont langfristige Effekte von Mediendarstellungen, etwa indem durch die wiederholte Darstellung von Gewalt die Wahrnehmung der sozialen Realität beeinflusst wird (z. B. Gerbner, Gross, Morgan & Signorielli, 1986; vgl. Beitrag zur Kultivierung in diesem Band). Ähnlich betont die Idee des Agenda Setting langfristige Effekte und führt aus, dass Massenmedien weniger beeinflussen, *was* wir denken, sondern vielmehr, *worüber* wir nachdenken (McCombs & Shaw, 1972; vgl. Beitrag zum Agenda Setting in diesem Band). Mit gesellschaftlichen Effekten befassen sich schließlich der Ansatz zur Wissenskluft (Tichenor, Donohue & Olien, 1970; vgl. Beitrag zu Digital Divide und Wissensklufthypothese in diesem Band) und der Ansatz zur Verbreitung von Innovationen (Rogers, 1995), wobei es in beiden Fällen um die Verteilung von Wissen in den verschiedenen gesellschaftlichen Schichten geht. Speziell im Zusammenhang mit EE-Interventionen in wenig mediengesättigten Regionen wird auch die dialogische Pädagogik Freires (Freire, 1973) herangezogen.

Forschungsstränge und exemplarische Ergebnisse

Die Forschung im Bereich von EE lässt sich in drei verschiedene Bereiche unterteilen:

1. Vor allem sind hier formative und summative Evaluationsstudien zu nennen, die unterschiedlich umfangreich sein können. Ein Beispiel für besonders umfangreiche Evaluationen ist die Forschung des Soul City Institute for Health and Development Communication in Johannesburg, das 1992 gegründet wurde. Hier werden einerseits bei der Produktion neuer *Soul City*-Staffeln Ergebnisse aus Literaturarbeiten und Tiefeninterviews über vorherrschende Meinungen und Einstellungen zum Beispiel zu häuslicher Gewalt berücksichtigt, die dann bei der Gestaltung neuer Sendungen berücksichtigt werden. Andererseits werden vielfältige abhängige Variablen erfasst, die die Wirkung von *Soul City*-Staffeln belegen (z. B. die große Anzahl regelmäßiger Rezipienten, ein Anstieg des Wissens über Gesetze zu häuslicher Gewalt und zu möglichen Anlaufstellen, die Anzahl erschienener Zeitungsartikel zu diesem Thema; Singhal et al., 2003). Auch für die *Sesamstraße* liegt umfangreiches Evaluationsmaterial vor (z. B. Fisch, Truglio & Cole, 1999). Danach verbessert die Sendung basale Fähigkeiten (z. B. Zahlenverständnis), aber auch persönliche Attribute (z. B. Selbstvertrauen) und interpersonale Fähigkeiten (z. B. Kooperationsverhalten). Bouman, Maas und Kok (1998) führten eine Telefonbefragung zu der niederländischen Fernsehserie *Medisch Centrum West* durch und erfuhren, dass die Zuschauer sich nach der Sendung mit anderen über die Gesundheitsbotschaften austauschen, und dass vor allem die regelmäßigen Zuschauer die Platzierung von Gesundheitsinformationen gut finden.

163

2. Weiterhin gibt es auch Forschung, die generell nach den Wirkfaktoren von EE-Interventionen fragt, also nicht nur *ob*, sondern *warum* eine EE-Intervention wirkt. Sood (2002) untersuchte zum Beispiel die indische Radioserie *Tinka Tinka Sukh* und betont die Rolle der affektiven und kognitiven Zuschauerbeteiligung (involvement). Nach Sood (2002) erhöht das Involvement die wahrgenommene Selbst- und Kollektivwirksamkeit (Bandura, 1995, 1997) sowie die interpersonale Kommunikation über die gesendeten Inhalte. Insgesamt führt dies dann nach Sood (2002) wiederum zu mehr Wissen, neuem Verhalten und Einstellungsänderungen. Kincaid (2002) beruft sich auf Dramatheorien und geht davon aus, dass Konfrontation innerhalb der Story zu emotionalen Reaktionen, kognitiven Reorientierungen und Charakterveränderungen einer fiktionalen Person führt: Wenn sich nun die Zuschauer mit dieser fiktionalen Person stark identifizieren, verändern auch sie ihr Verhalten. Slater und Rouner (2002) dagegen erklären die Wirkung von EE über Prozesse persuasiver Kommunikation.

3. Schließlich gibt es auch Forschung zur Realisierung von EE, d. h. hier geht es um die Optimierung der Zusammenarbeit zwischen Inhaltsexperten und Medienproduzenten (z. B. Bouman, 2002) sowie um Transparenz und Qualitätskontrolle im Entwicklungsprozess. Lampert (2003) beschreibt einen optimalen Prozess bei der Entwicklung von EE-Interventionen (Wertematrix mit pädagogischen Zielen, formative Produktion, unabhängige Evaluation). Speziell mit der Platzierung von EE-Botschaften in mediengesättigten Industrienationen beschäftigen sich Glik et al. (1998). Sie untersuchten Strategien, wie es gelingt, Gesundheitsbotschaften in Prime-time-Unterhaltungsserien zu platzieren (am Beispiel der Serie *Emergency Room* im amerikanischen Fernsehen), etwa indem sie Medienmachern neben Informationen zum Thema bereits Ideen für mögliche Handlungen geboten haben.

Kritik

Zusammenfassend bleibt festzustellen, dass mit Hilfe von EE erwiesenermaßen positive Verhaltens- und Wissenseffekte zu erzielen sind. Allerdings wurde auch schon festgestellt, dass die Wirkung einzelner EE-Botschaften nicht unbedingt vorhersagbar ist: Nach der Ausstrahlung der US-Serie *All in the family*, die auf humorvolle Weise gegen ethnische Vorurteile arbeiten wollte, wurde zum Beispiel festgestellt, dass sich einige der Zuschauer ausgerechnet mit der negativen, vorurteilsbehafteten Figur des Archie Bunker identifizierten, und dass vor allem stark voreingenommene Rezipienten die Serie lieber ansahen als weniger voreingenommene Rezipienten (sogenannter Archie Bunker-Effekt; Lampert, 2003). Schließlich muss man bei der Beurteilung von EE auch berücksichtigen, dass dahinterstehende Interessen häufig für die Zuschauer nicht transparent sind, und diese Interessen können ganz unterschiedlicher Natur sein, so zum Beispiel wenn Indhira Gandhi sich für die Umsetzung von EE im indischen Staatsfernsehen einsetzt (Poindexter, 2004), oder wenn es um die stärker ökonomisch geprägten Entscheidungen in privaten Fernsehkanälen geht.

Literatur

Bandura, A. (Ed.) (1995). *Self-efficacy in changing societies*. New York: Cambridge University Press.

Bandura, A. (1997). *Self-efficacy: The essence of control*. New York: Freeman Press.

Bandura, A. (2001). Social cognitive theory of mass communication. *Media Psychology, 3,* 265–299.

Bandura, A. (2004). Social cognitive theory for personal and social change by enabling media. In A. Singhal, M. J. Cody, E. M. Rogers, & M. Sabido (Eds) (2004). *Entertainment-education and social change: History, research, and practice* (pp. 75–96). Mahwah, NJ: Lawrence Erlbaum.

Blumler, J. G. & Katz, E. (Eds.) (1974). *The uses of mass communication: Current perspectives on gratifications research*. Thousand Oaks, CA: Sage.

Bouman, M. (2002): Turtles and peacocks: Collaboration in entertainment-education television. *Communication Theory, 12(2)*, 225–244.

Bouman, M., Maas, L. & Kok, G. (1998). Health education in television entertainment – Medisch Centrum West: a Durch drama serial. *Health Education Research, 13(4),* 503–518.

Fisch, S. M., Truglio, R. T. & Cole, C. F. (1999). The impact of Sesame Street on preschool children: A review and synthesis of 30 years' research. *Media Psychology, 1,* 165–190.

Freire, P. (1973). *Pädagogik der Unterdrückten*. Reinbek: Rowohlt.

Gerbner, G., Gross, L., Morgan, M. & Signorielli, N. (1986). Living with television: The dynamics of cultivation process. In J. Bryant & D. Zillmann (Eds.), *Perspectives on media effects* (pp. 17–40). Mahwah, NJ: Lawrence Erlbaum.

Glik, D., Berkanovic, E., Stone, K., Ibarra, L., Jones, M. C., Rosen, B., Schreibman, M., Gordon, L., Minassian, L. & Richardes, D. (1998). Health education goes Hollywood: Working with prime-time and daytime entertainment television for immunization promotion. *Journal of Health Communication, 3,* 263–282.

Kincaid (2002). Drama, emotion, and cultural convergence. *Communication Theory, 12, 2,* 136–152.

Lampert, C. (2003). Gesundheitsförderung durch Unterhaltung? Zum Potenzial des Entertainment-Education-Ansatzes für die Förderung des Gesundheitswesens. *Medien & Kommunikationswissenschaft, Themenheft „Gesundheit in den Medien", 3–4,* 461–477.

McCombs, M. E. & Shaw, D. L. (1972). The agenda-setting function of the mass media. *Public Opinion Quarterly, 36,* 176–187.

Nariman, H. N. (1993). *Soap operas for social change: Toward a methodology for entertainment-education television*. Media and Society Series. Westport, CT/London: Praeger.

Poindexter, D. O. (2004). A history of entertainment-education, 1958–2000. In A. Singhal, M. J. Cody, E. M. Rogers & M. Sabido (Eds) (2004). *Entertainment-education and social change: History, research, and practice* (pp. 21–37). Mahwah, NJ: Lawrence Erlbaum.

Rogers, E. (1995). *Diffusion of innovations* (4th ed.). New York: Free Press.

Sherry (2002). Media saturation and entertainment-education. *Communication Theory, 12, 2,* 206–224.

Singhal, A., Cody, M. J., Rogers, E. M. & Sabido, M. (Eds). (2004). *Entertainment-education and social change: History, research, and practice*. Mahwah, NJ: Lawrence Erlbaum.

Singhal & Rogers (2002). A theoretical agenda for entertainment-education. *Communication Theory, 12, 2,* 117–135.

Singhal, A. & Rogers, E. M. (2004). The status of entertainment-education worldwide. In A. Singhal, M. J. Cody, E. M. Rogers & M. Sabido (Eds.), *Entertainment-education and social change: History, research, and practice* (pp. 3–20). Mahwah, NJ: Lawrence Erlbaum.

Singhal, A., Usdin, S., Scheepers, E., Goldstein, S. & Japhet, G. (2003). Entertainment-education strategy in development communication. In C. C. Okigbo & F. Eribo (Eds.), *Development and communication in Africa* (pp. 141–153). Lanham, MD: Rowman & Littlefield.

Slater, M. D. & Rouner, D. (2002). Entertainment-education and elaboration likelihood: Understanding the processing of narrative persuasion. *Communication Theory, 12,* 2, 173–191.

Sood, S. (2002). Audience involvement and entertainment education. *Communication Theory, 12,* 2, 153–172.

Tichenor, P. J., Donohue, G. A. & Olien, C. N. (1970). Mass media flow and differential growth in knowledge. *Public Opinion Quarterly, 34,* 159 – 170.

Multiple externe Repräsentationen

Daniel Bodemer

Worum geht es?

Unter multiplen externen Repräsentationen (MER) werden unterschiedliche Darstellungen verstanden, die gemeinsam dargeboten werden, um Menschen beim Lernen und Problemlösen zu unterstützen. Zumeist werden Kombinationen medialer externer Repräsentationen (ER) betrachtet, zum Beispiel gemeinsam dargebotene Filme, Animationen, Diagramme, Texte und Formeln. MER können aber auch physikalische Objekte einschließen, wie zum Beispiel eine Balkenwaage oder ein Schachbrett.

Ein typisches Beispiel für eine kombinierte Darbietung verschiedener ER ist die Chemielernsoftware SMV:Chem (Russell, Kozma, Becker & Susskind, 2000). Diese veranschaulicht Konzepte der Chemie in vier gleichzeitig dargebotenen Bildschirmfenstern durch ein Videobild, eine Computeranimation, ein Diagramm sowie durch Texte und Formeln (vgl. **Abb. 2.19**). Wird die Software begleitend zum Schulunterricht eingesetzt, werden die Darstellungen häufig um weitere ER ergänzt, die die Schüler beim Lernen und Problemlösen unterstützen können: z. B. ein Gemisch im Reagenzglas oder eine schriftliche Information auf der Tafel. Auch die mündliche Erläuterung des Lehrers kann als weitere ER aufgefasst werden.

Wie in diesem Beispiel werden MER meist zur Veranschaulichung naturwissenschaftlich-technischer Konzepte oder Systeme eingesetzt und untersucht. Die gemeinsame Darbietung verschiedener externer Repräsentationen soll dabei potenziell Vorteile gegenüber der Darbietung einer einzelnen ER haben, indem entweder unterschiedliche Aspekte eines Konzeptes oder Systems dargestellt werden oder dieselben Aspekte in unterschiedlicher Weise dargestellt werden.

Die am weitesten verbreitete Kombination externer Repräsentationen ist die Kombination von Texten und Bildern, wie sie in illustrierten Lehrbüchern zu finden sind. Beide Darstellungsformen unterscheiden sich hinsichtlich ihrer Kodierung (vgl. Weidenmann, 2002): Während Texte aus Symbolen bestehen, die mit dem repräsentierten Gegenstand durch eine willkürlich festgelegte Konvention verknüpft sind, haben Bilder gemeinsame Strukturmerkmale mit dem Gegenstand, wie zum Beispiel räumliche Distanzen (vgl. Schnotz, 2002). MER können aber auch hinsichtlich anderer Merkmale miteinander kombiniert werden. Beispielsweise können sich MER hinsichtlich der Sinnesmodalität unterscheiden, mit der sie von den Rezipienten wahrgenommen werden (z. B. auditiv und visuell), sie können Informationen statisch oder dynamisch darstellen oder auf verschiedene Weise interaktiv durch die Nutzer veränderbar sein.

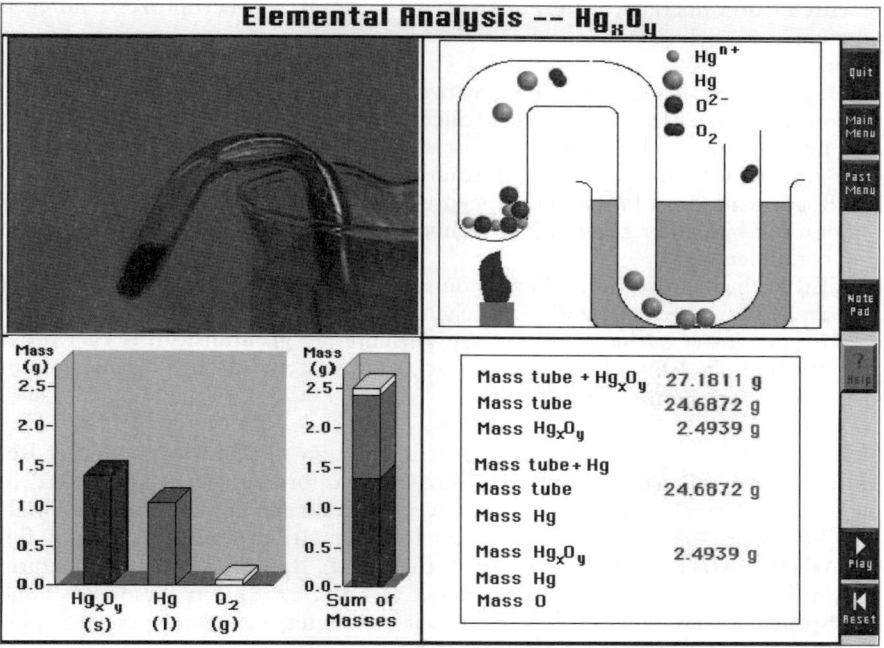

Abb. 2.19: Kombination unterschiedlicher Darstellungsformen in SMV:Chem (Russell et al., 2000).

Darstellung der Annahmen

Mit den Potenzialen und kognitiven Anforderungen multipler externer Repräsentationen beschäftigen sich verschiedene Ansätze der Lehr-Lern-Forschung. Meist wird dabei die Rolle unterschiedlicher Kodierungen und Modalitäten betont. So unterscheidet die kognitive Theorie multimedialen Lernens (Mayer, 2001) einen auditiv-verbalen und einen visuell-piktorialen Verarbeitungskanal (vgl. Beitrag zur Cognitive Theory of Multimedia Learning in diesem Band). Mayer integriert in diesem

Modell Annahmen der Theorie der dualen Kodierung (Paivio, 1986), des Arbeits-
gedächtnismodells von Baddeley (1986) und der Theorie der kognitiven Belastung
(Chandler & Sweller, 1991; vgl. Beitrag zur Cognitive Load Theory in diesem Band).
Danach sollte die Kombination von Text und Bild zu besseren Lernleistungen führen
als das Lernen mit nur einer der beiden Kodierungen, da die Verknüpfung verbaler
und piktorialer Information mit bedeutsamen Verstehensprozessen einhergeht.
Hinsichtlich der Modalität sagt das Modell bessere Lernleistungen voraus, wenn
Texte, die gemeinsam mit Bildern präsentiert werden, gesprochen anstatt geschrieben
dargeboten werden, da eine Verteilung der Informationsverarbeitung auf beide
Kanäle die Gefahr einer kognitiven Überlastung reduziere.

Auch unabhängig von Kodierung und Modalität kann die Nutzung multipler
externer Repräsentationen verschiedene Vorteile mit sich bringen. Ainsworth (1999)
beschreibt drei übergeordnete Funktionen von MER, die Lernprozesse anregen
können:

1. MER können sich wechselseitig ergänzen, indem sie unterschiedliche Informationen bereitstellen oder unterschiedliche kognitive Prozesse unterstützen.
2. Eine ER kann die (Fehl-)Interpretationsmöglichkeiten einer anderen einschränken, sei es auf Grund größerer Vertrautheit der Lernenden mit einer der beiden
   ER oder auf Grund inhärenter Eigenschaften, wie zum Beispiel der größeren
   Spezität bildhafter gegenüber sprachlicher Repräsentationen (vgl. Stenning &
   Oberlander, 1995).
3. MER können ein vertieftes Verständnis der Lernenden fördern, indem sie zum
   Beispiel abstrahierende und vergleichende Lernprozesse anregen, die auch den
   Wissenstransfer auf neue Situationen erleichtern (vgl. Bransford & Schwartz,
   1999; Spiro & Jehng, 1990; vgl. Beitrag zu konstruktivistischen Lernumgebun-
   gen in diesem Band).

Neben den potenziellen Vorteilen einer Kombination verschiedener externer Repräsentationen müssen auch spezifische kognitive Anforderungen beachtet werden,
die damit einhergehen können. Beispielsweise wird angenommen, dass die simultane Verarbeitung verschiedener externer Repräsentationen einen so großen Teil
der Arbeitsgedächtniskapazität beanspruchen kann, dass die Lernenden kognitiv
überfordert sind (Sweller, van Merriënboer & Paas, 1998). Eine besonders hohe
Beanspruchung des Arbeitsgedächtnisses wird vermutet, wenn die externen Repräsentationen auch noch dynamisch aufbereitet und interaktiv veränderbar sind, wie
es zunehmend in multimedialer Lernsoftware der Fall ist. Dies birgt die Gefahr,
dass Lernende sich auf Oberflächenmerkmale anstatt auf inhaltlich bedeutsame
Komponenten der einzelnen Darstellungen konzentrieren und deren Stärken weder
erkennen noch nutzen (z. B. Lowe, 1999).

Lernen mit multiplen externen Repräsentationen erfordert jedoch nicht nur die
Verarbeitung einzelner Darstellungen. Um ihr Potenzial für sinnvolle Lernprozesse
zu nutzen, müssen die unterschiedlich dargebotenen Informationen systematisch
zueinander in Beziehung gesetzt und mental integriert werden (Bodemer, Plötzner,
Feuerlein & Spada, 2004). Ainsworth (2006) spricht in diesem Zusammenhang
von Übersetzungsprozessen zwischen den unterschiedlichen Repräsentationen,
Brünken, Seufert und Zander (2005) von Prozessen globaler Kohärenzbildung.

Um den Lernenden die Integration multipler externer Repräsentationen zu erleichtern, wurden verschiedene Vorschläge gemacht, wie die Beziehung einander
entsprechender Komponenten unterschiedlicher Repräsentationen verdeutlicht

werden kann. Beispielsweise wurde vorgeschlagen, solche Komponenten räumlich integriert zu präsentieren (Chandler & Sweller, 1992), ihre Ähnlichkeit durch gemeinsame Farben oder Symbole hervorzuheben (Kalyuga, Chandler & Sweller, 1999) oder sie durch gleichzeitige Veränderung dynamisch zu verknüpfen (Kozma, Russell, Jones, Marx & Davis, 1996).

Diese instruktionalen Gestaltungsvorschläge können die Lernenden dabei unterstützen, bedeutsame Strukturen zu erkennen und zueinander in Beziehung zu setzen. Sie gewährleisten jedoch noch keine aktiven Verarbeitungsprozesse, die für den Aufbau kohärenter mentaler Repräsentationen notwendig sind. Um eine solche aktive Verarbeitung sicherzustellen, wurde in neueren Ansätzen vorgeschlagen, dass die Lernenden sich wechselseitig entsprechende Strukturen multipler externer Repräsentationen selbst identifizieren (Seufert, 2003) bzw. unterschiedlich repräsentiertes Lernmaterial interaktiv auf dem Bildschirm integrieren (Bodemer et al., 2004; vgl. **Abb. 2.20**).

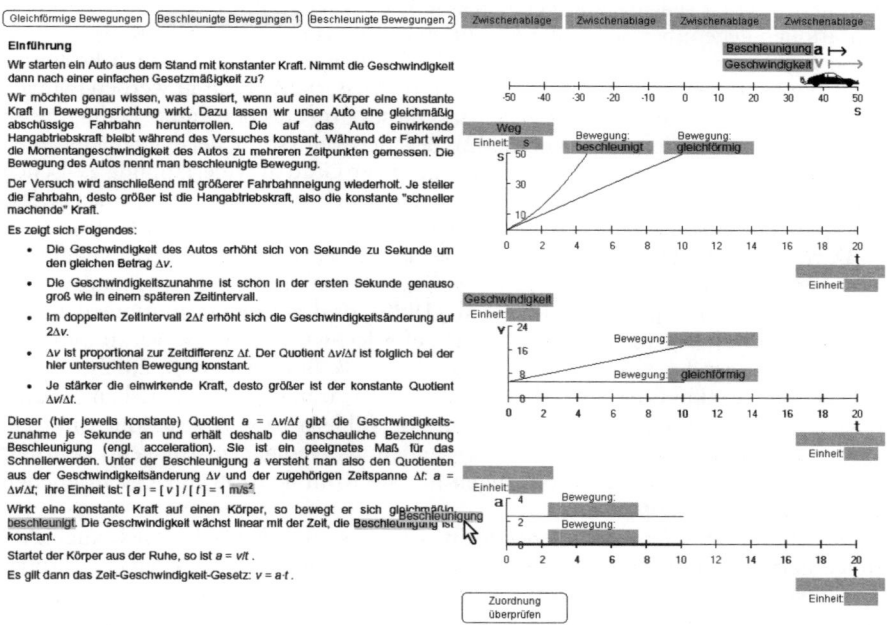

Abb. 2.20: Interaktive Informationsintegration von Text-, Formel- und Bildkomponenten beim Lernen von Konzepten der Klassischen Mechanik (Bodemer, Plötzner, Bruchmüller & Häcker, 2005)

Typische Methodik

Die Annahmen zum Lernen und Problemlösen mit MER werden üblicherweise in experimentellen Studien überprüft. Verglichen wurden bislang vor allem (1) MER im Vergleich zur Darbietung einer einzelnen ER, (2) unterschiedliche Kombinationen multipler externer Repräsentationen, (3) unterschiedliche instruktionale Präsentationsarten derselben MER und (4) personen- und aufgabenabhängige Einflussfaktoren. Die Lern- und Problemlösematerialien beziehen sich dabei meist auf komplexe naturwissenschaftlich-technische Sachverhalte. Zentrale abhängige Variablen sind (1) die Performanz, die in Bezug auf die Lernleistung üblicherweise in Behalten und Verstehen bzw. Transfer unterteilt wird, (2) die Dauer, für die die unterschiedlichen Repräsentationen genutzt wurden, und zunehmend auch (3) die kognitive Belastung.

Zentrale empirische Befunde

Obwohl MER in verschiedenen Studien Lern- und Problemlöseleistungen verbessern konnten, zeigten sich bislang keine generellen Vorteile multipler externer Repräsentationen gegenüber der Nutzung nur einer ER (vgl. Ainsworth, 2006).

So konnte zwar die Annahme, dass die Darbietung unterschiedlich kodierter Information zu besseren Lernleistungen führt, wiederholt bestätigt werden (Mayer, 2001), es hat sich jedoch auch gezeigt, dass dieses Ergebnis bestimmte Bedingungen voraussetzt (vgl. Carney & Levin, 2002). Beispielsweise sollte bei der gemeinsamen Präsentation von Texten und Bildern ein gewisser Grad an Überlappung zwischen den MER, aber keine Redundanz gegeben sein. Auch sollten die Texte eine gewisse Komplexität aufweisen und die Bilder nicht nur dekorative Funktion haben.

Darüber hinaus hat sich gezeigt, dass die räumliche, symbolische oder dynamische Verknüpfung einander entsprechender Komponenten in MER die Lernenden kognitiv entlasten kann (z. B. Kalyuga et al., 1999), dass ein repräsentationsübergreifendes Verständnis jedoch vor allem dann gefördert wird, wenn die Verknüpfungen durch die Lernenden selbst hergestellt werden (z. B. Bodemer et al., 2005).

Auch der Einfluss der Modalität konnte in mehreren experimentellen Studien nachgewiesen werden: Die Kombination von Bildern bzw. Animationen mit gesprochenen Texten wurde von den Lernenden als weniger anstrengend beurteilt und führte zu besseren Lernleistungen als die Kombination mit geschriebenen Texten (Moreno, 2006).

Neben diesen Eigenschaften der Repräsentationen selbst haben sich auch Personenmerkmale als einflussreich erwiesen. Insbesondere das Vorwissen der Lernenden hinsichtlich des Inhalts und der Darstellungsform spielt eine entscheidende Rolle: Beispielsweise zeigte sich häufig, dass geringes Vorwissen mit einer kognitiven Überlastung während des Lernens mit MER einhergehen kann. Uneindeutig sind dagegen die Befunde zu Vorlieben bei der Auswahl visuell oder verbal aufbereiteter Lernmaterialien. Es konnte nur teilweise bestätigt werden, dass Lernende, die entweder symbolische oder piktoriale Kodierungen bevorzugen, besser mit dem jeweils präferierten Material lernen (Plass, Chun, Mayer & Leutner, 1998).

Kritik

Die insgesamt heterogenen Ergebnisse der Forschung zum Lernen und Problemlösen mit MER sind vor allem auf die Vielzahl von Einflussfaktoren zurückzuführen, die die Performanz der Lernenden beeinflussen können. Diese erschweren die Vergleichbarkeit der verschiedenen Studien und häufig auch der verschiedenen experimentellen Bedingungen innerhalb der Studien. Unterschiede bestehen in den Eigenschaften der Repräsentationen, der Lernenden, der Aufgaben, der Inhalte und ihrer Komplexität sowie in der verfügbaren Zeit.

Darüber hinaus sind die zugrundeliegenden kognitiven Modelle noch unpräzise, insbesondere hinsichtlich der Annahmen, wie unterschiedliche Darstellungsformen mental integriert werden. Damit einhergehend konzentrierte sich die Forschung lange Zeit darauf, gedächtnisentlastende Gestaltungsmaßnahmen zu entwickeln und vernachlässigte die Frage, wie man aktive Kohärenzbildung zwischen MER fördern kann.

Literatur

Ainsworth, S. (1999). The functions of multiple representations. *Computers and Education, 33*, 131–152.

Ainsworth, S. (2006). DeFT. A conceptual framework for considering learning with multiple representations. *Learning and Instruction, 16*, 183–198.

Baddeley, A. (1986). *Working memory*. New York: Oxford University Press.

Bodemer, D., Plötzner, R., Bruchmüller, K. & Häcker, S. (2005). Supporting learning with interactive multimedia through active integration of representations. *Instructional Science, 33*, 73–95.

Bodemer, D., Plötzner, R., Feuerlein, I. & Spada, H. (2004). The active integration of information during learning with dynamic and interactive visualisations. *Learning and Instruction, 14*, 325–341.

Bransford, J. D. & Schwartz, D. L. (1999). Rethinking transfer: A simple proposal with multiple implications. *Review of Research in Education, 24*, 61–100.

Brünken, R., Seufert, T. & Zander, S. (2005). Förderung der Kohärenzbildung beim Lernen mit Multiplen Repräsentationen. *Zeitschrift für Pädagogische Psychologie, 19*, 61–75.

Carney, R. N. & Levin, J. R. (2002). Pictorial illustrations still improve students' learning from text. *Educational Psychology Review, 14*, 5–26.

Chandler, P. & Sweller, J. (1991). Cognitive load theory and the format of instruction. *Cognition and Instruction, 8*, 293–332.

Chandler, P. & Sweller, J. (1992). The split-attention effect as a factor in the design of instruction. *British Journal of Educational Psychology, 62*, 233–246.

Gentner, D. (1983). Structure-mapping: A theoretical framework for analogy. *Cognitive Science, 7*, 155–170.

Kalyuga, S., Chandler, P. & Sweller, J. (1999). Managing split-attention and redundancy in multimedia instruction. *Applied Cognitive Psychology, 13*, 351–371.

Kozma, R., Russell, J., Jones, T., Marx, N. & Davis, J. (1996). The use of multiple, linked representations to facilitate science understanding. In S. Vosniadou, E. De Corte, R. Glaser & H. Mandl (Eds.), *International perspectives on the design of technology supported learning environments* (pp. 41–61). Hillsdale, NJ: Lawrence Erlbaum.

Lowe, R. K. (1999). Extracting information from an animation during complex visual learning. *European Journal of Psychology of Education, 14*, 225–244.

Mayer, R. E. (2001). *Multimedia learning*. New York: Cambridge University Press.

Moreno, R. (2006). Does the modality principle hold for different media? A test of the method-affects-learning hypothesis. *Journal of Computer Assisted Learning, 22,* 149–158.

Paivio, A. (1986). *Mental Representations: A Dual-Coding Approach*. New York: Oxford University Press.

Plass, J. L., Chun, D. M., Mayer, R. E. & Leutner, D. (1998). Supporting visual and verbal learning preferences in a second-language multimedia learning environment. *Journal of Educational Psychology, 90,* 25–36.

Russell, J., Kozma, R., Becker, D., & Susskind, T. (2000). SMV:Chem; Synchronized Multiple Visualizations in Chemistry. New York: John Wiley.

Schnotz, W. (2002). Wissenserwerb mit Texten, Bildern und Diagrammen. In L. Issing & P. Klimsa (Hrsg.), *Information und Lernen mit Multimedia und Internet* (S. 65–81). Weinheim: PVU.

Seufert, T. (2003). Supporting coherence formation in learning from multiple representations. *Learning and Instruction, 13,* 227–237.

Spiro, R. J., Jehng, J.-C. & Nix, D. (1990). Cognitive flexibility and hypertext: Theory and technology for the nonlinear and multidimensional traversal of complex subject matter. In D. Nix & R. J. Spiro (Eds.), *Cognition, education, and multimedia: Exploring ideas in high technology* (pp. 163–205). Hillsdale, NJ: Lawrence Erlbaum.

Stenning, K. & Oberlander, J. (1995). A cognitive theory of graphical and linguistic reasoning: Logic and implementation. *Cognitive Science, 19,* 97–140.

Sweller, J., van Merriënboer, J. & Paas, F. (1998). Cognitive architecture and instructional design. *Educational Psychology Review, 10(3),* 251–296.

Weidenmann, B. (2002). Multicodierung und Multimedia im Lernprozess. In L. J. Issing & P. Klimsa (Hrsg.), *Information und Lernen mit Multimedia und Internet* (S. 45–62). Weinheim: PVU.

Konstruktivistische Lernumgebungen

Dagmar Unz

Worum geht es?

Mit der kognitiven Wende in den 1970er und 1980er Jahren wandelt sich die Auffassung vom Lernen. Während traditionell behaviorale Lernansätze auf Verhaltensänderungen fokussierten, wird Lernen nun nicht mehr (nur) als eine Reaktion auf einen Stimulus-Input gesehen, sondern als eine Aktivität, die auf kognitiven Strukturen beruht und durch informationsverarbeitende Prozesse vonstatten geht. Damit rückt die Rolle des Individuums beim Lernprozess in den Vordergrund. Wissen wird nun als etwas betrachtet, das eine Person nicht als 1:1-Abbild gemäß den instruktionalen Vorgaben übernimmt, sondern konstruiert. Die Theorie von Jean Piaget (z. B. Piaget, 1975) bildet dabei die Basis für mehrere pädagogisch-methodische Konzepte, etwa das Lernen mit Mikrowelten (Papert, 1980). In den

1990er Jahren geht die Entwicklung weiter: Die Rolle von sozialen Interaktionen und des soziokulturellen Kontextes wird betont. Lernen, so die Ansicht, ist ein Prozess, der zwischen verschiedenen Individuen verteilt ist bzw. innerhalb einer Gemeinschaft von Lernenden existiert. Diese Entwicklung von behavioralen über kognitive bis hin zu sozialen Theorien des Lernens wird begleitet von neuen Konzeptionen des Lehrens und hat Auswirkungen darauf, wie mediale Präsentationen bzw. Lernumgebungen gestaltet werden.

Darstellung der Annahmen

Wissen ist nach konstruktivistischer Sichtweise nicht die bloße Abbildung einer Realität, sondern ergibt sich aus einem aktiven Erkenntnisprozess. Lernen ist also ein aktiver, konstruktiver, kumulativer und zielorientierter Prozess. Es ist ein aktiver Prozess, da Lernende während der Informationsaufnahme etwas tun müssen, um den Lernstoff in sinnvoller Weise aufzunehmen. Lernen ist ein konstruktiver Prozess, da die neue Information sorgfältig herausgearbeitet und in Beziehung zu bereits vorhandenen Informationen gesetzt werden muss. Lernen ist ein kumulativer Prozess, da jedes neue Lernen auf vorhandenem Wissen aufbaut oder vorhandenes Wissen nutzt. Lernen ist ein zielorientierter Prozess, da Lernen dann am erfolgreichsten ist, wenn Lernende sich des Ziels bewusst sind, auf das sie hinarbeiten, und wenn sie über realistische Erwartungen hinsichtlich der Erreichung des gewünschten Ergebnisses verfügen (Shuell, 1988). Gleichzeitig spielt die soziale Interaktion eine wichtige Rolle beim Lernen. Kognition und Lernen geschieht in konkreten Situationen, ist also kontextuell eingebunden oder situiert und vollzieht sich in kontextgebundenen, kooperativen und kommunikativen Lernsituationen (z. B. Lave & Wenger, 1991).

Wenn Lernprozesse also prinzipiell internale, von den Lernenden gesteuerte Prozesse sind, die extern zwar unterstützt, aber nicht reguliert werden können, erhalten Medien in dieser Konzeption die Rolle von „Angebote[n] der sozialen Umwelt, die Lernende auf unterschiedliche Weise nutzen und damit verschiedenartige Aktivitäten bei Lernenden anregen" (Kerres, 2001, S. 146). Ziel der Gestaltung von medialen Lernangeboten ist es dann, dass diese zu Aktivitäten anregen, die Prozesse des aktiven Lernens (wie Informationen auswählen, organisieren, elaborieren, neue Informationen mit bestehendem Wissen integrieren) in Gang setzen. Aus diesen Überlegungen heraus hat sich die Idee der Lernumwelten oder Lernumgebungen entwickelt. Mit dem Begriff der Lernumgebung wird betont, dass Instruktion nicht objektives Wissen und einheitliche Methoden vorgibt, sondern vielmehr Situationen zum Lernen entwickeln soll, in denen kognitive Lernprozesse durch die Beschäftigung mit der Umwelt stattfinden können. Meist wird der Begriff dabei auf Computerprogramme bezogen. „Learning environments are comprehensive, integrated systems that promote engagement through student-centered activites, including guided presentations, manipulations and explorations among interrelated themes ... Learning environments supply interactive, complementary activities that facilitate student-centered learning" (Hannafin, 1992, S. 51; vgl. auch Hannafin, 1995). Für die Gestaltung von Lernumwelten sind verschiedene didaktische Konzeptionen entstanden. Einige der bekanntesten sind: cognitive flexibility theory, cognitive apprenticeship, situated learning bzw. communities of practice und anchored instruction.

173

Die Cognitive flexibility-Theorie (Spiro, Collins, Thota & Feltovich, 2003; Spiro, Feltovich, Jacobson & Coulson, 1992; Spiro & Jehng, 1990) fokussiert auf Lernprozesse in komplexen, wenig strukturierten Inhaltsbereichen. Hier sind traditionelle lineare Instruktionsansätze oft ineffektiv, da diese die Inhalte in der Regel zu stark vereinfachen, kontextgebundene Informationen präsentieren und damit den Wissenstransfer erschweren. Kognitive Flexibilität beinhaltet die Fähigkeit, Wissen unter verschiedenen Rahmenbedingungen sinnvoll zu verwenden. Dazu gehört die Fertigkeit, als Reaktion auf veränderte Situationen und Anforderungen sein Wissen spontan umzuorganisieren. Eine zentrale Annahme der cognitive flexibility theory ist, dass Wissen, das in vielfältiger Weise nutzbar sein soll, in verschiedenen Arten organisiert, gelehrt und repräsentiert werden muss. Es ist also wichtig, denselben Inhalt in verschiedenen Formaten zu präsentieren, in unterschiedliche Szenarien und Zusammenhänge einzubinden, unter verschiedenen Zielsetzungen und unter verschiedenen konzeptionellen Perspektiven zu betrachten sowie vielfältige Beispiele zu verwenden. Solcherart gestaltete Lernumgebungen können als „Landschaften" aufgefasst werden, die man (mehrfach) auf unterschiedlichen Wegen „durchwandern" kann. Da ein- und derselbe Sachverhalt mit ganz unterschiedlichen anderen Themen verknüpft wird, können Lernende den Lernvorgang an ihre individuellen Voraussetzungen anpassen (sowohl im Hinblick auf ihr Vorwissen als auch auf ihre spezifischen inhaltlichen Interessen und ihre Lernmotivation). Unterschiedliche Perspektiven eines gegebenen Themas können dazu führen, dass das Wissen nicht auf einen Kontext fixiert bleibt, sondern auf andere Problemstellungen übertragen werden kann.

Der Ansatz des cognitive apprenticeship (z. B. Collins, Brown & Newman, 1989) nimmt Bezug auf das Modell der Lehrlingsausbildung: Ausgehend von einer modellhaften Vorgabe bestimmter Lösungswege sollen dann unter Hilfestellung eigene Erfahrungen mit dem Lerngegenstand gemacht werden, um schließlich Problemstellungen eigenständig bearbeiten zu können. Der Ansatz umfasst sechs Lehrmethoden: (1) Zunächst gibt der Lehrende modellhaft etwas vor (modelling). (2) In einem zweiten Schritt wird Coaching zur Verfügung gestellt (Hinweise, Feedback etc.). (3) Danach geht es darum, dass der Lernende schrittweise immer mehr Teile der Aufgabe übernimmt (scaffolding); mit zunehmender Kompetenz des Lernenden wird die externe Unterstützung immer weiter verringert. (4) In einem vierten Schritt sollen die Lernenden ihr Wissen und ihr Verständnis artikulieren und (5) in einem fünften Schritt reflektieren. (6) Im sechsten Schritt werden die Lernenden schließlich ermutigt, ihr Wissen und ihre Kompetenzen in neuen Gebieten anzuwenden (exploration). Es soll so eine Arbeitsgemeinschaft entstehen, bei der Lernende und Lehrende in einer Interaktion stehen. Dadurch sollen Lernende Expertenstrategien erkennen und anwenden können. Der Ansatz wurde bisher vor allem angewendet bei der Gestaltung von Programmen zur Entwicklung von Lese- und Schreibkompetenzen sowie von Kompetenzen im mathematischen Problemlösen.

Der Ansatz des situated learning (Lave & Wenger, 1991) geht davon aus, dass Lernen kontextgebunden ist. Daher sollten Informationen bzw. Wissen in einem authentischen Kontext präsentiert werden (also in Situationen und Anwendungsgebieten, in denen normalerweise das Wissen eingesetzt wird). Des Weiteren erfordert Lernen soziale Interaktion und Zusammenarbeit. Lernende sollten in eine „community of practice" (Brown, Collins & Duguid, 1989) eingebunden sein. In einer solchen Gemeinschaft erwerben Anfänger schrittweise Kompetenzen und Wissen, indem sie von Experten lernen. Mit zunehmendem Kompetenzgewinn werden sie immer aktiver und engagierter und nehmen schließlich selbst die Rolle von Experten ein. Es wird davon ausgegangen, dass situiertes Lernen in einem solchen Prozess wenig intentional erfolgt.

Das mit dem Ansatz des situated learning verwandte Konzept der anchored instruction bezieht sich auf die Gestaltung von interaktiven Technologien für Lernzwecke (Bransford Sherwood, Hasselbring, Kinzer & Williams, 1990; Cognition & Technology Group at Vanderbilt (CTGV), 1990, 1991, 1992, 1993). Der Fokus der Arbeitsgruppe liegt auf der Entwicklung interaktiver Video-Tools, die Lernende anregen sollen, komplexe, realistische Probleme zu lösen. Dabei sind zwei Designprinzipien maßgebend. Erstens sollen die Lehr-Lernaktivitäten in realistischen Kontexten verankert sein, z. B. durch Nutzung eines konkreten Falls oder einer authentischen Problemsituation. Ausgangspunkt für das Lernen soll ein für die Lernenden interessantes und intrinsisch motivierendes Problem sein. Zweitens soll das Lernmaterial Möglichkeiten zum entdeckenden Lernen bieten und eine explorative Vorgehensweise ermöglichen: „The design of these anchors was quite different from the design of videos that were typically used in education ... our goal was to create interesting, realistic contexts that encouraged the active construction of knowledge by learners. Our anchors were stories rather than lectures and were designed to be explored by students and teachers" (CTGV, 1993, S. 52). Die Prinzipien der anchored instruction wurden in erster Linie für den Erwerb von Lese-, Fremdsprachen- und Mathematikkompetenzen angewendet. Die CTGV hat eine Reihe von interaktiven Videos, die „Jasper Woodbury Problem Solving Series", entwickelt. Diese Programme präsentieren Abenteuer von Jasper Woodbury, in denen mathematische Konzepte benötigt werden, um bestimmte Situationen zu bewältigen.

Zentrale empirische Befunde

Insgesamt gesehen finden sich in der Literatur eher Beschreibungen spezifischer Umsetzungen der o. g. Gestaltungsprinzipien in konkrete Lernumgebungen (z. B. Jonassen, Ambruso & Olesen, 1992) und nur sehr wenige empirische Studien, die den Zusammenhang der Gestaltungsprinzipien, der Rolle von informationsverarbeitenden Prozessen und sozialer Interaktion und Lernerfolg bzw. Transferleistungen untersuchen.

Eine Studie von Jacobson, Maouri, Mishra und Colar (1996) zeigt keinen Vorteil einer Strukturierung im Sinne der cognitive flexibility theory (d. h. einer Strukturierung nach verschiedenen Fallbeispielen unter Berücksichtigung multipler Perspektiven) zu einer völlig freien Hypertextnavigation oder einer Mischform. Nach einer Studie von Stark, Graf, Renkl, Gruber und Mandl (1995) wird der Wissenstransfer durch die Präsentation multipler Perspektiven nur bei zusätzlicher instruktionaler Unterstützung erreicht, nämlich dann, wenn die Lernenden per Instruktion zu einer Reflexion der zu lernenden Inhalte aufgefordert wurden. Auch scheint Vorwissen eine zentrale Rolle bei der Nutzung multipler Perspektiven zu spielen. Während Experten verschiedene Repräsentationen zielgerecht einsetzen, ist es für Novizen schwierig, unterschiedliche Repräsentationen adäquat zu nutzen und zusammenzuführen (Kozma, 2003). Novizen orientieren sich eher an oberflächlichen Merkmalen und sind enger auf einzelne Darstellungen fixiert. Sie können nur schwer zwischen verschiedenen Darstellungen wechseln. Eine Studie von

Godshalk, Harvey und Moller (2004) weist daraufhin, dass für die Effektivität von Umgebungen, die nach den Prinzipien der cognitive flexibility theory gestaltet sind, die Aufgabenstellung unter Umständen eine große Rolle spielen kann. In Themengebieten, in denen es um stark emotionale und möglicherweise sehr kontroverse Meinungen geht, sollte die Aufgabe so gestaltet sein, dass die Lernenden nicht auf eine bestimmt Position festgelegt werden. Beim Thema „sexuelle Belästigung" erwies sich eine Aufgabenstellung, möglichst viele Meinungen und Optionen zu explorieren, als vorteilhafter als die Aufgabenstellung, die Rolle eines Geschworenen oder Richters einzunehmen.

Kritik

Die aufgeführten Ansätze haben sich als Gegenentwürfe zu behavioralen, rein instruktionalistischen Konzepten des Lernens und Wissenserwerbs entwickelt. Die Hinwendung zum Individuum und seinen kognitiven Prozessen hat dabei Schwachstellen traditioneller Lehrkonzepte offengelegt. Zwar scheinen die aufgeführten Ansätze von ihrer theoretischen Herleitung sinnvolle Methoden und Prinzipien zu beinhalten, in erster Linie ist jedoch die mangelnde empirische Überprüfung zu kritisieren.

Literatur

Bransford, J. D., Sherwood, R. D., Hasselbring, T. S., Kinzer, C. K. & Williams, S. M. (1990). Anchored instruction: Why we need it and how technology can help. In D. Nix & R. Spiro (Eds.), *Cognition, education and multimedia* (pp. 115–141) Hillsdale, NJ: Lawrence Erlbaum.

Brown, J. S. Collins, A., & Duguid, P. (1989). Situated cognition and the culture of learning. *Educational Researcher, 18(1)*, 32–41.

Cognition and Technology Group at Vanderbilt (1990). Anchored instruction and its relationship to situated cognition. *Educational Researcher, 19(6)*, 2–10.

Cognition and Technology Group at Vanderbilt (1991). Technology and the design of generative learning environments. *Educational Technology, 31(5)*, 34–40.

Cognition and Technology Group at Vanderbilt (1992). The Jasper experiment: An exploration of issues in learning and instructional design. *Educational Technology Research and Development, 40(1)*, 65–80.

Cognition & Technology Group at Vanderbilt (1993). Anchored instruction and situated cognition revisited. *Educational Technology, 33(3)*, 52–70.

Collins, A., Brown, J. S., & Newman, S. E. (1989). Cognitive apprenticeship: Teaching the crafts of reading, writing, and mathematics. In L. B. Resnick (Ed.), *Knowing, Learning, and Instruction. Essays in the Honor of Robert Glaser* (pp. 453–494). Hillsdale, NJ: Lawrence Erlbaum.

Godshalk, V. M., Harvey, D. M. & Moller, L. (2004). The Role of Learning Tasks on Attitude Change Using Cognitive Flexibility Hypertext Systems. *The Journal of the Learning Sciences, 13(4)*, 507–526.

Hannafin, M. J. (1992). Emerging technologies, ISD, and learning environment: critical perspectives. *Educational Technology Research and Development, 40(1)*, 49–63.

Hannafin, M. J. (1995). Open learning environments. Foundations, assumptions, and implications for automated design. In R. D. Tennyson & A. E. Baron (Eds.), *Automating instructional design: computer-based development and delivery tools* (NATO ASI Series, Series F: Computer and Systems Sciences; no. 140, pp. 101–130). Berlin/Heidelberg/New York: Springer.

Jonassen, D., Ambruso, D. & Olesen, J. (1992). Designing hypertext on transfusion medicine using cognitive flexibility theory. *Journal of Educational Multimedia and Hypermedia, 1(3)*, 309–322.

Jacobson, M. J., Maouri, C., Mishra, P. & Kolar, C. (1996): Learning with hypertext learning environments: Theory, design, and research. *Journal of Educational Multimedia and Hypermedia, 5(3/4)*, 239–281.

Kerres, M. (2001). *Multimediale und telemediale Lernumgebungen. Konzeption und Entwicklung* (2. Aufl.). München/Wien: Oldenbourg.

Kozma, R. (2003). Material and social affordances of multiple representations for science understanding. *Learning and Instruction, 13(2)*, 205–226.

Lave, J. & Wenger, E. (1991). *Situated learning: legitimate peripheral participation*. Cambridge, UK: Cambridge University Press.

Papert, S. (1980). *Mindstorms: Children, computers, and powerful ideas*. New York: Basic Books.

Piaget, J. (1975). *Gesammelte Werke* (10 Bände). Stuttgart: Klett.

Shuell, T. J. (1988). The role of the student in learning from instruction. *Contemporary Educational Psychology, 13*, 276–295.

Spiro, R. J., Collins, B. P., Thota, J. J., Feltovich, P. J. (2003).Cognitive Flexibility Theory: Hypermedia for Complex Learning, Adaptive Knowledge Application, and Experience Acceleration. *Educational Technology, 43(5)*, 5–10.

Spiro, R. J., Feltovich, P. J., Jacobson, M. J., & Coulson, R. L. (1992). Cognitive flexibility, constructivism and hypertext: Random access instruction for advanced knowledge acquisition in ill-structured domains. In T. Duffy & D. Jonassen (Eds.), *Constructivism and the Technology of Instruction* (pp. 57–76). Hillsdale, NJ: Lawrence Erlbaum.

Spiro, R. J. & Jehng, J. (1990). Cognitive flexibility and hypertext: Theory and technology for the non-linear and multidimensional traversal of complex subject matter. In D. Nix & R. Spiro (Eds.), *Cognition, Education, and Multimedia* (pp. 163–205). Hillsdale, NJ: Lawrence Erlbaum.

Stark, R., Graf, M., Renkl, A., Gruber, H. & Mandl, H. (1995). Förderung von Handlungskompetenz durch geleitetes Problemlösen und multiple Lernkontexte. *Zeitschrift für Entwicklungspsychologie und Pädagogische Psychologie 27(4)*, 289–312.

Medienspezifität des Lernens

Carmen Zahn

Worum geht es?

Inwiefern haben Medien spezifische und direkte Einflüsse auf Lernprozesse? Um diese Frage geht es beim Thema „Medienspezifität des Lernens". Zentral ist die Hypothese, dass die Art der Medienpräsentation von Lerninhalten die kognitive Informationsverarbeitung durch die Lernenden unterschiedlich unterstützt und dadurch zu unterschiedlichen Lernprozessen und -erfolgen führt. Demnach macht es einen Unterschied für das Verstehen einer Information, ob wir sie in der Zeitung lesen, im Radio hören, in den Fernsehnachrichten sehen oder im Internet aufrufen. Es macht einen Unterschied, ob wir etwas anhand eines Textbuches, eines Videos oder am Multimedia-Computer lernen.

Die Medienspezifitäts-Annahme ist allerdings umstritten: Clark (1983, 1992) beispielsweise schließt als Gegner dieser Annahme kausale Medieneinflüsse kategorisch aus und identifiziert alle bis dato gefundenen empirischen Belege *für* die Medienspezifität als methodische Artefakte. Kozma (1991, 1994) dagegen nimmt eine befürwortende Position ein und fordert gleichzeitig eine differenziertere Betrachtung des Forschungsgegenstandes. Clark und Kozma führten in den 1990er Jahren eine hitzige Debatte über die Medienspezifität des Lernens, die sogenannte „media effects debate". Diese Diskussion ist nicht nur von wissenschaftlichem Interesse, sie ist auch für die praktische Gestaltung von Informations- und Wissensmedien relevant. Denn wenn sich Lernen medienspezifisch unterscheidet, können Medien gezielt verwendet werden, um in Lernszenarien eine bestimmte Problemdefinition oder eine bestimmte kognitive Verarbeitung im Sinn eines definierten Lernziels nahezulegen.

Die Debatte zwischen Clark und Kozma

Welche Annahmen über psychologische Verarbeitungsprozesse auf Seiten der Lernenden liegen der Debatte um die Medienspezifität des Lernens zugrunde?

Grundsätzlich unterscheidet man die „Theorien der starken Medien" und die „Theorien der schwachen Medien". Vertreter der „Theorien der starken Medien" nehmen an, dass bestimmte Medienattribute jeweils spezifische kognitive Effekte haben können. Sie berufen sich auf Salomons (1979) kognitive Medientheorie, die besagt, dass verschiedene Medien über medienspezifische Symbole und Codes unterschiedliche kognitive Funktionen aktivieren (vgl. Beitrag zu Cultivation of Mental Skills/Supplantation in diesem Band). Salomon nennt als Beispiele Filme und Videos, die etwa durch Zooms den Prozess der Aufmerksamkeitsfokussierung modellieren oder die Informationsverarbeitung durch gezielte Filmschnitte steuern können.

Neben Salomons Theorie zählen auch die Multimedia-Theorien des Lernens (z. B. Mayer, 1997, vgl. Beitrag zu Multiplen externen Repräsentationen in diesem Band) bzw. die Theorie der dualen Kodierung (Paivio, 1986) zu den „Starke-Medien"-Ansätzen. Sie gehen davon aus, dass visuell und verbal dargebotene Informationen getrennt verarbeitet werden: Sprach- und Textinformation in einem verbalen System sowie Bildinformation, Geräusche und haptische Eindrücke in einem nonverbalen System. Es wird weiter angenommen, dass das verbale System sequentiell arbeitet, das nonverbale System parallel. Bilder, nichtsprachliche Geräusche und haptische Informationen werden demnach grundsätzlich anders verarbeitet als Sprache und Text – die Verarbeitung ist also medienspezifisch.

Vertreter der „Theorie der schwachen Medien" verneinen dagegen, dass spezifische Medienattribute direkt beeinflussen können, wie Lernende Informationen verarbeiten. Clark (1983) argumentiert etwa, die meisten Medienattribute würden von verschiedenen Medien geteilt und deshalb seien die kognitiven Medienfunktionen gerade *nicht* medienspezifisch. Er greift Salomons Beispiel des Kamerazooms auf und postuliert, derselbe Effekt (Hervorhebung von Details) sei auch mit Hilfe von Standbildern und Texten möglich. Demnach sind Medien nichts anderes als „Vehikel der Instruktion", die die Kosten des Lernens beeinflussen, aber nicht das Lernen selbst oder die Lernleistung – so wie ein LKW zwar die Nahrung anliefert und die Kosten für Ernährung mitbestimmt, aber nicht ursächlich unsere Ernährungsweise beeinflusst (Clark, 1983, S. 445).

Auf diese provokative Metapher antwortet Kozma (1991) mit einem Plädoyer für die Medienspezifität des Lernens und kritisiert insbesondere Clarks Auffassung vom Lernen als Empfangen von „gelieferter" Instruktion. Kozma definiert Lernen als *aktive* Interaktion der Lernenden mit den Medien, als „...an active, constructive process whereby the learner strategically manages the available cognitive resources to create new knowledge by extracting information from the environment and integrating it with information already stored in memory" (1991, S. 179). Folglich sollen Studien nicht nur in behavioristischer Tradition nach Medieneffekten auf die Leistung in Wissenstests suchen, sondern auch danach fragen, welche Ressourcen Medien beinhalten und wie diese Ressourcen von verschiedenen Lernenden bei bestimmten Aufgabenstellungen bzw. in bestimmten Lernsituationen genutzt werden. Auf Medienseite sind dabei weniger die technischen Aspekte bedeutsam, als vielmehr die symbolischen und prozessorientierten Ressourcen. Diese bestimmen, wie Informationen präsentiert und im Lernprozess weiter bearbeitet werden können.

Nach einem weiteren Forschungsüberblick von Clark und Craig (1992), in dem wiederholt die Existenz von Medieneffekten beim Lernen mit Multimedia verneint wird, kommt es 1994 zum „offenen Schlagabtausch": Während Kozma (1994) fragt „*Will* media influence learning?" und dabei von Jonassen, Cambell und Davidson (1994) unterstützt wird, die ebenfalls eine lernerzentrierte Sichtweise fordern, stellt Clark (1994) klar: „Media will never influence learning".

Die Clark-Kozma-Debatte ist bis dato nicht abgeschlossen. Clark (2001) räumt aber ein, dass in der jüngeren Forschung zum multimedialen Lernen (Mayer, 1997; Sweller 1999, zitiert nach Clark, 2001) sowie in der Theorie von Anderson (1990, zitiert nach Clark 2001) ein gewisses Potenzial zum weiteren Erkenntnisgewinn liegt und spricht sich dafür aus, die „Ökonomie" des Lernens bzw. die Lerneffizienz genauer in den Blick zu nehmen.

Typische Methodik

Innerhalb der Forschung zur Medienspezifität des Lernens lassen sich effekt- und prozessorientierte Ansätze unterscheiden:

1. Effekt- und Effektivitätsstudien: Einfache Medienvergleichsstudien untersuchen mittels experimenteller Gruppenvergleiche, welche unmittelbaren Effekte verschiedene Mediendarstellungen auf den messbaren Lernerfolg haben. Komplexere Studien fokussieren in mehrfaktoriellen Designs kombinierte Effekte von Medien, Lernervariablen und Instruktion, zum Beispiel die Frage, wie sich eine mit einem Medium vorgegebene instruktionale Maßnahme auf das Lernen bei Lernern mit hohem vs. niedrigem Vorwissen auswirkt. Das Spektrum der abhängigen Variablen umfasst hier neben dem Lernerfolg auch die Effizienz des Lernens sowie die subjektiv empfundene mentale Anstrengung (vgl. Beitrag zu Amount of Invested Mental Effort in diesem Band) und den Lernprozess selbst.
2. Prozessstudien: Hier werden kognitive und sozio-kognitive Prozesse des Lernens mit Medien (z. B. durch Logfile-, Lautdenken- oder Videoaufzeichnungen) direkt beobachtbar gemacht und quantitativ oder qualitativ ausgewertet. Quantitative Studien befassen sich mit vorhergesagten Medieneffekten, zum Beispiel auf die soziale Interaktion in Lerngruppen. Qualitative Studien suchen in detaillierten Einzelfallanalysen explorativ nach Indikatoren für Lernerfolge, zum Beispiel indem die Konversation zwischen Lernenden auf Video aufgezeichnet und anschließend analysiert wird (z. B. Roschelle, 1992).

Zentrale empirische Befunde

Clark (1983, 1992) kommt auf Grund von Ergebnissen aus Medienvergleichsstudien und Metaanalysen zu dem Urteil: „...media do not influence learning under any conditions" (1983, S. 445). Er verweist auf die große Anzahl *nicht-signifikanter* Ergebnisse und auf gravierende methodische Mängel der Studien mit *signifikanten* Ergebnissen: Viele Designs seien durch die Konfundierung der Lehrmethoden mit den Medienbedingungen geprägt, andere durch eine qualitativ ungleiche Mediengestaltung, die den neueren Medien durch bessere Mediendesigns einen Vorteil vor älteren Medien verschaffen würde.

Kozma (1991) hingegen zieht eine positive Bilanz der vorliegenden Forschung und bezieht sich dabei auf Ergebnisse, die den Einfluss formaler Gestaltungsmittel bei audiovisuellen Medien belegen (Anderson et al., 1979), sowie auf Studien, die eine Überlegenheit multikodaler über einfach kodierte Darstellungsweisen zeigen (z. B. von Levie & Lentz, 1982; Pressley, 1977; Schallert, 1980). Ähnliche Ergebnisse berichtet Mayer (2001) aus Arbeiten zum Lernen technischer Inhalte mittels Animationen. Die Existenz direkter Medieneinflüsse wird außerdem durch Ergebnisse der Forschung zur „dual coding theory" nahegelegt: Paivio und Csapo (1973) weisen Bildüberlegenheitseffekte beim Lernen mit Bildern vs. Wörtern nach. Kessler (2003) bestätigt diese Effekte an komplexerem Material.

Hinweise auf den Einfluss von *Lernereigenschaften* finden Kozma und Russell (1996) beispielsweise beim Lernen von Inhalten aus der Chemie. Es zeigen sich sogenannte „Aptitude-Treatment-Interaktionen" (ATI). Lerner mit unterschiedlichem Vorwissen (aptitude, hier Experten vs. Novizen) handhaben verschiedene Medienrepräsentationen (treatments, hier Videoausschnitte, Animationen und Zahlengleichungen) unterschiedlich: Experten sind im Vergleich zu Novizen besser in der Lage, verschiedene Mediendarstellungen sinnvoll zu gruppieren und zu transformieren (z. B. Zahlengleichungen in graphische Darstellungen zu übertragen). Neben Lernereigenschaften ist auch die *Art der Erfassung des Wissenserwerbs* eine kritische Variable. Beim Lernen mit Multimedia wirkt sich eine bildliche Präsentation nur im Hinblick auf prozedurales Wissen und nur bei bildlichen Testaufgaben positiv aus (Brünken, Steinbacher, Schnotz & Leutner, 2001). In einer Studie zum Wissenserwerb in der Radiologie schneiden Versuchspersonen, die mit visuellem Material interaktiv am Computer gelernt haben, in einem späteren Bildinterpretations-Test besser ab als Lerner aus anderen Versuchsbedingungen (ohne Interaktivität oder ohne Computer). Im Multiple-Choice-Test finden sich jedoch keine signifikanten Unterschiede zwischen den Versuchsbedingungen (Maleck et al., 2001).

Neben den Einflüssen auf das individuelle Lernen werden auch medienspezifische Auswirkungen auf *Gruppenprozesse* erforscht. Suthers und Hundhausen (2003) finden einen sogenannten „representational bias": Die Qualität von dyadischen Gruppendiskussionen unterscheidet sich in Abhängigkeit davon, ob die Lernenden auf der Basis von Tabellen, Grafiken oder Texten zusammenarbeiten.

Kritik

Die Debatte um die Medienspezifität des Lernens reflektiert profunde Fragen zum Lernen mit Medien in komplexen Lernumwelten. Allerdings wird das Thema bislang sehr einseitig auf dem Terrain des individuellen Wissenserwerbs diskutiert, während computergestützte Kommunikations- und Kooperationsszenarien mindestens ebenso von der Thematik betroffen sind. In diesem Zusammenhang entstehen neue, zeitgemäße Fragen zum Beispiel nach Medien*produktions*prozessen beim Lernen, wenn Lernende nicht nur Texte, Bilder, Grafiken, Videos am Computer rezipieren, sondern sie auch selbst produzieren. Diese Fragen werden bislang nicht ausreichend adressiert.

Literatur

Brünken R., Steinbacher, S., Schnotz, W. & Leutner, D. (2001). Mentale Modelle und Effekte der Präsentations- und Abrufkodalität beim Lernen mit Multimedia. *Zeitschrift für Pädagogische Psychologie, 15(1)*, 16–27.

Clark, R. E. (1983). Reconsidering research on learning from media. *Review of Educational Research, 53(4)*, 445–459.

Clark, R. E. (1994). Media will never influence learning. *Educational Technology Research and Development, 42(2)*, 21–29.

Clark, R. E. (2001). What is next in the media and methods debate? In Clark, R. E. (Ed.), *Learning from Media. Arguments, Analysis and Evidence* (pp. 327–337). Greenwich, CT: Information Age Publishing.

Clark, R. E. & Craig, T. G. (1992). Research and theory on multimedia learning effects. In M. Giardina (Ed.). *Interactive Multimedia Learning Environments. Human Factors and Technical Considerations on Design Issues* (pp. 19–30). Heidelberg: Springer.

Jonassen, D. H., Campbell, J. P. & Davidson, M. E. (1994). Learning *with* media: Restructuring the debate. *Educational Technology Research and Development 42(2)*, 31–39.

Kozma, R. B. (1991). Learning with media. *Review of Educational Research 61(2)*, 179–211.

Kozma, R. B. (1994). *Will* media influence learning? Reframing the debate. *Educational Technology Research and Development 42(2)*, 7–19.

Kozma, R. B. & Russell, J. (1997). Multimedia and understanding: Expert and novice responses to different representations of chemical phenomena. *Journal of Research in Science Teaching 34(9)*, 949–968.

Maleck, M., Fischer, M. R., Kammer, B., Zeiler, C., Mangel, E., Schenk, F. & Pfeifer, K.-J. (2001). Do computers teach better? A media comparison for case-based teaching in radiology. *Radiographics*, 21, 1025–1032.

Mayer, R. (2001). *Multimedia Learning*. Cambridge: Cambridge University Press.

Paivio, A. & Csapo, K. (1973). Picture superiority in free recall: Imagery or dual coding. *Cognitive Psychology*, 5, 176–206.

Roschelle, J. (1992). Learning by Collaborating: Convergent Conceptual Change. *Journal of the Learning Sciences, 2(3)*, 235–276.

Suthers, D. D. & Hundhausen, C. (2003). An Experimental Study of the Effects of Representational Guidance on Collaborative Learning. *Journal of the Learning Sciences, 12(2)*, 183–219.

Nicht beabsichtigte kognitive Medienwirkungen

Displacement

Dagmar Unz

Worum geht es?

Welche Aktivitäten geben Individuen auf, wenn sie fernsehen, Comics lesen oder am Computer spielen? Diese Frage ist Kern des Displacement-Ansatzes. Ihm liegt die Annahme zugrunde, dass Menschen für all ihre Aktivitäten insgesamt nur eine begrenzte Zeit zur Verfügung haben. Die Zeit, die für eine bestimmte Aktivität aufgewendet wird, geht zu Lasten anderer Tätigkeiten (zero-sum-feature of time). Displacement meint also so etwas wie die Verlagerung, das Ersetzen oder auch Verdrängen von Aktivitäten zu Gunsten anderer Tätigkeiten. Nutzen Menschen ein Medium, dann muss sich die Zeit, die sie mit anderen Medien oder anderen Tätigkeiten verbringen, entsprechend reduzieren (z. B. Neuman, 1991; Robinson, 1969). Die Frage, wie viel Zeit mit einzelnen Medien verbracht wird, wird aus psychologischer Sicht vor allem dann relevant, wenn die Aktivitäten, die zu Gunsten der Mediennutzung eingeschränkt werden, als wichtig oder wünschenswert angesehen werden. Dies ist zum Beispiel der Fall bei Aktivitäten, die für die kindliche Entwicklung essenziell sind, wie soziale Interaktion, Lesen oder Fantasietätigkeiten. Während es aus psychologischer Perspektive um Implikationen geht, die die kognitive und soziale Entwicklung betreffen, geht es aus ökonomischer Perspektive um Veränderungen von Marktanteilen und aus soziologischer Perspektive um den „Zustand" einer Gesellschaft (z. B. in Bezug auf politisches oder ehrenamtliches Engagement; Putnam, 1995). Die zur Verfügung stehende Zeit wird als eine Art soziales Kapital angesehen, dieses limitierte Kapital Zeit muss „weise" investiert werden.

Darstellung der Annahmen

Ausgehend von den Prämissen, dass Menschen nur eine begrenzte Zeit zur Verfügung haben, dass sie nicht mehrere Aktivitäten gleichzeitig durchführen können, und dass nicht alle Aktivitäten gleichartig sind, stellt sich die Frage, wann eine (neue) Tätigkeit eine andere Aktivität verdrängen kann. Nach Neuman (1991) wird eine Tätigkeit eher von einer anderen Aktivität verdrängt,

- wenn die neue Aktivität die gleichen Bedürfnisse erfüllt, aber effektiver ist (Prinzip der funktionalen Ähnlichkeit),
- wenn sie denselben physikalischen Raum teilt, aber mehr Zufriedenheit bewirkt (Prinzip der physikalischen und psychologischen Nähe),
- wenn sie einfacher ist oder leichter zu modifizieren ist, um Interferenzen mit anderen Aktivitäten zu vermeiden (Prinzip der Transformation) und
- wenn sie eine höhere Priorität hat (Prinzip der nebensächlichen Randaktivitäten).

Typische Methodik

Displacement-Studien beruhen meist auf Befragungen größerer Stichproben, in der Regel sind dies repräsentativ für bestimmte Bevölkerungsgruppen zusammengesetzte Panels. Die Befragten sollen angeben, wie viel Zeit sie an einem typischen Tag für bestimmte Aktivitäten aufbringen. In manchen Studien werden die Befragten gebeten, Tagebücher über ihre Tätigkeiten zu führen. Die Analysen sind je nach Fragestellung Längsschnittvergleiche (z. B. vor und nach Einführung einer neuer Technologie) oder Gruppenvergleiche (z. B. von Personen in Haushalten mit und ohne Fernseher).

Zentrale empirische Befunde

In den 1940er Jahren setzten mit der Einführung des Fernsehens die ersten Displacement-Studien ein. Nachdem das Fernsehen dann fünf Jahrzehnte der Hauptbezugspunkt für Displacement-Studien war, rückte mit der Diffusion von Computertechnologien in Privathaushalte dieses Medium in den Mittelpunkt der Betrachtungen (Robinson & Davis, 2001).

Frühe Studien zum Displacement-Effekt des Fernsehens zeigen, dass die Zeit fürs Radiohören, Lesen von Comics oder Kinobesuche zurückgeht, während sich widersprüchliche Ergebnisse für die Nutzung von Zeitungen und Zeitschriften finden (Brown, Cramond & Wilde, 1974; Coffin, 1955; Schramm, Lyle & Parker, 1961). Eine Studie von Robinson und Godbey (1999) bietet auf der Basis der Befragung von 25 000 Personen mit Hilfe des Tagebuchansatzes ein differenzierteres Bild: Danach gewannen US-Amerikaner zwischen 1965 und 1995 sechs Stunden pro Woche an Freizeit hinzu. Fast die kompletten sechs Stunden wurden in Fernsehen investiert, so dass US-Amerikaner 1995 durchschnittlich 40 % ihrer Freizeit mit Fernsehen verbrachten. Die Fernsehnutzung hat sich dabei sowohl auf nichtmediale als auch auf Nicht-Freizeit-Aktivitäten ausgewirkt: Fernsehnutzer wendeten zum Beispiel weniger Zeit für soziale Interaktionen mit Freunden und Verwandten, für Hobbies oder Urlaubsreisen auf. Sie schliefen 1,5 Stunden weniger pro Woche, waren vier Stunden mehr zu Hause, verbrachten aber auch drei Stunden mehr mit engen Familienmitgliedern. Nach Robinson und Davis (2001) begann das Fernsehen erst 10 bis 15 Jahre nach seiner Einführung, das Zeitunglesen zu verdrängen – ein Prozess, der immer noch anhält und damit erklärt werden kann, dass Fernsehen inzwischen mehr und besser über lokale Themen berichtet. Im Gegensatz zum Zeitunglesen nimmt langfristig gesehen die Zeit, die mit Radiohören, Bücherlesen und Kinobesuchen verbracht wird, wieder zu. Auch zeigt sich ein Anstieg der Nutzung von Spezialzeitschriften, während eher allgemein ausgerichtete Zeitschriften durch das Fernsehen verdrängt werden.

Frühe Studien zum Verhältnis von Computer- bzw. Internetnutzung und Fernsehen finden inkonsistente Ergebnisse. Nach einigen Studien reduziert Computerbzw. Internetnutzung die Fernsehzeit, nach anderen nicht, andere finden sogar eine positive Korrelation zwischen Internet- und Fernsehnutzung (z. B. Kayany & Yelsma, 2000; Nie, 2001; Robinson, Barth & Kohut, 1997; Robinson & Godbey, 1999; Schweitzer, 1991; Vitalari, Venkatesh & Gronhaug, 1985). Ähnlich inkonsistent ist das Bild hinsichtlich der Nutzung des Computers und anderer traditioneller Medien, wie Telefon, Bücher oder Zeitungen. Einzig beim Radiohören ergibt sich ein einheitliches Bild: Radiohören scheint nicht durch Internet-Gebrauch beeinflusst zu werden (z. B. James, Wotring & Forrest, 1995; Robinson & Kestnbaum, 1999; Wellman, Haase, Witte & Hampton, 2001). Die widersprüchlichen Ergebnisse werden damit erklärt, dass sich die Einsatzfelder des Computers sehr schnell ändern und Nutzer immer erfahrener werden. Cai (2005) bat daher erfahrene Computernutzer, einen Tag lang in ihrer Freizeit auf den Computer zu verzichten. Vergleicht man die Mediennutzungszeiten an diesem Tag mit denen an einem „normalen" Tag zeigte sich, dass an einem normalen Tag eine hohe Computernutzung mit einer hohen Nutzung traditioneller Medien einherging. An dem Tag ohne Computernutzung stieg die Nutzung traditioneller Medien nicht an, vielmehr scheinen nicht-mediale Tätigkeiten aufgenommen zu werden (vgl. auch Chou, 2001). Die Studie liefert also keinen Beleg für die Annahme, dass Computernutzung Zeit zur Nutzung traditioneller Medien „stiehlt".

Wie sehen die Forschungsergebnisse zum Displacement-Effekt speziell bei Kindern aus? Besonders das Fernsehen steht im Verdacht, „wertvollere" Aktivitäten wie Bücherlesen zu verdrängen und somit Lese- und Schulleistungen negativ zu beeinflussen (Calvert, 2001). Untersuchungen weisen zum einen darauf hin, dass Fernsehen und Lese- bzw. Schulleistungen gemeinsam von einer oder mehreren anderen Variablen abhängen, wie der sozialen Herkunft oder dem kulturellen Hintergrund, und zum anderen, dass ein kurvilinearer Zusammenhang zwischen Fernsehen und Leistungen existiert (z. B. Larson & Verma, 1999; Van Evra, 1990). Danach erhalten Kinder aus niedrigen Sozialschichten bei moderatem Fernsehkonsum Anregungen, die sie ohne Fernsehen nicht erhalten würden und die Sprach- und Lesefertigkeiten fördern können. Sehen sie jedoch mehr als fünf Stunden täglich fern, besteht ein negativer Zusammenhang. Bei Kindern aus höheren Sozialschichten sind die negativen Zusammenhänge zwischen hohem TV-Konsum und Lesefertigkeit noch größer, hier setzt offenbar ein stärkerer Displacement-Effekt ein. Eine wichtige Rolle spielen dabei auch die konkreten Fernsehinhalte. Die Zusammenhänge zwischen der Gesamtdauer des Fernsehens und der Qualität des Fantasiespiels sind dabei äußerst gering. Sehen Kinder Gewalt- und Actionsendungen, ist jedoch das Fantasiespiel reduziert (Valkenburg & van der Voort, 2000). Forschungsergebnisse zum Zusammenhang zwischen Fernsehnutzung einerseits, Lese- und Fantasietätigkeiten sowie damit in Zusammenhang stehenden Leistungen andererseits fasst Comstock (1989, S. 214) zusammen: „Television viewing is inversely related to achievement when it displaces an intellectually and experientially richer environment, and it is positively related when it supplies such an environment. "

Kritik

Displacement-Studien sehen sich folgender konzeptueller und methodologischer Kritik ausgesetzt (z. B. Lee & Kuo, 2002):

1. Selbstauskünfte sind nicht unbedingt reliable Messungen.
2. In der Regel werden nur vergleichsweise wenige (Mediennutzungs-)Aktivitäten erfasst, viele andere werden vernachlässigt. Zeitliche Überlappungen, wenn mehrere Aktivitäten gleichzeitig ausgeführt werden, werden ebenfalls nicht berücksichtigt.
3. Die bloße Messung von Zeit sagt nichts über die Art der Aktivität oder die Art des konsumierten Inhalts aus. Zudem sagen Korrelationen nichts über Ursache-Wirkungs-Zusammenhänge aus. Daher kann über die einem Displacement-Effekt zugrundeliegenden Ursachen nur spekuliert werden.
4. Displacement-Effekte können aus ganz unterschiedlichen Gründen zustandekommen – die Natur der konkurrierenden Aktivitäten ist nur ein möglicher Grund. Denkbar sind zum Beispiel auch Neuigkeits- oder spezielle Inhaltseffekte. Auch die Rolle möglicher Drittvariablen wie der Einfluss von Eltern oder Peers wird nicht ausreichend berücksichtigt.

Die teilweise widersprüchlichen und komplexen Zusammenhänge in den Ergebnissen verschiedener Studien haben darüber hinaus zu unterschiedlichen Erklärungsmodellen geführt. Einem Displacement-Modell, nach dem die höhere Nutzung eines Mediums eine geringere Nutzung eines anderen bedingt („increase-decrease"), wird ein „Increase-Increase"-Modell gegenübergestellt (Tsao & Sibley, 2004). Dieses Modell beschreibt die Tendenz, dass Nutzer eines Mediums auch ein anderes Medium eher nutzen, an bestimmten Themen interessierte Personen ein reichhaltiges Mediennutzungsrepertoire entwickeln und Personen höherer Sozialschichten schneller Wissen erwerben (vgl. Beitrag zu Digital Divide und Wissensklufthypothese in diesem Band).

Literatur

Brown, J. R., Cramond, J. K. & Wilde, R. J. (1974). Displacement Effects of Television and the Child's Functional Orientation to Media. In J. G. Blumler and E. Katz (Eds.), *The Uses of Mass Communications: Current Perspectives on Gratifications Research* (pp. 93–112). Beverly Hills, CA: Sage.

Cai, X. (2005). An experimental examination of the computer's time displacement effects. *New Media and Society, 7(1)*, 8–21.

Chou, C. (2001). Internet Heavy Use and Addiction among Taiwanese College Students: An Online Interview Study. *Cyberpsychology & Behavior, 4(5)*, 573–585.

Calvert, S. L. (2001). Media Effects on Children. In N. J. Smelser & P. B. Baltes (Eds.) *International Encyclopedia of the Social and Behavioral Sciences* (pp. 9479–9483). Amsterdam: Elsevier.

Coffin, T. E. (1955). Television's Impact on Society. *American Psychologist, 10(6)*, 630–641.

Comstock, G. (1989). *The Evolution of American Television.* Newbury Park, CA: Sage.

James, M. L., Wotring, C. E., & Forrest, E. J. (1995). An Exploratory Study of the Perceived Benefits of Electronic Bulletin Board Use and Their Impact on Other Communication Activities. *Journal of Broadcasting and Electronic Media, 39(1)*, 30–50.

Kayany, J. M., & Yelsma, P. (2000). Displacement effects of online media in socio-technical contexts of households. *Journal of Broadcasting and Electronic Media, 44*, 215–229.

Larson, R. W. & Verma, S. (1999). How children and adolescents spend time across the world: Work, play, and developmental opportunities. *Psychological Bulletin, 125*, 701–736.

Lee, W. & Kuo, E. C. Y. (2002). Internet and Displacement Effect: Children's Media Use and Acitivites in Singapore. *Journal of Computer-Mediated Communication, 7(2)*, http:// jcmc.indiana.edu/vol7/issue2/singapore.html [1.02.2008].

Neuman, S. (1991). *Literacy in the television age.* Norwood: Ablex Publishing.

Nie, N. H. (2001). Sociability, Interpersonal Relations, and the Internet: Reconciling Conflicting Findings. *American Behavioral Scientist, 45(3)*, 420–435.

Putnam, R. D. (1995). Bowling Alone: America's Declining Social Capital. *Journal of Democracy, 6(1)*, 65–78.

Robinson, J. P. (1969). Television and leisure time: Yesterday, today, and (maybe) tomorrow. *Public Opinion Quarterly, 33*, 210–222.

Robinson, J. P., Barth, K. & Kohut, A. (1997). Social Impact Research: Personal Computers, Mass Media and Use of Time. *Social Science Computer Review, 15(1)*, 65–82.

Robinson, J. P. & Davis, D. (2001). Uses of Media. In N. J. Smelser & P. B. Baltes (Eds.) *International Encyclopedia of the Social and Behavioral Sciences* (pp. 9479–9503). Amsterdam: Elsevier.

Robinson, J. P. & Godbey, G. (1999). *Time for Life: The Surprising Ways American Use Their Time* (2nd ed.). University Park, PA: Pennsylvania State University Press.

Robinson, J. P. & Kestnbaum, M. (1999). The Personal Computer, Culture, and Other Uses of Free Time. *Social Science Computer Review, 17(2)*, 209–216.

Schramm, W., Lyle, J. & Parker, E. B. (1961). *Television in the Lives of Our Children.* Stanford, CA: Stanford University Press.

Schweitzer, J. C. (1991). Personal Computers and Media Use. *Journalism Quarterly 68(4)*, 689–697.

Tsao, J. C. & Sibley, S. D. (2004). Displacement and Reinforcement Effects of the Internet and Other Media as Sources of Advertising Information. *Journal of Advertising Research, 44(1)*, 126–142.

Valkenburg, P. M. & van der Voort, T. H. A. (2000). Stimulation oder Reduktion? Theoretische Positionen und empirische Ergebnisse zur Auswirkung des Fernsehens auf das Fantasiespiel. In S. Hoppe-Graff & R. Oerter (Hrsg.), *Spielen und Fernsehen. Über die Zusammenhänge von Spiel und Medien in der Welt des Kindes* (S. 155–178). Weinheim: Juventa.

van Evra, J. (1990). *Television and child development.* Hillsdale, NJ: Lawrence Erlbaum.

Vitalari, N. P., Venkatesh, A. & Gronhaug, K. (1985). Computing in the Home: Shifts in the Time Allocation Patterns of Households. *Communication of the ACM 28(5)*, 512–522.

Wellman, B., Haase, A. Q., Witte, J. & Hampton, K. (2001). Does the Internet Increase, Decrease, or Supplement Social Capital? Social Networks, Participation, and Community Commitment. *American Behavioral Scientist 45(3)*, 436–455.

Digital Divide und Wissenskluft-Hypothese

Martina Mauch

Worum geht es?

Der Begriff „digital divide" (digitale Kluft/Spaltung) steht in engem Zusammenhang mit der Wissenskluft-Hypothese. Die Gemeinsamkeiten der Konzepte liegen in der Annahme, dass soziale Faktoren (z. B. Einkommen, Bildung, Alter, Geschlecht) der Bevölkerung einen unterschiedlichen Zugang zu Medien, eine unterschiedliche Mediennutzung und möglicherweise unterschiedlichen Wissenserwerb bedingen. Dabei ist wichtig, dass von einer Vergrößerung der Kluft im zeitlichen Verlauf ausgegangen wird.

Während sich das Konzept des digital divide eher auf Unterschiede in den Zugangschancen zu digitalen Informations- und Kommunikationstechnologien bezieht, ist die Wissenskluft-Hypothese eher auf Unterschiede im Wissenserwerb durch die Mediennutzung gerichtet. Im Rahmen der digitalen Kluft werden insbesondere soziodemografische Aspekte wie das Alter und das Geschlecht betrachtet, während die Forschung zur Wissenskluft-Hypothese sozioökonomische Aspekte und überwiegend den formalen Bildungsgrad fokussiert. Beispielsweise korreliert der Bildungsgrad, aber auch die anderen sozialen Faktoren, mit vielen psychologischen Determinanten. Menschen mit hohem Bildungsgrad weisen meist ein höheres Interesse an gesellschaftlichen Themen auf als Menschen mit niedrigem Bildungsgrad (interest-based gap). Sie haben darüber hinaus in der Regel ein höheres themenrelevantes Vorwissen (education-based gap) und zeigen eine informationsorientiertere Mediennutzung im Gegensatz zur eher unterhaltungsorientierten Mediennutzung von Menschen mit niedrigem Bildungsgrad (Viswanath & Finnegan, 1996).

Darstellung der Annahmen

Der Begriff „digital divide" existiert seit Mitte der 1990er Jahre. Beide Begriffskomponenten „digital" und „(Zugangs-)kluft" lassen sich weiter differenzieren, was das Konstrukt entsprechend komplex gestaltet. Beispielsweise ist mit dem Begriff „digital" eine Vielzahl an Technologien assoziierbar (z. B. Mobiltelefon, mp3-Player), wobei jedoch hauptsächlich der Computer und das Internet betrachtet werden. In Bezug auf die Zugangsmöglichkeiten kann man Unterschiede im formalen und im effektiven Zugang differenzieren (first and second digital divide, Hargittai, 2002). Die Kluft im formalen Zugang (first digital divide) umfasst sowohl Unterschiede im technischen Zugang (material access) als auch in den Nutzungsmöglichkeiten (usage access). Second digital divide thematisiert dagegen Zugangsunterschiede durch verschiedene Kenntnisse und Fertigkeiten (skills access) sowie das Ausmaß, in dem eine Person der Computertechnologie gegenüber aufgeschlossen ist oder nicht (mental access, Van Dijk & Hacker, 2003).

Mit dem Begriff der digitalen Kluft ist eine kontroverse Debatte verbunden (Krings & Riehm, 2006; Van Dijk & Hacker, 2003), die im Zusammenhang mit der Annahme steht, dass persönlicher Erfolg in einer Informations- oder gar Wissensgesellschaft maßgeblich vom Zugang zur Information und zum Wissen durch Medienkompetenz abhängt. Grob gesagt, geht es um die Befürchtung, dass durch ungleiche Zugangschancen trotz der Zunahme der Computer- und Internetnutzung weltweit eine soziale Benachteiligung für bestimmte Gruppen entsteht. Andere Stimmen behaupten, dass sich diese soziale Benachteiligung in Folge der digitalen Kluft empirisch nicht belegen lasse (Marr, 2004).

Diese Diskussion geht auf die ursprüngliche Wissenskluft-Hypothese (knowledge gap) zurück, die Tichenor, Donohue und Olien 1970 formulierten: „As the infusion of mass media information into a social system increases, segments of the population with higher socioeconomic status tend to acquire this information at a faster rate than the lower status segments, so that the gap in knowledge between these segments tends to increase rather than decrease" (Tichenor et al., 1970, S. 159–160). Mit steigender medialer Informationsmenge sind durchaus alle Bevölkerungsgruppen besser informiert. Nur ist der Wissenszuwachs unter statushöheren Bildungsgruppen, die schon besser informiert waren, relativ höher als in statusniedrigeren, so dass sich die Wissenskluft über die Zeit vergrößert. Die Wissenskluft-Hypothese problematisierte die bis dahin übliche Funktionsvorstellung der Massenmedien. Ursprünglich dachte man, dass vor allem über das Fernsehen die weniger Gebildeten erreicht werden könnten und sich die Wissenskluft verringern würde.

Typische Methodik

Grundsätzlich wird davon ausgegangen, dass sich die Klüfte über die Zeit vergrößern. Typischerweise wird dieses mit Querschnittuntersuchungen aber auch mit Längsschnittuntersuchungen überprüft. Querschnittlich werden zur Untersuchung der Wissenskluft mindestens zwei unterschiedlich stark publizierte Themen an einem Messzeitpunkt gegenübergestellt. Für Themen mit hoher Medienpublizität wird ein höherer Zusammenhang zwischen Wissen und Bildung erwartet als für Themen mit niedriger Medienpublizität, weil bei starkem Informationsfluss die Wissensklüfte größer ausfallen als beim Informationsfluss auf niedrigem Niveau. Dagegen werden längsschnittlich für alle Messzeitpunkte Prozent- oder Mittelwertdifferenzen zwischen dem gemessenen Wissen bzw. zwischen den Anteilen der Mediennutzer verschiedener Bevölkerungsschichten gebildet. Diese Differenzen werden teilweise auf ihre statistische Bedeutsamkeit hin überprüft.

Mittlerweile existieren einige integrative Messindizes, die eine Anzahl von Technologie-Indikatoren in einem einzigen Index fasst. Beispielsweise beschreibt der aggregierte Digital Divide Index (DIDIX), inwieweit sich vier Risikogruppen (Geschlecht, Alter, Bildung, Einkommen) von der Gesamtpopulation hinsichtlich der Computer- und Internetnutzung sowie des häuslichen Medienzugangs unterscheiden (Hüsing & Selhofer, 2004).

189

Zentrale empirische Befunde

Die digitale Kluft wird insbesondere von den Faktoren Bildung und Einkommen, aber auch vom Geschlecht, Alter und von der ethnischen Herkunft beeinflusst (OECD, 2001). Sie hat sich bei der Internetnutzung in den USA zwischen 1998 und 2003 bezogen auf die genannten sozialen Merkmale – mit Ausnahme des Geschlechts – vergrößert. Die extremste digitale Kluft findet sich zwischen den niedrigsten und den höchsten Einkommensklassen (Riehm & Krings, 2006). Auch für die Wissenskluftforschung ist die Rolle des Einkommens und der Bildung zentral. Sie untersucht unter anderem abhängig vom Bildungsgrad Differenzen in der Medienwahrnehmung und -nutzung sowie in der Informationsverarbeitung. So erklären Grabe, Lang, Zhou und Bolls (2000) Wissensklüfte auf Grund unterschiedlicher Informationsverarbeitungskapazitäten. Ihr Experiment erbrachte, dass, obwohl Zuschauer unterschiedlicher Bildungsniveaus gleich viel Aufmerksamkeit für relevante Nachrichtenberichte aufwendeten, sie trotzdem nicht dieselbe Rekognitionsleistung für Fakten zeigten. Gebildetere Zuschauer erinnerten mehr und zeigten eine höhere physiologische Aktivierung des sympathischen Nervensystems. Möglicherweise mobilisieren sie physiologische Ressourcen, um ihre Informationsverarbeitung zu unterstützen. Neben kognitiven Faktoren spielen auch motivationale eine Rolle. Genova und Greenberg (1979) fanden heraus, dass Interesse und Bildung mit Wissen korrelieren, dabei aber das Interesse eine höhere Korrelation aufwies.

Im Rahmen der digitalen Kluft wurden intensiv Geschlechtsunterschiede in der Computernutzung untersucht (gender gap), wohingegen es kaum geschlechtsbezogene Wissenskluftstudien gibt. Gegensätzlich zur Situation in den USA vergrößerten sich in Deutschland bereits vorhandene Geschlechtsdifferenzen deutlich. Männer nutzen das Internet häufiger als Frauen (Riehm & Krings, 2006). Im Verhalten am Computer zeigt sich, dass sie öfter einen Computer besitzen, diesen häufiger und vielfältiger nutzen (Berghaus, 1999) und ihre Computerkompetenz höher einschätzen als Frauen (Dickhäuser, 2001). Besonders Computerspiele werden von Jungen intensiver genutzt als von Mädchen (mpfs, 2006). Nach Coopers (2006) Überlegungen hängt der gender gap vor allem mit Computerangst zusammen, was sozialisationsbedingt ist und mit dem Stereotyp „Computer sind ein Spielzeug für Jungen" interagiert. Dass Frauen ängstlicher im Computerumgang sind als Männer (Chua, Chen & Wong, 1999) kann damit einhergehen, dass sie negativere Einstellungen gegenüber Computern (Whitley, 1997) und weniger Interesse am Medium zeigen (Colley & Comber, 2003). Abgesehen vom Einfluss des biologischen Geschlechts wird das psychologische Geschlecht als relevant erachtet (Todman & Day, 2006). Personen mit feminin geschlechtsbezogenem Selbst weisen eine negativere Einstellung zum Computer auf als Personen mit maskulin geschlechtsbezogenem Selbst (Mauch & Thußbas, 2000).

Kritik

Die unterschiedlichen Standpunkte in der Diskussion resultieren aus sowohl theoretischen als auch methodischen Schwierigkeiten. Für beide Konzepte existiert keine einheitliche Begriffsdefinition, so dass wissenschaftliche Erklärungen der Differenzen diffus bleiben. Die Komplexität der digitalen Kluft verlangt nach interdisziplinärer Forschung, die unter anderem auf grundlagenwissenschaftlicher Basis der Frage nachgeht, welche Fähigkeiten zur kompetenten Mediennutzung notwendig sind. Methodisch wird diese Komplexität besser mit multivariaten Methoden erfasst als mit uni- oder bivariaten Analysen (Vehovar, Sicherl, Hüsing & Dolnicar, 2006). Multivariate Analysen setzen verschiedene sozioökonomische und soziodemografische Indikatoren mit der Vielfalt der Internetnutzung und den dafür notwendigen Kompetenzen in Beziehung. Dagegen übersehen uni- und bivariate Analysen teilweise moderierende Faktoren und kommen somit zu einseitigen Aussagen. Durch die Fokussierung auf technische Zugangsmöglichkeiten bleibt das Wirkgefüge verschiedener Einflussfaktoren unklar. Vor allem fehlt die Berücksichtigung psychologischer Wirkmechanismen wie in den erwähnten Studien von Grabe et al. (2000) bzw. Cooper (2006).

Kontextuelle Variablen können in der Erhebungssituation eine entscheidende Rolle spielen, werden jedoch selten beachtet. Beispielsweise kann bei einer Untersuchung bereits eine anfängliche Nennung des Geschlechts (Cooper & Weaver, 2003) oder die Art der Gruppenzusammensetzung (Mauch, 2006) folgende Selbstauskünfte zur Computernutzung und das Verhalten am Computer stereotypisch beeinflussen.

Die Entwicklung von Klüften lässt sich am besten längsschnittlich überprüfen. Leider stellen Längsschnittstudien die Ausnahme dar. Hinzu kommt, dass in vielen Studien die Reliabilität der Daten auf Grund problematischer Stichprobenziehung oder auf Grund problematischer Operationalisierungen fraglich ist. Die meisten Studien basieren auf Selbstauskünften der Befragten. Es werden kaum reale Verhaltensdaten der Computer- und Internetperformanz erfasst.

Die Wissenskluft-Hypothese hat mit dem Aufkommen der neuen Kommunikations- und Informationstechnologien und den damit verbundenen Untersuchungen bezüglich gesellschaftlicher Auswirkungen neue Aktualität erhalten.

Literatur

Berghaus, M. (1999). Student und interaktive Medien. Theoretische Überlegungen und empirische Befunde zur „AlphaBITisierung" der Hochschulen. *Zeitschrift für Medienpsychologie, 11(4)*, 260–276.
Chua, S. L., Chen, D.-T. & Wong, A. F. L. (1999). Computer anxiety and its correlates: A meta-analysis. *Computers in Human Behavior, 15(5)*, 609–623.
Colley, A. & Comber, C. (2003). Age and gender differences in computer use and attitudes among secondary school students: What has changed? *Educational Research, 45*, 155–165.
Cooper, J. (2006). The digital divide: The special case of gender. *Journal of Computer Assisted Learning, 22(5)*, 320–334.
Cooper, J. & Weaver, K. D. (2003). *Gender and computers: Understanding the digital divide.* Mahwah, NJ: Lawrence Erlbaum.
Dickhäuser, O. (2001). *Computernutzung und Geschlecht: ein Erwartungs-Wert-Modell.* Münster: Waxmann.
Genova, B. K. L. & Greenberg, B. S. (1979). Interests in news and the knowledge gap. *Public Opinion Quarterly, 43*, 79–91.

Grabe, M. E., Lang, A., Zhou, S. & Bolls, P. D. (2000). Cognitive access to negatively arousing news: An experimental investigation of the knowledge gap. *Communication Research, 27(1)*, 3–26.

Hargittai, E. (2002). Second-level digital divide: Differences in people's online skills. *First Monday, 7(4)*.

Hüsing, T. & Selhofer, H. (2004). DIDIX: A digital divide index for measuring inequality in IT diffusion. *IT & Society, 1(7)*, 21–38.

Krings, B.-J. & Riehm, U. (2006). Internet für alle? Die Diskussion des „digital divide" revisited. In K.-S. Rehberg (Hrsg.), *Soziale Ungleichheit, kulturelle Unterschiede* (S. 3052–3061). Frankfurt a. M.: Campus.

Marr, M. (2004). Wer hat Angst vor der digitalen Spaltung? Zur Haltbarkeit des Bedrohungsszenarios. *Medien- & Kommunikationswissenschaft, 52(1)*, 76–94.

Mauch, M. (2006). Des einen Leid, des anderen Freud: Das Stereotyp als Leistungsbarometer bei Selbstkategorisierung. In F. Lösel & D. Bender (Hrsg.), *Abstracts zum 45. Kongress der Deutschen Gesellschaft für Psychologie in Nürnberg* (S. 227). Lengerich: Pabst Science Publishers.

Mauch, M. & Thußbas, C. (2000). Geschlechtsrollenschema und Computereinstellung: Ist das feminine Geschlechtsrollenschema Ursache der Computerdistanz von Frauen? *Zeitschrift für Frauenforschung & Geschlechterstudien, 18(3)*, 122–137.

Medienpädagogischer Forschungsverbund Südwest (2006). *JIM-Studie 2006: Jugend, Information, (Multi-) Media: Basisuntersuchung zum Medienumgang 12- bis 19-Jähriger.* Stuttgart: Medienpädagogischer Forschungsverbund Südwest.

OECD (2001). *Understanding the digital divide.* Paris: OECD.

Riehm, U. & Krings, B.-J. (2006). Abschied vom „Internet für alle"? Der „blinde Fleck" in der Diskussion zur digitalen Spaltung. *Medien & Kommunikationswissenschaft, 1*, 75–94.

Tichenor, P. J., Donohue, G. A. & Olien, C. N. (1970). Mass media flow and the differential growth in knowledge. *Public Opinion Quarterly, 34*, 159–170.

Todman, J. & Day, K. (2006). Computer anxiety: The role of psychological gender. *Computers in Human Behavior, 22*, 856–869.

Van Dijk, J. & Hacker, K. L. (2003). The digital divide as a complex and dynamic phenomenon. *The Information Society, 19(4)*, 315–326.

Vehovar, V., Sicherl, P., Hüsing, T. & Dolnicar, V. (2006). Methodological challenges of digital divide measurements. *The Information Society, 22*, 279–290.

Viswanath, K. & Finnegan, J. R. (1996). The knowledge gap hypothesis: Twenty-five years later. In B. R. Burleson (Hrsg.), *Communication yearbook* (Bd. 19) (S. 187–227). Thousand Oaks, CA: Sage.

Whitley, B. E. (1997). Gender differences in computer-related attitudes and behavior: A meta-analysis. *Computers in Human Behavior, 13(1)*, 1–22.

Agenda Setting

Dagmar Unz

Worum geht es?

Die Idee des Agenda Setting beschreibt eine vergleichsweise mächtige Medienwirkung, nämlich die Fähigkeit der Medien, dem Publikum zu vermitteln, welche Themen wichtig sind. Nach dem Agenda Setting-Ansatz bewirken Medien nicht so sehr, wie oder was die Rezipienten denken, sondern worüber sie nachdenken. Die Wirkung der Medien beruht darauf, dass Medien Themen hervorheben, die dann vom Publikum als wichtig akzeptiert werden. Was in den Medien den größten Raum einnimmt, wird von den Bürgern als wichtig erlebt: Medienagenda generiert Publikumsagenda (z. B. McCombs & Reynolds, 2002).

Darstellung der Annahmen

Der Agenda Setting-Ansatz ist keine neue Idee. Bereits 1922 befasste sich Walter Lippmann mit der Frage, wie Massenmedien unser Bild über die Welt – „the pictures in our heads" – formen. Die Grundlage des Agenda Setting-Ansatzes bildet die These von Bernard C. Cohen (1963, S. 13), die Medien hätten zwar keinen großen Einfluss auf das, *was* das Publikum denkt, aber einen erheblichen Einfluss darauf, *worüber* es sich Gedanken macht: „The press ... may not be successful much of the time in telling people what to think, but it is stunningly successful in telling its readers what to think about."

Maxwell McCombs und Donald L. Shaw haben diese These 1968 im US-amerikanischen Präsidentschaftswahlkampf zwischen Nixon und Humphrey empirisch geprüft. Sie stellten hundert Bürgern der amerikanischen Kleinstadt Chapel Hill, North Carolina, die sich noch nicht für einen der beiden Kandidaten entschieden hatten, telefonisch die Frage nach den wichtigsten Dingen, um die sich die Regierung kümmern sollte. Gleichzeitig erfassten sie mittels Inhaltsanalysen die Berichterstattung in den für die Bürger von Chapel Hill wichtigen regionalen und überregionalen Medien. Daraus erstellten sie eine Rangordnung der Themen, über die die Medien berichteten (Medienagenda) und eine Rangordnung der von den Bürgern genannten Themen (Publikumsagenda). Das Ergebnis: Die Rangordnungen waren fast identisch (die Rangkorrelation der aggregierten Werte lag bei .96). Daraus zogen McCombs und Shaw (1972, S. 177) die Schlussfolgerung: „While the mass media may have little influence on the direction or intensity of attitudes, it is hypothesized that the mass media set the agenda for each political campaign, influencing the salience of attitudes toward political issues."

McCombs und Shaw hatten ihre Untersuchung allerdings als Querschnittstudie angelegt. Aus den Ergebnissen ist nicht erkennbar, ob die Medienagenda die Publikumsagenda beeinflusst oder ob umgekehrt die Medienagenda eine Reaktion auf die Themen ist, die die Zuschauer bewegen. Möglicherweise „wissen" Medienmacher, was das Publikum für wichtig hält, und berichten bevorzugt über solche Inhalte. Längsschnittstudien, bei denen Medien- und Publikumsagenda zu zwei Zeitpunkten erhoben wurden, sprechen jedoch für die ursprüngliche Annahme der Wirkungsrichtung von Medien- auf Publikumsagenda (z. B. Funkhouser, 1973). Auch in experimentellen Studien finden sich entsprechende Hinweise: Iyengar, Peters und Kinder (1982) zeigten verschiedenen Versuchspersonengruppen, deren persönliche Themenagenda zuvor erhoben wurde, unterschiedliche Nachrichtensendungen, die jeweils andere Themen in den Vordergrund stellten. Nachdem die Versuchspersonen mehrere Tage lang Nachrichten gesehen hatten, wurde nochmals ihre persönliche Themenagenda erhoben. Die Themen, die nun von den Versuchspersonen als wichtig eingeschätzt wurden, entsprachen den Themen, die diese in den Nachrichten gesehen hatten.

Drei Annahmen liegen einem Agenda Setting-Effekt zugrunde (vgl. **Abb.** 2.21): (1) Medien spiegeln die Realität nicht 1:1 wider. Sie filtern, gewichten und inszenieren: „Here may lie the most important effect of mass communication, its ability to mentally order and organize our world for us" (McCombs & Shaw, 1977, S. 5). Über eine Vielzahl von Hinweisreizen (z. B. durch Platzierung, Länge und Aufmachung eines Beitrages) signalisieren Medien die Wichtigkeit eines Themas. (2) Die Prozesse der Nachrichtenauswahl und -produktion bedingen eine Ähnlichkeit der Nachrichten über verschiedene Kanäle hinweg. (3) Die Konzentration auf wenige Themen führt dazu, dass das Publikum diese als wichtiger wahrnimmt als andere Themen.

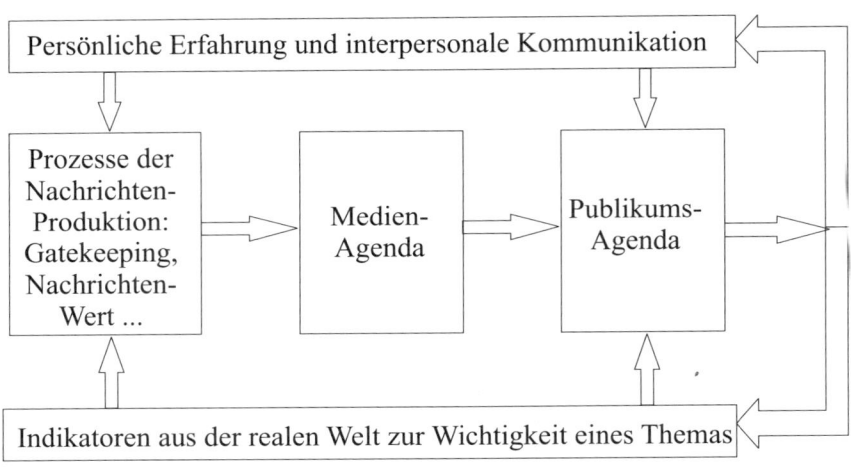

Abb. 2.21: Modell des Agenda Setting in Anlehnung an McQuail und Windahl (1993)

Eine Ausweitung dieser Annahmen geht davon aus, dass auf einer ersten Ebene die Salienz der Themen vermittelt wird, während auf einer zweiten Ebene Attribute zu den Themen assoziiert werden. D. h. für jedes Thema auf der Medienagenda existiert auch eine Menge von Attributen, die vom Publikum wahrgenommen und in die Publikumsagenda integriert werden können (z. B. Ghanem, 1997).

Typische Methodik

Typischerweise umfassen Studien zum Agenda Setting drei Schritte:

1. Inhaltsanalyse zur Häufigkeit von Themen in der medialen Berichterstattung und Erstellung einer Rangordnung der Themen, über die die Medien berichten (Medienagenda),
2. Befragung des Publikums, welche Themen wichtig sind, und Erstellung einer Rangordnung der von den Rezipienten genannten Themen (Publikumsagenda),
3. Überprüfung der Übereinstimmung von Medien- und Publikumsagenda.

Zentrale empirische Befunde

Die Studie von McCombs und Shaw war wegweisend für mehr als 300 weitere Studien, die sich mit einer Vielzahl von nationalen und lokalen, meist politischen Themen in unterschiedlichen Ländern befassten (Carroll & McCombs, 2003). In einem Überblick über mehr als 100 Studien ziehen Dearing und Rogers (1996) die Bilanz, dass 60 % der Studien die Agenda Setting-These stützen. Wanta und Ghanem (2007) finden in einer Meta-Analyse mit 90 Studien eine mittlere Korrelation von .53 zwischen Medien- und Publikumsagenda.

Die Fülle an Untersuchungen führte allerdings auch zu Modifikationen der ursprünglichen Idee. Der eher starken Wirkungsannahme, dass das Publikum die Themenrangordnung, so wie es sie in den Medien vorfindet, übernimmt (*Priority-Modell*), wurden andere Modelle mit Abstufungen im Wirkungsgrad gegenübergestellt. Nach dem *Salience-Modell* bewirkt die mediale Berichterstattung auf Publikumsseite nur eine Einordnung der Themen nach dem Kriterium „wichtig" oder „unwichtig". Noch schwächer ist die Annahme im *Awareness-Modell*. Danach wird das Publikum über Medien auf Themen lediglich aufmerksam und sieht solche Themen als besonders diskussionswürdig an.

Wirkungsverläufe beschreiben Kepplinger, Gotto, Brosius und Haak (1989): Einem *Kumulationsmodell*, wonach die Intensivierung der Berichterstattung zu einer höheren Platzierung des Themas auf der Publikumsagenda führt, werden nichtlineare Modelle gegenübergestellt: Das „Schwellenmodell" nimmt an, dass erst ein Mindestmaß an Berichterstattung ein Thema auf die Publikumsagenda bringt bzw. dass sich bei einem Thema, das bereits länger auf der Agenda steht, die Berichterstattung deutlich ändern muss, ehe sich sein Rangplatz auf der Publikumsagenda ändert. Das *Beschleunigungsmodell* betrifft Themen, die dem Publikum zentral erscheinen. Ein solches Thema kann auf der Publikumsagenda bei medialer Berichterstattung überproportional stark steigen. Demgegenüber bezieht sich das *Trägheitsmodell* auf Randthemen, die für das Publikum wenig relevant sind. Bei solchen Themen reagiert das Publikum nur sehr träge auf die mediale Berichterstattung. Zudem können Decken- und Bodeneffekte auftreten: Themen können als so wichtig oder auch als so unwichtig angesehen werden, dass die mediale Berichterstattung nichts verändern kann.

Da Agenda Setting-Effekte nicht bei allen Rezipienten, allen Themen oder allen Medien in gleicher Weise auftreten, berücksichtigen die Modelle auch verschiedene intervenierende Variablen (vgl. Rogers & Dearing, 1988). So beeinflussen die persönlichen Erfahrungen zu einem Thema die Publikumsagenda: Je entfernter ein Thema von den eigenen Erfahrungen ist, umso eher machen sich die Agenda Setting-Effekte bemerkbar. Bei Rezipienten mit einem Bedürfnis nach Orientierung in der Welt (need for orientation) zeigen sich stärkere Agenda Setting-Effekte. Weitere Einflussvariabeln sind die Intensität der Mediennutzung, die den Medien zugeschriebene Glaubwürdigkeit, die Diskussionsbereitschaft und das Themeninteresse. Im Vergleich zwischen Zeitungen und Fernsehen zeigen sich im Allgemeinen höhere Effekte bei Zeitungen. Fernsehen hat jedoch bei nationalen und internationalen Themen, vor allem, wenn es sich um kurzzeitige und optisch gut präsentierbare Ereignisse handelt, ebenfalls Agenda Setting-Effekte (Spotlight-Effekt). Während die ersten Agenda Setting-Studien vor allem im Kontext politischer Kommunikation angesiedelt waren, übertragen aktuellere Studien den Ansatz auch auf andere Bereiche bzw. neue Medientechnologien, so zum Beispiel Carroll und McCombs (2003) auf das Gebiet der „Business Communication" oder Wang (2000) auf Online-Zeitungen.

Kritik

Da Agenda Setting ein dynamischer Prozess ist, müssen sich Studien besonderen methodischen Herausforderungen stellen (Behr & Iyengar, 2001). Querschnittsuntersuchungen eignen sich nicht zur Aufklärung der Ursache-Wirkungs-Richtung. Bei Längsschnittstudien und auch bei experimentellen Laborstudien ist die Wahl der Erhebungszeitpunkte eine kritische Frage. Schließlich sollten Studien auch alternative Erklärungsmöglichkeiten berücksichtigen, wie zum Beispiel die, dass die Realität beide Agenden unabhängig voneinander beeinflusst. Wenn beispielsweise die Arbeitslosigkeit steigt, werden die Medien diesem Thema mehr Platz einräumen, gleichzeitig wird aber auch die persönliche Betroffenheit der Rezipienten zu diesem Thema steigen. Tatsächlich vernachlässigen Studien oft Entwicklungen in der Umwelt und/oder mögliche Feedback-Prozesse im komplexen Gefüge zwischen Medien und Publikum. Der Agenda Setting-Ansatz leidet außerdem an konzeptuellen Einschränkungen. Es stellt sich die Frage, zu welchem Grad Agenda Setting ein automatischer und unbewusster Prozess ist (Takeshita, 2006) bzw. welche Verarbeitungsmechanismen auf Rezipientenseite zu Agenda Setting-Effekten beitragen.

Literatur

Behr, R. L. & Iyengar, S. (2001). Television News, Real-World Cues, and Changes in the Public Agenda. *Public Opinion Quarterly 49*, 48–57.

Carroll, C. E. & McCombs, M. (2003). Agenda-setting Effects of Business News on the Public's Images and Opinions about Major Corporations. *Corporate Reputation Review, 6(1)*, 36–46.

Cohen, B. C. (1963). *The press and foreign policy*. Princeton, NJ: Princeton.

Dearing, J. W. & Rogers, E. M. (1996). *Agenda Setting*. Mahwah, NJ: Lawrence Erlbaum.

Funkhouser, G. R. (1973). The issues of the sixties: An exploratory study in the dynamics of public opinion. *Public Opinion Quarterly, 37*, 62–75.

Ghanem, S. (1997). Filling in the Tapestry: The Second Level of Agenda-Setting. In M. E. McCombs, D. L. Shaw & D. Weaver (Eds.), *Communication and Democracy: Exploring the Intellectual Frontiers in Agenda-Setting Theory* (pp. 3–14). Mahwah, NJ: Lawrence Erlbaum.

Iyengar, S., Peters, M. D. & Kinder, D. R. (1982). Experimental demonstrations of the "not-so-minimal" consequences of television news. *American Political Science Review, 76*, 848–858.

Kepplinger, H. M., Gotto, K., Brosius, H. B. & Haak, D. (1989). *Der Einfluß der Fernsehnachrichten auf die politische Meinungsbildung*. Freiburg: Alber.

Lippmann, W. (1922). *Public Opinion*. New York: Macmillian Publishing.

McCombs, M. & Ghanem, S. I. (2001). The convergence of agenda setting and framing. In S. D. Reese, O. H. Gandy, Jr. & A. E. Grant (Eds.), *Framing public life: Perspectives on media and our understanding of the social world* (pp. 67–81). Mahwah, NJ: Lawrence Erlbaum.

McCombs, M. E. & Reynolds, A. (2002). News influence on our pictures of the world. In J. Bryant & D. Zillmann (Eds.), *Media effects: Advances in theory and research* (2nd ed.) (pp. 1–18). Mahwah, NJ: Lawrence Erlbaum.

McCombs, M. E. & Shaw, D. (1972). The Agenda-Setting Function of Mass Media. *Public Opinion Quarterly, 36*, 176–187.

McCombs, M. E. & Shaw, D. (1977). The Agenda-Setting Function of the Press. In D. L. Shaw & M. E. McCombs (Eds.), *The Emergence of American Political Issues* (pp. 1–18). St. Paul: West Publishing Company.

McQuail, D. & Windahl, S. (1993). *Communication Models for the Study of Mass Communications*. London: Longman.

Rogers, E. M. & Dearing, J. W. (1988). Agenda-setting research: Where has it been? Where is it going? In J. A. Anderson (Ed.), *Communication yearbook 11* (pp. 555–594). Newbury Park, CA: Sage.

Toshio T. (2006). Current Critical Problems in Agenda-Setting Research. *International Journal of Public Opinion Research, 18(3)*, 275–296.

Wang, T. L. (2000). Agenda-Setting Online: An experiment testing the effects of hyperlinks in online newspapers. *Southwestern Mass Communication Journal, 15(2)*, 59–70.

Wanta, W. & Ghanem, S. I. (2007). Effects of agenda setting. In R. Preiss, B. M. Gayle, N. Burrell, M. Allen & J. Bryant (Eds.), *Mass media theories and processes: Advances through meta-analysis* (pp. 37–52). Mahwah, NJ: Lawrence Erlbaum.

Kultivierung (Cultivation of beliefs)

Dagmar Unz

Worum geht es?

Inhaltsanalysen zeigen im Allgemeinen einen hohen Gewaltanteil im Fernsehprogramm. Fragt man Personen danach, wie hoch der Anteil von Kriminellen oder von Polizisten in der Bevölkerung ist, dann überschätzen Personen, die viel fernsehen, diesen Anteil systematisch, während Personen, die wenig fernsehen, mit ihren Schätzungen näher am tatsächlichen Anteil liegen. Es scheint, als ob Zuschauer auf Grundlage der im Fernsehen dargestellten Welt Annahmen über die reale Welt entwickeln. Fernsehen formt oder kultiviert Vorstellungen, die Menschen über die soziale Realität haben – dieser Gedanke ist die Basis des Kultivierungsansatzes (auch Cultivation of beliefs-Ansatz; z. B. Gerbner, Gross, Morgan & Signorielli, 1994). Durch den wiederholten Konsum ganz ähnlicher Inhalte über viele Programme und Sender hinweg übernehmen starke Fernsehnutzer die Fernsehwelt als Sichtweise über ihre Realität. Medien, vor allem das Fernsehen, sind somit Sozialisationsinstanzen, die grundlegende Einstellungen der Rezipienten über die sie umgebende (und nicht immer unmittelbar erfahrbare) soziale Welt beeinflussen.

Darstellung der Annahmen

George Gerbner und seine Kollegen begannen Mitte der 1960er Jahre mit dem „Cultural Indicators"-Forschungsprojekt sogenannte „violence profiles" der Primetime-Sendungen des amerikanischen Fernsehens zu erstellen. Inhaltsanalysen zeigten einen relativ hohen Anteil von Gewalt im Fernsehprogramm. Für Gerbner und seine Kollegen stellte sich daraufhin die Frage, ob und wie Fernsehen die Vorstellungen der Zuschauer darüber, wie die alltägliche Welt aussieht, beeinflusst. Sie vermuteten, dass ein starker Fernsehkonsum über längere Zeit hinweg die Vorstellungen von Individuen über die soziale Realität und auch über unsere Kultur als Ganzes formt.

Diese Vermutung gründet auf der Rolle, die dem Fernsehen in der US-amerikanischen Gesellschaft zugeschrieben wird. Gerbner et al. (1994, S. 17) sehen das Fernsehen als die Hauptsozialisationsinstanz: „Television is the source of the most broadly shared images and messages in history. It is the mainstream of the common symbolic environment into which our children are born and in which we all live our lives". Diese gewichtige Stellung nimmt das Fernsehen auf Grund einiger spezieller Eigenschaften ein: Es „durchdringt" nahezu alle gesellschaftlichen Schichten und Altersgruppen, ist fast uneingeschränkt verfügbar, stellt fast keine Voraussetzungen an die Nutzung (man muss nicht lesen können, es kostet fast nichts, man muss nicht mobil sein) und wird meist unselektiv genutzt. Zudem sind einzelne

Sendungen in ihren Grundzügen sehr ähnlich, da sie ein möglichst großes Publikum ansprechen sollen. Die Sendungen zeigen eine „general adherence to common notions of justice and fair play, clear-cut characterizations, tested plot lines, and proven formulas for resolving all issues" (Gerbner & Gross, 1976a, S. 182) und vermitteln gleichzeitig eine gewisse Realitätsnähe der Inhalte. Dies bedeutet, dass ein großes und heterogenes Publikum über lange Zeit, viele Programme und Sender hinweg immer wieder sehr ähnliche Geschichten und Inhalte konsumiert (Gerbner et al., 1994).

Folglich sollten Personen, die viel fernsehen (sogenannte „heavy viewers"), wahrscheinlich stärker davon beeinflusst werden, wie die Welt im Fernsehen dargestellt wird, als Personen, die wenig sehen („light viewers") – besonders dann, wenn es um Themen geht, zu denen keine oder nur wenig eigene Erfahrung vorliegt. Dabei wird unterschieden zwischen „first-order-beliefs" und „second-order-beliefs". „First-order-beliefs" sind Häufigkeitsschätzungen zu bestimmten Ereignissen und Personengruppen, für die man Häufigkeiten in der Fernsehwelt und der realen Welt bestimmten kann (etwa der Prozentsatz von Gewaltverbrechen in einer Gesellschaft oder die Häufigkeit von Ärzten in der Bevölkerung). „Second-order-beliefs" sind generalisierte, allgemeine Einstellungen (z. B. gegenüber Recht und Ordnung oder der persönlichen Sicherheit) oder Meinungen über Personengruppen (z. B., dass Politiker nicht an den Problemen des Durchschnittsbürgers interessiert seien).

In späteren Fassungen des Kultivierungsansatzes präzisieren Gerbner und seine Kollegen (Gerbner, Gross, Signorielli & Morgan, 1980) ihre Annahmen und führen die Konzepte „Mainstreaming" und „Resonance" ein:

- „Mainstreaming" beschreibt den Effekt einer Vereinheitlichung von Meinungen. Eine starke Fernsehnutzung führt bei unterschiedlichen Zuschauergruppen zur Bildung von ähnlichen Ansichten. Vielseher aus unterschiedlichen sozialen Gruppen, die sich eigentlich in ihren Einstellungen zu bestimmten Problemen unterscheiden, haben durch den Einfluss des TV ähnlichere Meinungen als Wenigseher dieser Gruppen.
- „Resonance" beschreibt einen Effekt, der auftritt, wenn Fernseh-Inhalte mit den persönlichen Erfahrungen der Rezipienten übereinstimmen und deshalb zu einer Intensivierung des Kultivierungseffektes beitragen. Entsprechen sich persönlich erlebte Realität und Fernsehwelt, so verstärkt diese „Doppeldosis" den Kultivierungseffekt. Spezifische soziale Gruppen erleben unter Umständen also besonders intensive Kultivierungseffekte (z. B. Angehörige von Gruppen, die sowohl in der Realität als auch in TV-Sendungen besonders häufig in der Opferrolle sind). „Cultivation is not a unidirectional flow of influence from television to audience, but part of a continual, dynamic, ongoing process of interaction among messages and contexts" (Morgan & Signorielli 1990, S. 19).

Weiterführende Überlegungen setzen an psychologischen Erklärungen für die postulierten und empirisch gefundenen Zusammenhänge an. Beispielsweise unterstellen Hawkins und Pingree (z. B. 1990) eher aktive Lernprozesse, während das „heuristic processing model of cultivation effects" von Shrum (2001; Shrum, Burroughs, & Rindfleisch, 2004) davon ausgeht, dass Kultivierungseffekte die Folge heuristischer, also nicht systematischer kognitiver Verarbeitungsstrategien sind (vgl. Beitrag zu Involvement in diesem Band).

199

Typische Methodik

Untersuchungen zum Kultivierungsansatz folgen typischerweise drei Schritten:

1. In einer Inhaltsanalyse von TV-Sendungen wird die Häufigkeit, mit der bestimmte Personengruppen, Ereignisse oder Verhaltensweisen im Fernsehen vorkommen, festgestellt.
2. Für diese Personengruppen, Ereignisse oder Verhaltensweisen werden die Häufigkeiten in der realen Welt ermittelt. So wird ein Vergleich von Merkmalen der TV-Welt mit denen der realen Welt möglich.
3. Schließlich werden Personen, meist in repräsentativen Panelbefragungen, um Angaben zu ihrem Fernsehkonsum und um Beurteilungen der realen Welt gebeten. Die Personen werden je nach Fernsehkonsum entweder als Viel- oder als Wenigseher klassifiziert. Folgt man den Grundannahmen, dann dürften Vielseher im Vergleich zu Wenigsehern hier eher Antworten geben, die der TV-Welt entsprechen.

Zentrale empirische Befunde

Der wohl prominenteste Kultivierungseffekt ist das sogenannte „mean world syndrome". Mit Hilfe von Inhaltsanalysen wurden zunächst „violence profiles" der Prime-time-Sendungen des amerikanischen Fernsehens erstellt. Danach enthalten rund 70 % aller Programme Gewaltdarstellungen, durchschnittlich werden 5,7 gewalthaltige Handlungen pro Stunde gezeigt (vgl. Signorielli, 1990). In sich anschließenden Befragungen finden sich bei den Vielsehern eher Fernsehantworten: Sie denken, dass es mehr Gewalttätigkeiten gibt und dass sie viel wahrscheinlicher Opfer einer Gewalttat werden können, als dies auf Grund von statistischen Daten in der realen Welt der Fall ist. Vielseher haben eher Angst, bei Nacht allein durch die Stadt zu gehen, versuchen sich vor Verbrechen zu schützen, glauben, dass die allgemeine Lage schlecht sei, und haben kein Vertrauen zu Politikern. Für Vielseher ist die Welt, in der sie leben, also gefährlicher und furchterregender als für Wenigseher – „the scary world of heavy viewers" (Gerbner & Gross, 1976b; Gerbner et al., 1980; oder z. B. in neueren Studien Diefenbach & West, 2001; Nabi & Sullivan, 2001; Romer, Jamieson & Aday, 2003; van den Bulck, 2004).
Die Studien von Gerbner zogen eine Vielzahl anderer Studien nach sich. Dort zeigt sich, dass Vielseher beispielsweise die Anzahl von Rechtsanwälten (Pfau, Mullen, Dietrich, & Garrow, 1995), berufstätigen Frauen (Carveth & Alexander, 1985), Homosexuellen und Transsexuellen (Rössler & Brosius, 2001) in der Bevölkerung ebenso überschätzen wie das Auftreten von Scheidungen (Carveth & Alexander, 1985; Potter, 1991b), das Risiko von Naturkatastrophen und Terroranschlägen (Gunter & Wober, 1983) sowie die Verbreitung von Wohlstand (Fox & Philliber, 1978; Potter, 1991b) und Luxus (Shrum, Burroughs & Rindfleisch, 2005). In verschiedenen Studien ergeben sich deutlichere Kultivierungseffekte, wenn sich die Analyse nicht auf den allgemeinen Fernsehkonsum, sondern auf spezifische TV-Genres und deren Inhalte bezieht, wie z. B. Nachrichten, Soap-Operas u. a. m. (Hawkins & Pingree, 1981; Segrin & Nabi, 2002). Nach Shrum, Bischak und

Darmanin (2000) wirken im Einklang mit dem Konzept der Resonanz persönliche Erfahrungen modifizierend auf Kultivierungseffekte.

Eine Meta-Analyse von Shanahan und Morgan (1999) mit 97 Stichproben und 5 799 Einzelergebnissen findet einen zwar kleinen, aber konsistenten positiven Zusammenhang zwischen Fernsehkonsum und Einstellungen gegenüber der realen Welt mit einer Effektgröße von .10. Der Effekt wird nicht moderiert von der Art der abhängigen Variablen, d. h. es spielt keine Rolle, ob es um Gewalt, Geschlechtsrollen, Politik oder andere Themen geht. Auch demografische Variabeln, wie Alter, Bildungsniveau oder Geschlecht der Befragten, haben insgesamt gesehen keinen bedeutsamen Einfluss. Allerdings finden sich bei einer Betrachtung ganz spezieller Personengruppen Ausnahmen dieses allgemeinen Befundes. So sind bei älteren Personen, die nicht mit dem Fernsehen aufgewachsen sind, etwas niedrigere Kultivierungseffekte zu beobachten. Und es finden sich – überraschenderweise – Hinweise, dass Personen mit einem College-Abschluss und höherem Einkommen „anfälliger" für Kultivierungseffekte sind. Zudem scheinen politische Einstellungen Kultivierungseffekte zu beeinflussen. So zeigen sich bei Personen mit einer eher liberalen politischen Einstellung größere Kultivierungseffekte als bei Personen mit einer konservativen Einstellung.

Für die Annahmen des Kultivierungsansatzes spielt die zentrale Bedeutung des Fernsehens in der US-amerikanischen Gesellschaft eine entscheidende Rolle. Es finden sich aber auch in anderen Ländern Belege für die Kultivierungsannahmen (z. B. Argentinien: Morgan & Shanahan, 1992; Israel: Cohen & Weimann, 2000, Hetsroni & Tukachinsky, 2006; Südkorea: Kwak, Zinkhan, & Dominick, 2002 oder Belgien: Van Mierlo & Van den Bulck, 2004).

Kritik

Die Annahmen und Befunde von Gerbner und seinen Kollegen regten nicht nur eine starke Forschungstätigkeit, sondern auch eine entsprechende wissenschaftliche Diskussion an (z. B. Hirsch, 1980, 1981; Tapper, 1995). Der Kultivierungsansatz ist einer der umstrittensten und am heftigsten kritisierten Ansätze der Medienforschung. So kritisiert Hirsch (1980, 1981) beispielsweise methodologische Aspekte, die jedoch von Gerbner, Gross, Morgan und Signorielli (1981a, b) sowie von Van den Bulck (2003) entkräftet werden. Außerdem kritisiert Hirsch (1980) widersprüchliche Befunde bei Nichtsehern und Extremsehern: Nichtseher geben mehr „Fernsehantworten" als die Wenigseher, Extremseher (TV-Konsum von mehr als acht Stunden täglich) weniger als die Vielseher. Gerbner et al. (1981a) stellen fest, dass dies ein interessantes Ergebnis ist, das weiter untersucht werden sollte. Allerdings handele es sich bei diesen Extremgruppen um weniger als 10 % der Gesamtstichprobe, für 90 % könne eine lineare Beziehung zwischen Fernsehkonsum und Einstellungen festgestellt werden.

Ein weiterer wichtiger Kritikpunkt betrifft die Wirkungsmechanismen, die hinter Kultivierungseffekten stehen. So konnte das Modell von Hawkins, Pingree und Adler (1987), welches darstellt, dass die Zuschauer das falsche Faktenwissen aus der Fernsehwelt lernen und auf dieser Basis dann Einstellungen konstruieren, empirisch nicht belegt werden. Des Weiteren ist der Zusammenhang zwischen first- und second-order-beliefs ist nicht geklärt. Empirische Studien legen nahe, dass beide auf unterschiedliche Art und Weise von den Fernsehinhalten beeinflusst werden (vgl. Hawkins & Pingree 1990; Potter, 1991a,b,c).

Literatur

Carveth, R. & Alexander, A. (1985). Soap opera viewing motivations and the cultivation process. *Journal of Broadcasting and Electronic Media, 29*, 259–273.

Cohen, J. & Weimann, G. (2000). Cultivation revisited: Some genres have some effects on some viewers. *Communication Reports, 13(2)*, 99–114.

Diefenbach, D. L., West, M. D. (2001). Violent crime and poisson regression: A measure and a method for cultivation analysis. *Journal of Broadcasting & Electronic Media, 45(3)*, 432–445.

Gerbner, G. & Gross, L. (1976a). Living with television: The violence profile. *Journal of Communication, 26*, 172–199.

Gerbner, G. & Gross, L. (1976b). The scary world of TV's heavy viewer. *Psychology Today, 10(4)*, 41–89.

Gerbner, G., Gross, L., Morgan, M. & Signorielli, N. (1981a). A curious journey into the scary world of Paul Hirsch. *Communication Research, 8(1)*, 39–72.

Gerbner, G., Gross, L., Morgan, M. & Signorielli, N. (1981b). Final reply to Hirsch. *Communication Research, 8*, 259–280.

Gerbner, G., Gross, L., Morgan, M. & Signorielli, N. (1994). Growing up with television. The cultivation perspective. In J. Bryant & D. Zillmann (Eds.), *Media effects. Advances in theory and research* (pp. 17–41). Hillsdale, NJ: Lawrence Erlbaum.

Gerbner, G., Gross, L., Signorielli, N. & Morgan, M. (1980). The "mainstreaming" of America: Violence profile No. 11. *Journal of Communication, 30(3)*, 10–29.

Hawkins, R. & Pingree, S. (1981). Uniform messages and habitual viewing: Unnecessary assumptions in social reality effects. *Human Communication Research, 7(4)*, 219–301.

Hawkins, R. P. & Pingree, S. (1990). Divergent psychological processes in constructing social reality from mass media content. In N. Signorielli & M. Morgan (Eds.), *Cultivation analysis: New directions in media effects research* (pp. 35–50). Newbury Park, CA: Sage.

Hawkins, R., Pingree, S. & Adler, I. (1987). Searching for cognitive processes in the cultivation effect. *Human Communication Research, 13*, 553–577.

Hetsroni, A. & Tukachinsky, R. H. (2006). Television-World Estimates, Real-World Estimates, and Television Viewing: A New Scheme for Cultivation. *Journal of Communication, 56(1)*, 133–156.

Hirsch, P. (1980). The "scary" world of the non-viewer and other anomalies: A reanalysis of Gerbner et al's findings on the cultivation hypothesis. Part I. *Communication Research, 7(4)*, 403–456.

Hirsch, P. (1981). On not learning from one's own mistakes. A reanalysis of Gerbner et al's findings on the cultivation hypothesis. Part II. *Communication Research 8,(1)*, 3–37.

Kwak, H., Zinkhan, G. M. & Dominick, J. R. (2002). The moderating role of gender and compulsive buying tendencies in the cultivation effects of TV shows and TV advertising: A cross cultural study between the United States and South Korea. *Media Psychology, 4(1)*, 77–111.

Morgan, M. & Shanahan, J. (1992). Comparative cultivation analysis: Television and adolescents in Argentina and Taiwan. In F. Korzenny & S. Ting-Toomey (Eds.), *Mass media effects across cultures* (pp. 173–197). Newbury Park, CA: Sage.

Morgan, M. & Signorielli, N. (1990): Cultivation analysis: conceptualisation and methodology. In N. Signorielli & M. Morgan (Eds.), *Cultivation Analysis. New directions in media effects research* (pp. 13–34). Newbury Park, CA: Sage.

Nabi, R. L. & Sullivan, J. L. (2001). Does television viewing relate to engagement in protective action against crime? A cultivation analysis from a theory of reasoned action perspective. *Communication Research, 28(6)*, 802–825.

Pfau, M., Mullen, L. J., Deidrich, T. & Garrow, K. (1995) Television viewing and public perceptions of attorneys. *Human Communication Research, 21(3)*, 307–330.

Potter, W. J. (1991a). Examining cultivation from the psychological perspective. *Communication Research, 18*, 77–102.

Potter, W. J. (1991b). The relationships between first- and second-order measures of cultivation. *Human Communication Research, 19*, 92–113.

Potter, W. J. (1991c). The linearity assumption in cultivation research. *Human Communication Research, 17(4)*, 562–583.

Romer, D., Jamieson, K. H. & Aday, S. (2003). Television News and the Cultivation of Fear of Crime. *Journal of Communication, 53(1)*, 88–104.

Rössler, P. & Brosius, H.-B. (2001). Do talk shows cultivate adolescents' views of the world? A prolonged-exposure experiment. *Journal of Communication, 51(1)*, 43–163.

Segrin, C., & Nabi, R. L. (2002). Does television viewing cultivate unrealistic expectations about marriage? *Journal of Communication, 52(2)*, 247–263.

Shanahan, J. & Morgan, M. (1999). *Television and its Viewers. Cultivation Theory and Research*. Cambridge, UK: Cambridge University Press.

Shrum, L. J. (2001). Processing strategy moderates the cultivation effect. *Human Communication Research, 27(1)*, 94–120.

Shrum, L. J. & Bischak, V. D. (2000). Mainstreaming, resonance and impersonal impact: Testing moderators of the cultivation effect for estimates of crime risk. *Human Communication Research, 27(2)*, 187–215.

Shrum, L. J., Burroughs, J. E. & Rindfleisch, A. (2004). A process model of consumer cultivation: The role of television is a function of the type of judgment. In L. J. Shrum (Ed.), *The psychology of entertainment media: Blurring the lines between entertainment and persuasion* (pp. 177–191). Mahwah, NJ: Lawrence Erlbaum.

Shrum, L. J., Burroughs, J. E. & Rindfleisch, A. (2005). Television's cultivation of material values. *Journal of Consumer Research, 32(3)*, 473–479.

Tapper, J. (1995): The ecology of cultivation: a conceptual model for cultivation research. *Communication Theory, 5(1)*, 36–57.

Van den Bulck, Jan (2003). Is the Mainstreaming Effect of Cultivation an Artifact of Regression to the Mean? *Journal of Broadcasting & Electronic Media, 47(2)*, 289–295.

Van den Bulck, Jan (2004). Research Note: The Relationship between Television Fiction and Fear of Crime: An Empirical Comparison of Three Causal Explanations. European *Journal of Communication, 19(2)*, 239–248.

Van Mierlo, J. & Van den Bulck, J. (2004). Benchmarking the cultivation approach to video game effects: A comparison of the correlates of TV viewing and game play. *Journal of Adolescence, 27(1)*, 97–111.

**Teil III
Emotion**

Einführung Emotion

Frank Schwab

Lange Zeit hat sich die Medienpsychologie in erster Linie mit kognitiven und ver-
haltensbezogenen Fragestellungen auseinandergesetzt. In den letzten Jahren werden
Medien jedoch zunehmend auch aus einer emotionspsychologischen Perspektive
betrachtet. Einerseits hat die Psychologie emotionale Prozesse als grundlegend für
unser mentales Funktionieren wiederentdeckt, zum anderen mag aber auch die
Entwicklung der Medienlandschaft hierzu beigetragen haben. Mit der Einführung
des Privatfernsehens wird Fernsehen zunehmend als ein Medium angesehen, das
vor allem auf die Emotionen von Zuschauern zielt. Aber nicht nur das „alte"
Medium Fernsehen spricht die Emotionen an: Auch Computerspiele, virtuelle
Realitäten, Avatare oder Handys beeinflussen – wenn auch nicht immer ausschließlich – die Emotionen ihrer Nutzer.

Der folgende Buchabschnitt gibt einen Überblick über medienpsychologische
Konzepte, die sich auf emotionale Prozesse und Wirkungen beziehen. Dabei werden
unterschiedliche Sichtweisen auf emotionale Prozesse geworfen: So geht es zum
Beispiel darum, welche Merkmale eines medialen Stimulus Neugier wecken und
Menschen ästhetisch besonders anziehen (Beitrag *Neugier und New Experimental
Aesthetics*). Während des Rezeptionsprozesses selbst kann es sein, dass Rezipienten
nicht nur neugierig werden, sondern ein Gefühl des Hineingezogenseins in die
Geschichte empfinden (Beitrag *Transportation*) oder sich emotional angesprochen
fühlen, so dass sie sich mehr oder weniger intensiv während und unter Umständen
auch nach der Rezeption damit auseinandersetzen (Beitrag *Involvement*).

Emotionen spielen eine wichtige Rolle bei der Medienselektion, -rezeption und
-wirkung. Dies wird deutlich in den vor allem von Dolf Zillmann geprägen Konzepten Mood Management (vgl. Beitrag in Teil I des Buches), *Excitation Transfer*
und *Affective Disposition*, die er in seiner *Drei-Faktoren-Emotionstheorie* integriert.
Das Erleben von *Spannung* zeigt ebenfalls einen engen Bezug zu diesen Ansätzen.
Durch empathische Prozesse vermittelt hoffen und bangen wir um das Wohl einer
von uns ins Herz geschlossenen Medienfigur. Lösen sich Spannung und Erregung
im Happy End, fühlen wir uns zumeist gut unterhalten. Die Beschäftigung mit
Angeboten zur medialen *Unterhaltung* berücksichtigt schließlich nahezu alle der
hier genannten Konzepte und Ansätze (vgl. **Abb. 3.1**).

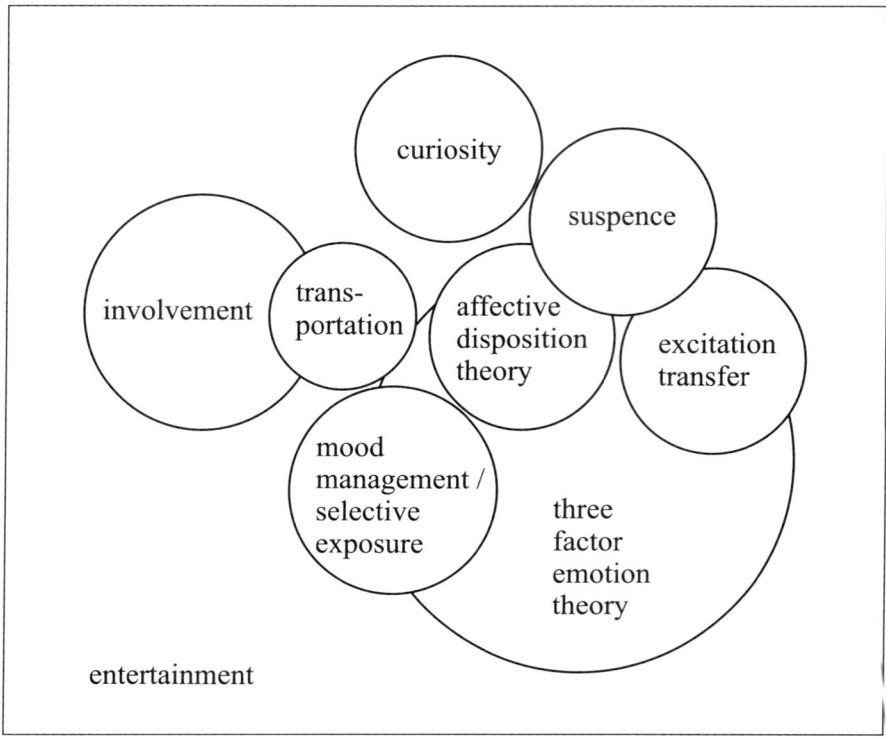

Abb. 3.1: Emotionstheorien und Emotionskonzepte der Medienpsychologie

Neugier und New Experimental Aesthetics

Frank Schwab

Worum geht es?

Neugier und Aufmerksamkeit sind Voraussetzungen für eine ganze Reihe menschlicher Verhaltensweisen, so auch für das Lernen. Lernmedien versuchen daher, die Neugierde der Rezipienten zu wecken und ihre Aufmerksamkeit zu binden. Unterhaltungsmedien wollen zudem in der Regel auch die ästhetischen Gefühle ansprechen. Wann und warum werden Menschen also neugierig? Welche Medienmerkmale beeinflussen das ästhetische Erleben der Rezipienten? Der New Experimental

Aesthetics-Ansatz von Berlyne (1960, 1974) ist eine der prominentesten Theorien zu Neugier. Zugleich beschäftigt er sich vor allem mit der Frage, welche Charakteristika eines Objekts ästhetisches Erleben hervorrufen.

Darstellung der Annahmen

Für Berlyne ist ästhetisches Erleben im Alltäglichen verankert. Er beschränkt den Betrachtungsfokus nicht auf elitäre Kunstprodukte, wie Museumsexponate, moderne Theaterinszenierungen oder Experimentalfilme. Vielmehr betrachtet er auch Landschaften und Naturobjekte als Gegenstand ästhetischen Erlebens. Insgesamt lässt sich sein Ansatz als neo-behavioristischer Blick auf kunstvolle Darbietungen beschreiben. Behavioristisch, da er ästhetische Erfahrungen als Reaktionen auf bestimmte Reizstrukturen beschreibt (Stimulus-Response-Modell). Er führt ästhetisches Erleben in erster Linie auf Merkmale des Objektes (Stimuluseigenschaften/ Objektästhetik) zurück und betrachtet reaktionsseitig, welche psycho-physiologischen Wirkungen diese hervorrufen.

Als *neo*-behavioristisch kann man den Ansatz bezeichnen, da er Organismusvariablen (O) als vermittelnde Variabeln zwischen Reiz und Reaktion mit einbezieht (S-O-R-Modell). Berlyne versucht, menschliches Verhalten, insbesondere ästhetisches Rezeptionsverhalten, aus basalen Bedürfnissen, Dispositionen und Motivationen des Menschen abzuleiten.

Die Fähigkeit, auf neue Stimuli sinnvoll und (über-)lebensdienlich zu reagieren, stellt nach Berlyne einen wichtigen Mechanismus der Evolution dar. Dies gilt ganz besonders hinsichtlich der Phylogenese des Menschen. Organismen haben in der Evolution die Neigung entwickelt, sich ein optimales Erregungsniveau zu verschaffen. Diese Erregung kann durch Exploration von Reizstrukturen erzeugt werden. Berlyne vermutet zwei Explorationsweisen, die unterschiedlich motiviert sind: Erstens evolvierten spezifische Verhaltensbereitschaften, die uns auf bestimmte Stimulusmerkmale (wie Neuartigkeit) mit Neugier und Aufmerksamkeitszuwendung reagieren lassen. Dieser Neugier-Trieb (intrinsische Neugierde) löst ein spezifisches (instrumentelles) Explorationsverhalten aus. Zweitens gibt es einen Langeweile(vermeidungs)-Trieb, der zu unspezifischem Explorationsverhalten führt (Exploration um ihrer selbst willen; Berlyne, 1960). Auch das Spielverhalten als zweckfreie Neugierde beschrieb Berlyne (1960) als Folge der Evolution. Zum Spielverhalten zählt er Unterhaltung, Kunst, Philosophie und die reine Wissenschaft. Wenn ästhetische Aktivitäten „forms of intrinsically motivated stimulus-seeking behavior" (Berlyne, 1980, S. 392) sind, stellt sich die Frage, welche Reizmerkmale besonders geeignet sind, Exploration, Neugierverhalten und interessierte Aufmerksamkeit auszulösen.

Zu den entscheidenden Stimuluscharakteristika gehören:

- Neuartigkeit, definiert als (über die Zeit auftretender) Unterschied zwischen vorhergehenden Gedächtnisinhalten und aktuellen Stimuli,
- Konflikt, der entsteht, wenn ein Stimulus gleichzeitig inkompatible Antworten verursacht (komme näher/bleibe fort, Hass/Liebe),
- Ungewissheit als Wahrscheinlichkeit mit der ein bestimmtes erwartetes Ereignis eintritt sowie

- Komplexität, definiert als Muster, welches umso komplexer ist, je mehr unabhängige Elemente es umfasst (Berlyne, 1971).

Diese Eigenschaften nennt Berlyne „kollativ" (etwa: vergleichend, prüfend), da sie auf dem Vergleich von Informationen beruhen (so werden zum Beispiel Gedächtnisinhalte mit aktuellen Wahrnehmungen verglichen). Sie induzieren Unsicherheit und aktivieren Arousal. Der kognitive Vergleich des Objektes mit Gedächtnisinhalten führt bei Diskrepanzen zu Erregung, die nur durch Exploration des Objektes reduzierbar ist. Dabei verhält sich das Erregungspotenzial zum hedonischen (lustorientierten) Wert eines Objektes entsprechend einer inversen U-Funktion: Hohe hedonische Qualität haben Objekte mit einer mittelmäßigen Komplexität, Neuartigkeit oder Ambiguität. Sind die Objekte sehr wenig komplex, neuartig oder ambigue, empfindet der Rezipient Langeweile; sind sie hochkomplex, extrem neuartig oder sehr ambigue, dann empfindet er Überforderung (vgl. **Abb. 3.2**).

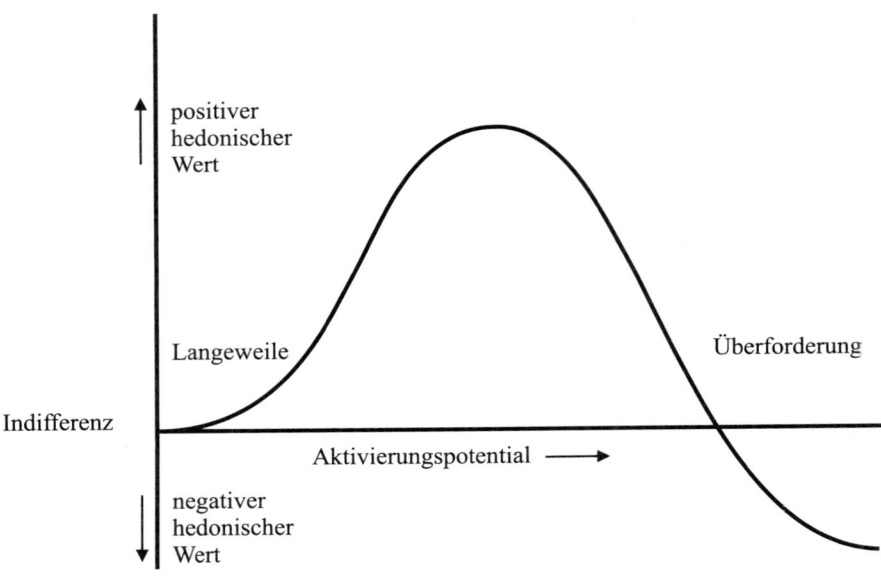

Abb. 3.2: Hedonischer Wert und Aktivierungspotential (nach Berlyne, 1974, S. 10)

Typische Methodik

Zur experimentellen Untersuchung des perzeptuellen Neugierverhaltens fokussierte Berlyne (vgl. Berlyne, 1974) auf die Verbindung zwischen ästhetischen Phänomenen und allgemeinpsychologischen Fragestellungen. Als unabhängige Variablen werden formale bzw. strukturelle kollative Eigenschaften auf den Dimensionen vertraut–neu, einfach–komplex, erwartet–überraschend, ambigue–klar, stabil–variabel variiert. Manipuliert werden zum Beispiel Irregularitäten der Form oder

Heterogenität der Elemente (vgl. Beispiele in **Abb. 3.3**). Abhängige Variablen sind (1) verbale Einschätzungen (Ratings) des Gefallens, des Interesses, der Komplexität etc. (2), psychophysiologische Messungen als Indikatoren des Arousals oder (3) Verhaltensmessungen. Verhalten wurde u. a. erfasst als Zuwendungszeit oder als Explorations(aus)wahl, etwa indem der Proband den Projektor steuerte (Greenberg, Woldman, Yourshaw, 1967) oder der wiederholte Abruf eines Bildes über ein Tachistoskop erfasst wurde (Berlyne 1960). Auch mimische Reaktionen wie das Lächeln wurden untersucht.

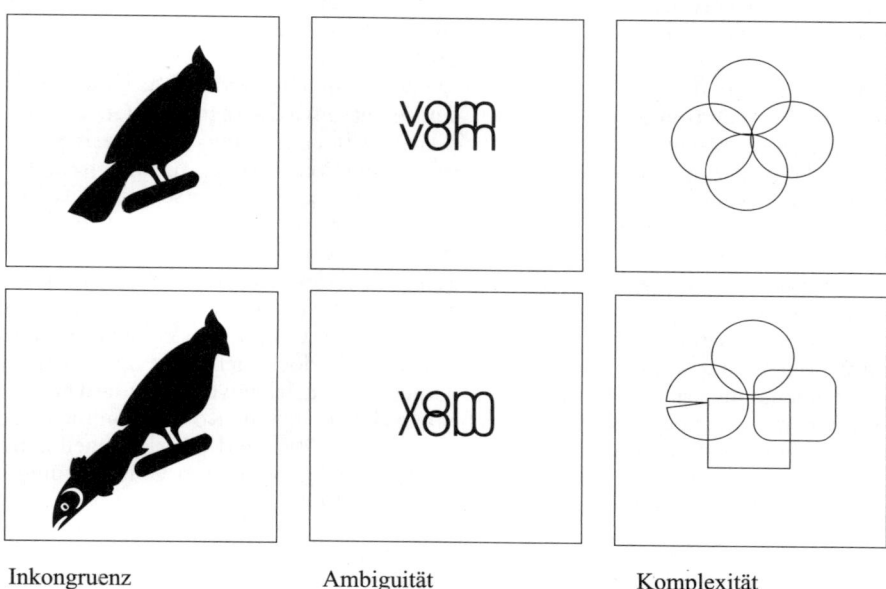

| Inkongruenz | Ambiguität | Komplexität |

Abb. 3.3: Kollative Stimulusmerkmale (nach Berlyne, 1960)

Erläuterung: In der unteren Bildreihe sind die Merkmale deutlicher ausgeprägt.

Zentrale empirische Befunde

Berlynes Theorie wurde an sehr unterschiedlichen Stimuli untersucht (Berlyne, 1974), so zum Beispiel an Polygonen (Aitken, 1974), verbalen Präferenzen (Munsinger & Kessen, 1964), abstrakten Kunstwerken (Nicki & Gale, 1977) oder Zeichnungen menschlicher Figuren (Saklofske, 1975). Diese Studien konnten den Zusammenhang zwischen Komplexität und Genuss- bzw. Lustempfinden belegen. Dagegen konnte Heinrichs (1984) einen U-formigen Zusammenhang hinsichtlich gezeichneter menschlicher Figuren nicht finden. Hekkert und van Wieringen (1990) entdeckten einen solchen Zusammenhang lediglich bei abstrakter Kunst, nicht jedoch bei gegenständlicher Malerei. Neuere Arbeiten im Umfeld der environmental aesthetics, die auf Anwendungen im Bereich der Architekturpsychologie oder Game- und VR-Gestaltung (mystery effects; Stamps, 2006) zielen, untersuchen mit Hilfe computergenerierter Orte Beleuchtung und Raumgestaltung.

Kritik

Letztlich reduziert der Ansatz von Berlyne ästhetisches Erleben auf eine ganz spezifische Art des Lusterlebens ganz bestimmter Objektmerkmale und muss sich vor allem drei Kritikpunkten stellen. Zum ersten lassen sich viele Arten kunstvoller Darbietungen in diesem Ansatz kaum angemessen beschreiben (etwa: Humor, bildende Künste, Action-Kino, Tanz etc.). Zum zweiten wird ästhetischer Genuss hier als rein passiv-rezeptiver Vorgang konzipiert, der in erster Linie charakterisiert ist durch die Änderung unspezifischer physiologischer Aktivierungszustände bzw. des Erregungsniveaus. Das experimentelle Design geht kaum auf verschiedene Erlebnisqualitäten als abhängige Variable ein, sondern misst vor allem quantifizierbare Gefallensurteile und/oder physiologisches Arousal. Zum dritten berücksichtigt der Ansatz nur selten die aktive Rolle des Rezipienten, der ausgehend von Konzepten und Schemata seine Informationsverarbeitung steuert (Top down-Prozesse).

Während der theoretische Beitrag des Ansatzes zu Fragen der Ästhetik als eher karg eingeschätzt wird (Allesch, 2006), hat Berlyne doch vielfältige und kreative Experimente inspiriert, die Studien zum ästhetischen Erleben verfeinert und erweitert haben. Sein experimentelles Vorgehen hat dabei auch die Konzeption medienpsychologischer Wirkstudien beeinflusst (Suckfüll, 2004) und Überlegungen zum Filmerleben (etwa Tan, 1996) ebenso geprägt wie Theorien zum Unterhaltungs-(Vorderer, 2004) oder Musikerleben (Schramm, 2004).

Literatur

Aitken, P. P. (1974). Judgements of pleasingness as functions of visual complexity. *The Journal of Experimental Psychology, 103*, 240–244.

Allesch, G. C. (2006). *Einführung in die psychologische Ästhetik*. Weinheim: Beltz.

Berlyne D. E. (1960). *Conflict, Arousal and Curiosity*. New York: McGraw-Hill.

Berlyne D. E. (1971). *Aesthetics and Psychobiology*. New York: Appleton-Century Crofts.

Berlyne, D. E. (1974). *Studies in the new experimental aesthetics*. New York: John Wiley & Sons.

Berlyne, D. E. (1980). Psychological Aesthetics. In H. C. Triandis & W. Lonner (Eds.), *Handbook of cross-cultural psychology, Vol. 3: Basic Processes*. Boston: Allyn and Bacon.

Greenberger, E., Woldman, J. & Yourshaw, S. W. (1967). Components of curiosity: Berlyne reconsidered. *British Journal of Psychology, 58(3)*, 375–386.

Heinrichs, R. W. (1984). Verbal responses to human figure paintings: A test of the unconscious. *Canadian Journal of Psychology, 38 (3)*, 512–518.

Hekkert, P. & von Wieringen, P. C. W. (1990). Complexity, prototypicality as determinants of the appraisal of Cubist paintings. *British Journal of Psychology, 81*, 483–495.

Munsinger, H. & Kessen, W. (1964). Uncertainty, structure and preference. *Psychological Monographs General and Applied, 78* (9, whole No. 586).

Nick, R. M. & Gale, A. (1977). EEG, measures of complexity and preference for non-representatives works of art, *Perception, 6,* 281–186.

Schramm, H. (2004). Musikrezeption und Radionutzung. In R. Mangold, P. Vorderer & G. Bente (Hrsg.), *Lehrbuch der Medienpsychologie* (S. 443–465). Göttingen: Hogrefe.

Saklofske, D. W. (1975). Visual aesthetic complexity, attractiveness and diversive exploration. *Perceptual and Motor Skills, 41,* 813–814.

Suckfüll, M. (2004). Ansätze zur Analyse von Wirkverläufen. In R. Mangold, P. Vorderer & G. Bente (Hrsg.), *Lehrbuch der Medienpsychologie* (S. 401–416). Göttingen: Hogrefe.

Tan, E. (1996). *Emotion and the Structure of Narrative Film. Film as an Emotion Machine.* Mahwah, NJ: Lawrence Erlbaum.

Vorderer, P. (2004). Unterhaltung. In R. Mangold, P. Vorderer & G. Bente (Hrsg.), *Lehrbuch der Medienpsychologie* (S. 543–564). Göttingen: Hogrefe.

Transportation

Felix Schönbrodt und Frank Schwab

Worum geht es?

Manche Geschichten nehmen uns gefangen, wir fühlen uns in die Erzählung hineinversetzt, als wären wir am Ort der erfundenen Handlung mitten unter den Charakteren anwesend. „Transportation" in eine Erzählung oder Geschichte ist das Erleben des (kognitiven und emotionalen) Eintauchens in eine fiktive Welt mit anschaulichen Vorstellungsbildern. Dabei lässt sich der Prozess durchaus mit der Metapher einer Reise in der wirklichen Welt vergleichen: So wie man mit Hilfe eines Flugzeuges in ein fremdes Land reist, bringt einen die Erzählung als Transportmittel in eine unbekannte Welt. Die gewohnte Realität bleibt zurück, und man taucht in die fremde Welt ein. Später kehrt man in die normale reale Welt zurück, nimmt jedoch Eindrücke aus der Fremde mit und hat vielleicht neue Einstellungen und Sichtweisen erworben (Gerrig, 1993).

Darstellung der Annahmen

Green und Brock (2000) beschreiben den Zustand der Transportation etwa wie folgt: Alle mentalen Prozesse sind auf die Ereignisse in der Geschichte fokussiert; man taucht so stark in die fiktive Welt ein, dass eine psychologische Distanz zur Realität entsteht. Das kann zum Beispiel dazu führen, dass man nicht bemerkt wie jemand in den Raum eintritt. Es kann aber auch auf *kognitiver Ebene* dazu führen, dass man Fakten der Realität zu Gunsten von Behauptungen in der fiktionalen Welt vernachlässigt (besonders deutlich etwa bei Science Fiction, zum Beispiel beim *Star Trek*-Phänomen des Beamens). Auf *emotionaler Ebene* zeigt sich eine starke Verbundenheit mit den Charakteren (vgl. Beitrag zur Parasozialen Interaktion in diesem Band). Außerdem erlebt man klare Vorstellungsbilder von den Personen oder Ereignissen.

Auch wenn die Autoren (Green & Brock, 2000; Green, Brock & Kaufman, 2004) betonen, dass die transportation theory prinzipiell für alle Medientypen (Literatur, Fernsehen, virtuelle Realitäten) gilt, sind die Wurzeln sowie die aktuelle Forschung fast ausschließlich in der Literaturwissenschaft und in der Wirkung von narrativen Texten angesiedelt. Kennzeichen solch narrativer Texte ist, dass ein ungelöster Konflikt oder eine unbeantwortete Frage die Erzählung vorantreibt. Formal gesehen enthält ein narrativer Text eine Handlung mit Anfang, Mittelteil und Schluss (Green & Brock, 2000).

Verwandte Konzepte

Innerhalb der Medienforschung wird das Eintauchen in eine mediale Welt mit verschiedenen Begriffen beschrieben. So nennt die Filmwissenschaft das Erleben des Filmes als momentane Umwelt den „diegetischen Effekt" (Tan & Fasting, 1996). Die Diegese bezeichnet das raumzeitliche Universum bzw. die Welt, die ein narrativer Text oder ein Film erzeugt. In der Forschung zu virtuellen Realitäten (VR) wird mit „Presence" das Phänomen bezeichnet, dass man das Gefühl hat, tatsächlich in der virtuellen Welt zu sein (Ijsselsteijn, Lombard & Freeman, 2001; Sanchez-Vives & Slater, 2005; Van Baren & Ijsselsteijn, 2004). Eng verknüpft mit dem Begriff „Presence" ist das Konzept der „Immersion" (vgl. Beitrag zu Presence und Immersion in diesem Band).

Green et al. (2004) sehen auch eine Verknüpfung der Transportation zum Konzept des *Flows* (Csikszentmihalyi, 1990). Gemeinsam haben beide Konzepte eine tiefe Konzentration, eine Absorption in die Tätigkeit sowie ein Gefühl des Vergnügens.

Typische Methodik

In den meisten Untersuchungen zur Transportation wird die erlebte Transportation als quasi-experimentelle unabhängige Variable erhoben. Die Versuchspersonen werden dann entweder durch einen Mediansplit in zwei Gruppen aufgeteilt („High Transportation" und „Low Transportation"), welche varianzanalytisch auf Unterschiede in Bezug auf die abhängigen Variablen untersucht werden, oder die Transportation wird direkt mit der abhängigen Variable korreliert. So konnte Green (2004) zum Beispiel zeigen, dass geschichtenkonforme Einstellungen gegenüber Homosexualität positiv mit der erlebten Transportation korrelieren.

Zur subjektiven Messung der Transportation entwickelten Green et al. (2000) eine 15-Item-Selbstreport-Skala (ein Beispielitem: „Während ich die Geschichte gelesen habe, konnte ich mir die beschriebenen Ereignisse mühelos vorstellen"). Die Skala hat eine zufriedenstellende interne Konsistenz von $\alpha = 0{,}76$.

Zentrale empirische Befunde

In erster Linie untersuchen Studien zur Transportation deren Effekt als unabhängige Variable auf Einstellungsänderungen, seltener werden Effekte des Transportationserlebens auf andere Medienrezeptionsphänomene (etwa Unterhaltungserleben; Green et al., 2004) untersucht. Zudem wurde aber auch versucht, die Stärke der Transportation (diesmal als abhängige Variable) durch experimentelle Manipulationen am Text selbst oder durch verschiedene Leserinstruktionen zu beeinflussen.

Einstellungsänderung: Während in der vorherrschenden Forschung zur Einstellungsänderung ein besonderer Fokus auf der Rhetorik liegt (Einstellungsänderung durch Argumente), tritt die transportation theory für die Überzeugungskraft der Poesie ein (Green & Brock, 2000). So konnten die Autoren zeigen, dass „transported readers" mehr Einstellungen und Überzeugungen zeigen, die mit der Geschichte konsistent sind. Dieser Befund wurde im Besonderen in der Werbebranche aufgenommen (z. B. Escalas, 2004; Wang & Calder, 2006). Green (2004) fand zum Beispiel heraus, dass Leser mit einer höheren Transportation eher mit dem in der Geschichte dargestellten Fakt übereinstimmten, dass Kondome vor AIDS schützen.

Im Prozess der Einstellungsänderung durch Transportation ist jedoch eine Abgrenzung zu den klassischen Ansätzen der Einstellungsänderung, den Zwei-Prozess-Theorien, notwendig (ELM, Petty, & Cacioppo, 1981; HSM, Chaiken, 1980; vgl. Beitrag zu Involvement in diesem Band). Diese gehen von zwei Arten der Informationsverarbeitung aus: Zum einen gibt es den elaborierten Weg (die „zentrale" Route), auf dem durch logisches Nachdenken und Abwägen der Argumente eine Entscheidung getroffen wird. Zum anderen wird der heuristische (periphere) Weg beschrieben, auf dem eher nach oberflächlichen Hinweisreizen oder einfachen Heuristiken entschieden wird. Nach Green et al. (2000) beschreibt die transportation theory jedoch einen anderen Mechanismus der Einstellungsänderung: Hier ist eine tiefe Verarbeitung mit emotionalen Reaktionen gekoppelt. Informationen werden im Gegensatz zur elaborierten Verarbeitung nicht aus einer kritischen Distanz heraus evaluiert, sondern durch das Eintauchen in die (auch argumentative) Welt der Geschichte übernommen.

Experimentelle Manipulation des Textes und der Leseinstruktion: Eine gezielte Veränderung des Textes kann die erlebte Transportation verändern (Green & Brock, 2000). Manipuliert wurde etwa die Intensität der Geschichte: Wenn statt eines Mordes ein trivialer Schluss gewählt wurde (das Opfer wurde nur von einem Clown erschreckt) senkte sich die Transportation signifikant.

Eine Manipulation des Ausmaßes der Transportation bei derselben Textbasis ist jedoch kaum möglich (Green, 2004). So zeigten verschiedene Instruktionen an den Leser wie „surface reading" (man sollte alle Wörter einkreisen, die für einen Viertklässler zu schwierig zu verstehen sind) oder eine „Theater-Bedingung" (man sollte sich so gut es geht in die Rolle der Hauptfigur hineinfühlen) wenig bis gar keinen Effekt. Auch vorherige Entspannungstechniken, die Anweisung, den Text besonders kritisch auf Argumente hin zu überprüfen, oder die Information, ob ein

215

Text real oder ausgedacht ist („fact vs. fiction"), erbrachten keine bedeutsamen Unterschiede (Green, Garst, Brock & Chung, 2006).

Besonders „starke" und gut konstruierte Geschichten scheinen Leseinstruktionen außer Kraft zu setzen, Transportation scheint jedoch dann anfälliger für externe Instruktionen zu sein, wenn die Geschichte selbst nur ein mittleres oder niedriges Maß an Transportation auslöst (Green & Brock, 2000). Auch konnten persönliche Erfahrung oder Vorwissen über den Inhalt die erlebte Transportation erhöhen (Green, 2004).

Kritik

Die Kritik zum Konzept der Transportation richtet sich vor allem auf drei Aspekte:

1. Wie oben bereits dargestellt wurde, gibt es konzeptuelle Überschneidungen zwischen Transportation, Presence, Immersion und Involvement. Bei der Benutzung dieser Begriffe wäre ein einheitliches Konzept, das medienübergreifend definiert ist, wünschenswert. Es finden sich aber erste Ansätze, die sich mit dem Zusammenspiel auseinandersetzen, so zum Beispiel eine Studie zur Wirkung von narrativen Elementen in Computerspielen. Hier zeigt sich, dass klassische narrative Elemente das Erleben von Computerspielen deutlich beeinflussen, oder in anderen Worten: „[...] that story matters. Story is something that video game players enjoy; it helps involve them in the game play, makes them feel more immersed in the virtual environment, and keeps them aroused" (Schneider, Lang, Shin & Bradley, 2004, S. 372).
2. Während bei der Presence mittlerweile zwischen Medien- und Rezipienteneigenschaften unterschieden wird, ist bei der Transportation unklar, ob es sich um ein Medienmerkmal oder eine Rezipienteneigenschaft bzw. einen Rezipientenzustand handelt.
3. Die meisten Studien zu Transportation verwenden ein quasi-experimentelles Vorgehen. Die Kausalrichtung lässt sich deshalb nicht eindeutig ablesen. So wäre in der oben beschriebenen Studie zur Einstellungsbeeinflussung möglich, dass die bereits vorhandene Einstellung zur Homosexualität beeinflusst hat, wie die Versuchsperson den Text liest und somit zu einer erhöhten Transportation geführt hat.

Ganz eindeutig hat das Konzept der Transportation seine Wurzeln in den Literaturwissenschaften und konkurriert medienübergreifend mit den Konzepten Immersion und Presence, die eher mit den neuen Medien in Verbindung gebracht werden. Welches Konzept sich langfristig als forschungsheuristisch fruchtbarer erweisen wird, ist aktuell noch offen.

Literatur

Banos, R. M., Botella, C., Alcaniz, M., Liano, V., Guerrero, B. & Rey, B. (2004). Immersion and Emotion: Their Impact on the Sense of Presence. *CyberPsychology & Behavior, 7(6)*, 734–741.

Chaiken, S. (1980). Heuristic versus systematic information processing and the use of source versus message cues in persuasion. *Journal of Personality and Social Psychology, 39(5)*, 752–766.

Csikszentmihalyi, M. (1990). *Flow: The psychology of optimal experience.* New York: Harper & Row.

Escalas, J. E. (2004). Imagine yourself in the product: Mental simulation, narrative transportation, and persuasion. *Journal of Advertising, 33(2)*, 37–48.

Gerrig, R. J. (1993). *Experiencing narrative worlds: On the psychological activities of reading.* New Haven, CT: Yale University Press.

Green, M. C. (2004). Transportation into narrative worlds: The role of prior knowledge and perceived realism. *Discourse Processes, 38(2)*, 247–266.

Green, M. C. & Brock, T. C. (2000). The role of transportation in the persuasiveness of public narratives. *Journal of Personality and Social Psychology, 79(5)*, 701–721.

Green, M. C., Brock, T. C. & Kaufman, G. F. (2004). Understanding media enjoyment: The role of transportation into narrative worlds. *Communication Theory, 14(4)*, 311–327.

Green, M. C., Garst, J., Brock, T. C. & Chung, S. (2006). Fact Versus Fiction Labeling: Persuasion Parity Despite Heightened Scrutiny of Fact. *Media Psychology, 8(3)*, 267–285.

Ijsselsteijn, W. A., Lombard, M. & Freeman, J. (2001). Toward a core bibliography of presence. *CyberPsychology & Behavior, 4(2)*, 317–321.

Petty, R. E. & Cacioppo, J. T. (1981). *Attitudes and Persuasion: Classic and contemporary approaches.* Dubuque, IA: Brown.

Sanchez-Vives, M. V. & Slater, M. (2005). From presence to consciousness through virtual reality. *Nature Reviews Neuroscience, 6(4)*, 332–339.

Schneider, E. F., Lang, A., Shin, M. & Bradley, S. D. (2004). Death with a Story: How Story Impacts Emotional, Motivational, and Physiological Responses to First-Person Shooter Video Games. *Human Communication Research, 30(3)*, 361–375.

Tan, E. S. & Fasting, B. (1996). *Emotion and the structure of narrative film: Film as an emotion machine.* Hillsdale, NJ: Lawrence Erlbaum.

Van Baren, J. & Ijsselsteijn, W. (2004). *Measuring presence: A guide to current measurement approaches.* OmniPres project IST-2001-39737. Retrieved from http://www.presence-research.org/omnipres/D5.pdf [13.02. 2008].

Wang, J. & Calder, B. J. (2006). Media Transportation and Advertising. *Journal of Consumer Research, 33(2)*, 151–162.

Involvement

Frank Schwab

Worum geht es?

Medieninhalte können uns ganz unterschiedlich wichtig erscheinen. Bestimmte Medienangebote können uns während und selbst längere Zeit nach der Rezeption noch gefangen nehmen, andere lassen uns völlig kalt und wir verschwenden kaum einen Gedanken an sie. Hin und wieder jedoch kreisen sogar noch Stunden später unsere Vorstellungen und Gefühle um das Gesehene. Dieses Phänomen des Berührtseins wird oft mit dem Begriff des „Involvements" bezeichnet. Involvement lässt sich verstehen als die intensive Auseinandersetzung mit einem Objekt, die affektive, kognitive und konative Komponenten umfasst und von unterschiedlicher Dauer und zeitlicher Strukturiertheit sein kann.

Darstellung der Annahmen

Historisch gesehen hat das Involvementkonzept seinen Ursprung in Ansätzen, die sich mit Persuasion beschäftigen. Nach der social judgement theory (Sherif & Cantril, 1947) werden Einstellungsänderungen durch Persuasion für um so unwahrscheinlicher gehalten, je stärker ein beurteilendes Individuum involviert ist, d. h. je deutlicher bestimmte Aspekte einer Situation zentrale Werte des Selbstkonzeptes berühren. Eine erste Anwendung findet dieser Ansatz in der Konsumforschung: Krugmann (1965) operationalisiert Involvement als die Anzahl von kognitiven Verknüpfungen, die ein Konsument zwischen seinen persönlichen Lebensbezügen und Erfahrungen einerseits und einem Stimulus andererseits vornimmt. Als theoretische Weiterentwicklung postulieren das „elaboration likelihood model" (Petty & Cacioppo, 1979) bzw. das „heuristic systematic model" (Chaiken, 1980), dass persuasive Informationen bei hohem Involvement (= hoher persönlicher Relevanz) des Individuums systematischer und detailreicher verarbeitet werden (central route oder systematic processing), während bei niedrigem Involvement das Individuum oberflächlicher und eher nach Daumenregeln vorgeht (peripheral route oder heuristic processing).

Das Involvementkonzept und seine Weiterentwicklungen lassen sich aktuell eher als Theoriefamilie darstellen, die sehr heterogene Ansätze beinhaltet. Trotzdem bezeichnet Wirth (2006) Involvement als eines der erfolgreichsten Konzepte der Kommunikationsforschung bzw. der Medienpsychologie. Dieser Erfolg geht jedoch mit einer Vielzahl von Operationalisierungen und Definitionen einher.

Diese verschiedenen Ansätze lassen sich zum einen danach ordnen, ob Involvement als Stimulusmerkmal, als Rezipientenmerkmal oder als Wirkungsaspekt betrachtet wird. So kann beispielsweise innerhalb des Uses and Gratifications-Ansatzes (vgl. Beitrag zum Uses and Gratifications-Ansatz in diesem Band) Involvement als Merkmal des Nutzers oder als Merkmal der Nutzung (Suckfüll, 2004) aufgefasst werden. Das Drei-Phasen-Modell von Levy und Windahl (1984, 1985) beschreibt Involvement in der Vornutzungsphase (1) als Zuwendungserwartungen, in der Nutzungsphase (2) einerseits als wahrgenommene Verbindung des Rezipienten mit dem Medieninhalt und andererseits als Grad, in dem ein Zuschauer mit dem Medium oder seiner Nachricht interagiert, sowie in der postkommunikativen Phase (3) als andauernde Identifikation oder parasoziale Beziehung (vgl. Beitrag zur Parasozialen Interaktion in diesem Band).

Einer anderen Ordnungsstruktur folgt Wirth (2006), der Involvementkonzepte entlang der Bezugspunkte Ziel, Ort, Dauer, Komponenten und Valenz einordnet:

Ziel: Involvement ist auf ein bestimmtes Objekt oder einen Bezugspunkt hin ausgerichtet: „One cannot imagine involvement without a reference, without a direction!" (Wirth, 2006, S. 201). Ziele können u. a. ein Produkt, ein Darsteller, ein bestimmtes Programm bzw. eine Serie, ein Thema oder sogar die gesamte Wahrnehmungssituation (der Kinobesuch) sein.

Ort: Involvement lässt sich zum einen als psychologisches Konstrukt innerhalb des einzelnen Individuums bzw. Rezipienten verstehen. Es kann als internaler Zustand, als Prozess oder sogar als Persönlichkeitseigenschaft (trait) (z. B. Roser, 1990) definiert werden. Andere Ansätze betrachten Involvement als Quasi-Charakteristikum eines Stimulus (etwa Themensalienz; Rothschild & Ray, 1974), eines Mediums oder einer Situation. Auch werden Low-Involvement-Medien (z. B. Fernsehen) von High-Involvement-Medien (z. B. Print) unterschieden (Krugmann, 1965; Salomon, 1984) oder in der Verbraucherforschung Low-Involvement-Produkte (wie etwa Toilettenpapier) von High-Involvement-Produkten (wie etwa Autos) (Kroeber-Riel, 1990).

Dauer: Hinsichtlich der zeitlichen Persistenz des Involvements lässt sich ein andauerndes und stabiles Involvement von einem situationalen, kurzzeitigen Involvement differenzieren (z. B. Andrews, Durvasula & Akhter, 1990). Ersteres wird häufig als die vorhandene persönliche Relevanz, die etwas für eine Person hat, gesehen (z. B. Havitz & Howard, 1995; Petty & Cacioppo, 1979; Sherif & Hovland, 1961). Bei Letzterem, den kurzzeitigen bzw. prozessorientierten Formen des Involvements, werden je nach auslösender Situation jeweils unterschiedliche Ziele und Werte aus dem Langzeitgedächtnis aktiviert, die daraufhin schrittweise die Reaktionen lenken und die Informationsverarbeitung beeinflussen. Prozessorientiertes Involvement lässt sich auch als Merkmal des Informationsverarbeitungsprozesses oder als Rezeptionsmodus auffassen (vgl. Oatley, 1994; Suckfüll, 2004; Tan, 1996; vgl. Beitrag zu Rezeptionsmodalitäten in diesem Band).

Komponenten: Involvement wird in der Regel in drei unterschiedliche Komponenten geteilt: (1) eine kognitive, (2) eine affektive (bzw. emotionale) und (3) eine konative (Rothschild & Ray 1974, Wirth 2006):

Zu (1) Als Basis der *kognitiven Komponente* kann der cognitive response approach (Petty, Ostrom & Brock, 1981) gelten, nach dem das Ausmaß einer Einstellungsänderung davon abhängt, inwieweit die Aussagen der medialen Botschaft überdacht werden, sowie von der Qualität dieser Gedanken. Das bedeutet, nicht das Lernen der Inhalte einer Botschaft, sondern die eigenen Gedanken in Reaktion auf die Botschaft bewirken eine Einstellungsänderung. Salomon (1981) fasst die kognitive Komponente unter das Konzept des amount of invested mental effort (AIME; vgl. Beitrag zu AIME in diesem Band).

219

Zu (2) Die *affektive Komponente* betont die subjektiven Erfahrungen bei der Medienrezeption (z. B. Park & McClung, 1986) bzw. die Intensität der Emotionen (z. B. Perse, 1990a; Step 1998). Teilweise werden auch parasoziale Beziehungen (vgl. Beitrag zu Parasozialer Interaktion in diesem Band) als affektives Involvement beschrieben (z. B. Levy & Windahl, 1985).

Zu (3) Die *konative Komponente* umfasst Absichten, Handeln und Verhalten. Sie ist jedoch schwer von der kognitiven und der affektiven zu trennen und wird in der Forschung selten berücksichtigt.

Intensität: Typischerweise wird vereinfachend zwischen hohem und niedrigem Involvement unterschieden (z. B. Krugman, 1965). Greenwald und Leavitt (1984, 1985) schlagen allerdings eine breitere Differenzierung mit vier qualitativen Ebenen des (kognitiven) Involvements vor. Die vier Ebenen Vor-Aufmerksamkeit, fokale Aufmerksamkeit, Begreifen und Elaboration unterscheiden sich in ihrem Abstraktionsniveau bei der Analyse eingehender Information. Je höher die Ebene des Involvements, desto mehr kognitive Kapazität und desto komplexere mentale Repräsentationssysteme werden benötigt. Cameron (1993) hingegen beschreibt Involvement nicht als qualitativ gestuft, sondern als prozesshaftes Kontinuum. Selten wird neben der Intensität die Ausrichtung oder Valenz berücksichtigt. Zwar sind negative (Vermeidungs-)Valenzen des Involvements vorstellbar, Involvement wird jedoch in der Regel als positive (Annäherungs-)Tendenz beschrieben (Wirth, 2006).

Typische Methodik

Eine typische Methodik der Involvementforschung lässt sich auf Grund des Facettenreichtums des Involvementkonzeptes nicht beschreiben. Je nach Definition und Einbettung in einen theoretischen Rahmen werden unterschiedlichste Methoden verwendet. Krugmann (1965) definiert Involvement als die Menge an Verbindungen, die ein Individuum zwischen dem Inhalt eines Medienangebotes und seinem eigenen Leben herstellt. Folgerichtig erfasst er Involvement mit der Methode des Lauten Denkens (Assoziationen während und unmittelbar nach der Rezeption). Versteht man Involvement dagegen als Prädisposition des Rezipienten, kann das Konzept mit Fragekatalogen erfasst werden. Gilt Involvement als veränderliche Rezipientenvariable, kann man im Experiment versuchen, Involvement zu induzieren (für eine Kritik des methodischen Vorgehens vgl. Suckfüll, 2004). Zur Messung affektiven Involvements werden emotionale Itemlisten (Perse, 1990c) oder auch die Radikalität der Einstellung zu einem Thema (Shoemaker, Schooler & Danielson, 1989) herangezogen.

Zentrale empirische Befunde

Innerhalb der Kommunikationswissenschaften und der Medienpsychologie wurden Involvementaspekte zunächst bei Informationsangeboten untersucht, später wurden zunehmend Unterhaltungsmedien betrachtet.

Involvement wurde an einer Vielzahl verschiedenster informierender Medieninhalte untersucht: zum Beispiel Gesundheitskampagnen (z. B. Chaffee & Roser, 1986), Nachrichten (z. B. Perse, 1990c) oder Informationssuche im Internet (Patwardhan, 2004). Bei der Nachrichtenrezeption korrelieren emotionales und kognitives Involvement (Perse, 1990b). Gefühle von Ärger und Trauer führen zu intensiver Beschäftigung (Elaboration) mit Berichten über Kriminalität und Innenpolitik. Während kognitives Involvement positive Effekte auf die Wissensaneignung (Lernen) hat (z. B. Cameron, 1993), findet sich ein solcher Zusammenhang für affektives Involvement (z. B. Shoemaker et al. 1989) nicht.

Beim Lesen unterhaltender Texte werden diese dann als stärker involvierend empfunden, wenn die Erfahrungen der Hauptperson im Mittelpunkt stehen. Dagegen sind Texte, deren zentraler Inhalt handlungsorientiert ist, weniger involvierend (Vorderer, Cupchik & Oatley, 1997). Studien über den Verlauf des Involvements während der Rezeption von Unterhaltungsangeboten zeigen, dass Involvement unmittelbar vor und unmittelbar nach dem Höhepunkt des Films sowie nach der Auflösung der Geschichte am höchsten ist (Bryant & Comisky, 1978).

Aktuelle Studien konzeptualisieren Involvement auch als Immersives Involvement (Slater & Rouner, 2002) oder nahe am Konzept der Transportation (vgl. Beitrag zu Transportation in diesem Band; Green, Brock & Kaufmann, 2004).

Kritik

Das Involvementkonzept lässt sich insgesamt eher als theoretischer Rahmen oder Theoriefamilie auffassen, die sehr heterogene Ansätze beinhaltet. Die Anwendung des Involvementkonzeptes in einem entweder wirkungstheoretischen oder nutzenorientierten Forschungsrahmen hat dazu geführt, dass der Prozessaspekt des ursprünglichen Konzeptes in den Hintergrund getreten ist. Meist wird Involvement vereinfachend als eher stabiles Medienmerkmal, als dispositionelles Rezipientenmerkmal oder als zu variierendes situatives Rezipientenmerkmal aufgefasst (Suckfüll, 2004). Wirth fordert insgesamt eine schärfere Abgrenzung in den Konzeptionen: „An approach that seperates involvement from attention and perception, and differentiates more clearly, specifically on the higher cognitive levels (elaborations, thoughts), seems to make more sense" (Wirth, 2006, S. 205). Er warnt vor einer allumfassenden Konzeption, die neben kognitiven und affektiven Reaktionen auch noch Aufmerksamkeit, Abruf (Recall), Informationssuche und anschließende Diskussionen mit einbezieht: „If involvement were all-encompasing, we could easily abandon the concept" (Wirth, 2006, S. 210). Weitergehend schlägt Suckfüll (2004) sogar vor, den widersprüchlichen Involvementbegriff zu Gunsten des Konzeptes der Rezeptionsmodi (vgl. Beitrag zu Rezeptionsmodalitäten in diesem Band) aufzugeben.

Literatur

Andrews, J., Durvasula, S. & Akhter, S. H. (1990). A framework for conceptualizing and measuring the involvement construct in advertising research. *Journal of Advertising, 19*, 18–26.

Bryant, J. & Comisky, P. W. (1978). The effect of positioning a message within differentially cognitive involving portions of a television segment on recall of a message. *Human Communication Research, 5,* 63–75.

Cameron, G. L. (1993). Spreading activation involvement: An experimental test of a cognitive model of involvement. *Journalism Quarterly, 70,* 854–867.

Chaffee, S. H. & Roser, C. (1986). Involvement and the consistency of knowledge, attitudes and behaviors. *Communication Research, 13,* 373–400.

Chaiken, S. (1980). Heuristic versus systematic information processing and the use of source versus message cues in persuasion. *Journal of Personality and Social Psychology, 39,* 752–766.

Green, M. C., Brock, T. C. & Kaufmann, G. F. (2004). Understanding media enjoyment: The role of transportation into narrative worlds. *Communication Theory, 14,* 311–327.

Greenwald, A. G. & Leavitt, C. (1984). Audience involvement in advertising: Four levels. *Journal of Consumer Research, 11,* 581–592.

Greenwald, A. G. & Leavitt, C. (1985). Cognitive theory and audience involvement. In L. F. Alwitt & A. A. Mitchell (Eds.), *Psychological processes and advertising effects. Theory, research, and applications* (pp. 221–240). Hillsdale, NJ: Lawrence Erlbaum.

Havitz, M. E. & Howard, D. R. (1995). How enduring is enduring involvement? A seasonal examination of three recreational activities. *Journal of Consumer Psychology, 4,* 255–276.

Kroeber-Riel, W. (1990). *Strategie und Technik der Werbung.* Stuttgart: Kohlhammer.

Krugman, H. E. (1965). The impact of television advertising: Learning without involvement. *Public Opinion Quarterly, 29,* 349–356.

Levy, M. R. & Windahl, S. (1984). Audience activity and gratifications: A conceptual clarification and exploration. *Communication Research, 11,* 51–78.

Levy, M. R. & Windahl, S. (1985). The concept of audience activity. In K. E. Rosengren, L. E. Wenner & P. Palmgreen (Eds.), *Media gratifications research-current perspectives* (pp. 109–122). Beverly Hills, CA: Sage.

Oatley, K. (1994). A taxonomy of the emotions of literary response and a theory of identification in fictional narrative. *Poetics, 23,* 53–74.

Park, C. W. & McClung, G. W. (1986). The effect of TV program involvement on involvement with commercials. *Advances in Consumer Research, 13,* 544–548.

Patwardhan, P. (2004). Exposure, involvement and satisfaction with online activities. *Gazette: The International Journal for Communication Studies, 66,* 411–436.

Perse, E. M. (1990a). Audience Selectivity and Involvement in the Newer Media Environment. *Communication Research, 17,* 675–697.

Perse, E. M. (1990b). Involvement with local television news: Cognitive and emotional dimensions. *Human Communication Research, 16,* 556–581.

Perse, E. M. (1990c). Media involvement and local television news effects. *Journal of Broadcasting & Electronic Media, 34,* 17–36.

Petty, R. E. & Cacioppo, J. T. (1979). Issue involvement can increase or decrease persuasion by enhancing message-relevant cognitive responses. *Journal of Personality and Social Psychology, 37,* 1915–1926.

Petty, R. E., Ostrom, T. M. & Brock, T. C. (Eds.) (1981). *Cognitive responses in persuasion.* Hillsdale, NJ: Lawrence Erlbaum.

Roser, C. (1990). Involvement, attention and perceptions of message relevance in the response to persuasive appeals. *Communication Research, 17,* 571–600.

Rothschild, M. L. & Ray, M. L. (1974). Involvement and political advertising effect. An exploratory experiment. *Communication Research, 1,* 264–285.

Salomon, G. (1981). Introducing AIME: The Assessment of Children's Mental Involvement with Television. In H. Kelly, & H. Gardner (Eds.), *Viewing children through television* (pp. 181–198). San Francisco, CA: Jossey-Bass.

Salomon, G. (1984). Television is 'easy' and print is 'tough': The differential investment of mental effort in learning as a function of perceptions and attributions. *Journal of Educational Psychology, 4,* 647–658.

Sherif, M. & Hovland, C. I. (1961). *Social judgement: Assimilation and contrast effects in communication and attitude change.* New Haven, CT: Yale University Press.

Sherif, M. & Cantril, H. (1947). *The Psychology of Ego Involvements.* New York: John Wiley & Sons.

Shoemaker, P. J., Schooler, C. & Danielson, W. A. (1989). Involvement with the media. Recall versus recognition of election information. *Communication Research, 16,* 78–103.

Slater, M. D. & Rouner, D. (2002). Entertainment-education and elaboration likelihood: Understanding the processing of narrative persuasion. *Communication Theory, 12,* 173–191.

Step, M. M. (1998). *An emotional appraisal model of media involvement, uses, and effects.* Unpublished doctoral dissertation, Kent State University.

Suckfüll, M. (2004). *Rezeptionsmodalitäten. Ein integratives Konstrukt für die Medienwirkungsforschung.* München: Fischer (Reihe Rezeptionsforschung).

Tan, E. S. (1996). *Emotion and the structure of narrative film. Films as an emotion machine.* Mahwah, NJ: Lawrence Erlbaum.

Vorderer, P., Cupchik, G. C. & Oatley, K. (1997). Encountering the literary landscapes of experience and action from self-oriented and spectator perspectives. In S. Totosy de Zepetnek (Ed.), *The systemic and empirical approach to literature and culture as theory and application, Vol. 7* (pp. 559–571). Siegen: LUMIS-Publications.

Wirth, W. (2006). Involvement. In J. Bryant & P. Vorderer (Eds.), *Psychology of Entertainment* (pp. 199–213). Mahwah, NJ: Lawrence Erlbaum.

Excitation Transfer

Frank Schwab

Worum geht es?

Mediendarstellungen können Zuschauer körperlich erregen. Die physiologische Erregung, die während der Mediennutzung beim Zuschauer entsteht, wird am Ende einer medialen Episode jedoch nicht sofort, sondern nur langsam abgebaut. Nach der Excitation-Transfer-Hypothese (Zillmann, 1971) kann die am Ende eines Films oder einer Filmszene verbleibende Resterregung einer neuen, aktuellen Erregung fälschlicherweise zugeschrieben werden. Wird also die (Rest-)Erregung nicht mehr der ursprünglichen Quelle, also zum Beispiel der entsprechenden Filmepisode, zugeschrieben, sondern auf die gegenwärtige Situation (fehl-)attribuiert, kann eine Erregungsübertragung in die aktuelle Situation stattfinden, beliebig nachfolgende Emotionen können so intensiviert werden.

223

Darstellung der Annahmen

Zillmanns Erregungsübertragungs-Hypothese ist eine Verbindung von Schachters Zwei-Faktoren-Theorie (Schachter, 1964) mit Hulls Triebtheorie (Hull, 1943). Die Zwei-Faktoren-Theorie von Schachter nimmt an, dass sich Emotionen aus einer Erregungs- und einer kognitiven Komponente zusammensetzen, wobei eine Emotion durch die kognitive Interpretation (Attribution) der Erregung entsteht. Gefühle lassen sich also als eine Funktion von peripher-physiologischer Erregung (quantitative Komponente von Emotion) und eine sich auf diese Erregung beziehende Kognition (qualitative Komponente) darstellen. Hulls Triebtheorie nimmt an, dass am Ende einer emotionalen Episode Erregungsreste, sogenannte Erregungsresiduen, verbleiben, die in nachfolgendes Triebgeschehen integriert werden. Zillmann bindet diese Annahmen in seine Drei-Faktoren-Emotionstheorie ein (vgl. Beitrag zur Drei-Faktoren-Emotionstheorie in diesem Band). Diese nimmt an, dass die sympathische Erregung des autonomen Nervensystems die Intensität emotionalen Erlebens und Verhaltens bestimmt. Somatische Efferenzen und Rückmeldungen innerer und äußerer körperlicher Vorgänge beeinflussen, wie intensiv eine Emotion erlebt wird bzw. wie stark eine emotionale Reaktion ausfällt. Gleichzeitig bestimmen prägnante Umweltereignisse die Richtung des emotionalen Reagierens (Annäherung/Vermeidung) sowie dessen Erlebensinterpretation (bewusst erlebtes Gefühl).

Die Hypothese der Erregungsübertragung auf Grund einer Fehlattribution beschreibt den Effekt des Zeitunterschiedes zwischen neuronal vermittelten raschen Kognitionen und hormonell vermittelter, langsamer sympathischer Erregung. Dabei kann die langsamere Erregungsregulation des sympathischen Nervensystems die fast sofortige kognitive Anpassung an Umweltänderungen minuten- bis stundenlang überdauern. Sympathische Erregung baut sich also relativ langsam ab, so dass Erregungsrückstände aktiv bleiben. Diese können fälschlicherweise der Erregung aus nachfolgenden emotionalen Episoden zugeschrieben werden und untrennbar mit dieser verschmelzen. „Künstlich" gesteigertes emotionales Reagieren bzw. intensiveres emotionales Erleben kann die Folge sein. Die Resterregung fährt quasi Huckepack auf der Erregung der aktuellen Emotionsgenese. Ob und wie stark eine Erregungsübertragung stattfindet, hängt weitgehend davon ab, inwiefern Hinweisreize der ursprünglichen Quelle der (Rest-)Erregung noch leicht zugänglich sind. Kann eine Person ihre Erregung ursächlich der eigentlichen Quelle zuschreiben (korrekte Attribution), ist eine Übertragung unwahrscheinlich (Cantor & Zillmann, 1973).

Medienpsychologisch wird die Übertragungsannahme wie folgt betrachtet: Erregungen aus einer oder mehreren (medieninduzierten) emotionalen Episoden addieren sich und beeinflussen das Reagieren auf eine nachfolgende (medien- oder realweltinduzierte) emotionale Episode (vgl. **Abb. 3.4**). Auch Stimmungen, genauer deren Erregungsanteile (Drei-Faktoren-Stimmungstheorie; Zillmann, 2004) können sich fehlattribuiert dem Emotionserleben oder -verhalten beimischen. Während anhaltender Stimmungszustände sollte deshalb die Intensität generierter Emotionen erhöht sein. Solche Effekte erwartet Zillmann (1998) zwischen nahezu jeder emotionalen Handlung und jedem Erleben, das mit einem Mindestmaß an Erregung verbunden ist, wobei die jeweilige Valenz der Residual- und Aktualerregung irrelevant ist. Beispielsweise können Erregungsresiduen der Angst nachfolgende Angst, Lust, Verzweiflung oder sexuelle Attraktion intensivieren.

Während im „normalen" Leben Emotionsprozesse wahrscheinlich zumeist einen natürlichen Verlauf nehmen, und Resterregungen nachfolgende Emotionen selten beeinflussen werden, da diese ungehindert ausklingen können, können Mediendarbietungen ein spezifisches Wirkungsprofil generieren. Zillmann (2004) nimmt an, dass es die (film-)episodischen Fragmentierungen in der Regel nicht erlauben, dass ausgelöste emotionale Reaktionen ungehindert ablaufen. Schnelle Filmschnitte (Montage) und narrative Stilmittel (Rückblenden, Auslassungen etc.; vgl. Beitrag zu Spannung in diesem Band) induzieren schnelle kognitive Neubewertungen bei vorliegender Residualerregung und machen so Fehlattributionen äußerst wahrscheinlich.

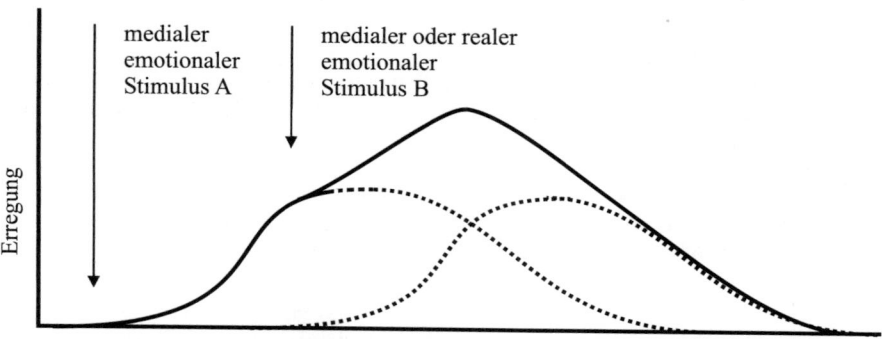

Abb. 3.4: Medienvermittelte Erregungsübertragung (nach Zillmann, 1996, S. 251)

Die Excitation Transfer-Hypothese lässt sich auf die Betrachtung nahezu aller medieninduzierter Emotionen anwenden. Da davon ausgegangen wird, dass die Resterregung aus vorausgegangenen (Medien-)Episoden das emotionale Prozessieren der nachfolgenden Sequenzen beeinflusst, sind Erregungsvermengungen der Normalfall emotionaler Medienwirkung. Die meisten Inszenierungen audiovisueller Medien geben dem Rezipienten selten die Möglichkeit, Emotionen vollständig zu durchleben. Narrative Elemente werden meist derart verdichtet und in Sequenzen gepackt, dass sich ein vollständig entfalteter emotionaler Prozess beim Rezipienten nicht etablieren kann („die fehlende Halbsekunde" Sturm, 1984). Jeder Sequenz, die eine emotionale Reaktion generiert, folgen sofort weitere, die ebenfalls emotionale Reaktionen auslösen. Die Sequenzen sind dabei meist so kurz, dass die Erregungsepisoden diese überdauern. Die Erregungsrückstände durchmischen sich folglich mit der nachfolgenden medieninduzierten emotionalen Episode und beeinflussen das affektive Prozessieren. Hieraus entstehende emotionale Fehlattributionen können durchaus beabsichtigt sein. Für die Filmdramaturgie wird etwa der Effekt des „comic relief" beschrieben. Dabei wird eine komische Szene hinter eine ernsthaft gefahrvolle Sequenz geschnitten, so dass sich die Resterregung in einer humoristischen Spannungsentladung verbrauchen kann. Somit kann ausgehend vom Excitation Transfer-Ansatz eine Theorie dramatischer Darbietungen entwickelt werden, welche darauf zielt, den Genuss durch geschickte emotionale Filmmontagen und Narrative zu steigern (Zillmann, 2004). Natürlich können so gestaltete Medien (spannende Filme; vgl. Beitrag zu Spannung in diesem Band) sich auch auf das nachfolgende emotionale Erleben auswirken (etwa Neigung zu aggressiven oder amourösen Emotionen).

Typische Methodik

Medienpsychologische Forschung im Rahmen der Excitation Transfer-Annahme fand vor allem hinsichtlich der Wirkung gewalthaltiger Mediendarbietung statt. Aber auch sexuelle bzw. erotische Stimuli wurden zur Erregungsinduktion verwendet, da diese stärkere Reaktionen auslösen als gewalthaltiges Material (Zillmann, Hoyt & Day, 1974).

Eine bedeutsame Variable in Zillmanns Erregungsübertragungsansatz ist die Zeit. Die jeweiligen Zeitintervalle zum Ansprechen und Abklingen der Erregung sind hierbei entscheidend. So ist die Wahl des angemessenen Zeitabstandes zwischen unterschiedlichen emotionalen Items entscheidend für die Untersuchung der Annahme einer Erregungsübertragung.

Als unabhängige Variable werden zum Beispiel die Sequenzierung der zu untersuchenden Stimuli (Abfolge, zeitliche Dauer und zeitliche Abstände), die Art des Stimulus (fiktionale vs. reale Ereignisse), Stimulusintensität oder auch die hedonische Qualität der Medieninhalte (aggressive/neutrale/positive Inhalte etc.) manipuliert. Als abhängige Variabeln werden zu unterschiedlichen Messzeitpunkten verschiedene emotionale Komponenten (physiologische Parameter, emotionales Erleben etc.) erhoben.

Zentrale empirische Befunde

Seit mehr als drei Jahrzehnten lassen sich unterschiedliche Forschungsbereiche beschreiben, in denen die Excitation Transfer-Hypothese auch außerhalb der Medienpsychologie untersucht wurde. Erregung wird dabei hervorgerufen durch Ärgerinduktion, die Auslösung von Schreckreflexen, emotionalisierende Rollenspiele, emotionsinduzierende Filme, furchteinflößende Situationen oder Turnübungen. Alle diese Auslöser erhöhen zum Beispiel die sexuelle Attraktivität und Anziehung oder Sympathie einer anschließend präsentierten (gegengeschlechtlichen) Stimulusperson (für einen Überblick hinsichtlich Attraktivitätsratings siehe Foster, Witcher, Campbell & Green, 1998).

Betrachtet man speziell Medienwirkungen, dann konnten beispielsweise Cohen, Waugh und Place (1989) zeigen, dass Paare, die einen sehr aufregenden Film gesehen hatten, beim Verlassen der Vorführung mehr affiliatives Verhalten zeigten als Paare, die einen weniger aufregenden Film gesehen hatten. Hinsichtlich der Gewaltwirkung gibt es Hinweise, dass der Fernsehkonsum generell und besonders das Betrachten von Gewalt zu höherer Erregung führt, die sich auch in Aggressionen ausdrücken kann (vgl. etwa Tannenbaum & Zillmann, 1975; Zillmann, 1991a; vgl. Beitrag zu Gewalt in diesem Band).

Nach Cantor et al. (1975) ist Erregungstransfer an bestimmte Bedingungen gebunden und tritt nur auf, wenn zwar noch Residualerregung vorliegt, die Probanden sich dieser jedoch nicht mehr bewusst sind. Es zeigten sich nur jene Probanden deutlicher durch einen erotischen Film stimuliert, bei denen a) auf Grund zeitnaher Stimulation noch Residualerregung aus einer Turnübung vorlag und bei denen b) diese (noch vorliegende) Erregung zugleich nicht mehr bewusst war. Zillmann und Bryant (1974) verdeutlichen einen ähnlichen Effekt bei durch eine

Provokation hervorgerufener Wut. Lediglich bei (noch) vorliegender physiologischer Erregung, die zugleich nicht der auslösenden Turnübung zugeschrieben wurde, zeigte sich der Excitation Transfer-Effekt auf die Wutreaktion.

Branscombe (1985) untersuchte, inwiefern die hedonische Valenz zweier aufeinander folgender emotionaler Zustände den Excitation Transfer-Effekt beeinflusst. Hierzu verwendete sie einen erotischen Film, den sie durch Vorabinformationen positiv oder negativ valent gestaltete (sexuelle Handlungen eines verliebten Paares vs. inzestuöse Handlungen krimineller Geschwister) in zwei Zeitabständen wurde eine weitere Filmsequenz (in zwei Varianten mit positiver/negativer Valenz: Autounfälle; Komödie) gezeigt, auf welche die Erregungsübertragung stattfinden sollte. Der Transfereffekt erwies sich hierbei als nicht besonders robust, es zeigte sich vielmehr ein deutlicher Einfluss der jeweiligen Valenzen (positiv: verliebt vs. negativ: inzestuös).

Kritik

Zillmann hat mit seinen umfangreichen Studien zum Excitation Transfer-Effekt Pionierarbeit hinsichtlich der Untersuchung emotionaler Medienwirkungen geleistet und damit die rein kognitive Ausrichtung der Medienpsychologie aufgebrochen. Ein Hauptkritikpunkt an der Excitation Transfer-Hypothese setzt an einem ihrer Ausgangspunkte, der Zwei-Faktoren-Theorie von Schachter, an. Innerhalb der Emotionsforschung ist die Beeinflussung von Emotionen durch Fehlattributionen eine seit dem klassischen Experiment von Schachter und Singer (1962) vielfach untersuchte Fragestellung (Meyer, Schützwohl & Reisenzein, 1993). Schachters Zwei-Faktoren-Theorie (1964) fand jedoch in Replikationsversuchen wenig Unterstützung. Marshall und Zimbardo (1979, S. 983) resümieren unter Bezug auf die evolutionäre Zweckmäßigkeit unserer Emotionen: „Es ist nicht so leicht, Mutter Natur zu täuschen". Zwar scheint es unter bestimmten Bedingungen möglich, Emotionen durch Fehlattributionen von physiologischer Erregung zu beeinflussen, dies lässt aber nicht den Schluss zu, dass emotionales Erleben stets (unspezifische) physiologische Erregung und darauf bezogene kognitive Kausalattributionen voraussetzt. In einer Übersichtsarbeit kommt Reisenzein (1983) sogar zu dem Schluss, dass kein überzeugender Beleg existiert, dass peripher-physiologische Erregung eine notwendige Voraussetzung eines Emotionszustandes darstellt.

Ausgehend vom Excitation Transfer-Ansatz lässt sich eine Theorie dramatischer Darbietungen entwickeln, welche danach fragt, wie sich kunstvolle emotionale Filmmontagen und Narrative auf das Erleben des Rezipienten während des Rezeptionsprozesses auswirken. Allerdings scheinen die Prozesse emotionalen Medienerlebens deutlich komplexer, als es die Excitation Transfer-Hypothese allein bisher nahelegt.

Literatur

Branscombe, N. R. (1985) Effects of hedonic valence and physiological arousal on emotion: A comparison of two theoretical perspectives. *Motivation and Emotion, 9, 2,* 153–169.

Cantor, J. R., Zillmann, D. & Bryant, J. (1975). Enhancement of experienced sexual arousal in response to erotic stimuli through misattribution of unrelated residual excitation. *Journal of Personality and Social Psychology, 32,* 69–75.

Cohen, B., Waugh, G. & Place, K. (1989). At the movies: An unobtrusive study of arousal-attraction. *Journal of Social Psychology, 129,* 691–693.

Foster, C. A., Witcher, B. S., Campbell, W. K. & Green, J. D. (1998). Arousal and attraction: Evidence for automatic and controlled processes. *Journal of Personality and Social Psychology, 74,* 86–101.

Hull, C. L. (1943). *Principles of Behavior.* New York: Appleton-Century-Crofts.

Marshall, G. & Zimbardo, P. G. (1979). Affective consequences of inadequately explained physiological arousal. *Journal of Personality and Social Psychology, 37,* 970–988.

Meyer, W.-U., Schützwohl, A. & Reisenzein, R. (1993). *Einführung in die Emotionspsychologie.* Band I. Bern: Hans Huber.

Reisenzein, R. (1983). The Schachter theory of emotion: Two decades later. *Psychological Bulletin, 94,* 239–264.

Schachter, S. & Singer, J. (1962). Cognitive, social and physiological determinants of emotional state. *Psychological Review, 69,* 379–399.

Schachter, S. (1964). The interaction of cognitive and physiological determinants of emotional state. In L. Berkowitz (Ed.), *Advances in experimental social psychology (Vol. 1).* New York: Academic Press.

Sturm, H. (1984). Wahrnehmung und Fernsehen: die fehlende Halbsekunde, *Media Perspektiven, 1,* 58–65.

Tannenbaum, P. H. & Zillmann, D. (1975). Emotional arousal in the facilitation of aggression through communication. In L. Berkowitz (Ed.), *Advances in experimental social psychology (Vol. 8)* (pp. 149–192). New York: Academic Press.

Zillmann, D. & Bryant, J. (1974). Effect of residual excitation on the emotional response to provocation and delayed aggressive behavior. *Journal of Personality and Social Psychology, 30,* 782–91.

Zillmann, D. (1971). Excitation transfer in communication-mediated aggressive behavior. *Journal of Experimental Social Psychology, 7,* 419–434.

Zillmann, D. (1991). Empathy: Affects from bearing witness to the emotions of others. In J. Bryant & D. Zillmann (Eds.), *Responding to the screen: reception and reaction processes.* (pp. 135–169). Hillsdale, NJ: Lawrence Erlbaum.

Zillmann, D. (1996). Sequential dependencies in emotional experience and behavior. In R. D. Kavanaugh, B., Zimmerberg & S. Fein (Eds.), *Emotion: Interdisciplinary perspectives* (pp. 243–272). Mahwah, NJ: Lawrence Erlbaum.

Zillmann, D. (2004). Cinematic creation of emotion. In J. D. Anderson & B. Fisher Anderson (Eds.), *Moving image theory: Ecological considerations* (pp. 164–180). Carbondale, IL: University of Southern Illinois Press.

Zillmann, D. (2004). Emotionspsychologische Grundlagen. In R. Mangold, P. Vorderer & G. Bente (Hrsg.), *Lehrbuch der Medienpsychologie* (S. 129–150). Göttingen: Hogrefe.

Zillmann, D., Hoyt, J. L. & Day, K. D. (1974). Strength and duration of the effect of aggressive, violent, and erotic communications on subsequent aggressive behavior. *Communication Research, 1,* 286–306.

Drei-Faktoren-Emotionstheorie und affektive Disposition

Frank Schwab

Worum geht es?

Emotionen spielen eine wichtige Rolle bei der Medienselektion, -rezeption und -wirkung. Die Erforschung von emotionalen Prozessen wird aus verschiedenen Disziplinen mit unterschiedlichen Schwerpunktsetzungen betrieben (z. B. Neurologie, Endokrinologie, Autonome und kognitive Prozesse, lerntheoretische Ansätze etc.). Dabei hat das Nebeneinander dieser unterschiedlichen Ansätze zur Isolation der jeweiligen Erkenntnisse beigetragen. Zillmann (1978, 2004) entwickelt deshalb mit der Drei-Faktoren-Emotionstheorie einen integrativen emotionstheoretischen Ansatz, der auch Medienwirkungen erklären soll.

Darstellung der Annahmen

Die Drei-Faktoren-Emotionstheorie (3FE) versteht emotionales Erleben und Verhalten als Ergebnis der Interaktion dreier Bestandteile des Emotionszustandes: (1) *Die dispositionale Komponente* steuert das emotionale Verhalten und gibt ihm eine Richtung (etwa: Annäherung/Akzeptanz vs. Vermeidung/Ablehnung). (2) *Die Erregungskomponente* stellt die Energie für emotionale Prozesse zur Verfügung. (3) *Die Erlebenskomponente* lässt emotionale Prozesse teilweise bewusst werden. Sie ermöglicht eine Kontrolle der Angemessenheit emotionaler Reaktionen und damit eine Unterdrückung oder Umlenkung emotionaler Verhaltensimpulse. Diese drei Faktoren beschreibt er auch für die Stimmung und für empathische Zustände. Im Einzelnen werden die Komponenten folgendermaßen charakterisiert (Zillmann, 2004):

Zu (1) *Die Dispositionskomponente* beeinflusst auf Grund von angeborenen, erlernten oder gedächtnisvermittelten Prozessen das motorische emotionale Verhalten: a) Auslösende Reize können genetisch bedingt mit emotionalen Reaktionen fest verbunden sein (etwa: Ekelreaktion auf Exkremente). b) Durch lerntheoretische Prozesse können emotionale Reiz-Reaktionsverknüpfungen etabliert sein (etwa: erlernte Angstreaktion auf Töne). c) Bewusste und unbewusste emotionale Erinnerungen können zu Reiz-Reaktionsverbindungen beitragen (etwa: Tod eines Filmprotagonisten erinnert an den Tod des eigenen Vaters). Somit kann das Verhalten ohne längere Reaktionszeiten auf die entsprechenden Stimuli erfolgen. Im Prozess der Emotionsgenese sind weder elaborierte Strategien noch aufwändige kognitive Bewertungen notwendig. Zillmann (2004) argumentiert mit neurophysiologischen Forschungsergebnissen (Damasio, 1994; LeDoux, 1993), nach denen natürliche oder erworbene Auslöser die Amygdala über einen schnellen Verarbeitungsweg ansprechen und ohne Einbezug des Neocortex angepasstes Verhalten hervorrufen können. Die schnelle Route leitet Verhalten ein, bevor dessen Kontrolle und Bewertung durch das Bewusstsein möglich wird. Emotionale Reaktionen setzen in der frühen Phase ihrer Genese also keine komplexe kognitive Informationsverarbeitung (Denken, Vernunft, Bewusstsein) voraus.

Zu (2) *Die Erregungskomponente*: Wie bei der Dispositionskomponente sind auch die Erregungsreaktionen fest mit Auslösern „verdrahtet" oder durch Lernprozesse erworben. Die Erregungsreaktion dient dazu, den Organismus mit notwendiger Energie zu versorgen. Das sympathische Nervensystem setzt Katecholamine (z. B. Adrenalin) frei und führt so zu einer kurzfristigen Bereitstellung erhöhter Muskelleistungen. Flucht, Kampf, aber auch sexuelle Aktivitäten werden so energetisch unterstützt (Zillmann, 1998, 2004). Dabei interagiert das Erregungssystem mit dem endokrinen Apparat (Testosteron, Kortison), wobei Hormone hemmend oder fördernd in die Erregungs-/Emotionsgenese einwirken. Zillmann (2004) betrachtet die durch das sympathische Nervensystem vermittelte Erregung als notwendige Bedingung für Emotionen. Explosionen, rasante Kamerafahrten und sexuelle Reize im Kinofilm *Fluch der Karibik* können so emotionale Erregung beim Zuschauer hervorrufen.

Zu (3) *Die Erlebenskomponente*: Die Erlebenskomponente ist Modifikator und Korrektiv für die impulsiven und teilweise archaischen emotionalen Reaktionsmechanismen der ersten beiden Komponenten. Auch diese Modifikationen unterliegen Lerngesetzen, so dass wiederholt ausgeführte, veränderte Reaktionsweisen ursprüngliche emotionale Reaktionen ersetzen können. Gegenstand der kognitiven Kontrolle ist das motorische Verhalten sowie die somatische Erregung. Emotionales Erleben wird definiert als das Erkennen und Verstehen dieser Aspekte der Emotionalität. Durch die Erlebenskomponente kann emotionales Verhalten nun kognitiv evaluiert werden und bei Billigung durch das erlebende Individuum intensiviert bzw. bei Missbilligung eingeschränkt werden. Dem Zuschauer einer Piratenkomödie etwa mag auffallen, wie sehr seine emotionalen Reaktionen auf Schadenfreude beruhen, was in Zukunft eventuell zur Kontrolle des eigenen schadenfrohen Gelächters führen kann.

Zillmanns 3FE betont einerseits das Automatenhafte emotionaler Reaktionen (beispielsweise beim Erschrecken) und andererseits den Einfluss von Lernprozessen auf die jeweilige Ausformung der emotionalen Reaktion. Ergebnisse dieser Konditionierungsprozesse müssen natürlich nicht der willentlichen Kontrolle, bewussten Entscheidungen oder der gezielten Planungen unterliegen.

Analog zur Drei-Faktoren-Theorie der Emotionen hat Zillmann (2004) eine Stimmungstheorie vorgeschlagen. Stimmung definiert er als Erleben, das durch die Abwesenheit von gerichtetem, zielorientiertem Verhalten gekennzeichnet ist. Die verhaltenssteuernde (dispositionale) Komponente verliert somit an Relevanz. Ihre Funktion beschränkt sich auf die Aufrechterhaltung bzw. Veränderung von Stimmungszuständen. Die Rolle der Erregungs- und der Erlebenskomponente bleiben jedoch weitgehend unverändert. Erstere bestimmt maßgeblich die Intensität der erfahrenen Stimmung (üblicherweise auf deutlich niedrigerem Niveau als bei einer Emotion). Die Erlebenskomponente fokussiert auf das Lustempfinden während erlebter Stimmungen. Die Überwachung dieser Lustqualität motiviert einerseits die Aufrechterhaltung angenehmer sowie andererseits die Abkehr von unangenehmen Stimmungen. Die bewusste Erzeugung von Stimmungen für Arbeits- oder Freizeitaktivitäten bezeichnet Zillmann (2004) als Stimmungsvorbereitung (vgl. Beitrag zum Mood Management in diesem Band).

Aus einer medienpsychologischen Perspektive ist wichtig, dass emotionale Reaktionen auch durch lediglich sprachlich (Hörspiele), symbolisch (Bücher) oder ikonisch (Fotografien, Filme) repräsentierte Stimuli ausgelöst werden können. Ebenso können innere Repräsentanzen (Vorstellungen) emotionale Reaktionen auslösen, die mit Reaktionen auf äußere Reize vergleichbar sind. Die evaluierende Kontrolle emotionaler Reaktionen durch höhere kognitive Prozesse (Erlebenskomponente) führt langfristig zur Anpassung vorliegender Dispositionen, die die affektive Bereitschaft für zukünftige Verarbeitungsprozesse des Auslösers beeinflussen. Es entsteht so ein dynamisches System der fortlaufenden Feinabstimmung und Aktualisierung emotionaler Reaktionsbereitschaften.

Ein weiteres Konzept ist die Drei-Faktoren-Empathietheorie. Dispositionen gegenüber Medienfiguren und -personen (etwa: Annäherung/Akzeptanz vs. Vermeidung/ Ablehnung) spielen in Zillmanns Empathietheorie eine herausgehobene Rolle, während Erregungsaspekte und Erlebensfaktoren in den Hintergrund treten. Nach Zillmanns Drei-Faktoren-Empathietheorie kann die empathische Vermittlung von Emotionen reflexartig erfolgen (Lipps 1907; McDougall, 1908), sie kann durch Lernprozesse erworben werden (Aronfreed, 1970; Humphrey, 1922) oder kognitiv vermittelt sein (Feshbach, 1978), wobei alle drei Wirkungsweisen auch gleichzeitig und sich ergänzend auftreten können (Zillmann, 1991). Eher reflexartige Prozesse basieren auf motor mimicry (spontane Imitation des Ausdrucksverhaltens anderer) und nachahmenden Facial feedback-Effekten (Veränderung des emotionalen Zustands als Folge mimischen Verhalten) – diese Prozesse der emotionalen Ansteckung ermöglichen einen evolutionären Vorteil vor allem hinsichtlich der Flucht- und Kampfsynchronisation in Gruppen (Ekman, 1999). Erworbene empathische Reaktionen beziehen sich vor allem auf hedonische (Lust/Unlust-)Erfahrungen mit Objekten und Personen, die sich zu affektiven Dispositionen verfestigen und so zu Annäherung, Gefallen, Akzeptanz oder zu Abneigung, Vermeidung, Zurückweisung beitragen (Zillmann, 2004). Besteht eine positive Dispositionen hinsichtlich einer Person, wird deren affektives Erleben empathisch „miterlebt" – dies ist jedoch nicht der Fall bei einer negativen Disposition. Die kognitive Vermittlung betont die bewusste Perspektivenübernahme als Quelle der Empathie und des emotionalen Verstehens.

Affektive Dispositionen entscheiden also darüber, ob wir für andere – auch Medienfiguren – Empathie empfinden oder nicht. Zillmann (2004) beschreibt die Entwicklung affektiver Dispositionen gegenüber Medienfiguren wie folgt:

1. Zunächst erfolgt die Beobachtung einer Person.
2. In einem moralischen Urteilsprozess werden dann das beobachtete Verhalten und die zugeschriebenen Absichten als gut oder schlecht bewertet.
3. Werden Verhalten und Absichten positiv evaluiert, bildet sich eine positive affektive Disposition, die durch Zuneigung und Besorgnis gegenüber der Person gekennzeichnet ist. Erfolgt eine negative moralische Bewertung entsteht eine negative affektive Disposition, die Abneigung und Feindseligkeit zur Folge hat.
4. Der Beobachter hofft für den positiv evaluierten Akteur auf Glück bzw. fürchtet sein Unglück. Einer negativ evaluierten Person dagegen wünscht er Unglück und befürchtet Glück geradezu.
5. Der Beobachter reagiert empathisch mit der positiv bewerteten Person: Er fühlt sich gut, wenn der Akteur dies tut, und leidet, wenn es ihm schlecht ergeht. Bei einer vorliegenden negativen Disposition wird jedoch gegenteilig reagiert: Das Glück der Person löst Irritation und Ärger aus, ihr Unglück Freude.

231

6. Treffen den positiv evaluierten Akteur unverdiente harte Schicksalsschläge, erhöht dies nochmals das ihm entgegengebrachte Wohlwollen. Umgekehrt führt ein positives Ereignis für die missbilligte Person zu umso stärkerer Ablehnung.

Dem moralischen Urteil kommt in diesem Prozess also eine zentrale Funktion zu. Die Rezipienten sind so etwas wie unermüdliche moralische Kontrolleure des Verhaltens und der Absichten anderer (Zillmann, 2000, 2004).

Typische Methodik

Je nachdem, welcher Faktor (Disposition, Erregung, Erleben) der Drei-Faktoren-Theorie und je nachdem, welches emotionale Phänomen (Emotion, Stimmung, Empathie) adressiert wird, bieten sich je unterschiedliche Methoden an. Aspekte der Erregung innerhalb der 3FE wurden vor allem im Excitation Transfer-Ansatz untersucht (vgl. Beitrag zu Excitation Transfer in diesem Band). Aspekte der Stimmungsmanipulation und des Stimmungsmangements durch Medienwahl hat vor allem der Mood Management-Ansatz experimentell untersucht (vgl. Beitrag zum Mood Management in diesem Band). Phänomene medienvermittelter Empathie wurden in erster Linie unter dem Aspekt der Entwicklung affektiver Dispositionen gegenüber Medienfiguren und den Konsequenzen für das empathische Rezeptionserleben untersucht. Die abhängige Variable (Wirkung) wird meist mit Fragebögen erfasst. Die unabhängige Variable besteht entweder in verschiedenen Medienangeboten mit unterschiedlichen Personen oder Figuren, oder ein Medieninhalt wird so manipuliert, dass sich zu derselben Person/Figur unterschiedliche Dispositionen einstellen (durch Hinzufügen oder Entfernen von Informationen zur Person).

Zentrale empirische Befunde

Im Folgenden werden vor allem empirische Befunde zur Dispositionstheorie vorgestellt. Befunde zu anderen Aspekten der Drei-Faktoren-Theorie finden sich unter den Schlagworten Mood Management und Excitation Transfer (vgl. Beiträge in diesem Band). Zillmann und Cantor (1972) hatten ihren dispositionstheoretischen Ansatz zunächst an humorvollem Material entwickelt und später auf fiktionale Narrative (Zillmann & Cantor, 1976) und Sportereignisse (Zillmann, Bryant, Sapolsky, 1989; Raney, 2003) ausgedehnt. Mittlerweile liegen Studien vor zu angstregender Unterhaltung (Hoffner & Cantor, 1991; Oliver, 1993), Actionfilmen (King, 2000) und Nachrichten (Zillmann, Taylor & Lewis, 1998). In der Humorstudie (Zillmann & Cantor, 1972) wurde eine Einschätzung der „Witzigkeit" von scherzhaften Geschichten über Professoren und Studenten untersucht, bei denen entweder die eine oder andere Partei am Ende besser dastand. Die Witze wurden Studenten und Professoren vorgelegt und führten zu dispositionstheoriekonformen Ergebnissen. Studenten fanden Witze, bei denen sie selbst positiv, die Professoren jedoch lächerlich dargestellt wurden, witzig, während Professoren die umgekehrte Darstellung bevorzugten. Raney und Bryant (2002) konnten für Krimis zeigen, dass Gerechtigkeitsempfinden und Mitleid mit dem Opfer im Rahmen moralischer Urteile den Mediengenuss beeinflussen (vgl. auch Raney, 2002). Im Bereich des Sports konnte gezeigt werden, dass der Genuss umso deutlicher ist, je stärker das Gewinnerteam gemocht und das Verliererteam abgelehnt wird. „Negative enjoyment" zeigt sich umso prägnanter, je intensiver das Gewinnerteam gehasst und je mehr mit dem Verliererteam sympathisiert wird (Zillmann & Paulus, 1993).

Kritik

Zillmann hat mit seinen medienpsychologischen Theorien und Forschungen das Feld psychologischer Analysen des Erlebens und Verhaltens von Menschen im Umgang mit Medien entscheidend geprägt. Seine Drei-Faktoren-Theorien emotionalen Erlebens und Verhaltens adressieren Emotionen, Stimmungen und Empathie. In diese Emotionstheorien lassen sich eine Vielzahl von Befunden und Überlegungen bezüglich der emotionalen Selektion, Nutzung und Wirkung unterschiedlichster Medien integrieren. Dabei wurde bisher jedoch keineswegs jeder Faktor (Disposition, Erregung, Erleben) in jedem Bereich (Emotion, Stimmung, Empathie) gleichgewichtig untersucht. Auch unterscheiden andere – medienpsychologisch interessante – Emotionstheorien (Überblick: Schramm & Wirth, 2006) mehr Faktoren bzw. Komponenten (etwa Scherer 1993: Ausdrucks-, Gefühls-, kognitive Appraisal-Komponente, motivationale und neurophysiologische Komponente). Die 3FE zeigt dabei eindeutige Bezüge zur Zwei-Faktoren-Theorie Schachters (1964), die kognitive Attributionsprozesse von körperlicher Erregung untersucht. Schachter versteht Emotionen als eine Funktion von „physiologischer Erregung" und einer zu dieser Erregung „passenden" Kognition. Zu kritisieren ist dabei das Konzept einer energetisierenden unspezifischen Erregung als Notwendigkeit emotionalen Geschehens (vgl. Beitrag zu Excitation Transfer in diesem Band).

Literatur

Aronfreed, J. (1970). The socialization of altruistic and sympathetic behavior. Some theoretical and experimental analyses. In J. Macaulay & L. Berkowitz (Eds.), *Altruism and helping behavior* (pp. 103–126). New York: Academic Press.

Damasio, A. R. (1994). *Descartes' error.* New York: Putnam.

Ekman, P. (1999). Basic emotions. In T. Dalgeish & M. J. Power (Eds.), *Handbook of cognition and emotion* (pp. 45–60). Chichester: John Wiley & Sons.

Feshbach, N. D. (1978). Studies of empathetic behavior in children. In B. A. Maher (Ed.), *Progress in experimental personality research (Vol. 8)* (pp. 1–47). New York: Academic Press.

Hoffner, C. & Cantor, J. (1991). Factors affecting children's enjoyment of a frightening film sequence. *Communication Monographs, 58(1),* 41–62.

Humphrey, G. (1922). The conditioned reflex and the elementary social reaction. *Journal of Abnormal and Social Psychology, 17,* 113–119.

King, C. M. (2000). Effects of humorous heroes and villains in violent action films. *Journal of Communication, 50(1),* 5–24.

LeDoux, J. E. (1993). Emotional networks in the brain. In M. Lewis & J. M. Haviland (Eds.), *Handbook of emotions* (pp. 109–118). New York: Guilford Press.

Lipps, T. (1907). Das Wissen von fremden Ichen. *Psychologische Untersuchungen, 1(4),* 694–722.

McDougall, W. (1908). *An introduction to social psychology.* London: Methuen.

Oliver, M. B. (1993). Adolescents' enjoyment of graphic horror: Effects of attitudes and portrayals of victim. *Communication Research, 20(1),* 30–50.

Raney, A. A. & Bryant, J. (2002). Moral judgment and crime drama: an integrated theory of enjoyment. *Journal of Communication, 52,* 402–415.

Raney, A. A. (2002). Moral judgement as predictor of enjoyment of crime drama. *Media Psychology, 4,* 305–322.

Raney, A. A. (2003). Disposition-bases theories of enjoyment. In J. Bryant, D. Roskos-Ewoldsen & J. Cantor (Eds.), *Communication and emotion: Essays in honor of Dolf Zillmann* (pp. 61–84). Mahwah, NJ: Lawrence Erlbaum.

Schachter, S. (1964). The interaction of cognitive and physiological determinants of emotional state. In L. Berkowitz (Ed.), *Advances in experimental social psychology (Vol. 1)* (pp. 49–79). New York: Academic Press.

Scherer, K. R. (1993). Studying the emotion-antecedent appraisal process: An expert system approach. Special issue: Appraisal and beyond: The issue of cognitive determinants of emotion. *Cognition & Emotion, 7,* 325–355.

Schramm, H. & Wirth, W. (2006). Medien und Emotionen: Bestandsaufnahme eines vernachlässigten Forschungsfeldes aus medienpsychologischer Perspektive. *Medien & Kommunikationswissenschaft, 54,* 1, 25–55.

Zillmann, D. (1978). Attribution and misattribution of excitatory reactions. In J. H. Harvey, W. J. Ickes & R. F. Kidd (Eds.), *New directions in attribution research (Vol. 2)* (pp. 335–368). Hillsdale, NJ: Lawrence Erlbaum.

Zillmann, D. (1991) Empathy: Affect from bearing witness from the emotions of others. In J. Bryant & D. Zillmann (Eds.), *Responding to the screen: Reception and reaction processes* (pp. 135–167). Hillsdale, NJ: Lawrence Erlbaum.

Zillmann, D. (2000). Basal morality in drama appreciation. In I. Bondebjerg (Ed.), *Moving images, culture and the mind* (pp. 53–63). Luton: University of Luton Press.

Zillmann, D. (2004). Emotionspsychologische Grundlagen. In R. Mangold, P. Vorderer & G. Bente (Hrsg.), *Lehrbuch der Medienpsychologie* (S. 101–128). Göttingen: Hogrefe.

Zillmann, D., Bryant, J. & Sapolsky, B. S. (1989). Enjoyment from sports spectatorship. In J. H. Goldstein (Ed.), *Sports, games, and play: Social and psychological viewpoints (2nd ed.)* (pp. 241–278). Hillsdale, NJ: Lawrence Erlbaum.

Zillmann, D. & Cantor, J. (1972). Directionality of transitory dominance as a communication variable affecting humor appreciation. *Journal of Personality and Social Psychology, 24,* 191–198.

Zillmann, D. & Cantor, J. (1976). A disposition theory of humor and mirth. In T. Chapman & H. Foot (Eds.), *Humor and laughter: Theory, research and application* (pp. 93–115). London: John Wiley & Sons.

Zillmann, D., Taylor, K. & Lewis, K. (1998). News as nonfiction theater: How dispositions toward the public cast of characters affect reactions. *Journal of Broadcast & Electronic Media, 42(2),* 153–169.

Spannung

Frank Schwab

Worum geht es?

Das Erleben von Spannung während der Nutzung von Medien ist vor allem bei Unterhaltungsangeboten ein entscheidendes Merkmal. So fallen zum Beispiel 29,6 % aller im Jahr 2004 in den USA verkauften Bücher in die Kategorie „Mystery/Thriller", das sind mehr als 900 Millionen verkaufte spannungsgeladene Bücher (Romance Writers of America, 2005).

Der Begriff Spannung (= Suspense) leitet sich vom lateinischen „suspendere" ab (= in Unsicherheit schweben). Spannung kann beschrieben werden als „a cognitive and emotional reaction that is evoked by time-dependent structural characteristics of an unfolding dramatic narrative" (Alwitt, 2002, S. 35). Leser, Hörer, Zuschauer, aber auch Computer- und Videospieler scheinen also mit dem Erleben von Spannung auf Ereignisse zu reagieren, die sich während einer Erzählung entwickeln. Zum einen interpretieren Rezipienten Ereignisse eines Plots (kognitiver Aspekt der Spannungsreaktion), zum anderen reagieren sie häufig mit einem Schwanken zwischen Hoffnung und Furcht als den beiden Schlüsselemotionen spannungsvollen Erlebens (affektiver Aspekt der Spannungsreaktion) (Alwitt, 2002).

Darstellung der Annahmen

Im Folgenden soll der Aspekt der Spannung als Wirkmoment medienvermittelter Narrative beschrieben werden. Suspense oder Spannung kann (1) durch den Gesamtplot der Erzählung erzeugt werden oder (2) durch Einzelereignisse des Narrativs (Zillmann, 1996).

Zu (1) Der Gesamtplot wirft meist die spannende Frage des endgültigen Schicksals des Hauptprotagonisten auf. Der dargestellte Konflikt und dessen Auflösung tragen also entscheidend zur Spannung bei (Wulff, 1996). So mag sich der Kinogänger hinsichtlich der Gesamterzählung fragen „Wird das Böse siegen?".

Zu (2) Spannung, die aus den einzelnen Ereignissen der Erzählung generiert wird (auch als „tension" bezeichnet), sorgt vor allem dafür, die Aufmerksamkeit des Rezipienten zu binden. Sie arbeitet mit der Unsicherheit des Rezipienten hinsichtlich des kurzfristigen Ergebnisses dieser Ereignisse („Wird die Kugel Neo töten oder verfehlen?").

Bestimmte strukturelle Merkmale von Narrativen scheinen besonders bedeutsam für das Erleben von Spannung zu sein (Alwitt, 2006; vgl. auch z. B. Carroll, 1984, 1996; Vorderer, Wulff & Friedrichsen, 1996; Zillmann, 1991, 1996; Tan, 1996):

1. Es gibt eine Figur, die Objekt der emotionalen Reaktionen des Rezipienten sein kann. Meist entwickelt der Rezipient Zuneigung und Empathie für diese Figur.
2. Alternative Schicksale des Protagonisten – vom Publikum bevorzugte und befürchtete – sind möglich. Eines dieser Schicksale ist meist als das moralisch korrekte und faire Ergebnis konstruiert.
3. Der Plot thematisiert einen Konflikt. Der Konflikt kann dabei ganz unterschiedlicher Natur sein: interpersonell, intrapersonell, zwischen Mensch und Umwelt oder auch zwischen Mensch und Natur etc. (Bartholomew, 1977).
4. Die Erzählung ist zeitlich so strukturiert, dass der Rezipient einen gewissen Zeitdruck wahrnehmen kann bzw. eine deutliche Zeitbegrenzung zur Lösung des Konflikts oder Problems besteht. Die zeitliche Struktur wird definiert durch folgende erzählerische Taktiken: (a) Frequenz und Dauer von (wechselnden) narrativen Ereignissen bzw. bei Filmen: Montage und Filmschnitt; (b) durch den Plot selbst und die Konstruktion einer Erzählzeit in Relation zur erzählten Zeit (Zeitdehnung, Zeitraffung oder zeitdeckendes Erzählen wie im Echtzeit-Thriller 24); (c) durch explizite „deadlines" innerhalb des Plots („die tickende Bombe"); und (d) durch Auslassung von Ereignissen (Ellipsen), um Diskontinuitäten in der Erzählung zu erzeugen (Bordwell & Thompson, 1986; Eder, 1999; de Wied & Frijda, 1992).
5. Rezipienten können andere, weniger oder mehr Informationen besitzen als die Protagonisten der Erzählung; bzw. der Erzähler (Regisseur/Drehbuchautor etc.) hält Informationen gezielt zurück (Ohler & Nieding, 1996; Wuss, 1996).

Kognitive Ansätze versuchen, Spannung durch veschiedene kognitive Prozesse zu erklären. So beschreibt Gerrig (1996) Spannung in Analogie zu einem Problemlöseprozess. Rezipienten erleben demnach mehr Spannung, wenn mögliche Lösungswege sich als nicht durchführbar erweisen. Ohler und Nieding (1996) arbeiten mit der Schematheorie. Spannung entsteht demnach, wenn Platzhalter aktivierter Schemata nicht mit bestimmten Werten besetzt werden können.

Unter den affektiven Ansätzen sollen zwei Theorieansätze herangezogen werden, um zu erklären, wie Spannung entstehen kann: zum einen Überlegungen von Zillmann zum genussvollen Spannungserleben (vgl. Beitrag zu Drei-Faktoren-Emotionstheorie und ffektive Disposition in diesem Band), zum anderen die „structural affect theory" von Brewer und Lichtenstein (1981, 1982).

Zillmann (1980) nimmt an, dass die Bedrohung von (gemochten) Filmprotagonisten Erregung und Gefühle der Sorge im Publikum hervorruft, was wiederum Suspense erzeugt. Gelingt es den Protagonisten, drohende Gefahren zu bestehen, verschwinden die Gefühle der (empathischen) Sorge, während die physiologische Erregung andauert (vgl. Beitrag zum Excitation Transfer in diesem Band). Die positiven Emotionen, die mit dem Triumph des Protagonisten im Happy End einhergehen, werden so durch die Residualerregung aus der Sorge und dem Bangen um die Figur verstärkt. Daraus folgt: Je größer die Gefahren, mit denen sich ein (gemochter) Protagonist konfrontiert sieht, umso deutlicher fällt die Befriedigung bei einem glücklichen Ende der Erzählung aus. Zillmann (1980, 1996) bietet somit eine „theory of suspense enjoyment" an, wobei Spannung als empfundene „acute, fearful apprehension about deplorable events that threaten liked protagonists" verstanden wird (Zillmann, 1996, S. 208).

Die structural affect theory von Brewer und Lichtenstein (1981, 1982) greift Überlegungen von Zillmann auf, fokussiert aber auf die strukturellen Erzählmerkmale unterschiedlicher Genres. Spannung ist (nur) ein mögliches Ergebnis des Erlebens von narrativen Strukturen. In Abhängigkeit von der Erzählstruktur, in welcher Ereignisse präsentiert werden, kann ein Narrativ Spannung oder auch Überraschung und Neugierde erzeugen. Neugierde etwa wird erzeugt, wenn entscheidende Informationen zunächst zurückgehalten werden (etwa „whodunnit?"; vgl. oben Punkt 5.). Überraschung kann entstehen, wenn Informationen verspätet angeboten werden, was zu einer Uminterpretation der Situation auf Grund der neuen Information führt. Spannung wiederum bedarf eines auslösenden Ereignisses, welches zu bedeutsamen (positiven oder negativen) Folgen führen kann. Einfluss auf das Spannungerleben haben dabei mehrere Faktoren (Brewer, 1996):

- Je bedeutsamer und wahrscheinlicher mögliche Konsequenzen sind, desto stärker wird Spannung erlebt.
- Die Bedrohung durch negative Konsequenzen erzeugt stärkere Spannung als die Möglichkeit positiver Folgen.
- Das ungewisse Schicksal eines guten Charakters erzeut mehr Spannung als jenes böser Figuren.
- Die Anteilnahme ist entscheidender für das Entstehen von Spannung als die Identifikation mit dem Charakter.

Die Gesamtspannung einer Erzählung setzt sich aus „mini suspense"-Sequenzen mit kleinen Spannungsauflösungen zusammen.

Typische Methodik

Als unabhängige Variablen werden in der Regel Aspekte der Erzählung manipuliert. Als abhängige Variablen werden oft verschiedene Komponenten des emotionalen Erlebens erfasst. Zum einen werden sogenannte Suspense Ratings erhoben, meist sind dies emotionale Einschätzungen, die sowohl mehrfach während, aber auch einmalig nach der Rezeption erfolgen. Zum anderen werden während des Rezeptionsprozesses peripherphysiologische Maße erfasst (Herzfrequenz, Hauttemperatur, Hautleitfähigkeit), die als Indikatoren der Spannungserfahrung interpretiert werden. Bisweilen werden auch Verhaltensmaße als Spannungsindikatoren erhoben (z. B. mimische Reaktionen als Indikatoren emotionalen Erlebens).

Zentrale empirische Befunde

Die meisten Befunde sprechen sowohl für Zillmanns Suspense enjoyment-Annahmen als auch für die Annahmen der structural affect theory:
Bedeutsamkeit der Konsequenzen: Brewer und Lichtenstein (1981) manipulierten in einer Geschichte die Bedeutsamkeit der Konsequenzen (Heimfahrt mit dem Auto mit und ohne Zeitbombe) ebenso wie positive und negative Folgen (drohende Flutwelle vs. Lottogewinn). Die Textvarianten Zeitbombe, Flutwelle und auch der positive Lottogewinn führten wie erwartet zu vermehrtem Spannungserleben.

237

Merkmale des Protagonisten: Jose und Brewer (1984) untersuchten das Spannungserleben bei Kindern, die spannende Geschichten sowohl mit bedrohten positiven
als auch mit bedrohten negativen Charakteren lasen. Beide Versionen erzeugten
Spannung, jedoch erzeugten Geschichten mit guten bedrohten Charakteren mehr
Spannung.

Spannnungsverlauf: Zillmann, Hay und Bryant (1975) zeigten Kindern unterschiedliche Trickfilmsendungen. Sowohl in Bezug auf die physiologische Erregung
als auch die mimische Expression von Furcht und positiven Affekten sowie hinsichtlich der Akzeptanz der Sendung erwiesen sich die Reaktionen theoriekonform
als abhängig vom narrrativen Verlauf der Sendung. Sie zeigten sich vor allem in
dem Moment, in dem die Bedrohung erfolgreich überwunden wurde (deutliche
Abnahme des physiologischen Arousals).

*Emotionale Grundlagen des Spannungserlebens und Einfluss des Ausgangs der
Erzählung:* Verschiedene Studien zeigen, dass negative emotionale Reaktionen mit
größerem Filmgenuss einhergehen (Hoffner & Cantor, 1991; Zillmann, Weaver,
Mundorf & Aust, 1986), jedoch unabhängig von einer erfolgreichen Überwindung
der Bedrohung sind (Hoffner & Levine, 2005). Hoffner und Levine untersuchten
im Rahmen von Zillmanns (1996) Suspense enjoyment-Modell den Zusammenhang
zwischen negativem Affekt und Arousal während des Sehens eines Films (Hoffner
& Levine, 2005). Negativer Affekt wurde als subjektives Erleben eines Zustandes
von Furcht, Sorge etc. in Selbstreports operationalisiert. Die erwartete positive
Korrelation zwischen Filmgenuss und erlebten negativen Emotionen zeigt sich vor
allem bei männlichen Zuschauern. Unterschiedliche Enden des Films hatten jedoch
entgegen Zillmanns Modellannahmen keinen Einfluss: Sowohl der Sieg über den
Antagonisten als auch die fortgesetzte Jagd auf ihn beeinflussten den Genuss nicht
entscheidend. Die Messung des Arousals mittels physiologischer Parameter (Hautleitfähigkeit, Hauttemperatur und Herzfrequenz) zeigte keinen Zusammenhang
entlang der Annahmen Zillmanns (Hoffner & Levine, 2005). Auch Hoffner und
Cantor (1991) manipulierten die Auflösung filmischer Narrative und fanden, dass
negative Emotionen den Filmgenuss unabhängig vom letztendlichen Ausgang des
Films vergrößern.

Erzählstruktur und Wahrscheinlichkeiten: In mehreren Studien konnte gezeigt
werden, dass die Erzählstruktur die affektiven Reaktionen der Rezipienten (Spannung, Neugier, Überraschung) beeinflusst (Brewer & Lichtenstein, 1981; Brewer
& Ohtsuka, 1988; Hoeken & van Vliet, 2000; Knobloch, Patzig, Mende & Hastall,
2004; Knobloch-Westerwick & Keplinger, 2006). Die Ergebnisse sprechen für die
structural affect theory. Suspense-Einschätzungen eines Films sind außerdem abhängig von der Wahrscheinlichkeit einer erfolgreichen Bedrohungsabwehr durch
den Protagonisten (Comisky & Bryant, 1982; Brewer, 1996). Einige Autoren gehen
davon aus, dass bei einer Wahrscheinlichkeit von 50 % für ein positives oder negatives Ende die Spannung am höchsten sei (Ohler & Nieding, 1996), andere
vermuten, dass ein negatives Ende wahrscheinlicher sein sollte als ein positives
(Carrol, 1996).

Persönlichkeitsmerkmale des Rezipienten: Untersuchungen zeigen, dass empathische Rezipienten mehr Spannung beim Filmgenuss erleben als weniger empathische Zuschauer (de Weid, Hoffman & Roskos-Ewoldsen, 1997). King und Hourani (2007) beschreiben bei Horrorfilmrezipienten sogenannte „thrill watchers", die
eine tiefe Sorge um den Protagonisten entwickeln (Dispositionstheorie) und ein
Happy End besonders schätzen (vgl. Beitrag zum Excitation Transfer-Ansatz in
diesem Band). Jedoch lassen sich auch sogenannte „gore-watchers" beschreiben,

die sich ebenfalls durch hohes „adventure seeking" auszeichnen, jedoch (als trait) wenig Empathie- und Furchtneigung zeigen. Mutmaßlich lässt die Persönlichkeitskonfiguration „gore-watchers" nach expliziten Darstellungen von Blut, Tod und körperlichen Qualen suchen. Weitere Studien belegen, dass sensation seeking als Persönlichkeitsmerkmal mit dem Aufsuchen von spannenden, Angst auslösenden und gewalthaltigen Filmen einhergeht (Aluja-Fabregat & Torrubia-Beltri, 1998; Edwards, 1991; Harris et al., 2000; Lawrence & Palmgreen, 1996).

Kritik

Kritik bezieht sich zum einen auf methodische Aspekte. So wird das Spannungserleben in Studien ganz unterschiedlich operationalisiert, beispielsweise werden ganz verschiedene physiologische Parameter zur Messung verwendet. Zudem ist fraglich, inwiefern sich Spannung hauptsächlich als physiologisches Phänomen fassen läßt (Hoffner & Cantor, 1991).

Zum anderen bezieht sich die Kritik auch auf die theoretischen Modelle und setzt hier vor allem an Phänomenen an, die durch diese Modelle nicht erklärt werden können.

Zwar erklärt das Suspense enjoyment-Model von Zillmann (1996) eine Vielzahl empirischer Ergebnisse zum Spannungserleben, jedoch scheint das Modell bei Filmen ohne Happy End nicht zuzutreffen. Endet ein Film unglücklich, sollten Trauer und Enttäuschung beim Rezipienten durch die zuvor erlebte Spannung und die damit einhergehende Resterregung intensiviert werden (Hoffner & Levine, 2005), dies ist jedoch nicht der Fall. Zillmann entgegnet, dass „removal of the threat that produced empathic distress may be regarded [as] a minimal stimulus condition for the cognitive switch from dysphoria to euphoria" (Zillmann, 1996, S. 226). Liegt also – wenn kein Happy End geboten wird – der Genuss im Spannungserleben lediglich in einem Wegfall der filmischen Bedrohungen (Tamborini, 1991)? Andere Autoren gehen davon aus, dass furchtauslösende Filme präferiert werden, da sie Zerstörung zeigen, Angstlust, Aufregung und Unvorhersagbarkeit anbieten (Tamborini & Stiff, 1987; Tamborini, Stiff & Zillmann, 1987).

Insgesamt gehen Zillmanns Modellannahmen zur Spannung von eher prototypischen spannenden Unterhaltungsnarrativen (populäre aktionsorientierte Narrative) aus, die in erster Linie von prototypischen Rezipienten (unterhaltend) genutzt werden. Seine Theorie macht jedoch kaum Aussagen zum Spannungserleben bei elitären, innenweltorientierten Narrativen, die von Rezipienten eher verstehend erschlossen werden (Vorderer, 1996). Daneben mag es aber auch Narrative geben, welche andere Spannungsformen anbieten bzw. Rezipienten, welche diese präferieren (vgl. Beitrag zu Rezeptionsmodalitäten in diesem Band).

Weitgehend ungeklärt ist das „paradox of suspense": Wieso sehen, lesen, hören Rezipienten Narrative, die ihnen bereits wohlbekannt sind, mehrfach und erleben dabei Spannung (Brewer, 1996; Vorderer, 1996)?

Auch die Rolle moderierender Persönlichkeitsvariablen ist noch weitgehend ungeklärt. Hier stellt sich zum Beispiel die Frage, wie die Persönlichkeitsmerkmale Empathie und Sensation seeking zusammenwirken. Möglicherweise meiden vor allem hochempathische Personen mit niedrigen Sensation seeking-Tendenzen spannendes und furchtauslösendes Filmmaterial (Hoffner & Levine, 2005; Tamborini,

1991). Aktuell beschreibt die medienpsychologische Spannungsforschung eher prototypische Erzählungen und deren Rezeption. Untypische Erzählungen, seltene Rezeptionsmodi und Aspekte der Rezeptionspersönlichkeit sind wenig erforscht.

Literatur

Aluja-Fabregat, A. & Torrubia-Beltri, R. (1998). Viewing of mass media violence, perception of violence, personality, and academic achievement. *Personality and Individual Differences, 25,* 973–989.

Alwitt, L. F. (2002). Suspense and Advertising Response. *Journal of Consumer Psychology, 12(1),* 35–49.

Bartholomew, C. (1977). The man in the closet. In A. S. Burack (Ed.), *Writing suspense and mystery fiction* (pp. 21–26). Boston: The Writer Inc.

Bordwell, D. & Thompson, K. (1986). *Film art: An introduction (2nd ed.).* New York: Knopf.

Brewer, W. F. (1996). The nature of narrative suspense and the problem of rereading. In P. Vorderer, H. J. Wulff & M. Friedrichsen (Eds.), *Suspense: Conceptualizations, theoretical analyses, and empirical explorations* (pp. 107–127). Mahwah, NJ: Lawrence Erlbaum.

Brewer, W. F. & Lichtenstein, E. H. (1981). Event schema, story schema, and story grammars. In J. Long & A. Baddely (Eds.), *Attention and performance IX* (pp. 363–379). Hillsdale, NJ: Lawrence Erlbaum.

Brewer, W. F. & Ohtsuka, K. (1988). Story structure, characterization, just world organization, and reader affect in American and Hungarian short stories. *Poetics, 17,* 395–415.

Brewer, W. F. & Lichtenstein, E. H. (1982). Stories are to entertain: A structural-affect theory of stories. *Journal of Pragmatics, 6,* 473–486.

Carroll, N. (1984). Toward a theory of film suspense. *Persistence of Vision, 1,* 65–89.

Carroll, N. (1996). The paradox of suspense. In P. Vorderer, H. J. Wulff & M. Friedrichsen (Eds.), *Suspense: Conceptualizations , theoretical analyses and empirical explorations* (pp. 71–92). Mahwah, NJ: Lawrence Erlbaum.

Comisky, P. & Bryant, J. (1982). Factors involved in generating suspense. *Human Communication Research, 9,* 49–58.

de Wied, M. & Frijda, N. H. (1992). Duration experience under conditions of suspense in films. In F. Macar, V. Pouthas & W. J. Friedman (Eds.), *Time, action and cognition: Towards bridging the gap* (pp. 325–336). Boston: Kluwer Academic.

DeWeid, M., Hoffman, K. & Roskos-Ewoldson, D. R. (1997). Forewarning of graphic portrayal of violence and the experience of successful drama. *Cognition and Emotion, 11,* 481–494.

Eder, J. (1999). *Dramaturgie des populären Films. Drehbuch und Filmtheorie* (Neuauflage 2007, Beiträge zur Medienästhetik und Mediengeschichte, Bd. 7). Münster: LIT-Verlag.

Edwards, E. (1991). The ecstasy of horrible expectations: Morbid curiosity, sensation seeking, and interest in horror movies. In B. Austin (Ed.), *Current research in film: Audience, economics, and law (Vol. 5)* (pp. 19–38). Norwood, NJ: Ablex.

Gerrig, R. J. (1996). The resiliency of suspense. In P. Vorderer, H. J. Wulff & M. Friedrichsen (Eds.), *Suspense: Conceptualizations, theoretical analyses, and empirical explorations* (pp. 93–105). Mahwah, NJ: Lawrence Erlbaum.

Harris, R. J., Hoekstra, S. J., Scott, C. L., Sanborn, F. W., Karafa, J. A. & Brandenburg, J. D. (2000). Young men's and women's different autobiographical memories of the experience of seeing frightening movies on a date. *Media Psychology, 2,* 245–268.

Hoeken, H., & Vliet, M. van (2000). Suspense, curiosity, and surprise: How discourse structure influences the affective and cognitive processing of a story. *Poetics, 26,* 277–286.

Hoffner, C. & Cantor, J. (1991). Factors affecting children's enjoyment of a frightening film sequence. *Communication Monographs, 58(1)*, 41–63.

Hoffner, C. A. & Levine, K. J. (2005). Enjoyment of Mediated Fright and Violence: A Meta-Analysis. *Media Psychology, 7*, 207–237.

Jose, P. E. & Brewer, W. F. (1984). Development of Story Liking: Character Identification, Suspense and Outcome Resolution. *Developmental Psychology, 20*, 911–924.

King, C. M. & Hourani, N. (2007). Don't Tease Me: Effects of Ending Type on Horror Film Enjoyment. *Media Psychology, 9*, 473–492.

Knobloch, S., Patzig, G., Mende, A.-M. & Hastall, M. (2004). Affective news – Effects of discourse structure in narratives on suspense, curiosity, and enjoyment while reading news and novels. *Communication Research, 31(3)*, 259–287.

Knobloch-Westerwick, S. & Keplinger, C. (2006). Thrilling News: Factors Generating Suspense During News Exposure. *Media Psychology, 9*, 193–210.

Lawrence, P. & Palmgreen, P. (1996). A uses and gratifications analysis of horror film preferences. In J. Weaver & R. Tamborini (Eds.), *Horror Films: current research on audience preferences and reactions* (pp. 161–178). Hillsdale, NJ: Lawrence Erlbaum.

Ohler, P. & Nieding, G. (1996). Cognitive modeling of suspense-inducing structures in narrative films. In P. Vorderer, H. J. Wulff & M. Friedrichsen (Eds.), *Suspense: Conceptualizations, theoretical analyses and empirical explorations* (pp. 129–148). Mahwah, NJ: Lawrence Erlbaum.

Romance Writers of America (2005). *Romance Writers of America's 2005 Market Research Study on Romance Readers.* Retrieved from http://www.rwanational.org/galleries/default-file/05MarketResearch.pdf [02.08.2008].

Tamborini, R. (1991). Responding to horror: Determinants of exposure and appeal. In J. Bryant & D. Zillmann (Eds.), *Responding to the screen: Reception and reaction processes* (pp. 305–327). Hillsdale, NJ: Lawrence Erlbaum.

Tamborini, R., Stiff, J. & Zillmann, D. (1987). Preference for graphic horror featuring male versus female victimization: Individual differences associated with personality characteristics and past film viewing experiences. *Human Communication Research, 13*, 529–552.

Tamborini, R. & Stiff, J. (1987). Predictors of horror film attendance and appeal: An analysis of the audience for frightening films. *Communication Research, 14*, 15–436.

Tan, E. S. (1996). *Emotion and the structure of narrative film.* Mahwah, NJ: Lawrence Erlbaum.

Vorderer, P. (1996). Toward a psychological theory of suspense. In P. Vorderer, H. J. Wulff & M. Friedrichsen (Eds.), *Suspense: Conceptualizations, theoretical analyses, and empirical explorations* (pp. 233–254). Mahwah, NJ: Lawrence Erlbaum.

Vorderer, P., Wulff, H. J. & Friedrichsen, M. (Eds.) (1996), *Suspense: Conceptualizations, theoretical analyses and empirical explorations.* Mahwah, NJ: Lawrence Erlbaum.

Wulff, H. J. (1996). Suspense and the influence of cataphoria on viewers' expectations. In P. Vorderer, H. J. Wulff & M. Friedrichsen (Eds.), *Suspense: Conceptualizations, theoretical analyses and empirical explorations* (pp. 1–18). Mahwah, NJ: Lawrence Erlbaum.

Wuss, P. (1996). Narrative tension in Antonioni. In P. Vorderer, H. J. Wulff & M. Friedrichsen (Eds.), *Suspense: Conceptualizations, theoretical analyses and empirical explorations* (pp. 51–70). Mahwah, NJ: Lawrence Erlbaum.

Zillmann, D. (1980). *The entertainment functions of television.* Hillsdale, NJ: Lawrence Erlbaum.

Zillmann, D., Hay, T. A. & Bryant, J. (1975). The effect of suspense and its resolution on the appreciation of dramatic presentations. *Journal of Research in Personality, 9*, 307–323.

Zillmann, D. (1991). The logic of suspense and mystery. In J. Bryant & D. Zillmann (Eds.), *Responding to the screen: Reception and reaction processes* (pp. 281–303). Hillsdale, NJ: Lawrence Erlbaum.

Zillmann, D. (1996). The psychology of suspense in dramatic exposition. In P. Vorderer, H. J. Wulff, & M. Friedrichsen (Eds.), *Suspense: Conceptualizations, theoretical analyses and empirical explorations* (pp. 199–232). Mahwah, NJ: Lawrence Erlbaum.

Zillmann. D., Weaver, J. B., Mundorf, N. & Aust, C. F. (1986). Effects of opposite-gender companion's affect to horror on distress, delight, and attraction. *Journal of Personality and Social Psychology, 51,* 586–594.

Unterhaltung

Frank Schwab

Worum geht es?

Presse, Kino, Radio, Fernsehen und sogar Computer und das Internet stehen bei vielen medienkritischen Autoren unter dem Verdacht, Nutzer und Rezipienten lediglich zu unterhalten und so einen kritischen, distanzierten, reflektierten Umgang mit Informationen zu untergraben. Entertainment, Amüsement, Spaß und Ablenkung bedrohen nach dieser Auffassung die Informationsfunktion der Medien. Sucht man nach (medien-)psychologisch wissenschaftlich fundierten Beiträgen zu dieser Diskussion, so lagen noch bis vor Kurzem erstaunlich wenige theoretische Ansätze und empirische Studien dazu vor (Winterhoff-Spurk, 2004, Zillmann & Vorderer, 2000; Bonfadelli, 1999). Unterhaltung war für die Psychologie im Allgemeinen und für die Medienpsychologie im Besonderen ein wissenschaftlich vernachlässigtes Thema (vgl. Bausinger, 1994; Bente & Fromm, 1997; Bonfadelli, 1999; Bosshart & Hoffmann-Riem, 1994; Kübler, 1994; Vorderer, 1997, 2001, 2003). So konnten vor ca. zehn Jahren Bosshart und Macconi noch resümieren: „There is simply no positive correlation between the amount of entertainment that is consumed and the amount of scholary research in the field of entertainment" (1998, S. 3). Inzwischen bemüht sich die Medienpsychologie jedoch nun zunehmend um ein wissenschaftliches Verständnis von Unterhaltung, um die zuvor angedeutete Diskussion angemessen führen zu können (z. B. Bryant & Vorderer, 2006; Vorderer, 2003, 2004; Zillmann & Vorderer, 2000).

Darstellung der Annahmen und Befunde

Im Verlauf der in den letzten Jahren erfolgten wissenschaftlichen Beschäftigung mit dem Thema Unterhaltung haben sich vor allem zwei Vorstellungen als wenig förderlich erwiesen (Vorderer, 2004). Dies ist zum einen die Vorstellung, Unterhaltung sei ein Charakteristikum spezifischer Medien bzw. bestimmter Medieninhalte, was dann auch eine entsprechende Nutzung und Wirkung zur Folge hat. Dieser Logik folgend werden unterhaltende Medien (etwa TV) von informierenden Medien (etwa Tagespresse) unterschieden oder unterhaltende Medienangebote (Soap Operas) von informierenden Angeboten (etwa TV-Nachrichten) getrennt. Zum zweiten war die folgende Auffassung für die empirische Forschung wenig hilfreich: Unterhaltung sei ein eindimensionales Merkmal, wobei Unterhaltung und Information die beiden Endpunkte darstellen, und ein Mehr an Unterhaltung habe ein Weniger an Information zur Folge und umgekehrt. Die Kategorisierung „Unterhaltung vs. Information" ist zwar weit verbreitet, jedoch psychologisch unplausibel. Inwiefern ein Angebot oder Medium als unterhaltsam erlebt wird, hängt von vielen Faktoren ab: von Merkmalen des Mediums (etwa Image), Merkmalen des Rezipienten (Erwartungen, Einstellungen, Wissen, Wünsche oder Stimmung) und Merkmalen der Situation (Ort, Zeit, soziale Aspekte). Die Medienpsychologie versteht daher Unterhaltung in erster Linie als Rezeptionsphänomen, das Vergnügen bereitet. Zillmann und Bryant bezeichnen Unterhaltung als „any activity designed to delight and, to a smaller degree, enlighten through the display of special skills by others and/or self" (1994, S. 438, vgl. auch Bosshart & Macconi, 1998). Damit steht Unterhaltung auch nicht im Widerspruch zu Information oder Lernen. Aktuelle Ansätze definieren Unterhaltung als eine besondere Form des Spiels (Ohler & Nieding, 2006; Schwab, 2003; Vorderer, Steen & Chan, 2006). Dabei wird Spiel meist ausgehend von der Definition Huizingas (1938, S. 37) betrachtet: „Spiel ist eine freiwillige Handlung oder Beschäftigung, die innerhalb gewisser festgesetzter Grenzen von Zeit und Raum nach freiwillig angenommenen, aber unbedingt bindenden Regeln verrichtet wird, ihr Ziel in sich selber hat und begleitet wird von einem Gefühl der Spannung und Freude und einem Bewusstsein des ‚Andersseins' als das ‚gewöhnliche Leben'."

Im Rahmen des Uses and Gratifications-Ansatzes (Rosengren & Windahl, 1989; vgl. Beitrag zum Uses and Gratifications-Ansatz in diesem Band) wird die Unterhaltungsfunktion von Medien als ein mögliches Motiv für die Mediennutzung konzipiert. Fragt man Rezipienten nach dem Warum ihrer Zuwendung zum Medium, so erhält man beispielsweise als Antwort, dass es sie interessiere, dass sie die „Zeit totschlagen" wollen, oder sie verweisen auf den Spaß an der Rezeption. In der Forschungsliteratur finden sich Motive, die einer Unterhaltungsfunktion zuzuordnen, sind. So nennen zum Beispiel Roberts und Bachen (1981) in einem Übersichtsartikel folgende Rezeptionsmotive: „Surveillance, excitement, reinforcement, guidance, anticipated communication, relaxation, alienation, information acquisition, interpretation, tension reduction, social integration, social and parasocial interaction, entertainment, affective guidance, behavioral guidance, social contact, self and personal identity, reassurance, escape, and so on ..." (S. 316; vgl. Überblick: Bonfadelli, 1999). Angelehnt an solche Rezeptionsmotive vermutet der Eskapismus-Ansatz (Katz & Foulkes, 1962), dass die Rezipienten aus ihren unbefriedigenden Lebensverhältnissen kognitiv und emotional zu flüchten versuchen, vergleichbar dem Tagträumen. Fiktionen und virtuelle Welten können so ohne die Gefahr, selbst Schaden zu nehmen oder die Verantwortung tragen zu müssen, erlebt werden. Vor allem ältere, ungebildete und ärmere Personen sollten – so die Annahme – Unterhaltung besonders exzessiv nutzen, da sie in einer sozial unattraktiven Situation leben. Auch die entfremdeten Lebens- und Arbeitsbedingungen der Unterschicht galten als Fluchtmotive. Es zeigt sich jedoch, dass nahezu alle gesellschaftlichen Schichten eskapistisches Mediennutzungsverhalten zeigen (Groeben & Vorderer,

1988) und jede Mediennutzung zudem auch eskapistische Bedürfnisse befriedigen kann (McQuail, 1985). Aktuell fragt man daher weniger nach dem „Weg-von" als vielmehr nach dem „Hin-zu" (etwa Mikos, 1994; Vorderer, 1996).

Zur Beschreibung und Erklärung des Rezeptionsphänomens Unterhaltung werden innerhalb der Medienpsychologie unterschiedliche Ansätze angewandt, es geht dabei (a) um Selektionsprozesse und zugrundeliegende Motive und (b) um den Prozess der Unterhaltungsrezeption.

Zu (a) Ansätze, die sich mit Unterhaltungsselektion und -motivation befassen:

1. Die Experimentelle Ästhetik Berlynes betont schon früh die Neugier als Triebfeder der Unterhaltungsmotivation (vgl. Beitrag zu Neugier in diesem Band). Die Bedingungen für dieses Verhalten sieht Berlyne vor allem in den Qualitäten der Objekte oder Stimuli. Beim kognitiven Vergleich des Objektes mit Gedächtnisinhalten kann dies bei Diskrepanzen zu Erregung führen, die nur durch Exploration des Objektes reduziert werden kann.
2. Der Mood Management-Ansatz Zillmanns versucht, motivationale und emotionale Aspekte der Unterhaltungsselektion zu untersuchen. Er beschreibt und erklärt Bedingungen, denen die Auswahl unterhaltsamer Medienangebote folgt (Mediennutzung zur Stimmungsregulation: vgl. Beitrag zum Mood Management in diesem Band).
3. Der Angstlust-Ansatz wurde vor allem hinsichtlich der Selektion audiovisueller Angebote verfolgt (Zuckerman, 1979; Vitouch, 1993). Dabei werden inter- oder intraindividuelle Unterschiede betont, wie etwa in Zuckermans (1979) Untersuchungen zu Persönlichkeitsunterschieden mit Hilfe des Konzepts der sensation seekers. Sensation seekers sind vermehrt auf der Suche nach Thrill-Erfahrungen, sie sollten dementsprechend besonders spannende Unterhaltungsangebote auswählen. Unter dem Aspekt der Ängstlichkeit differenziert Vitouch (1993) zwischen repressern und sensitzern. Sensitizer suchen aktiv nach Informationen, um Gefahrenhinweise zu entdecken und entsprechende Situationen zu meiden, damit Angst als unangenehmer Erregungszustand nicht erlebt werden muss. Represser unterdrücken Angst erregende Umweltreize und suchen angstfreie Situationen. Letztere sollten stereotype, altbekannte unterhaltende Medienangebote bevorzugen, erstere sollten eher an Nachrichten interessiert sein und diese nach möglichen Gefahrensignalen durchsuchen.
4. Identitätsmanagement und parasoziale Interaktion erklären nach Vorderer (1996a) unterhaltende Rezeptionsprozesse, die mit negativen oder belastenden Zuständen und Erfahrungen einhergehen: das Buch, das traurig macht, oder der Film, der Ekel und Furcht hervorruft. Etliche Rezipienten von Unterhaltung nutzen solche Angebote, wählen sie freiwillig aus, obwohl sich nur schwer ein genügend starker positiver, tätigkeitszentrierter Anreiz entdecken lässt (Vorderer & Knobloch 2000; Vorderer, 1998). Nach Vorderer (1996a) können fiktionale Geschichten – über die Auseinandersetzung mit der eigenen Biografie – einen Beitrag zur Erweiterung oder Stabilisierung der eigenen Identität leisten. Eine Hypothese lautet, dass Rezipienten jene Geschichten wählen, die ihnen zur Bewältigung ihrer Lebensprobleme funktional erscheinen (vgl. auch Vorderer, 1998). Medienfiguren können im Rahmen parasozialer Beziehungen (vgl. Beitrag zur Parasozialen Interaktion in diesem Band) zu guten Bekannten werden, welche Lebensentwürfe liefern. Fiktionale Geschichten mögen durch eine angemessene ästhetische Distanz die Verarbeitung selbstrelevanter Emotionen und die Einsicht in uns antreibende Motive leichter möglich machen als Alltagssituationen (Oatley, 1999).

Zu (b) Ansätze, die sich mit dem Prozess der Unterhaltungsrezeption befassen:

1. Der Affective Disposition-Ansatz von Zillmann beschreibt und erklärt das Erleben von Medienrezipienten während der Nutzung von Unterhaltungsangeboten. Mediennutzung ist ein emotionaler Prozess, in dem Handlungen von Medienpersonen/-figuren beobachtet und bewertet werden. Moralische Beurteilungen dieser Handlungen führen zu positiven oder negativen Affekten gegenüber dem Protagonisten und zu entsprechendem Hoffen und Bangen hinsichtlich des Verlaufs der Narration (vgl. Beitrag zur Drei-Faktoren-Emotionstheorie in diesem Band).

2. Der Excitation Transfer-Ansatz von Zillmann beschreibt und erklärt erregungsphysiologische Emotionsprozesse während und nach der Unterhaltungsrezeption (vgl. Beitrag zum Excitation Transfer in diesem Band). Der emotional entlastende Filmausgang etwa wird durch den Erregungstransfer auch aus eher dysphorischem Erleben derart euphorisierend intensiviert, dass der Unterhaltungsrezipient dies billigend in Kauf nimmt (Überblick: Bryant & Miron, 2003).

3. Der Unterhaltung-als-Makroemotion-Ansatz von Früh (2002) versteht Unterhaltung als Ergebnis zweier paralleler Verarbeitungsebenen – einer Mikro- und einer Makroebene. Unterhaltung stellt in dieser Theorie ein positives Erleben dar, welches im Prozess medialer Informationsverarbeitung erzeugt wird. Während auf der Mikroebene „Als-ob"-Emotionen (auch negative) erfahrbar sind, findet sich bei Unterhaltung eine tendenziell positive Hintergrundemotion (vgl. auch Konzept der Meta-Emotion, Oliver 1993; vgl. Beitrag zum Sad Film-Paradoxon in diesem Band). Unterhaltungserleben tritt dann auf, wenn Personenmerkmale, Medienangebotsaspekte und soziale bzw. gesellschaftliche Situation in einem komplexen Wechselspiel ein solches Erleben zulassen.

4. Die unterhaltende Nutzung neuer Medien (Video- und Computerspiele) wird vor allem innerhalb der Konzepte Immersion und Presence (vgl. Beitrag zu Presence und Immersion in diesem Band) diskutiert. Es stellt sich die Frage, inwiefern das Unterhaltungserleben bei der Nutzung interaktiver Medien noch mit dem Unterhaltungserleben nicht-interaktiver Medien vergleichbar ist (Vorderer, 2004). Der teilweise Wegfall des Beobachterstatus sowie die Möglichkeit, den Verlauf der Erzählung selbst zu beeinflussen, spricht für deutliche strukturelle Unterschiede beim Unterhaltungserleben (etwa hinsichtlich der Passung des Affective Disposition-Ansatzes; Grodal, 2000; Knobloch, 2000; Klimmt, 2001).

Typische Methodik

Die Zunahme unterhaltender Angebote wie Seifenopern, Doku-Soaps, Talkshows und Reality-Formate hat in der Medienpsychologie zu einer verstärkten Auseinandersetzung mit unterhaltenden Angeboten geführt. Neben Inhaltsanalysen wurden vor allem mit Fragebogenstudien Interessen, Motive und Gratifikationen der Rezipienten untersucht (etwa: Bente & Fromm, 1997; Trepte, 2002). Vor allem die von Zillmann entwickelten Ansätze (Mood Management, Excitation Transfer, Affective Disposition) haben eine Vielzahl von medienpsychologischen Studien angeregt, die neben Fragebögen ein experimentelles Vorgehen etabliert haben (für einen Überblick: Bryant, Roskos-Ewoldsen & Cantor, 2006; vgl. Beiträge in diesem Band).

Hinsichtlich der Ergebnisse dieser Studien sei an dieser Stelle auf die Darstellung der unterschiedlichen theoretischen Ansätze (vgl. Beiträge zu Uses and Gratification, Mood Management, Drei-Faktoren-Emotionstheorie, Excitation Transfer) in diesem Band verwiesen.

Kritik

Forschung und Theoriebildung zu Unterhaltungsphänomenen haben mittlerweile in der Medienpsychologie einen festen Platz. Vorderer (2004) konstatiert als größtes Defizit den Mangel an kulturvergleichender Unterhaltungsforschung. Zwar beanspruchen die meisten psychologischen Unterhaltungstheorien Allgemeingültigkeit, kulturvergleichende Studien zeigen jedoch deutliche Unterschiede (Liebes & Katz, 1993). So wurde die Soap Opera *Dallas* in unterschiedlichen Nationen ganz unterschiedlich verstanden, interpretiert und vor dem jeweiligen Wertehintergrund diskutiert.

Aktuell lässt sich eine auf verschiedenste Disziplinen verstreute Forschungslandschaft beschreiben, der es vor allem an der Integration der Einzelergebnisse mangelt (Zillmann & Vorderer, 2000). Früh (2002) versucht, die verschieden Ansätze und Ergebnisse der „Unterhaltung durch das Fernsehen" in einer integrativen kommunikationswissenschaftlichen Theorie zu vereinen. Auch die Evolutionspsychologie hat erste integrative theoretische Beiträge zur Erklärung des Unterhaltungsphänomens geliefert (vgl. Beitrag zu Evolutionären Erklärungsansätzen in diesem Band).

Literatur

Bausinger, H. (1994). Ist der Ruf erst ruiniert... Zur Karriere der Unterhaltung. In L. Bosshart & W. Hoffmann-Riem (Hrsg.), *Medienlust und Mediennutz. Unterhaltung als öffentliche Kommunikation* (S. 15–27). München: Ölschlager.

Bente, G. & Fromm, B. (1997). *Affektfernsehen. Motive, Angebotsweisen und Wirkungen* (Schriftenreihe Medienforschung der Landesanstalt für Rundfunk Nordrhein-Westfalen, Bd. 23). Opladen: Leske + Budrich.

Berlyne, D. (1960). *Conflict, Arousal, and Curiosity*. New York: McGraw-Hill.

Bonfadelli, H. (1999). *Medienwirkungsforschung I. Grundlagen und theoretische Perspektiven*. Konstanz: UVK Medien.

Bosshart, L. & Hoffmann-Riem, W. (Hrsg.) (1994), *Medienlust und Mediennutz. Unterhaltung als öffentliche Kommunikation*. München: Ölschlager.

Bosshart, L. & Macconi, I. (1998). Defining "Entertainment". *Communication Research Trends, 18(3)*, 3–6.

Bryant, J. & Miron, D. (2003). Excitation transfer theory and three factor theory of emotion. In J. Bryant, D. Roskos-Ewoldsen & J. Cantor (Eds.), *Communication and emotion: Essays in honor of Dolf Zillmann* (pp. 31–59). Mahwah, NJ: Lawrence Erlbaum.

Bryant, J., Roskos-Ewoldsen, D. & Cantor, J. (Eds.) (2006). *Communication and emotion: Essays in honor of Dolf Zillmann*. Mahwah, NJ: Lawrence Erlbaum.

Bryant J. & Vorderer, P. (Eds.) (2006), *Psychology of entertainment*. Mahwah, NJ: Lawrence Erlbaum.

Früh, W. (2002). *Unterhaltung durch das Fernsehen. Eine molare Theorie*. Konstanz: UVK.

Grodal, T. (2000). Video games and the pleasures of control. In D. Zillmann & P. Vorderer (Eds.), *Media entertainment. The psychology of its appeal* (pp. 197–213). Mahwah, NJ: Lawrence Erlbaum.

Groeben, N. & Vorderer, P. (1988). *Leserpsychologie. Lesemotivation – Lektürewirkung*. Münster: Aschendorff.

Huizinga, J. (1939). *Homo Ludens. Vom Ursprung der Kultur im Spiel*, Amsterdam: Pantheon 1939. Aktuell: Reinbek: Rowohlt 2004.

Katz, E. & Foulkes, D. (1962). On the Use of the Mass Media as "Escape". Clarification of a Concept. *Public Opinion Quarterly, 26*, 3, 377–388.

Klimmt, C. (2001). Computer-Spiel: Interaktive Unterhaltungsangebote als Synthese aus Medium und Spielzeug. *Zeitschrift für Medienpsychologie, 13(1)*, 22–32.

Knobloch, S. (2000). *Schicksal spielen: Interaktive Unterhaltung aus persönlichkeitspsychologischer und handlungstheoretischer Sicht*. München: Fischer.

Kübler, H. D. (1994). *Kommunikation und Massenkommunikation*. Münster: LIT-Verlag.

Liebes, T. & Katz, E. (1993). *The export of meaning: Cross-cultural readings of Dallas* (2nd ed.). Cambridge: Polity Press.

McQuail, D. (1985). With the benefit of hindsight. Reflections on uses and gratifications research. In M. Gurevich & M. R. Levy (Eds.). *Mass Communication Revue Year Book, 5*, 125–141.

Mikos, L. (1994). *Fernsehen im Erleben der Zuschauer. Vom lustvollen Umgang mit einem populären Medium*. Berlin: Quintessenz.

Oatley, K. (1999). Why fiction may be twice as true as fact: Fiction as cognitive and emotional simulation. *Review of General Psychology, 3*, 101–117.

Oliver, M. B. (1993). Exploring the paradox of the enjoyment of sad films. *Human Communication Research, 3*, 315–342.

Roberts, D. F. & Bachen, C. M. (1981). Mass communication effects. *Annual Review of Psychology, 32*, 307–356.

Rosengren, K. E. & Windahl, S. (1989). *Media matter. TV use in childhood and adolescence*. Norwood: Ablex.

Schwab, F. (2003). Unterhaltung. Eine evolutionspsychologische Perspektive. In W. Früh & H. J. Stiehler (Hrsg.), *Theorie der Unterhaltung. Ein interdisziplinärer Diskurs* (S. 258–324). Köln: Herbert von Halem.

Trepte, S. (2002). *Der private Fernsehauftritt als Selbstverwirklichung. Die Option des Auftritts als Rezeptionsphänomen und zur Konstruktion des Selbst*. München: Fischer.

Vitouch, P. (1993). *Fernsehen und Angstbewältigung. Zur Typologie des Zuschauer-verhaltens*. Opladen: Westdeutscher Verlag.

Vorderer, P. (1996). Rezeptionsmotivation: Warum nutzen Rezipienten mediale Unterhaltungsangebote? *Publizistik. Vierteljahreshefte für Kommunikationsforschung, 41(3)*, 310–326.

Vorderer, P. (1997). Action, Spannung, Rezeptionsgenuss. In M. Charlton & S. Schneider (Hrsg.), *Rezeptionsforschung*. (S. 241–253). Opladen: Westdeutscher Verlag.

Vorderer, P. (1998). Unterhaltung durch Fernsehen. In G. Roters, W. Klingler & O. Zöllner (Hrsg.), *Welche Rolle spielen para-soziale Beziehungen zwischen Zuschauer und Fernsehakteuren? Fernsehforschung in Deutschland. Themen – Akteure – Methoden* (S. 689–708). Baden-Baden: Nomos.

Vorderer, P. (2001). It's all entertainment – sure. But what exactly is entertainment? Communication Research, Media Psychology, and the explanation of entertainment experiences. *Poetics, 29*, 247–261.

Vorderer, P. (2003). Entertainment theory. In J. Bryant, D. Roskos-Ewoldsen & J. Cantor (Eds.), *Communication and emotion: Essays in honor of Dolf Zillmann* (pp. 131–153). Mahwah, NJ: Lawrence Erlbaum.

Vorderer, P. (2004). Unterhaltung. In R. Mangold, P. Vorderer & G. Bente (Hrsg.). *Lehrbuch der Medienpsychologie* (S. 544–564). Göttingen: Hogrefe.

Vorderer, P. & Knobloch, S. (2000). Conflict and Suspence in Drama. In D. Zillmann & P. Vorderer (Eds.), *Media entertainment. The psychology of its appeal* (pp. 59–72). Mahwah, NJ: Lawrence Erlbaum.

Winterhoff-Spurk, P. (2004). *Medienpsychologie.* Stuttgart: Kohlhammer.

Zillmann D. & Bryant, J. (1994). Entertainment as media effect. In J. Bryant & D. Zillmann (Eds.), *Media effects: Advances in theory and research* (pp. 437–461). Hillsdale. NJ: Lawrence Erlbaum.

Zillmann, D. & Vorderer, P. (2000). *Media entertainment: The psychology of its appeal.* Mahwah, NJ: Lawrence Erlbaum.

Zuckerman, M. (1979). *Sensation seeking. Beyond the optimal level of arousal.* Hillsdale, NJ: Lawrence Erlbaum.

**Teil IV
Kommunikation**

Einführung Kommunikation

Nicole C. Krämer

Selbstverständlich ist Kommunikation in ihren unterschiedlichen Facetten (im Sinne etwa der Massenkommunikation oder der instruktionalen Kommunikation) eine wichtige Grundlage für alle in diesem Band dargestellten Ansätze. Darüber hinaus lassen sich aber Konzepte identifizieren, die in höherem Ausmaß die reale oder vorgestellte Interaktion zwischen Menschen thematisieren. Viele dieser Konzepte rekurrieren auf sozialpsychologische Theorien und Erkenntnisse und entwickeln diese mit Blick auf die spezifischen Eigenschaften von Medien und medienvermittelter Kommunikation weiter. Sie beschreiben entweder den Einfluss, den andere Menschen auf die Auswahl oder Interpretation von Medieninhalten nehmen, die Implikationen der Interaktion mit in Medienformaten präsentierten Persona oder die Auswirkungen der medienvermittelten Kommunikation.

Der Abschnitt behandelt im ersten Teil zunächst Kommunikation mit und über traditionelle Medien. In einem zweiten Teil werden dann sogenannte Neue Medien bzw. Individualmedien behandelt. Mit Blick auf die traditionellen (Massen-) Medien werden zunächst Parasoziale Interaktion und Soziale Vergleichsprozesse aufgeführt, die beide die Implikationen der Interaktion mit in den Massenmedien dargestellten realen oder fiktionalen Persona thematisieren: *Parasoziale Interaktion* beschreibt das Phänomen, dass sich Zuschauer einer zum Beispiel im Fernsehen ausgestrahlten Person gegenüber ebenso verhalten wie gegenüber einer realen Person. Das Kapitel zu *Sozialen Vergleichsprozessen* beschreibt die Implikationen der Tatsache, dass Konsumenten sich mit den in den Medien dargestellten Personen vergleichen. Auch die Ausführungen zur *Sozial-kognitiven Lerntheorie von Albert Bandura* machen deutlich, dass Rezipienten sich an medialen Modellpersonen orientieren und von diesen lernen. Der Third-Person-Effekt, die Theorie der Schweigespirale und der Two-Step-Flow beschreiben dagegen weniger die Kommunikation mit in den Medien dargestellten Menschen, sondern fokussieren den Einfluss, den Interaktionen mit realen Menschen auf die Wahl und Beurteilung von Medieninhalten nehmen. Der *Third-Person-Effekt* beschreibt dabei keine tatsächliche Interaktion, sondern die Inferenz der Wirkung von Medieninhalten auf andere Personen: Er bezeichnet die Tendenz anzunehmen, dass eine massenmedial vermittelte Nachricht auf andere Personen einen größeren Einfluss hat als auf uns selbst. Die *Theorie der Schweigespirale* erklärt, warum es vermittelt durch zwischenmenschliche Kommunikation zu einer verstärkten Auswirkung einer in den Massenmedien vertretenen Mehrheitsmeinung kommen kann. Die Ergebnisse des *Two-Step-Flow* zeigen ebenfalls, dass Menschen meist nicht direkt von Medien beeinflusst werden, sondern dass Meinungsführer im Bekanntenkreis zentraler für die Meinungsbildung sein können als die Medienbotschaft. Als *Sleeper-Effekt* schließlich wird das kontraintuitive Phänomen bezeichnet, dass die durch Massenmedien erreichte Persuasion über die Zeit noch zunehmen kann – allerdings in Abhängigkeit beispielsweise von dem spezifischen Sender.

Die im zweiten Teil fokussierten sogenannten Neuen Medien ermöglichen die medienvermittelte Kommunikation zwischen zwei oder mehr Personen und werden daher in Abgrenzung zu den Massenmedien, die mit derselben Botschaft ein Millionenpublikum ansprechen, auch als Individualmedien bezeichnet. Mit Ausnahme des Textes zur Media Equation beschreiben alle Konzepte die Effekte der computervermittelten Kommunikation in Abgrenzung zur Face-to-Face-Interaktion. Der *Reduced Social Cues-Ansatz* geht davon aus, dass die fehlenden Sinneskanäle bei computervermittelter Kommunikation zu einem Mangel an sozialen Hintergrundinformationen führen, der die Kommunikation zwar erschwert, aber durchaus auch Vorteile mit sich bringt. Das *Social Identity Model of Deindividuation Effects (SIDE)* postuliert, dass im Rahmen netzbasierter Interaktion individuelle Identitäten in den Hintergrund und Gruppenidentitäten in den Vordergrund treten können, was je nach Situation entweder zu antisozialem oder verstärkt prosozialem Verhalten führt. *Cuelessnessmodell und Electronic Propinquity* beschäftigen sich mit der Wirkung der Reichhaltigkeit von Medien auf die wahrgenommene interpersonelle Distanz der Kommunikationspartner. Die von Joseph Walther formulierten Modelle *Hyperpersonal Communication* und *Social Information Processing-Theorie* betonen die potenziell positiven Folgen von netzbasierter Kommunikation, die durch die menschliche Kreativität (z. B. durch die Nutzung von Emoticons) erreicht werden. Konzepte, die unter dem Begriff *Soziale Präsenz* zusammengefasst werden, beschreiben die Bedingungen, unter denen auch bei der medienvermittelten Kommunikation die Anwesenheit einer anderen Person und eine reziproke Interaktion erlebt werden kann. Mit Konzepten, die dem Bereich der *Group Awareness* zugeordnet werden können, wird versucht, durch die Sichtbarmachung verschiedener in der computervermittelten Kooperation verborgener Aspekte (Wer ist online? Wer verfolgt gerade welche Aktivität?) diese soziale Präsenz sicherzustellen. Im Rahmen der Darstellungen zum *Common ground* wird thematisiert, warum es in der netzbasierten Kommunikation schwieriger ist, den für ein wechselseitiges Verstehen zentralen gemeinsamen Wissenshintergrund abzuschätzen. Das eher auf innovative Methoden bezogene Konzept der *Transformed Social Interaction* zeigt auf, welche Möglichkeiten die Nutzung von sogenannten Avataren eröffnet. Die Annahmen der *Media Equation* schließlich beschreiben und erklären das der Mensch-Computer-Interaktion zuzuordnende Phänomen, dass Menschen auf Computer und künstliche Personen ähnlich reagieren wie auf reale Personen – und ist somit mit dem zu Beginn geschilderten Konzept der *Parasozialen Interaktion* vergleichbar.

Traditionelle Medien

Parasoziale Interaktion (PSI)

Holger Schramm

Worum geht es?

Horton und Wohl (1956) beobachteten in den Anfangsjahren des amerikanischen Fernsehens, dass Stars der ersten Unterhaltungssendungen die Zuschauer zu ungeahnten Reaktionen vor den Bildschirmen verleiteten: Die Zuschauer verhielten sich gegenüber den TV-Personen ähnlich wie gegenüber realen sozialen Entitäten. Da diese sozialen Interaktionen auf Grund des fehlenden Rückkanals de facto eingeschränkt waren (die TV-Personen konnten mit ihren Verhaltensweisen zwar die TV-Zuschauer erreichen, aber anders herum konnten die TV-Zuschauer mit ihren Verhaltensweisen nicht die TV-Personen erreichen), wurde das Phänomen von den beiden Wissenschaftlern *para*soziale Interaktion genannt. Wie lässt es sich jedoch erklären und methodisch adäquat erheben?

Darstellung der Annahmen

Insbesondere das Fernsehen ermögliche die Illusion einer Face-to-Face-Interaktion zwischen Zuschauern und Medienfiguren und -akteuren (in der PSI-Forschung „Personae" genannt; Horton & Wohl, 1956). Bei der Medienrezeption zeigen die gleichen Schlüsselreize, die auch in realen Interaktionssituationen relevant sind, den Zuschauern eine Form der Adressierung durch die Persona an. Insbesondere die Obtrusivität bzw. die als gering wahrgenommene räumliche Distanz der Persona (Kameragroßaufnahme, Kameraschwenk auf das Gesicht der Persona), die nonverbale Bezugnahme (z. B. ein fordernder Blick in die Kamera) und die verbale Bezugnahme (z. B. „Herzlich Willkommen zu Hause an den Fernsehgeräten") werden dabei als relevant erachtet. Je zahlreicher und konsistenter die Schlüsselreize dargeboten werden bzw. je reichhaltiger und eindeutiger die Adressierungsleistung der Persona ist, desto ausgeprägter und tiefer gehend dürfte die PSI ausfallen (vgl. Auter & Davis, 1991; Gleich, 1997). Während die *parasoziale Interaktion* auf die unmittelbare, während der Rezeption stattfindende „Begegnung" zwischen Rezipient und Persona beschränkt ist, wird die über die einzelne „Begegnung" hinausgehende Bindung des Rezipienten an eine Persona als *parasoziale Beziehung* (PSB) bezeichnet (Vorderer, 1998). Eine PSB kann ähnlich wie eine reale Freundschaft längerfristig Bestand haben und ist gleichermaßen Ergebnis vorheriger PSI, als auch Determinante nachfolgender PSI (vgl. Kreisprozessmodell von Gleich, 1996).

PSI und PSB lassen sich nach verschiedenen Kriterien dimensionieren. Bezogen auf die Valenz unterscheidet man negative von positiven, bezogen auf die Intensität starke von schwachen PSI/PSB (Hartmann et al., 2004). Mit Blick auf die *Art der Personae* können PSI und PSB zu Figuren (z. B. Rocky), Typen (z. B. Kämpfernatur) und Darstellern/Schauspielern (z. B. Sylvester Stallone) aufgebaut werden (Vorderer, 1998). Im Zuge der *Charaktersynthese* generieren die Rezipienten in ihrer Wahrnehmung aus diesen verschiedenen Persona-Facetten in der Regel jedoch *ein* Gesamtbild, das in der Folge die PSI und die PSB bestimmt (Wulff, 1996).

Das Zwei-Ebenen-Modell parasozialer Interaktionen (Hartmann et al., 2004) unterscheidet zudem diverse *perzeptiv-kognitive, affektive* und *konative* PSI-Teilprozesse, deren Intensität im Rezeptionsverlauf dynamischen Schwankungen unterliegen kann. Die perzeptiv-kognitiven PSI beinhalten zum Beispiel Aspekte der Wahrnehmung, des Denkens, Bewertens, Erinnerns im Zusammenhang mit einer Persona. Die affektiven PSI beziehen sich auf (positive wie negative) Gefühle gegenüber einer Persona bzw. Emotionen, die durch die Persona ausgelöst werden, und die konativen PSI zielen auf beobachtbare Verhaltensäußerungen und Verhaltensabsichten der Rezipienten, welche auf die Persona gerichtet sind. Beliebige PSI können auf diesen drei Dimensionen vollständig beschrieben werden.

Typische Methodik

Die Messung von PSI und PSB erfolgte (und erfolgt) bislang nahezu ausschließlich über postrezeptive Befragungen. Da insbesondere PSI im Rezeptions*prozess* entstehen, sich während der Rezeption ständig verändern – sowohl in ihren Teilprozessen, als auch in ihrer Intensität – und in starkem Maße vom medialen (und situativen) Kontext der Rezeption geprägt werden, müsste eine ideale Messung auch in der Lage sein, den *Prozessverlauf* der PSI hinreichend abzubilden. Dies kann ein postrezeptiver Befragungszugang sicher nur bedingt leisten. Da prozessbegleitende Methoden jedoch mit diversen Messproblemen behaftet und mit einem enormen zeitlichen und ökonomischen Mehraufwand verbunden sind sowie das Rezeptionserlebnis meist nicht unerheblich stören und damit verzerren (Nieding & Ohler, 2004), bietet sich der Befragungszugang unmittelbar nach der Rezeption weiterhin als eine gangbare und praktikable Methode an.

Als Quasi-Standard zur Erhebung von PSI und PSB hat sich durch die Verwendung in zahlreichen Studien die Parasocial-Interaction-Scale (in der Langform 20 Items, in der Kurzform 10 Items) etabliert (Rubin, Perse & Powell, 1985). Von Gleich (1995) ins Deutsche übersetzt, wurde die Skala auch in der hiesigen Forschung häufig eingesetzt, jedoch stark kritisiert (Hartmann & Schramm, 2006; Schramm, Hartmann & Klimmt, 2002): Sie ist mehrdimensional und misst eine Kombination bzw. Vermischung unterschiedlicher Rezeptionsaktivitäten – von Empathie und Involvement während der Rezeptionssituation über emotionale *Bindungen* (also PSB) als Folge der Rezeptionssituation bis hin zu präkommunikativen Aktivitäten wie Selektionsentscheidungen (Hartmann & Schramm, 2006). Sie misst zudem nur eine positive Beziehungsform; negative Beziehungsformen werden nicht erfasst. Die

Skala wurde überdies ursprünglich mit dem Ziel angelegt, „to measure feelings of audience relationship with *local television news personalities*" (Rubin, Perse & Powell, 1985, S. 176). Die notwendigen Anpassungen der Items bei der Untersuchung anderer Personae trugen zur Heterogenität der Skala bei.

Über die PSI-Scale hinaus, die sich trotz ihrer Schwächen als „Quasi-Standard" etablieren konnte, existieren eine Reihe weiterer Befragungsvarianten für die Messung von PSI und/oder PSB (vgl. Hartmann & Schramm, 2006). Schramm und Hartmann (im Druck) haben auf Basis des Zwei-Ebenen-Modells einen Fragebogen (14 Skalen zu je acht Items in der Langversion) zur Messung von PSI *unmittelbar* nach der Fernsehrezeption entwickelt, der dem Prozesscharakter und der Komplexität von PSI Rechnung trägt, der positive wie auch negative PSI abbilden kann und der auf alle TV-Personae anzuwenden ist, ohne dass die Items umformuliert werden müssen. Er hat den Anspruch, die genannten Schwachpunkte der PSI-Scale zu beheben und vergleichende PSI-Forschung zu ermöglichen.

Zentrale empirische Befunde

Die Studien zu PSI und PSB lassen sich in zwei Klassen einteilen:

1. Gegenstandsorientierte Studien, in denen es um die Frage geht, inwiefern PSI und PSB zu verschiedenen Personae bestehen, zum Beispiel zu Politikern (Gleich, 1999; Maier, 2005), zu Nachrichtensprechern (Levy, 1979; Rubin, Perse & Powell, 1985), zu Schauspielern (Rubin & McHugh, 1987; Visscher & Vorderer, 1998), zu Talkshow-Gästen (Thallmair & Rössler, 2001), zu Sportlern (Hartmann, Daschmann & Stuke, 2006) oder gar zu Comic-Figuren (Hoffner, 1996) und zu virtuellen Figuren, Avataren und Computerspielfiguren (Bente & Otto, 1996; Hartmann, Klimmt & Vorderer, 2001)
2. Studien zur Entwicklung/Erforschung des PSI- bzw. PSB-Konzepts selbst, zum Beispiel hinsichtlich der Frage, inwiefern PSI in Abhängigkeit der Adressierung durch die Persona variiert (Auter, 1992) oder auf welche Art und Weise sich eine bestehende PSB auf PSI-Prozesse während der Rezeption auswirkt (Six & Gleich, 2000). Letzteren sind auch erste Studien zur Validierung des Zwei-Ebenen-Modells zuzurechnen (Hartmann & Klimmt, 2005; Schramm & Hartmann, im Druck).

Folgende beispielhafte Tendenzen lassen sich nun verdichtet aus dem bisherigen Forschungsstand herauslesen, auch wenn auf Grund der Messproblematik bei vielen Studien umstritten ist, ob Befunde zu PSI oder PSB generiert wurden (vgl. im Überblick: Gleich, 1997; Schramm, 2006): Rezipienten wählen unabhängig vom Geschlecht tendenziell eher männliche als weibliche Personae als Interaktions-/ Beziehungspartner aus, wobei dies für Männer in noch größerem Maße zutrifft als für Frauen. Dies könnte jedoch auch darin begründet liegen, dass männliche Personae wesentlich öfter und in zentraleren Rollen gezeigt werden als weibliche Personae. Innerhalb der *intensiven* PSI/PSB treten deutliche Cross-Gender-Effekte auf, d. h. dass die stärksten PSI/PSB zwischen männlichen Rezipienten und weiblichen Personae sowie zwischen weiblichen Rezipientinnen und männlichen Personae zu verorten sind. PSI/PSB sind intensiver bei älteren und formal eher gering gebildeten Vielsehern, sehr ausgeprägt aber auch bei Jugendlichen, insbesondere Mädchen, da diese am ehesten zur Idolbildung neigen. Einsame Menschen und neurotische Menschen wenden sich häufiger dem Fernsehen zu und haben daher eine größere Chance, PSI zu zeigen und PSB aufzubauen. Der Grund für das Entstehen von PSI/PSB dürfte aber primär im häufigeren Kontakt mit dem Medium und erst sekundär in den Persönlichkeitsfaktoren begründet liegen. Jedoch weisen andere Befunde auch auf den hohen Stellenwert von Persönlichkeitsfaktoren: So gestalten sich bisweilen PSI/PSB umso intensiver, je weniger kommunikativ die Rezipienten sind bzw. je weniger sie sich mit anderen Menschen kommunikativ austauschen. PSI/PSB sind häufig dann besonders intensiv, wenn Rezipienten einerseits schüchtern sind (was die Interaktion im realen Leben eher verhindert, weil die betreffenden Personen andere Personen nicht ansprechen), gleichzeitig aber sehr gesellig sind (was das *Bedürfnis* nach Kontaktaufnahme zu anderen Personen prinzipiell fördert). Intensive PSI/PSB wurden zudem bei sehr einsamen Menschen beobachtet. Generell nehmen PSI/PSB mit der Abnahme der Anzahl und der Vielfalt der Freizeitaktivitäten und realen Sozialkontakte der Rezipienten zu. Die Auswahl der Personae, zu denen eine PSI/PSB aufgebaut wird, hängt häufig mit den Eigenschaften und Fähigkeiten des Rezipienten zusammen. Die Persona hat oft Eigenschaften, die der Rezipient selbst gerne hätte und stellt somit eine Art ideales Selbstbild dar. Gleichzeitig werden jedoch auch PSI/PSB zu solchen Personae beobachtet, die einem in Bezug auf Einstellungen und sozialen Background sehr ähnlich sind. Lieblingspersonae, zu denen PSI/PSB aufgebaut werden, werden von den Rezipienten mit Blick auf charakterliche Eigenschaften, intellektuelle Anregung, Nähe und Vertrauen ungefähr ähnlich wie gute Nachbarn, aber nicht so positiv wie die beste Freundin bzw. der beste Freund gesehen.

Kritik

Das PSI- und PSB-Konzept hat in den vergangenen 50 Jahren nichts an Relevanz eingebüßt. Personenzentrierte Medienformate bestimmen nach wie vor unsere Medienlandschaft. Da man mit einer „anwesenden" Persona nicht *nicht* parasozial interagieren kann (Hartmann et al., 2004), gehören PSI-Prozesse zu den konstitutiven Elementen personenzentrierter Medienrezeption. Insbesondere für die Erklärung von audiovisueller Rezeption ist das Konzept von zentraler Bedeutung. Welche Merkmale der Personae bei welchen Rezipienten in welchen medialen Kontexten welche PSI-Prozesse evozieren und damit auch zur Attraktivität eines Medienangebotes beitragen können, ist zwar in vielen Studien bereits untersucht worden. Da die Studien jedoch meist nicht von einheitlichen PSI- und PSB-Definitionen ausgingen, PSI und PSB nicht konsequent voneinander trennten und auf keine einheitlichen Messinstrumente zurückgriffen, kann von einer gefestigten Befundlage nach wie vor nicht die Rede sein. Aufgabe zukünftiger Forschung ist es daher, dieses Desiderat zu beheben und Studien systematisch aufeinander zu beziehen. Die PSI-/PSB-Forschung der letzten Jahre hat hierfür erste Grundbausteine gelegt.

Literatur

Auter, P. J. (1992). TV that talks back: An experimental validation of a parasocial interaction scale. *Journal of Broadcasting and Electronic Media, 36*, 173–181.

Auter, P. J. & Davis, D. M. (1991). When characters speak directly to viewers: Breaking the fourth wall in television. *Journalism Quarterly, 68*, 165–171.

Bente, G. & Otto, I. (1996). Virtuelle Realität und parasoziale Interaktion. *Medienpsychologie, 8*, 217–242.

Gleich, U. (1995). Die Beziehung von Fernsehzuschauern zu Medienpersonen – eine explorative Untersuchung. In R. Arbinger & R. S. Jäger (Hrsg.), *Zukunftsperspektiven empirisch-pädagogischer Forschung* (S. 363–381). Landau: Verlag Empirische Pädagogik.

Gleich, U. (1996). Sind Fernsehpersonen die „Freunde" des Zuschauers? Ein Vergleich zwischen parasozialen und realen sozialen Beziehungen. In P. Vorderer (Hrsg.), *Fernsehen als „Beziehungskiste". Parasoziale Beziehungen und Interaktionen mit TV-Personen* (S. 113–142). Opladen: Westdeutscher Verlag.

Gleich, U. (1997). *Parasoziale Interaktionen und Beziehungen von Fernsehzuschauern mit Personen auf dem Bildschirm: ein theoretischer und empirischer Beitrag zum Konzept des aktiven Rezipienten.* Landau: Verlag Empirische Pädagogik.

Gleich, U. (1999). Parasoziale Bindungen zu Politikern? In P. Winterhoff-Spurk & M. Jäckel (Hrsg.), *Politische Eliten in der Mediengesellschaft* (S. 151–168). München: Fischer.

Hartmann, T. & Klimmt, C. (2005). Ursachen und Effekte Parasozialer Interaktionen im Rezeptionsprozess: Eine Fragebogenstudie auf der Basis des PSI-Zwei-Ebenen-Modells. *Zeitschrift für Medienpsychologie, 17*, 88–98.

Hartmann, T., Klimmt, C. & Vorderer, P. (2001). Avatare: Parasoziale Beziehungen zu virtuellen Akteuren. *Medien- & Kommunikationswissenschaft, 49*, 350–368.

Hartmann, T. & Schramm, H. (2006). Logik der Forschung zu parasozialen Interaktionen und Beziehungen. In W. Wirth, A. Fahr & E. Lauf (Hrsg.), *Forschungslogik und -design in der Kommunikationswissenschaft. Band 2: Anwendungsfelder in der Kommunikationswissenschaft* (S. 264–291). Köln: Herbert von Halem.

Hartmann, T., Schramm, H. & Klimmt, C. (2004). Personenorientierte Medienrezeption: Ein Zwei-Ebenen-Modell parasozialer Interaktionen. *Publizistik, 49(1)*, 25–47.

Hoffner, C. (1996). Children's wishful identification and parasocial interaction with favorite television characters. *Journal of Broadcasting and Electronic Media, 40*, 389–402.

Horton, D. & Wohl, R. R. (1956). Mass Communication and Para-social Interaction: Observation on Intimacy at a Distance. *Psychiatry, 19*, 215–229.

Levy, M. R. (1979). Watching TV news as para-social interaction. *Journal of Broadcasting, 23*, 69–80.

Maier, J. H. (2005). Bestehen parasoziale Beziehungen zu Politikern? Eine empirische Exploration mit der Repertory Grid Technik. *Zeitschrift für Medienpsychologie, 17*, 99–109.

Nieding, G. & Ohler, P. (2004). Laborexperimentelle Methoden. In R. Mangold, P. Vorderer & G. Bente (Hrsg.), *Lehrbuch der Medienpsychologie* (S. 355–376). Göttingen: Hogrefe.

Rubin, R. B. & McHugh, M. P. (1987). Development of Parasocial Interaction Relationships. *Journal of Broadcasting & Electronic Media, 31(3)*, 279–292.

Rubin, A. M., Perse, E. M. & Powell, R. A. (1985). Loneliness, parasocial interaction, and local television news viewing. *Human Communication Research, 12(2)*, 155–180.

Schramm, H. (2006). Parasoziale Interaktionen und Beziehungen. Konzept – Begriffe – Modellierung – Messung – Befunde. In B. Frizzoni & I. Tomkowiak (Hrsg.), *Unterhaltung: Konzepte – Formen – Wirkungen* (S. 247–269). Zürich: Chronos.

Schramm, H. & Hartmann, T. (im Druck). Die Messung von parasozialen Interaktionen als mehrdimensionales Konstrukt. Entwicklung und Validierung von PSI-Prozess-Skalen auf

Basis des Zwei-Ebenen-Modells parasozialer Interaktionen. In J. Matthes, W. Wirth, A. Fahr & G. Daschmann (Hrsg.), *Die Brücke zwischen Theorie und Empirie: Operationalisierung, Messung und Validierung in der Kommunikationswissenschaft.* Köln: Herbert von Halem.

Schramm, H., Hartmann, T. & Klimmt, C. (2002). Desiderata und Perspektiven der Forschung über parasoziale Interaktionen und Beziehungen zu Medienfiguren. *Publizistik, 47(4)*, 436–459.

Six, U. & Gleich, U. (2000). Sozio-emotionale und kognitive Reaktionen auf Ereigniszenarien mit TV-Personen. Ein Experiment zur parasozialen Beziehung. In A. Schorr (Hrsg.), *Publikums- und Wirkungsforschung* (S. 363–383). Wiesbaden: Westdeutscher Verlag.

Thallmair, A. & Rössler, P. (2001). Parasoziale Interaktion bei der Rezeption von Daily Talkshows. Eine Befragung von älteren Talk-Zuschauern. In C. Schneiderbauer (Hrsg.), *Daily Talkshows unter der Lupe. Wissenschaftliche Beiträge aus Forschung und Praxis* (S. 179–208). München: Fischer.

Visscher, A. & Vorderer, P. (1998). Freunde in guten und schlechten Zeiten. Parasoziale Beziehungen von Vielsehern zu Charakteren einer Daily Soap. In H. Willems & M. Jurga (Hrsg.), *Inszenierungsgesellschaft* (S. 453–469). Opladen: Westdeutscher Verlag.

Vorderer, P. (1998). Unterhaltung durch Fernsehen: Welche Rolle spielen parasoziale Beziehungen zwischen Zuschauern und Fernsehakteuren? In G. Roters, W. Klingler & O. Zöllner (Hrsg.), *Fernsehforschung in Deutschland. Themen, Akteure, Methoden* (S. 689–707). Baden-Baden: Nomos.

Wulff, H. J. (1996). Charaktersynthese und Paraperson: Das Rollenverhältnis der gespielten Fiktion. In P. Vorderer (Hrsg.), *Fernsehen als „Beziehungskiste". Parasoziale Beziehungen und Interaktionen mit TV-Personen* (S. 29–48). Opladen: Westdeutscher Verlag.

Soziale Vergleichsprozesse

Nicole C. Krämer

Worum geht es?

Ein Patient mit einer schweren Stoffwechselkrankheit sieht im Fernsehen den Bericht eines Mannes, der an derselben Krankheit leidet und klagt, er könne kaum ein normales Leben führen. Da der Fernsehzuschauer bislang recht gut mit den Umständen umgehen kann, freut er sich, dass es ihm vergleichsweise gut geht. Hätte der Zuschauer den Bericht eines Erkrankten verfolgt, der sein Leben deutlich besser meistert als er selbst, hätte jedoch auch dies positive Folgen für ihn selbst haben können. Erklärt werden kann diese scheinbare Paradoxie durch die Theorie des sozialen Vergleiches (Festinger, 1954), die in ihrer Übertragung auf den sozialen Vergleich mit Medienfiguren auch als parasozialer Vergleich bezeichnet wird (Strange, 1996; vgl. auch Mares & Cantor, 1992). Dieser soziale Vergleich wurde bereits 1944 von Herzog als ein zentrales Motiv für das Hören von Radioserien herausgestellt: „burdened with their own problems, listeners claim that it made them feel better to know that other peoples have troubles, too" (S. 24). Tatsächlich ermöglichen alle heutigen Medien, vom Fernsehen bis zum Internet, ein Ausmaß an sozialem Vergleich, das noch vor hundert Jahren, als man sich höchstens mit den Nachbarn vergleichen konnte, undenkbar gewesen wäre (Wills, 1986). Gleichzeitig vermutet Wills (1986) jedoch, dass die oftmals positive Darstellung von Personen in den Medien zu einer großen Unzufriedenheit auf Seiten der Mediennutzer führt (vgl. Richins, 1995).

Darstellung der Annahmen

Die Annahmen, die dem parasozialen Vergleich zugrundeliegen, entsprechen denen des sozialen Vergleiches in der Face-to-Face-Interaktion. Danach beobachtet man andere Personen mit dem Ziel, etwas über deren Leistungen, Meinungen, Werte und Probleme zu erfahren, um auf dieser Grundlage eigene Leistungen, Meinungen, Werte und Probleme einordnen und bewerten zu können (Bierhoff & Herner, 2002). Festinger (1954) stellt drei Hypothesen zum sozialen Vergleich auf: (1) Im menschlichen Organismus besteht ein Trieb zur Bewertung der eigenen Meinungen und Fähigkeiten. (2) Insbesondere, wenn objektive Standards nicht zur Verfügung stehen, bewerten Menschen ihre Meinungen und Fähigkeiten durch Vergleich mit den Meinungen bzw. Fähigkeiten anderer. (3) Die Tendenz, sich mit anderen zu vergleichen, ist umso größer, je ähnlicher die anderen Personen einem selbst sind. Der soziale Vergleich setzt somit die Ähnlichkeit zwischen der Person, die sich vergleichen will, und ihrer Bezugsperson voraus. Diese Vergleichbarkeit wird bereits vorab durch die Übereinstimmung von relevanten Attributen wie dem Alter oder Geschlecht geprüft (Suls, Gastorf & Lawhon, 1978). Der soziale Vergleich ist ein zentrales Werkzeug, um ein dem menschlichen Verhalten zugrundeliegendes Mastermotiv zu erreichen (Wood & Wilson, 2003), nämlich das Motiv, dass der Mensch sich selbst vor allem positiv wahrnehmen und beurteilen möchte (Baumeister, 1998).

Grundsätzlich wird zwischen aufwärts und abwärts gerichteten Vergleichen unterschieden (Collins, 1996). Bei abwärts gerichteten Vergleichen (Wills, 1981) vergleicht man sich mit schwächeren oder gleich schwachen Personen. Das subjektive Wohlbefinden wird so erhöht, was dieses Vorgehen für zukünftige Vergleiche wahrscheinlicher macht. Vor allem Personen mit niedrigem Selbstwertgefühl weisen eine starke Tendenz zu abwärts gerichteten Vergleichen auf. Müsste aber – im Gegensatz zu den eingangs gemachten Bemerkungen – ein aufwärts gerichteter Vergleich nicht zu Schlussfolgerungen führen, die negativ für das Selbst sind? Tatsächlich finden sich dazu widersprüchliche Angaben: Auf der einen Seite werden aufwärts gerichtete Vergleiche generell mit Selbstwertbedrohung in Verbindung gebracht. Also sollten Vergleiche mit Personen, die über höhere Fähigkeiten verfügen, eher vermieden werden (Herkner, 2001). Andererseits wird vermutet, dass Personen sich auf Grund der kulturellen Leistungsstandards tendenziell eher mit besseren vergleichen – was im Einklang mit dem Motiv nach Selbstwerterhöhung steht und einer Stabilisierung des Selbstwertgefühls dienen kann (vgl. Bierhoff & Herner, 2002). So bieten aufwärts gerichtete Vergleiche den Anreiz, sich zu verbessern, gleichzeitig werden Ziele definiert. Positiv verläuft ein Vergleich nach oben vor allem, wenn ein Assimilationseffekt ausgelöst wird und man sich als der Vergleichsperson durchaus ähnlich wahrnimmt (d. h. man sieht sich zwar nicht als bester, aber als Teil einer herausgehobenen Gruppe, Brewer & Weber, 1994). Löst der Vergleichsstimulus dagegen Kontrasteffekte aus, ist das Ergebnis des Vergleichs negativ für die eigene Person (Collins, 1996). Insgesamt können aber sowohl aufwärts als auch abwärts gerichtete Vergleiche positive, aber auch negative Wirkungen auf Stimmung und Selbstwertgefühl haben (Bierhoff, 2006; Buunk, Collins, Taylor, VanYperen & Dakof, 1990). Wovon hängt es aber ab, ob man sich nach einem Vergleich gut oder schlecht fühlt? Der wichtigste Prädiktor ist der Selbstwert: Bei hohem Selbstwert sind sowohl abwärts als auch aufwärts gerichtete Vergleiche mit weniger negativen Gefühlen verbunden. Generell sind allerdings eher abwärts gerichtete Vergleiche mit positiven Gefühlen verbunden (Bogart & Helgeson, 2000). Letztlich wird im Allgemeinen die Richtung des sozialen Vergleiches favorisiert, die den Selbstwert aufrechterhält oder fördert (Bierhoff, 2006).

Bezogen auf Medieneffekte lässt sich vor diesem Hintergrund Folgendes ableiten: Bente und Fromm (1997) vermuten, dass beispielsweise im Rahmen von Affektfernsehsendungen, in denen unprominente Menschen aus ihrem Leben berichten, soziale Vergleichsprozesse immer mit einem Gewinn verbunden sind. Liegt etwa beim Studiogast ein Problem vor, das der Zuschauer mit diesem gemeinsam hat, so kann der soziale Vergleich drei mögliche Folgen haben: (1) der Zuschauer sieht sich erfolgreicher als der Gast und fühlt sich bestätigt und aufgewertet, (2) die Problembewältigung ist für Zuschauer und Studiogast ähnlich unglücklich, mit dem Ergebnis, dass sich der Zuschauer nicht mehr so alleine fühlt, (3) der Studiogast zeigt eine bessere Problemlösung und dient dem Zuschauer als mögliches Verhaltensmodell und Quell der Hoffnung.

Soziale Vergleiche mit Medienfiguren werden jedoch nicht nur systematisch ausgewählt; sie können dem Rezipienten auch durch die Situation aufgedrängt werden. Zeigt eine andere Person Leistung, wird häufig ein automatischer Vergleich ausgelöst, der erst nachträglich daraufhin überprüft wird, ob er diagnostischen Wert besitzt (Gilbert, Giesler & Morris, 1995). Aktuelle Konzeptualisierungen von sozialen Vergleichsprozessen betonen darüber hinaus, dass automatische Prozesse eine große Rolle spielen und die Zielpersonen, mit denen man sich vergleicht, nicht bewusst wahrgenommen werden müssen (Mussweiler, Rüter & Epstude, 2004; Stapel & Blanton, 2004).

Typische Methodik

Effekte sozialer Vergleiche mit Medienfiguren werden meist mit experimentellen Settings untersucht. So werden in Studien zur Wirkung der Darstellung idealisierter Medienfiguren in Zeitschriftenanzeigen (Tiggemann & Mcgill, 2004) oder Fernsehclips (Hargreaves & Tiggemann, 2004) entweder ultraschlanke oder normalgewichtige Models präsentiert. Als abhängige Variablen werden die Zufriedenheit der Rezipienten mit sich selbst (Halliwell & Dittmar, 2005), die momentane Stimmung (Hargreaves & Tiggemann, 2004) oder implizite Maße wie Verhalten erhoben (z. B. ob bereitgestellte Nahrungsmittel konsumiert werden, Gurari, Hetts & Strube, 2006).

Zentrale empirische Befunde

Ausgangspunkt für die meisten Studien zum sozialen Vergleich mit Medienfiguren ist die Annahme, dass Medien ein Zerrbild der Wirklichkeit präsentieren. Reiche und attraktive Menschen seien überrepräsentiert, was zu Unzufriedenheit mit dem eigenem Leben und insbesondere bei Frauen mit der eigenen Figur führe (Richins, 1995). Ein Großteil der Studien fragt daher, ob junge Frauen durch die Beobachtung ultraschlanker Models mit ihrer eigenen Figur unzufrieden werden. Korrelationsstudien weisen auf einen Zusammenhang zwischen der Höhe des Medienkonsums und Unzufriedenheit bzw. Essstörungssymptomen hin (Stice, Schupak-Neuberg, Shaw & Stein, 1994; Tiggemann & Pickering, 1996). Auch experimentelle Untersuchungen zeigen, dass die Zufriedenheit mit dem eigenen Körper signifikant durch das gezeigte Stimulusmaterial (Abbildungen von ultraschlanken, normalen oder übergewichtigen Models) beeinflusst wird (Irving, 1990). Groesz, Levine und Murnen (2002) belegen in einer Metaanalyse über 25 Studien, dass das eigene Körperbild nach der Betrachtung von dünnen Models signifikant negativer ausfällt – besonders bei jungen Frauen unter 19 Jahren und bei Frauen, die anfällig für die Aktivierung des Schlankheitsschemas sind. Es finden sich jedoch auch Studien, die positive Effekte für die Betrachter dünner Models berichten (Joshi, Herman, & Polivy, 2004). Daher beleuchten vor allem aktuelle Studien die Funktionsweise: Die explizite Anregung zu sozialem Vergleich verstärkt die Wirkung (Tiggemann & Mcgill, 2004). Dies wird als Hinweis gedeutet, dass tatsächlich sozialer Vergleich die berichteten Effekte vermittelt (vgl. Besenoff, 2006). Während der Betrachtung dünner Models hat ein Fokus auf Selbstevaluation negative Folgen für das eigene Körperbild, während ein Fokus auf Selbstverbesserung sich nicht negativ auswirkt (Halliwell & Dittmar, 2005). Zahlreiche Untersuchungen identifizieren moderierende Variablen: Die negativen Folgen sozialer Vergleiche mit schlanken Models werden verstärkt durch die individuelle Internalisierung des Schlankheitsideals, durch die Tendenz, soziale Vergleiche mit Medien durchzuführen (Dittmar & Howard, 2004), sowie durch eine hohe Diskrepanz von gewünschtem und wahrgenommenem Körperbild (Besenoff, 2006). Frauen, die mit ihrem Körper unzufrieden sind, neigen eher zu sozialem Vergleich mit schlanken Models und lassen sich sogar durch die Konfrontation mit schlanken Vasen negativ in ihrem Selbstbild beeinflussen (Trampe, Stapel & Siero, 2007). Für die Variable Geschlecht zeigen sich widersprüchliche Ergebnisse: Während nach Wassermann (2006) sowohl Frauen als auch Männer gleichermaßen mehr Unzufriedenheit äußern, nachdem sie mit attraktiven Idealbildern konfrontiert wurden, zeigen Hargreaves und Tiggemann (2004), dass Mädchen und Jungen zwar übereinstimmend schlechtere Stimmung berichten, aber nur Mädchen mit dem eigenen Körper unzufriedener sind.

Ein weiterer Forschungsbereich fragt, inwieweit sozialer Vergleich für die Selektion von Medieninhalten verantwortlich ist. Beispielsweise bevorzugen Rezipienten Formate mit Personen des gleichen Geschlechts (Knobloch-Westerwick et al., 2005), und junge Menschen wählen eher Sendungen, in denen ihre Altersgruppe dargestellt wird (vgl. auch Harwood, 1999; Trepte, 2004). Befragungen zu den Motiven für die Wahl von Sendungen, die unprominente Menschen porträtieren, finden „Sozialer Vergleich/Problembewältigung" als zentrales Motiv (Bente & Fromm, 1997).

261

Kritik

Spezifisch an den Studien zu den Auswirkungen des sozialen Vergleiches mit ultraschlanken Medienfiguren wird kritisiert, dass die gewählten abhängigen Variablen die Effekte eher unterschätzen. Gurari, Hetts und Strube (2006) zeigen, dass zwar teilweise kein Effekt auf explizite Selbstbewertungen beobachtbar ist, aber implizite Maße der Selbstbewertung (gemessen durch den Konsum von Snacks während des Experiments und durch implizite Assoziation der eigenen Person/ Gruppe mit Adjektiven, die Schönheit beschreiben) anschlagen – diese werden allerdings in einem Großteil der Studien gar nicht erhoben.

Generell erscheint es notwendig, die Forschung auf andere Bereiche auszuweiten. Bislang fokussiert die Forschung sehr stark auf Effekte des sozialen Vergleiches mit schlanken Models (verwiesen sei hier aber auch auf Forschung zu Medieneffekten auf den Umgang mit Brustkrebs, vgl. Wood, Taylor & Lichtman, 1985). Dies geht einher mit einer Betonung rein sozialpsychologischer Fragestellungen und einer Vernachlässigung genuin medienpsychologischer Forschung, die auch die Besonderheiten der medialen Darstellung berücksichtigt.

Zwar ist die Theorie sozialer Vergleichsprozesse theoretisch und empirisch gut fundiert, es bestehen aber generelle Probleme bei ihrer Anwendung. So lässt sich bislang kaum verbindlich vorhersagen, ob aus einem sozialen Vergleich positive oder negative Konsequenzen entstehen. Es sind zwar – zumindest im gut beforschten Bereich der Wirkung des Vergleiches mit attraktiven Models – zahlreiche moderierende Variablen identifiziert worden, die zum Teil widersprüchlichen Ergebnisse können aber immer noch nicht ausreichend erklärt werden.

Literatur

Baumeister, R. F. (1998). The self. In D. T. Gilbert, S. T. Fiske & G. Lindzey (Eds.), *The handbook of social psychology (Vol. 1)* (pp. 680–740). Boston, MA: McGraw-Hill.

Bente, G. & Fromm, B. (1997). *Affektfernsehen. Motive, Angebotsweisen und Wirkungen.* Leverkusen: Leske & Budrich.

Besenoff, G. R. (2006). Can the media affect us? Social comparison, self-discrepancy and the thin-ideal. *Psychology of Women Quaterly, 30,* 293–251.

Bierhoff, H. W. & Herner, M. J. (2002). *Begriffswörterbuch Sozialpsychologie.* Stuttgart: Kohlhammer.

Bierhoff, H. W. (2006). *Sozialpsychologie. Ein Lehrbuch.* Stuttgart: Kohlhammer.

Bogart, L. M. & Helgeson, V. S. (2000). Social comparisons among women with breast cancer: A longitudinal investigation. *Journal of Applied Social Psychology, 30,* 547–575.

Brewer, M. B. & Weber, J. G. (1994). Self-evaluation effects of interpersonal versus intergroup social comparison. *Journal of Personality and Social Psychology, 66,* 268–275.

Buunk, B. P., Collins, R. L., Taylor, S. E., VanYperen, N. W. & Dakof, G. A. (1990). The affective consequences of social comparison: Either direction has its ups and downs. *Journal of Personality and Social Psychology, 59,* 1238–1249.

Collins, R. L. (1996). For better or worse: The impact of upward social comparison on self-evaluations. *Psychological Bulletin, 119,* 70–94.

Dittmar, H. & Howard, S. (2004). Ideal-body internationalization and social comparison tendency as moderators of thin media models' impact on women's body-focused anxiety. *Journal of Social and Clinical Psychology, 23,* 768–791.

Festinger, L. (1954). A theory of social comparison processes. *Human Relations, 7,* 117–140.

Gilbert, D. T., Giesler, R. B. & Morris, K. A. (1995). When comparisons arise. *Journal of Personality and Social Psychology, 69,* 227–236.

Groesz, L. M., Levine, M. P. & Murnen, S. K. (2002). The effect of experimental presentation of thin media images on body satisfaction: A meta-analytic review. *International Journal of Eating Disorders, 31,* 1–16.

Gurari, I., Hetts, J. J. & Strube, M. J. (2006). Beauty in the "I" of the beholder. Effects of idealized media portrayals on implicit self-image. *Basic and Applied Social Psychology, 28,* 273–283.

Halliwell, E. & Dittmar, H. (2005). The role of self-improvement and self-evaluation motives in social comparisons with idealised female bodies in the media. *Body Image, 2,* 249–261.

Hargreaves, D. A. & Tiggemann, M. (2004). Idealized media images and adolescent body image: "Comparing" boys and girls. *Body Image, 1,* 351–361.

Harwood, J. (1999). Age identification, social identity gratifications, and television viewing. *Journal of Broadcasting and Electronic Media, 43,* 123–136.

Herkner, W. (2001). *Sozialpsychologie Lehrbuch.* Bern: Hans Huber.

Herzog, H. (1944). What do we really know about daytime serial listeners? In P. F. Lazarsfeld & F. N. Stanton (Eds.), *Radio research 1942–1953* (pp. 3–33). New York: Duell, Sloan, Pearce.

Irving, L. M. (1990). Mirror images: Effects of the standard of beauty on the self- and body-esteem of women exhibiting varying levels of bulimic symptoms. *Journal of Social and Clinical Psychology, 9,* 230–242.

Joshi, R., Herman, C. P. & Polivy, J. (2004). Self-enhancing effects of exposure to thin body images. *International Journal of Eating Disorders, 35,* 333–341.

Knobloch-Westerwick, S. & Hastall, M. R. (2005). Social comparisons with news personae: Selective exposure to news portrayals of same-sex and same-age characters. *Communication Research, 33,* 262–284.

Mares, M.-L. & Cantor, J. (1992). Elderly viewers' responses to televised portrayals of old age. *Communication Research, 19,* 459–478.

Mussweiler, T., Rüter, K. & Epstude, K. (2004). The man who wasn't there: Subliminal social comparison standards influence self evaluation. *Journal of Experimental Social Psychology, 40,* 689–696.

Richins, M. (1995). Social comparison, advertising, and consumer discontent. *American Behavioral Scientist, 38,* 593–607.

Stapel, D. A. & Blanton, H. (2004). From seeing to being: Subliminal social comparison affects implicit and explicit self-evaluations. *Journal of Personality and Social Psychology, 87,* 468–481.

Stice, E., Schupak-Neuberg, E., Shaw, H. E. & Stein, R. I. (1994). Relation of media exposure to eating disorder symptomatology: An examination of mediating mechanisms. *Journal of Abnormal Psychology, 103,* 836–840.

Strange, J. (1996). Leben in Bildschirmwelten – Formen der narrativen Involviertheit. Stellungnahme zu dem Beitrag von Peter Vorderer. In P. Vorderer (Hrsg.), *Fernsehen als „Beziehungskiste". Parasoziale Beziehungen und Interaktionen mit TV-Personen* (S. 173–180). Opladen: Westdeutscher Verlag.

Suls, J., Gastorf, J. & Lawhon, J. (1978). Social comparison choices for evaluating a sex- and age-related ability. *Personality and Social Psychology Bulletin, 4,* 102–105.

Tiggemann, M. & Mcgill, B. (2004). The role of social comparison in the effect of magazine advertisements in women's mood and body dissatisfaction. *Journal of Social and Clinical Psychology, 23,* 23–44.

Tiggemann, M. & Pickering, A. S. (1996). Role of television in adolescent women's body dissatisfaction and drive for thinness. *International Journal and Eating Disorders, 20,* 199–203.

Trampe, D., Stapel, D. A. & Siero, F. W. (2007). On models and vases: Body dissatisfaction and proneness to social comparison effects. *Journal of Personality and Social Psychology,* 92, 106–118.

Trepte, S. (2004). Soziale Identität und Medienwahl. *Medien- und Kommunikationswissenschaft, 52,* 230–249.

Wassermann, M. S. (2006). Individual differences in the relationship between "ideal" media exposure and body image in a mixed-gender sample. *Dissertation Abstracts International, Section B, 67,* 2249.

Wills, T. A. (1981). Downward comparison principles in social psychology. *Psychological Bulletin, 90,* 245–271.

Wills, T. A. (1986). Discussion remarks on social comparison theory. *Personality and Social Psychology Bulletin, 12,* 282–288.

Wood, J. V., Taylor, S. E. & Lichtman, R. R. (1985). Social comparison in adjustment to breast cancer. *Journal of Personality and Social Psychology, 49,* 1169–1183.

Wood, J. V. & Wilson, A. E. (2003). How important is social comparison? In M. R. Leary & J. P. Tangney (Eds.), *Handbook of self and identity* (pp. 344–366). New York: Guilford Press.

Medienpsychologische Aspekte der sozial-kognitiven Lerntheorie

Nikol Rummel

Worum geht es?

Ob man an den Amoklauf eines Schüler in Emsdetten am 20. November 2006 denkt, an die Tragödie am Gutenberg-Gymnasium am 26. April 2002 in Erfurt oder an das Massaker, das sich am 20. April 1999 an der Columbine High School im Bundesstaat Colorado in der USA zutrug – wenn Ereignisse wie diese die Gesellschaft erschüttern, stehen Medien wie das Fernsehen oder Computerspiele im Kreuzfeuer der Kritik, und es wird die Frage nach der Modellwirkung medialer Darstellungen formuliert. Auf der Wikipedia Seite zum Film *Natural Born Killers* (http://en.wikipedia.org/wiki/Natural_Born_Killers) werden unter der Überschrift „Serien- und Massenmorde, die den Film imitierten" [Übers. der Autorin] sogar dezidiert Ereignisse genannt, die im Zusammenhang mit dem Film stehen sollen. Das Massaker an der Columbine High School ist eines von ihnen.

Die Nachahmung beobachteten Verhaltens ist allgegenwärtig bei Mensch und Tier. Schon Ende des 19. Jh. ging James (1890) von einem Instinkt zum Nachahmen aus. Die bekannten Studien von Meltzoff und Moore (1977, 1983) zum Imitationsverhalten bei Säuglingen demonstrieren ebenfalls eindrücklich, dass die Neigung sowie die Fähigkeit zur Nachahmung bei Menschen angelegt ist. Neuere Erkenntnisse untermauern dies durch den Nachweis eines neuronalen Beobachtungs-Ausführungs-Spiegelsystems (z. B. Rizzolatti, Fadiga, Fogassi & Gallese, 2002). Doch ist die unmittelbare *Nachahmung* beobachteten Verhaltens nicht gleichzusetzen mit dem *Lernen* durch Beobachtung und mit der (zeitverzögerten) *Ausführung* beobachteten Verhaltens. Dies herauszustellen war ein wichtiger Verdienst der sozial-kognitiven Lerntheorie von Albert Bandura (1971b, 1977, deutsch 1979).

Darstellung der Annahmen

Bandura postulierte in seiner sozial-kognitiven Lerntheorie, dass Modelleinflüsse vor allem durch ihre informative Funktion wirken und dass beim Lernen nicht Reiz-Reaktions-Verbindungen, sondern „symbolische Repräsentationen" der modellierten Verhaltensweisen erworben werden. Mit symbolischen Repräsentationen bezeichnete Bandura die kognitive Speicherung des Modellverhaltens in einer Form, die das Beobachtete nicht einfach analog abbildet, sondern die relevanten Elemente abstrahiert und „symbolisch" festhält (Bandura & Jeffery, 1973). In seiner Annahme einer kognitiven Repräsentation brach er mit dem behavioristischen Gedankengut; er öffnete die *black box*, in die die Lerntheoretiker alle kognitiven Prozesse verbannt hatten.

Bandura, Ross und Ross (1963b) stellten die Hypothese auf, dass nachfolgende Verstärkung die *Ausführung* von beobachtetem Verhalten regulieren könne, jedoch keine unmittelbare Wirkung auf das *Lernen* durch Beobachtung habe. Dies ist ein Kerngedanke seiner Theorie. Im Laufe der Jahre differenzierte Bandura die beiden Komponenten in vier Teilkomponenten aus (z. B. Bandura, 1971a, 1977, 1986): (1) Aufmerksamkeitsprozesse, (2) Behaltensprozesse, (3) Nachbildungsprozesse, und (4) Motivationsprozesse. Die ersten beiden Teilkomponenten sind nach Bandura hauptsächlich für den Erwerb, also das Lernen beobachteten Verhaltens verantwortlich. Die beiden Letzteren betreffen vor allem die Verhaltensausführung. Die Aufmerksamkeit des Beobachters gegenüber den relevanten Modellstimuli ist Voraussetzung für die Behaltensprozesse, die Bandura zwischen Beobachtung des Modells und eigener Verhaltensausführung postuliert. Der Lernende muss das Modellverhalten angemessen kodieren und es sich dabei in einer individuell bedeutsamen Form (kognitive Organisation) einprägen. Resultat der Behaltensprozesse ist eine überdauernde kognitive Repräsentation des Beobachteten, die Ausgangspunkt für eine spätere Reproduktion ist. Diese Repräsentation ist oft zunächst nicht vollständig korrekt und muss durch Nachbildungsversuche angepasst werden. Ob das beobachtete Verhalten tatsächlich ausgeführt wird, hängt zudem von motivationalen Faktoren – insbesondere Verstärkungsmechanismen – ab.

Typische Methodik

Eine der bekanntesten Untersuchungen der Forschungsgruppe um Bandura ist die in der Literatur oft als „Rocky-Experiment" bezeichnete Studie (Bandura, 1965). Im Zentrum des Rocky-Experiments stand die Hypothese, dass die Konsequenzen des Modellverhaltens (stellvertretende Verstärkung bzw. Bestrafung) lediglich die

Ausführung, nicht jedoch den Erwerb aggressiven Verhaltens beeinflussen. Daneben wurde die Hypothese geprüft, dass Jungen stärker zur Nachahmung aggressiven Verhaltens neigen als Mädchen.

Der Versuchsablauf umfasste drei Phasen. (1) Während der *Lernphase* beobachteten Kinder im Alter von 3–6 Jahren in einem Film das aggressive Verhalten eines erwachsenen männlichen Modells (Rocky) gegenüber einer lebensgroßen aufblasbaren Stehauf-Gummipuppe mit Clowngesicht (Bobo-doll). Die vom Modell gezeigten Verhaltensweisen waren neu für die Kinder. Das Modell erfuhr im Film in drei Experimentalbedingungen unterschiedliche Konsequenzen: In einer Bedingung wurde es im Anschluss an die gezeigten Aggressionen gelobt und reichlich mit Süßigkeiten belohnt. In der zweiten Bedingung wurde das Modell ausgeschimpft und mit einem Klaps bestraft. In der dritten Bedingung endete der Film ohne Konsequenzen für das Modell. (2) Die *erste Testphase* erfasste die spontan gezeigte Nachahmung der aggressiven Verhaltensweisen des Modells. (3) Die *zweite Testphase* hatte zum Ziel, alles Verhalten, das durch die Beobachtung des Modells gelernt worden war, zum Vorschein zu bringen. Die Kinder wurden für die Wiedergabe jedes beobachteten Verhaltenselements belohnt, also zum Beispiel dafür, dass sie mit einem Holzhammer auf die Stehauf-Gummipuppe einschlugen oder diese durch den Raum kickten. Auch die Nachahmung des verbalen Verhaltens des Modells (z. B. Sockeroo, bleib unten!) wurde belohnt.

Die Ergebnisse bestätigten Banduras Hypothesen. So zeigten sich in der ersten Testphase die erwarteten Effekte der am Modell beobachteten Verhaltenskonsequenzen: Beobachtete Belohnung führte zu einer verstärkten Nachahmung des aggressiven Modellverhaltens, beobachtete Bestrafung zu einer verringerten. Zudem zeigten sich die postulierten Geschlechtseffekte: Jungen ahmten die aggressiven Verhaltensweisen stärker nach als Mädchen. Durch das Einführen von Belohnung in der zweiten Testphase verschwanden die Effekte der stellvertretenden Belohnung oder Bestrafung sowie die Geschlechtseffekte: Alle Kinder konnten das beobachtete aggressive Modellverhalten gleichermaßen reproduzieren. Zusammengefasst können wir festhalten: Die Tatsache, dass die Kinder das beobachtete Verhalten in der ersten Testphase nicht spontan zeigten, bedeutete nicht, dass sie es nicht gelernt hatten.

Mit dieser Studie gelang Bandura der Nachweis, dass weder direkte noch stellvertretende Verstärkung eine notwendige Bedingung für Lernen durch Beobachtung ist, wohl aber eine Rolle bei der Ausführung des Verhaltens spielt.

Zentrale empirische Befunde

Das oben geschilderte Versuchsszenario zur Untersuchung des Modelllernens von aggressivem Verhalten wurde von Bandura und seiner Forschungsgruppe in mehreren Experimenten mit Abwandlungen eingesetzt (Bandura, Ross & Ross, 1961, 1963a, 1963b). Dabei wurde beispielsweise gezeigt, dass Modelldarstellungen in Film oder Cartoon vergleichbare Lerneffekte haben wie reale Modelle (Bandura, Ross, et al., 1963a) – eine Erkenntnis, die mit Blick auf die Frage nach der Modellwirkung von Gewalt in den Medien besonders bedeutsam ist (vgl. Beitrag zu Gewalt in diesem Band). In anderen Arbeiten der Forschungsgruppe wurde darüber hinaus deutlich, dass aggressive Bestrafung von Aggressionsverhalten bei Kindern mit fortgesetzt höherer Aggressivität der Kinder korreliert (Bandura & Walters, 1959,

1963). Eltern, die ihre Kinder hart bestrafen, fungieren immer zugleich auch als Modelle für Aggressionsverhalten.

Neben dem Erlernen neuen Verhaltens am Modell besteht eine weitere wichtige Form von Modelleinflüssen in der Hemmung oder Enthemmung von Verhaltensweisen, die bereits im Repertoire des Lernenden vorhanden sind (Bandura, 1971a). So zeigten Versuchsteilnehmer in der oben dargestellten Studie (Bandura, 1965) spontan (= Testphase 1) weniger aggressives Verhalten, nachdem sie beobachtet hatten, wie ein Modell für seine Aggressionen gegenüber einer Puppe bestraft worden war; umgekehrt führte die beobachtete Belohnung des Modells zu einem erhöhten Auftreten der beobachteten aggressiven Verhaltensweisen. Es ist offensichtlich, dass Medien wie das Fernsehen vielfach Gelegenheit bieten, zu erwartende Handlungskonsequenzen stellvertretend zu erfahren, und so unmoralisches Verhalten durch Beobachtung hemmen oder begünstigen könnten. In einer Publikation zur Wirkung der Massenmedien nennt Bandura (1994) soziale Sanktionen und Selbstbewertungsmechanismen als ausschlaggebend dafür, ob Personen moralisch verwerfliches Verhalten (z. B. Aggressionen oder abweichendes Sexualverhalten) zeigen. Seine Arbeitsgruppe hat schon früh Ergebnisse dazu vorgelegt, dass moralische Urteile durch Modellbeobachtung und soziale Verstärkung geformt werden können (Bandura & McDonald, 1963). Bandura (1994) betont jedoch die wichtige Rolle von Selbstbewertungsmechanismen für die Hemmung bzw. Enthemmung von Verhalten und hebt hervor, dass auch diese durch Modellwirkungen beeinflusst werden können (Ball & Rokeach, 1972, zitiert nach Bandura, 1994).

Kritik

Mit Blick auf die allgegenwärtige Darstellung von Gewalt in den Medien ist die Bedeutung des Lernens von medialen Modelldarstellungen ein Thema von hoher gesellschaftlicher Relevanz. Wichtig ist in diesem Zusammenhang die Schlussfolgerung von Mazur (2004, S. 429), dass nicht allein die Gegenwart von Gewalt in einer Fernsehsendung wichtig ist, sondern dass die Art der Modelldarstellung deren Wirkung auf den Zuschauer bestimmt (siehe auch Hogben, 1998). Es ist eine Tatsache, dass Fernsehen und Computerspiele einen substantiellen Zeitanteil im Leben vieler Menschen, insbesondere vieler Kinder, ausmachen. Dort werden sie – wie auch in anderen Medien – mit Gewaltdarstellungen konfrontiert. Zentral scheint dabei, wie die Darstellung formal und inhaltlich vom jeweiligen Medium aufbereitet wird; hier liegen entscheidende Möglichkeiten, ein nachteiliges Wirkrisiko medialer Gewaltdarstellung weiter einzuschränken (Mazur, 2004). In diesem Sinne schlussfolgert auch Bandura (1994), dass Menschen sowohl im guten wie auch im schlechten Sinne von in den Medien porträtierten Modellen lernen können.

Literatur

Bandura, A. (1965). Influence of model's reinforcement contingencies on the acquisition of imitative responses. *Journal of Personality and Social Psychology, 1(6)*, 589–595.

Bandura, A. (Ed.) (1971a). *Psychological modeling. Conflicting theories.* Chicago, IL: Aldine-Atherton.

Bandura, A. (1971b). *Social learning theory.* Morristown, NJ: General Learning Press.

Bandura, A. (1977). *Social learning theory.* Englewood Cliffs, NJ: Prentice Hall.

Bandura, A. (1979). *Sozial-kognitive Lerntheorie.* Stuttgart: Klett-Cotta.

Bandura, A. (Ed.) (1986). *Social foundations of thought and action.* Englewood Cliffs, NJ: Prentice-Hall.

Bandura, A. (1994). Social cognitive theory of mass communication. In J. Bryant & D. Zillmann (Eds.), *Media effects: Advances in theory and research* (pp. 61–90). Hillsdale, NJ: Lawrence Erlbaum.

Bandura, A. & Jeffery, R. W. (1973). Role of symbolic coding and rehearsal processes in observational learning. *Journal of Personality and Social Psychology, 26(1)*, 122–130.

Bandura, A. & McDonald, F. J. (1963). Influence of social reinforcement and the behavior of models in shaping children's moral judgment. *Journal of Abnormal and Social Psychology, 67(3)*, 274–281.

Bandura, A., Ross, D. & Ross, S. A. (1961). Transmission of aggression through imitation of aggressive models. *Journal of Abnormal and Social Psychology, 63(3)*, 575–582.

Bandura, A., Ross, D. & Ross, S. A. (1963a). Imitation of film-mediated aggressive models. *Journal of Abnormal and Social Psychology, 66*, 3–11.

Bandura, A., Ross, D. & Ross, S. A. (1963b). Vicarious reinforcement and imitative learning. *Journal of Abnormal and Social Psychology, 67(6)*, 601–607.

Bandura, A. & Walters, R. H. (1959). *Adolescent aggression: A study of the influence of child-training practices and family interrelationships.* Oxford, England: Ronald.

Bandura, A. & Walters, R. H. (1963). *Social learning and personality development.* New York: Holt Rinehart and Winston.

Hogben, M. (1998). Factors moderating the effect of televised aggression on viewer behavior. *Communication Research, 25(2)*, 220–247.

James, W. (1890). *The principles of psychology.* New York: Holt, Rinehart & Winston.

Mazur, J. E. (2004). *Lernen und Gedächtnis.* München: Pearson Studium.

Meltzoff, A. N. & Moore, M. K. (1977). Imitation of facial and manual gestures by human neonates. *Science, 198*, 75–78.

Meltzoff, A. N. & Moore, K. M. (1983). Newborn infants imitate adult facial gestures. *Child Development, 54(3)*, 702–709.

Rizzolatti, G., Fadiga, L., Fogassi, L. & Gallese, V. (2002). From mirror neurons to imitation: Facts and speculations. In A. N. Meltzoff & W. Prinz (Eds.), *Imitative mind: Development, evolution, and brain bases* (pp. 247–266). Cambridge University Press.

Third Person Effect

Astrid Carolus und Frank Schwab

Worum geht es?

Fragt man Menschen danach, inwieweit Medien eine Wirkung auf andere Personen haben, neigen viele dazu, den möglichen Einfluss von Medien auf andere Personen eher als hoch einzuschätzen, während sie jedoch einen möglichen Einfluss auf sie selbst für unwahrscheinlicher halten. Sehen wir beispielsweise im Fernsehen Werbung, dann neigen wir zu der Annahme, andere würden von dieser wesentlich stärker in ihrer Meinung zum beworbenen Produkt und in ihrem Kaufverhalten beeinflusst als wir selbst. Dieses Phänomen wird mit dem Begriff des „Third-Person-Effekt" (auch „third-person perception" oder „Dritte-Person-Effekt") gefasst und bezeichnet die Tendenz anzunehmen, eine massenmedial vermittelte Nachricht habe auf andere Personen einen größeren Einfluss als auf uns selbst, und zwar einen größeren Einfluss auf (a) Einstellungen und Haltungen (perceptual component) und als Konsequenz daraus auch auf (b) das Verhalten (behavioral component).

Darstellung der Annahmen

Der Begriff des „Third-Person-Effektes (TPE)" geht zurück auf den Soziologen W. Phillips Davison, er formulierte 1983 die „third-person effect hypothesis". Danach neigen Menschen in einem ersten Schritt dazu, persuasive Einflüsse von Kommunikation so wahrzunehmen, dass diese auf andere stärkere Auswirkungen haben als auf sie selbst. Medienbotschaften beeinflussen „mich" als *erste Person* weniger, „die anderen", die *dritte Person*, hingegen verstärkt. Gefragt nach der Wirkung von Wahlkampfpropaganda und Fernsehwerbung schätzt die Mehrheit der Befragten diese auf andere größer ein als auf sich selbst, so Ergebnisse einer Studie von Davison.

In einem zweiten Schritt gehen Menschen davon aus, dass die anderen (= dritte Personen), beeinflusst durch die Medieninhalte, auch ein bestimmtes damit in Verbindung stehendes Verhalten (behavioral component) zeigen. In der Erwartung dieses Verhaltens oder in der Annahme, die anderen hätten bereits entsprechend gehandelt, erfolgt die eigene Verhaltensweise als Reaktion auf das vermeintliche Verhalten der anderen. Es resultieren Kommunikationseffekte, die nicht auf das tatsächliche Verhalten der eigentlichen Adressaten, sondern auf die (vermutete) Reaktion einer *weiteren* dritten Person zurückgehen. Für diese zwei Aspekte des TPE sei beispielhaft auf die psychologische Kriegsführung der Alliierten im Zweiten Weltkrieg verwiesen. In dem Wissen, dass die Nazi-Regierung den alliierten Rundfunk mitverfolgte, sendeten die Alliierten systematisch (Falsch-)Meldungen über desertierende Mitglieder der deutschen Luftwaffe. Diese Meldungen dienten weniger dem Ziel, deutsche Soldaten von der Desertion zu überzeugen als vielmehr

269

dazu, die deutsche Regierung und Militärführung – die erste Person – zu Verhaltensweisen zu bewegen, die Misstrauen gegenüber den eigenen Soldaten – die dritte Person – ausdrücken und entsprechend demoralisierend wirken. Die Nazi-Regierung nahm die eigenen Soldaten als massenmedial beeinflussbar wahr (perceptual component), vermutete entsprechende Verhaltensweisen (Desertation/behavioral component) und reagierte auf Grund dieser verzerrten Sichtweise (Überwachung, unangemessene Strenge/behavioral component).

Davison (1983) nahm zunächst an, dass es sich bei dem TPE um ein allgemeingültiges Phänomen und die Manifestation einer einzelnen psychologischen Tendenz handelt: Menschen gehen davon aus, dass sie über Wissen verfügen, über das die anderen nicht verfügen und dass die anderen somit eher durch die Medien beeinflussbar sind. Allerdings führten verschiedene Studien zu widersprechenden Ergebnissen (u. a. Cohen & Davis, 1991; Gunther & Thorson, 1992; Perloff, 1993; Tiedge, Silverblatt, Havice & Rosenfeld, 1991). So betont Perloff (1993, 1999) die Situationsabhängigkeit des Effekts, da der TPE nur bei ca. 50 % der Probanden auftritt (Lasorsas, 1992). Moderierende Variablen für einen TPE sind der Inhalt der persuasiven Botschaft, Eigenschaften des Individuums, Effekte der Stichprobenziehung, der Befragten sowie die Nachrichtenart, die Parteilichkeit der Quelle, und die soziale Distanz (subjektive Entfernung zwischen Selbst und der „dritten Person") (vgl. Moser & Hertel, 1998; Moser & Leitl, 2006; Paul, Salwen & Dupagne, 2000, 2007; Perloff, 1993, 1999). Darüber hinaus zeigte sich mit dem sogenannten „First-Person-Effekt" unter bestimmten Bedingungen sogar die umgekehrte Tendenz, dass Menschen sich selbst als durch Medien stärker beeinflussbar einschätzen als andere (für einen Überblick: Lasorsa, 1992; Paul et al. 2000, 2007; Perloff, 1993, 1999). Davison revidierte daraufhin die Allgemeingültigkeit seiner ursprünglichen Annahme und nannte den Effekt „complex reaction" (Davison, 1996).

Unterschiedliche Erklärungen des TPE stützen sich auf verschiedene psychologische Theorien, die entweder begründen, warum die Beeinflussbarkeit der anderen überschätzt, oder aber warum die eigene unterschätzt wird. Zentrale Konzepte stellen dabei Prozesse der Selbstwerterhöhung dar. Das Modell des „biased optimism" (auch „unrealistic optimism", „impersonal impact" oder „unrealistischer Optimismus") bezieht sich auf die Beobachtung, dass Menschen von sich selbst ein positiveres Bild haben als von anderen (vgl. Weinstein, 1980; Weinstein & Klein, 1996). Danach halten es Menschen für weniger wahrscheinlich, dass sie selbst – im Vergleich zu anderen – spezielle negative Erfahrungen im Leben machen werden. Dieser Glaube an die eigene Unverwundbarkeit, der den eigenen Selbstwert schützt oder sogar erhöht, beinhaltet auch die Annahme, dass man selbst weniger durch Massenmedien beeinflussbar ist, als man das für andere annimmt (Gunther & Mundy, 1993; Gunther & Thorson, 1992; Hoorens & Ruiter, 1996; Moser & Hertel, 1998; Moser & Leitl, 2006; Paul et al., 2000, 2007).

Typische Methodik

Der TPE wird typischerweise in Fragebogenstudien, teilweise aber auch experimentell untersucht. In den Fragebögen werden die Probanden aufgefordert, einzuschätzen, in welchem Ausmaß Medienbotschaften (oft politische Nachrichten, Debatten, Werbung für politische Kandidaten oder Programme) zu bestimmten

Themen die eigene bzw. die Einstellung der anderen beeinflussen. Im Experiment rezipieren die Versuchspersonen eine Botschaft, um im Anschluss anzugeben, inwieweit diese Botschaft die eigene Einstellung bzw. die der anderen gegenüber dem Thema verändert. Die meisten Studien beschränken sich auf die Erforschung der ersten Annahme Davisons (perceptual component: Wahrnehmung der größeren Beeinflussbarkeit anderer), während die zweite Annahme (behavioral component: aus dieser Wahrnehmung resultierendes Verhalten) eher vernachlässigt wird.

Zentrale empirische Befunde

Davison (1983) verweist auf eigene „kleine Experimente" (S. 4), die seine Hypothese stützen, dass der Einfluss der Massenmedien auf andere höher eingeschätzt wird als auf sich selbst. Diesen ersten Hinweisen folgt eine Vielzahl an Untersuchungen, die insgesamt als robuste Bestätigung des Effekts zu werten sind. Dabei werden sowohl die Methode (Fragebogen, Experiment) und die Art der Stichprobe, als auch die Art des Mediums (TV, Radio, Zeitung) und die Erwünschtheit sowie der Medieninhalt variiert. In Bezug auf den Medieninhalt wird beispielsweise differenziert zwischen Pornografie (z. B. Gunther, 1995; Lee & Tamborini, 2005), TV-Gewalt (z. B. Hoffner & Buchanan, 2002; Rojas, Shah & Faber, 1996), Werbung (z. B. Moser & Hertel, 1998; Youn, Faber & Shah, 2000), Politik (z. B. Price & Tewksbury, 1996; Salwen, 1998) und nicht-politischen Inhalten (z. B. Brosius & Engel, 1996; Driscoll & Salwen, 1997).

Allerdings gibt es immer wieder empirische Hinweise, die die Generalisierbarkeit des TPE einschränken, weil Probanden einiger Untersuchungen den Effekt entweder gar nicht oder entgegen der erwarteten Richtung (First-Person-Effekt) zeigen. Auf Grund solcher Inkonsistenzen führten Paul, Salwen und Dupagne (2000, 2007) eine Metaanalyse mit 32 Studien durch. Sie berichten eine mittlere Effektstärke von .50 für die Wahrnehmungskomponente des TPE, also für die vorhergesagte Diskrepanz in den Einschätzungen der Medieneffekte auf andere und auf sich selbst. Darüber hinaus lassen sich Effekte des methodischen Vorgehens beschreiben: die Art der Stichprobenziehung (zufällig vs. nicht-zufällig), die Art der Stichprobe (studentisch vs. nicht-studentisch) und die Art des untersuchten Medieninhaltes (Pornografie, TV-Gewalt, Werbung, politische bzw. nicht-politische Nachrichten). Nicht-zufällige und studentische Stichproben ergeben größere Third-Person-Effekte als zufällige und nicht-studentische Stichproben. Paul et al. (2000, 2007) vermuten hinter diesem Ergebnis zum einen, dass Studenten sozial erwünscht antworten oder sich selbst als „smarter" und entsprechend als weniger beeinflussbar einschätzen. Zum anderen weisen die Autoren auf das methodische Problem hin, dass nicht-zufällige und im Besonderen studentische Stichproben Ergebnisse verdrehen können und die externe Validität gefährden. Der Medieninhalt als zweite signifikante Moderatorvariable besagt, dass der Third-Person-Effekt für Politik und TV-Gewalt am höchsten ist, gefolgt von nicht-politischen Nachrichten, Werbung und Pornografie. Ob der Medieninhalt aber tatsächlich eine Moderatorvariable ist, sehen Paul et al. (2000; 2007) auf Grund eines nicht-signifikanten Post-hoc-Tests als fraglich an. Dass die Erwünschtheit der Botschaft als mögliche moderierende Variable hingegen in der durchgeführten Meta-Analyse nicht signifikant wird, steht im Widerspruch zu anderen empirischen Ergebnissen, in denen wünschenswerte

271

Botschaften den TPE abschwächten, verschwinden ließen oder in einen First-Person-Effekt verwandelten (vgl. Brosius & Engel, 1996; Cohen & Davis, 1991; Duck & Mullin, 1995; Duck, Terry & Hogg, 1995; Gunther & Mundy, 1993; Gunther & Thorson, 1992; Hoorens & Ruiter, 1996; Innes & Zeitz, 1988; Paul et al, 2000, 2007; Weinstein, 1980; für einen Überblick: Paul et al., 2000; 2007).

Kritik

Neben den zahlreichen Hinweisen auf die Tendenz, Medieneinflüsse auf andere höher einzuschätzen als auf sich selbst, müssen widersprüchliche Befunde und ein Mangel an Studien über zugrundeliegende Prozesse sowie die ungenügende Einbettung in einen theoretischen Rahmen kritisiert werden. Entsprechend fordert Perloff eine stärkere Fokussierung auf „information pertaining to the underlying process issue" (Perloff, 1993, S. 179). Zukünftige Studien sollten vor allem die Hinweise auf Moderatorvariablen und Einflüsse des methodischen Vorgehens, die die Generalisierbarkeit von Ergebnissen einschränken, berücksichtigen. Im Besonderen gelten diese Forderungen für den zweiten Aspekt des TPE (resultierendes Verhalten), der bisher empirisch nur unzureichend untersucht ist.

Literatur

Brosius, H.-B. & Engel, D. (1996). The causes of third-person effects: Unrealistic optimism, impersonal impact, or generalized negative attitudes toward media influence? *International Journal of Public Opinion Research, 8*, 142–162.

Cohen, J. & Davis, R. G. (1991). Third-person effects and the differential impact in negative political advertising. *Journalism Quarterly, 68*, 680–688.

Davison, P. W. (1983). The third-person effect in communication. *Public Opinion Quarterly, 47(1)*, 1–15.

Davison, P. W. (1996). The third-person effect revisited. *International Journal Of Public Opinion Research, 8(3)*, 113–119.

Driscoll, P. D. & Salwen, M. B. (1997). Self-perceived knowledge of the O. J. Simpson trial: Third-person perception and perceptions of guilt. *Journalism & Mass Communication Quarterly, 74*, 541–556.

Duck, J. M. & Mullin, B. (1995). The perceived impact of the mass media: Reconsidering the third-person effect. *European Journal of Social Psychology, 25*, 77–95.

Duck, J. M., Terry, D. J. & Hogg, M. A. (1995). The perceived influence of AIDS advertising: Third-person effects in the context of positive media content. *Basic and Applied Social Psychology, 17*, 305–325.

Gunther, A. (1995). Overrating the X-rating: The third person perception and support for censorship of pornography. *Journal of Communication, 45(1)*, 27–38.

Gunther, A. C. & Mundy, P. (1993). Biased optimism and the third-person effect. *Journalism Quarterly, 70*, 2–11.

Gunther, A. C. & Thorson, E. (1992). Perceived persuasive effects of product commercials and public service announcements: Third-person effects in new domains. *Communication Research, 19*, 574–596.

Hoffner, C. & Buchanan, M. (2002). Parents' Responses to Television Violence: The Third-Person Perception, Parental Mediation, and Support for Censorship. *Media Psychology, 4(3)*, 231–252.

Hoorens, V. & Ruiter, S. (1996). The optimal impact phenomenon: Beyond the third person effect. *European Journal of Social Psychology, 26*, 599–610.

Innes, J. M. & Zeitz, H. (1988). The public's view of the impact of the mass media: A test of the "third person" effect. *European Journal of Social Psychology, 18*, 457–463.

Lasorsa, D. L. (1992). How media affect policy-makers: The third-person effect. In Kennamer, J. D. (Ed.), *Public opinion, the press and public policy* (pp. 163–175). New York: Praeger.

Lee, B. & Tamborini, R. (2005). Third-Person Effect and Internet Pornography: The Influence of Collectivism and Internet Self-Efficacy. *Journal of Communication, 55(2)*, 292–310.

Moser, K. & Hertel, G. (1998). Der Dritte-Person-Effekt in der Werbung. *Zeitschrift für Sozialpsychologie, 29*, 147–155.

Moser, K. & Leitl, J. (2006). Der Dritte-Person-Effekt, Thema der Werbung und Distanz der „dritten Person". *Zeitschrift für Medienpsychologie, 18(1)*, 2–8.

Paul, B., Salwen, M. B. & Dupagne, M. (2000). The Third-Person Effect: A Meta-Analysis of the Perceptual Hypothesis. *Mass Communication & Society, 3(1)*, 57–85.

Paul, B., Salwen, M. B. & Dupagne, M. (2007). The Third-Person Effect: A Meta-Analysis. In R.W. Preiss, B. M. Gayle, N. Burrell, M. Allen & J. Bryant (Hrsg.), *Mass Media Effects Research* (S. 81–102). Mahwah, NJ: Lawrence Erlbaum.

Perloff, R. M. (1993). Third-person effect research 1983–1992: A review and synthesis. *International Journal of Public Opinion Research, 5*, 167–184.

Perloff, R. M. (1999). The third-person effect: A critical review and synthesis. *Media Psychology, 1*, 353–378.

Price, V. & Tewksbury, D. (1996). Measuring the third-person effect of news: The impact of question order, contrast and knowledge. *International Journal of Public Opinion Research, 8*, 120–141.

Rojas, H., Shah, D. V. & Faber, R. J. (1996). For the good of others: Censorship and the third-person effect. *International Journal of Public Opinion Research, 8*, 162–185.

Salwen, M. B. (1998). Perceptions of media influence and support for censorship: The third-person effect in the 1996 presidential election. *Communication Research, 25*, 259–285.

Tiedge, J. T., Silverblatt, A., Havice, M. J. & Rosenfeld, R. (1991). Discrepancy between perceived first-person and perceived third-person mass media effects. *Journalism Quarterly, 68*, 141–54.

Weinstein, N. D. (1980). Unrealistic optimism about future life events. *Journal of Personality and Social Psychology, 39*, 806–820.

Weinstein, N. D. & Klein, W. M. (1996). Unrealistic optimism: Present and future. *Journal of Social and Clinical Psychology, 15*, 1–8.

Youn, S., Faber, R. J. & Shah, D. V. (2000). Restricting gambling advertising and the third-person effect. *Psychology and Marketing, 17*, 633–649.

Die Theorie der Schweigespirale

Nina Haferkamp

Worum geht es? Darstellung der Annahmen

Die Theorie der Schweigespirale von Elisabeth Noelle-Neumann (1974, 1980, 1989, 1991) hat ihre Wurzeln in der Frage nach der Wirkung von Massenmedien auf das öffentliche Meinungsklima. Die Theorie geht davon aus, dass Medien einen Beitrag bei der Vermittlung des öffentlichen Meinungsklimas in der Gesellschaft leisten und dieses zumindest teilweise selbst konstruieren. Das „öffentliche Meinungsklima" entspricht dabei „Meinungen, Verhaltensweisen in wertgeladenen Bereichen, die man öffentlich äußern, zeigen kann, ohne Gefahr, sich zu isolieren" (Noelle-Neumann, 1989, S. 419).

Ausgangspunkt der Theorie ist die sozialpsychologische Überlegung, dass Personen einer Isolationsfurcht unterliegen, welche sie in einer Situation des Gruppendrucks dazu veranlasst, sich einer Majorität anzuschließen, auch wenn deren Meinung offensichtlich falsch ist (Gerhards, 1996; vgl. hier auch die Experimente in Asch, 1969 und Milgram, 1961). Dies hat Folgen für die Kommunikations- und Redebereitschaft des Einzelnen: Individuen äußern ihre eigene Meinung nur dann in der Öffentlichkeit, wenn sie sich auf der Seite der Mehrheit wähnen und verschweigen ihre Einstellungen wiederum, wenn sie der Ansicht sind, dass sich die aktuelle oder zukünftige Majoritätsmeinung gegen sie richtet. Unter Einbezug des Zeitfaktors ergibt sich so ein Spiralprozess, bei dem die Meinungen einer tatsächlich oder scheinbar expandierenden Meinungsfraktion immer stärker wirken, „da sie laut und selbstbewusst in der Öffentlichkeit geäußert werden" (Noelle-Neumann, 1989, S. 420). Die Meinungen des Lagers der tatsächlich oder scheinbar rückläufigen Fraktion wirken hingegen „durch das Schweigen ihrer Anhänger noch schwächer, als sie tatsächlich sind" (S. 420).

Abbildung 4.1 resümiert die zentralen Mechanismen des dynamischen Modells der öffentlichen Meinung. Um abzuschätzen, welche Meinungen in der Öffentlichkeit vorherrschen, muss der Einzelne seine Umwelt fortwährend mit Hilfe seines „quasi-statistischen Wahrnehmungsorgans" (Noelle-Neumann, 1989) beobachten. So kann er erkennen, mit welchen Einstellungen er in Gefahr gerät, sich von der Gesellschaft zu isolieren (Scherer, 1990; Winterhoff-Spurk, 1999; Winterhoff-Spurk, 2001). Für die Umweltbeobachtung stehen dem Einzelnen zwei Quellen zur Verfügung: Zum einen die unmittelbare, selbstständige Beobachtung im sozialen Kontext und zum anderen die indirekte, medienvermittelte Beobachtung. Massenmedien wie beispielsweise das Fernsehen dienen jedoch nicht nur als Beobachtungsinstrument, sondern erfüllen zugleich eine Artikulationsfunktion (Noelle-Neumann & Petersen, 2004). Sie machen Themen zum Gegenstand öffentlicher Diskussionen (z. B. den Einsatz von Atomenergie) und präsentieren für bestimmte Standpunkte sprachliche Darstellungen. Dies hat zur Folge, dass den Vertretern dieser Ansichten die Artikulation im sozialen Umfeld leichter fällt als Mitgliedern der Meinungsfraktion, die diese Artikulationsunterstützung nicht haben. Dabei erscheint die publizierte Meinung dann besonders stark, wenn Medieninhalte konsonant sind und keine unterschiedlichen Positionen zu einem Sachverhalt offerieren. Damit wird deutlich, welch erheblichen Einfluss der Journalist auf den Prozess der öffentlichen Meinung hat. Beispielsweise werden politische Einstellungen und aktuelle Trends wesentlich von der Arbeit und den Intentionen, bzw. Zukunftseinschätzungen des berichtenden Journalisten geprägt (Schenk, 2002).

Die Beobachtung über Massenmedien oder über die eigene Wahrnehmung sowie die Angst vor Isolation haben eine Stärkung des sozialen Bandes zur Folge (Schenk, 2002). Ein Minimum an Konformität und die Adaption an gemeinsame Normen führen somit zu gesellschaftsrelevanter Integration, d. h. der Einbindung in die Gesellschaft. Demnach ist die öffentliche Meinung eine „soziale Haut", die das Gemeinschaftssystem verdichtet und zusammenhält (Noelle-Neumann, 1980).

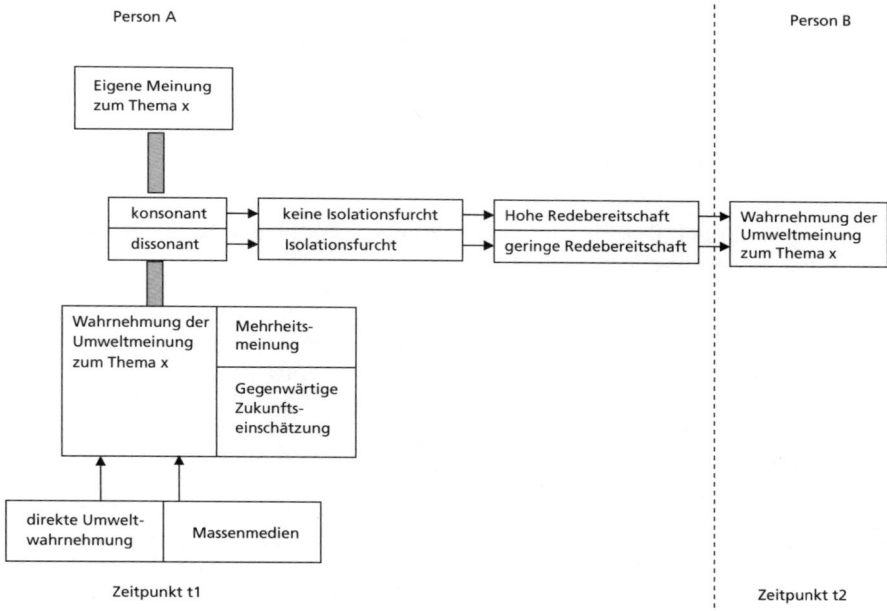

Abb. 4.1: Dynamisches Modell der öffentlichen Meinung nach der Theorie der Schweige-spirale (Schenk, 2002, S. 493)

Typische Methodik

Eine vollständige Überprüfung der Theorie mit einem umfassenden Forschungsdesign wird durch das komplexe Zusammenspiel zahlreicher Variablen erschwert. Vielfach testen Untersuchungen lediglich einige Annahmen. Noelle-Neumann äußert sich zur Möglichkeit der Überprüfung der Theorie folgendermaßen: „Testing the theory is complicated because it is initially based on four assumptions and then upon a fifth that deals with the interrelationships among the previous four" (Noelle-Neumann, 1991, S. 260). Die zu testenden Annahmen sind demnach: (1) Die Gesellschaft bestraft von der Norm abweichendes Verhalten mit der Isolation von Individuen. (2) Individuen haben kontinuierlich Angst vor Isolation. (3) Diese Isolationsfurcht veranlasst sie, das Meinungsklima zu jeder Zeit abzuschätzen. (4) Resultate der Beobachtung und Einschätzung beeinflussen das individuelle Verhalten in der Öffentlichkeit, besonders die Kommunikations- und Redebereitschaft. (5) Annahme fünf verbindet die vorherigen Überlegungen: Zusammengefasst zeichnen sie verantwortlich für die Formierung, Festigung und Veränderung der öffentlichen Meinung. Ein Test der Theorie müsse sich nach Schenk (2002) mit jeder dieser Annahmen im Einzelnen befassen und dann die Interrelationen, auf die in der fünften Annahme eingegangen wird, untersuchen. Ein zentraler Punkt bei der empirischen Überprüfung ist die Operationalisierung der „Redebereitschaft" als abhängige Variable. In der Regel wird hierfür Individuen innerhalb einer Befragung eine hypothetische Situation offeriert und danach gefragt, ob sie sich an einer Unterhaltung beteiligen oder ihre Meinung kundtun.

Zentrale empirische Befunde

Ausgangspunkt der Theorie sind Beobachtungen von Noelle-Neumann während der Bundestagswahl 1965, als über ein halbes Jahr hinweg die Parteien CDU/CSU und SPD um den Zuspruch der Wähler warben. Zeitgleich vollzog sich ein dramatischer Wandel in den Erwartungen der Bürger, welche Partei das Duell für sich entscheiden könnte. Zwei Monaten vor der endgültigen Wahl wurde die konservative CDU/CSU als eindeutiger Sieger des Wettkampfes gesehen. Vier von fünf Befragten erwarteten dies. Diese Erwartung schlug sich auch in den Wahlintentionen nieder, so dass sich die konservative Partei letztendlich durchsetzen konnte (Scherer, 1990). Neben den Beobachtungen zur Bundestagswahl ist wohl das anschaulichste empirische Beispiel die Analyse der öffentlichen Meinungsbildung über die Atomenergie, die Noelle-Neumann (1991) für die empirische Unterstützung ihrer Theorie untersuchte. Hier lagen für einen Zeitraum von über zehn Jahren (1977–1988) sowohl Daten aus Inhaltsanalysen als auch Umfrageergebnisse vor. Inhaltsanalysen von Printmedien belegten die seit den 1980er Jahren ansteigende Publizität des Themas Atomenergie, welches von den Medien tendenziell negativ bewertet wurde. Nach den Interpretationen von Noelle-Neumann bedeutet dies, dass ein Großteil der deutschen Bevölkerung seine Einstellungen an das wahrgenommene, durch Massenmedien geprägte Meinungsklima adaptierte. Die öffentliche Redebereitschaft wurde in der Studie mit dem sogenannten „Eisenbahntest" ermittelt (Interviewfrage: Angenommen, sie unternehmen eine Eisenbahnfahrt und jemand im Abteil beginnt damit, zu Gunsten der Kernenergie [gegen die Kernenergie] zu sprechen. Möchten Sie mit dieser Person sprechen?) (Schenk, 2002). Bei Atomenergie-Gegnern nahm die Redebereitschaft im Untersuchungszeitraum zu, denn sie hatten das öffentliche Meinungsklima auf ihrer Seite. Anders als erwartet zeigten allerdings Atomenergie-Befürworter trotz des Meinungsdrucks eine fortwährende Bereitschaft zu kommunizieren. Auf Grund dieser Resistenz wurde diese Gruppe von Noelle-Neumann als „harter Kern" bezeichnet, was deutlich macht, dass es durchaus Individuen gibt, die für ihre

Ansichten eintreten, auch wenn dies den Einstellungen der Mehrheit widerspricht. In Japan hat Tokinoya (1996) die Annahmen der Schweigespiraltheorie zur Redebereitschaft in Anlehnung an die Arbeiten von Donsbach und Stevenson (1986) überprüft und bestätigt. Die Kommunikationsbereitschaft wurde durch die Aufforderung zu einem Gespräch mit einem TV-Reporter vor laufender Kamera zu verschiedenen Themen ermittelt. Er konnte zeigen, dass diejenigen, die mit ihrer Meinung der Mehrheit angehörten, redebereiter waren als Vertreter der Minoritätenmeinung. Huang (2005) zeigte bei einem interkulturellen Test der Schweigespiraltheorie, dass nicht nur die Isolationsfurcht für eine verminderte Redebereitschaft verantwortlich zeichnet, sondern vielmehr das Streben nach kollektiver Harmonie und die Wirksamkeit der einzelnen Meinung. Glynn, Hayes und Shanahan (1997) führten eine Metaanalyse der Ergebnisse von verschiedenen Studien durch. Dabei bezogen sie sich ausschließlich auf Arbeiten, in denen die Redebereitschaft ermittelt wurde und in denen die subjektive Wahrnehmung der aktuellen und zukünftigen Meinungsverteilung operationalisiert wurde. Bei insgesamt 17 Studien mit über 9 500 Befragten zeigte sich nur ein kleiner, aber statistisch signifikanter Zusammenhang zwischen der Einschätzung des Meinungsklimas und der Redebereitschaft.

Kritik

Die Schweigespirale ist sowohl in methodischer als auch inhaltlicher Hinsicht kritisiert worden. Schenk (2002) verweist auf die separaten Einzelteile der Theorie, die das Problem der empirischen Überprüfbarkeit nach sich ziehen und mit ihren sozialpsychologischen, massenmedialen wie auch soziologischen Elementen einen komplexen Wirkungszusammenhang konstruieren. Bis zum gegenwärtigen Forschungsstand gibt es keine Untersuchung, die die gesamte Kausalkette geprüft hat. Eine solche Studie wird vermutlich auch weiterhin an praktisch-methodischen und zeitlichen Restriktionen scheitern. Befunde sagen demnach lediglich etwas über einzelne Glieder (wie z. B. die Redebereitschaft) des Kausalprozesses aus. Scherer (1990) weist zudem auf die Verwendung geringer Fallzahlen in den Studien hin und fordert den stärkeren Einbezug massenmedialer Inhaltsanalysen.

Auf der inhaltlichen Ebene kritisieren Salmon und Kline (1985) die vernachlässigte Betrachtung von Persönlichkeitsvariablen wie beispielsweise Extraversion und Bezugsgruppen (vgl. hier auch Glynn & McLeod, 1985). Sie gehen davon aus, dass Individuen im Allgemeinen mit ihren Bezugsgruppen hinsichtlich bestehender Meinungen und Einstellungen übereinstimmen. Den Prämissen der Theorie zufolge lebt der Mensch jedoch in einer atomisierten Gesellschaft, in der keine sozialen Netzwerke existieren.

Zudem wird die Fähigkeit zur quasi-statistischen Umweltbeobachtung kontrovers diskutiert. Glynn und McLeod (1985) problematisieren in diesem Zusammenhang die kausale Ordnung der Variablen. Denn Noelle-Neumann schließt nicht aus, dass es bei der Beobachtung des öffentlichen Meinungsklimas zu falschen Wahrnehmungen im Sinne einer Überschätzung der eigenen Meinung (looking-glass-effect, vgl. Fields & Schuman, 1976) kommen kann. Aber wenn die Einstellung die Wahrnehmung bedingt und nicht – wie es Noelle-Neumann ursprünglich postulierte – die Umweltbeobachtung die Einstellung, dann stellt die Deutung dieser Zusammenhänge die Thesen der Schweigespirale auf den Kopf (vgl. dazu auch O'Gorman & Garry, 1976; Salmon & Kline, 1985; Scherer, 1990).

Trotz der genannten methodischen und inhaltlichen Einwände betont Schenk (2002) die hohe Akzeptanz der Theorie in der Medienwirkungsforschung bei der Erklärung (sozialpsychologischer Phänomene wie) der Entstehung öffentlicher Meinung. Aus kommunikationswissenschaftlicher Perspektive legt die Theorie der Schweigespirale den Fokus wieder auf das Paradigma starker Medienwirkungen und überwindet dabei gleichzeitig die traditionellen, in der Regel zu kurz greifenden, Stimulus-Response-Ansätze. Schulz (1982) rechnet deshalb den Ansatz zu den „ökologisch-dynamischen Betrachtungsweisen", die sich vor allem von anderen Überlegungen dadurch abheben, dass sie den Faktor „Zeit" in die Überlegungen integrieren.

Literatur

Asch, S. (1969). Änderung und Verzerrung von Urteilen durch Gruppendruck. In M. Irle, (Hrsg.), *Texte aus der empirischen Sozialpsychologie* (S. 57–73). Neuwied/Berlin: Luchterhand.

Donsbach, W. & Stevenson, R. L. (1986). Herausforderungen, Probleme und empirische Evidenzen der Theorie der Schweigespirale. *Publizistik, 31*, 7–34.

Fields, J. M. & Schuman, H. (1976). Public Beliefs about the Belief of the Public, *Public Opinion Quarterly, 40*, 427–448.

Gerhards, J. (1996). Reder, Schweiger, Anpasser und Missionare. Eine Typologie öffentlicher Kommunikationsbereitschaft und ein Beitrag zur Theorie der Schweigespirale. *Publizistik, 41(1)*, 1–14.

Glynn, C. J., Hayes, A. F. & Shanahan, J. (1997). Perceived support for one's opinions and willingness to speak out. *Public Opinion Quarterly, 61*, 452–463.

Glynn, C. J. & McLeod, J. M. (1985). Implications of the Spiral of Silence Theory for Communication and Public Opinion Research. In K. Sanders, L. L. Kaed & D. Nimmo (Hrsg.), *Political Communication Yearbook I* (43–65). Carbondale, Edwardsville: Sage.

Huang, H. (2005). A Cross-Cultural Test of the Spiral of Silence. *International Journal of Public Opinion Research, 17(3)*, 324–345.

Milgram, S. (1961). Nationality and Conformity. *Scientific American, 205*, 45–51.

Noelle-Neumann, E. & Petersen, T. (2004). The Spiral of Silence and the Nature of Man. In L. L. Kaid (Ed.), *Handbook of political communication research* (pp. 339–356). Mahwah, NJ: Lawrence Erlbaum.

Noelle-Neumann, E. (1974). The Spiral of Silence: A Theory of Public Opinion, *Journal of Communication, 24*, 43–51.

Noelle-Neumann, E. (1980). *Die Schweigespirale. Öffentliche Meinung – unsere soziale Haut.* München/Zürich: Ullstein.

Noelle-Neumann, E. (1989). Die Theorie der Schweigespirale als Instrument der Medienwirkungsforschung. In M. Kaase & W. Schulz (Hrsg.), *Massenkommunikation. Theorien, Methoden, Befunde. Sonderheft 20 der Kölner Zeitschrift für Soziologie und Sozialpsychologie* (S. 418–440). Opladen: Westdeutscher Verlag.

Noelle-Neumann, E. (1989/1991). *Öffentliche Meinung. Die Entdeckung der Schweigespirale.* Berlin, Frankfurt: Ullstein.

O'Gorman, H. J. & Garry, S. L. (1976). Pluralistic Ignorance. A replication and extension. *Public Opinion Quarterly, 40*, 449–458.

Salmon, C. & Kline, G. F. (1985). The Spiral of Silence Ten Years Later: An Examination and Evaluation. In K. Sanders, L. L. Kaed & D. Nimmo (Eds.), *Political Communication Yearbook I* (pp. 3–31). Carbondale, Edwardsville: Sage.

Schenk, M. (2002). *Medienwirkungsforschung. 2., vollst. überarb. Aufl.*. Tübingen: Mohr Siebeck.

Scherer, H. (1990). *Massenmedien, Meinungsklima und Einstellung. Eine Untersuchung zur Theorie der Schweigespirale.* Opladen: Westdeutscher Verlag.

Schulz, W. (1982). Ausblick am Ende des Holzweges. Eine Übersicht über die Ansätze der neueren Publizistik. *Publizistik, 27,* 49–73.

Tokinoya, H. (1996). A Study of the Spiral of Silence Theory in Japan. *Keio Communication Review, 18,* 1–13.

Winterhoff-Spurk, P. (1999). *Medienpsychologie. Eine Einführung.* Stuttgart: Kohlhammer.

Winterhoff-Spurk, P. (2001). *Fernsehen. Fakten zur Medienwirkung.* Bern: Hans Huber.

Two-Step Flow of Communication

Dagmar Unz

Worum geht es?

Die empirische Medienwirkungsforschung begann in den zwanziger Jahren des letzten Jahrhunderts als Wirkungs- und Kampagnenforschung. Bald zeigte sich, dass die Vorstellung zu einfach ist, man müsse, um eine bestimmte Wirkung zu erreichen, ähnlich einer Impfung, Menschen nur lange genug mit einer Botschaft konfrontieren. Diese starke Medienwirkungen implizierende Vorstellung wurde vor allem durch Befunde der Wahlpropaganda-Forschung erschüttert. In einer zum amerikanischen Präsidentschaftswahlkampf 1940 durchgeführten Untersuchung zeigten sich nur geringe Wirkungen der in den Massenmedien verbreiteten Wahlpropaganda (Lazarsfeld, Berelson & Gaudet, 1944). Einen großen Einfluss hatten dagegen Gespräche mit Freunden und Bekannten. Gleichzeitig zeigte sich, dass Rezipienten vorzugsweise die Medieninhalte nutzen, mit denen sie übereinstimmen, während sie andere Inhalte vermeiden (defensive Selektivität). Diese Untersuchung war der Startpunkt für die Entwicklung des Two-Step-Flow-Modells.

Darstellung der Annahmen

Lazarsfeld, Berelson und Gaudet veröffentlichten mit *The people's choice* eine Studie, die sich mit den Entscheidungsprozessen der Wähler im amerikanischen Präsidentschaftswahlkampf 1940 zwischen Franklin D. Roosevelt und Wendell Willkie auseinandersetzte. Dazu hatten sie ca. 600 Einwohner von Erie County, Ohio, sechsmal vor und einmal nach der Wahl zu ihrem Medienkonsum, ihren

Wahlabsichten bzw. ihrem Wahlverhalten befragt. Entgegen der ursprünglichen Erwartung fand sich kein direkter Einfluss der Medienberichterstattung auf die Wahlentscheidungen. Das soziale Umfeld spielte eine bedeutende Rolle. Die Teilnehmer der Studie nannten bei der Frage, bei welchen Gelegenheiten sie in letzter Zeit Kontakt mit den Wahlkampf betreffenden Themen hatten, häufiger Diskussionen mit Bekannten oder Verwandten als die Rezeption von Massenmedien. Die meisten Befragten, und hier besonders diejenigen mit hoher Mediennutzung, hatten sich schon vor Beginn des Wahlkampfes entschieden und diese Meinung auch während des Wahlkampfs beibehalten. Unentschlossene nutzten die Medien nicht etwa häufiger, sondern entschieden vor allem auf Grund von Gesprächen mit Familienmitgliedern oder Bekannten. Hinzu kam, dass die Studienteilnehmer eher solche Medien nutzten, die ihre bestehenden Einstellungen unterstützten.

Auf der Basis dieser Befunde entwickelten Lazarsfeld und seine Mitarbeiter das Two-Step-Flow-Modell: Danach beeinflussen Massenmedien die Bevölkerung nicht direkt. Vielmehr nehmen Meinungsführer (opinion leaders) eine vermittelnde Rolle ein: „The traditional image of the mass persuasion process must make room for 'people' as intervening factors between the stimuli of the media and resultant opinions, decisions, and actions" (Katz & Lazarsfeld 1955, S. 32f.). Medienbotschaften gelangen in einem ersten Schritt zu den sogenannten Meinungsführern und in einem zweiten Schritt von den Meinungsführern in persönlicher Kommunikation zum „man on the street". (vgl. **Abb. 4.2**). Diese Annahmen wurden durch eine zweite Studie, in der Katz und Lazarsfeld 800 Bürger befragten, gestützt. Allerdings zeigte sich, dass die Rollen von Meinungsführern und des „man on the street" nicht fest verteilt sind, sondern je nach Thema wechseln können. Warum ist die Bedeutung der Massenmedien für die politische Meinungsbildung im Vergleich zur interpersonellen Kommunikation eher gering? Vorteile der interpersonellen Kommunikation sind die größere Flexibilität, die Möglichkeit direkter Rückmeldungen, die geringere Distanz der Kommunikationspartner und das höhere Vertrauen bei persönlichem Kontakt.

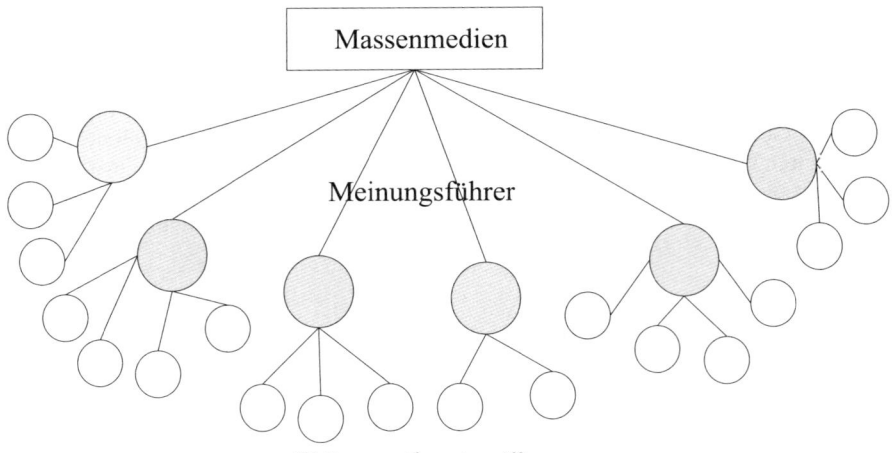

Abb. 4.2: Two-Step Flow of Communication (nach Katz und Lazarsfeld, 1955)

Weiterentwicklungen des Modells führen neben den Meinungsführern und -suchern außerdem die „opinion avoider" auf, die sich nicht am Informationsfluss beteiligen (Wright & Cantor, 1967). Das ursprüngliche Two-Step-Flow-Modell entwickelte sich schließlich zu einem Multi-Step-Flow-Modell: Der Kommunikationsfluss geht von den Massenmedien über mehrere Zwischenstationen von Meinungsführern, die miteinander im Austausch stehen, hin zu einem eher inaktiven Bevölkerungsteil.

Typische Methodik

In der Regel basieren Studien zum Two- bzw. Multi-Step-Flow-Modell auf Befragungen repräsentativer Panels zu mehreren Zeitpunkten. Die Befragten geben Selbsteinschätzungen hinsichtlich ihrer Mediennutzung, ihres Kommunikationsverhaltens und ihrer (Wahl-)Entscheidungen ab.

Zentrale empirische Befunde

Die von Lazarsfeld und Mitarbeitern zum Two-Step-Flow-Modell durchgeführten Studien beschäftigen sich u. a. mit den Eigenschaften von Meinungsführern (z. B. Katz & Lazarsfeld, 1955; Lazarsfeld & Menzel, 1963). Danach ist Meinungsführerschaft keine generelle Eigenschaft von Personen und nicht mit einem spezifischen sozioökonomischen Status, Alter oder mit dem Geschlecht verbunden. Vielmehr sind Meinungsführer gleichmäßig über soziale, ökonomische und Bildungsschichten verteilt. Meinungsführerschaft bezieht sich auf bestimmte Themen, und Meinungsführer zeichnen sich durch bestimmte soziale Charakteristika aus. Meinungsführern wird von Bekannten eine besondere Kompetenz zu einem bestimmten Thema zugeschrieben. Sie sind umgänglich, sozial aktiv, nehmen zentrale Positionen innerhalb ihrer persönlichen Netzwerke ein und haben Zugang zu Informationsquellen außerhalb ihrer engeren Umgebung. Meinungsführerschaft beschränkt sich meist auf Einflüsse innerhalb von Peergroups (horizontal opinion leadership). Topdown-Einflüsse, also von Personen mit einem höheren sozioökonomischen Status zu solchen mit einem niedrigeren Status (vertical opinion leadership) können zwar auftreten, sind jedoch eher gering. Meinungsführer beschäftigen sich besonders stark mit solchen Themen in den Massenmedien, hinsichtlich derer sie meinungsbildend wirken, sie sind Medienexperten in einem bestimmten Themenfeld. Merton (1949) unterscheidet beispielsweise zwischen „locals" und „cosmopolitans". Während sich „locals" für regionale Themen interessieren und lokale Medien nutzen, interessieren sich „cosmopolitans" eher für nationale und internationale Themen und zeigen die entsprechende Mediennutzung.

Zahlreiche Folgestudien adressieren die Anwendung des Modells auf ganz unterschiedliche Bereiche. Anfang der 1970er Jahre existierten bereits mehrere hundert Studien, weshalb Weimann (2001) die 1960er und 70er Jahre als das goldene Zeitalter der Meinungsführer-Forschung bezeichnet. Die Studien stützten weitgehend die frühen Befunde, ergaben allerdings auch Hinweise auf notwendige Differenzierungen. Insgesamt zeigte sich, dass Meinungsführerschaft in vielen Gebieten existiert: Marketing und Konsumentenverhalten, Mode, Politik und Wahlverhalten, Familienplanung, Wissenschaft und wissenschaftliche Innovationen, Landwirtschaft, Gesundheitsverhalten (Weimann, 2001). Neben persönlichem Interesse und Vertrautheit mit einem Thema bzw. einem Produkt scheint öffentliche Selbstbehauptung eine bedeutsame Eigenschaft von Meinungsführern zu sein. Risikobereitschaft, Offenheit und Massenmedienkonsum korrelieren hingegen zwar mit Meinungsführerschaft, sind aber keine bedeutsamen Prädiktoren, die Meinungsführer von Nicht-Meinungsführern unterscheiden (Chan & Misra, 1990). Meinungsführer sind vor allem deshalb einflussreich, weil sie mehr und bessere Informationen bzw. Informationsquellen zur Verfügung haben (Roch, 2005). Nach einer Studie von Shah und Scheufele (2006) wird Meinungsführerschaft zu einem großen Teil durch Dispositionen wie Selbstsicherheit und Innovativität erklärt. Meinungsführerschaft ist eher eine Konsequenz als eine Ursache von bürgerlichem Engagement und öffentlicher Partizipation. Außerdem beeinflussen sich Meinungsführerschaft und der Glaube an politische Einflussmöglichkeiten gegenseitig. Personen, die einen Einfluss auf Agenda-Setting-Effekte (vgl. Beitrag zu Agenda Setting in diesem Band) haben, verteilen sich im Gegensatz zu Meinungsführern nicht gleichmäßig über verschiedene Bevölkerungsgruppen, sondern gehören eher Eliten an (Brosius & Weinmann, 1996).

Das Konzept der Meinungsführerschaft wurde bislang vor allem in den USA untersucht, es scheint allerdings auch auf westliche, europäische Nationen übertragbar zu sein (Nisbet, 2006). Während allerdings das Mediennutzungsverhalten von Meinungsführern stark über verschiedene europäische Nationen variiert, gibt es keine Unterschiede in den individuellen sozio-psychologischen Traits.

Studien zur Diffusion von Nachrichten zeigen, dass das Zweistufenmodell bei der Aufnahme von Informationen über bedeutsame aktuelle Ereignisse nicht zutrifft. In Krisenzeiten ist die Bedeutung von Massenmedien außerordentlich hoch. Die Bevölkerung erhält Nachrichten gewöhnlich direkt aus den Medien (insbesondere aus dem Fernsehen) und nicht über die Meinungsführer (vgl. Perse, 2001, S. 54ff). Wenn Menschen von erschreckenden Neuigkeiten hören, wenden sie sich oft dem Fernsehen zu, um Näheres darüber zu erfahren (z. B. Greenberg, Cohen & Li, 1993; Hirschburg, Dillman & Ball-Rokeach, 1986). Bedrohung und Unsicherheit verstärken offenbar die Wichtigkeit der Medien und das Vertrauen der Menschen in die Nachrichtenangebote der Medien.

Kritik

Die Kritik am Two-Step-Flow-Modell (z. B. Merten, 1988; Weimann, 2001) richtet sich zum einen auf die Methode der Panelerhebung. In den Befragungen kann jede Person nur Aussagen über sich selbst treffen. Die mangelnde Validität von Selbstauskünften wird kritisiert. Außerdem sind viele Einflussfaktoren zu berücksichtigen, die nur schwer kontrolliert werden können. Zum anderen richtet sich die Kritik darauf, dass das Modell die Komplexität des Kommunikationsprozesses nur ungenügend berücksichtigt und den Prozess stark vereinfacht. Kommunikationsprozesse sind komplexer, als es die Zweiteilung in (aktive) Meinungsführer und (passive) Empfänger suggeriert. Beispielsweise ist ein großer Teil der Bevölkerung inaktiv und weder den Meinungsführern noch „Meinungsfolgern" zuzuordnen

(Robinson, 1976). Auch werden Netzwerke der interpersonalen Kommunikation nicht berücksichtigt. So können Medienbotschaften alle Personen gleichermaßen erreichen, aber durch persönliche Kommunikation modifiziert werden. Außerdem werden Personen, die wenig in soziale Gruppen integriert sind, von Meinungsführern unter Umständen überhaupt nicht erreicht. Daneben orientieren sich manche Personen auch an parasozialen Meinungsführern, zu denen kein persönlicher Kontakt besteht, zum Beispiel an den Aussagen prominenter Personen, die in den Medien auftreten (vgl. Beitrag zu Parasozialer Interaktion in diesem Band).

Trotz dieser Kritik gilt das Konzept des Two-Step Flow als Meilenstein der Massenmedienforschung, und insbesondere das Konzept der Meinungsführerschaft fand Eingang in die Diffusionsforschung (z. B. Rogers, 2003). Erweiterungen und Modifikationen führten zur Untersuchung von Netzwerken des medialen und interpersonalen Informationsflusses (vgl. Schenk, 1994). In Anlehnung an die Identifizierung von Meinungsführern streben Werbe- und Marketingforschung danach, Trendsetter zu identifizieren, um die Kommunikation auf diese Zielgruppe auszurichten (z. B. Poltrack, 1985). Gleichzeitig gilt Mundpropaganda als eine der bedeutsamsten Formen der Kampagnengestaltung, der Werbung und des Marketing (z. B. Keller & Berry, 2003; McLeod, Scheufele & Moy, 1999; Schenk & Döbler, 2002; Somerville, Diaz, Davis, Coleman & Taveras, 2006).

Literatur

Brosius, H. B. & Weimann, G. (1996). Who sets the agenda? Agenda setting as a two-step flow. *Communication Research, 23(5)*, 561–580.

Chan, K. K. & Misra, S. (1990). Characteristics of the Opinion Leader: A New Dimension. *Journal of Advertising, 19(3)*, 53–60.

Greenberg, B. S., Cohen, E. & Li, H. (1993). How the U.S. found out about the war. In B. S. Greenberg & W. Gantz (Eds.), *Desert Storm and the mass media* (pp. 145–152). Cresskill, NJ: Hampton.

Hirschburg, P. L., Dillman, D. A. & Ball-Rokeach, S. J. (1986). Media system dependency theory: Responses to the eruption of Mount St. Helens. In S. J. Ball-Rokeach & M. G. Cantor (Eds.), *Media, audience, and social structure* (pp. 117–126). Newbury Park, CA: Sage.

Katz, E. & Lazarsfeld, P. (1955). *Personal Influence.* New York: The Free Press.

Keller, E. B. & Berry, J. L. (2003). *The influentials: One American in ten tells the other nine how to vote, where to eat, and what to buy.* New York: Simon & Schuster.

Lazarsfeld, P. F., Berelson, B. & Gaudet, H. (1944). *The people's choice: How the voter makes up his mind in a presidential campaign.* New York: Columbia University Press.

Lazarsfeld, P. F. & Menzel, H. (1963). Mass Media and Personal Influence. In W. Schramm (Ed.), *The Science of Human Communication* (pp. 94–115). New York: Basic Books.

McLeod, J. M., Scheufele, D. A. & Moy, P. (1999). Community, communication and participation: The role of mass media and interpersonal discussion in local participation. *Political Communication, 16*, 315–336.

Merten, K. (1988). Aufstieg und Fall des „Two-Step-Flow of communication". Kritik einer sozialwissenschaftlichen Hypothese. *Politische Vierteljahresschrift, 29(4)*, 610–635.

Merton, R. (1949). Patterns of Influence: a study of interpersonal influence and of communications behavior in a local community. In P. Lazarsfeld & F. Stanton (Eds.), *Communication Research* (pp. 180–215). New York: Harper and Brothers.

Nisbet, E. C. (2006). The engagement model of opinion leadership: Testing validity within a European context. *International Journal of Public Opinion Research, 18(1)*, 3–30.

Perse, E. M. (2001). *Media effects and society*. Mahwah, NJ: Lawrence Erlbaum.

Poltrack, T. (1985). Influencing the Influentials. *Marketing and Media Decisions, 20*, 56–60.

Robinson, J. P. (1976). Interpersonal Influence in Election Campaigns: Two Step-flow Hypotheses. *Public Opinion Quarterly, 40*, 304–319.

Roch, C. H. (2005). The Dual Roots of Opinion Leadership. *Journal of Politics, 67(1)*, 110–131.

Rogers, E. M. (2003). *Diffusion of innovations* (5th ed.). New York: Free Press.

Shah, D. & Scheufele, D. A. (2006). Explicating opinion leadership: Non-political dispositions, information consumption, and civic participation. *Political Communication, 23(1)*, 1–22.

Schenk, M. (1994). Meinungsbildung im Alltag – Zum Einfluß von Meinungsführern und Sozialen Netzwerken. In M. Jäckel & P. Winterhoff-Spurk (Hrsg.), *Politik und Medien. Analysen zur Entwicklung der politischen Kommunikation* (S. 143–158). Berlin: Vistas.

Schenk, M. & Döbler, Th. (2002). Towards a Theory of Campaigns: The Role of Opinion Leaders. In H.-D. Klingemann & A. Römmele (Eds.). *Public Information Campaigns and Opinion Research* (pp. 36–52). London: Sage.

Somerville, G. G., Diaz, S., Davis, S., Coleman, K. D. & Taveras S. (2006). Adapting the Popular Opinion Leader Intervention for Latino Young Migrant Men Who Have Sex With Men. *AIDS Education and Prevention, 18*, Supplement A, 137–148.

Weimann, G. (2001). The Two-Step-Flow of communication. In N. J. Smelser & P. B. Baltes (Eds.), *International Encyclopedia of the Social & Behavioral Sciences* (pp. 2316–2319). Amsterdam: Elsevier.

Wright, C. R. & Cantor, M. (1967). The Opinion Seeker and Avoider: Steps beyond the Opinion Leader Concept. *The Pacific Sociological* Review, *10(1)*, 33–43.

Der Sleeper-Effekt

Markus Appel und Tobias Richter

Worum geht es?

Der Sleeper-Effekt steht im Gegensatz zu dem oft replizierten Befund der Persuasionsforschung, dass die Wirkung einer medial vermittelten Kommunikation auf Überzeugungen und Einstellungen von Rezipienten sich mit der Zeit abschwächt (vgl. Priester, Wegener, Petty & Fabrigar, 1999). Typischerweise verblasst zum Beispiel der Eindruck eines Artikels über die Gefahren des Tabakkonsums, d. h. die Einstellung zum Rauchen nähert sich mit fortschreitender Zeit wieder der Einstellung vor dem Lesen des Artikels an. Unter bestimmten Bedingungen kann die persuasive Wirkung einer Kommunikation jedoch zu einem späteren Zeitpunkt auch stärker sein als direkt nach der Rezeption – ohne dass in der Zwischenzeit weitere Persuasionsversuche stattgefunden haben. In diesem Fall spricht man von einem Sleeper-Effekt.

284

Darstellung der Annahmen

Der Sleeper-Effekt wurde zuerst von Hovland, Lumsdaine und Sheffield (1949) systematisch beschrieben und erforscht. Carl Hovland und sein Team führten während des Zweiten Weltkrieges Untersuchungen zur Wirkung von Propagandafilmen auf Einstellungen von US-amerikanischen Soldaten durch. Ein zunächst überraschendes Ergebnis war, dass die Wirkung der Filme über einen Zeitraum von mehreren Wochen hinweg zunahm. Hovland und Weiss (1951) versuchten, die Randbedingungen dieses Effektes näher zu identifizieren, und variierten neben dem Intervall bis zur Erfassung der Einstellungen auch die Glaubwürdigkeit der Informationsquelle, der das Filmmaterial zugeschrieben wurde. Dabei zeigte sich, dass sich die Einstellungen in Abhängigkeit von der Quelle kurzfristig deutlich unterschieden: Nachrichten von einer glaubwürdigen Quelle hatten eine größere Einstellungsänderung zur Folge als solche von einer unglaubwürdigen Quelle. Nach vier Wochen war der Einfluss der glaubwürdigen Quelle gesunken, der Einfluss des unglaubwürdigen Senders jedoch gestiegen, so dass die unglaubwürdige Quelle langfristig sogar einen größeren Einfluss auf die Einstellungen der Rezipienten hatte.

Das Auftreten eines Sleeper-Effektes ist also daran geknüpft, dass die persuasive Kommunikation gemeinsam mit einem abwertenden Hinweisreiz auftritt. Neben der mangelnden Glaubwürdigkeit der Informationsquelle können zum Beispiel eine geringe Attraktivität der kommunizierenden Person, eine geringe Anzahl von Argumenten und andere wahrgenommene Merkmale der Rezeptionssituation als abwertende Hinweisreize fungieren (vgl. Eagly & Chaiken, 1993; Gruder, Cook, Hennigan, Flay, Alessis & Halamaj, 1978).

Vor diesem Hintergrund lassen sich zwei Ergebnismuster unterscheiden, die beide unter den Begriff des Sleeper-Effektes fallen und gemeinsam oder getrennt auftreten können:

- *Absoluter Sleeper-Effekt.* Kommt es mit der Zeit zu einer Verstärkung der Einstellungsänderung durch die persuasive Botschaft gegenüber einer Kontrollbedingung (wie bei Hovland et al., 1949), spricht man von einem absoluten Sleeper-Effekt.
- *Relativer Sleeper-Effekt.* Unterscheiden sich die Einstellungen zweier Gruppen kurz nach einem Persuasionsversuch stärker als zu einem späteren Zeitpunkt, dann wird dies als relativer Sleeper-Effekt bezeichnet (vgl. Weiss, 1953). Der relative Sleeper-Effekt ist typischerweise an ein experimentelles Design gebunden, in dem ein Faktor zu kurzfristig ungleichen Einstellungen führt und der Einfluss dieses Faktors mit der Zeit schwächer wird.

Im Folgenden ein Beispiel: In Untersuchungen, in denen das Vorliegen abwertender Hinweisreize variiert wird, erzielt eine Kommunikation in der Regel zunächst eine größere persuasive Wirkung, wenn sie ohne abwertenden Hinweisreiz präsentiert wird, also zum Beispiel einer glaubwürdigen Quelle zugeschrieben wird. Wenn dieser Unterschied mit der Zeit abnimmt, weil die persuasive Wirkung der Botschaft in der Versuchsbedingung mit abwertendem Hinweisreiz (unglaubwürdige Quelle) zunimmt oder in dieser Bedingung weniger stark abnimmt als in der Versuchsbedingung ohne abwertenden Hinweisreiz (glaubwürdige Quelle), spricht man von einem relativen Sleeper-Effekt.

Wie kann man den kontraintuitiven Sleeper-Effekt erklären? Die vorgeschlagenen Erklärungsansätze thematisieren das Verhältnis von Botschaft und abwertendem Hinweisreiz. Hovland und Weiss (1951) erklären den Sleeper-Effekt mit dem Vergessen des abwertenden Hinweisreizes oder seiner Dissoziation von den Inhalten der persuasiven Kommunikation. Sie gehen von der Annahme aus, dass Rezipienten kurzfristig sowohl die Kommunikationsinhalte als auch die Merkmale der Informationsquelle berücksichtigen, weshalb eine Botschaft von einer glaubwürdigen Informationsquelle initial zu einer stärkeren Einstellungsänderung führt als die Botschaft einer unglaubwürdigen Quelle. Je mehr Zeit verstreicht, desto schwieriger ist es allerdings, die Inhalte der Botschaft und ihre Quelle zueinander in Beziehung zu setzen. Dadurch verliert die Information, dass die Quelle unglaubwürdig ist, ihren Einfluss auf die Einstellung. Dies führt dazu, dass sich Botschaften aus weniger seriösen Quellen, denen zunächst nicht geglaubt wird, langfristig stärker auswirken können, weil Rezipienten die Quelle vergessen haben oder Quelle und Botschaft im Gedächtnis nicht mehr als zusammengehörig repräsentiert werden (vgl. Hovland & Weiss, 1951; Kelman & Hovland, 1953).

Ein ähnlicher Erklärungsansatz bezieht sich auf einen unterschiedlich raschen Schwund (differential decay) des Einflusses der Inhalte einer Botschaft und des abwertenden Hinweisreizes (Pratkanis, Greenwald, Leippe & Baumgardner, 1988). Diesem Ansatz zufolge haben die Inhalte einen positiven, der Hinweisreiz einen gegenläufigen, d. h. negativen Einfluss auf die Einstellungsänderung. Ein Sleeper-Effekt ist dann zu erwarten, wenn der negative Einfluss des abwertenden Hinweisreizes rascher abnimmt als der positive Einfluss der Inhalte. Es ist bislang noch nicht geklärt, was den Sleeper-Effekt besser erklären kann – die Dissoziation der Repräsentationen von Botschaft und abwertendem Hinweisreiz oder ein unterschiedlich schneller Schwund des Einflusses der beiden Faktoren, zumal beide Ansätze weitgehend parallele empirische Vorhersagen generieren (Eagly & Chaiken, 1993; Weaver-Lariscy & Tinkham, 1999).

In der Persuasionsforschung dominieren seit den 1980er Jahren sogenannte Zwei-Prozess-Modelle wie das Elaboration-Likelihood-Modell (ELM, Petty & Cacioppo, 1986) und das Heuristisch-Systematische Modell (HSM, Chaiken, Liberman & Eagly, 1989). In diesen Modellen werden ein systematischer (zentraler) und ein heuristischer (peripherer) Weg der Verarbeitung persuasiver Informationen voneinander unterschieden. Priester et al. (1999) haben die Forschungslage zum Sleeper-Effekt vor dem Hintergrund des ELM rekonstruiert und kommen dabei zu dem Schluss, dass ein Sleeper-Effekt nur auf dem Wege einer systematischen (elaborativen) Verarbeitung der persuasiven Botschaft zustandekommen kann. Demnach tritt eine stärkere Einstellungsänderung über die Zeit bei Personen auf, die (a) motiviert und fähig sind, gründlich über die Inhalte der Botschaft nachzudenken (die Personen, die zum Beispiel persönlich von der Thematik betroffen sind und über genügend Vorwissen verfügen), (b) dabei auf substanzielle und valide Argumente treffen und (c) erst im Anschluss an die Rezeption einen abwertenden Hinweisreiz erhalten, da ansonsten eine elaborative Verarbeitung der Botschaft unterbleibt. Aus Perspektive des ELM sind unter diesen Bedingungen sowohl ein starker Einfluss der persuasiven Botschaft als auch eine Dissoziation von Inhalt und Hinweisreiz über die Zeit wahrscheinlich, da der Effekt des peripher verarbeiteten abwertenden Hinweisreizes zeitlich begrenzt ist, während die zentral verarbeiteten Einstellungsinhalte zeitlich stabil sind (vgl. Petty, Haugtvedt & Smith, 1995). Die Vorhersagen von Zwei-Prozess-Modellen der Einstellungsänderung zum Sleeper-Effekt lassen sich daher als Ergänzung der Hypothese eines unterschiedlich raschen

Zerfalls des Einflusses von Inhalt und abwertendem Hinweisreiz (Pratkanis et al., 1988) auffassen.

Typische Methodik

Untersuchungen zum Sleeper-Effekt erfolgen experimentell und beinhalten immer zwei oder mehrere Messzeitpunkte. Die Einstellungen bzw. Überzeugungen (als abhängige Variable) werden unmittelbar nach der Rezeption einer persuasiven Botschaft und zu einem oder mehreren späteren Zeitpunkten erfasst (oft als Faktor ohne Messwiederholung). Die Zeit zwischen der Rezeption der persuasiven Botschaft und der Erhebung von Einstellungen und Überzeugungen fungiert somit als unabhängige Variable (z. B. Einstellungsmessung unmittelbar nach der Rezeption vs. Einstellungsmessung zwei Wochen später).

Die Teilnehmer werden zum ersten Untersuchungstermin typischerweise mit unterschiedlichen persuasiven Botschaften konfrontiert. Sie erhalten zum Beispiel einen Text mit starken oder einen Text mit schwachen Argumenten für eine bestimmte These. Zusätzlich kann das Vorhandensein eines abwertenden Hinweisreizes (z. B. ein Hinweis auf die Unglaubwürdigkeit der Informationsquelle) variiert und mit einer neutralen Bedingung (kein zusätzlicher Hinweis) oder dem Vorhandensein eines aufwertenden Hinweisreizes (z. B. ein Hinweis auf die Glaubwürdigkeit der Informationsquelle) verglichen werden.

Zentrale empirische Befunde

Kumkale und Albarracin (2004) haben die Ergebnisse von 24 Untersuchungen zum Sleeper-Effekt mit Daten aus insgesamt 72 Experimenten einer Metaanalyse unterzogen. In dieser Metaanalyse ließ sich über sämtliche Experimente hinweg ein relativer Sleeper-Effekt nachweisen: Während die persuasive Wirkung einer Botschaft, die ohne abwertenden Hinweisreiz präsentiert wurde, im Mittel über die Zeit abnahm, zeigte sich für Botschaften, die zusammen mit einem abwertendem Hinweisreiz präsentiert wurden, eine leichte Zunahme der persuasiven Wirkung über die Zeit. Allerdings variierten die Effektgrößen zwischen den einzelnen Untersuchungen stark. Vor diesem Hintergrund untersuchten Kumkale und Albarracin (2004) zusätzlich den Einfluss von Moderatorvariablen, die gemäß den vorgeschlagenen Erklärungsansätzen das Auftreten eines Sleeper-Effekts begünstigen oder verhindern. Dabei wurden zwei theoretisch relevante Befunde erzielt. Erstens fiel der Sleeper-Effekt in den einzelnen Experimenten umso stärker aus, je geringer die initiale persuasive Wirkung der Botschaft war. Dieses Ergebnis unterstreicht die Wichtigkeit eines wirksamen abwertenden Hinweisreizes für den Sleeper-Effekt, der in der Regel nur dann auftritt, wenn sich Rezipienten von einer Botschaft zunächst nicht überzeugen lassen. Zweitens war der Sleeper-Effekt dann am stärksten, wenn der abwertende Hinweisreiz erst nach der persuasiven Botschaft präsentiert wurde und die Untersuchungsteilnehmer motiviert und fähig waren, über die Inhalte der Botschaft nachzudenken. Wie von Zwei-Prozess-Modellen der Einstellungsänderung angenommen, scheint eine elaborative Verarbeitung das Auftreten eines Sleeper-Effekts also tatsächlich zu begünstigen.

Kritik

Die sozialpsychologische Forschung zum Sleeper-Effekt ist für die Medienpsychologie relevant, weil sie zu einem besseren Verständnis der Bedingungen beiträgt, unter denen langfristige Wirkungen medial vermittelter Informationen auf Einstellungen und Überzeugungen erzielt werden können. Zu bedenken ist allerdings, dass in fast allen Untersuchungen zum Sleeper-Effekt persuasive Texte verwendet wurden, in denen Argumente für oder gegen eine bestimmte (meist politische) Position angeführt werden, ähnlich wie bei einem Leitartikel, einer Kolumne oder einem politischen Kommentar. Viele Medienprodukte folgen jedoch anderen Genre-Schemata, weshalb die sozialpsychologischen Befunde zu den Auftretensbedingungen des Sleeper-Effekts nur bedingt generalisierbar sind. Fiktionale Medienprodukte wie Geschichten, Filme oder TV-Serien sowie Info- und Edutainment-Produkte, die sich in ihrer narrativen Struktur an fiktionale Medienprodukte anlehnen, können zum Beispiel eine starke Wirkung auf Überzeugungen und Einstellungen der Rezipienten haben, die sich im Sinne eines absoluten Sleeper-Effektes mit der Zeit sogar noch verstärkt (Appel & Richter, 2007). Die Wirkmechanismen, die einer persuasiven Wirkung fiktional-narrativer Medienprodukte zugrundeliegen, unterscheiden sich jedoch vermutlich deutlich von denjenigen, die im Rahmen von Zwei-Prozess-Modellen der Einstellungsänderung identifiziert worden sind. An die Stelle der Elaboration von Argumenten als kritischem Faktor für das Auftreten eines Sleeper-Effekts tritt bei fiktional-narrativen Medienprodukten das Aufgehen in der dargestellten Geschichte (transportation, Gerrig, 1993; vgl. Beitrag zu Transportation in diesem Band). In der Folge wird die medial dargestellte Welt während der Rezeption zum emotionalen und kognitiven Bezugsrahmen der Rezipienten, wodurch auch dauerhafte Änderungen von Einstellungen und Überzeugungen ermöglicht werden.

Literatur

Appel, M. & Richter, T. (2007). Persuasive effects of fictional narratives increase over time. *Media Psychology*, 10, 113–134.

Chaiken, S., Liberman, A. & Eagly, A. H. (1989). Heuristic and systematic information processing within and beyond the persuasion context. In J. S. Uleman & J. A. Bargh (Eds.), *Unintended thought* (pp. 212–252). New York: Guilford.

Eagly, A. H. & Chaiken, S. (1993). *The psychology of attitudes*. Fort Worth, TX: Harcourt Brace.

Gerrig, R. (1993). *Experiencing narrative worlds*. New Haven, CT: Yale University Press.

Gruder, C. L., Cook, T. D., Hennigan, K. M., Flay, B. R., Alessis, C. & Halamaj, J. (1978). Empirical tests of the absolute sleeper effect predicted from the discounting cue hypothesis. *Journal of Personality and Social Psychology, 36*, 1061–1074.

Hovland, C. I. & Weiss, W. (1951). The influence of source credibility on communication effectiveness. *Public Opinion Quarterly, 15*, 635–650.

Hovland, C. I., Lumsdaine, A. A. & Sheffield, F. D. (1949). *Experiments on mass communication.* Princeton, NJ: Princeton University Press.

Kelman, H. C. & Hovland C. I. (1953). Reinstatement of the communicator in delayed measurement of opinion change. *Journal of Abnormal and Social Psychology, 48,* 327–335.

Kumkale, G. T. & Albarracin, D. (2004). The sleeper effect in persuasion: A meta-analytic review. *Psychological Bulletin, 130,* 143–172.

Petty, R. E. & Cacioppo, J. T. (1986). *Communication and persuasion: Central and peripheral route to attitude change.* New York: Springer.

Petty, R. E., Haugtvedt, C. & Smith, S. M. (1995). Elaboration as a determinant of attitude strength: Creating attitudes that are persistent, resistant and predictive of behavior. In R. E. Petty & J. A. Krosnick (Eds.), *Attitude strength: Antecedents and consequences* (pp. 93–130). Mahwah, NJ: Lawrence Erlbaum.

Pratkanis, A. R., Greenwald, A. G., Leippe, M. R. & Baumgardner, M. H. (1988). In search of reliable persuasion effects: III. The sleeper effect is dead: Long live the sleeper effect. *Journal of Personality and Social Psychology, 54,* 203–218.

Priester, J., Wegener, D., Petty, R. E. & Fabrigar, L. (1999). Examining the psychological process underlying the sleeper effect: The Elaboration Likelihood Model explanation. *Media Psychology, 1,* 27–48.

Weaver-Lariscy, R. A. & Tinkham, S. F. (1999). The sleeper effect and negative political advertising. *Journal of Advertising, 28,* 13–30.

Individualmedien

Reduced Social Cues/Cues Filtered Out

Nicola Döring

Worum geht es?

„Das ist mir alles viel zu unpersönlich!" – mit diesem Hinweis lehnen auch im Informationszeitalter nicht wenige Menschen die Nutzung von E-Mail-Diensten, Online-Chatrooms, Internet-Kontaktbörsen, E-Learning-Angeboten oder Handy-Kurzmitteilungen ab. Im Vergleich zur direkten persönlichen Begegnung fehlen bei technisch vermittelter Individualkommunikation aus Sicht kritischer Endverbraucher zu viele Kommunikationskanäle: Man kann einander nicht sehen, hören oder berühren, was letztlich auf Kosten der Kommunikations- und Beziehungsqualität gehe. Diese „alltagspsychologische Position der Kanalreduktion" wird in öffentlichen Debatten über technische Individualmedien immer wieder artikuliert (vgl. Döring, 2003, S. 149f.). Auch in der Kommunikationswissenschaft ist diese kritische Position anzutreffen, beispielsweise bei Vertretern der Kommunikationsökologie, aus deren Sicht die fortschreitende Computerisierung zwischenmenschlicher Kontakte zu sozialer Entfremdung und Vereinsamung führt. Dementsprechend plädiert die politisch engagierte Kommunikationsökologie für eine „Technikbegrenzung" sowie eine Förderung der Kommunikation von Angesicht zu Angesicht, die alle Sinneskanäle einschließt und als besonders umwelt- und menschengerecht eingestuft wird (Mettler-von Meibom & Donath, 1998).

Dass auch eine unpersönliche computervermittelte Kommunikation nützlich und zweckmäßig sein kann, etwa für schnellen und kostengünstigen Informationsaustausch, betonen die Modelle der rationalen Medienwahl (etwa die Theorien der sozialen Präsenz, der medialen Reichhaltigkeit oder des Backchannel-Feedback; vgl. Beiträge zur Sozialen Präsenz und zur Media Richness in diesem Band). Diese Theorien gehen davon aus, dass computervermittelte Kommunikation wegen ihrer geringen Lebendigkeit nur für bestimmte sachbezogene Kommunikationsaufgaben geeignet ist.

Der in den 1980er Jahren entwickelte Reduced Social Cues- bzw. Cues Filtered Out-Ansatz geht dagegen noch einen Schritt weiter. Er postuliert, dass die fehlenden Sinneskanäle bei computervermittelter Kommunikation und der daraus resultierende Mangel an bestimmten sozialen Hintergrundinformationen zwar teilweise die Kommunikation erschwert, dass er aber oft gerade auf psycho-sozialer Ebene vorteilhaft ist: So kann es in arbeits- wie freizeitbezogenen Online-Gruppen – gerade *wegen* fehlender Hintergrundinformationen – zu einem zwischenmenschlichen

Austausch kommen, der offener, vorurteilsfreier und gleichberechtigter ist als in Face-to-Face-Gruppen.

Darstellung der Annahmen

Der Reduced Social Cues-Ansatz geht wesentlich auf die Sozialpsychologin Sara Kiesler von der Carnegie Mellon University zurück (Dubrovsky, Kiesler & Sethna, 1990, 1991; Kiesler, Siegel & McGuire, 1984; McGuire, Kiesler & Siegel, 1987; Siegel, Dubrovsky, Kiesler, McGuire, 1986; namensgebender Artikel: Sproull & Kiesler, 1986). Der *Cues Filtered Out-Approach* wurde als Bezeichnung durch ein Buchkapitel von Mary Culnan und M. Lynne Markus 1987 in die Literatur eingeführt. Die Etiketten „Cues Filtered Out" und „Reduced Social Cues" sind inhaltlich gleichbedeutend. Es ist jedoch zu beachten, dass Culnan und Markus den Cues Filtered Out-Ansatz selbst nicht vertreten, sondern ihn nur darstellen, um ihn anschließend grundlegend zu kritisieren. Ebenso wie Sara Kiesler fokussieren dabei auch Mary Culnan und Lynne Markus auf interne Unternehmenskommunikation und computervermittelte Kommunikation in Arbeitsteams. Mit der Popularisierung des Internet in den 1990er Jahren wurde der Reduced Social Cues-Ansatz auch auf informelle Online-Kommunikation angewendet, etwa auf Interessensgemeinschaften, Selbsthilfegruppen, Kontaktbörsen oder Spielumgebungen im Internet (Döring, 2003).

Auf der Basis der vorliegenden Beiträge lassen sich die Grundannahmen des Reduced Social Cues- bzw. Cues Filtered Out-Ansatzes folgendermaßen zusammenfassen:

1. Technische Kommunikationsmedien – insbesondere Individual- bzw. Telekommunikationsmedien – filtern soziale Hinweisreize und Hintergrundinformationen heraus, die in der Face-to-Face-Kommunikation in vollem Umfang zur Verfügung stehen.
2. Verschiedene technische Kommunikationsmedien unterscheiden sich dahingehend, welche Hintergrundinformationen sie herausfiltern (z. B. E-Mail vs. Telefon vs. Videokonferenz). Bei der textbasierten computervermittelten Kommunikation werden die meisten Hintergrundinformationen herausgefiltert.
3. Wenn anstelle von Face-to-Face-Kommunikation technisch vermittelte interpersonale Kommunikation stattfindet und somit auf verschiedenen Dimensionen (unabhängigen Variablen) Hintergrundinformationen herausgefiltert werden, so führt dies zu vorhersagbaren Effekten bei bestimmten intra- und interpersonalen abhängigen Variablen.

Die *unabhängigen Variablen* im Cues Filtered Out-Approach sind die jeweiligen Hinweisreize oder Hintergrundinformationen. In der Literatur finden sich leider keine vollständigen Auflistungen oder systematischen Klassifikationen für Cues, so dass hier nur Beispiele genannt werden können (vgl. **Tab. 4.1**).

Je nach Kommunikationssituation mögen unterschiedliche Informationen, die durch die Stimme, die körperliche Erscheinung oder das nonverbale Verhalten vermittelt werden, besonders wichtig für Verlauf und Ergebnis der Kommunikation sein. Sproull und Kiesler (1986) heben zum Beispiel den aktuellen geografischen

Aufenthaltsort sowie die Position innerhalb der Organisation (z. B. Abteilung, Hierarchieebene, Berufskategorie) als besonders wichtige Hintergrundinformationen bei der unternehmensinternen E-Mail-Kommunikation hervor. Bei der informellen Online-Chat-Kommunikation werden dagegen Hintergrundinformationen wie Alter, Geschlecht und Wohnort als besonders wichtig eingestuft, weil dies zentrale Randbedingungen für die weitere Kontaktanbahnung sind (Döring, 2003).

Tab. 4.1: Beispiele für Hinweisreize, die bei medialer Kommunikation herausgefiltert werden

Modalitäten	Medien	Cues
Hören	Stimme	• *Eigenschaften des Gegenübers* (z. B. Geschlecht, Alter, regionale Herkunft) • *Zustände des Gegenübers* (z. B. Gesundheitszustand, Stimmung) • *Maßnahmen der Interaktionssteuerung des Gegenübers* (z. B. Bekräftigung der Zuhörerrolle, Vorbereitung Sprecherwechsel)
Hören	Hintergrund-geräusche	• *Eigenschaften der Umgebung* (z. B. Aufenthaltsort)
Sehen	Körperliche Erscheinung	• *Eigenschaften des Gegenübers* (z. B. Geschlecht, Alter, Ethnizität) • *Zustände des Gegenübers* (z. B. Gesundheitszustand, Stimmung)
Sehen	Kleidung, Schmuck	• *Eigenschaften des Gegenübers* (z. B. sozialer Status, Milieu/Szene/Lebensstil)
Sehen	Nonverbales Verhalten	• *Eigenschaften des Gegenübers* (z. B. Emotionen) • *Beziehung zum Gegenüber* (z. B. Nähe oder Distanz, Vertrautheit oder Fremdheit) • *Maßnahmen der Interaktionssteuerung des Gegenübers* (z. B. Bekräftigung der Zuhörerrolle, Vorbereitung Sprecherwechsel)
Sehen	Räumlichkeiten Einrichtung	• *Eigenschaften des Gegenübers* (z. B. sozialer Status, Milieu/Szene/Lebensstil)

Auf Seiten der *abhängigen Variablen* werden laut Cues Filtered Out-Approach vor allem folgende Effekte theoretisch erwartet:

- *Beschränkte Wahrnehmung des sozialen Kommunikationskontextes* (z. B. sollten theoriekonform in einer betrieblichen Mailingliste Hinweise auf Unternehmenskultur und aktuelle Arbeitsaufgaben stärker herausgefiltert bzw. weniger salient sein als in einem betrieblichen Sitzungssaal),
- *Beschränkte Wahrnehmung des Kommunikationspartners* (z. B. sollten soziodemografische Merkmale, sozialer Status, aber auch der aktuelle Emotionszustand

des Kommunikationspartners im E-Mail-Dialog weniger zugänglich sein als in einem Face-to-Face-Gespräch),

- *Verstärkte Wahrnehmung der eigenen Person* (da Informationen über Kontext und Gegenüber herausgefiltert sind, sollte die eigene Person stärker im Aufmerksamkeitsfokus stehen, was egozentristische Sichtweisen begünstigt, die die Verständigung erschweren, aber auch konstruktive nonkonformistische Äußerungen fördern können),
- *Erschwerte Regulation der Interaktion* (da nonverbale Signale fehlen, die Zustimmung, Widerspruch oder einen intendierten Sprecherwechsel anzeigen, sollte es bei der Online-Kommunikation häufiger zu Verunsicherung, Missverständnissen, unnötigen Wiederholungen und allgemein zu einem weniger effizienten Austausch kommen),
- *Egalisierte Kommunikation* (da Statusinformationen herausgefiltert sind, sollte ein gleichberechtigter Austausch resultieren, bei dem sich die Gruppenmitglieder relativ gleichmäßig beteiligen und auch Minderheitenmeinungen geäußert werden, die sonst eher untergehen),
- *Enthemmte Kommunikation* (da normierende Merkmale von Kontext und Kommunikationspartnern herausgefiltert sind und man selbst eher anonym bleibt, sollte es verstärkt zu enthemmtem Verhalten kommen. Enthemmtes Verhalten kann dabei einerseits sozial konstruktiv erlebt werden – zum Beispiel in Form verstärkter Offenheit, enthusiastischer Sympathiebekundung usw. – andererseits aber auch sozial destruktiv, beispielsweise in Form von ausfallenden und beleidigenden Bemerkungen, dem sogenannten „Flaming"),
- *Ambivalente Effekte hinsichtlich Gruppendynamik* (Egalisierungseffekte können demokratische Gruppenprozesse fördern, Enthemmungseffekte können Polarisierung und Feindbilder begünstigen),
- *Ambivalente Effekte hinsichtlich Kommunikationsergebnis* (Filterprozesse können zu chaotischen, anomischen Gruppenprozessen führen und konstruktive Ergebnisse verhindern, sie können aber auch zu demokratischen und kreativen Gruppenprozessen mit qualitativ besonders gutem Ergebnis führen).

Wo ambivalente Effekte vorhergesagt werden, fehlen offenbar noch theoretische Überlegungen zu intervenierenden Variablen, die sich beispielsweise auf die Art der Kommunikationsaufgabe oder die Zusammensetzung der Gruppe beziehen könnten.

Typische Methodik

Bei empirischen Studien zum Cues Filtered Out-Ansatz handelt es sich typischerweise um *experimentelle Kleingruppenforschung*. Exemplarisch sei das von Kiesler, Siegel und McGuire (1984) verwendete experimentelle Paradigma geschildert. Zur Operationalisierung der unabhängigen Variable wurden drei Untersuchungsbedingungen geschaffen: (1) Face-to-Face-Kommunikation zwischen einander bekannten Personen, (2) Online-Chat-Kommunikation zwischen einander bekannten Personen, (3) Online-Chat-Kommunikation zwischen anonymen Teilnehmern. Gearbeitet wurde jeweils mit Kleingruppen von drei Studierenden, die Vorerfahrungen in Chat-Kommunikation hatten.

293

Als Kommunikationsaufgabe wurde eine Diskussion über Entscheidungsdilemmata aus der sozialpsychologischen *Risikoschub-Forschung* vorgegeben (risky shift; vgl. Wallach, Kogan & Bem, 1962). Bei diesen Entscheidungsdilemmata geht es um Situationen, in denen die Entscheidung für eine bestimmte Option einerseits großen Nutzen bringt, andererseits mit einem Risiko behaftet ist. Beispiel: Soll ein Arbeitnehmer einen sicheren, aber gering bezahlten Job aufgeben zu Gunsten eines sehr gut bezahlten Jobs in einer neu gegründeten Firma, deren Zukunft ungewiss ist? Die Versuchspersonen sollen angeben, wie groß die Erfolgswahrscheinlichkeit sein muss (hier: die Wahrscheinlichkeit, dass die neu gegründete Firma überlebt), damit sie für die riskante Alternative (hier: Jobwechsel) plädieren. Eine risikofreudige Versuchsperson würde also beispielsweise angeben, dass ein Jobwechsel sich bei zumindest 60%iger Erfolgswahrscheinlichkeit lohnt. Eine weniger risikofreudige Versuchsperson würde dagegen vielleicht angeben, dass mindestens 90 % Erfolgswahrscheinlichkeit notwendig sind, um den sicheren Job aufzugeben.

In der Forschung zum Risikoschub werden die Versuchspersonen immer zuerst einzeln auf einem Fragebogen zu ihren Entscheidungsempfehlungen befragt. Anschließend diskutieren sie die Entscheidungen in der Gruppe und fällen eine gemeinsame Gruppenentscheidung. Dabei zeigt sich, dass die Gruppenentscheidung üblicherweise deutlich riskanter ausfällt als der Mittelwert der Einzelentscheidungen. Da unter bestimmten Bedingungen auch besonders vorsichtige Gruppenentscheidungen entstehen, spricht man als Überbegriff von *Gruppen-Polarisierung* (vgl. Moscovici & Zavalloni, 1969).

Als abhängige Variable wurden in diesem experimentellen Paradigma erfasst:

1. *Kommunikationseffizienz* (operationalisiert über die Zeitdauer bis zur Konsensfindung in der Gruppe; eine geringe Zeitdauer spricht für hohe Effizienz),
2. *Egalisierungsgrad der Kommunikation* (operationalisiert über die Streuung der Anzahl der Beiträge pro Person; geringe Streuung spricht für starke Egalisierung),
3. *Ausmaß des Risikoschubs* (operationalisiert über die Differenzen zwischen den Einzelentscheidungen vor der Gruppendiskussion und der Gruppenentscheidung; eine große positive Differenz spricht für einen starken Risikoschub),
4. *Verbreitung von normverletzendem Verhalten* (operationalisiert über die Anzahl von Flames, d. h. ausfallenden und beleidigenden Bemerkungen während der Diskussion).

Zentrale empirische Befunde

Das Experiment zeigte hypothesenkonform, dass in den Online-Gruppen die Kommunikation weniger effizient, aber egalitärer ausfiel als in den Face-to-Face-Gruppen und dass gleichzeitig der Risikoschub größer und normverletztendes Verhalten verbreiteter waren. Die Autorinnen betonen, dass die geringere Effizienz in den Online-Gruppen nicht nur darauf zurückzuführen ist, dass Tippen länger dauert als Sprechen, sondern dass es auch die von der Theorie postulierten Schwierigkeiten bei der Interaktionssteuerung waren, die zur längeren Konsensfindungszeit führten (z. B. überflüssige Erklärungen, weil Gruppenmitglieder durch mangelndes nonverbales Feedback nicht mitbekommen hatten, dass die anderen längst zustimmten). Signifikante Effekte zeigten sich aber nicht nur zwischen den Online- und den Face-to-Face-Gruppen, sondern auch zwischen der nicht-anonymen und der anonymen Online-Gruppe: In der anonymen Online-Gruppe beteiligten sich die Mitglieder hypothesenkonform gleichmäßiger, und sie produzierten sehr viel mehr Flames als in der nicht-anonymen Online-Gruppe. Um die Generalisierbarkeit der Befunde zu erhöhen, führten Kiesler, Siegel und McGuire (1984, S. 1129) im selben Paradigma eine Reihe weiterer Experimente mit unterschiedlichen Teilnehmerkreisen (z. B. studentische versus nicht-studentische Versuchspersonen; online-erfahrene versus online-unerfahrene Versuchspersonen; einander fremde versus befreundete Versuchspersonen) sowie mit verschiedenen Computermedien (z. B. zeitgleiche versus zeitversetzte computervermittelte Kommunikationsdienste) durch. Diese Experimente bekräftigten im Wesentlichen die vorherigen Befunde.

Der Cues Filtered Out-Approach wird zudem herangezogen, um Ergebnisse von Befragungen (Jettmar & Rapp, 1996) oder *Feldbeobachtungen* in Online-Kontexten zu interpretieren (vgl. Döring, 2003): Enthemmung auf Grund von Filtereffekten mag beispielsweise im Spiel sein, wenn Studierende ausfallende Beschwerde-E-Mails an Lehrende senden (auf Einladung aber nicht persönlich in der Sprechstunde auftauchen), wenn Menschen in Online-Selbsthilfegruppen stigmatisierte medizinische Probleme offen besprechen (die sie außerhalb des Netzes verschweigen) oder wenn sie neue Facetten ihrer Sexualität bewusst in Online-Foren und Online-Chats erkunden (weil sie sich dort weniger gehemmt fühlen).

Schließlich sind aber auch die zahlreichen anekdotischen und systematischen *Negativ-Befunde* zu erwähnen, die den Grundannahmen des Cues Filtered Out-Ansatzes widersprechen. So tritt ein Filter-Effekt hinsichtlich persönlicher Attribute der Kommunikationspartner in vielen Online-Kontexten überhaupt nicht auf, weil die Beteiligten sich entweder bereits kennen oder aktiv dafür sorgen, dass entsprechende Hintergrundinformationen übermittelt werden – wie das auch die Theorie der sozialen Informationsverarbeitung postuliert (vgl. Beitrag zu Hyperpersonal Communication und Social Information Processing in diesem Band). So werden geschäftliche E-Mails typischerweise mit einer Signatur versehen, der man Firmenzugehörigkeit, Position, Adresse, Geschlecht usw. des Kommunikationspartners entnehmen kann. Zudem drückt sich der soziale Status auch im Inhalt der Botschaften aus, wie Inhaltsanalysen zeigen (Panteli, 2001). E-Mails scheinen in Unternehmen laut Ergebnissen von Befragungsstudien zudem nicht selten für Machtkämpfe und zur Profilierung genutzt zu werden (z. B. gezieltes Versenden von E-Mail-Kopien an Vorgesetzte) und einer Egalisierung somit entgegenzuwirken (Jäckel, Lenz, Zillien, 2002).

In der geselligen Chat-Kommunikation wählen nicht wenige Teilnehmer einen Nickname, der Geschlecht und Alter auf den ersten Blick anzeigt (z. B. „tobias24"). In Online-Foren fügen die Diskutanten ihren Beiträgen manchmal einen Link auf die persönliche Homepage bei, der dann vom Portraitfoto über den Beruf bis zu Hobbys und Familienmitgliedern oft sogar viel mehr Hintergrundinformationen zu entnehmen sind, als bei einer Face-to-Face-Begegnung zur Verfügung stehen würden (vgl. Döring, 2002). Für regelrechte Enttäuschung in der feministischen Literatur hat der Befund gesorgt, dass Geschlecht im Netz so gut wie nie herausgefiltert, sondern immer sichtbar gemacht wird, so dass die ubiquitäre Geschlechterhierarchie online keineswegs automatisch nivelliert ist (vgl. Döring, 2000).

Kritik

Der Cues Filtered Out-Approach gehört zu den bekanntesten Theorien der computervermittelten Kommunikation. Mit dem Herausfiltern von Hintergrundinformationen wird ein Phänomen in das Zentrum des Ansatzes gerückt, das aus dem Erleben der Online-Kommunikation gut nachvollziehbar ist. Dieses Phänomen wird mit sozialpsychologischen Konzepten und Methoden systematisch bearbeitet. Dabei ist es ein besonderes Verdienst des Ansatzes, einerseits die sozialen Nachteile fehlender Hintergrundinformationen zu präzisieren (z. B. Probleme bei der Interaktionsregulation), andererseits aber auch deren Vorteile herauszuarbeiten (z. B. verstärkte Offenheit und Egalisierung). Theoretisch ist der Ansatz ausbaufähig, das betrifft insbesondere die Systematisierung von relevanten Cues sowie die Einbeziehung von cue-spezifischen Theorien der nonverbalen Kommunikation.

Zu relativieren ist außerdem die teilweise technikzentristisch anmutende Prämisse, dass bestimmte Kommunikationsmedien durch ihre technischen Eigenschaften automatisch bestimmte Hinweisreize eliminieren. Hier muss stärker in Rechnung gestellt werden, dass und wie die Nutzer bewusst dafür sorgen, Zusatzinformationen zu übermitteln (z. B. durch sprechende Nicknames, Verbalisierung von ansonsten nonverbal übermittelten Stimmungen, durch Bereitstellung von Fotos oder persönlichen Homepages). Dabei sind freilich nicht alle Anstrengungen einer kompensatorischen Mediennutzung von Erfolg gekrönt (vgl. Markus, 1994).

Für die Technikwissenschaften schließlich ist der sozialwissenschaftliche Cues Filtered Out-Approach von großer praktischer Bedeutung. In Abhängigkeit von der Gestaltung innovativer Kommunikationstechnologien können Anzahl und Art der integrierten Cues variiert werden. Und dies sollte möglichst zielgerichtet gemäß sozialen Prinzipien geschehen. Aus der Arbeitsgruppe um Sara Kiesler selbst stammt eine Studie, die zeigt, wie durch entsprechende Gestaltung eines Online-Konferenztools (z. B. vertikale oder horizontale Anordnung der Bildschirmfenster, in denen die Äußerungen der Chat-Partner angezeigt werden) soziale Statusunterschiede abgebildet werden können (Dubrovsky, Clapper & Ullal, 1995). Viele Online-Dating-Plattformen haben nonverbale Cues integriert, da diese gerade für Flirt und Beziehungsanbahnung sehr wichtig sind: So können potenzielle Flirtpartner einander unverbindlich Interesse signalisieren, indem sie das Profil des anderen besuchen (und dort in die Besucherliste eingetragen werden) oder eine Rose verschenken, ohne dass sie zunächst verbale Botschaften senden müssen. Bei der mobilen Kommunikation ergeben sich weitere Möglichkeiten, Hintergrundinformationen einzubeziehen, etwa den automatisch registrierten Aufenthaltsort des Kommunikationspartners (vgl. Döring & Pöschl, im Druck).

Wichtig ist es somit im Auge zu behalten, dass technisch vermittelte Kommunikation nicht nur Cues der Face-to-Face-Kommunikation herausfiltert, sondern gleichzeitig dem sozialen Austausch auch neue, sinnvoll interpretierbare Cues hinzufügt. Somit ist also ergänzend zum Reduced Social Cues-Approach auch ein Added Social Cues-Ansatz fruchtbar.

Literatur

Culnan, M. J. & Markus, M. L. (1987). Information Technologies. In F. M. Jablin, L. L. Putnam, K. H. Roberts & L. W. Porter (Eds.), *Handbook of organizational communication: An interdisciplinary perspective* (pp. 420–443). Newbury Park, CA: Sage.

Döring, N. (2000). Geschlechterkonstruktionen und Netzkommunikation. In C. Thimm (Hrsg.), *Soziales im Netz. Sprache, Beziehungen und Kommunikationskulturen im Netz* (S. 182–207). Opladen: Westdeutscher Verlag.

Döring, N. (2002). Personal Home Pages on the Web: A Review of Research. *Journal of Computer-Mediated Communication 7(3)*. http://jcmc.indiana.edu/vol7/issue3/doering.html [15.02.2008]

Döring, N. (2003). *Sozialpsychologie des Internet (2., vollst. überarb. u. erw. Aufl.)*. Göttingen: Hogrefe.

Döring, N. & Pöschl, S. (in press). Nonverbal Cues in Mobile Phone Text Messages: The Effects of Chronemics and Proxemics. In R. Ling, S. Campbell & L. Fortunati (Eds.), *The Mobile Communication Research Annual*. New York: Transaction.

Dubrovsky, V., Clapper, D. & Ullal, M. (1995). The effects of a "distinct window" screen design on computer-mediated group decision making. *Computer Supported Cooperative Work, 4(1)*, 33–49.

Dubrovsky, V., Kiesler, S. & Sethna, B. (1990). Expected and Unexpected Effects of Computer Media on Group Decision Making. *ACM SIGCHI Bulletin 21(3)*, 18–20.

Dubrovsky, V., Kiesler, S. & Sethna, B. (1991). The Equalization Phenomenon: Status Effects in Computer-Mediated and Face-to-Face Decision Making Groups. *Human Computer Interaction, 6*, 119–146.

Jäckel, M., Lenz, T. & Zillien, N. (2002). „Vor Outlook sind wir alle gleich" – Egalisierungs- und Hierarchisierungstendenzen im Zuge der E-Mail-Nutzung. *kommunikation@gesellschaft, 3*. http://www.soz.uni-frankfurt.de/K.G/B7_2002_Jaeckel_Lenz_Zillien.PDF [15.02.2008].

Jettmar, E. & Rapp, M. (1996). *CMC: A Relational Perspective*. Paper presented at the Western States Communication Association convention, Pasadena, CA.

Kiesler, S., Siegel, J. & McGuire, T. (1984). Social Psychological Aspects of Computer-Mediated Communication. *American Psychologist, 39(10)*, 1123–1134.

Markus, M. L. (1994). Finding a happy medium: explaining the negative effects of electronic communication on social life at work. *ACM Transactions on Information Systems (TOIS) 12(2)*, 119–149.

McGuire, T., Kiesler, S. & Siegel, J. (1987). Group and Computer-Mediated Discussion Effects in Risk Decision Making. *Journal of Personality and Social Psychology, 52(5)*, 917–930.

Mettler-von Meibom, B. & Donath, M. (1998). *Kommunikationsökologie: Systematische und historische Aspekte*. Münster: LIT-Verlag.

Moscovici, S. & Zavalloni, M. (1969). The group as a polarizer of attitudes. *Journal of Personality and Social Psychology, 12*, 125–135.

Panteli, N. (2002). Richness, power cues and email text. *Information and Management, 40(2)*, 75–86.

Siegel, J., Dubrovsky, V., Kiesler, S. & McGuire, T. (1986). Group Processes in Computer-Mediated Communication. *Organizational Behavior and Human Decision Processes, 37*, 157–187.

Sproull, L. & Kiesler, S. (1986). Reducing Social Context Cues: Electronic Mail in Organizational Communication. *Management Science, 32(11)*, 1492–1512.

Wallach, M., Kogan, N. & Bem, D. (1962). Group influence on individual risk taking. *Journal of Abnormal and Social Psychology, 65*, 75–86.

Social Identity Model of Deindividuation Effects (SIDE)

Nicola Döring

Worum geht es?

Ralf möchte seinen Computer durch eine Firewall vor Angriffen schützen und stößt auf Probleme. Er wendet sich Hilfe suchend an die entsprechende Newsgroup im Internet (de.comp.security.firewall) und erhält folgende Antwort:

> > Warum klappt das nicht mit dem Proxy SRC=217.160.90.84
> > an DST=217.160.90.84?
>
> Weil Du ein himmelschreiender Vollidiot bist.
> - Fehlender Realname
> - Doppeltposting
> - Plenk
> - HTML
> - Ahnungslosen an Paketfilter gelassen.
>
> Geh bitte sterben.
>
> Grüße
> Marc

Eine derartig unsachliche und beleidigende Internet-Botschaft wird als „Flame" bezeichnet. Die Anonymität im Internet gilt als Hauptursache für Flaming: Marc bleibt als Mitglied der Newsgroup persönlich unsichtbar. Und er hat seine gleichgesinnten Newsgroup-Kollegen unterstützend im Rücken, während er den Neuling gruppenöffentlich attackiert. Sich in der Gruppe stark fühlen und persönlich nicht zur Verantwortung gezogen werden, diese Situation führt aus sozialpsychologischer Sicht zum Effekt der *Deindividuation*: Wo die individuelle Identität in den Hintergrund und das Agieren in der anonymen Masse in den Vordergrund rückt, werden kritische Selbstbewertung und moralische Bedenken außer Kraft gesetzt, normverletzendes (anomisches) und antisoziales Verhalten sind die Folge. Soziale Enthemmung und wechselseitige Beleidigungen sind auch gemäß dem Reduced Social Cues-Approach typische Folgen der Anonymität im Internet (vgl. Beitrag zum Reduced Social Cues-Ansatz in diesem Band).

Der Deindividuationseffekt wurde bereits im 19. Jahrhundert von dem französischen Arzt Gustave Le Bon in seinem Buch *Psychologie der Massen* (1895) beschrieben. In der modernen Sozialpsychologie wird Deindividuation definiert als ein psychologischer Zustand reduzierter Selbstbewertung und verringerter Bewertungsangst, der zu enthemmtem und *antinormativem Verhalten* der Gruppenmitglieder führt (Diener, 1980; Festinger, Pepitone & Newcomb, 1952, Zimbardo, 1969).

Anonyme Massen oder Großgruppen, bei denen es zu Deindividuationseffekten kommt, können sich sowohl in Face-to-Face-Situationen bilden (z. B. randalierende Fußballfans) als auch im Internet (z. B. flamende Newsgroupmitglieder). Mit der Verbreitung des Internet sind zahlreiche neue Deindividuationssituationen entstanden, da das Internet nicht nur soziale Gruppenbildung unterstützt, sondern durch mediale Distanz einen hohen Grad an Anonymität erzeugen kann. Gemäß klassischer Deindividuationstheorie ist bei Online-Gruppen folglich mit besonders häufigen und massiven Normverletzungen zu rechnen.

In den 1990er Jahren wurde im Zuge der sozialwissenschaftlichen Auseinandersetzung mit computervermittelter Kommunikation die klassische Deindividuationstheorie von einer britisch-niederländischen Forschergruppe kritisiert und durch ein neues Modell, nämlich das *Social Identity Model of Deindividuation (SIDE)* abgelöst (Reicher, Spears & Postmes, 1995, Spears & Lea, 1992, 1994). Die SIDE-Perspektive geht davon aus, dass antagonistisches Verhalten in Deindividuationssituationen nicht einfach generell regelverletzend ist, sondern seinerseits bestimmten Normen folgt, die sich aus der Gruppenidentität oder der aktuellen Situation ergeben. SIDE ist besser in der Lage, die vorliegenden Befunde zu Deindividuationseffekten (für eine Metaanalyse siehe Postmes & Spears, 1998) zu erklären, als die klassische Deindividuationstheorie: So attackieren enthemmte Fußballhooligans nicht einfach irgendwelche Passanten, sondern gezielt die Anhänger der gegnerischen Mannschaft. Und enthemmte Teilnehmer von Online-Foren beleidigen auch nicht irgendjemanden, sondern zum Beispiel gezielt Neulinge oder ideologische Abweichler, die sie damit aus der Gruppe ausgrenzen. Gemäß SIDE kann es in anonymen Gruppensituationen im Internet nicht nur zu antisozialem, sondern unter bestimmten Bedingungen sogar zu verstärkt prosozialem Verhalten kommen.

Darstellung der Annahmen

Die SIDE-Perspektive integriert eine Reihe sozialpsychologischer Theorien (Spears & Lea, 1994, S. 441), darunter vor allem die namengebende Social Identity Theory (Tajfel & Turner, 1979). Diese postuliert, dass Menschen in Abhängigkeit davon, welchen sozialen Gruppen sie angehören, unterschiedliche soziale Identitäten entwickeln (z. B. „wir, die Studierenden"; „wir, die Alleinerziehenden"; „wir, die Sportler"). Welche soziale Identität gerade bewusst und handlungsleitend in den Vordergrund rückt, hängt von der jeweiligen Situation ab. So wird die Identität als Studierender eher im Hochschulkontext salient, die Identität als Elternteil eher im familiären Umfeld. Die Theorie der sozialen Identität sagt vorher, dass Menschen Gruppen, denen sie selbst angehören (sogenannte Eigengruppen bzw. Ingroups) positiver bewerten und damit ihr Selbstwertgefühl steigern, während sie Gruppen, denen sie nicht angehören (sogenannte Fremdgruppen oder Outgroups) abwerten. Dies beeinflusst dann auch das zwischenmenschliche Verhalten in der Weise, dass Angehörige derselben Gruppe sich untereinander positiv bewerten und unterstützen (intragruppales Verhalten), während sie sich gegenüber Outgroup-Mitgliedern tendenziell abweisend oder feindlich verhalten (intergruppales Verhalten). In Abhängigkeit von der Größe (Inklusivität) sozialer Gruppen lassen sich soziale Identitäten auf unterschiedlichen Ebenen ansiedeln. So können sich Fußballer und Handballer als In- und Outgroup gegenüberstehen, sie können sich aber auf einer übergeordneten (inklusiveren) Ebene auch gemeinsam als Sportler identifizieren. Ein Ansatz, um Intergruppen-Konflikte zu lösen, ist die Förderung der gemeinsamen Identifikation mit einer Gruppe auf übergeordneter Ebene. Identifiziert sich eine Person gerade nicht mit einer Gruppe, sondern ist sich ihrer vielfältigen individuellen Eigenschaften bewusst, so ist ihre personale bzw. individuelle Identität salient (vgl. Simon & Mummendey, 1997).

Die Grundannahmen von SIDE lassen sich in eine kognitive und eine strategische Dimension unterteilen (Spears & Lea, 1994, S. 443). Dabei ist zu beachten, dass SIDE sich auf die computervermittelte Kommunikation innerhalb einer Gruppe (intragruppale Kommunikation) oder zwischen Mitgliedern unterschiedlicher Gruppen (intergruppale Kommunikation) bezieht. Die kognitiven, d. h. auf die Informationsverarbeitung bezogenen, Modellannahmen lauten folgendermaßen (Spears & Lea, 1994; Spears, Postmes, Lea & Wolbert, 2002):

1. Um kognitive Effekte der computervermittelten Kommunikation (CvK) vorherzusagen, muss zunächst bei den personalen Bedingungen angesetzt und festgestellt werden, ob bei den Akteuren eine individuelle oder kollektive Identität salient ist.
2. Die für kognitive Effekte zentralen medialen Bedingungen der CvK sind visuelle Anonymität (man sieht die Kommunikationspartner nicht) und Isolation (man sitzt allein und ungestört vor dem Computer).
3. Bei der kognitiven Verarbeitung der CvK-Situation wirkt sich die Anonymität auf die wahrgenommene Gruppen-Homogenität und die Isolation auf die Selbstaufmerksamkeit aus.
4. Wenn die individuelle Identität salient ist, dann wird diese unter den Bedingungen der CvK in doppelter Weise verstärkt: Die Anonymität der Kommunikationspartner führt zur Wahrnehmung geringer Gruppen-Homogenität, und die Isolation vor dem Computer führt zu verstärkter Fokussierung der Aufmerksamkeit auf die eigene Person und die eigenen Gedanken und Gefühle (private Selbstaufmerksamkeit). Beides schwächt den sozialen Einfluss und verstärkt die Besinnung auf die Individualität. Dementsprechend orientiert sich eine Person mit salienter individueller Identität in CvK-Situationen verstärkt an ihren individuellen Werten und Normen.
5. Wenn dagegen eine soziale Identität salient ist, wird diese unter CvK-Bedingungen ebenfalls verstärkt: Im Zustand sozialer Identifikation wird die Eigengruppe bevorzugt, was bei visueller Anonymität zur Wahrnehmung verstärkter Gruppen-Homogenität führt, d. h. die Individualität und Unterschiedlichkeit der Gruppenmitglieder wird unterschätzt. Die ungestörte Selbstaufmerksamkeit durch Isolation intensiviert zusätzlich die bereits aktivierte soziale Identität. In der Konsequenz resultiert eine verstärkte Orientierung an den Werten und Normen der Gruppe.

Neben kognitiven Prozessen postuliert SIDE auch strategische, d. h. auf soziales Handeln und dessen Konsequenzen bezogene, Prozesse gemäß folgenden Annahmen (Spears & Lea, 1994; Spears, Postmes, Lea & Wolbert, 2002). Die Strategie besteht darin, möglichst positive Handlungskonsequenzen zu erreichen bzw. negative zu vermeiden:

1. Um strategische Effekte der computervermittelten Kommunikation vorherzusagen, muss wiederum zunächst bei den personalen Bedingungen angesetzt und festgestellt werden, ob bei den Akteuren eine individuelle oder kollektive Identität salient ist.

2. Die für strategische Effekte zentralen medialen Bedingungen der CvK sind die Komplemente von Anonymität und Isolation – nämlich *Identifizierbarkeit* (man selbst kann von den Kommunikationspartnern – insbesondere den Mitgliedern der Fremdgruppe – identifiziert werden) und *Kopräsenz* (die Kommunikationspartner – insbesondere die Mitglieder der Eigengruppe – sind in räumlicher Nähe oder zumindest visuell präsent).
3. Aus strategischer Perspektive wirkt sich die Identifizierbarkeit auf das Selbstpräsentationsverhalten aus und die Kopräsenz auf die Wahrnehmung sozialer Unterstützung.
4. Ist bei einer Person eine soziale Identität salient, dann wird sie sich durch Kopräsenz der Eigengruppenmitglieder gestärkt fühlen und sich gemäß den Werten der Eigengruppe in ihrem Verhalten von Fremdgruppen-Mitgliedern abgrenzen; insbesondere wenn sie für die Fremdgruppe auf Grund medialer Distanz nicht identifizierbar und somit vor Negativfolgen geschützt ist.

Typische Methodik

Die Überprüfung der Theorie findet vor allem durch experimentelle Kleingruppenforschung im Labor statt. Exemplarisch sei das von Russell Spears, Martin Lea und Stephen Lee (1990) verwendete experimentelle Paradigma geschildert. Manipuliert wurden die beiden unabhängigen Variablen „saliente Identität" (personale vs. soziale Identität) und „Deindividuation" (Anonymität vs. keine Anonymität). Die Identitäts-Manipulation wurde durch die Instruktion erzeugt, die den studentischen Versuchspersonen entweder mitteilte, ihr individuelles Verhalten würde untersucht oder ihr Verhalten als Gruppe von Psychologiestudierenden. In der Deindividuationsbedingung befanden sich die Versuchspersonen in unterschiedlichen Räumen, in der Individuationsbedingung im selben Raum. Kommuniziert wurde in beiden Fällen computervermittelt per E-Mail in Dreier-Gruppen.

Als abhängige Variable wurde ganz im Sinne der Forschung zur Gruppenpolarisierung (vgl. Beitrag zum Reduced Social Cues-Ansatz in diesem Band) erfasst, wie stark sich die Meinungen der Einzelnen der Gruppennorm anpassen. Diskussionsgegenstände waren vier kontroverse Themen (z. B. Privatisierung staatlicher Betriebe). Die Versuchspersonen gaben zunächst unabhängig voneinander ihre Meinungen zu den vier Themen ab (Zustimmung auf Rating-Skalen). Am Tag des eigentlichen Versuchs erhielten sie dann ein Informationsheft, dem sie nicht nur das erste Diskussionsthema, sondern auch die Meinung von Studierenden zu diesem Thema erfuhren (z. B. „67,8 % der Studierenden lehnen die Privatisierung ab"). Durch die Bekanntgabe eines solchen (empirischen) Meinungsbildes wurde die Gruppennorm vorgegeben. Nachdem sich die Versuchspersonen auf der Basis dieser Vorinformation ihre Argumente zurechtgelegt hatten, begann die computervermittelte Diskussion mit den jeweils anderen beiden Mitgliedern der Ad-hoc-Gruppe. Im Anschluss an die zehnminütige Diskussion hielt jede Person erneut ihre Meinung auf einer Ratingskala fest. Dann folgte die Diskussion zum nächsten Thema. Die Meinungsveränderungen über alle vier Themen wurden zu einem Gesamtwert der normkonformen Meinungsänderung zusammengefasst.

Zentrale empirische Befunde

Theoriekonform zeigte sich, dass bei Deindividuation diejenigen Personen mit salienter personaler Identität der Gruppennorm besonders wenig (negativer Wert) und die mit salienter sozialer Identität der Gruppennorm besonders stark folgten (positiver Wert; vgl. Tab. 4.2), wobei der Effekt statistisch signifikant war.

Tab. 4.2: Meinungsänderung in Richtung Gruppennorm nach CvK-Diskussion (Daten aus Spears, Lea & Lee, 1990, S. 128)

	Deindividuation	Individuation
soziale Identität salient	+ 1,20 (n = 12)	– 0,29 (n = 11)
personale Identität salient	– 1,51 (n = 11)	+ 0,75 (n = 10)

In einer Reihe weiterer experimenteller Studien konnte nachgewiesen werden, dass visuelle Anonymität bei der computervermittelten Kommunikation nicht generell zu anomischem Verhalten führt (wie zum Beispiel der Reduced Social Cues-Ansatz behauptet; vgl. Beitrag in diesem Band), sondern bei salienter sozialer Identität eine besonders starke Orientierung an den Gruppennormen nach sich zieht (vgl. Lea, Spears & de Groot, 2001; Postmes, Spears, Sakhel & De Groot, 2001). SIDE-Experimente zeigten, dass es im Netz bei aktivierter Geschlechtsidentität und gleichzeitiger visueller Anonymität der Kommunikationspartner zu verstärkter Geschlechter-Stereotypisierung und -Diskriminierung kommen kann (Postmes & Spears, 2002a, 2002b).

Die strategische (d. h. handlungsbezogene) Dimension des SIDE-Modells ist bislang weniger untersucht worden. In einer experimentellen SIDE-Studie wurde beispielsweise nachgewiesen, dass Studierende ihre kritische Meinung als Gruppe offensiver gegenüber einem Lehrenden (also einem Mitglied der Outgroup) vertreten, wenn sie vorher im Zuge computervermittelter Kommunikation Unterstützung und Zustimmung von Mitgliedern der Ingroup erhalten haben (Spears, Postmes, Lea & Wolbert, 2002). In einem anderen Experiment zeigte sich, dass insbesondere Frauen ihr Online-Geschlecht (dargestellt über den gewählten Avatar) strategisch wählen: Wenn es um traditionell weibliche Gesprächsthemen geht, wählen Frauen eher einen weiblichen Avatar, während sie bei „Männer-Themen" eher unter neutralen oder männlichen Avataren agieren. Die Männer dagegen wählten unabhängig vom Diskussionsthema neutrale oder männliche Avatare. Dies lässt sich aus SIDE-Perspektive so interpretieren, dass Frauen durch die Wahl eines männlichen Nickname (Online-Spitznamen) der negativen Bewertung durch die Outgroup ausweichen, dadurch aber auch unsichtbarer werden (Spears, Postmes, Lea & Wolbert, 2002).

Befunde aus Befragungs- und Beobachtungsstudien weisen darauf hin, dass sich in natürlichen Online-Gruppen über die Zeit hinweg die Normbindung verstärkt und dass Flaming durchaus normkonform interpretiert werden kann (Postmes, Spears & Lea, 2000). Eine Studie zu deutschsprachigen Chat-Rooms zeigte, dass die Chat-Gruppen ihre jeweiligen Normen in eigenen Regelwerken (Chatiquetten) explizieren und Normverletzungen durch ein Outgroup-Mitglied kollektiv sanktionieren, etwa durch spöttische oder beleidigende Kommentare (Döring, 2001). Aus SIDE-Perspektive kann sich ein Chatter vor der Ingroup profilieren, indem er das Outgroup-Mitglied chatöffentlich sanktioniert (vgl. Douglas & McGarty, 2001).

Kritik

Das Social Identity Model of Deindividuation Effects ist eine sozialpsychologische Theorie, die die klassische Deindividuationstheorie weiterentwickelt und von ihren Autoren zum Zweck der Theorieprüfung oft auf Online-Kontexte angewendet wird. Als besonderes Merkmal von Online-Kontexten wird dabei die visuelle Anonymität hervorgehoben, das heißt die Tatsache, dass die Kommunikationspartner sich bei textbasierter computervermittelter Kommunikation (z. B. E-Mail) nicht sehen können. Bei visueller Anonymität treten gemäß der Theorie Prozesse der sozialen Kategorisierung und der sozialen Identität besonders akzentuiert auf (z. B. verstärkte Wahrnehmung der Kommunikationspartner als wohlgesonnene Ingroup-Mitglieder oder feindliche Outgroup-Mitglieder).

Aus Medienperspektive hat SIDE nur begrenzte Aussagekraft, da das Modell lediglich textbasierte Kommunikation betrachtet und Einflüsse von weiteren Medienmerkmalen nicht thematisiert. Die favorisierte Methodik der experimentellen Laborforschung schränkt die Generalisierbarkeit der Befunde auf reale Internet-Kontexte deutlich ein. So können im Labor beispielsweise nur kurzfristige Effekte beobachtet und Kleingruppen untersucht werden, während sich viele Internet-Nutzer über längere Zeit in großen Online-Communities bewegen.

Die vom SIDE-Modell postulierten Akzentuierungs-Effekte beziehen sich auf jeweils *eine* bereits saliente (personale oder soziale) Identität. Wie diese Startbedingung in realen Internet-Szenarien zustande kommt, die durch große, heterogene und binnenstrukturierte (z. B. Neuling, Stammnutzer, Moderator etc.) Teilnehmerkreise geprägt sind, wäre theoretisch und empirisch noch genauer zu klären. So lässt sich etwa vermuten, dass bei der Teilnahme an Netzforen ohne Zugangsbeschränkungen und/oder bei Foren mit Mainstream-Themen seltener *eine* bestimmte soziale Identität salient ist, als bei der Teilnahme an Netzforen mit Zugangsbeschränkungen (z. B. Frauen-Mailinglisten mit persönlicher Anmeldung) und/oder marginalisierten Themen (z. B. Depressions-Selbsthilfegruppen im Netz).

Neben den Zugangskriterien und dem Thema des Forums sowie dem eigenen Netzengagement mag auch der aktuell verhandelte *Thread* ausschlaggebend dafür sein, ob man einfach als Individuum persönliche Meinungen äußert, oder sich als Mitglied einer sozialen Gruppe angesprochen fühlt und aus dieser Perspektive (re-) agiert. Geben sich Personen im Zuge eines kontroversen Threads als Mitglieder unterschiedlicher sozialer Kategorien zu erkennen, so dass sich die Kommunikation als Inter-Gruppen-Prozess gestaltet, ist die Gefahr des Ingroup-Outgroup-Antagonismus insofern verstärkt, als die beiläufige Wahrnehmung individualisierender Merkmale entfällt. Andererseits besteht wegen der Pluralität der Publika in öffentlichen Foren auch die Chance, dass Diskussionen sich eben nicht in einer Pro- und Kontra-Struktur festfahren, sondern vielfältigere Perspektiven eröffnen, die es den Angehörigen unterschiedlicher Kategorien auch ermöglichen, in einem dritten oder vierten Fokus eine inklusive Kategorie zu entdecken. Aus sozialpsychologischer Perspektive wäre es wünschenswert, die Wirkmechanismen sozialer Kategorisierung (man nimmt einen Online-Kommunikationspartner als Angehörigen einer bestimmten sozialen Kategorie oder Gruppe wahr) und sozialer Identität (man fühlt sich gerade als Mitglied einer Gruppe, die einem wichtig ist) deutlicher voneinander abzugrenzen.

Sofern es gelingt, die Salienz individueller oder kollektiver Identitäten im Vorfeld der computervermittelten Kommunikation zu diagnostizieren oder gar gezielt zu beeinflussen, kann in der Anwendungspraxis selektiv von identitätsverstärkenden Effekten profitiert werden: Sei es, dass man Personen ermutigen will, ihre eigene Meinung in der Gruppe stärker zu vertreten (Salienz der personalen Identität; z. B. Selbstsicherheits-Training im Netz), oder dass man ihre Gruppenidentifikation und -konformität unterstützen möchte (Salienz der sozialen Identität; z. B. Online-Bürgerinitiativen). Ein erster Ansatz der praktischen Umsetzung der Theorie ist das SIDE-VIEW-System, das kollaboratives Lernen unterstützen soll (Lea, Rogers & Postmes, 2002).

Literatur

Diener, E. (1980). Deindividuation: The absence of self-awareness and self-regulation in group members. In P. B. Paulus (Ed.), *The psychology of group influence* (pp. 209–242). Hillsdale, NJ: Lawrence Erlbaum.

Döring, N. (2001). Belohnungen und Bestrafungen im Netz: Verhaltenskontrolle in Chat-Foren. *Gruppendynamik und Organisationsberatung – Zeitschrift für angewandte Sozialpsychologie, 32(2)*, 109–143.

Döring, N. (2003). *Sozialpsychologie des Internet* (2., vollst. überarb. u. erw. Aufl.). Göttingen: Hogrefe.

Douglas, K. M. & McGarty, C. (2001). Identifiability and self-presentation: Computer-mediated communication and intergroup interaction. *British Journal of Social Psychology, 40*, 399–416.

Festinger, L., Pepitone, A. and Newcomb T. (1952). Some consequences of deindividuation in a group. *Journal of Abnormal and Social Psychology, 47*, 382–389.

Le Bon, G. (1895/1911). Psychologie der Massen. http://www.textlog.de/le-bon-psychologie.html [15.02.2008].

Lea, M., Rogers, P. & Postmes, T. (2002). SIDE-VIEW: Evaluation of a system to develop team players and improve productivity in Internet collaborative learning groups. *British Journal of Educational Technology, 33*, 54–64.

Lea, M., Spears, R. & de Groot, D. (2001). Knowing me, knowing you: Anonymity effects on social identity processes within groups. *Personality and Social Psychology Bulletin, 27*, 562–537.

Postmes, T. & Spears, R. (1998). Deindividuation and anti-normative behavior: A meta-analysis. *Psychological Bulletin, 123*, 238–259.

Postmes, T. & Spears, R. (2002a). Behavior Online: Does Anonymous Computer Communication Reduce Gender Inequality? *Personality and Social Psychology Bulletin, 28*, 1073–1083.

Postmes, T. & Spears, R. (2002b). Contextual moderators of gender differences and stereotyping in computer-mediated group discussions. *Personality and Social Psychology Bulletin, 28*, 1073–1083.

Postmes, T., Spears, R. & Lea, M. (2000): The formation of group norms in computer-mediated communication. *Human Communication Research, 26(3)*, 341–371.

Postmes, T., Spears, R., Sakhel, K. & de Groot, D. (2001). Social influence on computer-mediated communication: The effects of anonymity on group behaviour. *Personality and Social Psychology Bulletin, 27(10)*, 1243–1254.

Reicher, S., Spears, R. & Postmes, T. (1995). A social identity model of deindividuation phenomena. In W. Stroebe & M. Hewstone (Eds.), *European review ofsocialpsychology* (Vol. 6) (pp. 161–198). Chichester, England: John Wiley & Sons.

Simon, B. & Mummendey, A. (1997). Selbst, Identität und Gruppe: Eine sozialpsychologische Analyse des Verhältnisses von Individuum und Gruppe. In A. Mummendey & B. Simon (Hrsg.), *Identität und Verschiedenheit. Zur Sozialpsychologie der Identität in komplexen Gesellschaften* (S. 11–38). Bern: Hans Huber.

Spears, R. & Lea, M. (1992). Social influence and the influence of the social in computer-mediated communication. In M. Lea (Ed.), *Social contexts of computer-mediated communication* (pp. 30–65). Hemel Hempstead, GB: Harvester Wheatsheaf.

Spears, R. & Lea, M. (1994). Panacea or Panopticon? The Hidden Power in Computer-Mediated Communication. *Communication Reasearch, 21(4)*, 427–459.

Spears, R., Lea, M. & Lee, S. (1990). De-individuation and group polarisation in computer-mediated communication. *British Journal of Social Psychology, 29*, 121–134.

Spears, R., Postmes, T., Lea, M. & Wolbert, A. (2002). The power of influence and the influence of power in virtual groups: A SIDE look at CMC and the Internet. *The Journal of Social Issues. Special Issue: Social impact of the Internet, 58*, 91–108.

Tajfel, H. & Turner, J. C. (1979). An integrative theory of intergroup conflict. In W. G. Austin & S. Worchel (Eds.), *The socialpsychology of intergroup relations* (pp. 33–47). Monterey, CA: Brooks/Cole.

Zimbardo, P. G. (1969). The human choice: Individuation, reason, and order vs. deindividuation, impulse, and chaos. In W. J. Arnold & D. Levine (Eds.), *Nebraska symposium on motivation* (pp. 237–307). Lincoln: Univ. of Nebraska Press.

Cuelessness und Electronic Propinquity

Oliver Fischer

Worum geht es?

Bei dem Modell der Cuelessness (Rutter, 1987; Rutter & Stephenson, 1977) und dem der Electronic Propinquity (Korzenny, 1978) handelt es sich um zwei unterschiedliche Modelle, die allerdings eine zentrale Gemeinsamkeit aufweisen: Sie beschäftigen sich mit der Wirkung der Reichhaltigkeit von Medien auf die wahrgenommene interpersonelle Distanz der Kommunikationspartner. Die unvermittelte Kommunikation wird in beiden Fällen als optimal, andere Formen von Kommunikation als eingeschränkt bewertet. Es handelt sich also um ein Defizitmodell vermittelter Kommunikation. Dem Modell der *Cuelessness* zufolge führt der für vermittelte Kommunikation typische Mangel an sozialen Kontextinformationen zu einer Erhöhung der psychologischen Distanz, die wiederum zu einer Versachlichung

305

der Kommunikation führt. Die Theorie der *Electronic Propinquity* von Korzenny präzisiert hingegen in erster Linie Variablen, die bei vermittelter Kommunikation das Gefühl von Nähe erhöhen. Im Gegensatz zu anderen Defizitmodellen enthält diese Theorie Hinweise auf die Wirkung sowohl von sozialen Regeln als auch von individuellen Mediennutzungsfertigkeiten. Diese Aspekte fanden später Eingang in Walthers (1997) Theorie der sozialen Informationsverarbeitung.

Darstellung der Annahmen

Die Theorie der Cuelessness formulierten Rutter und Stephenson (1978; Kemp & Rutter, 1982; Rutter, 1987) zunächst mit Bezug auf Telefonkommunikation. Ihre Argumentation war, dass der Mangel an nonverbalen Cues zu einem Gefühl sozialer Distanz gegenüber dem Kommunikationspartner führt, und dass mit diesem Gefühl sozialer Distanz eine Versachlichung einhergeht, die Einfluss auf das zu erwartende Ergebnis hat. Die Überlegungen des Cuelessness-Modells fanden weitgehend Eingang in das Konzept der Social Presence (Short, Williams & Christie, 1978; vgl. Beitrag zur Sozialen Präsenz in diesem Band), und in diesem Kontext wird das Modell zumeist auch heute noch zitiert.

Felipe Korzenny (1978) formulierte seine Theorie der Electronic Propinquity mit einem vergleichbaren Grundgedanken. Die zentrale Aussage der aus axiomatisch anmutenden Zusammenhangsaussagen bestehenden Theorie Korzennys ist, dass die Nähe zwischen Kommunikationspartnern eine für das Funktionieren von Kommunikation unverzichtbare Größe ist, und dass für die Verwendung elektronischer Medien eine bestimmte Anzahl an Faktoren zu berücksichtigen ist, deren gemeinsame Wirkung das Gefühl von Nähe determiniert. Im Unterschied zum Cuelessness-Modell trifft das Modell der Electronic Propinquity in erster Linie Aussagen zu den Determinanten und nicht zu den Konsequenzen psychologischer Distanz. Zentraler Terminus der Theorie Korzennys ist der der Nähe (engl. propinquity). Dieser Begriff bezeichnet zunächst einmal die räumliche Ko-Lokation bzw. Distanz der Kommunikationspartner. Korzenny argumentiert, dass der Aspekt der räumlichen Nähe in der bisherigen Kommunikationsforschung nicht angemessen berücksichtigt würde, denn insgesamt bestünde ein regelhafter Zusammenhang zwischen der räumlichen Nähe und der Kommunikationsintensität. Im Gegensatz etwa zu Halls Konzept der interpersonalen Distanz (Hall, 1959) konzipiert Korzenny „Propinquity" allerdings nicht als physikalische Distanz. Vielmehr folgt er Collins und Raven (1969), indem er eine Unterscheidung zwischen funktionaler und physikalischer Propinquity vornimmt. Im Gegensatz zur physikalischen Nähe handelt es sich bei der funktionalen Nähe um eine subjektive Größe. Und eben diese Größe legt Korzenny seiner Konzeption der Electronic Propinquity zugrunde. Der Begriff der Propinquity ist somit identisch mit dem der psychologischen Distanz (Kirste & Monge, 1974; Monge & Kirste, 1980).

Korzennys Theorie besteht aus einer Reihe von Annahmen dazu, welche Variablen die Propinquity determinieren (vgl. **Tabelle 4.3**), und wie diese Variablen miteinander interagieren. Bei jeder der genannten Determinanten handelt es sich um subjektiv wahrgenommene Größen – mit Ausnahme der Kommunikationsfertigkeiten. Diese müssen, so Korzenny (1978), über ein objektives Kriterium operationalisiert werden.

Tab. 4.3: Determinanten der Propinquity

- Die psychologische *Bandbreite* als perzipierte Menge an Information
- Die perzipierte *Kapazität des Kanals* für Bidirektionalität
- Die vorhandenen *Kommunikationsfertigkeiten*
- Die perzipierte Anzahl an *Kommunikationsregeln*, an welche sich die Kommunikationspartner anpassen müssen
- Die wahrgenommene *Auswahl an Kommunikationskanälen*

Die Annahmen über die Interaktion der einzelnen Determinanten der Propinquity stellen das eigentliche Kernstück der Theorie Korzennys dar. Er formuliert 6 Hauptannahmen („Major Propositions", vgl. Tab. 4.4), aus denen er 15 Korrolarien ableitet. Diese Korrolarien treffen Aussagen über den Zusammenhang der verschiedenen Variablen untereinander (für vertiefende Informationen Korzenny, 1978). Zusätzlich nimmt er zwei „Limit-Propositions" an, die die bereits erwähnten Maximal- und Minimalwerte der erforderlichen Propinquity markieren.

Tab. 4.4: Hauptannahmen und limitierende Annahmen

Hauptannahmen

- *Mit steigender Bandbreite steigt die Propinquity*
  Mit Bandbreite ist in Anlehnung an Ryan und Craig (1975) das Spektrum der durch die Kommunikation angesprochenen Sinnesmodalitäten gemeint. Das Gefühl von Nähe steigt mit der Anzahl einbezogener Modalitäten.
- *Mit steigender Komplexität sinkt die Propinquity*
  Komplexität bezieht sich auf die Vielfalt und Diskrepanz der zu vermittelnden Information. Bleiben bei einer hochkomplexen Aufgabe alle anderen Variablen (Bidirektionalität, Bandbreite etc.) konstant, nimmt angesichts der erhöhten Anforderung die wahrgenommene Nähe zum Kommunikationspartner ab.
- *Mit steigender Bidirektionalität steigt die Propinquity*
  Mit Bidirektionalität ist die Möglichkeit zu direktem Feedback angesprochen. Korzenny bezieht sich auf die frühen Ergebnisse der Communication Studies Group um Kiesler (Kiesler, Siegel & McGuire, 1984), die – ebenso wie Rutter im Kontext der der Cuelessness-Theorie (Rutter & Stephenson, 1978) – für technisch mediierte Kommunikation verschlechtertes Turn-taking und eine erhöhte Formalisierung der Kommunikationsinhalte beobachtete.
- *Mit steigender Kommunikationsfertigkeit steigt die Propinquity*
  Diese Variable zielt auf die medienspezifischen Nutzungsfertigkeiten ab. Mit zunehmenden Fertigkeiten können die Möglichkeiten eines Mediums besser genutzt werden, was wiederum zu einer erhöhten perzipierten Nähe führt. Diese Annahme wird später von unter anderem von Walther (1999) wieder aufgegriffen und systematisiert.
- *Mit steigender Anzahl an Kommunikationsregeln sinkt die Propinquity*
  Technisch vermittelte Kommunikation, so Korzenny (1978), wird häufig durch formale Regeln stärker strukturiert, und diese Regeln reduzieren die wahrgenommene Nähe zum Kommunikationspartner.
- *Mit geringer werdender Kanalauswahl steigt die Propinquity*
  Diese zunächst kontraintuitiv wirkende Annahme bedeutet, dass vermittelte Kommunikation dann als besonders deprivierend wahrgenommen wird, wenn auch andere Modalitäten (ggf. mit mehr Bandbreite und Bidirektionalität) verfügbar gewesen wären. Die Wahrnehmung der Reichhaltigkeit von E-Mail-Kommunikation wird also davon abhängen, ob zusätzlich noch Telefon oder Face-to-Face-Kommunikation möglich gewesen wären.

Limitierende Annahmen

- *Der Maximalwert der Propinquity wird durch entstehende Konflikte determiniert.* Korzennys Theorie bezieht sich auf Kommunikation in Organisationen. In diesen Kontexten seien Konflikte häufig, und die Intensität dieser Konflikte beschränkt die Intensität der wahrgenommenen Nähe.
- *Der Minimalwert der Propinquity wird durch die Turbulenz der Umwelt festgelegt.* Mit dieser Variable bezieht sich Korzenny auf den Anpassungsdruck, dem Organisationen ausgesetzt sind. Mit steigender Turbulenz der Umwelt steigt dieser Anpassungsdruck, der wiederum ein steigendes Mindestmaß an Nähe zwischen den Mitgliedern der Organisation voraussetzt, um die erforderlichen Anpassungen überhaupt bewerkstelligen zu können.

Abbildung 4.3 zeigt nochmals die in den Hauptannahmen enthaltenen Abhängigkeiten:

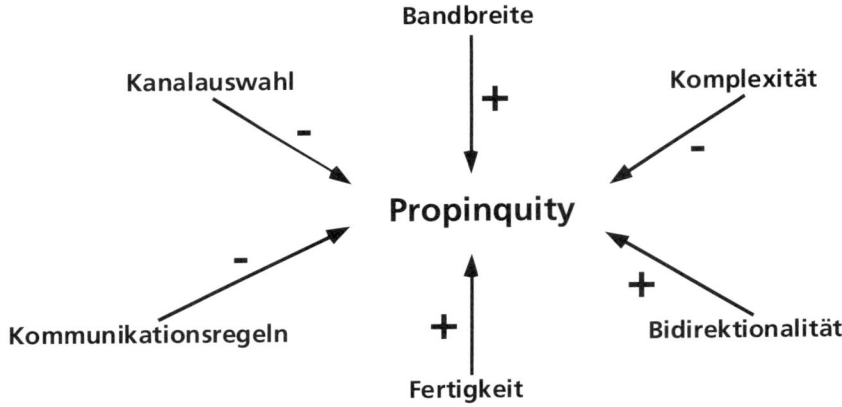

Abb. 4.3: Determinanten der Electronic Propinquity

Typische Methodik

Das Modell Korzennys wurde, sicher auch auf Grund seiner enormen Komplexität, lediglich einmal getestet – nämlich von ihm selbst (Korzenny & Bauer, 1981). Im Rahmen eines Experimentes hatten Gruppen zu je drei Personen in verschiedenen vermittelten Kommunikationsbedingungen eine gemeinsame Entscheidung zu einer unternehmensbezogenen Aufgabenstellung zu treffen. Anschließend wurde anhand von Rating-Skalen die wahrgenommene Nähe erhoben. Weitere Untersuchungen zur Theorie der Propinquity existieren nicht.

Im Gegensatz hierzu liegen zum Cuelessness-Modell verschiedene Untersuchungen vor. Die früheste, noch vor der Veröffentlichung des eigentlichen Modells zitierte Untersuchung stammt von Argyle, Lalljee und Cook (1968). Hierbei wurde Studenten die Gelegenheit gegeben, sich entweder face-to-face oder aber in einer telefonisch vermittelten Situation kennenzulernen. Die Interaktionsprotokolle wurden anschließend auf Satzlänge und Überschneidungen untersucht. Eine weitere, häufig zitierte Untersuchung verglich den Sprachstil und die Inhalte von Unterhaltungen des damaligen US-Präsidenten Nixon unter Face-to-Face-Bedingungen mit dem Stil, den er während Telefongesprächen mit denselben Personen zeigte (Wilson & Williams, 1977). Hierbei handelte es sich also um einen Vergleich von Face-to-Face- und Telefonkommunikation, bei dem natürliches Verhalten verglichen und die potenzielle Störvariable „Adressat" kontrolliert wurde. Die Aufnahmen waren im Rahmen des Watergate-Skandals veröffentlicht worden.

Morley und Stephenson (1969, 1970) prüften die Wirkung von Medien auf den Ausgang von Konfliktverhandlungen. In einem Experiment verhandelten Studenten in der Rolle von Arbeitgebern bzw. Gewerkschaftern einen Interessenkonflikt entweder über Telefon oder face-to-face. Die Hintergrundinformation für diese Verhandlung war in allen Bedingungen dieselbe. Allerdings wurde die Hälfte der Teilnehmer instruiert, sie hätten eigentlich die besseren Argumente. Von Interesse war nun, in welcher Bedingung sich dieses Bewusstsein deutlicher auswirken würde.

Die zentrale Untersuchung allerdings stammt von Rutter, Stephenson und Dewey (1981). Sie untersuchten dyadische Kommunikationssituationen, teilweise unter Einsatz von blinden Versuchsteilnehmern. In sehenden, gemischten und blinden Dyaden wurden Aufgaben bearbeitet. Die Inhalte der Diskussionen wurden anschließend hinsichtlich ihres Inhaltes bewertet. Zusätzlich füllten die Teilnehmer der Untersuchung Fragebögen zur perzipierten psychologischen Distanz aus.

Zentrale empirische Befunde

Die Ergebnisse stützten die Annahmen der Electronic Propinquity-Theorie zum Einfluss der fünf Faktoren auf die psychologische Nähe und die daraus resultierende Zufriedenheit mit der Kommunikation nicht. Dieses Ergebnis wurde wohlwollend auf methodische Mängel der Studie zurückgeführt (Korzenny & Bauer, 1981; Walther, 1999). Die Studie wurde dann nicht mehr repliziert, aber Walther (1999) prüfte in seiner Theorie sozialer Informationsverarbeitung (vgl. Beitrag zu Hyperpersonal Communication und Social Information Processing in diesem Band) eine wichtige Determinante der Propinquity, nämlich die der Fertigkeit.

Die Annahmen des Cuelessness-Modells konnten weitestgehend gestützt werden: Bei der frühen Untersuchung von Argyle, Lalljee und Cook (1968) waren die Sätze in der vermittelten Kommunikationssituation kürzer, und es gab deutlich weniger Überschneidung der Äußerungen als in der Face-to-Face-Situation. Die Autoren führten dies darauf zurück, dass für den Wechsel von Sprecher- und Zuhörerrolle entscheidende Hinweisreize fehlten. Die Versuchsteilnehmer waren daher vorsichtiger, um den Redefluss nicht übermäßig oft zu unterbrechen. Auch die Studie von Wilson und Williams (1977) erbrachte vergleichbare Ergebnisse. Die Telefongespräche waren kürzer, enthielten mehr Uneinigkeiten und wurden von externen Beurteilern als weniger angenehm und persönlich bewertet als die ebenfalls aufgenommenen Face-to-Face-Gepräche mit denselben Personen. In der Untersuchung von Morley und Stephenson (1969, 1970) zeigte sich, dass Versuchsteilnehmer, die die gewichtigeren Argumente auf ihrer Seite sahen, diese in der Audio-Bedingung besser durchsetzen konnten als in der Face-to-Face-Bedingung. Die Interpretation lautete, dass für Zwecke reiner Überzeugung vermittelte Kommunikation offensichtlich besser geeignet sei, ja dass möglicherweise die durch vermittelte Kommunikation erreichte Versachlichung sogar die Durchsetzung der besseren Argumente begünstigt.

Die Untersuchung von Rutter, Stephenson und Dewey (1981) schließlich stützte grundsätzlich die Hypothese des Cuelessness-Modells, dass nämlich mit der Kommunikation über Telefon eine Tendenz zur Versachlichung einhergeht. Allerdings zeigte sich auch, dass blinde Versuchspersonen die Tendenz zur Versachlichung kompensierten: War zumindest eine der beiden Versuchspersonen blind, so war die Konversation deutlich informeller. Kemp und Rutter (1986) berichten ähnliche Ergebnisse.

Kritik

Die zentralen Einwände gegen das Modell der Cuelessness beziehen sich auf die technikdeterministische Grundannahme, dass die Verwendung von Medien Hinweisreize aus der Kommunikation entfernt und auf diese Weise zu einer Versachlichung der Diskussion führt. Sicher auch aus diesem Grund wird die Theorie oft mit der technikpessimistischen Grundhaltung Sara Kieslers und den Cues Filtered Out-Ansätzen in Verbindung gebracht (vgl. Beitrag zu Reduced Social Cues in diesem Band). Ob diese Kritik gerechtfertigt ist, ist allerdings fraglich. In der Tat geht das Cuelessness-Modell davon aus, dass bei vermittelter Kommunikation verschiedene nonverbale Hinweisreize nicht verfügbar sind. Aber das Modell deutet auch an, dass die technikbedingte Versachlichung von Kommunikation ebenso dazu führen kann, dass sich in einer Diskussion die eigentlich stichhaltigeren Argumente durchsetzen. Gleichzeitig zeigen die zitierten Ergebnisse, dass menschliches Verhalten adaptiv ist und technikinduzierte Mängel kompensiert werden können, so dass von Technikdeterminismus im strengen Sinne keine Rede sein kann. Hier wird also ein Argument antizipiert, das erst deutlich später wieder von Walther (1997) aufgegriffen wird (vgl. Beitrag zu Hyperpersonal Communication in diesem Band). Dass das Cuelessness-Modell wichtige Überlegungen zu einem sehr frühen Zeitpunkt systematisiert hat, ändert allerdings nichts daran, dass es heute in erster Linie von historischer Bedeutung ist, denn es nimmt weder eine Systematisierung von Aufgabentypen vor (wie etwa Media Richness oder Media Synchronicity; vgl. Beiträge in diesem Band), noch elaboriert es den sozialen Kontext der Medienverwendung (wie etwa das Social Influence Model; vgl. Beitrag zum Modell des sozialen Einflusses in diesem Band).

Bei der Theorie Korzennys stellt sich die Lage anders dar. Die Kernschwächen seines Ansatzes bestehen einerseits in der mangelhaften empirischen Prüfung und andererseits in der eigentlich atheoretischen Auflistung relevanter Einflussfaktoren. Dass bisher lediglich ein einziger Versuch einer empirischen Prüfung stattgefunden hat, liegt möglicherweise daran, dass die – durchaus nicht triviale – Operationalisierung der zahlreichen subjektiven wie objektiven Variablen durch Korzenny nur sehr unvollständig geleistet wurde. Auf dem Hintergrund aktuellerer theoretischer Entwicklungen erscheint es ohnehin fragwürdig, ob tatsächlich alle Einflussfaktoren lediglich subjektivistisch zu konzipieren sind und warum nun ausgerechnet bei der Bewertung der Fertigkeiten eine nur objektive Operationalisierung zu wählen ist. Untersuchungen von Staples, Hulland und Higgins (1998) zur Bedeutung der Selbstwirksamkeitserwartungen von Mitarbeitern in virtuellen Organisationen weisen eher darauf hin, dass der subjektiven Bewertung der eigenen Kompetenz eine erhebliche Bedeutung für den tatsächlichen Erfolg zukommt. Schließlich erfordert auch die Prüfung aller formulierten Hypothesen (inklusive Korrolarien) einen sehr komplexen Versuchsaufbau. Insofern ist es kaum verwunderlich, dass der bislang einzige empirische Prüfungsversuch von Korzenny selbst durchgeführt wurde (Korzenny & Bauer, 1981) – ohne sonderlichen Erfolg. Walther (1999) allerdings führt dies nicht auf die Theorie, sondern vielmehr auf methodische Mängel des Untersuchungsdesigns zurück und empfiehlt folglich ein Anschließen an den seit seiner Formulierung praktisch in Vergessenheit geratenen Ansatz Korzennys. Zusammenfassend kann der Ansatz Korzennys sicher als in seiner Differenziertheit angemessen bewertet werden.

Literatur

Argyle, M., Lalljee, M. & Cook, M. (1968). The Effects of Visibility on Interaction in a Dyad. *Human Relations, 21(1)*, 3–17.

Collins, B. E. & Raven, B. H. (1969). Group structure: Attraction, coalitions, communication and power. In G. Lindzey & E. Aronson (Eds.). *Handbook of social psychology* (pp. 102–204). Mass.: Addison-Wesley.

Hall, E. T. (1959). *The Silent Language*. Garden City, NY: Doubleday

Kemp, N. J. & Rutter, D. R. (1982). Cuelessness and the Content and Style of Interaction. *British Journal of Social Psychology, 21(1)*, 43–9.

Kemp, N. J. & Rutter, D. R. (1986). Social Interaction in blind people: an experimental analysis. *Human Relations, 39(3)*, 195–210.

Kiesler, S., Siegel, J. & McGuire, T. W. (1984). Social psychological aspects of computer mediated communication. *American Psychologist, 39*, 1123–1134.

Kirste, K. K. & Monge, P. R. (1974). *Proximity: Location, time and opportunity to communicate*. Paper presented at the Annual Convention of the Western Speech Communication Association. Newport Beach, CA.

Korzenny, F. (1978). A theory of electronic propinquity: Mediated communications in organizations. *Communication Research, 5*, 3–24.

Korzenny, F. & Bauer, C. (1981). Testing the theory of electronic propinquity. *Communication Research, 8*, 479–498.

Monge, R. R. & Kirste, K. K. (1980). Measuring proximity in human organizations, *Social Psychology Quarterly, 43*, 110–115.

Morley, I. E. & Stephenson, G. M. (1969). Interpersonal and interparty exchange: a laboratory situation of an industrial negotiation at the plant level. *British Journal of Psychology, 60*, 543–545.

Morley, I. E. & Stephenson, G. M. (1970). Formality in experimental negotiations: a validation study. *British Journal of Psychology, 61*, 383–384.

Rutter, D. R. (1987). *Communicating by telephone*. Oxford: Pergamon Press.

Rutter, D. R., Stephenson, G. M. & Dewey, M. E. (1981). Visual communication and the content and style of conversation. *British Journal of Social Psychology, 20*, 41–52.

Rutter, D. R. & Stephenson, G. M. (1977). The Role of Visual Communication in Synchronic Conversation. *European Journal of Personality and Social Psychology, 7*, 29–37.

Ryan, M. G. & Craig, J. G. (1975). *The influence of teleconferencing medium and status on attitudes towards the medium, attitudes towards the discussion, and mood*. Paper presented at the International Communication Association Convention, Chicago, IL.

Staples, D. S., Hulland, J. S. & Higgins, C. A. (1998). A self-efficacy theory explanation for the management of remote workers in virtual organizations. *Journal of Computer-Mediated Communication, 3(4)*. Retrieved from http://jcmc.indiana.edu/vol3/issue4/staples. html [15.02. 2008].

Walther, J. B. (1997). Group and interpersonal effects in international computer-mediated collaboration. *Human Communication Research, 23*, 342–369.

Walther, J. B. (1999). *Visual cues and computer-mediated communication: Don't look before you leap.* Paper presented at the Annual Meeting of the International Communication Association, SF.

Wilson, C. & Williams, E. (1977). Watergate words: a naturalistic study of media and communication. *Communication Research, 4*, 169–178.

Hyperpersonal Communication und Social Information Processing

Oliver Fischer

Worum geht es?

Joseph B. Walther übt mit seinen Beiträgen zu sozialer Informationsverarbeitung und zu hyperpersönlichen Kommunikationseffekten Kritik an jenen Ansätzen, die vermittelte Kommunikation als grundsätzlich defizitär beurteilen (vgl. Beitrag zu Reduced Social Cues-Ansatz in diesem Band). Er konzentriert sich dabei vor allem auf die Entwicklung persönlicher Eindrücke und interpersonaler Beziehungen. Walther konzediert zwar, dass bei der medialen Vermittlung zwischenmenschlicher Kommunikation Information verlorengeht, aber er vertritt die Hypothese, dass dieser Verlust durch strategisches Kommunikationsverhalten kompensiert werden kann. Soziale Informationsverarbeitung hilft, medienspezifische Defizite auszugleichen oder sogar überzukompensieren, und unter bestimmten Bedingungen wird vermittelte Kommunikation sogar noch persönlicher als Face-to-Face-Kommunikation – sie wird „hyperpersönlich".

Darstellung der Annahmen

Der von Walther vertretene Ansatz stellt heraus, dass unter bestimmten Bedingungen weder die sozioemotionale noch die Ergebnisdimension bei computervermittelter Kommunikation (CvK, hier ausschließlich im Sinne schriftlicher Kommunikation verstanden) ein Defizit aufweist, und zwar weil Individuen durch strategisches

312

Kommunikationsverhalten Kommunikationsdefizite kompensieren können. Das Konzept der *Hyperpersönlichen Kommunikation* (hyperpersonal perspective) vertieft diesen Kerngedanken (Walther, 1996, 2007) und fokussiert wesentlich darauf, wie Information computervermittelt dargeboten und rezipiert wird, und unter welchen Bedingungen es bei den Kommunikationspartnern zu einer Überattribution persönlicher Eigenschaften kommen kann. Die *Theorie Sozialer Informationsverarbeitung* beschreibt, in welcher Weise sich Individuen an das reduzierte Code-Spektrum vermittelter Kommunikation anpassen und kreativ neue Formen der Kommunikation sozialer Kontextinformation finden.

Hyperpersönliche Kommunikation

Der Begriff „hyperpersonal" bezieht sich auf eine zunächst etwas kontraintuitiv anmutende Konsequenz vermittelter Kommunikation. Die für E-Mail typische visuelle Anonymität (Spears & Lea, 1995), so Walther, führt nicht zu unpersönlicher Kommunikation. Vielmehr ermöglicht sie eine Überattribution persönlicher Eigenschaften und damit eine zusätzliche Betonung sozio-emotionaler Schattierungen. Da bei CMC eine Reihe sozialer Kontexthinweise nicht verfügbar sind, besteht ein erhöhtes Maß an Ambiguität bei der Deutung der Kommunikationssituation. Auf Grund der Unvollständigkeit der dargebotenen Information besteht nun eine höhere Wahrscheinlichkeit der Extrapolation der vorhandenen Information, d. h. die eigentlich unvollständige Information wird als Grundlage für weitere Schlüsse verwendet. Die freundliche E-Mail einer Kollegin, die einem nicht persönlich bekannt ist, kann einen Empfänger zum Beispiel dazu veranlassen, die Kollegin gleich insgesamt als freundlich einzuschätzen. Es kommt also zu einer Überattribution, die – ein angemessenes Verständnis der Wirkung der eigenen Kommunikation vorausgesetzt – auch gezielt genutzt werden kann. In einer positiven Rückkoppelungsschleife stellt sich zunächst der auf vorteilhafte Selbstpräsentation bedachte Sender gezielt in besonders positiver Weise dar. Der Empfänger nimmt diese Information wahr und generalisiert den positiven Eindruck auf weitere Eigenschaften. Gleichzeitig nimmt er eine übermäßige Ähnlichkeit der eigenen Person mit dem Sender an. Auf Grund dieser Überschätzung bekräftigt der Empfänger den Sender in seiner positiven Darstellung, usf. (Walther, 1996, 2007).

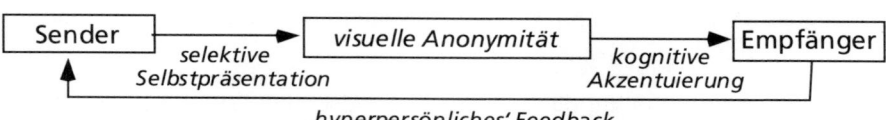

Abb. 4.4: Walthers Theorie der hyperpersönlichen Kommunikation

Der Begriff der „hyperpersonal communication" hebt also in erster Linie darauf ab, dass durch den Wegfall visueller Information bei gleichzeitiger selektiver Selbstpräsentation eine Akzentuierung bewusst präsentierter persönlicher Eigenschaften erfolgt. Im Gegensatz hierzu beschreibt der Begriff der „sozialen Informationsverarbeitung" ein Phänomen, dass letztlich Voraussetzung für hyper-persönliche Kommunikation ist: Die konstruktiv-kreative Leistung des netzspezifischen Sprachgebrauchs, die mögliche Defizite kompensieren kann. Bei ausreichender Kompetenz, Motivation, entsprechenden sozialen Normen und ausreichender Zeit sind Defizite vermittelter Kommunikation problemlos kompensierbar.

Soziale Informationsverarbeitung

Kompetenz: Walther akzeptiert, dass die Nutzung eines Mediums dazu führt, dass Informationen, die in der Face-to-Face-Kommunikation mittels non- und paraverbaler Kanäle transportiert werden, fehlen. Emotionalität und sozialer Hintergrund müssen folglich über die verbleibenden Kanäle vermittelt werden. Die schriftliche Vermittlung von Emotionalität und „Social Context Cues" (Walther & Burgoon, 1992) erfordert besondere Fertigkeiten. Im Rahmen der Textproduktion und -interpretation müssen Informationslücken antizipiert und dann durch entsprechende Beiträge gefüllt werden. Ein Teil dieser Fertigkeiten besteht deshalb im Erlernen des medienspezifischen Vokabulars.

Motivation: Walther bewertet die individuelle Motivation als zentralen Faktor einer erfolgreichen mediierten Kommunikation. Die von verschiedenen Theorien angenommene Bevorzugung der Face-to-Face-Situation gegenüber vermittelter Kommunikation sei darauf zurückzuführen, dass die Nutzer bei der Medienwahl dem Gesetz des geringsten Aufwandes folgten. Gegenüber der automatisierten Face-to-Face-Kommunikation erfordert die vermittelte Kommunikation einen erhöhten kognitiven (Durchdenken der Nachricht, Abstimmung von gewünschtem Ausdruck und entsprechender Versprachlichung) und behavioralen (Konstruktion von Textnachrichten) Aufwand. Allerdings zahlt sich dieser Aufwand im Ergebnis eben auch aus (Jonas, Boos, & Walther, 1999).

Soziale Normen: Soziale Normen versteht Walther vor allem als potenzielles Hindernis. Sein Verständnis der Wirkung von Normen weicht damit vom dem etwa der Theorie sozialer Einflussnahme ab (vgl. Beitrag zum Modell des sozialen Einflusses in diesem Band). Walther bezieht sich insbesondere darauf, dass Normen die Verwendung expressiver Sprachelemente behindern. Wenn also etwa im betrieblichen Kontext soziale Normen gegen die Verwendung von Emoticons sprechen, so bedeutet dies eine Verarmung des prinzipiell verfügbaren elektronischen Sprachschatzes.

Zeit: Zeit ist für die Theorie Walthers in mehrfacher Hinsicht von Bedeutung. (1) Zunächst erfordert CvK für die Vermittlung der gleichen Inhalte mehr Zeit als die Face-to-Face-Situation. Dieser Unterschied kann durch Automatisierung und medienspezifische Fertigkeiten zwar reduziert, aber eben nicht gänzlich beseitigt werden. (2) Der zweite zeitliche Aspekt betrifft die Erwartung, dass die Interaktion mit dem Kommunikationspartner über die aktuelle Kommunikationssituation hinausgeht. Im Wesentlichen stellt die Erwähnung dieses Aspektes eine methodische Kritik an den meisten Experimenten des Objektbereiches cvK dar: Die Versuchspersonen kannten ihren Kommunikationspartner häufig nicht und gingen auch nicht davon aus, dass sie mit ihm jemals noch einmal kommunizieren würden.

Untersuchungen Walthers (1996, 1997) ergaben, dass die Erwartung zukünftiger Interaktionen zu einer deutlich positiveren Bewertung des Kommunikationspartners führte. (3) Der dritte zeitliche Aspekt zielt darauf ab, ob die Kommunikationspartner einander bereits länger bekannt sind. Das Angebot visueller Information führt nur dann zu einer positiveren Bewertung des Partners, wenn dieser bislang nicht bekannt war (Walther, Slovacek & Tidwell, 2001).

Typische Methodik

Obwohl einige seiner zentralen Veröffentlichungen in erster Linie Übersichtscharakter haben, arbeitet Walther primär im Rahmen eines experimentellen Paradigmas. Auf der Seite der abhängigen Variable werden die Effekte hyperpersönlicher Kommunikation zumeist mit dem Konstrukt Beziehungsintimität (relational intimacy) erhoben (Walther, 1995, 1997; Walther & Burgoon, 1992; Walther, Slovacek & Tidwell, 2001). Diese Größe stellt eine Art Indikator des Entwicklungsstadiums einer interpersonalen Beziehung dar.

Eine sicher paradigmatische Untersuchung zum Konzept sozialer Informationsverarbeitung veröffentlichte Walther im Jahr 1993. In einem Experiment mit mehreren Untersuchungsepisoden bearbeiteten Gruppen entweder face-to-face oder computervermittelt drei gemeinsame Aufgaben über einen Zeitraum von mehreren Wochen. Dabei wurden in regelmäßigen Abständen ihre Eindrücke der Kommunikationspartner erhoben. In einer späteren Untersuchung ließ Walther (1995) die Videoaufnahmen bzw. schriftlichen Protokolle von Face-to-Face- bzw. computervermittelten Interaktionen durch externe Bewerter beurteilen.

Zentrale empirische Befunde

Das Modell sozialer Informationsverarbeitung und hyperpersönlicher Kommunikation ist in einer Reihe von Studien empirisch unterstützt worden. In einer frühen Untersuchung zeigten Walther und Burgoon (1992), dass CvK zwar einen langsameren Interaktionsaufbau mit sich bringt als die direkte Face-to-Face-Kommunikation, dass sich Beziehungen aber in sehr ähnlicher Weise entwickeln, wenn ausreichend Zeit zur Verfügung steht und die Ergebnisse mehrerer Interaktionen in der Gänze betrachtet werden. In der oben erwähnten Untersuchung konnte Walther (1993) zeigen, dass bei vermittelter Kommunikation die Bildung eines Eindrucks vom Kommunikationspartner zwar verzögert erfolgt, dass aber über einen längeren Zeitraum gesehen der selbe Grad an Differenziertheit erreicht wird wie im Face-to-Face-Kontakt.

Diese Ergebnisse zeigen deutlich die Bedeutung der Entwicklung von Beziehungen über die Zeit. Werden lediglich einmalige Interaktionen betrachtet, oder besteht ein Zeitlimit, fallen die Ergebnisse oft zu Gunsten der Face-to-Face-Kommunikation aus (vgl. auch Walther, Anderson & Park, 1994).

Eine weitere Untersuchung bestätigte die Bedeutung bisheriger Erfahrung: Das Angebot visueller Information (in diesem Falle allerdings lediglich ein Foto des

315

Kommunikationspartners) führt nur dann zu einer positiveren Bewertung des Partners, wenn dieser bislang nicht bekannt war. Bereits etablierte Gruppen hingegen bevorzugen die Kommunikation ohne Präsentation des Fotos (Walther, Slovacek & Tidwell, 2001).

Was die Wirkung von ergänzenden grafischen Elementen, d. h. von Emoticons angeht, fielen Walthers Ergebnisse eher ernüchternd aus (Walther & D'Addario, 2001). Insgesamt war der sprachliche Inhalt für die Interpretation der emotionalen Färbung einer E-Mail deutlich wichtiger als das verwandte Emoticon. Allerdings ergab sich ein Negativitätseffekt, d. h. negative Aspekte – gleichgültig ob grafisch oder verbal – beeinträchtigten die Gesamtinterpretation der Botschaft.

Kritik

Walthers Theorie sozialer Informationsverarbeitung betont, dass eine vermittelte Kommunikation erfolgreicher verlaufen kann als Face-to-Face-Kommunikation. Durch strategisches Kommunikationsverhalten, selektive Selbstdarstellung und spezifische Attributionsmuster kann von unpersönlicher und beziehungsarmer Kommunikation oft keine Rede sein. Vielmehr kann es durch Überattribution sogar zu hyperpersönlichen Kommunikationseffekten kommen. Was zunächst wie eine grundsätzliche Ablehnung der Defizithypothese wirken mag, ist letztlich aber nur eine gemäßigte Kritik. Walther hält an der Kanal- und Bandbreitenmetapher fest. Er akzeptiert, dass die Computervermittlung zu einer Begrenzung des vermittelten Reizspektrums führt, und er betont, dass diese Begrenzung in der Tat unter bestimmten Bedingungen nachteilige Konsequenzen haben kann. Allerdings handelt es sich seiner Ansicht nach hierbei um einen Spezialfall. Die Merkmale der meisten Untersuchungen zu vermittelter Kommunikation (wenig Zeit, Kommunikationspartner unbekannt, keine weitere antizipierte Interaktion etc.) seien für tatsächliches Kommunikationsverhalten eher untypisch. Im Alltag sei eher von einer Kompensation der entstandenen Defizite auszugehen.

Ein wesentlicher Verdienst Walthers ist in der konstruktiven Kritik technikpessimistischer Grundannahmen und der Methodik der entsprechenden Untersuchungen zu sehen. Der Hinweis, dass Individuen einer spezifischen Mediennutzungssituation nicht einfach ausgeliefert sind, sondern durch strategisches Kommunikationsverhalten Nachteile kompensieren und spezifische Medieneffekte gezielt nutzen könnten, ist ohne Zweifel gerechtfertigt.

Allerdings ist eine Reihe von Aspekten durchaus kritisch zu bewerten, und zwar sowohl hinsichtlich des Anspruches seiner Arbeit als Theorie, als auch bezüglich einzelner Schlüsse. Zunächst wäre zu diskutieren, ob es sich bei den von Walther vorgestellten Überlegungen tatsächlich um eine Theorie im eigentlichen Sinne handelt, oder ob es nicht eigentlich eher um die Differenzierung verschiedener intervenierender Variablen geht, die letztlich eher eine Ergänzung als eine Alternative zu Theorien wie der der medialen Reichhaltigkeit darstellen (vgl. Beitrag zur Media Richness in diesem Band). Auch die von Walther diskutierten Schlüsse sind im Kern durchaus kritisch zu beurteilen. Insbesondere seine Aussage, die bei CvK fehlenden nonverbalen Informationen ließen sich durch netzspezifische Parasprache kompensieren, erscheint optimistisch. Insgesamt beinhaltet der Ansatz Walthers also wichtige theoretische und methodische Hinweise auf die Unzulänglichkeit bisheriger Ansätze, kann aber selbst nur beschränkt als umfassende Theorie bezeichnet werden.

Literatur

Jonas, K. J., Boos, M. & Walther, J. (1999). Motivation und Medienkompetenz als zentrale Erfolgsfaktoren für virtuelle Seminare. In U.-D. Reips, B. Batinic, W. Bandilla, M. Bosnjak, L. Gräf, K. Moser & A. Werner (Hrsg.), *Current Internet science: Trends, techniques, results*. Zürich: Online Press.

Spears, R. & Lea, M. (1994). Panacea or panopticum? The hidden power in computer-mediated communication. *Communication Research, 21*, 427–459.

Walther, J. B. (1993). Impression development in computer-mediated interaction. *Western Journal of Communication, 57*, 381–398.

Walther, J. B. (1995). Relational aspects of computer-mediated communication: Experimental observations over time. *Organization Science, 6*, 186–203.

Walther, J. B. (1996). Computer-mediated communication: Impersonal, interpersonal, and hyperpersonal interaction. *Communication Research, 23*, 3–43.

Walther, J. B. (1997). Group and interpersonal effects in international computer-mediated collaboration. *Human Communication Research, 23*, 342–369.

Walther, J. B. (2007). Selective self-presentation in computer-mediated communication: Hyperpersonal dimensions of technology, language, and cognition. *Computers in Human Behavior, 23*, 2538–2557.

Walther, J. B., Anderson, J. F. & Park, D. (1994). Interpersonal effects in computer-mediated interaction: A meta-analysis of social and anti-social communication. *Communication Research, 21*, 460–487.

Walther, J. B. & Burgoon, J. K. (1992). Relational communication in computer-mediated interaction. *Human Communication Research, 19*, 50–88.

Walther, J. B. & D'Addario, K. P. (2001). The impacts of emoticons on message interpretation in computer-mediated communication. *Social Science Computer Review, 19*, 323–345.

Walther, J. B., Slovacek, C. & Tidwell, L. C. (2001). Is a picture worth a thousand words? Photographic images in long term and short term virtual teams. *Communication Research, 28*, 105–134.

Soziale Präsenz

Sabine Rüggenberg

Worum geht es?

Menschen kommunizieren nicht nur, um sachdienliche Informationsinhalte auszutauschen, sondern auch, um soziale Beziehungen zu knüpfen, sie zu definieren, zu erweitern, zu pflegen oder aber sie zu beenden. Mittels zwischenmenschlicher Kommunikationsprozesse bilden sie Gruppen und Gemeinschaften, verständigen sich bezüglich sozialer Rollen und sozialem Status und definieren in diesem Zusammenhang auch ihre eigene Identität. Der soziale Kontakt zu anderen Wesen stellt ein essenzielles Bedürfnis des Menschen dar, und die Grundlage dafür bildet die wahrgenommene, erlebte und gefühlte Anwesenheit, also die Präsenz anderer Menschen. Doch wie präsent sind Menschen, die einem nicht face-to-face gegenüberstehen, die man nicht direkt mit seinen Sinnen wahrnehmen kann, von denen man durch räumliche Distanzen getrennt ist? In der Forschung zur computervermittelten Kommunikation (CvK) vereinen sich Überlegungen zu dieser Thematik unter dem Konzept der sozialen Präsenz (social presence). Grundlegend geht es dabei um das sozioemotionale Erleben, sich der Anwesenheit eines anderen Menschen auch in mediierten Kommunikationssettings bewusst zu sein. Das entsprechende Forschungsfeld zeigt sich jedoch als weitaus komplexer und divergenter, als diese eher allgemeine Definition von sozialer Präsenz es erwarten lassen würde.

Darstellung der Annahmen

Gemeinsam ist allen Forschungsansätzen auf diesem Gebiet, dass sie das Erleben von sozialer Präsenz im Rahmen von mediierten Interaktionen als etwas Positives und Erstrebenswertes ansehen. Dies verbindet sich mit der Annahme, dass ein Kommunikationsmedium dieses Erleben fördern sollte, um eine effektive und für die Nutzer zufriedenstellende Interaktion zu gewährleisten (Biocca et al., 2003). Allerdings gibt es kein einheitliches Verständnis von sozialer Präsenz, weder bezüglich der Definition und der Konzeptualisierung dieses Konstruktes, noch bezüglich dessen Erfassung.

Short, Williams und Christie (1976), die diesen Begriff als Erste prägten, verstanden soziale Präsenz als stabile Eigenschaft eines Kommunikationsmediums, die sich aus dessen Reichhaltigkeit ableiten lassen würde (vgl. Beitrag zu Media Richness in diesem Band). D. h. je mehr unterschiedliche Kommunikationskanäle den Nutzern für ihre Interaktion zur Verfügung stehen würden, desto höher würden sie dessen soziales Präsenzpotenzial anhand von Wärme-Kälte-Relationen erleben. Entsprechend stellt ihr „social presence model" eine der grundlegendsten Theorien der eher defizitorientierten Forschungsansätze zur computervermittelten Kommunikation dar.

Aber obwohl der Einfluss dieses Ursprungsmodells auch heute noch weitreichend ist, entwickelten sich im Laufe der Jahre andere Ansätze, die soziale Präsenz nicht mehr einfach nur als stabile Eigenschaft eines bestimmten Mediums betrachten. Stattdessen definieren diese soziale Präsenz als Ergebnis individueller und aktiver Wahrnehmungs- und Erlebnisprozesse seitens der Nutzer. Kommunikationstechnologien wird in diesem Zusammenhang zwar weiterhin eine gewisse Einflussnahme zugesprochen, aber keine ausschließliche mehr. Vielmehr werden u. a. auch individuelle Persönlichkeitseigenschaften der Nutzer, die Art der sozialen Beziehung zueinander, die Aufgabenstruktur und inhaltliche Thematik der Interaktion sowie die Erfahrung im Umgang mit Kommunikationstechnologien thematisiert (Biocca et al., 2003; Lee & Nass, 2005; Rettie, 2003; Rüggenberg, 2007; Tu & McIsaac, 2002).

Mit dem komplexeren Verständnis von sozialem Prozess als einem psychologischen Prozessgeschehen innerhalb des jeweiligen Individuums, das von vielen verschiedenen Faktoren beeinflusst werden kann, ergeben sich jedoch weiterführende definitorische Divergenzen. Je nachdem, wo der jeweilige Betrachtungsschwerpunkt seitens der Forscher gelegt wird, lassen sich in der entsprechenden wissenschaftlichen Diskussion verschiedene Subkonzeptionen ausmachen:

- *Soziale Präsenz als Co-Präsenz:* die Wahrnehmung der Anwesenheit des Interaktionspartners (Biocca et al., 2003; Zhao, 2001)
- *Soziale Präsenz als kognitive und sozio-emotionale Beteiligung:* das Empfinden einer Art Verbindung zum Interaktionspartner, zum Beispiel im Sinne eines kognitiven oder sozio-emotionalen Verständnisses (Biocca et al., 2003)
- *Soziale Präsenz als Verhaltensabhängigkeit:* Die Wahrnehmung, dass das eigene Verhalten zu einer entsprechenden Reaktion beim Interaktionspartner führt (Biocca et al., 2002; Garau, 2003 Heeter, 1992; Palmer, 1995; Tu & McIsaac, 2002)
- *Soziale Präsenz als reziproker Prozess:* Das Erleben eines gegenseitigen Wahrnehmens und Beeinflussens (Biocca et al., 2003; Goffman, 1963)

Die sich daraus zwangsläufig ergebenen Konstruktdivergenzen werden jedoch zunehmend kritisch diskutiert, und erste Bestrebungen zu integrativeren Ansätzen lassen sich erkennen. Ein Beispiel dafür bilden die theoretischen Überlegungen von Biocca et al. (2001), die soziale Präsenz definieren als: „the moment-by-moment awareness of the co-presence of another sentient being accompanied by a sense of engagement with the other (i.e. human, animate, or artificial being). Social presence varies from superficial to deep sense of co-presence, psychological involvement, and behavioural engagement with the other. As a global, moment-by-moment sense of the other, social presence is an outcome of cognitive simulations (i.e. inferences) of the other's cognitive, emotional, and behavioural dispositions" (S. 2). Es wird also eine umfassendere Betrachtung der sozialen Präsenz propagiert, welche die verschiedenen existierenden Subkonzepte integrativ zu vereinen sucht. Ziel der Forscher ist dabei das Auffinden komplexerer Wirkungszusammenhänge zwischen den einzelnen Subaspekten, die zwar theoretisch bereits angedacht, jedoch empirisch noch nicht belegt wurden.

Darüber hinaus wird der Begriff der sozialen Präsenz nun nicht mehr nur ausschließlich auf menschliche, sondern auch auf „künstliche" Wesen bezogen, die jedoch ebenfalls als real existierend erlebt werden (Biocca et al., 2003; Blascovich, 2002; Lee & Nass, 2005; Tu & McIsaac, 2002). Die Wahrnehmung von sozialer Präsenz bleibt damit nicht mehr auf die zwischenmenschliche Kommunikation beschränkt, sondern wird auch auf andere Interaktionsformen, zum Beispiel auf die Mensch-Computer-Interaktion, weiter ausgedehnt. Dies wird vor allem im Zusammenhang mit „künstlichen", computergenerierten Wesen, sogenannten virtuellen Agenten diskutiert (Lee & Nass, 2005). Kumar und Benbasat (2002) erweitern die Betrachtung sogar auf Massenkommunikationsmedien, wie zum Beispiel Websites, und definieren das Konzept als „para-social presence" neu.

Typische Methodik

So vielfältig sich die Definitionen zeigen, so unterschiedlich sind auch die methodischen Ansätze zur Erehebung der sozialen Präsenz. Dabei lassen sich vor allem drei verschiedene unterscheiden:

1. *Die Erhebung anhand von Selbsteinschätzungen seitens der Teilnehmer*: Fragebögen und Interviewtechniken stellen die am häufigsten genutzte methodische Vorgehensweise dar. Je nach definitorischem Ansatz kann diese von der Bewertung des Mediums selbst mittels bipolarer Itempaare bis hin zu multidimensionalen Instrumenten mit unterschiedlichen „sozialen Präsenz-Skalen hinsichtlich der jeweils angenommen Erlebnisdimensionen reichen (Biocca et al., 2003; Rüggenberg, 2007).
2. *Inhaltsanalytische Erhebung*: Hier wird der Inhalt der Kommunikation selbst, vor allem bei textbasierten Settings, nach Hinweisen auf erlebte „soziale Präsenz" hin analysiert. Als mögliche Indizien wird u. a. die Nutzung von Emoticons, Humor, persönlichen Bezugnahmen, die Ansprache per Namen und die Verwendung von Wörtern wie „wir" oder „uns" genannt (Rourke et al., 1999).
3. *Erfassung von Verhaltens- und physiologischen Korrelaten*: In diesem Zusammenhang werden vor allem nonverbale Verhaltensmuster diskutiert, die auf die Wahrnehmung einer anderen sozialen Wesenheit schließen lassen könnten (z. B. Blickbewegung, Gestik, Mimik), aber auch psycho-physiologische „Arousal"-Indizien, die eine sozio-emotionale Beteiligung der Nutzer am Interaktionsgeschehen anzeigen könnten (Bente, Rüggenberg & Krämer, 2004; Klimmt et al., 2005).

Aber nicht nur die Messansätze, sondern auch die Versuchsdesigns können je nach Forschungsschwerpunkt sehr vielfältig sein und reichen vom reinen Laborexperiment bis hin zur Feldstudie. Die Betrachtung textbasierter Kommunikation (z. B. E-Mail oder Text-Chat) nimmt dabei einen überproportionalen Anteil ein, obwohl in den letzten Jahren auch andere Ansätze Berücksichtigung finden (z. B. VoIP, Video). Zunehmende Aufmerksamkeit erhält in diesem Zusammenhang auch die Nutzung von computeranimierten Figuren (Avataren) und virtuellen Umgebungen zu Kommunikationszwecken.

Zentrale empirische Befunde

Neuere mediale Vergleichsstudien wecken Zweifel an der von Short et al. (1976) aufgefundenen linearen Beziehung zwischen der Reichhaltigkeit eines Kommunikationsmediums und der sozialen Präsenz-Einschätzung der Teilnehmer.

So zeigte sich zwar durchaus immer wieder eine defizitäre Stellung der rein textbasierten Kommunikation, aber visuelle Settings wie videokonferenz- oder avatarbasierte Systeme erbrachten nicht zwangsläufig positivere Einschätzungen als rein audiobasierte Technologiebedingungen (Bente, Rüggenberg, Tietz & Wortberg, 2004; Novak & Biocca, 2003; Rüggenberg, 2007; Rüggenberg, Bente & Krämer, 2005; Sallnäs, 2002).

Allerdings deutet eine Untersuchung von Haubner et al. (2005) darauf hin, dass unterschiedliche Ergebnisse zu erwarten sind, je nachdem ob man den Messansatz von Short et al. (1976) nutzt, der das Medium in das Zentrum der Betrachtung stellt, oder aber einen Messansatz, der soziale Präsenz als aktiven Erlebnisprozess versteht, in diesem Fall von Biocca et al. (2003). Dies spiegelt sich auch in den Ergebnissen von de Greef und Ijsselsteijn wieder (2000), die ebenfalls auf der Basis der von Short et al. (1976) genutzten Differentialen im Gegensatz zu den bereits genannten Studien klare Unterschiede zwischen reiner Audiokommunikation und Video auffanden.

Dass auch wahrgenommene individuelle Eigenschaften des Interaktionspartners sowie persönliche Eigenschaften des jeweiligen Nutzers ebenfalls das soziale Präsenz-Erleben beeinflussen können, deuten zwei Studien von Lee und Nass (2005) aus dem Bereich der Mensch-Computer-Interaktion an. Hier zeigte sich für die Dimension introvertiert/extrovertiert, dass eher extrovertiert modulierte Computerstimmen bei den Teilnehmern zu einem höheren sozialen Präsenz-Erleben führten als eher introvertierte. Als förderlich wirkte sich dabei jedoch ebenfalls die Wahrnehmung von Ähnlichkeiten mit der eigenen Persönlichkeitsstruktur seitens der Nutzer aus. De Greef und Ijsselsteijn (2000) fanden in ihrer Studie, dass Frauen insgesamt ein höheres Maß an „empfundener sozialer Präsenz" angaben als Männer. Dieser Geschlechterunterschied konnte in anderen Studien jedoch nicht nachgewiesen werden (Rüggenberg, 2007).

Darüber hinaus lassen sich in neueren Studien auch Hinweise darauf finden, dass dem Ausmaß an erlebter sozialer Präsenz im Rahmen von computervermittelten Interaktionssettings ein bedeutsamer Einfluss zukommen könnte. So zeigten sich hier u. a. positive Zusammenhänge bezüglich:

- der Beeinflussung der Performanzleistung von virtuellen Lernteams und deren Zufriedenheit mit der Interaktion (vgl. Richardson & Swan, 2003; Tu & McIssac, 2002),
- der stärkeren Berücksichtigung von sozialen Konventionen durch die Gruppenmitglieder auch im Rahmen eines mediierten Kommunikationssettings (vgl. Becker & Mark, 2002) und
- der Verbesserung des interpersonalen Vertrauens zwischen den Teilnehmern (Spencer, 2000).

Kritik

Von einem einheitlich strukturierten Forschungszweig kann nicht die Rede sein, da zum Teil sehr unterschiedliche theoretische und methodische Herangehensweisen verfolgt werden. Dies erschwert eine systematische Forschung und Diskussion auf diesem Gebiet enorm.

Hinzu kommt die Problematik, dass soziale Präsenz je nach Studie mal als reine abhängige Variable (AV) betrachtet wird, dann jedoch auch wieder als unabhängige (UV) oder moderierende Variable (MV) und damit als einflussnehmender und systematisch variierbarer Faktor. So gestaltet sich die Darstellung übergreifender empirischer Erkenntnisse auf Grund der starken Divergenz als äußerst schwierig, da die Studien kaum miteinander vergleichbar sind.

Diese Divergenz hat in den letzten Jahren sogar noch eher zu- als abgenommen, wobei auch die Forderung nach integrativen und übergreifenden Ansätzen zunehmend lauter wird (Biocca et al., 2002, Rüggenberg, 2007).

Die Gefahr, dass das Konzept der sozialen Präsenz zu einer reinen „Label"-Variablen degradiert wird, steht im krassen Gegensatz zu der Popularität, die dieses in der Forschung zur computervermittelten Kommunikation genießt. Darüber hinaus beschäftigen sich die meisten Studien nur mit einem einzelnen Kommunikationsmedium (häufig E-Mail oder Text-Chat) und ermöglichen damit keinerlei Aussagen zu weitreichenden medialen Vergleichen.

Literatur

Bailenson, J. N., Blascovich, J., Beall, A. C. & Loomis, J. (2001). Equilibrium revisited: Mutual gaze and personal space in virtual environments. *Presence: Teleoperators and Virtual Environments, 10*, 583–598.

Becker, B. & Mark, G. (2002). Social conventions in computer-mediated communication: a comparison of three online shared virtual environments. In R. Schroeder (Ed.), *The Social Life of Avatars. Presence and Interaction in Shared Virtual Environments* (pp. 19–39). London: Springer.

Bente, G., Rüggenberg, S. & Krämer, N. C. (2004). Social Presence and Interpersonal trust in avatar-based, collaborative net-communication. *Proceedings of the 7th Annual International Workshop Presence 2004, 54–61.*

Bente, G., Rüggenberg, S., Tietz, B. & Wortberg, S. (2004). *Measuring Behavioral Correlates of Social Presence in Virtual Encounters.* Paper presented at the International Communication Association Conference, May 27–31.

Biocca, F., Burgoon, J., Harms, C. & Stoner, M. (2001). *Criteria and scope conditions for a theory and measure of social presence.* Paper presented at the 4th International Workshop on Presence, Philadelphia, USA.

Biocca, F., Harms, C. & Burgoon, J. (2003). Towards a more robust theory and measure of social presence: Review and suggested criteria. *Presence: Teleoperators and Virtual Environments, 12(5)*, 456–480.

Blascovich, J. (2002). Social influence with immersive virtual environments. In R. Schroeder (Ed.), *The Social Life of Avatars. Presence and Interaction in Shared Virtual Environments* (pp. 127–145). London: Springer.

De Greef, P. & IJsselsteijn, W. (2000). *Social presence in the photoshare tele-application.* Paper presented at the Annual International Workshop Presence 2000, Techniek Museum, Delft, The Netherlands.

Garau, M. (2003). *The impact of avatar fidelity on social interaction in virtual environments.* Unveröff. Diss. Department of Computer Science, University of London. Online-Dokument: http://www.cs.ucl.ac.uk/staff/m.garau/papers/garau_phd.pdf [15.02.2008].

Goffman, E. (1963). *Behavior in public places: Notes on the social organization of gatherings.* New York: The Free Press.

Haubner, J., Regenbrecht, H., Hills, A., Cockburn, A. & Billinghurst, M. (2005). Social presence in two- and three-dimensional videoconferencing. *Proceedings of the 8th International Workshop on Presence 2005,* 189–198.

Heeter, C. (1992). Being There: The subjective experience of presence. *Presence: Teleoperators and Virtual Environments, 1(2),* 262–271.

Klimmt, C., Hartmann, T., Gysbers, A. & Vorderer, P. (2005). The value of reaction-time measures for Presence research: Empirical findings and future perspectives. *Proceedings of the 8th International Workshop on Presence 2005,* 293–298.

Kumar, N. & Benbasat, I. (2002). Para-social presence and communication capabilities of a website: A theoretical perspective. *E-service Journal, 1(3),* 5–24.

Lee, K-M. & Nass, C. (2005). Social-Psychological Origins of Feelings of Presence: Creating Social Presence with Machine-Generated Voices. *Media Psychology, 7(1),* 31–45.

Novak, K. & Biocca, F. (2003). The effect of the agency and anthroporphism on users' sense of telepresence, copresence, and social presence in virtual environments. *Presence: Teleoperators and Virtual Environments, 12,* 2–35.

Palmer, M. T. (1995). Interpersonal communication and Virtual Reality: Mediating interpersonal relationships. In F. Biocca & M. R. Levy (Eds.) *Communication in the Age of Virtual Reality* (pp. 277–302). Hillsdale, NJ: Lawrence Erlbaum.

Rettie, R. (2003). Connectedness, awareness and social presence. *Proceeding of the PRESENCE Conference 2003.* Online-Dokument: http://www.presence-research.org/papers/Rettie.pdf [15.02.2008].

Richardson, J. C. & Swan, K. (2003). Examining social presence in online courses in relation to students' perceived learning and satisfaction. *Journal of Asynchronous Learning Networks, 7(1),* 68–88.

Rourke, L., Anderson, T., Garrison, D. & Archer, W. (1999). Assessing social presence in asynchronous text-based computer conferencing. *Journal of Distance Education, 14(2).* Online-Dokument: http://cade.athabascau.ca/vol14.2/rourke_et_al.html [15.02.2008].

Rüggenberg, S. (2007) *„So nah und doch so fern": Soziale Präsenz und Vertrauen in der computervermittelten Kommunikation.* Dissertation, Universität zu Köln.

Rüggenberg, S., Bente, G. & Krämer, N. C. (2005). Virtual encounters. Creating social presence in net-based collaborations. *Proceedings of the 8th International Workshop Presence,* 97–102.

Sallnäs, E.-L. (2002). Collaboration in multi-modal virtual worlds: Comparing touch, text, voice and video. In R. Schroeder (Ed.), *The Social Life of Avatars. Presence and Interaction in Shared Virtual Environments* (pp. 172–187). London: Springer.

Short, J., Williams, E. & Christie, B. (1976). *The Social Psychology of Telecommunications.* London: John Wiley & Sons.

Spencer, D. (2000). Computer-mediated communications: state of the art. Group facilitation, collaboration and asynchronous learning networks. Online-Dokument: http://web.njit.edu/~hiltz/CMC_SOTA_David.doc [15.02.2008].

Tu, C.-H. & McIsaac, M. (2002). The relationship of social presence and interaction in online classes. *The American Journal of Distance Education, 16(3),* 131–150.

Zhao, S. (2001) Toward a taxonomy of copresence. *Fourth Annual International Workshop: Presence 2001,* Philadelphia, PA.

Group Awareness

Sabine Rüggenberg

Worum geht es?

Ein Ingenieurteam soll gemeinsam einen neuen innovativen Ansatz ausarbeiten, allerdings sind die einzelnen Gruppenmitglieder über verschiedene Firmenstandorte verteilt, wo ihre Fähigkeiten ebenfalls dringend benötigt werden. CSCW- (computer supported cooperative work) oder aber CSCL- (computer supported cooperative learning) Anwendungen und Technologien sollen Menschen in solchen Situationen die Möglichkeit geben, trotz räumlicher Trennung gemeinsam in Gruppen interagieren und auch komplexere Aufgaben bearbeiten zu können. Anders aber als in Face-to-Face-Situationen erhalten Mitglieder solcher virtueller Teams, auf Grund der räumlichen und eventuell sogar zeitlichen Entkopplung der Aktivitäten, nicht ohne Weiteres die dazu notwendige Wahrnehmungs- und Koordinationsmöglichkeiten.

Informationen, die in Face-to-Face-Gruppen problemlos, zum Beispiel visuell, zu erfassen wären, müssen in CSCW- oder aber CSCL-Situationen durch die entsprechende Technologie überhaupt erst zur Verfügung gestellt werden. Was technologisch nicht aktiv umgesetzt wird, fehlt. Für Forscher und Entwickler stellt sich daher die entscheidende Frage, welche Informationen bezüglich der anderen Gruppenmitglieder und ihren Aktivitäten, auf welche Weise und in welchem Umfang dem Einzelnutzer mittels Computermedien zugänglich gemacht werden sollten. Entsprechende Überlegungen und vor allem Versuche, durch Entwicklung spezifischer Technologien diese Informationen zugänglich zu machen, vereinen sich unter der Konzeptbezeichnung „Group awareness", wobei sich im deutschsprachigen Raum seit einigen Jahren auch die Bezeichnung „Gruppenwahrnehmung" zunehmend durchsetzt (Hermann et al., 2003).

Darstellung der Annahmen

Die vielfältigen Definitionen und Versuche, dieses Forschungsgebiet zu strukturieren, verdeutlichen, dass es sich keineswegs um ein einheitliches Konzept handelt (Buder & Bodemer, 2007; Carroll et al., 2003; Gross et al., 2005; Rettie, 2003). So identifizierten Christiansen und Maglaughlin (2003) in ihrer Untersuchung des Forschungsfeldes 41 verschiedene Awareness-Elemente. Diese Flut an Awareness-Subaspekten spiegelt letztlich vor allem auch die Bemühungen der Forscher wieder, komplexe Face-to-Face-Gruppeninteraktionen in kleine Wahrnehmungseinheiten zu zerlegen, um diese gezielt mittels Technologien den Nutzern zur Verfügung stellen zu können. Die wohl allgemeinste Definition stammt von Dourish und Bellotti (1992): „Awareness is an understanding of the activities of others, which provides a context for our own activities" (S. 107). Die auch heute noch umfassendste und bedeutendste Betrachtung der Group awareness stammt hingegen von Gutwin (1997). Er schlägt die Klassifikation in vier verschiedene Subkonzepte vor, wobei jedoch eine Überlappung und gegenseitige Beeinflussung der einzelnen Aspekte nicht ausgeschlossen wird.

1. *Informal awareness (informelle Kenntnisse)*: Wissen darüber, welches der Gruppenmitglieder sich gerade wo aufhält und in welchen räumlichen Relationen sich die einzelnen Personen zu Objekten, anderen Mitgliedern und einem selbst befinden.
2. *Social awareness (soziale Kenntnisse)*: Wissen über soziale Kontextinformationen im Rahmen von Interaktionen mit den anderen Gruppenteilnehmern, wie deren emotionaler Zustand, deren Interesse an Gruppenprozessen und deren Kommunikationsbereitschaft sowie deren Aufmerksamkeit und auch Verständnis bezüglich des Kommunikationsinhaltes beschaffen sind (z. B. durch paraverbale und nonverbale Hinweisreize).
3. *Group-structural awareness (Kenntnisse bezüglich der Gruppenstruktur)*: Wissen bezüglich der sozialen Rollen und Verantwortlichkeiten der einzelnen Gruppenmitglieder, ihrem Status und ihrer Position im Gruppenprozess, auch in Hinblick auf Entscheidungsgewalt und Führung.
4. *Workspace awareness (Kenntnisse bezüglich des gemeinsamen Arbeitsbereiches)*: Wissen über die Aktivitäten, Zugriffe und Änderungen von Objekten durch Gruppenmitglieder im gemeinsamen Arbeitsbereich. Das heißt, es handelt sich hierbei um die Kenntnis, welches Gruppenmitglied welches Objekt auf welche Art und Weise bearbeitet bzw. manipuliert hat und wann dies geschah (Gutwin et al., 2001).

Als Grundlage für die entsprechende Ausbildung dieser Group awareness-Aspekte wird somit sowohl die Wahrnehmung von relevanten Kontextinformationen als auch das Verstehen des jeweils Wahrgenommenen angesehen. Dem Individuum ist es möglich, aktuelle Informationen oder Ereignisse, die durch die Anwesenheit, Aktivität und Verfügbarkeit von Personen sowie Veränderungen an Objekten ausgelöst werden, wahrzunehmen, Vorhersagen hinsichtlich des weiteren Geschehens zu treffen und basierend darauf das eigene Verhalten abzustimmen. Dieser Informationsverarbeitungsprozess bildet damit die Grundvoraussetzung für ein gemeinsames und vor allem koordiniertes Handeln und Arbeiten. Ein besonderer Stellenwert wird in diesem Zusammenhang vor allem auch paraverbalen und nonverbalen Hinweisreizen der zwischenmenschlichen Kommunikation zugewiesen, wie zum Beispiel der Möglichkeit zum „back-channel feedback" (Nicken, bestätigende Äußerungen) oder aber die Wahrnehmung der Gestik, Mimik, Körperhaltung und Blickrichtung der anderen Gruppenmitglieder. Hier liegt zudem eine klare inhaltliche Nähe der Group awareness zu den theoretischen Konzepten Common Ground und Soziale Präsenz (vgl. Cottone & Mantovani, 2003; vgl. Beiträge zu Common Ground und Sozialer Präsenz in diesem Band).

Grundsätzlich wird davon ausgegangen, dass alle notwendigen Group awareness-Informationen bei Face-to-Face-Gruppen, die zum Beispiel in einem gemeinsamen Büro arbeiten, problemlos, auch ohne explizite Interaktionen, zur Verfügung stehen und damit eine entsprechende Koordination gewährleisten. Für mediierte Interaktionen, bei welchen entsprechende Informationen überhaupt erst zur Verfügung gestellt werden müssen, kann auf Grund einer unzureichenden technologischen Umsetzung ein Mangel an Group awareness entstehen. Als Folge werden u. a.

Probleme beim Aufbau von Gruppenstrukturen, soziale Orientierungslosigkeit, fehlerhafte oder unzureichende Synchronisationsprozesse, Missverständnisse und Doppelarbeit, verminderte Effektivität sowie eine allgemeine Unzufriedenheit der Teilnehmer diskutiert (Biuk-Aghai, 1998; Dourish & Bellotti, 1992; Gutwin & Greenberg, 2001; 1998; Prasolova-Forland, 2002; Prinz et al., 2002). Allerdings muss in diesem Zusammenhang die Frage gestellt werden, was als ausreichendes Maß anzusehen ist.

Ähnlich wie in anderen Bereichen der computervermittelten Kommunikation zeigen sich daher auch in der Awareness-Forschung Strömungen, die eine möglichst umfassende Annäherung an die unmediierte Face-to-Face-Interaktion anstreben (Buder & Bodemer, 2007). Hier wird häufig argumentiert: „Je mehr Informationen (auch visuelle) zugänglich gemacht werden, desto besser". Auf der anderen Seite hingegen wird u. a. unter der Bezeichnung „Aquariumseffekt" das Problem des Eingriffs in die Privatsphäre und Intimsphäre der Gruppenmitglieder diskutiert (Davis & Gutwin, 2005). Anders als in Face-to-Face-Situationen sind sich Teilnehmer eventuell nicht immer bewusst, dass sie unter ständiger Beobachtung durch andere Mitglieder stehen. Dies wirft auch die Frage nach der allgemeinen sozialen Akzeptanz von solchen Awareness-Technologien auf (Cockburn & Weir, 1999). Ebenso problematisch ist die Möglichkeit eines „Cognitive Overload" (vgl. Beitrag zu Cognitive Load Theorie in diesem Band) durch die stetige Übermittlung und Darstellung einer möglichen Vielzahl an Informationen zur Gruppe (Dabbish & Kraut, 2004). Auch die Frage, wie solche Awareness-Informationen überhaupt generiert oder abgerufen werden sollen (passiv oder aktiv seitens der Nutzer) verdeutlicht für einige Forscher, dass eine einfache Nachbildung von Face-to-Face-Settings nicht unbedingt zielführend ist. An dieser Stelle betont eine andere Strömung der Awareness-Forschung stärker das besondere Strukturierungs- und Gestaltungspotenzial mediierender Technologien (z. B. gezielte Filter- oder Hervorhebungsmöglichkeiten), welches das von Face-to-Face-Interaktionen sogar übertreffen könnte (Buder & Bodemer, 2007).

Typische Methodik

Dass die Awareness-Forschung in dem stark anwendungsorientierten Feld der CSCW oder CSCL angesiedelt ist, spiegelt sich deutlich in deren Methodik wieder. So finden sich hier hauptsächlich Evaluationsstudien entwickelter Awareness-Technologien wieder, die teilweise im Labor, jedoch noch häufiger im Feld durchgeführt werden. Im Mittelpunkt des Interesses steht dabei vor allem, wie die Teilnehmer mit der Technologie umgehen und diese nutzen. Zum Einsatz kommen dabei inhaltsanalytische Auswertungen, direkte Nutzerbeobachtungen, Erhebung von objektiven Effizienzmaßen sowie Selbsteinschätzungen seitens der Teilnehmer sowohl mittels Interviewtechniken als auch Fragebogeninstrumenten. Experimentaldesigns mit systematischer Bedingungsvariation sind hingegen nur selten zu finden.

Zentrale empirische Befunde

Zentrale und vor allem übergreifende empirische Befunde lassen sich für den Forschungsbereich der Group awareness nicht ohne Weiteres aufzeigen. Grund dafür bildet der deutliche Forschungsschwerpunkt auf der Entwicklung und Ad hoc-Evaluation von sogenannten „Awareness-Tools". Diese sind zudem in der Regel auf die gezielte Förderung eines ganz speziellen Group awareness-Aspekts und dem Einsatz in einem eng begrenzten Aufgabengebiet hin ausgelegt, manchmal sogar auf eine bestimmte Gruppengröße zugeschnitten. Technologische Ansätze zur Unterstützung von Group awareness-Elementen können dabei je nach Zielsetzung die verschiedensten Formen von Informationen zur Verfügung stellen:

- Textbasiert (z. B. eine Anwesenheitsliste mit persönlichen Informationen)
- Nutzung statischer Bilder (z. B. Fotografien)
- Visuelle Veranschaulichungen durch grafische Symbole (z. B. das Sichtbarmachen von Veränderungen durch entsprechende Aktivitäts- und Zustandssymbole)
- Voice over IP-Implementationen (z. B. Skype)
- Videokonferenzsysteme (z. B. Netmeeting)
- Generierung von virtuellen Umgebungen, die auch die Implementierung von Avataren ermöglichen (Collaborative Virtual Environments, CVEs).

Ein sehr guter Überblick über die Umsetzungsmöglichkeiten verschiedener Group awareness-Informationen und ihrer Auswirkungen ist u. a. bei Prasolova-Forland (2002) zu finden.

Insgesamt zeigten bisherige Evaluationsstudien, dass sich Informal awareness- und Workspace awareness-Aspekte durchaus bereits mittels rein textbasierter Technologien und dem Einsatz z. T. einfacher grafischer Visualisierungen und Symbole erfolgreich fördern lassen (Hermann et al., 2003; Prinz et al., 2002). Für den Bereich der social awareness und der Group-structural awareness zeigte sich jedoch bisher, dass entsprechende Informationen, wenn überhaupt, nur mühevoll mittels Technologien zu übermitteln sind. Insbesondere der Einsatz von Videokonferenzen mit ihrer propagierten Nähe zur Face-to-Face-Interaktion scheint in diesem Zusammenhang nicht den erwarteten Mehrgewinn mit sich zu bringen (Brochu et al., 2001). Hier erscheint der Einsatz von Computeranimationen im Rahmen von Collaborative Virtual Environments auf der Basis bisheriger Evaluationsstudien schon viel versprechender (Prasolova-Forland, 2002). Interessanterweise deuten einige Studienergebnisse sogar darauf hin, dass auch schon der alleinige Einsatz eines Audiokanals essenziell zur Förderung der verschiedenen Group awareness-Aspekte beitragen kann (Brochu et al., 2001).

Kritik

Forschung zur Group awareness hat bislang weder ein einheitliches Konzept beziehungsweise einen tragfähigen theoretischen Ansatz hervorgebracht, noch lässt die Forschung auf diesem Gebiet in irgendeiner Form ein systematisches Vorgehen erkennen. Studien drehen sich, wenn diese überhaupt durchgeführt werden und die Forschung nicht mit der Entwicklung eines Tools als abgeschlossen angesehen wird, hauptsächlich um die Evaluation eines speziellen Awareness-Tools. Vergleiche zwischen den meist völlig unterschiedlichen und voneinander unabhängig entwickelten technologischen Ansätzen sind nahezu unmöglich. Auf Grund der enormen Bandbreite an potenziellen Awareness-Informationen und der Möglichkeiten der technologischen Umsetzung sind daher ein übergreifender Erkenntnisgewinn und die Generierung einer elementaren Wissensbasis zurzeit nicht abzusehen. Hier bedarf es in Zukunft einer engeren interdisziplinären Zusammenarbeit der dominierenden informatik-technischen Disziplinen mit dem Fachgebiet der Medienpsychologie, das sich auf diesem sehr interessanten Forschungsgebiet stärker einbinden sollte.

Literatur

Biuk-Aghai, R. (1998). Gruppenwahrnehmung in Fernausbildungssystemen. *GMW-Forum*, 3, 9–14.

Brochu, E., Carbonetto, P. Moffatt, K. & Muyan, P. (2001). *Playing pictionary: An exploration in Human-Computer Interaction.* Online-Dokument: http://www.cs.ubc.ca/~kmoffatt/moffatt-2001-cs544.pdf [15.02.2008].

Buder, J. & Bodemer, D. (2007) Supporting controversial CSCL discussions with augmented group awareness tools. In C. Chinn, G. Erkens, & S. Puntambekar. (Eds.), *Proceedings of the 7th Computer Supported Collaborative Learning Conference* (pp. 90–98). New Brunswick: International Society of the Learning Sciences, Inc.

Carroll, J. M., Neale, D. C., Isenhour, P. L., Rosson, M. B. & McCrickard, D. S. (2003). Notification and awareness: Synchronizing task-oriented collaborative activity. *International Journal of Human-Computer Studies, 58(5)*, 605–632.

Christiansen, N. & Maglaughlin, K. (2003). Crossing from physical workspace to virtual workspace: be AWARE! *Proceedings of HCI International Conference on Human-Computer Interaction* (pp. 1128–1132). Hillsdale, NJ: Lawrence Erlbaum.

Cockburn, A. & Weir, P. (1999). An investigation of groupware support for collaboratives awareness through distortion-oriented views. *International Journal of Human-Computer Interaction, 11(3)*, 231–255.

Cottone, P. & Mantovani, G. (2003). Grounding subjective views. Situation awareness and co-reference in distance learning. In G. Riva, F. Davide & W. A. Ijsselsteijn (Eds.), *Being There: Concepts, Effects and Measurement of User Presence in Synthetic Environments* (pp. 262–279). Amsterdam: Ios Press.

Dabbish, L. & Kraut, R. E. (2004). Controlling interruptions: awareness displays and social motivation for coordination. *Proceedings of the ACM conference on Computer Supported Cooperative Work* (pp. 182–191). New York: ACM Press.

Davis, S. & Gutwin, C. (2005). Using relationship to control disclosure in awareness servers. *ACM International Conference Proceeding Series, 112*, 145–152.

Dourish, P. & Bellotti, V. (1992). Awareness and coordination in shared workspaces. *Proceedings of CSCW '92*, 107–114.

Gross, T., Stary, C. & Totter, A (2005). User-centered awareness in computer-supported cooperative work-systems: Structured embedding of findings from social sciences. *International Journal of Human-Computer Interaction, 18*, 323–360.

Gutwin, C. (1997). Workspace awareness in real-time distributed groupware. Unveröff. Dissertation, Department of Computer Science, University of Calgary, Canada.

Gutwin, C. & Greenberg, S. (2001). A descriptive framework of workspace awareness for real-time groupware. *Computer Supported Cooperative Work, 11, 411–446.*

Gutwin, C. & Greenberg, S. (1998). Effects of awareness support on groupware usability. *Proceedings of the ACM CHI '98*. Los Angeles: ACM Press.

Herrmann, T., Hoffmann, M., Kienle, A. & Reiband, N. (2003). Metawissen als Voraussetzung kooperativer Wissensarbeit und seine Unterstützung durch Awarenessmechanismen. In V. Pipek & M. Rohde (Hrsg.), *Wissen und Lernen in virtuellen Organisationen. Konzepte, Praxisbeispiele, Perspektiven* (S. 73–95). Heidelberg: Physica.

Prasolova-Forland, E. (2002). Supporting awareness in education: overview and mechanism. *International Conference on Engineering Education*, August 2000, UK, Manchester. Retrieved from http://www.ineer.org/Events/ICEE2002/Proceedings/Papers/Index/O-99-O302/O299.pdf [15.02.2008].

Prinz, W., Gräther, W., Gross, T., Klein, K-H., Kolvenbach, S., Pankoke-Babatz, U. & Schäfer, L. (2002). Präsentation von Aktivitäten bei verteilter Zusammenarbeit. In M. Herceg, W. Prinz & H. Oberquelle (Hrsg.), *Mensch & Computer 2002: Vom interaktiven Werkzeug zu kooperativen Arbeits- und Lernwelten* (S. 255–264). Stuttgart: B. G. Teubner.

Rettie, R. (2003). Connectedness, awareness and social presence. *Proceeding of the PRESENCE Conference*. Online-Dokument: http://www.presence-research.org/papers/Rettie. pdf [15.02.2008].

Wang, H. & Chee, Y. S. (2001). Supporting workspace awareness in distance learning environments: Issues and experiences in the development of a collaborative learning system. *Proccedings of ICCE/SchoolNet 2001* (pp. 1109–1116).

Common Ground und Grounding

Nikol Rummel und Anne Meier

Worum geht es?

Simone telefoniert mit Linda, um sie um Hilfe bei einer PowerPoint-Präsentation zu bitten. Simone arbeitet zum ersten Mal mit PowerPoint, während Linda sich bereits gut damit auskennt. „Ich krieg das da oben einfach nicht weg, das kann man irgendwie nicht löschen...", sagt Simone und fährt mit ihrer Maus über den obersten Teil der Folie. „Hä?" macht Linda. Simone fällt ein, dass Linda ihren Bildschirm ja gar nicht sehen kann, und sie erklärt: „Ich meine, ganz oben auf jeder Folie steht derselbe Titel, und den würde ich gerne ändern". „Ach so", antwortet Linda, „das musst du im Folienmaster machen." – „Im was bitte?" – „Im Folienmaster. Ich erklär's dir...".

Wie man an diesem alltäglichen Dialog sehen kann, genügt es oft nicht, die gleiche Sprache zu sprechen, um sich auf Anhieb zu verstehen. So wie Simone und Linda müssen sich Gesprächspartner vielmehr aktiv um das gegenseitige Verstehen bemühen, insbesondere, wenn die Kommunikation medienvermittelt stattfindet. Zu diesem Bemühen gehört bereits Lindas kurze Rückmeldung eines Verständnisproblems („Hä?"). Dazu gehört auch, dass Simone daraufhin ihre Erklärung korrigiert und dabei berücksichtigt, dass Linda nicht das gleiche sieht wie sie selber (ein häufiges Problem bei der medienvermittelten Kommunikation). Im Verlauf des Gespräches etablieren und erweitern sie dabei eine gemeinsame Basis an geteiltem Wissen (z. B. darüber, was ein „Folienmaster" ist).

Diese Basis des gegenseitigen Verstehens wird in der Kommunikationstheorie von Herbert Clark als „common ground" bezeichnet und ist definiert als „the sum of [the partners'] mutual, common or joint knowledge, beliefs, and suppositions" (Clark, 1996, S. 93). Der Common Ground muss zu Beginn einer Kommunikation abgeschätzt und im Laufe der Kommunikation zwischen den Beteiligten immer wieder neu abgestimmt, bzw. erweitert werden. Das kontinuierliche, kooperative Bemühen um gelingendes Verstehen nennt Clark auch „grounding" (Clark & Schaefer, 1989). Verschiedene Kommunikationsmedien unterscheiden sich dabei darin, welche Aspekte des Grounding-Prozesses sie unterstützen bzw. welche spezifischen Grounding-Kosten sie verursachen (Clark & Brennan, 1991).

Darstellung der Annahmen

Der Grounding-Prozess umfasst zwei ineinander greifende Phasen: (1) In der *presentation phase* bringt der Sprecher neue Informationen ins Gespräch ein. Clark geht davon aus, dass Sprecher grundsätzlich bei der Planung einer Äußerung die Perspektive und das Vorwissen ihres Gesprächspartners berücksichtigen („audience design"; Clark & Murphy, 1982). Diese Antizipation dient als Grundlage zur angemessenen Formulierung einer Äußerung. (2) In der *acceptance phase* signalisiert der Gesprächspartner durch verbales Feedback oder nonverbale Signale wie Kopfnicken oder Lächeln seine Aufmerksamkeit und sein Verständnis bzw. weiteren Klärungsbedarf. Der Grounding-Prozess kann und muss dabei nicht bis zu einer vollständigen Übereinstimmung des Wissens der Partner vorangetrieben werden. Vielmehr gibt es immer ein „grounding criterion" (Clark & Schaefer, 1989), eine Art Abbruchkriterium für das Grounding vor dem Hintergrund einer Kosten-Nutzen-Analyse. So wird sich im eingangs beschriebenen Beispiel vermutlich Simones Wissen über den Folienmaster auch bei gelungenem Grounding von Lindas fortgeschrittenem Verständnis unterscheiden. Entscheidend ist, dass der hergestellte Common Ground ausreicht, um das Ziel des Gespräches zu erreichen, also die von Simone gewünschten Änderungen an der PowerPoint-Folie vorzunehmen. Grundsätzlich gilt das Prinzip des „least collaborative effort" (Clark & Brennan, 1991), d. h. die Gesprächspartner sind bestrebt, ihren gemeinsamen Aufwand, die Grounding-Kosten, auf ein Minimum zu beschränken.

Clark und Marshall (1981) nennen drei Heuristiken, die Personen anwenden, um das Wissen ihres Gegenüber einzuschätzen und dadurch den benötigten Aufwand für das Grounding zu minimieren: (1) Die *community membership heuristic* besagt, dass wir auf Grund der Gruppenzugehörigkeit einer Person (z. B. Beruf, Herkunft, Altersklasse) Annahmen über spezifisches geteiltes Wissen (z. B. Fachbegriffe, Orte oder Personen) machen können. (2) Die *physical copresence heuristic* besagt, dass Objekte und Ereignisse in einer geteilten Umwelt als geteiltes Wissen vorausgesetzt werden können. (3) Nach der *linguistic copresence heuristic* kann alles, was im Verlauf des Gesprächs bereits gesagt wurde, als bekannt vorausgesetzt werden.

Das verwendete Kommunikationsmedium hat einen großen Einfluss auf den Aufwand, der für ein erfolgreiches Grounding notwendig ist. Nach Clark und

Brennan (1991) lassen sich die Eigenschaften verschiedener Kommunikationsmedien auf acht Dimensionen beschreiben:

- *Copresence*: Befinden sich die Kommunikationspartner im gleichen Raum?
- *Visibility*: Können sie sich sehen?
- *Audibility*: Können sie sich hören?
- *Simultaneity*: Können sie gleichzeitig agieren?
- *Cotemporality*: Erhält der Adressat einer Mitteilung diese unmittelbar, sobald sie gesendet worden ist?
- *Sequentiality*: Bleibt die ursprüngliche Reihenfolge der Mitteilungen erhalten?
- *Reviewability*: Kann auf vergangene Kommunikation zurückgegriffen werden?
- *Revisability*: Kann eine Mitteilung verändert oder korrigiert werden?

In **Tabelle 4.5** werden Face-to-Face-Kommunikation, das Schreiben einer E-Mail und das Kommunizieren in „Virtual Reality" (VR)-Umgebungen wie beispielsweise *Second Life* (http://www.secondlife.com) anhand dieser Dimensionen verglichen.

Tab. 4.5: Vergleich der Medieneigenschaften (Clark & Brennan, 1991) von Face-to-Face-Kommunikation, E-Mail und VR-Umgebungen

Dimension	Face-to-Face	E-Mail	VR-Umgebung
Copresence	Ja	nein	„real" nein; aber in virtueller Umwelt
Visibility	Ja	nein	„reale" Personen nein, Avatare ja
Audibility	Ja	nein	möglich[1]
Simultaneity	Ja	nein	möglich[1]
Cotemporality	Ja	nein	möglich[1]
Sequentiality	Ja	nicht immer	möglich[1]
Reviewability	Nein	ja	möglich[1]
Revisability	Nein	ja	möglich[1]

[1] abhängig von der konkreten Ausgestaltung der VR-Umgebung, bzw. von der Wahl zwischen zur Verfügung stehenden Kommunikationskanälen durch den Benutzer

Face-to-Face-Kommunikation besitzt fast alle der von Clark und Brennan genannten Eigenschaften. Die Ausnahme bilden die letzten beiden Dimensionen, welche wiederum typisch für die schriftliche Kommunikation per E-Mail sind: Das E-Mail-Programm archiviert Nachrichten, so dass die Reviewability gegeben ist. Außerdem kann ein Text nach Belieben verändert werden, bevor der Sender ihn losschickt (Revisability). Am Beispiel der VR-Umgebung wird ein weiterer Differenzierungsbedarf innerhalb einzelner Beschreibungsdimensionen deutlich. So können sich Copresence und Visibility einerseits auf reale, andererseits aber auch auf virtuelle Objekte und Personen beziehen.

Der Vergleich zeigt, dass medienvermittelte Kommunikation nicht unbedingt nachteilig gegenüber der Face-to-Face-Kommunikation sein muss. Beispielsweise erweitert die Zusammenarbeit in medienvermittelten Kooperationsumgebungen die *physical copresence heuristic* auf geteilte Anwendungen („shared applications") oder virtuelle Objekte. Der mögliche Rückgriff auf archivierte E-Mails verleiht der *linguistic copresence heuristic* eine neue Dimension, da zusätzliche Möglichkeiten der Bezugnahme (z. B. durch wörtliches Zitieren) auf zuvor ausgetauschte Informationen bestehen. Das Fehlen einer real geteilten Umwelt und die räumliche Abwesenheit des Kommunikationspartners erschweren jedoch andererseits die Anwendung der *community membership heuristic*. Auch entfallen bei der medienvermittelten Kommunikation oft die nonverbalen Informationen, welche beim Empfänger-Feedback in der *acceptance phase* eine große Rolle spielen.

Je nachdem, welche Heuristiken und welche Arten von Feedback ein Medium unterstützt, entstehen Grounding-Kosten auf verschiedenen Ebenen: Auf Seiten des Senders entstehen Kosten bei der Produktion sowie bei der Formulierung von Äußerungen. Zum Beispiel ist Tippen aufwändiger als Sprechen, und der Formulierungsaufwand ist bei einer E-Mail höher als bei einem Anruf. Auf Seiten des Empfängers entstehen Kosten für die Aufnahme und das Verstehen einer Äußerung. Zum Beispiel ist Lesen oft aufwändiger als Hören; Handlungsanweisungen sind vielleicht mit Hilfe von deiktischen Gesten leichter zu verstehen. Weitere Kosten entstehen durch Verzögerungen in der Übermittlung, durch Fehler bzw. deren Korrektur oder beim Sprecherwechsel. Laut dem Messaging-Threshold-Ansatz von Reid, Malinek, Stott und Evans (1996) können die mit einem Medium verbundenen Kommunikationskosten die Selektion dieses Mediums bestimmen.

Typische Methodik

Die meisten Studien zur Überprüfung der Theorie von Clark basieren auf der Grundidee der *referential communication task* nach Krauss und Weinheimer (1966). Bei diesem Aufgabentyp hat eine Person (der Sender) eine Reihe von Bildern oder Objekten vor sich und muss diese einer anderen Person (dem Empfänger) möglichst eindeutig beschreiben, so dass der Empfänger die beschriebenen Bilder oder Objekte aus einer Menge anderer herausfinden und/oder in bestimmter Weise anordnen kann. Die von Hansen (2006) verwendete Aufgabe ist ein Beispiel für eine referential communication task in einem medienvermittelten Kommunikationsszenario. Sender und Empfänger sind räumlich getrennt und kommunizieren über einen Audiokanal. Dem Sender liegen neun Bilder in einer Zielanordnung vor (vgl. **Abb. 4.5**). Der Empfänger hat dasselbe Zielraster vor sich, allerdings noch leer. Rechts davon sieht er eine Anzahl von Bildern, unter ihnen auch die neun Zielobjekte, die er entsprechend den Anweisungen des Senders im Raster anordnen soll. Eine besondere Herausforderung besteht darin, dass die Bilder sich nur in einzelnen Details (z. B. Schwanzform der Maus) unterscheiden.

Der Erfolg der Kommunikation, als Zeichen für gelungenes Grounding, kann an unterschiedlichen Prozess- und Ergebnisvariablen gemessen werden. In der Studie von Hansen wurden u. a. die Anzahl korrekt platzierter Bilder, die Anzahl der Nachfragen von Seiten des Empfängers sowie die benötigte Zeit für das Beschreiben und das Zuordnen der Bilder erhoben.

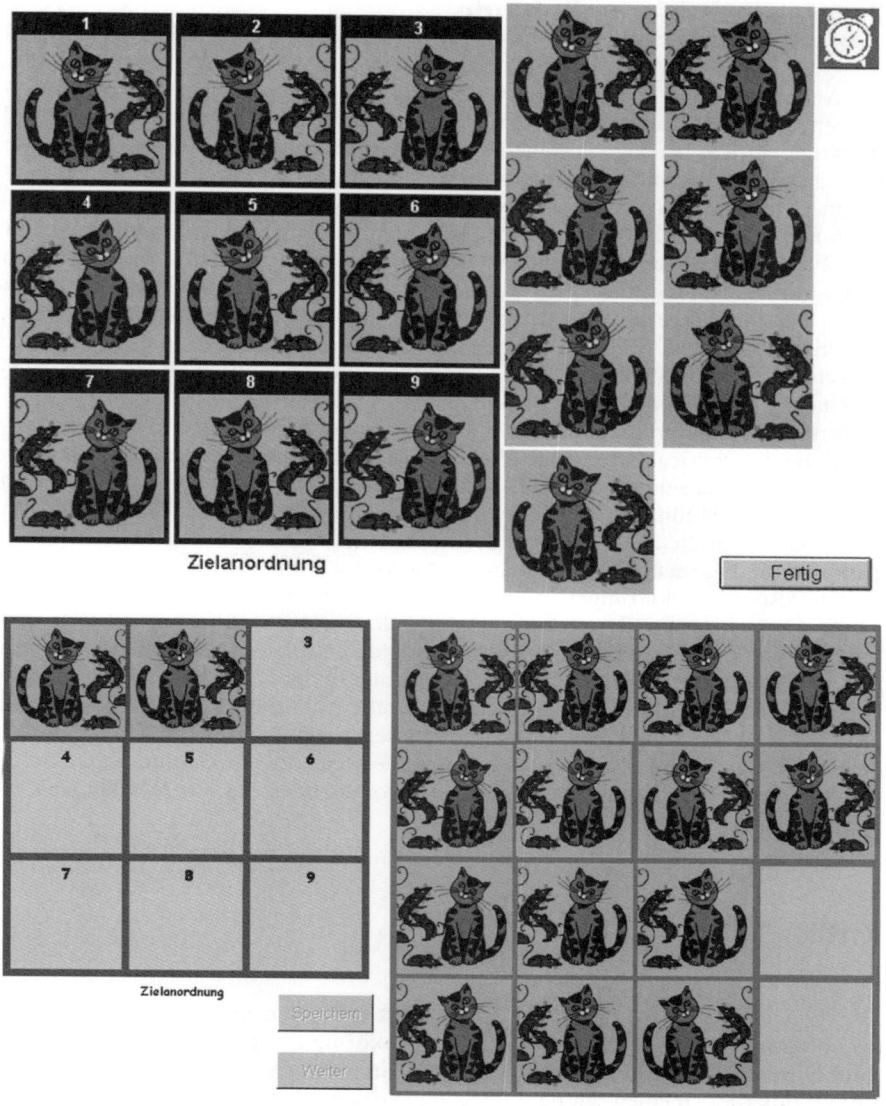

Abb. 4.5: Versuchsaufbau in der von Hansen (2006) verwendeten *referential communication task* (oben: Sender, unten: Empfänger) Die Bilder sind dem Spiel Difterix des Ravensburger Spieleverlags entnommen.

Zentrale empirische Befunde

Die Annahmen von Clark und Brennan (1991) zu Unterschieden in den Grounding-Kosten je nach Eigenschaften des Kommunikationsmediums konnten experimentell bestätigt werden. Die bereits eingeführte Studie von Hansen (2006) beispielsweise verglich Bedingungen mit synchroner und asynchroner Kommunikation. Die synchrone Kommunikation ähnelte einem Telefongespräch; in der asynchronen Bedingung sprach der Sender seine Instruktionen auf ein Tonband, welches später vom Empfänger abgehört wurde. Nach Clarks Theorie sollten in der asynchronen Bedingung höhere Grounding-Kosten entstehen, da die Möglichkeit zum Feedback durch den Empfänger nicht gegeben war. Die Ergebnisse des Experiments zeigen, dass dies tatsächlich der Fall war: In der asynchronen Bedingung brauchten die Sprecher länger für die Beschreibung der Bilder, und die Empfänger machten deutlich mehr Fehler bei deren Zuordnung.

Jucks, Bromme und Runde (2003) geben ein Beispiel für eine irrtümliche Anwendung der Physical copresence-Heuristik in einem medienvermittelten Szenario. Sie ließen Pharmazeuten per E-Mail eine (standardisierte) Informationsanfrage zum Gebrauch von Abführmitteln beantworten, die entweder von einem Laien oder von einem Ko-Experten (Mediziner) an sie gestellt worden war. Die Ergebnisse zeigten, dass sich die Pharmazie-Experten an der *community membership heuristic* orientierten, also ihre Erklärungen an das vermutete Vorwissen eines Laien bzw. eines Mediziners anpassten. Beispielsweise verwendeten sie in der Kommunikation mit Laien weniger Fachbegriffe und mehr erklärende Beispiele als in der Kommunikation mit Medizinern. Dieser Unterschied verringerte sich allerdings, wenn die Experten beim Verfassen ihrer E-Mail eine fachliche Abbildung vorliegen hatten und wussten, dass diese auch dem Empfänger vorliegen würde. Obwohl die Abbildung viele Fachbegriffe enthielt und für Laien keineswegs selbsterklärend war, behandelten die Experten die in der Abbildung vorkommenden Begriffe fälschlicherweise als Teil des Common Ground.

Kritik

Die von Clark und Brennan (1991) identifizierten Medieneigenschaften haben sich als nützlich erwiesen, um Medien relativ grobkörnig zu vergleichen. Sie stoßen in ihrer Differenzierungsfähigkeit allerdings an Grenzen, da sich die Vielfältigkeit der Kommunikationsmedien seit dem Erscheinen des Artikels stark vergrößert hat. So wurde bereits bei dem in **Tabelle 4.5** dargestellten Medienvergleich deutlich, dass die Dimensionen Visibility und Copresence nicht zwischen realen und virtuellen Objekten und Personen unterscheiden. Im Bezug auf Videokonferenzen weisen Whittaker und O'Conaill (1997) darauf hin, dass sich Visibility nicht nur auf die kommunizierenden Personen („video-as-connection"), sondern auch auf gemeinsam manipulierte Objekte („video-as-data") beziehen kann, um solchermaßen eine geteilte „physische" Umwelt herzustellen. Dabei messen sie der letztgenannten Funktion eine größere Bedeutung für die Unterstützung von kooperativen Aktivitäten zu. Hinzu kommt, dass Clark und Brennan vom einfachsten Fall dyadischer Kommunikation ausgingen, während moderne Kommunikationsmedien wie zum

Beispiel Internetforen oftmals eine Vielzahl von Personen verbinden. Die Aussage-kraft der Dimensionen wird zusätzlich dadurch eingeschränkt, dass sie rein de-skriptiv konzipiert sind und keinerlei qualitative Beurteilung oder Gewichtung vornehmen, die präskriptiv Aufschluss darüber geben könnte, welche Medienei-genschaften besonders wichtig für einen erfolgreichen Grounding-Prozess sind. Entsprechend schwierig ist es, die Beschreibungsdimensionen für die Bewertung von Kommunikationsmedien praktisch nutzbar zu machen. Zu diesem Zweck sind zusätzliche Überlegungen zur Anwendbarkeit der Kommunikationsheuristiken und zu den zu erwartenden Grounding-Kosten notwendig.

Abschließend kann festgehalten werden, dass die Common-Ground-Theorie von Clark einen guten Rahmen liefert, um medienvermittelte Kommunikation zu un-tersuchen und Kommunikationsmedien zu vergleichen. Allerdings ist es erforderlich, diesen Rahmen entsprechend der konkret untersuchten Medien noch weiter aus-zudifferenzieren und auszufüllen.

Literatur

Clark, H. H. (1996). *Using language*. Cambridge: Cambridge University Press.
Clark, H. H. & Brennan, S. E. (1991). Grounding in communication. In L. B. Resnick, J. M. Levine & S. D. Teasley (Eds.), *Perspectives on socially shared cognition* (pp. 127–148). Washington, DC: American Psychological Association.
Clark, H. H. & Marshall, C. R. (1981). Definite reference and mutual knowledge. In A. K. Joshi, B. L. Weber & I. A. Sag (Eds.), *Elements of discourse understanding* (pp. 10–63). Cambridge: Cambridge University Press.
Clark, H. H. & Murphy, G. L. (1982). Audience design in meaning and reference. In J. F. LeNy & W. Kintsch (Eds.), *Language and comprehension* (pp. 287–299).
Clark, H. H. & Schaefer, E. F. (1989). Contributing to discourse. *Cognitive Science, 13(2)*, 259–294.
Hansen, M. (2006). *Instructional support for individual and collaborative demands on net-based problem-solving in dyads*. Dissertation. Freiburg im Breisgau: Universitätsbibliothek. Verfügbar unter: http://www.freidok.uni-freiburg.de/volltexte/2831/[15.02.2008].
Jucks, R., Bromme, R. & Runde, A. (2003). Audience Design von Experten in der netzgestütz-ten Kommunikation: Die Rolle von Heuristiken über das geteilte Vorwissen. *Zeitschrift für Psychologie, 211(2)*, 60–74.
Krauss, R. M. & Weinheimer, S. (1966). Concurrent feedback, confirmation, and the encod-ing of referents in verbal communication. *Journal of Personality and Social Psychology, 14*, 343–346.
Reid, F. J. M., Malinek, V., Stott, C. J. T. & Evans, J. S. B. T. (1996). The messaging thresh-old in computer-mediated communication. *Ergonomics, 39*, 1017–1037.
Whittaker, S. & O'Conaill, B. (1997). The role of vision in face-to-face and mediated com-munication. In K. E. Finn, A. J. Sellen, & S. B. Wilbur (Eds.), *Video-mediated commu-nication* (pp. 23–50). Mahwah, NJ: Lawrence Erlbaum.

Transformed Social Interaction

Carsten Möller und Nicole C. Krämer

Worum geht es?

Im Bereich der medienvermittelten Interaktion bieten sich durch den technischen Fortschritt der Computer- und Netzwerktechnik neue Möglichkeiten, die verbalen und nicht verbalen Anteile von Kommunikation in virtuellen Realitäten abzubilden. Virtuelle Realitäten als kollaborative virtuelle Umgebungen (Collaborative Virtual Environments, CVE) lassen sich zu einem Treffpunkt für die digitalen Repräsentationen realer Menschen, sogenannter Avatare, gestalten. Die Bewegungen dieser digitalen Personen können von den realen Personen durch „Motion capture"-Verfahren (Bewegungserfassung über an der Person angebrachte Marker oder Sensoren) bzw. durch kontaktfreie Videoanalysetechnologien abgenommen und in Echtzeit auf ihre virtuellen Repräsentanten übertragen werden.

Im Vergleich zu den seit Jahren etablierten Videokonferenzen bieten CVEs verschiedene Vorteile, die sich insbesondere auf erweiterte Kommunikationsmöglichkeiten beziehen (vgl. Bente, Krämer & Eschenburg, im Druck). So lassen sich, im Gegensatz zur Videokommunikation, Erscheinungsbild und Verhalten trennen, die ansonsten durch eine natürliche Konfundierung verschmolzen sind – was im realen Leben dazu führt, dass die Wahrnehmung und Interpretation des Verhaltens immer durch am Erscheinungsbild ablesbare Aspekte (Attraktivität, Geschlecht, Ethnie) beeinflusst werden. In CVEs kann beispielsweise das Verhalten eines Mannes durch eine Frau dargestellt werden, oder ein asiatischer Avatar kann durch die Verhaltensdaten eines Farbigen gesteuert werden (plasticity with regard to appearance/ anonymity). Doch nicht nur statische Aspekte wie das Erscheinungsbild können gegenüber der Realität verändert, sondern auch das Verhalten kann manipuliert werden. So lassen sich beispielsweise die Frequenz und Stärke eines Lächelns oder die Blickzuwendung erhöhen (behavioral plasticity).

Bailenson und Blascovich (2004) fassen zusammen, dass „Via avatar interactants possess the ability to systematically filter their physical appearance and behavioral actions in the eyes of their conversational partners, amplifying or suppressing features and nonverbal signals in real-time for strategic purpose" (S. 9). Das hier zu behandelnde Konzept bildet dabei „a theoretical framework for such strategic filtering of communicative behaviors called transformed social interaction" (Bailenson, Beall, Loomis, Blascovich & Turk, 2005, S. 513).

Darstellung der Annahmen

Insgesamt handelt es sich bei der Transformed Social Interaction (TSI) eher um einen innovativen methodischen Ansatz als um ein theoretisches Konzept – obwohl Bailenson und Kollegen es durchaus als Theorie bezeichnen (Bailenson, 2006; Bailenson, Beall, Loomis, Blascovich & Turk, 2004; Bailenson, Yee, Blascovich, Beall, Lundblad & Jin, im Druck). Es wird davon ausgegangen, dass sich mit Hilfe der avatarbasierten Interaktion und der sich in diesem Rahmen bietenden methodischen Möglichkeiten soziale Interaktion auf neue Weise untersuchen lässt. Die Tatsache, dass im Rahmen von virtuellen Umgebungen das Verhalten jedes beteiligten Nutzers ohnehin durch motion capture (durch Sensoren wird zum Beispiel die Bewegung des Kopfes erfasst) oder andere Technologien (z. B. Blickbewegungsmessung) erfasst werden muss, damit es den Gesprächspartnern übermittelt und mit Hilfe einer virtuellen Person dargestellt werden kann, ermöglicht gleichzeitig auch den systematischen Eingriff in die übermittelten Daten. Dies ist für die Grundlagenforschung insofern hilfreich, als beispielsweise analysiert werden kann, welcher Grad an Blickzuwendung oder Lächeln als optimal sympathisch empfunden wird. Die Entwicklungen sind auch anwendungsrelevant, da entsprechende Systeme etwa genutzt werden können, um verteilten Teams optimale Kollaborationsbedingungen zu ermöglichen oder Lehrern im Rahmen von virtuellen Umgebungen bessere Einflussmöglichkeiten auf ihre Schüler zu geben. Das TSI-Konzept beschreibt das Potenzial der Transformationen gemäß Bailenson et al. (2005) auf drei Dimensionen: *self-representation*, *sensory abilities* und *situational context/social environment*.

- *self representation:* Umfasst die Möglichkeit, die äußere Erscheinungsform und die Bewegungsweise des Avatars zu tranformieren, so dass ein Avatar gleichzeitig für verschiedene Betrachter unterschiedliche Erscheinungsformen haben sowie Verhaltensweisen zeigen kann. So kann der Avatar eines Lehrers zum Beispiel einen Schüler vermehrt anlächeln, um ihn zu ermutigen, sich am Unterricht zu beteiligen, während er gleichzeitig einen anderen mahnend anblickt.
- *sensory abilities:* Im Rahmen der virtuellen Umwelten können spezifische Wahrnehmungsfähigkeiten erweitert werden. Hier werden die beschränkten perzeptuellen Fähigkeiten des Menschen durch die Nutzung von Algorithmen ergänzt, die das Verhalten der übrigen Nutzer in der Umgebung erfassen. In einer virtuellen Lernumgebung kann so etwa dem „Lehrer"-Avatar mitgeteilt werden, welche Schüler wie lange bereits nicht aufmerksam sind –, da deren Kopf- und Blickbewegungen automatisch erfasst werden.
- *situational context:* Die Trennung von Raum und Zeit in virtuellen Umgebungen ermöglicht es ferner, Gegenstände wie auch Personen an beliebigen Orten und zu beliebigen Zeiten auftauchen zu lassen und somit den *situational context* umzubilden.

Typische Methodik

Wie oben erwähnt, ist das Konzept der Transformed Social Interaction eher als methodischer denn als theoretischer Ansatz zu bezeichnen. Der zentrale methodische Vorteil der Verwendung von immersiven virtuellen Welten im Rahmen experimenteller Designs wird in der systematischen Kontrollierbarkeit der verschiedenen Aspekte (Erscheinungsbild/Verhalten) gesehen. Da sich die Interaktionsteilnehmer in virtuellen Realitäten immer noch in einer tatsächlichen Interaktionssituation befinden, die in ihrer Komplexität nicht reduziert ist, muss auch nicht befürchtet werden, dass die ökologische Validität beeinträchtigt ist (Bailenson et al., 2004).

Blascovich et al. (2002) fassen zusammen: „In other words, investigators can take apart the very fabric of social interaction using IVET [Immersive Virtual Environment Technology], disabling or altering the operation of its components thereby reverse engineering social interaction. With this approach, social psychologists could systematically determine the critical aspects of successful and unsuccessful social interaction, at least within specified domains and interaction tasks" (S. 47). Blascovich et al. (2002) sehen in den Möglichkeiten sogar ein neues Paradigma für die experimentelle Sozialpsychologie und führen als weitere Vorteile an, dass Replikationen erleichtert werden und durch die zukünftige Verfügbarkeit über das Internet das Stichprobenproblem laborexperimenteller Studien gelöst werden kann.

Um die Effekte aller drei Dimensionen der TSI zu studieren, nahmen Bailenson und Kollegen auf Grund der digitalen Verhaltensdaten folgende Änderungen in der virtuellen Umgebung vor: Kopfbewegungen des Avatars; die Aufrechterhaltung des Blickkontaktes in Situationen mit mehreren Akteuren; sowie die zeitliche Verzögerung, mit der die Verhaltensdaten eines Akteurs gespiegelt wurden. Neben den Veränderungen der Verhaltensdaten wurde auch das Erscheinungsbild systematisch variiert (zum Beispiel werden studentische Versuchsteilnehmer als virtuelle Senioren dargestellt). Auf der Seite der abhängigen Variablen kann man zunächst das auf die Stimuli erfolgende Bewegungsverhalten der Probanden analysieren, das durch das Trackingsystem in Form von physikalischen, quantitativen Daten vorliegt. Hinzu kommen Daten aus den Befragungen der Probanden (vgl. Bailenson et al., 2005; Bailenson & Yee, im Druck). Zusätzlich lässt sich im Sinne moderierender Variablen überprüfen, inwieweit sich die Geschlechtszugehörigkeit der Probanden und Informationen über die Manipulation der Situation im CVE auf das Verhalten und die Eindrucksurteile der Probanden auswirken (Bailenson et al., 2005; Bailenson & Yee, 2005).

Zentrale empirische Befunde

Im Rahmen sogenannter „Non zero sum gaze"-Studien untersuchten Bailenson et al. (2005), welche Auswirkungen ein verlängerter Blickkontakt auf Interaktionsteilnehmer hat. In einer triadischen Gesprächssituation (vgl. **Abb. 4.6**), in der die Personen an den Eckpunkten eines Dreiecks angeordnet waren, wurde der Blick des sprechenden Avatars so manipuliert, dass er die beiden übrigen Personen gleichzeitig und somit jede insgesamt zu 100 % der Zeit anblickte.

In Bezug auf das Ausmaß der erreichten Persuasion zeigte sich, dass die Zustimmung zum Standpunkt des referierenden Avatars verglichen mit Kontrollbedingungen dann am größten war, wenn man selbst die gesamte Zeit über angeblickt wurde. Zusätzlich fand sich ein geschlechtsbezogener Unterschied derart, dass Frauen unter dieser Bedingung ein größeres Ausmaß an Zustimmung zeigten (Bailenson et al., 2005). In Bezug auf den subjektiven Eindruck zur Interaktion ist bemerkenswert, dass die Personen sich zwar tatsächlich häufiger angeblickt fühlten, aber nicht bemerkten, dass der Avatars sie die ganze Zeit über fixierte, was natürlicher Weise nicht vorkommt (vgl. **Abb. 4.7**).

Ähnliche Ergebnisse erzielten Bente, Eschenburg und Krämer (2007) in einer desktop-basierten, dyadischen Avatarinteraktion. Ein verlängertes Anblicken (4 Sekunden vs. 2 Sekunden Wegblicken) rief positivere Bewertungen durch den Gesprächspartner hervor als ein lediglich 2 Sekunden langes Anblicken (ebenfalls kombiniert mit 2 Sekunden Wegblicken). Außerdem wurde die Person als stärker kopräsent bewertet (vgl. Beitrag zu Sozialer Präsenz in diesem Band). Auch hier zeigte sich die bewusste Einschätzung der Situation als ungenau, denn in beiden fühlte man sich während 50 % der Zeit angeblickt.

Abb. 4.6: Triade weiblicher Avatare in einem virtuellen Konferenzraum (aus Bailenson et al., 2005, S. 520).

Abb. 4.7: Durch TSI können beide Probanden während der gesamten Interaktion ange-blickt werden (aus Bailenson et al., 2004, S. 433)

Auch für „mimicry", d. h. das Nachahmen der Bewegungen der Versuchsperson durch eine virtuelle Figur, konnten positive Wirkungen nachgewiesen werden (Bailenson & Yee, 2005). Wenn die virtuelle Figur die Kopfbewegungen der Ver-suchsteilnehmer mit einer Latenz von 4 Sekunden nachahmte, resultierte nicht nur eine positivere Bewertung, sondern auch eine erhöhte Fokussierung der virtuellen Figur, die durch eine geringere Kopfdrehung der Versuchsteilnehmer nachgewiesen wurde. Für den angewandten Kontext des Lernens in einem virtuellen Klassenraum zeigen Bailenson et al. (im Druck), dass Schüler davon profitieren, wenn sie – entgegen den in der Realität möglichen Gegebenheiten – alle im direkten Fokus und in unmittelbarer Nähe zum Lehrer platziert sind. Zusätzlich profitieren die Schüler von den erweiterten Wahrnehmungsmöglichkeiten (s. o. sensory abilities) des Lehrers. Wenn Letzterem signalisiert wird, dass er seinen Blick ungleichmäßig verteilt, ist er in der Lage, dies zu korrigieren.

Ein anderer Bereich der TSI-Forschung betrifft die Analyse der Wirkungen von veränderten statischen Erscheinungsbildern. Yee und Bailenson (2007) fragen etwa, ob die gewählte Selbstrepräsentation auch Rückwirkungen auf das eigene Verhalten nimmt. Dieser sogenannte Proteus-Effekt konnte tatsächlich nachgewiesen werden: Wird man durch einen attraktiven Avatar repräsentiert, nähert man sich anderen eher und gibt mehr über sich preis. Außerdem verhalten sich Personen, denen ein größerer Avatar zugeordnet wurde, selbstbewusster als die, die durch einen kleineren Avatar repräsentiert werden. Yee und Bailenson (2006) demonstrieren außerdem, dass die Repräsentation der eigenen Person durch einen älteren Avatar negative Altersstereotype reduziert. Noch eindrucksvoller zeigt Rickertsen (2007), dass nicht nur das Erscheinungsbild, das der eigene Avatar hat, zu Konsequenzen führt, sondern dass auch die Handlungen, die man bei seinem eigenen Avatar beobachtet (der in diesem Fall aussieht wie man selbst), Wirkungen haben: Versuchspersonen, die sich selbst bei einer unmoralischen Handlung in der virtuellen Realität beobachtet haben, versuchen, diese durch Verhaltensweisen wie Händewaschen zu kompensieren.

Kritik

Die bisherigen Studien zeigen die Nützlichkeit, die TSI für Untersuchungen zur Wirkung verschiedener Signale in der zwischenmenschlichen Kommunikation hat. Für die Zukunft können vielfältige Untersuchungen erwartet werden, welche die sich nun bietenden innovativen methodischen Möglichkeiten nutzen, um interpersonale Interaktion zu analysieren und zentrale Wirkmechanismen zu identifizieren. Anders als die Arbeiten von Bailenson und Kollegen nahelegen, implizieren die bisherigen Ansätze jedoch noch keinen theoretischen Rahmen (vgl. Bailenson, 2006; Bailenson, Beall, Loomis, Blascovich & Turk, 2004; Bailenson, Yee, Blascovich, Beall, Lundblad & Jin, im Druck). Ein solcher müsste noch erarbeitet werden, damit künftige Studien hinsichtlich ihres Untersuchungsgegenstandes und den verwendeten Variablen vergleichbar werden.

Inwieweit TSI nicht nur als Methode, sondern auch in Anwendungskontexten reüssieren kann, muss zunächst offen bleiben. Denkbar sind Anwendungen im Rahmen von medienvermittelter Kooperation von Arbeitsteams oder in virtuellen Klassenräumen. In Zukunft könnten die Manipulationsmöglichkeiten, die die avatarbasierte Kommunikation hinsichtlich des Erscheinungsbildes oder spezifischer Verhaltensaspekte bietet, etwa Lehrern ermöglichen, sich jedem Schüler gegenüber als nicht nur aufmerksam, sondern auch freundlich zu präsentieren. Auch ein Arbeitnehmer, der weiß, dass eine freundliche Mimik positiv aufgenommen wird, dass er selbst aber durch seine Physiognomie nur schwach lächelt, kann bei seinem Avatar Einstellungen vornehmen, die jedes Lächeln intensivieren. Um hier in Zukunft optimale Ergebnisse garantieren zu können, werden weitere Studien benötigt, auf Grund derer Richtlinien über besonders positiv wirkendes Verhalten in verschiedenen Kontexten zusammengestellt werden können.

Zudem sollte eine Diskussion über die ethischen Implikationen der TSI geführt werden, um insbesondere die Gefahren für potenziellen Missbrauch, wie er von Bailenson et al. (2004) sowie Bailenson und Yee (im Druck) aufgezeigt wird, zu thematisieren. Ihre Bedenken rühren daher, dass bereits heute zahlreiche Personendaten durch die Nutzung von Onlineangeboten der Unterhaltungs-, Informations- und Konsumgüterindustrie sowie durch die Tätigkeiten der staatlichen und privaten Überwachungsdienste erfasst und gespeichert werden. Die daraus gewonnenen Profile lassen sich in virtuelle Realitäten einbringen, um dort digitale Agenten anzusteuern, so dass wir bei entsprechenden Nutzungsgewohnheiten den mit der TSI verbundenen Phänomenen erliegen können (vgl. Bailenson & Yee, im Druck). Die gründliche Erforschung der TSI und Diskussion ihrer Implikationen scheint daher dringend erforderlich zu sein, denn: „The potential for digital mimicry is no longer a question of 'if', but 'when'." (Bailenson & Yee, im Druck).

Literatur

Bailenson, J. N., Yee, N., Blascovich, J., Beall, A., Lundblad, N. & Jin, M. (in press). The Use of Immersive Virtual Reality in the Learning Sciences: Digital Transformations of Teachers, Students, and Social Context. *Journal of the Learning Sciences*.

Bailenson, J. N. & Yee, N. (in press). Virtual Interpersonal Touch and Digital Chameleons. *Journal of Nonverbal Bahavior.*

Bailenson, J. N. (2006). Transformed Social Interaction in Collaborative Virtual Environments. In P. Messaris & L. Humphreys (Eds.), *Digital Media: Transformations in Human Communication* (pp. 255–264). New York: Peter Lang.

Bailenson, J. N. & Yee, N. (2005). Digital Chameleons. Automatic Assimilation of Nonverbal Gestures in immersive Virtual Environments. *Psychological Science, 16(10)*, 814–819.

Bailenson, J. N., Beall, A. C., Loomis, J., Blascovich, J. & Turk, M. (2005). Transformed Social Interaction, Augmented Gaze, and Social Influence in Immersive Virtual Environments. *Human Communication Research, 31(4)*, 511–537.

Bailenson, J. N. & Blascovich, J. (2004) Avatars. *Encyclopedia of Human-Computer Interaction* (pp. 64–68). Berkshire Publishing Group.

Bailenson, J. N., Beall, A. C., Loomis, J., Blascovich, J. & Turk, M. (2004). Transformed Social Interaction: Decoupling Representation from Behavior and Form in Collaborative Virtual Environments. *Presence, 13(4)*, 428–441.

Bente, G., Eschenburg, F. & Krämer, N. C. (2007). Virtual gaze. A pilot study on the effects of computer simulated gaze in avatar-based conversations. *Proceedings of HCI 2007*. Hamburg: Springer.

Bente, G., Krämer, N. C. & Eschenburg, F. (in press). Is There Anybody Out There? Analyzing the Effects of Embodiment and Nonverbal Behavior in Avatar-Mediated Communication. In E. Konijn, S. Utz, M. Tanis & S. Barnes (Eds.) *Mediated Interpersonal Communication*. Hillsdale, NJ: Lawrence Erlbaum.

Blascovich, J., Loomis, J., Beall, A., Swinth, K., Hoyt, C. & Bailenson, J. (2002). Immersive virtual environment technology: Not just another research tool for social psychology. *Psychological Inquiry, 13*, 146–149.

Rickertsen, K. (2007). *Morality in Virtual Reality*. Master's thesis at Department of Psychology, Stanford University.

Yee, N. & Bailenson, J. N. (2007). The Proteus Effect: Self Transformations in Virtual Reality. *Human Communication Research, 33*, 271–290.

Yee, N. & Bailenson, J. N. (2006). Walk A Mile in Digital Shoes: The Impact of Embodied Perspective-Taking on The Reduction of Negative Stereotyping in Immersive Virtual Environments. *Proceedings of PRESENCE 2006: The 9th Annual International Workshop on Presence.* August 24–26, Cleveland, Ohio, USA.

Media Equation

Nicole C. Krämer

Worum geht es?

Ein Nutzer hat an seinem Computer eine Aufgabe durchgeführt und erhält über eine synthetisierte Stimme die Rückmeldung „Herzlichen Glückwunsch! Sie waren erfolgreich und haben die Aufgabe in Rekordzeit bewältigt!". Selbst wenn der Nutzer weiß, dass diese Meldung automatisiert ab einer bestimmten Geschwindigkeit erscheint, wird er sich geschmeichelt fühlen und den Computer im Rahmen einer anschließenden Evaluation positiver bewerten. Dieses Phänomen wird als verursacht durch die sogenannte „Media Equation" angenommen. Die These, die Byron Reeves und Cliff Nass 1996 in ihrem gleichnamigen Buch aufstellen, lautet, dass Personen Medienentitäten (im Fernsehen ausgestrahlte Personen, Computer, Roboter) unwillkürlich wie reale Personen behandeln bzw. auf diese wie auf reale Personen in alltäglichen Interaktionen reagieren und ist somit vergleichbar mit dem Phänomen der Parasozialen Interaktion (vgl. Beitrag zu Parasozialer Interaktion in diesem Band). Tatsächlich zeigen die Autoren in empirischen Studien, dass Verhaltensregeln aus dem Alltag und sozialpsychologische Gesetzmäßigkeiten auch im Kontakt mit Medien gelten und beobachtbar sind. So zeigen Personen höfliches Verhalten gegenüber Computern: Wenn die Performanz eines Computers beurteilt wurde, waren die Antworten dann positiver, wenn der betroffene Computer selbst die Frage stellte und weniger höflich, wenn ein anderer Computer die Evaluation anforderte. Zentral ist laut der Autoren, dass diese Phänomene nicht nur bei Kindern, psychisch gestörten oder mit Medien Unerfahrenen beobachtbar sind. Die Verhaltensweisen treten also nicht nur bei bestimmten Personen oder zu bestimmten Zeiten auf (zum Beispiel wenn man abgelenkt ist), sondern sie treten immer auf, weil sie „fundamentally human" sind (Reeves & Nass, 1996, S. 8). Die Autoren betonen, dass das Verhalten nicht irrational, sondern im Prinzip nicht vermeidbar ist und kaum gesteuert oder ausgeschaltet werden kann: „Equating mediated and real life is neither rare nor unreasonable. It is very common, it is easy to foster, it does not depend on fancy media equipment, and thinking will not make it go away. The media equation – *media equals real life* – applies to everyone, it applies often, and it is highly consequential" (S. 5).

Darstellung der Annahmen

Die Tatsache, dass Nutzer automatisch und unbewusst soziale Regeln in der Interaktion mit Medien anwenden, auch wenn sie selbst angaben, dass solche Verhaltensweisen gänzlich unangemessen sind (Nass, Steuer & Tauber, 1994), wird von Reeves und Nass (1996) evolutionstheoretisch erklärt. Sie geben an, dass die Informationsverarbeitungsmechanismen des Menschen nicht an heutige Technologien angepasst sind. Während der Evolution des menschlichen Gehirns konnten nur Menschen umfangreiches Interaktionsverhalten zeigen und alles, was man beobachten konnte, war real. Mit der Verfügbarkeit von Medien ist der daher entstandene und in diesem Kontext sinnvolle Mechanismus, alles zu glauben, was man sieht (vgl. auch Gilbert, 1991) und automatisch sozial auf etwas zu reagieren, das interaktive Verhaltensweisen zeigt, dysfunktional geworden (vgl. Beitrag zu Evolutionären Erklärungsansätzen in diesem Band).

Die Media Equation-These hebt sich damit deutlich von der Anthropomorphismus-These ab, die besagt, dass Menschen beliebigen Gegenständen/Technologien tatsächlich bewusst menschenähnliche Eigenschaften zuschreiben. Als Terminus für das zugrundeliegende Phänomen schlagen Nass, Moon, Fogg, Reeves und Dryer (1995) den Terminus „Ethopoeia" (aus dem Altgriechischen abgeleiteter Terminus der Rhetorik, der die Beschreibung des Charakters oder genauer der idiosynkratischen Gewohnheiten meint) vor, da dieser automatische und unbewusste Reaktionen treffender kennzeichne. Ethopoeia wird von Nass und Moon (2000) als unmittelbare Reaktion auf die sozial anmutenden Charakteristika des Mediums definiert. Getriggert werden die automatischen sozialen Reaktionen laut Nass und Kollegen (Nass & Moon, 2000; Nass, Moon, Morkes, Kim & Fogg, 1997) durch Situationen, die soziale Hinweisreize enthalten. Durch die Tatsache, dass Menschen „social animals" seien, werden bei der kleinsten Ähnlichkeit mit einem menschlichen Gegenüber die tiefverwurzelten sozialen Verhaltensweisen (wie insbesondere Höflichkeit oder reziprokes Hilfeverhalten) unbewusst getriggert. Zu den menschenähnlichen Eigenschaften von Computern zählen etwa die Verwendung von natürlicher Sprache, Interaktivität sowie das Ausfüllen von Rollen, die traditionell vom Menschen übernommen wurden (vgl. Nass, Steuer, Henriksen & Dryer, 1994). Weiterhin formulieren Sundar und Nass (2000) als Voraussetzung für die häufig und konsistent beobachtbaren sozialen Reaktionen auf Computer einerseits die Ubiquität von sozialen Regeln und Normen sowie andererseits die wahrgenommene Ähnlichkeit zwischen Mensch und Computer.

Als weitere Erklärungsgrundlage führen Nass und Moon (2000) die Theorie von Langer (1989) an. Langer (1989) zeigt, dass „mindless behavior" in zahlreichen sozialen Situationen beobachtbar ist und als Reaktion auf kontextuelle Hinweisreize auftritt. Diese Hinweisreize triggern Skripte und Erwartungen, die zu einer Vernachlässigung akuter Verarbeitung führen. Übertragen auf die Mensch-Computer-Interaktion bedeutet dies, dass dort „mindlessly" durch die sozialen Hinweisreize der Situation soziale Skripts abgerufen werden, die eigentlich unangemessen sind. Besonders betroffen seien insbesondere gut gelernte und häufig angewandte Skripte wie Höflichkeitsregeln etc.

Typische Methodik

Auf Grund der Annahme, dass die meisten Personen zwar unbewusst Sozialverhalten gegenüber Medien zeigen, dies aber explizit als unangemessen ablehnen würden, wird auf Befragungen gänzlich verzichtet. Stattdessen werden experimentelle Designs durchgeführt, in denen sozialpsychologische Gesetzmäßigkeiten und Regeln des zwischenmenschlichen Umgangs auf die Interaktion mit Computern umgesetzt werden. Dies bedeutet im Prinzip lediglich, dass Replikationen von bekannten sozialwissenschaftlichen Studien durchgeführt werden, in denen die menschlichen Akteure zum Teil durch Computer ersetzt werden. Dazu wird zunächst eine Erkenntnis ausgewählt (z. B. Regeln des interpersonalen Distanzverhaltens, Tendenzen zur Stereotypisierung, Bevorzugung von Menschen mit ähnlichen Persönlichkeitseigenschaften), die Methode der ursprünglichen Studie wird identifiziert und genutzt, um das Experiment nun mit zum Beispiel einem Mensch und einem Computer durchzuführen (Reeves & Nass, 1996).

Zentrale empirische Befunde

Nass und Kollegen demonstrierten nicht nur, dass basale Bewertungs- und Personwahrnehmungsregeln gelten und der Computer dann als intelligenter eingeschätzt wird, wenn er andere kritisiert anstatt sie zu loben, sondern auch, dass man Computer, die ähnliche Persönlichkeitseigenschaften aufweisen wie man selbst, besser bewertet werden (Nass, Steuer & Tauber, 1994; vgl. Fogg & Nass, 1997; Nass, Moon, Morkes, Kim & Fogg, 1997). Auch Komplimente durch Computer haben ähnliche Konsequenzen wie Komplimente durch reale Personen (Fogg & Nass, 1997; Nass, Moon, Morkes, Kim & Fogg, 1997). Sowohl gerechtfertigte als auch solche Komplimente, die offensichtlich nicht auf objektiven Gegebenheiten basieren (die Probanden wurden unterrichtet, dass die Rückmeldung durch den Computer noch nicht funktioniert und zufällig Aussagen generiert werden), wirkten sich positiv auf die Zufriedenheit mit sich selbst, mit der Interaktion und dem Computer aus (Fogg & Nass, 1997). In Anlehnung an das Vorbild von Tajfels (1982) „color war teams" kann man durch ein gemeinsames farbiges Band für Computer und Nutzer sowie eine gemeinsame Aufgabe in Kompetition zu einem anderen „Team" sogar erreichen, dass Personen eher mit dem Computer kooperieren, die Qualität der Vorschläge des Computers besser bewerten, Letzteren eher folgen sowie den Computer als freundlicher und intelligenter bewerten (Nass, Fogg & Moon, 1996). Auch Geschlechtsstereotype kommen in ähnlicher Weise zur Anwendung wie in realen Interaktionen. So wurde Lob durch einen Computer mit männlicher Stimme im Einklang mit den gängigen Stereotypen als überzeugender bewertet als Lob durch eine weibliche Stimme (Nass, Steuer & Tauber, 1994). Andererseits wurde den „Frauen" mehr Expertise in Bezug auf Liebe und Beziehungen zugeschrieben (vgl. Nass, Moon & Green, 1997; Nass, Moon, Morkes, Kim & Fogg, 1997). Besonders interessant ist in diesem Zusammenhang, dass die Probanden im Rahmen des Debriefings angaben, keine Geschlechtsstereotype zu haben und durch die Stimme nicht beeinflusst worden zu sein. Ergänzende Studien berücksichtigen moderierende Personvariablen und demonstrieren, dass entgegen gängiger Annahmen nicht

Personen mit niedriger, sondern Personen mit hoher Computerexpertise stärker im Sinne der „Media Equation" reagieren (Johnson, Gardner & Wiles, 2004; Johnson & Gardner, 2007). Die Autoren erklären dies durch die Tatsache, dass erfahrene Personen im Umgang mit dem Computer entspannter seien und daher automatische Reaktionen im Sinne der „mindlessness" eher auftreten.

Für die Verursachung all dieser Phänomene ist laut Nass, Steuer, Henriksen und Dryer (1994) eine „rich human presentation" im Sinne etwa einer Repräsentation durch ein Gesicht oder eine Modellierung von Persönlichkeit nicht notwendig: Sogar primitivste Hinweisreize, vor allem die basalen menschenähnlichen Attribute Stimme, Interaktivität und Einnehmen einer sozialen Rolle, seien erfolgreich in der Erzeugung sozialer Wirkungen. Eine besondere Rolle scheint dabei der Stimme zuzukommen, was sich laut Nass und Gong (2000) evolutionstheoretisch begründen lässt. Tatsächlich scheinen sich die Effekte durch ein menschenähnliches Äußeres aber noch steigern zu lassen, da sich in zahlreichen Untersuchungen zur Wirkung virtueller Agenten noch deutlichere soziale Wirkungen haben nachweisen lassen (Dehn & van Mulken, 2000; Krämer, 2008; Rickenberg & Reeves, 1996; Sproull et al., 1996).

Kritik

Stark kritisiert werden die Annahmen von Reeves und Nass (1996) vor allem durch Kiesler und Sproull (1997). Sie postulieren, dass es sich bei den beobachteten Reaktionen lediglich um ein oberflächliches Phänomen der dem Interface angepassten Reaktion handelt, das eher auf „demand characteristics" der spezifischen Situation als auf tiefverwurzelte Verhaltensweisen zurückgeht. Die Reaktionen gehen aus ihrer Sicht keinesfalls über ein Als-ob hinaus: „Our analysis implies a variation on an old adage. If it walks like a duck and talks like a duck, we are going to treat it like a duck – at least for now. After all we have to treat it some way, and ducklikeness seems a good clue to its future behavior and to how we should respond" (S. 196). So würden auch Versuchspersonen vor dem Hintergrund der Informationen handeln, die sie in einer Situation erhalten und sich dann so verhalten, wie es sinnvoll erscheint – einschließlich der Produktion von sozialen Reaktionen konsistent zu den menschenähnlichen Stimuli, die der Computer präsentiert. Auch empirisch finden sich Ergebnisse, die Zweifel wecken. So zeigte Shechtman (2002) anhand der Diskursanalysen von längeren Interaktionen zwischen Menschen und Computern, dass sich durchaus auch Unterschiede zwischen der Mensch-Mensch- und der Mensch-Computer-Interaktion finden lassen. Sie konnte demonstrieren, dass Personen, die mit einem anderen Menschen zu sprechen glauben, dreimal mehr Aussagen treffen, die durch interpersonale Ziele motiviert sind (z. B. freundliche oder feindselige Aussagen) als Personen, die davon ausgehen, dass sie mit einem Computer interagieren. Computer können vor diesem Hintergrund noch nicht als soziale Interaktionspartner bezeichnet werden.

Ferner muss weiter analysiert werden, unter welchen Bedingungen man auf die von Nass und Reeves (1996) postulierte automatische Art und Weise reagiert und wann kontrollierte Prozesse zum Einsatz kommen, die die Reaktionen verhindern – und ob dies im Sinne von Medienkompetenz trainierbar ist. Eine tatsächliche Klärung der offenen Fragen wird allerdings nur durch weitere Forschung und insbesondere durch noch fehlende Langzeitstudien, in denen Nutzer über mehrere Wochen mit „sozialen" Computern interagieren, erwartet werden können.

Literatur

Dehn, D. M. & van Mulken, S. (2000). The impact of animated interface agents: a review of empirical research. *International Journal of Human-Computer Studies, 52*, 1–22.

Fogg, B. J. & Nass, C. (1997). Silicon sycophants: the effects of computers that flatter. *International Journal of Human-Computer Studies, 46*, 551–561.

Gilbert, D. T. (1991). How mental systems believe. *American Psychologist, 46*, 107–119.

Johnson, D. & Gardner, J. (2007). The media equation and team formation: Further evidence for experience as a moderator. *International Journal of Human-Computer Studies, 65(2)*, 111–124.

Johnson, D., Gardner, J. & Wiles, J. (2004). Experience as a moderator of the media equation: the impact of flattery and praise. *International Journal of Human-Computer Studies, 61*, 237–258.

Kiesler, S. & Sproull, L. (1997). „Social" Human-Computer Interaction. In B. Friedman (Ed.), *Human Values And The Design of Computer Technology* (pp. 191–199). Cambridge University Press.

Krämer, N. C. (2008). *Soziale Wirkungen virtueller Helfer. Gestaltung und Evaluation von Mensch-Computer-Interaktionen*. Stuttgart: Kohlhammer.

Langer, E. J. (1989). *Mindfulness*. Reading, MA: Addison-Wesley.

Nass, C., Fogg, B. J. & Moon, Y. (1996). Can Computers be Teammates? *International Journal of Human Computer Studies, 45*, 669–678.

Nass, C. & Gong, L. (2000). Speech interfaces from an evolutionary perspective. *Communications of the ACM, 43(9)*, 36–43.

Nass, C. & Moon, Y. (2000). Machines and mindlessness: Social responses to computers. *Journal of Social Issues, 56(1)*, 81–103.

Nass, C., Moon, Y. & Green, N. (1997). Are computers gender-neutral? Gender stereotypic responses to computers. *Journal of Applied Social Psychology, 27(10)*, 864–876.

Nass, C., Moon, Y., Fogg, B. J., Reeves, B. & Dryer, D. C. (1995). Can computer personalities be human personalities? *International Journal of Human Computer Studies, 43*, 223–239.

Nass, C., Moon, Y., Morkes, J., Kim, E-Y. & Fogg, B. J. (1997). Computers are social actors: A review of current research. In B. Friedman (Ed.), *Moral and ethical issues in human-computer interaction* (pp. 137–162). Stanford, CA: CSLI Press.

Nass, C., Steuer, J. & Tauber, E. R. (1994). Computers are Social Actors. In B. Adelson, S. Dumais & J. Olson (Eds.), *Human Factors in Computing Systems: CHI '94 Conference Proceedings* (pp. 72–78). New York: ACM Press.

Nass, C., Steuer, J. S., Henriksen, L. & Dryer, D. C. (1994). Machines and social attributions: Performance assessments of computers subsequent to „self" or „other-" evaluations. *International Journal of Human-Computer Studies, 40*, 543–559.

Reeves, B. & Nass, C. I. (1996). *The media equation: How people treat computers, television, and new media like real people and places*. New York: Cambridge University Press.

Rickenberg, R. & Reeves, B. (2000). The effects of animated characters on anxiety, task performance, and evaluations of user interfaces. *Letters of CHI 2000*, April 2000, 49–56.

Shechtman, N. (2002). *Talking to people versus talking to computers: Interpersonal goals as distinguishing factor*. Dissertation at Stanford University.

Sproull, L., Subramani, M., Kiesler, S. Walker, J. H. & Waters, K. (1996). When the interface is a face. *Human Computer Interaction, 11(2)*, 97–124.

Sundar, S. S. & Nass, C. (2000). Source orientation in human-computer interaction: programmer, networker, or independent social actor? *Communication Research, 27(6)*, 683–703.

Tajfel, H. (1982). *Social identity and intergroup behavior*. Cambridge, UK: Cambridge University Press.

Teil V
Verhalten

Einführung Verhalten

Nicole C. Krämer

Ein zentraler Aspekt medienpsychologischer Fragestellungen ist immer auch, inwieweit der Konsum von Medienangeboten Konsequenzen für das Verhalten hat. Besonders zentral erscheint hier nicht nur das Verhalten während der Rezeption, sondern vor allem jenes, das nach dem Medienkonsum in der Öffentlichkeit gezeigt wird und das von der medialen Situation zunächst unabhängig zu sein scheint. Durch diese sichtbare Auswirkung des eigentlich recht privat im Kino, vor dem heimischen Fernseher oder dem eigenen Computer ablaufenden Erlebens erhält der Fragenkomplex nach dem resultierenden Verhalten eine erhöhte Gesellschaftsrelevanz. Vor allem die potenziell gefährlichen bzw. gefährdenden Wirkungen von Medieninhalten und -formaten wie gewalthaltigen Filmen oder Computerspielen wurden in der Vergangenheit häufig thematisiert. Doch auch positive Auswirkungen auf das Verhalten sind denkbar und werden zunehmend in den Blick der Forschung genommen. Entsprechend werden in diesem das Buch abschließenden Teil beide Aspekte thematisiert. Unter dem Titel *Gewalt* wird der Stand der Forschung zu den Wirkungen gewalthaltiger Medieninhalte vorgestellt. Einerseits wird zur Klärung der Frage „Welche Wirkung haben gewalthaltige Medieninhalte auf das Verhalten?" eine Übersicht über die empirisch gefundenen Zusammenhänge gegeben, andererseits werden mit Blick auf die Frage „Wie kommen diese Wirkungen zustande?" Hypothesen und theoretische Erklärungsmodelle aufgeführt. Letztere beziehen sich sowohl auf lerntheoretische wie auch kognitionspsychologische Erklärungsansätze und beziehen auch sozialpsychologische Aspekte ein (Sozialkognitive Lerntheorie, Priming Effect-Theorie, Social Development Model of Learning, General Aggression Model). Der Beitrag *Prosoziales Verhalten* stellt parallel dazu den Stand der Forschung in Bezug auf die Möglichkeit der Förderung gesellschaftlich positiv bewerteten Verhaltens durch Medienkonsum dar. Aufbauend auf der Behandlung von Modellen zum medienunabhängigen prosozialen Verhalten werden empirische Ergebnisse aufgeführt, die die Frage nach möglichen positiven Wirkungen auf das Hilfeverhalten zu klären versuchen.

Gewalt

Dagmar Unz

Worum geht es?

Gibt es einen Zusammenhang zwischen dem Konsum gewalthaltiger Medienangebote und aggressivem Verhalten? Die Diskussion über diese Frage ist so alt wie die Medien selbst. Nach verschiedenen Schätzungen kommen allein aus den USA mehrere tausend Studien zum Thema „Medien und Gewalt" (Whitney & Wartella, 2001). Hinsichtlich möglicher Wirkungen von Mediengewalt geht es vor allem um drei Bereiche: aggressives Verhalten in der Realität, Desensiblisierung gegenüber realer Gewalt und die Kultivierung von Angst (vgl. Beitrag zur Kultivierung in diesem Band).

Darstellung der Annahmen

Zur Erklärung der Effekte von Mediengewalt wurde eine Reihe theoretischer Konzepte formuliert, die sich auf einer bipolaren Dimension mit den Endpunkten Hemmung bzw. Förderung aggressiven Verhaltens anordnen lassen (vgl. Gleich, 2004; Winterhoff-Spurk, 2004). Der Katharsisthese zufolge wirkt die Wahrnehmung von Gewalt stellvertretend triebreduzierend und hemmt so eigenes aggressives Verhalten. Nach der Inhibitionsthese führt die Wahrnehmung von Gewalt zur Furcht vor Sanktion und damit zur Aggressionshemmung. Die These der kognitiven Unterstützung geht ebenfalls von einer Aggressionshemmung aus, da die Wahrnehmung von Gewalt die kognitive Kontrolle aggressiver Impulse unterstütze.

Auf der anderen Seite steht die Suggestionsthese. Danach führt mediale Gewalt zur direkten Nachahmung aggressiven Verhaltens. Nach der Stimulationsthese fördert mediale Gewalt nach vorausgegangener Frustration aggressives Verhalten. Die Erregungsthese (vgl. Beitrag zu Excitation Transfer in diesem Band) nimmt an, dass Mediengewalt (physiologische) Erregung hervorruft, was zu einer Intensivierung nachfolgenden aggressiven Verhaltens führen kann. Die sozial-kognitive Lerntheorie (vgl. Beitrag zur Sozial-kognitiven Lerntheorie in diesem Band) postuliert, dass aggressive Handlungsmuster durch den Konsum von Mediengewalt gelernt werden. Ob diese in der Realität ausgeführt werden, hängt von situativen Bedingungen ab. Der Kultivierungsthese zufolge führt der Konsum von Mediengewalt längerfristig dazu, dass die Welt als bedrohlich und angsterregend wahrgenommen wird. Dagegen führt nach der Habitualisierungsthese der Konsum von Mediengewalt langfristig zur emotionalen Abstumpfung gegenüber Gewalt. Schließlich geht die These der Wirkungslosigkeit davon aus, dass Medienkonsum für die Entstehung realer Aggressionen relativ bedeutungslos ist – zumindest wenn es um langfristige Effekte geht.

Zur Erklärung von Zusammenhängen zwischen Mediengewalt und Aggressivität werden vor allem vier theoretische Ansätze angeführt: (1) die Sozial-kognitive Lerntheorie, (2) die Priming-Effect-Theorie, (3) das Social Development Model of Learning sowie (4) das General Aggression Model (vgl. auch Gleich, 2004; Whitney & Wartella, 2001). Diese Modelle sind keine speziellen Medienwirkungsmodelle, sondern eher allgemeine Aggressionsmodelle, werden jedoch häufig zur Erklärung von Medienwirkungen herangezogen.

- Nach der *Sozial-kognitiven Lerntheorie* von Bandura (1986; vgl. Beitrag zur Sozial-kognitiven Lerntheorie in diesem Band) wird Verhalten durch Beobachtung gelernt. Fernsehen bietet Verhaltensmodelle an, welche Zuschauer unter bestimmten Umständen in der Realität imitieren. Ob aggressives Verhalten übernommen und gezeigt wird, hängt u. a. von Dispositionen, Motivations-, Aufmerksamkeits- und kognitiven Prozessen des Individuums ab.
- Die *Priming Effect-Theorie* (auch Neo-Associative Network) (z. B. Berkowitz, 1984) bezieht sich in erster Linie auf vorübergehende und kurzfristige Effekte gewalthaltiger Medienangebote. Nach dem Assoziativen Netzwerkmodell besteht das Gedächtnis aus netzwerkartig organisierten Konzepten (Knoten). Diese Knoten stehen für verschiedene Wissenseinheiten und sind durch assoziative Bahnen verbunden, die semantische Beziehungen repräsentieren. Der Konsum medialer Gewalt, so die Annahme, aktiviert oder primt über assoziative Bahnen andere semantisch verwandte Knoten, zum Beispiel aggressive Gedanken, was wiederum beeinflusst, wie Rezipienten auf Gewalt reagieren. Mediale Gewalt kann so beim Zuschauer aggressive Gedanken auslösen, was weitere, semantisch ähnliche Assoziationen auslöst.
- Das *Social Developmental Model of Violence Effects* (z. B. Huesmann, 1998) fokussiert auf die Interaktion zwischen Merkmalen der Rezipienten, ihrem Interesse an medialer Gewalt und Wirkungen. Danach wird soziales Verhalten durch Verhaltensprogramme oder Skripte gesteuert, die sich in der Kindheit etablieren. Ein Skript legt nahe, welche Ereignisse passieren können, wie man auf solche Ereignisse reagieren sollte und was wahrscheinlich das Ergebnis des Verhaltens sein wird. Obwohl Mediengewalt somit nicht zwingend aggressives Verhalten hervorrufen muss, kann der wiederholte Konsum von Mediengewalt die Einstellungen zu Gewalt beeinflussen, sowie auch die „Ausformulierung" und Aufrechterhaltung entsprechender Skripts, die nahelegen, wie eine Person auf Gewalt zu reagieren hat und was wahrscheinlich Ergebnis ihres Verhaltens ist. Bestimmte Schlüsselvariablen beeinflussen dabei den Zusammenhang zwischen Medienkonsum und aggressivem Verhalten: die Intelligenz des Kindes, seine soziale Beliebtheit, die Identifikation mit der Medienfigur, die Einschätzung, wie realistisch die mediale Darstellung ist sowie die Beschäftigung mit Gewalt in der Fantasie und Imagination. Auf der Basis dieser Faktoren kann starker Konsum medialer Gewalt dazu führen, dass Zuschauer nicht nur aggressiver werden, sondern auch wachsendes Interesse an medialer Gewalt entwickeln. Der Konsum von Mediengewalt und aggressives Verhalten können somit in einen sich selbst verstärkenden reziproken Prozess eingebunden sein.
- Das *General Aggression Model GAM* (z. B. Anderson & Bushman, 2002) integriert verschiedene Aggressionskonzepte und wird vor allem dann herangezogen, wenn es um die Wirkungen gewalthaltiger Computerspiele geht. Es beschreibt einen zyklischen Interaktionsprozess zwischen der Person und ihrer Umgebung. Nach dem GAM beeinflusst der Konsum von Mediengewalt in Interaktion mit

verschiedenen Variablen (wie Provokation und aggressiver Persönlichkeit) Kognitionen, Emotionen oder die physiologische Erregung: Das Spielen eines gewalthaltigen Computerspiels kann aggressive Kognitionen primen, physiologische Erregung steigern, aggressive Emotionen (z. B. Wut) und dadurch unter Umständen auch kurzfristig aggressives Verhalten hervorrufen. Langfristig gesehen entwickelt sich soziales Wissen nach dem GAM durch Lernprozesse. Bei medial vermittelten Gewaltepisoden wird möglicherweise gelernt, dass die Welt gefährlich ist, dass Aggression ein geeignetes Mittel ist, um mit Konflikten und Ärger umzugehen, und dass Aggression erfolgreich ist. Durch wiederholten Konsum werden feindselige Wissensstrukturen komplexer und lassen sich immer schwieriger ändern, so dass eine aggressive Persönlichkeit entstehen kann.

Typische Methodik

Laborexperimente untersuchen, ob es einen kausalen Zusammenhang zwischen der Rezeption von Mediengewalt (als unabhängige Variable) und nachfolgender Aggressivität (als abhängiger Variable) gibt. In Feldexperimenten werden Probanden im Rahmen von institutionellen Settings (z. B. Schulklassen) unterschiedlichen Gruppen zugeordnet, die dann über einen gewissen Zeitraum hinweg mehr oder weniger häufig mediale Gewalt rezipieren. Als AV werden – meist in Pre- und Posttest – unterschiedliche Operationalisierungen von Aggressivität erhoben (z. B. Einstellungen, Einschätzungen von Peers oder Lehrern, Beobachtung von anti- und prosozialem Verhalten). Korrelationsstudien untersuchen den Zusammenhang zwischen tatsächlichem Konsum medialer Gewalt und aggressivem Verhalten. Langzeitstudien versuchen dabei, die Entwicklung aggressiven Verhaltens in Abhängigkeit vom Medienkonsum und in Abhängigkeit von anderen möglichen Einflussvariablen aufzuklären. Durch sogenannte „Cross-lagged Panelmodelle" ist dabei auch eine Überprüfung kausaler Annahmen möglich.

Zentrale empirische Befunde

Inhaltsanalysen zeigen: Gewalt ist im Fernsehen allgegenwärtig (vgl. Beitrag zur Kultivierung in diesem Band, zusammenfassende Darstellungen z. B. bei Gleich, 2004; Winterhoff-Spurk, 2004). Gewaltdarstellungen scheinen aber nicht automatisch zu einem größeren Interesse am Programm zu führen, vielmehr sind Gewaltdarstellungen (nur) für bestimmte Nutzergruppen und unter bestimmten Voraussetzungen attraktiv (Gleich, 2004, in Anlehnung an Goldstein, 1998; Meta-Analyse von Hoffner & Levine, 2007). So werden von Gewaltdarstellungen eher Männer, eher aggressive Personen, extrovertierte Personen, Personen mit hohen Sensation-Seeking-Tendenzen, Personen auf der Suche nach sozialer Identität, Personen, die sozial isoliert oder emotional unsicher sind, Personen mit einem überdurchschnittlichen Bedürfnis nach der Darstellung von Gerechtigkeit und Personen mit der Fähigkeit zur emotionalen Distanzierung gegenüber dargestellter Gewalt angesprochen. Mediale Gewalt ist für Rezipienten z. B. attraktiver,

Gewalt

wenn sie als fiktional dargestellt wird oder wenn eine gerechte Lösung präsentiert wird.

Bei Computerspielen zeigt sich, dass eine Präferenz für Gewaltthematiken ein vielschichtiges Geschehen ist, das zunächst durch äußere Gegebenheiten vor allem in der Familie bedingt ist (z. B. fehlende Beaufsichtigung des Computerspielens in der Familie, fehlende Freizeitalternativen). Neben aggressiven Persönlichkeitsdispositionen sind hier auch Nutzungsmotive von Bedeutung. Jugendliche nutzen dann häufiger gewalthaltige Spiele, wenn sie das Spielen als Herausforderung betrachten (Sherry, Lucas & Greenberg, 2006; von Salisch, Kristen & Oppl, 2007).

Bezüglich der Wirkungen von medialer Gewalt kommt eine Reihe aktueller Überblicksartikel und Metaanalysen – die in erster Linie Studien aus den USA einbeziehen – zu dem Schluss, dass es einen, wenn auch in der Regel relativ kleinen, Zusammenhang zwischen dem Konsum von Mediengewalt und Aggressivität gibt (z. B. Übersichten bei Anderson, Berkowitz, Donnerstein, Huesmann, Johnson, Linz, Malamuth & Wartella, 2003; Gleich, 2004; Whitney & Wartella, 2001; Winterhoff-Spurk, 2004, oder Meta-Analysen von Bushman & Huesmann, 2006; Paik & Comstock, 1994). Eine aktuelle Meta-Analyse von Christensen und Wood (2007) findet eine signifikante Steigerung von spontanem, aggressivem Verhalten nach dem Konsum gewalthaltiger Filme mit einer mittleren Effektgröße von d=.35. Dies ist ein kleiner bis moderater Effekt. Eine Meta-Analyse von Sherry (2007) findet eine mittlere Korrelation von r=.15 zwischen dem Spielen gewalthaltiger Videospiele und Aggression, was einer Effektgröße von d=.30 entspricht. Einen Einfluss auf den Zusammenhang hat dabei die Art der gezeigten Gewalt: Der Zusammenhang ist größer bei destruktiver Gewalt im Spiel (r=.15) als bei Gewalt, die sozial positiv sanktioniert ist, zum Beispiel in Sport-Spielen (r=.08).

In Langzeitstudien (z. B. Huesmann, Lefkowitz & Walder, 1984; Huesmann & Miller, 1994; Huesmann, Moise-Titus, Podolski & Eron, 2003) ergibt sich ein Zusammenhang zwischen dem Konsum gewalthaltiger TV-Inhalte in der Kindheit und selbstberichteter Aggressivität im Erwachsenenalter. Früher gewohnheitsmäßiger Konsum von Mediengewalt ist darüber hinaus ein bedeutsamer Prädiktor für Kriminalität. Ungefähr 10 % der Varianz von kriminellem Verhalten im Erwachsenenalter kann durch habituellen Konsum gewalthaltiger Fernsehinhalte in der Kindheit erklärt werden. Die Identifikation mit aggressiven TV-Figuren und die wahrgenommene Realität der Fernsehgewalt fördert Aggressivität – dieser Zusammenhang besteht auch, wenn man Faktoren wie sozio-ökonomischer Status, Intelligenz oder Faktoren des Elternhauses kontrolliert.

Der Zusammenhang zwischen dem Konsum medialer Gewalt und aggressivem Verhalten wird von (1) Darstellungsfaktoren, (2) individuellen Faktoren und (3) Kontextfaktoren beeinflusst (z. B. Anderson et al., 2003; Konijn, Bijvank & Bushman, 2007; Möller, 2006; Slater, Henry, Swaim & Cardador, 2004; Whitney & Wartella, 2001).

Zu (1) Darstellungsfaktoren: Nehmen Zuschauer den Täter als attraktiv oder als zu sich selbst ähnlich wahr, wenden sie dem Medienangebot mehr Aufmerksamkeit zu, und die Wahrscheinlichkeit für Aggressivität steigt. Ist eine attraktive Figur Opfer von Gewalt, steigert dies Angstgefühle und hemmt unter Umständen aggressives Verhalten. Gewalt, die als gerechtfertigt angesehen wird, erhöht die Wahrscheinlichkeit für Aggressionen, während Gewalt, die als ungerechtfertigt angesehen wird, Angst hervorruft. Realistische Mediengewalt fördert eher Aggression und Angst als fantasievoll dargestellte Gewalt. Gewalttätiges Verhalten, das belohnt wird, wird eher imitiert als gewalttätiges Verhalten, das bestraft wird oder folgenlos bleibt. Bestrafung von gewalttätigem Verhalten reduziert Angstgefühle. Werden negative Konsequenzen von Gewalt gezeigt (z. B. Schmerzen des Opfers), senkt dies Aggressivität.

Zu (2) Individuelle Faktoren: Das Gefühl des Entfremdetseins, Sensation-Seeking-Tendenzen sowie die Identifikation mit der aggressiven Medienfigur erhöhen die Wahrscheinlichkeit von Aggressionen.

Zu (3) Zu relevanten Kontextfaktoren zählen Frustration oder Verärgerung des Rezipienten vor oder nach dem Medienkonsum, Schikanierung durch Peers, die Ähnlichkeit der realen mit der medial dargestellten Situation sowie Einflussfaktoren des Elternhauses (Kontrolle der Mediennutzung der Kinder etc.).

Kritik

Die Kritik, die im Zusammenhang mit der Frage nach Effekten von Mediengewalt vorgebracht wird, betrifft zum einen die methodische Qualität von Studien (z. B. Freedman, 2002), zum anderen noch offene, ungeklärte Fragen. Hinsichtlich methodischer Aspekte werden unter anderem die Validität von Laborexperimenten, die mangelnde Kontrolle von Drittvariablen bei Korrelationsstudien und die Operationalisierung von Variablen (Messung des Medienkonsums, aber auch Erfassung von Aggressivität) bemängelt. Beispielsweise besitzen die Settings oft einen erhöhten Aufforderungscharakter für antisoziales Verhalten. Auch ist die Abgrenzung von aggressivem Verhalten und „rauem" Spielverhalten oftmals problematisch und besonders für ungeschulte Beobachter schwierig. Viele Studien betrachten außerdem nur kurzzeitige, vorübergehende Effekte, zum Beispiel wenn es um physiologische Desensibilisierung oder um Erregungstransfer geht.

Vor allem im Zusammenhang mit der Wirkung gewalthaltiger Computerspiele existieren noch wichtige offene Fragen. Beispielsweise ist die Ausbildung der Präferenz für gewalthaltige Titel noch weitgehend ungeklärt. So scheint am Anfang eine Experimentierphase zu stehen, in der Präferenzen für gewalthaltige Spiele noch nicht sehr stabil sind (von Salisch et al., 2007). Außerdem ist die Frage noch ungeklärt, ob ein intensiver Spieler Gewaltszenen im Spiel ausblenden kann und will, weil es eher um Strategieanwendung, Geschwindigkeit o. ä. geht als um das Gewalthandeln (Möller, 2006).

Diskutiert man den Zusammenhang zwischen Medienkonsum und Aggressivität, dann muss – wie viele Autoren immer wieder betonen – beachtet werden, dass gewalttätiges Verhalten ein vielschichtiges Phänomen ist, das von vielen Variablen beeinflusst wird. Armut, Drogenmissbrauch, Analphabetismus, Cliquenverhalten, das Vorhandensein von Waffen, ein Mangel an Zusammenhalt in Familien, das Fehlen positiver Rollenmodelle, die Erfahrung von Frustration, genetische und viele andere Faktoren interagieren in einem komplexen Wirkungsprozess. Aggression ist oft ein überdauerndes Verhaltensmuster, das durch Kindheit und Jugend bis zum Erwachsenenalter besteht. Mediengewalt ist dabei (nur) eine Facette einer Kultur von Gewalt (z. B. Christensen & Wood, 2007; Huesmann, Eron & Dubow, 2002; Whitney & Wartella, 2001). In der Zusammenschau vorliegender Befunde und vorgebrachter Kritik sprechen manche Autoren daher vorsichtig von einem Wirkungsrisiko, das von Mediengewalt ausgeht (z. B. Gleich, 2004).

Literatur

Anderson, C. A. & Bushman, B. J. (2002). Human aggression. *Annual Review of Psychology, 53,* 27–51.

Anderson, C. A., Berkowitz, L., Donnerstein, E., Huesmann, L. R., Johnson, J. D., Linz, D., Malamuth, N. M. & Wartella, E. (2003). The influence of media violence on youth. *Psychological Science in the Public Interest, 4,* 81–110.

Bandura, A. (1986). *Social Foundations of Thought and Action: A Social Cognitive Theory.* Englewood Cliffs, NJ: Prentice-Hall.

Bartholow, B. D., Bushman, B. J. & Sestir, M. A. (2006). Chronic violent video game exposure and desensitization to violence: Behavioral and event-related brain potential data. *Journal of Experimental Social Psychology, 42,* 532–539.

Berkowitz, L. (1984). Some effects of thoughts on anti-social and pro-social influences of media events: A cognitive-neoassociationistic analysis. *Psychological Bulletin, 95(3),* 410–427.

Bushman, B. J. & Huesmann, L. R. (2006). Short-term and long-term effects of violent media on aggression in children and adults. *Archives of Pediatrics and Adolescent Medicine, 160,* 348–352.

Carnagey, N. L., Anderson, C. A. & Bushman, B. J. (2007). The effect of video game violence on physiological desensitization to real-life violence. *Journal of Experimental Social Psychology, 43,* 489–496.

Christensen, P. N. & Wood, W. (2007). Effects of Media Violence on Viewers' Aggression in unconstrained social interaction. In R.W. Preiss, B. M. Gayle, N. Burrell, M. Allen & J. Bryant (Eds.), *Mass Media Effects Research* (pp. 145–168). Mahwah, NJ: Lawrence Erlbaum.

Freedman, J. L. (2002). *Media Violence and Its Effect on Aggression.* Toronto: University of Toronto Press.

Gleich, U. (2004). Medien und Gewalt. In R. Mangold, P. Vorderer & G. Bente (Hrsg.), *Lehrbuch der Medienpsychologie* (S. 587–618). Göttingen: Hogrefe.

Goldstein, J. H. (1998). Why we watch. In J. H. Goldstein (Ed.), *Why we watch. The attractions of violent entertainment* (pp. 212–226). New York: Oxford University Press.

Hoffner, C. A. & Levine, K. J. (2007). Enjoyment of Mediated Fright and Violence: A Meta-Analysis. In R.W. Preiss, B. M. Gayle, N. Burrell, M. Allen, & J. Bryant (Hrsg.), *Mass Media Effects Research* (pp. 215–244). Mahwah, NJ: Lawrence Erlbaum.

Huesmann, L. R. (1998). The role of social information processing and cognitive schema in the acquisition and maintenance of habitual aggressive behavior. In R. Geen & E. Donnerstein (Eds.), *Human aggression: Theories, research and implications for policy* (pp. 73–109). New York: Academic Press.

Huesmann, L. R., Eron, L. D. & Dubrow, E. F. (2002). Childhood predictors of adult criminality: are all risk factors reflected in childhood aggressiveness? *Criminal Behavior and Mental Health, 12,* 185–208.

Huesmann, L. R., Lefkowitz, M. M. & Walder, L. O. (1984). The stability of aggression over time and generations. *Developmental Psychology 20(6),* 1120–1134.

Huesmann, L. R. & Miller, L. (1994). Long-term effects of repeated exposure to media violence in childhood. In L. R. Huesmann (Ed.), *Aggressive Behavior: Current Perspectives* (pp. 153–183). New York: Plenum.

Huesmann, L. R., Moise-Titus, J., Podolski, C.-L. & Eron, L. D. (2003). Longitudinal relations between children's exposure to TV violence and their aggressive and violent behavior in young adulthood: 1977–1992. *Developmental Psychology, 39(2),* 201–221.

Konijn, A. A., Bijvank, M. N. & Bushman, B. J. (2007). I wish I were a warrior: The role of wishful identification in the effects of violent video games on aggression in adolescent boys. *Developmental Psychology, 43(4),* 1038–1044.

Möller, I. (2006). *Mediengewalt und Aggression: Eine längsschnittliche Betrachtung der Kausalzusammenhänge am Beispiel des Konsums gewalthaltiger Bildschirmspiele.* Phil. Diss. Potsdam; http://opus.kobv.de/ubp/volltexte/2006/773/ (12.02.2008).

Paik, H. & Comstock, G. (1994). The effects of television violence on antisocial behaviour: A meta-analysis. *Communication Research, 21(4),* 516–546.

Sherry, J. L., Lucas, K. & Greenberg, B. S. (2006). Video Game Uses and Gratifications as Predicators of Use and Game Preference. In P. Vorderer & J. Bryant (Eds.), *Playing video games: Motives, responses, and consequences* (pp. 213–224). Mahwah, NJ: Lawrence Erlbaum.

Sherry, J. L. (2007). Violent Video Games and Aggression: Why can't we find effects? In R. W. Preiss, B. M. Gayle, N. Burrell, M. Allen & J. Bryant (Eds.), *Mass Media Effects Research* (pp. 245–262). Mahwah, NJ: Lawrence Erlbaum.

Slater, M. D., Henry K. L., Swaim, R. C. & Cardador J. M. (2004). Vulnerable Teens, Vulnerable Times. How Sensation Seeking, Alienation, and Victimization Moderate the Violent Media Content–Aggressiveness Relation. *Communication Research, 31(6),* 642–668.

von Salisch, M., Kristen, A. & Oppl, C. (2007). *Computerspiele mit und ohne Gewalt. Auswahl und Wirkung bei Kindern.* Stuttgart: Kohlhammer.

Whitney, C. & Wartella, E. (2001). Violence and Media. In N. J. Smelser & P. B. Baltes (Eds.), *International Encyclopedia of the Social & Behavioral Sciences* (pp. 16187–16192). Elsevier.

Winterhoff-Spurk, P. (2004). *Medienpsychologie. Eine Einführung.* Stuttgart: Kohlhammer.

Prosoziales Verhalten

Martina Mauch und Nina Hörr

Worum geht es?

Die Frage nach der Wirkung der Medien auf Rezipienten ist eine der Fragen, mit der sich die Medienpsychologie seit ihrer Entstehung beschäftigt (Trepte, 2004). An dieser Stelle wird die Wirkung der Medien auf prosoziales Verhalten genauer betrachtet. Doch bevor die Frage nach dieser Wirkung beantwortet werden kann, erscheint es sinnvoll, die Begrifflichkeiten zum hilfreichen Verhalten zu definieren.

Der umfassendste Begriff ist der des *Hilfeverhaltens*, der alle Formen interpersonaler Unterstützung beinhaltet. Damit ist zum Beispiel auch das hilfsbereite Verhalten eines Kundenservices gemeint. Eingrenzend wird ein Verhalten als *prosozial* beschrieben, wenn der Akteur absichtlich einer Person eine Wohltat erweist und dabei freiwillig handelt, ohne einer beruflichen Verpflichtung nachzukommen (Bierhoff, 2002a). Eine enger gefasste Form des prosozialen Verhaltens ist der *Altruismus*, bei dem die Motivation des Helfenden durch die Einnahme der Perspektive des hilfebedürftigen Menschen und das Erkennen von dessen Hilfsbedürftigkeit charakterisiert ist (Bierhoff, 2002b).

Doch aus welchen Gründen helfen Menschen überhaupt (vgl. Bierhoff, 2002a)? Wir helfen beispielsweise,

- weil prosoziales Verhalten in unserer Gesellschaft eine wertvolle soziale Norm darstellt, die wir erlernen (Lernen sozialer Normen),
- weil wir erwarten, dass unsere erbrachte Hilfeleistung die Wahrscheinlichkeit erhöht, dass auch uns in Zukunft geholfen wird (Reziprozitätsnorm) und
- weil wir uns in die hilfsbedürftige Person hineinversetzen und deren Gefühle nachempfinden können (Empathie).

Jeder dieser Gründe kann durch den Einfluss von Medienbotschaften verstärkt oder abgeschwächt werden, etwa durch die Vermittlung von Informationen über die Konsequenzen verschiedener Verhaltensalternativen.

Theorien prosozialen Verhaltens

Die oben genannten Motive für prosoziales Verhalten sind gleichzeitig einige theoretische Erklärungsansätze, die kurz erläutert werden (für einen Überblick siehe Stroebe, Jonas & Hewstone, 2002). Unser Verhalten wird u. a. von sozialen Werten und Normen bestimmt, wobei im Zusammenhang mit prosozialem Verhalten die Norm der sozialen Verantwortung eine bedeutende Rolle spielt. Soziale Normen werden von den Mitgliedern einer Gesellschaft gelernt und umgesetzt, beispielsweise in Form von Modelllernen (vgl. Beitrag zur Sozial-kognitiven Lerntheorie in diesem Band) oder Konditionierung. Auf diese Weise entwickelt sich soziales Verantwortungsbewusstsein in einem Sozialisationsprozess (Bierhoff, 2002c).

Die Reziprozitätsnorm ist eine spezielle soziale Norm, nach der wir uns anderen Personen gegenüber so verhalten, wie sie sich uns gegenüber verhielten oder wie wir es von ihnen in Zukunft erwarten. Im Rahmen prosozialen Verhaltens bezieht sich diese Norm auf die Erwartung, dass eine von uns gegebene Hilfeleistung die Wahrscheinlichkeit erhöht, dass auch uns in einer Notlage geholfen wird. Die Kosten und Nutzen des prosozialen Verhaltens sind für beide Beteiligten ausgewogen (Penner, Dovidio, Piliavin & Schroeder, 2005). Beispielsweise bestehen Internetforen im Geben und Nehmen der Nutzenden.

Das „arousal: cost-reward model of intervention" (Piliavin, Dovidio, Gaertner & Clark, 1981) nimmt eine Kosten-Nutzen-Rechnung an, so dass Hilfeverhalten letztlich der Maximierung des eigenen Nutzens dient. Nach einer Abwägung der Kosten von Hilfe (z. B. zeitlicher Aufwand oder finanzieller Verlust für den Helfenden) und der Kosten von Nicht-Hilfe (z. B. das Ausmaß der Bedrohung des Notleidenden) hilft der Mensch, wenn die Vorteile gegenüber den Nachteilen überwiegen.

Das Konzept der Empathie liefert eine weitere Erklärung, warum wir helfen. Empathisches Miterleben beschreibt den affektiven Zustand, der durch die Übernahme der Perspektive einer anderen Person und das Nachempfinden ihres emotionalen Zustandes entsteht (Bierhoff, 2006). Nach der Empathie-Altruismus-Hypothese helfen wir einer Person, für die wir Empathie empfinden, aus rein altruistischen Gründen und ohne Rücksicht darauf, ob wir durch diese Hilfe einen Gewinn erzielen oder nicht (Batson, 1991). Fehlt uns dieses Gefühl von Empathie für unsere Mitmenschen, spielen wieder Aspekte der Kosten-Nutzen-Abwägung eine Rolle, und wir helfen aus egoistischen Gründen nur dann, wenn die resultierende Belohnung größer als der Aufwand für die Hilfe ist.

Typische Methodik

Prinzipiell lassen sich in der medienpsychologischen Forschung zu prosozialem Verhalten Inhaltsanalysen von (experimenteller) Wirkungsforschung unterscheiden. Die mediale Inhaltsanalyse beschäftigt sich mit der reinen Beschreibung und Analyse des Kommunikationsinhaltes von Medienbotschaften. Wird eine mediale Botschaft, beispielsweise eine Fernsehsendung, auf ihren prosozialen Inhalt hin untersucht, werden die Häufigkeit des Auftretens solcher Verhaltensweisen ausgezählt und genauer kategorisiert, etwa nach dem Kontext und den Eigenschaften der beteiligten Personen (Smith et al., 2006).

Die Medienwirkungsforschung untersucht dagegen den Einfluss der Medien auf den Rezipienten. Zur Erforschung der Zusammenhänge zwischen Medienkonsum und Verhalten werden Quer- oder/und Längsschnittstudien durchgeführt. Der Medienkonsum kann entweder durch Berichte über den häuslichen Konsum erhoben werden oder im Rahmen eines Experimentes im Labor stattfinden. Das Auftreten prosozialen Verhaltens wird operationalisiert als Verhaltensbeobachtung und/oder als Selbst- bzw. Fremdbeurteilung. Diese Selbst- bzw. Fremdbeurteilungsmethoden beziehen sich auf Berichte zurückliegenden Verhaltens bzw. charakteristischer Verhaltensweisen oder auf Verhaltensintentionen in hypothetischen Situationen, sogenannte Szenarien oder Vignetten (Eifler & Bentrup, 2003).

Zentrale empirische Befunde

Leider finden sich in der Literatur weit weniger Studien zur Medienwirkung auf prosoziales als auf aggressives Verhalten. Die existierenden Befunde betreffen überwiegend die Wirkungsweisen des Fernsehens auf das prosoziale Verhalten von Kindern. In Medien dargestellte Personen, die sich prosozial verhalten, repräsentieren Modelle, von denen Rezipienten Verhaltensweisen lernen und an denen sie ihr Verhalten im Sinne der sozialen Normen ausrichten können (vgl. Beitrag zur Sozial-kognitiven Lerntheorie in diesem Band). Daher ist es in einem ersten Schritt interessant festzustellen, wie häufig solche Handlungen überhaupt medial dargestellt werden. Eine Inhaltsanalyse über 2227 Fernsehsendungen 18 unterschiedlicher amerikanischer Fernsehkanäle erbrachte, dass 73 % der Sendungen hilfreiches Verhalten mit einer durchschnittlichen Häufigkeit von ca. 3-mal pro Stunde darstellten (Smith et al., 2006). Eine Analyse der Inhalte von 712 Sendungen unterschiedlicher Genres von öffentlich-rechtlichen und privaten Fernsehanbietern in Deutschland zeigte, dass aggressive und prosoziale Aspekte in etwa gleicher Häufigkeit und Dauer vorkommen (Lukesch, 2003). Was sich im Vergleich zu früheren Studien (Weiderer, 1993) geändert hat, ist die Darstellung der Geschlechterrollen. Frauen werden mittlerweile häufiger, Männer seltener gewalttätig präsentiert als früher. Genau spiegelbildlich verläuft die Entwicklung in der Darstellung prosozialer Verhaltensweisen: Männer verhalten sich hilfreicher, Frauen weniger prosozial als früher.

Doch wie wirkt sich nun der Konsum medialer Botschaften auf das prosoziale Verhalten des Rezipienten aus? Rosenkoetter (1999) untersuchte den Einfluss von Fernsehsendungen mit vorwiegend hilfsbereitem Umgang zwischen den Darstellenden auf die prosoziale Entwicklung von Kindern. Als Material wählte er amerikanische Comedy-Serien. Zunächst wurde überprüft, ob Kinder im Grundschulalter den moralischen Inhalt von Serien wie der *Bill Cosby Show* oder *Full House* verstehen, was einer großen Mehrheit der Kinder gelang. Daraufhin untersuchte er den Zusammenhang zwischen der Häufigkeit, mit der die Kinder solche prosozialen Comedy-Serien schauen, und ihrem eigenen prosozialen Verhalten. Die Ergebnisse zeigten, dass ein häufiges Anschauen solcher Serien, vor allem bei den Kindern, die den Inhalt gut verstanden hatten, prosoziale Verhaltensweisen förderte.

Untersuchungen zum Einfluss des Konsums gewalthaltiger Fernsehsendungen, Filme und Videospiele auf das Verhalten erbrachte, dass Kinder, die zu einem ersten Messzeitpunkt vermehrt gewalthaltige Medieninhalten konsumierten, zu einem zweiten Messzeitpunkt auch vermehrt aggressives und weniger prosoziales Verhalten zeigten (Anderson & Bushman, 2001; Gentile et al., 2004, zitiert nach Oppl, 2006; vgl. Beitrag zu Gewalt in diesem Band).

In einer Metaanalyse über 34 Studien wurden die Effekte des Fernsehkonsums auf soziale Interaktionen zwischen Kindern überprüft (Mares & Woodard, 2005). Unabhängig davon, ob sich der gemessene Fernsehkonsum auf das häusliche Fernsehen oder auf den Konsum innerhalb eines Experiments bezieht, zeigte sich, dass diejenigen Kinder, die prosoziale Inhalte sahen, sich in der Kindergruppe signifikant prosozialer verhielten sowie signifikant positivere Einstellungen zueinander aufwiesen als die Vergleichsgruppen. Diese Metaanalyse verdeutlicht unter anderem das Potenzial, das das Fernsehen und evtl. auch andere Medien besitzen. Medien können höchstwahrscheinlich Kinder und möglicherweise auch Erwachsene positiv beeinflussen, sich freundlicher, prosozialer und weniger aggressiv untereinander zu verhalten, und die Zuschauenden zu toleranterem und hilfreicherem Verhalten ermutigen.

Kritik

Kritisch ist, dass die Erforschung der medialen Beeinflussung des menschlichen Verhaltens sich hauptsächlich auf den Bereich des aggressiven und sehr viel weniger auf den des prosozialen Verhaltens konzentriert.

Die Wichtigkeit prosozialer Verhaltensweisen zeigt sich beispielsweise darin, dass die prosoziale Orientierung Jugendlicher auch im Rahmen der PISA-Studie erhoben und somit als wünschenswerte interkulturelle Kompetenz angesehen wird (Kunter & Stanat, 2003). Es ist bedauerlich, dass die Untersuchung des Zusammenhangs zwischen der fortschreitenden Medienwelt, in der sowohl Erwachsene wie auch Kinder und Jugendliche leben, und dem prosozialen Verhalten noch nicht intensiver vorangetrieben wurde.

Zukünftig wäre es wünschenswert, dass Studien, die sich mit der prosozialen Medienwirkung beschäftigen, nicht nur Kinder, sondern alle Altersgruppen als Versuchspersonen erfassen. Darüber hinaus wäre es erstrebenswert, die gesamte

Bandbreite der Medien, neben dem Fernseher beispielsweise auch Computer, und damit Computerspiele und das Internet, in Untersuchungen einzubeziehen.

Literatur

Anderson, C. A. & Bushman, B. J. (2001). Effects of violent video games on aggressive behavior, aggressive cognition, aggressive affect, physiological arousal, and prosocial behavior: A meta-analytic review of the scientific literature. *Psychological Science, 12(5)*, 353–359.

Batson, C. D. (1991). *The altruism question: Toward a social-psychological answer.* Hillsdale, NJ: Lawrence Erlbaum.

Bierhoff, H. W. (2002a). *Prosocial behaviour.* Hove: Psychology Press.

Bierhoff, H. W. (2002b). Prosoziales Verhalten. In W. Stroebe, K. Jonas & M. Hewstone (Hrsg.), *Sozialpsychologie* (S. 319–351). Heidelberg: Springer.

Bierhoff, H. W. (2002c). Theorien hilfreichen Verhaltens. In D. Frey & M. Irle (Hrsg.), *Theorien der Sozialpsychologie. Band 2: Gruppen-, Interaktions- und Lerntheorien* (S. 178–197). Bern: Hans Huber.

Bierhoff, H. W. (2006). Empathie-Altruismus-Hypothese. In H. W. Bierhoff & D. Frey (Hrsg.), *Handbuch der Sozialpsychologie und der Kommunikationspsychologie* (S. 150–157). Göttingen: Hogrefe.

Eifler, S. & Bentrup, C. (2003). *Zur Validität von Selbstberichten abweichenden und hilfreichen Verhaltens mit der Vignettenanalyse* (Bielefelder Arbeiten zur Sozialpsychologie, Nr. 208). Bielefeld: Universität Bielefeld.

Kunter, M. & Stanat, P. (2003). Soziale Lernziele im Ländervergleich. In J. Baumert, C. Artelt, E. Klieme, M. Neubrand, M. Prenzel, U. Schielele, W. Schneider, K.-J. Tillmann & M. Weiss (Hrsg.), *PISA 2000. Ein differenzierter Blick auf die Länder der Bundesrepublik Deutschland* (S. 165–193). Opladen: Leske + Budrich.

Lukesch, H. (2003). Das Weltbild des Fernsehens: Ausgewählte Ergebnisse einer inhaltsanalytischen Studie zu geschlechtsspezifischen Aggressivitäts- und Prosozialitätsdarstellungen im Fernsehen. In S. Lamnek & M. Boatca (Hrsg.), *Geschlecht, Gewalt, Gesellschaft* (S. 295–317). Opladen: Leske + Budrich.

Mares, M. L. & Woodard, E. (2005). Positive effects of television on children's social interactions: A meta-analysis. *Media Psychology, 7(3)*, 301–322.

Oppl, C. (2006). *Lara Crofts Töchter? Eine Längsschnittstudie zu Computerspielen und aggressivem Verhalten von Mädchen.* Online veröffentlichte Dissertation unter: http://www.diss.fu-berlin.de/2006/107/ [15.02.2008].

Penner, L. A., Dovidio, J. F., Piliavin, J. A. & Schroeder, D. A. (2005). Prosocial behavior: Multilevel perspectives. *Annual Review of Psychology, 56*, 365–392.

Piliavin, J. A., Dovidio, J. F., Gaertner, S. L. & Clark, R. D. (1981). *Emergency intervention.* New York: Academic Press.

Rosenkoetter, L. I. (1999). The television situation comedy and children's prosocial behavior. *Journal of Applied Social Psychology, 29(5)*, 979–993.

Smith, S. W., Smith, S. L., Pieper, K. M., Yoo, J. H., Ferris, A. L., Downs, E. & Bowden, B. (2006). Altruism on american television: Examining the amout of, and context surrounding, acts of helping and sharing. *Journal of Communication, 56*, 707–727.

Stroebe, W., Jonas, K. & Hewstone, M. (2002). *Sozialpsychologie.* Heidelberg: Springer.

Trepte, S. (2004). Zur Geschichte der Medienpsychologie. In R. Mangold, P. Vorderer & G. Bente (Hrsg.), *Lehrbuch der Medienpsychologie* (S. 3–25). Göttingen: Hogrefe.

Weiderer, M. (1993). *Das Frauen- und Männerbild im deutschen Fernsehen. Eine inhaltsanalytische Untersuchung der Programme von ARD, ZDF und RTLplus.* Regensburg: Roderer.

Verzeichnis der Autorinnen und Autoren

Aelker, Lisa, Dipl.-Medienwiss.
Universität zu Köln
Psychologisches Institut
Bernhard-Feilchenfeld-Str. 11
50969 Köln
0221/470–6778
lisa.aelker@uni-koeln.de

Appel, Markus, Dr.
Johannes Kepler Universität Linz
Institut für Pädagogik und Psychologie
Altenbergerstr. 69
A–4040 Linz
+43 (0)732–2468–8632
markus.appel@jku.at

Bente, Gary, Prof. Dr.
Universität zu Köln
Psychologisches Institut
Bernhard-Feilchenfeld-Str. 11
50969 Köln
0221/470–6502
bente@uni-koeln.de

Bodemer, Daniel, Dr.
Universität Tübingen
Abt. Kognitionspsychologie und Medienpsychologie
Konrad-Adenauer-Str. 40
72072 Tübingen
07071/979–314
d.bodemer@iwm-kmrc.de

Carolus, Astrid, Dipl. Psych.
Universität des Saarlandes
Medien- und Organisationspsychologie
Postfach 151150
66041 Saarbrücken
a.carolus@mx.uni-saarland.de

Döring, Nicola, Prof. Dr.
TU Ilmenau
Medien- und Kommunikationswissenschaft
Am Eichicht 1
98693 Ilmenau
03677/69–4704
nicola.doering@tu-ilmenau.de

Fischer, Oliver, Dr.
Director Bertelsmann University
Bertelsmann AG
Carl Bertelsmann Straße 270
33311 Gütersloh
05241/80–40781
oliver.fischer@bertelsmann.de

Fischer, Sebastian, Dipl.-Psych.
IWM Institut für Wissensmedien
Konrad-Adenauer-Str. 40
72072 Tübingen
07071/979–242
s.fischer@iwm-kmrc.de

Gleich, Uli, Dr.
Universität Koblenz-Landau
Kommunikationspsychologie und Medienpädagogik
Fortstraße 7
76829 Landau
06341/921718
gleich@ikms-uni-landau.de

Haferkamp, Nina, Dipl.-Medienwiss.
Universität Duisburg-Essen
Informatik und Angewandte Kognitionswissenschaft
Sozialpsychologie: Medien und Kommunikation
Forsthausweg 2
47057 Duisburg
0203/379–1330
Nina.haferkamp@uni-due.de

Hörr, Nina, Dipl.-Psych.
TU Berlin
Institut für Psychologie und Arbeitswissenschaft
Franklinstraße 5–7
10587 Berlin
030/314–22963
hoerr@gp.tu-berlin.de

Huff, Markus, Dr.
IWM Insitut für Wissensmedien
Konrad-Adenauer-Str. 40
72072 Tübingen
07071/979–244
m.huff@iwm-kmrc.de

Krämer, Nicole, Prof. Dr.
Universität Duisburg-Essen
Informatik und Angewandte Kognitionswissenschaft
Sozialpsychologie: Medien und Kommunikation
Forsthausweg 2
47057 Duisburg
0203/379–2482
nicole.kraemer@uni-due.de

Mauch, Martina, Dipl.-Psych.
TU Berlin
Institut für Psychologie und Arbeitswissenschaft
Franklinstraße 5–7
10587 Berlin
030/314–25287
martina.mauch@tu-berlin.de

Meier, Anne, Dipl.-Psych.
Universität Freiburg
Psychologisches Institut
Engelbergerstr. 41
79085 Freiburg
0761/203–9165
anne.meier@psychologie.uni-freiburg.de

Möller, Carsten, Dr.
Universität Duisburg-Essen
Informatik und Angewandte Kognitionswissenschaft
Sozialpsychologie: Medien und Kommunikation
Forsthausweg 2
47057 Duisburg
0203/379–3597
carsten.moeller@uni-due.de

Richter, Tobias, PD Dr.
Universität zu Köln
Allgemeine Psychologie und Kulturpsychologie
Herbert-Lewin-Str. 2
50931 Köln
0221/470–5677
tobias.richter@uni-koeln.de

Rüggenberg, Sabine, Dr.
Universität zu Köln
Psychologisches Institut
Bernhard-Feilchenfeld-Str. 11
50969 Köln
0221/470–6502
sabine.rueggenberg@gmx.de

Rummel, Nikol, Dr.
Albert-Ludwigs-Universität Freiburg
Institut für Psychologie
Engelbergerstr. 41
79085 Freiburg
0761/203–2421
rummel@psychologie@uni-freiburg.de

Schramm, Holger, Dr.
Universität Zürich
Institut für Publizistikwissenschaft und Medienforschung
Andreasstraße 15
CH–8050 Zürich
+41 (0)44–63–52077
h.schramm@ipmz.uzh.ch

Schönbrodt, Felix, Dipl.-Psych.
Universität des Saarlandes
Differentielle Psychologie und psychologische Diagnostik
Postfach 15 11 50
66041 Saarbrücken
0681/302–3038
felix.schoenbrodt@web.de

Schreier, Margrit, Prof. Dr.
Jacobs University Bremen
Campus Ring 1
28759 Bremen
0421/200–3406
m.schreier@jacobs-university.de

Schröder, Sascha, Dipl.-Psych. MA
Universität zu Köln
Allgemeine Psychologie und Kulturpsychologie
Herbert-Lewin-Str. 2
50931 Köln
0221/470–2570
sascha.schroeder@uni-koeln.de

Schwab, Frank, Dr.
Universität des Saarlandes
Medien- und Organisationspsychologie
Postfach 15 11 50
66041 Saarbrücken
0681/302–3303
schwab@mx.uni-saarland.de

Schwan, Stephan, Prof. Dr.
IWM Institut für Wissensmedien
Konrad-Adenauer-Str. 40
72072 Tübingen
07071/979–228
s.schwan@iwm-kmrc.de

Suckfüll, Monika, Prof. Dr.
Universität der Künste Berlin
Institut für Theorie und Praxis der Kommunikation
Mierendorffstr. 30
Postfach 12 05 44
10595 Berlin
030/3185–2549
mail@suckfuell.net

Tibus, Maike, Dipl.-Psych.
IWM Institut für Wissensmedien
Konrad-Adenauer-Str. 40
72072 Tübingen
07071/979–203
m.tibus@iwm-kmrc.de

Töpper, Jörn, Dipl.-Psych.
IWM Institut für Wissensmedien
Konrad-Adenauer-Str. 40
72072 Tübingen
07071/979–211
j.toepper@iwm-kmrc.de

Trepte, Sabine, Prof. Dr.
Hamburg Media School
Finkenau 35
22081 Hamburg
040/413 468–26
s.trepte@hamburgmediaschool.com

Unz, Dagmar, Dr.
Universität des Saarlandes
Medien und Organisationspsychologie
Postfach 15 11 50
66041 Saarbrücken
0681/302–3630
d.unz@mx.uni-saarland.de

Vogel, Ines, Dr.
Universität Koblenz-Landau
Kommunikationspsychologie und Medienpädagogik
Fortstraße 7
76829 Landau
06341/921717
vogel@ikms-uni-landau.de

Zahn, Carmen, Dr.
IWM Institut für Wissensmedien
Konrad-Adenauer-Str. 40
72072 Tübingen
0707/979–225
c.zahn@iwm-kmrc.de

Personenverzeichnis

Stichwortverzeichnis

2008. 284 Seiten mit
13 Abb. und 11 Tab. Kart. € 36,–
ISBN 978-3-17-019542-4
Medienpsychologie
Konzepte – Methoden – Praxis

Nicole C. Krämer

Soziale Wirkungen virtueller Helfer

Gestaltung und Evaluation
von Mensch-Computer-Interaktion

Um Mensch-Technik-Interaktion in Zukunft effizienter und zufrieden-
stellender zu gestalten, eröffnen sich vielversprechende Möglichkeiten durch die Entwicklung und den Einsatz sogenannter virtueller
Helfer. Durch deren Fähigkeit zu verbalem und nonverbalem Verhalten
sollen diese Figuren dem Menschen einen intuitiven Zugang zu
technischen Systemen ermöglichen.

Dieses Buch stellt den Stand der Forschung dar und beschäftigt sich
insbesondere mit psychologischen Beiträgen in den Bereichen Gestaltung und Evaluation der virtuellen Figuren. Ein besonderer
Schwerpunkt wird dabei auf die unerwartet deutlichen sozialen Wirkungen der virtuellen Helfer gelegt: So reagieren menschliche Nutzer
unwillkürlich mit unangemessen erscheinenden sozialen Verhaltensweisen wie zum Beispiel Höflichkeit oder sozial erwünschter Selbstdarstellung.

▶ **www.kohlhammer.de**

W. Kohlhammer GmbH · 70549 Stuttgart
Tel. 0711/7863 - 7280 · Fax 0711/7863 - 8430